エーリッヒ・フロム

作田啓一　佐野哲郎　訳

破　壊

人間性の解剖

［合本］

紀伊國屋書店

THE ANATOMY OF
HUMAN DESTRUCTIVENESS
by Erich Fromm

Published by arrangement with
Henry Holt and Company, LLC.
through The English Agency (Japan) Ltd.

破　壊

本書は、上下二巻本で刊行されていた旧版を、合本して復刊したものです。

世代を経るにしたがって、人間は悪くなってゆく。人間があまりにも邪悪になった結果、力を信仰する時が来るだろう。彼らにとって力は正義となり、善への畏敬は存在しなくなるだろう。ついには悪行を見てももはや誰も怒らず、不幸な者たちの前で恥じる者もなくなった時、ゼウスが彼らをもまた滅ぼすだろう。しかしその時でも一般の人びとが立ち上がり、彼らを圧迫する支配者たちを倒しさえするならば、何事かがなされるかもしれない。

——鉄の時代に関するギリシア神話

歴史を見る時、私は悲観主義者だ……しかし先史時代を見る時、私は楽観主義者だ。

——J・C・スマッツ

一方において人間は、自らの種と戦うという点で多くの種の動物に似ている。しかし他方人間は、闘争をする数千の種の中で、壊滅的闘争をする唯一の種である……人間は大量殺戮を行なう唯一の種である。自らの社会における唯一の不適合者である。

——N・ティンベルヘン

凡例

一　本書は Erich Fromm, *The Anatomy of Human Destructiveness* (Holt, Rinehart and Winston, 1973) の全訳である。ただし原書が発行されてから本書の出版までに、前後三回にわたって、相当広範囲に及ぶ訂正の申し入れが著者からあったので、本書には前掲書とかなり違った部分があることを付記しておく。

二　原書のイタリック体の箇所は、それが強意に用いられている場合は、訳書では傍点を付した。

三　原書の本文中の人名には、とくに必要がないと判断した場合を除いて、その原名を付記した。

四　原注は専門的読者のためのものと想定して、文中の人名は初出の場合は原名で表記、二度目からは片カナに統一した。

破壊——目次

〔目次〕

はしがき

この研究は、精神分析理論に関する総合的な仕事の第一冊目である。私が攻撃性と破壊性の研究から始めたのは、これが精神分析における基本的な理論的問題の一つであるからだが、また一方、破壊性の波が世界を巻き込んでいるので、この研究は実践的にも最も重大な研究の一つとなっているからでもある。

六年以上前に本書を書き始めた時、私は自分が遭遇するであろう困難を、ずいぶん過小評価していた。やがて、私が自分の主たる能力分野である精神分析の分野の限界内にとどまるかぎり、人間の破壊性について十分に書くことができないことが、明らかになった。この研究は主として精神分析的な研究になるはずではあるが、ほかの分野、とくに神経生理学、動物心理学、古生物学、人類学などの知識をたとえわずかでも必要とした。それはあまりにも狭く、それゆえ歪曲的な準拠枠の中で作業することを、避けるためであった。少なくとも、私は自分の結論をほかの分野の重要なデータと照合して、自分の仮説がそれらと矛盾していないことを確かめるとともに、それらが私の希望どおりに自分の仮説を裏付けてくれるかどうかを、判定する能力を持たなければならなかった。

これらすべての分野における攻撃についてのもろもろの発見を記録し、総合した仕事はもちろん、どれか一つの特定の分野における発見を要約した仕事すら存在しなかったので、私はこのような試みを自分でしなければならなかった。この試みは読者にも役立つだろうと、私は考えた。というのは、それが破壊性の問題について、ただ一つの学問の立場からの見方でなく、全体的な見方を私と共有してもらう可能性を、読者に提供するからなのだ。明らかに、このような試みには多くの落し穴がある。私がこれらすべての分野において、十分な能力を得ることができないことは、明白であった――とりわけ、私がほとんど知識を持たずに始めた分野であるもろもろの神経科学においては、なおのことであった。私がわずかなりとも、この分野の知識を得ることができたのは、自分で勉強した結果だけではなく、神経科学者たちの厚意のおかげでもあった。その多くの人たちから私は手引きを与えられ、多くの質問に答えてもらったし、何人かには、原稿の関連した部分を読んでもらった。専門家たちは、私が彼らの専門の分野において、何ら新しいものを寄与していないことを知るだろうが、一方ではこのような肝心かなめの問題についての、ほかの領域からのデータをよりよく知る機会を、歓迎してくれるかもしれない。

　どうしようもない一つの問題は、私の今までの仕事からの繰り返しと重複の問題である。私は人間のいろいろな問題について三十年以上研究を続け、その過程において新しい領域に光を当てる一方、古い領域での私の洞察を深め、かつ広げてきた。人間の破壊性について書くためには、すでに表明済みであっても、本書の扱う新しい概念を理解するためにはやはり必要な考えを、述べずに済ますことはとうていできない。私は繰り返しをできるだけ控えるように努めた――今までに発表したものの中で、比較的詳しく論じたことに言及しながら。しかしそれでも繰り返しは避けえなかった。この点でとくに問題になるのは、『悪について』（*The Heart of Man*）〔邦訳、紀伊國屋書店〕である。これには死への希求《ネクロフィリア》―生への希求《バイオフィリア》についての私の新しい発見の幾つかが、核の形で含まれている。今度の本では、これらの発見が理論的にも、臨床的な例証に関しても、ずっと広範囲にわたって述べられている。私は本書で表明した見方と、今までに書いたものの中で表明した見方との間にある、或る種の違いについては論じなかった。このような論議は多くの紙面を必要とするし、またたいていの読者にとっては、そうおもしろいものではないからである。

残るは、本書を書くにあたって私を助けてくださった人びとにお礼を言うという、楽しい仕事だけである。

私はジェローム・ブラムズ（Jerome Brams）博士にお礼を申し上げたい。行動主義の諸問題の理論的解明にあたって博士からいただいた助力、および関連文献を探す際の倦むことを知らない援助に、私はたいそう負うところが多い。

ファン・デ・ディオス・エルナンデス（Juan de Dios Hernández）博士には、私の神経生理学の勉強を容易にする上で、ありがたい助力をいただいた。博士は何時間もの議論によって多くの問題を解明し、膨大な文献の中で私に方向を示し、原稿の中の神経生理学を扱った部分を批判してくださった。

私は時には長い対談や、手紙によって助力をいただいた、次の神経科学者の方がたにお礼を申し上げる。故ラウール・エルナンデス・ペオン（Raul Hernándes Peón）博士、ロバート・B・リヴィングストン（Robert B. Livingston）博士、ロバート・G・ヒース（Robert G. Heath）博士、ハインツ・フォン・フェルスター（Heinz von Foerster）博士、そしてセオドア・メルネチュク（Theodore Melnechuk）博士。メルネチュク博士にも、原稿の神経生理学の部分を読んでいただいた。またフランシス・O・シュミット（Francis O. Schmitt）博士には、マサチューセッツ工科大学の〈神経科学研究計画〉のメンバーの人びととの会合を、お世話いただいたし、これらの人びとは私の提起した問題を論議してくださった。私は会話や手紙で、私のヒトラー像を豊かにする上で最大の助力をいただいたアルバート・シュペア（Albert Speer）に、お礼を申し上げる。私はまた、ロバート・M・W・ケンプナー（Robert M. W. Kempner）が、ニュールンベルク裁判でのアメリカの検察官の一人として集めた資料も、使わせていただいた。

デーヴィッド・シェクター（David Schecter）博士、マイケル・マコービー（Michael Maccoby）博士、ゲルトルート・フンツィカー＝フロム（Gertrud Hunziker-Fromm）にも、原稿を読んで貴重な批判的かつ積極的な示唆をいただいたことに、感謝している。イヴァン・イリッチ（Ivan Illich）博士とラモン・ヒーロー（Ramon Xirau）博士には、哲学的問題における有益な示唆に対して、W・A・メーソン（W. A. Mason）博士には、動物心理学の分野における批判に対して、エルムート・デ・テラ（Helmuth de Terra）博士には、古生物学の問題に関する有益な批判に対して、マックス・フンツィカー（Max Hunziker）には、シュルレアリスムに関する有益な示唆に対して、そしてハインツ・ブラント（Heinz Brandt）には、ナチスのテロのやり方に関する啓発的な資料と示唆に対して、それぞれ感謝をささげる。カリンコウィッツ（Kalinkowitz）博士には、この仕事に積極的な心強い興味を示していただいたことに、感謝している。さらにイリッチ博士とヴァレンティーナ・ボアズマン（Valentina Boresman）嬢には、メキシコのクエルナヴァーカの比較文化文献センターの文献目録の使用にあたって、援助を与えられたことにお礼を申し上げる。

私はこの機会を利用して、ベアトリス・H・メーヤー（Beatrice H. Mayer）夫人に心からの感謝の意を表したい。夫人は過去二十年以上にわたって、今度の原稿も含めて私が書いたそれぞれの原稿に多くの違った種類があるのを、何度もタイプしなおしただけでなく、言葉に関するすぐれた感受性と、理解と、良心をもって、また多くの貴重な示唆を与えることによって、それらの校訂もしてくださった。

私が海外にいる間は、ジョーン・ヒューズ（Joan Hughes）夫人が非常に有能にかつ積極的に、原稿を扱ってくださったので、お礼を申し上げる。

ホールト・ラインハート・アンド・ウィンストン社の編集主任、ジョーゼフ・カニーン（Joseph Cunneen）氏にも、編集者としての非常に有能かつ良心的な仕事と、積極的な示唆に対して、感謝の意を表する。さらに同社編集長のロレーン・ヒル（Lorraine Hill）夫人、製作担当のウィルソン・R・ゲージング（Wilson R. Gathing）氏とキャシー・ファリン（Cathie Fallin）嬢に、原稿のさまざまな印刷段階における仕事の調整にあたっての技術と配慮に対して、お礼を申し上げたい。最後にマリオン・オドミロク（Marion Odomirok）には、良心的かつ洞察的な校訂のすばらしさに、お礼を申し上げる。

この研究は一部、国立精神衛生研究所の公衆衛生事業助成金（No. MH 13144—01, No. MH 13144—02）の援助を受けた。アルバート・アンド・メアリー・ラスカー（Albert and Mary Lasker）財団の援助によって助手を使うことができ、いっそうの助けとなったことに感謝する。

E・F

ニューヨーク
一九七三年五月

用語について

〈攻撃 aggression〉という言葉のあいまいな用法のために、この問題に関する豊富な文献の中に、大きな混乱が生じている。この言葉は、襲撃に対して命を守ろうとする人間の行動にも、金を奪うためにねらった相手を殺す強盗にも、囚人を責めさいなむサディストにも適用されてきた。混乱はさらに進み、この言葉は、男性の女性に対する性的接近にも、登山者やセールスマンをかりたてる衝動にも、大地を耕す農夫にも用いられてきた。この混乱はおそらく心理学と精神医学における、行動主義的な考え方の影響によるものであろう。もしすべての〈有害な〉行動——すなわち無生物や植物や動物や人間を、傷つけたり破壊したりする結果に終わる行動——を攻撃と呼ぶならば、もちろんその有害な行動の背後にある衝動の質はまったくどうでもよいものとなる。もし破壊をめざす行動、保護をめざす行動、創造をめざす行動がすべてまったく同じ言葉で表わされるならば、まさにそれらの〈原因〉を理解する望みはなくなる。それらはまったく異なった現象であるがゆえに、共通の原因を持たないのであって、〈攻撃〉の原因を見いだそうとすれば、理論的に望みのない立場に陥るのである。[1]

(1) しかし、フロイトが攻撃のいろいろな違いに気付いていなくはなかったことに注目すべきである(付録参照)。さらにフロイトの場合、彼の用語の基礎にある動機が行動主義的方向づけの中にあるとは、まず考えられない。おそらく彼はただ慣習的な用法に従ったのであり、それに加えて、死の本能のような彼自身の大ざっぱな範疇にも適用できるように、最も一般的な言葉を選んだのであろう。

ローレンツを例にとろう。彼の攻撃の概念はもともとは、個体および種の生存に役立つところの生物学的に適応し、進化論的に発達した衝動のことなのである。ところが彼が〈攻撃〉を流血の欲望や残酷性にも適用したために、これらの非合理的な情熱もまた生まれつきのものという結論になり、また戦争は殺人の快楽によって引き起こされると理解されているので、さらに導き出される結論は、戦争は人間性の中に生まれつき存在する、破壊的な傾向によって引き起こされるということになる。〈攻撃〉という言葉は、生物学的に適応する攻撃（これは悪ではない）と、まさに悪であるところの人間の破壊性とを、結びつける便利な橋として用いられる。この種の〈論法〉の核心はこうだ。

生物学的に適応する攻撃＝生まれつき
破壊性と残酷性＝攻撃
ゆえに破壊性と残酷性＝生まれつき　証明終わり

本書では私は〈攻撃〉という言葉を防衛的、反射的な攻撃、つまり私が〈良性の攻撃〉という言葉の中に包含したものの意味に使ったが、破壊し絶対的支配を渇望する人間特有の傾向は、〈破壊性〉と〈残酷性〉と呼ぶことにする（〈悪性の攻撃〉）。〈攻撃〉を都合上ある種の文脈で、防衛的攻撃以外の意味で使った時はいつも、誤解を避けるために修飾を加えることにした。

次の語義上の問題は、人類（mankind, humankind）を示す言葉として〈マン（man）〉を使うことによって生じる。男女両方を表わすために〈男《マン》〉という言葉を使うのは、家父長制的社会で発達した言語の場合は、驚くべきことではない。しかし著者が家父長主義の精神からこれを使っているのではないことを示すために、この語を避けるというのも、やや杓子定規のきらいがあると私は信じる。実際、本書の内容が、このことを疑いの余地なく明らかにするはずである。

私はまた概して、人間のことを言う場合に〈彼〉という言葉を使ったが、そのつど〈彼もしくは彼女〉と言うのも見苦しいからである。私は言葉は非常に重要だと信じているが、言葉を物神化して、その表わす思想より言葉の方に、興味を持つようになってはいけないとも信じている。

文献の紹介に万全を期するために、本書における引用には、著者と発表の年を付してある。これは読者が参考文献表の中に、より十分な参照を見いだせるようにするためである。それゆえ、スピノザ（一九二七）の引用のように、年は必ずしも、書かれた時のこととはかぎらない。

序章　本能と人間の情熱

暴力と破壊性が国家的また世界的な規模で増大したために、専門家も一般大衆も同じように、攻撃の性質や原因の理論的研究に注意を向けるようになった。このような関心は驚くに当たらないのであって、驚くべきことは、この関心の集中がやっと最近になって起こったということである。とくにフロイトという、群を抜いてそびえ立つ研究者が性衝動を中心とした初期の理論を改訂することにより、すでに一九二〇年代に新しい理論を組み立て、破壊の情熱（〈死の本能〉）が愛の情熱（〈生の本能〉、〈性愛〉）と同じように強いと考えているのだからなおさらのことである。しかし、一般の人びとは常に、フロイト理論とは、リビドーを、自己保存の本能によってのみ抑制される人間の中心的情熱として、示すものであると考えてきた。

この状態はようやく六〇年代の半ばになって変化した。この変化の理由として考えられる一つのことは、暴力の程度と戦争の恐怖が、世界中で或る閾値（threshold）を超えたという事実であった。しかしこれを助長した一つの要因は、人間の攻撃を扱った数冊の書物、とくにコンラート・ローレンツ（Konrad Lorenz）の『攻撃』（*On Aggression*）（一九六六）〔一九六五年のドイツ語版の邦訳、みすず書房。英語版の内容はやや異同がある〕の出版であった。ローレンツは動物の行動の分野、(1) とくに魚や鳥の行動の分野におけるすぐれた学者だが、彼がほとんど経験も能力も持たない分野、すなわち人間の行動の分野にあえて踏み出そうと決心したのである。たいていの心理学者や神経科学者からは退けられながら、『攻撃』はベストセラーになり、教育を受けた人たちの多くの心に深い印象を与え、彼らの多くはローレンツの見方を、この問題に対する最終的な答えとして受け入れた。

（1）ローレンツは動物の行動の研究に"ethology"という名をつけたが、これは奇妙な命名である。というのは、エソロジーとは文字どおりに言えば、〈行動の科学〉を意味するからである（ギリシア語の"ethos"〈行動〉、〈規範〉から）。動物の行動の研究を意味するなら、ローレンツはそれを"animal ethology"と呼ぶべきであった。彼がエソロジーに修飾語を付けなかったのは、もちろん人間の行動は動物の行動に包含されうるという彼の考えを暗示している。ジョン・スチュアート・ミルが、ローレンツよりずっと前に性格の科学を意味する"ethology"という言葉を造っていたのは、興味深い事実である。もし私が本書のおもな論点を一言で言いたいと思えば、私は本書は〈エソロジー〉を扱うが、それはミルの意味であってローレンツの意味ではないと言うだろう。

ローレンツの思想が一般に受け入れられるのに大きな助けとなったのが、非常に違ったタイプの作家ロバート・アードリー（Robert Ardrey）が以前に書いた作品であった（『アフリカ創世記』（*African Genesis*）（一九六一）〔邦訳、筑摩書房〕、『なわばり』（*The Territorial Imperative*）（一九六七））。科学者ではなく才能ある劇作家であるアードリーは、人間の起源に関する多くのデータをないまぜて、人間の生まれつきの攻撃性を証明するはずの、非常にかたよってはいるが雄弁な報告書をまとめあげた。これらの書物に続いて他の動物行動の研究者たちの本、たとえばデズモンド・モリス（Desmond Morris）の『裸のサル』（*The Naked Ape*）（一九六七）〔邦訳、河出書房〕やローレンツの弟子I・アイブル＝アイベスフェルト（I.

Eibl-Eibesfeldt）の『愛と憎しみ』（*On Love and Hate*）（一九七二）〔邦訳、みすず書房〕などが出た。

これらすべての著作は基本的に同じ命題を含んでいる。すなわち戦争、犯罪、けんか、あらゆる種類の破壊的、サディスト的な行動などに現われた人間の攻撃的行動は、系統発生的に計画された生まれつきの本能によるもので、この本能がはけ口を求め、発散のための適当な機会を待っているのだということである。

おそらくローレンツの新本能主義がこんなに受けたのは、彼の議論が強力であったからではなく、人びとがこういう議論に動かされやすいからであろう。おびえながらも破壊に至る進路を変えることができないと感じている人びとにとって、暴力はわれわれの動物的本性に根ざし、どうしようもない攻撃衝動に根ざしているのであって、われわれにできる最善のことは、ローレンツの言うごとく、この衝動の力を説明する進化の法則を理解することであると、確信をもって言い切る理論ほどに歓迎すべきものがあろうか。この生まれつきの攻撃性の理論は容易にイデオロギーとなって、起ころうとしていることへの恐怖をしずめ、無力感を合理化する助けとなるのである。

破壊性の原因についての真剣な研究よりも、この本能主義理論のようなあまりに単純化した答えが好まれるのには、ほかにも理由がある。前者は流行のイデオロギーの基本的前提を問い直すことを要求する。私たちは自分たちの社会体制の非合理性を分析し、〈防衛〉、〈名誉〉、〈愛国心〉のような威厳ある言葉の背後に隠れているタブーを破るようにしむけられる。私たちの社会体制の底までメスを入れなければ、破壊性の増大の理由を明らかにすることも、それを減少させる方法や手段を提起することもできない。本能主義理論は、このような分析を行なう苦労を免除してやろうと言うのである。この理論は暗にこう主張しているのだ。たとえ私たちがみな滅びなければならないとしても、少なくとも次のような確信をもって滅びてゆくことができる、と。すなわち私たちの〈本性〉がこの運命を押しつけたのであって、なぜすべてのことがこのように起こったのかということはわかっている、という確信。

現在の心理学における思想系列からすれば、ローレンツの人間の攻撃理論への批判は、いま一つの主流をなす心理学理論である、行動主義理論の系列に当てはまりそうである。本能主義とは対照的に、行動主義理論は人間をある仕方で行動させる主体的な力には、興味を持たない。それは人間が何を感じるかには関心を持たず、彼が行動する仕方と、彼の行動を形づくる社会的な条件づけにのみ関心を持つのである。

心理学における焦点が感情から行動へとラディカルに移行したのは、ようやく一九二〇年代のことであって、それ以後は情緒や情熱が多くの心理学者の視野から、少なくとも科学的見地からはどうでもよいデータとして、消されてしまった。心理学の主流派の主題は行動となり、行動する人間ではなくなった。〈精神の科学〉は動物と人間の行為を操作する科学へと変貌した。この発展はスキナー（Skinner）の新行動主義において頂点に達し、それが今日では合衆国の大学で最も広く受け入れられた心理学理論となっている。

この心理学の変貌の理由は容易に見いだしうる。人間の研究者はほかのいかなる科学者よりも、彼の社会の空気に影響されやすい。これは彼の考え方、彼の興味、彼の起こす疑問などがみな、自然科学の場合のようにある程度社会的に決定されるからだけでなく、彼の場合は人間という主題自身が、このように決定されるからでもある。心理学者が人間について語る時はいつも、彼のモデルは彼の回りにいる人間——そしてなかんずく彼自身——である。現在の産業社会においては、人間は頭脳に頼る傾向があり、感じることが少なく、情緒などは——被験者だけでなく心理学者自身の情緒も——無用の底荷《バラスト》であると考えている。行動主義理論は彼らにぴったりのように見えるのである。

本能主義か行動主義かという現在の状態は、理論的進歩にとって好ましいことではない。いずれの立場も〈一面的説明〉であって、独断的な先入観念に基づいており、研究者たちはデータをどちらかの説明に当てはめることを要求される。しかし私たちはほんとうに、本能主義理論と行動主義理論のいずれを受け入れるかという、二者択一を迫られているのだろうか。私たちはローレンツかスキナーのどちらかを選ばなければならないのだろうか。ほかに選択の余地はないのだろうか。本書はほかにも選択の余地があると主張し、それは何であるかという問題を検討するのである。

私たちは人間の中において、二つのまったく異なった種類の攻撃を区別しなければならない。第一は人間がすべての動物と共有するもので、死活の問題への脅威が生じた時に相手に襲いかかる（あるいは逃げる）という、系統発生的に計画された衝動である。この防衛的な〈良性の〉攻撃は個体および種の生存に役立つもので、生物学的に適応しており、脅威が存在しなくなると終わる。もう一つの型の〈悪性の〉攻撃、すなわち残酷性と破壊性は人類に特有のものであって、ほとんどの哺乳動物にはないと言ってよい。それは系統発生的に計画されたものでもなければ、生物学的に適応するものでもない。それは目的を持たず、貪欲的なまでに満足を求める。この問題についての今までの議論のほとんどが、それぞれ違った原因と違った性質を持つこれら二つの種類の攻撃を区別しなかったために、くだらぬものとなってしまったのだ。

防衛的な攻撃はかつて分類されていたような〈生まれつきの〉(2)本能ではないとしても、たしかに人間の本性の一部である。ローレンツが防衛としての攻撃を語るかぎり、彼の攻撃本能についての仮定は正しい。(その自発性と自己更新性についての理論は科学的に擁護しうるものではないが。)しかしローレンツはさらに歩を進める。多くの巧みな解釈によって、彼は殺したり苦しめたりする情熱をも含めてすべての人間の攻撃を、生物学的に与えられた攻撃であって、それが多くの要因によって有益な力から破壊的な力に変貌したものであるとする。しかしこの仮説は事実上擁護の余地がない。あまりに多くの経験的データがこの仮説を否定しているからである。種々の動物の研究によって、哺乳動物――とくに霊長類――は多くの防衛的攻撃性を持ってはいるが、殺し屋でも拷問者でもないことが明らかになっている。古生物学、人類学、歴史学は本能主義的な命題を否定する十分な証拠を提供する。すなわち、(1)人間の集団はそれぞれの破壊性の程度においてあまりにも本質的に違うので、この事実は破壊性と残酷性が生まれつきであるという仮定によっては説明できない。(2)違った程度の破壊性はほかの精神的要因や、それぞれの社会構造の違いに関連づけることができる。(3)破壊性の程度は文明が発展するにつれて増し、その逆ではない。むしろ生まれつきの破壊性という説明は、先史時代よりはるかによく歴史時代に当てはまる。もし人間が彼の動物の祖先たちと共有しているところの、生物学的に適応した攻撃のみを与えられていたら、彼は比較的おとなしい存在となるだろう。もしチンパンジーに心理学者がいたら、彼らは攻撃などは本を書かなければならないようなやっかいな問題だとはまず考えないだろう。

(2) 最近ローレンツは、学習の要因が同時に存在することを認めることによって、〈生まれつき〉という概念を修正した(K・ローレンツ、一九六五)。

しかし人間は殺し屋であるという事実が、動物と違うところである。人間はおのれの種の仲間を何の生物学的な、あるいは経済的な理由もなく殺し、苦しめ、しかもそうすることによって満足感を味わう唯一の霊長類である。この生物学的に非適応で、系統発生的に計画されたわけでもない〈悪性の〉攻撃こそ真の問題なのであって、この破壊的な攻撃の本性と諸条件を分析するのが、本書のおもな目的なのである。

良性＝防衛的攻撃と悪性＝破壊的攻撃とを区別するためには、さらに進んでより本質的な区別、すなわち本能と[3]性格、もっと正確に言えば、人間の生理的要求に根ざした動因（有機体的動因）と、人間の性格に根ざしたとくに人間的な情熱（〈性格的、あるいは人間的情熱〉）とを区別しなければならない。本能と性格との区別については、本文でさらに詳しく論じるはずである。私は性格とは人間の〈第二の本性〉であって、彼のあまり発達していない本能の代用品であること、さらに人間の情熱（たとえば破壊への欲求、サディズム、マゾヒズム、権力や所有への渇望などと同様に、愛、やさしさ、自由への努力なども）は〈存在的要求〉への回答であって、その要求自体が人間存在の条件そのものに根ざしているものであることを、明らかにしようとするつもりである。簡単に言えば、本能は人間の生理的要求への回答であり、性格に条件づけられた人間の情熱は、彼の存在的要求への回答であって、とくに人間的なものである。こういう存在的要求はすべての人間にとって同じものなのだが、支配的な情熱に関しては、人間の中でもそれぞれ違っている。例をあげると、人間は愛によっても、破壊の情熱によっても動かされうるが、いずれの場合にも彼は存在的要求の一つ、すなわち何かを〈成し遂げ〉、何かを動かし、〈印象づける〉という要求を満足させるのだ。人間の支配的な情熱が愛であるか破壊性であるかは、社会的環境に大きく左右される。ところがこれらの環境は、人間の生物学的に与えられた存在状況と、そこから生じる要求とに関連して作用するのであって、環境主義理論が仮定しているような無限の順応性を持った白紙の精神（psyche）に作用するのではない。

（3）〈本能〉という言葉はやや時代遅れとなっているが、ここではかりに使っている。のちには〈有機体的動因〉という言葉を使うことになろう。

しかし人間存在の条件とは何かということを知りたければ、私たちはさらに問いを重ねなければならない。人間の本性とは何か。人間を人間たらしめているものは何か。言うまでもなく、社会科学の現在の風潮はこのような問題の論議をあまり歓迎しない。これらは一般に哲学や宗教の主題だと考えられているのであって、実証主義的な考え方では、これらは客観的妥当性を主張しえない純粋に主観的な思弁として取り扱われている。あとであげるデータについての込み入った議論を先取りするのも都合が悪いので、ここでは二、三の指摘だけにとどめておこう。人間の本質を定義しようとする私たちの試みは、ハイデッガーやサルトルのやったような形而上学的な思弁によって到達する抽象的な存在とはかかわりはない。私たちがかかわるのは人間としての人間に共通した存在の現実の条件なのであり、したがってそれぞれの個人の本質を求めてゆくと、それは種の存在と合致する。私たちがこの概念に到達するのは、種としてのヒト（*homo*）を特徴づけている解剖学的、神経生理学的構造およびその精神的相関関係を、経験的に分析することによってである。かくして私たちは人間の情熱の説明原理を、フロイトの生理学的原理から社会生物学的および歴史的原理へ転換するのである。種としてのホモ・サピエンスを解剖学的、神経学的、生理学的観点から定義できるからには、精神的な観点からも種として定義できるはずである。これらの問題を本書で取り扱う際の観点は、実存哲学という意味ではないが実存主義的と言えるかもしれない。

この理論的基礎はさまざまな形の性格に根ざした悪性の情熱、とくにサディズム——感覚を有するほかの存在に対して無制限な力を振おうとする情熱——やネクロフィリア——生命を破壊する情熱、およびすべての死んだもの、腐敗してゆくもの、まったくの機械的なものに惹かれること——などを詳しく論じる可能性を開いてくれる。これらの性格構造は、たぶん何人かの最近の有名なサディストや破壊者、すなわちスターリン、ヒムラー、ヒトラーらの性格を分析することによって、理解が容易になるだろう。

この研究の踏む段階をたどったからには、以下の各章で読者に示される一般的前提や結論の幾つかを、簡単にでも述べておくのが好都合だろう。(1)私たちは行動する人間から切り離された行動にはかかわらないで、直接に観察しうる行動に現われるか否かを問わず、人間の諸動因を扱うことになるだろう。このことは攻撃の現象に関しては、私たちは攻撃衝動の起源と強さを研究するのであって、動機づけと無関係な攻撃的行動を研究するのではないことを意味する。(2)これらの衝動は意識的でもありうるが、より多くは無意識的である。(3)それらはたいていの場合、比較的安定した性格構造の中に統合されている。(4)もっと一般的に公式的な言い方をすれば、この研究は精神分析の理論に基づいている。したがって、私たちの用いる方法は、観察可能な、しばしば一見無意味と思われるデータの解釈によって、無意識的な内的真実を見いだすという精神分析的方法である。しかし〈精神分析〉という言葉は古典的な理論のことを言うのではなく、それにある改訂を加えた理論のことを言っている。この改訂の主要な諸相はのちに論じることにして、ここではただ、それはリビドー理論に基づく精神分析ではなく、したがって一般にフロイト理論の本質そのものだと考えられている本能主義的概念を、避けているということだけを言っておきたい。

しかしこのようにフロイトの理論と本能主義理論を同一視することには、大いに疑いの余地がある。実際フロイトは、支配的な風潮とは対照的に、人間の情熱——愛、憎しみ、野心、貪欲、嫉妬、羨望——の領域を研究した最初の近代心理学者であって、それまで劇作家や小説家によってのみ扱われて来た情熱が、フロイトによって科学的探求の題材となったのである。(4) このことが、なぜ彼の仕事が精神医学者や心理学者よりも芸術家たちの間ではるかにあたたかく深い理解をもって受け入れられたのか——少なくとも彼の方法が心理療法へのふえる一方の需要を満たす手段となるまでは——の説明となるかもしれない。ここにこそわれわれ自身の題材すなわち人間の〈魂〉を、その最もひそかで微妙な現われにおいて扱う最初の科学者が出現したと、芸術家たちは感じたのだ。シュルレアリスムは、フロイトが芸術的思考に与えたこの衝撃を最も明瞭に示した。古い芸術形式とは対照的に、それは〈現実〉をどうでもよいものとして捨て去り、行動には関心を持たなかった——問題となるのはただ主観的経験だけであって、フロイトの夢の解釈がシュルレアリスムの発達にとって最も重要な影響の一つとなったのは、きわめて当然のことであった。

(4) 昔のたいていの心理学、たとえば仏教徒の書いたものに現われた心理学、ギリシア人の心理学、そしてスピノザに至るまでの中世および近代の心理学は、注意深い観察(実験は伴わないが)と批判的な思考を組み合わせた方法によって、人間の情熱をおもな題材として扱っていた。

フロイトは彼の新しい発見を、彼自身の時代の概念や用語で表現せざるをえなかった。先生たちの唯物論から脱却しなかったために、彼は人間の情熱を本能の所産として示すことによって、いわばそれを擬装しなければならなかった。彼は理論的な離れわざ《トゥール・ド・フォルス》によって、これをみごとにやってのけた。彼が性（リビドー）の概念をあまりに拡大したので、すべての人間の情熱（自己保存を除いて）が一つの本能の所産として理解されうるようになった。愛、憎しみ、貪欲、虚栄、野心、強欲、嫉妬、残酷性、やさしさ――すべてはこの図式の拘束衣をむりやり着せられて、ナルシシズム的、口唇愛的、肛門愛的、性器愛的リビドーのさまざまな現われの昇華、あるいはこれらの現われに対する反動形成であるという理論によって扱われた。

　しかし彼の仕事の第二期において、フロイトは新しい理論を提示することによってこの図式から抜け出そうとしたのだが、これが破壊性を理解するための決定的な前進となった。彼は生命は二つの利己的な動因――一つは食物を求め、他は性を求める――に支配されているのではなく、二つの情熱――愛と破壊――に支配されており、これらの情熱は飢えや性と同じ意味で生理的生存に役立つものではないことを認めた。しかしながらなおも自分の理論的前提に縛られていたので、彼はこれらを〈生の本能〉と〈死の本能〉と呼び、これによって人間の破壊性に、人間の中の二つの基本的情熱の一つとしての重要性を与えたのであった。

　本研究は愛や自由を求める努力のような情熱を、破壊、拷問、支配、屈従などへの動因と同様に、本能との強制結婚から解放する。本能はまったく自然の範疇だが、性格に根ざした情熱は社会生物学的、歴史的範疇である[5]。肉体の生存に直接役立ちはしないが、これらの情熱は本能と同じほど――多くの場合はそれ以上に――強い。これらは人生への人間の関心や、熱狂、興奮などの基盤を形成するのであって、夢ばかりでなく芸術、宗教、神話、劇——人生を生きるに値するものとするすべて——が作られる材料である〔訳注。「われわれは夢と同じ材料でできている」。シェークスピア『テンペスト』〕。人間はただの物体として、カップから投げ出されるさいころとして生きることはできず、餌を食べたり繁殖したりする機械の水準にまで堕落させられたなら、たとえ彼が望むあらゆる安定を与えられても、ひどく苦しむものである。人間はドラマと興奮を求めているのであって、より高い水準の満足を得られない時、彼は自ら破壊のドラマを作り出すのだ。

(5) そのあるものが脳に組み込まれる程度という問題については、R・B・リヴィングストン(一九六七)参照。第十章で論じている。

今日の思想的風潮は、動機はそれがある有機体的要求に役立つ時にのみ強力でありうる——つまり、本能のみが強力な動機づけの力を持っている——という原理を推進している。この機械論的、還元主義的〔訳注。すべての動機を本能に還元してしまう考え方〕見地を捨てて、全体論的〔訳注。有機体の部分よりも全体を重んじる考え方〕前提から出発すれば、人間の情熱は有機体全体の生命過程のためにどのような機能を果たすかという観点から考えられなければならない。それらの情熱の強さは特定の生理的要求によるのではなく、有機体全体の生存——肉体的にも精神的にも成長すること——の要求によるのである。

これらの情熱は生理的要求が満足させられてのちにはじめて強力となるのではない。それらは人間存在のまさに根底にあるのであって、ふつうの〈より低い〉要求が満たされてのちに余裕ができるという、一種のぜいたく品ではない。人びとは愛、権力、名声、復讐への情熱を実現しえなかったがゆえに自殺してきた。性的満足を得られないための自殺例は、ほとんどないと言ってよい。これらの非本能的情熱は人間を刺激し、燃えたたせ、人生を生きるに値するものにする。フランス啓蒙思潮期の哲学者フォン・ホルバッハ（von Holbach）〔訳注。ドルバックのこと。ドイツ生まれでのちにフランスに帰化。一七二三―一八九〕は、ある時こう言った。「情熱も欲望も持たない人間は、人間でなくなるだろう」（*Un homme sans passions et désires cesserait d'être un homme*）（P・H・ドルバック、一八二二）。これらの情熱はまさにそれなくしては人間が人間でなくなるからこそ、これほどに強いのである。(6)

（6） ドルバックのこの言葉は、もちろん彼の時代の哲学的思考の文脈で理解すべきである。仏教哲学やスピノザ哲学は情熱についてまったく違った概念を持っている。これらの立場から言えば、ドルバックの叙述は経験的には大多数の人びとに当てはまることだろうが、ドルバックの立場はこれらの哲学が人間の発達の目標と考えているものの正反対なのである。この違いを認識するために、私は野心や貪欲などの〈非合理的情熱〉と、感覚を持つすべてのものへの愛や心づかいのような〈合理的情熱〉との違いに言及しておく。（これについてはのちに論じる。）しかしながら本文に関連した問題はこの違いではなく、生命は自らを維持することばかり考えるという思想は、非人間的であるということだ。

人間の情熱は、人間を単なる物から英雄に、恐るべき不利な条件にもかかわらず人生の意味を悟ろうと努める存在に変貌させる。彼は自らの創造者となって、自分の未完成の現状をある目的を持った状態に変貌させ、自らある程度の統合を獲得しうることを望む。人間の情熱は幼児期の外傷《トラウマ》〔訳注。刺激保護を突破するほど強力な、外部からの衝撃によって生じた心理的な傷〕に原因するものとして十分に説明できるような、平凡な心理的複合ではない。それらを理解するためには還元主義的心理学の領域を超えて、それらのほんとうの姿、すなわち人生の意味を悟り、与えられた環境の下で達成しうる（あるいはそう信じている）最適度の強さと力を体験しようとする人間の試みであることを、認識しなければならない。それらは彼の宗教であり、信仰であり、儀礼であるが、彼の属する集団によって非難されるものであるかぎり、彼はそれらを（自分自身からさえ）隠さなければならないのだ。たしかに買収や脅迫によって、つまり巧みな条件づけによって、彼にその〈宗教〉を捨てさせ、自己を持たない、自動人形の一般信仰に改宗させることはできる。しかしこの精神療法は彼の持っている最上のもの、人間であって物ではないという状態を彼から奪うことなのである。

真実を言えば、すべての人間の情熱は、〈良き〉ものも〈悪しき〉ものもともに、ある人間が彼の人生の意味を悟り、平凡なただ生命を維持するだけの生活を超越しようとする試みとしてのみ理解しうるのである。彼が生命を増進する情熱を動員して、今までよりもすぐれた活力と統合の感覚を体験することによって、人生の意味を知る新しい方向に〈改宗する〉ことができる場合にのみ、変化が可能である。この変化が起こらなければ、彼を飼いならすことはできても、彼をいやすことはできない。しかし生命を増進する情熱は、破壊性や残酷性より大きな力、喜び、統合、活力の感覚へ導くものではあるが、後者もまた前者と同様に人間存在の問題に対する解答である。最もサディスティックで破壊的な者でさえ人間である。聖者と同じように人間である。彼は人間として生まれたことの挑戦に対するよりよい解答を達成しえなかったところの、ひずんだ病める人間と呼ぶことができるが、同時にまた、救済を求めてまちがった道を採った人間と呼びうる、ということも真実なのである。[7]

（7）“salvation”（救済）はラテン語の語根 *sal*〈塩〉から来る（スペイン語では *salud*〈健康〉となる）。この意味は塩が肉を腐敗から守るという事実から生じる。“salvation”は人間を腐敗から守ることである。この意味でそれぞれの人間が〈救済〉（非神学的な意味で）を必要とするのである。

しかしこう考えたからと言って、それは決して破壊と残酷性が悪ではないということを意味するものではなく、ただ悪が人間的であるということを意味しているのである。それらはたしかに生命を破壊し、肉体と精神を破壊するし、また犠牲者だけでなく破壊者自身をも破壊する。それらはある逆説を構成している。すなわち生命が自らの意味を悟ろうと努力して自らに敵対することの現われである。破壊性と残酷性は唯一の真の倒錯である。それらを理解することは、それらを許容することではない。しかし私たちがそれらを理解しなければ、いかにすればそれらを減少させうるのか、いかなる要因がそれらを増大させるのかを認識する方法はない。

このような理解は、破壊性＝残酷性に対する感受性が急速に薄らぎ、ネクロフィリアすなわち死んだもの、腐敗してゆくもの、生命のないもの、まったく機械的なものに惹かれる心が、私たちのサイバネティックス産業社会全体に増加しつつある今日においては、とくに重要である。ネクロフィリアの精神はF・T・マリネッティにより、一九〇九年の『未来派宣言』〔訳注。イタリアの詩人マリネッティがパリの『フィガロ』紙に発表したもので、伝統を破壊し、暴力、スピード、機械の美しさなどをたたえる新しい美学の宣言であった〕において初めて文学的な形で表現された。同じ傾向がこの数十年来の芸術や文学の多くに見られ、そこにはすべての腐敗したもの、生命のないもの、破壊的なもの、機械的なものにとくに魅せられる気持が現われている。ファランヘ党〔訳注。スペインのファシスト党〕の〈死よ万歳〉という標語が、機械による自然の征服がまさに進歩そのものの意味となり、生きている人間が機械の付属品となるような社会の秘密の原理となろうとしているのである。

本研究はこのネクロフィリア的情熱の本性と、それを育てる傾向を持った社会的条件を明らかにしようとする。結論はいかなる広い意味における救済も、私たちの社会的政治的構造を根本的に変革して、人間を社会の至高の役割に復帰させることによってしか得られないということになるだろう。〈法と秩序〉（生命と構造でなく）への要求、犯罪者へのきびしい処罰の要求は、ある種の〈革命家〉たちの中に見られる暴力と破壊への執念とともに、現代世界のネクロフィリアの強い牽引力の新たな実例にすぎない。私たちは人間、この未完成で不完全な存在――自然界で特異な位置を占める――の成長を、すべての社会的な取り決めの至高の目標とするような条件を作り出す必要がある。真の自由、独立、そしてあらゆる形の搾取的支配の終焉が、生命への愛を動員する条件であり、この愛こそ死せるものへの愛に打ち勝つことのできる唯一の力なのである。

第一編　本能主義、行動主義、精神分析

第一章　本能主義者たち

1　旧本能主義者たち

本能理論の歴史については、読者が多くの教科書に見いだすことができるので、ここで述べることを見合わせよう。(1) この歴史ははるか昔の哲学思想に端を発したが、近代思想に関するかぎりでは、チャールズ・ダーウィンの仕事に始まっている。ダーウィン以後の本能に関する研究は、すべてダーウィンの進化の理論に基づいている。

(1)　私はとくに R. Fletcher (1968) を、洞察に富んだ本能理論の歴史のゆえに推奨する。

ウィリアム・ジェームズ（William James）（一八九〇）、ウィリアム・マクドーガル（William McDougall）（一九一三、一九三二）、またその他の人たちが長いリストを作り上げ、個々の本能がそれぞれに対応する行動を動機づけていると考えた。たとえばジェームズの本能のリストによれば、模倣、競争、けんか、同情、狩猟、恐怖、取得欲、盗癖、建設欲、遊び、好奇心、社交性、秘密性、清潔、謙遜、愛、嫉妬——普遍的な人間の性質と特定の社会的に条件づけられた性格特性の奇妙な混合である（J・J・マクダーモット編、一九六七）。こういう本能のリストは今日ではやや単純化されているようだが、これらの本能主義者たちの仕事は非常に精緻で豊かな理論構成を持ち、その理論的思考の水準にはやはり感心させられるのであって、決して単なる時代遅れのしろものではない。かくしてたとえばジェームズは、本能の最初の働きの中にさえも学習の要素があるかもしれないことに十分気付いていたし、マクドーガルも異なった経験や文化的背景の形成作用に気付いていないわけではなかった。後者の本能主義はフロイト理論への橋わたしになっている。フレッチャーが強調しているように、マクドーガルは本能を〈運動のメカニズム〉および厳密に固定した運動反応と、同一視はしなかった。彼にとって本能の中核をなすものは〈傾向〉であり、〈渇望〉であった。そしてそれぞれの本能の感情的＝生得的中核は、「全体としての本能的素質の認識的部分にもまた運動的部分にも、比較的無関係に機能しうるように思えた」（W・マクドーガル、一九三二）。

本能主義理論の近代における二人の最も有名な代表者である〈新本能主義者〉、ジクムント・フロイトとコンラート・ローレンツを論じる前に、彼らと旧本能主義者たちの両方に共通な特徴である、機械論的＝水力学的観点による本能主義モデルの概念を見てみよう。マクドーガルはエネルギーがある条件の下で〈水門〉でせき止められ、〈あふれ出る〉さまを想像した（W・マクドーガル、一九一三）。のちに彼はそれぞれの本能を、〈中で気体が絶えず遊離する室〉として描く類推を用いた（W・マクドーガル、一九二三）。フロイトもリビドー理論の概念において、水力学的な図式に従った。リビドーが増加し──→緊張が高まり──→不快感が増す。性的行為は緊張と不快感を減少させ、やがてまた緊張が高まり始める。同じようにローレンツも、反応を〈絶えず容器の中へポンプで送り込まれる気体〉、あるいは底のばね仕掛けのバルブで放出することのできる貯水槽の中の液体のような、特定のエネルギーと考えた（K・

ローレンツ、一九五〇)。R・A・ハインド(R. A. Hinde)は、さまざまの違いはあるにせよ、これらもその他の本能モデルも、「行動にエネルギーを与えうる物質を考え、それが容器の中に貯えられ、のちに行為となって解放されるとする点で共通している」と指摘した(R・A・ハインド、一九六〇)。

2　新本能主義者たち――ジクムント・フロイトとコンラート・ローレンツ

フロイトの攻撃の概念(2)

旧本能主義者たち、とくにマクドーガルを超えてフロイトが踏み出した大いなる一歩は、彼がすべての〈本能〉を二つの範疇――性本能および自己保存の本能――に統一したことであった。かくしてフロイトの理論は、本能主義理論の歴史の発展における最後の一歩と考えることができるのだが、あとで示すように、このように本能を一つ(自我本能を除いて)に統一したこと自体が、フロイトは気付いてはいなかったけれども、本能主義概念全体を克服する最初の一歩でもあったのだ。これから私はフロイトの攻撃の概念のみを扱うことにするが、それは彼のリビドー理論が多くの読者によく知られていて、ほかの著作、なかんずくフロイトの『精神分析入門』(一九一五―一九一六、一九一六―一九一七、一九三三)において読むことができるからである。

(2) フロイトの攻撃の概念の詳細な歴史と分析が付録にある。

フロイトは性(リビドー)と自己保存を人間を支配する二つの力と考えている間は、攻撃の現象には比較的わずかな注意しか向けなかった。一九二〇年代以後、この事情は完全に変わった。『自我とエス』

（一九二三）や後期の著作において、彼は生の（諸）本能（エロス）と死の（諸）本能という新しい二分法を設定した。フロイトはこの新しい理論的局面を次のような言葉で説明した。「生命の起源に関する思索と生物学的な比較から始めて、私は生きているものを保存する本能のほかに、別の反対の本能、すなわちこれらの単位を解体して原初的な無機物の状態に戻そうとする本能があるに違いないという結論を引き出した。つまりエロスだけでなく、死の本能があるということであった」（S・フロイト、一九三〇）。

死の本能は有機体自身に向けられるので、自己破壊的な動因である。またそれは外部へも向けられ、その場合は自分よりも他者を破壊する傾向を持つことになる。性愛と一緒になると、死の本能はより害の少ない衝動に変貌して、サディズムやマゾヒズムとなって現われる。フロイトは死の本能の力は減少させることができるということをいろいろな機会に示唆したが（S・フロイト、一九二七）、人間は自分か他者のどちらかを破壊する衝動の支配下にあり、この悲劇的な二者択一を避けるためになしうることはほとんどないという、基本的仮定は変わらなかった。その結果、死の本能の位置から考えると、攻撃は本質的には刺激に対する反作用ではなく、人間という有機体の構造の中に根ざした、絶えずあふれつつある衝動であるということになる。

精神分析学者の大多数は、ほかのすべての点ではフロイトに従いながら、死の本能の理論を受け入れることは拒否した。おそらくそれはこの理論が従来の機械論的な準拠枠を超えて、生物学的な思考を要求したので、〈生物学的〉とは本能の生理学に等しいと考えている大多数の者には、受け入れがたいものとなったからだろう。とはいえ彼らはフロイトの新しい立場を完全に拒否したわけではなかった。彼らは性本能の反対の極としての〈破壊本能〉を認めることによって、妥協した。かくして彼らはまったく新しい種類の考え方に身をゆだねることを避けながら、攻撃についてフロイトが新たに強調したことを、受け入れることができたのである。

フロイトは純粋に生理学的＝機械論的なアプローチから、有機体を全体として考え、愛と憎しみの生物学的起源を分析する生物学的アプローチへと、重要な一歩を踏み出していたのだ。しかし彼の理論には重大な欠陥が幾つかある。それはどちらかと言えば抽象的な思弁に基づいていて、納得できるような経験的証拠をほとんど示していない。その上、人間の衝動を新しい理論で解釈したフロイトの試みはあざやかであったが、彼の仮説は動物の行動とは一致しないのだ。彼にとっては、死の本能はすべての生きた有機体の中にある生物学的な力であるのだから、このことは当然動物もまた自分に対して、あるいは他の動物に対して、彼らの死の本能を表現することを意味するはずである。それゆえ外に向かって攻撃をかけることのより少ない動物の中には、より多くの病気や早死にが見られるはずだし、またその逆のことも言えるはずである。しかしもちろん、この考えを裏付けるデータはない。

攻撃と破壊性が、生物学的に与えられ自発的にあふれ出る衝動でないことは、次の章で明らかになるだろう。ただここで付け加えておきたいことは、フロイトが慣習に従って攻撃という言葉を種々のまったく異なった種類の攻撃に用いたので、それらすべてを一つの本能で説明する試みは容易になったが、そのため攻撃の現象の分析はずいぶんあいまいになったということである。彼に行動主義的傾向がなかったことは確かなので〔訳注。行動主義は多種類の本能を仮定しない〕、〔攻撃現象を一つにまとめた〕理由は二つの基本的な力が互いに対立するという二元論的な概念に到達しやすい彼の一般的傾向にあった、と考えてよいだろう。この二分法は最初は自己保存とリビドーのそれであり、のちには生の本能と死の本能の二分法となった。これらの概念のみごとさの代わりに、フロイトはあらゆる情熱を二つの極のいずれかに包含し、その結果実際には同類でない傾向を一緒にしてしまうという代償を、支払わなければならなかったのである。

ローレンツの攻撃理論

フロイトの攻撃理論は昔も今も非常に影響力の大きいものではあるが、複雑かつ難解であるために、一般読者が読んで感銘を受けるという意味での人気を得たことはない。これに反してコンラート・ローレンツの『攻撃』(K・ローレンツ、一九六六)は、出版されてからわずかの間に社会心理学の分野で最も広く読まれる書物の一つとなった。

この人気の理由を見つけるのはむつかしいことではない。まず第一に『攻撃』はローレンツがかつて書いたあの楽しい『ソロモンの指輪』(*King Solomon's Ring*)(一九五三)〔邦訳、早川書房〕によく似て、すばらしく読みやすい本であって、この点で死の本能についてのフロイトのうっとうしい論文とはまったく違うし、またその意味ではローレンツ自身が専門家向けに書いた論文や本ともまったく違っている。さらにすでに序章で指摘したように、この本は今日の多くの人びとの考えに訴える力を持っている。というのは、彼らは私たちが暴力や核戦争の方向に流されてゆくのは、私たちの制御できない生物学的要因のためであると信じる方を選び、それが私たち自身が作った社会的、政治的、経済的状況によるものであることを、目を開いて見ようとしないからなのである。

フロイトと同様にローレンツにとっても、[3] 人間の攻撃性はつねにあふれ出るエネルギーの泉がつちかう本能であって、必ずしも外部の刺激に対する反作用の結果ではない。ローレンツはある本能的動作に特有のエネルギーが、その行動の型に関係する神経中枢の中にたえず蓄積され、十分なエネルギーが貯えられてしまうと、刺激がなくてさえ爆発が起こりやすくなると主張している。しかし動物や人間はいつも動因のせき止められたエネルギーを解発する刺激を見付けるのであって、適当な刺激が現われるのを受動的に待つ必要はない。彼らは刺激を探し、作り出しさえもする。W・クレーグ（W. Craig）に従って、ローレンツはこの行動を〈欲求行動〉と呼んだ。人間はせき止められたエネルギーを解発する刺激を見いだすために政党を作るのであって、政党が攻撃の原因となるのではない、と彼は言う。しかし外部の刺激を見いだすことも作り出すこともできない場合は、せき止められた攻撃的動因のエネルギーが大きくなりすぎて、それはいわば爆発を起こし、真空の中で（*in vacuo*）動作に移される。すなわち、「確認できるような外的刺激なしに……目的物なしに行なわれる真空活動は――関連する運動神経の作用の正常な展開とまったく写真のごとき類似性を示す……。このことは本能的行動の型における運動神経の協調の型が、最も細かい部分に至るまで遺伝的に決定されていることを示している」（K・ローレンツ、一九七〇――原著はドイツ語、一九三一－四二）。[4]

（3）ローレンツの（そしてN・ティンベルヘンの）本能の概念についての詳細な、そして今は古典的となった論評、およびローレンツの総合的な批評については、D. S. Lehrman（1953）参照。さらに『攻撃』の批評については、L. Berkowitz の論評（一九六七）および K. E. Boulding の論評（一九六七）参照。またローレンツの理論に対するN・ティンベルヘンの批判的評価（一九六八）、M. F. A. Montagu 編のローレンツ理論に関する批評論集（一九六八）、およびL・アイゼンベルクの短いが鋭い批評（一九七二）も参照のこと。

（4）のちになって、多くのアメリカの心理学者やN・ティンベルヘンの批評に動かされて、ローレンツはこの言い方を修正して、学習の影響を認めた(K・ローレンツ、一九六五)。

そこでローレンツにとっては、攻撃は本来外部の刺激に対する反作用ではなく、〈組み込まれた〉内的興奮であって、これが解発を求め、外的刺激がどれほど適切であるかにはかかわりなく発散するのである。「本能をそれほど危険なものにするのはその自発性である」(K・ローレンツ、一九六六、傍点はフロム)。ローレンツの攻撃のモデルはフロイトのリビドーのモデルと同様に、水力学的モデルという的確な呼び名を与えられているが、これはせき止められた水あるいは密閉された容器の中の蒸気の及ぼす圧力との類推からであった。

この水力学的な攻撃の概念は、いわばローレンツの理論を支える一本の柱であって、それは攻撃が生み出されるメカニズムに関係している。もう一本の柱は攻撃とは生に役立つもの、つまり個体と種の生存に役立つものであるという考えである。大まかに言えば、ローレンツは種内攻撃(同じ種に属するものの間での攻撃)は、種の生存を促進する機能を持つと考えている。ローレンツは、攻撃は一つの種に与えられた生息場所の中でその種の個体を間引くことによって、また雌の防衛ということに関連して〈よりすぐれた男性〉を選び、社会的な身分秩序を生み出すことによって、この機能を果たすのだ、と提案する(K・ローレンツ、一九六四)。進化の過程において、死をもたらす攻撃が、種を傷つけることなしに同じ機能を果たす象徴的で儀式的なおどしからなる行動に変貌したために、攻撃はいっそう効果的に種を保存する機能を果たしうるのである。

しかし、とローレンツは主張する。動物の生存に役立った本能は、人間においては「グロテスクなまでに誇張され」、「狂って」しまった。攻撃は生存を助けるよりも脅かすものに変貌してしまったのだ。

ローレンツ自身も人間の攻撃についてのこれらの説明に満足できずに、また別の説明を付け加える必要を感じたようだが、この説明はしかし動物行動学の分野からはみ出している。彼はこう書いている。

なかんずく、今なお人類の遺伝的な災いとなっている攻撃的動因の破壊性の強さは、約四万年の間、すなわち石器時代初期の全期間を通じて、私たちの祖先に及ぼされた種内淘汰作用の結果であることは間違いない。（ローレンツはおそらく石器時代後期のことを言っているのだろう。）人間が武器や衣服や社会組織を持つことによって、飢えや凍えや野獣に食われる危険を克服できる段階に達し、これらの危険が淘汰に影響を与える本質的要因でなくなった時に、悪しき種内淘汰が始まったに違いない。淘汰に影響する要因は、今や敵対する隣接部族間の戦争となった。これらの戦争が、すべてのいわゆる〈軍人精神〉の極端な形をとって発展したに違いない。この精神を、多くの人びとが今でも望ましい理想だと考えているのは残念なことだ（K・ローレンツ、一九六六）。

紀元前四万年あるいは五万年頃に〈今日の人類《モダン・マン》〉が完全に姿を現わしてから、〈野蛮〉な狩猟＝食糧採集民がたえず戦争を続けたという仮説は、広く受け入れられているお決まりの仮説なのだが、ローレンツはこれには証拠がないことを示す傾向の研究にはまったく触れることなく、これを採用しているのである。[5] 四万年の間、組織的な戦争が続いたというローレンツの仮定は、戦争を人間の自然な状態であるとする古くさいホッブズ流の決まり文句を、人間の攻撃が生まれつきのものであることを証明するための議論として持ち出したにすぎない。ローレンツの仮定の持っている論理はこうだ。人間が今攻撃的であるのは昔攻撃的であったからであり、また昔攻撃的であったというのは今攻撃的であるからである。

（5） 食糧採集民や狩猟民の間の攻撃の問題は、第八章で詳しく論じる。

たとえ旧石器時代後期の絶え間ない戦争というローレンツの命題が正しかったとしても、彼の遺伝学的推論には疑問の余地がある。もしある種の特性が淘汰の際に有利になるとすれば、それはその特性を持つものが繁殖能力のある子孫を多く生み出すからに違いない。しかし攻撃的な個人はほかの個人よりも戦争で死ぬ可能性が大きいだろうから、攻撃性というこの特性の現われる率の高さが続く理由は、淘汰で説明できるかどうか疑わしい。実際もしこのような死を負の淘汰と考えるなら、遺伝子の現われる率は減るはずである。(6) 実は当時の人口密度は非常に低かったのであって、ホモ・サピエンスの完全な出現以後の多くの人間の部族にとっては、食物や土地を得るために互いに争ったり戦ったりする必要はほとんどなかったのである。

（6） Kurt Hirschhorn 教授に謝意を表する。教授からは私信によって、今述べた見解に含まれる遺伝的な問題の大要の教示を得た。

ローレンツは彼の理論の中で二つの要素を組み合わせた。第一の要素は動物も人間と同じく生まれつき攻撃性を備えていて、これが個体と種の生存に役立つということである。あとで示すように、神経生理学上の諸発見によれば、この防衛的攻撃は動物の死活の問題への脅威に対する反作用であって、自発的かつ連続的にあふれ出るものではない。もう一つの要素であるせき止められた攻撃という水力学的な性質は、人間の殺人的で残酷な衝動を説明するために用いられるが、それを裏付ける証拠はほとんど示されていない。生に役立つ攻撃も破壊的攻撃もともに一つの範疇に包含されており、二つをつなぐものは主として〈攻撃〉という言葉である。ローレンツとは対照的に、ティンベルヘンはこの問題をまったく明快に表現している。「一方において人間は、自らの種と戦うという点で多くの種の動物に似ている。しかし他方人間は、闘争をする数千の種の中で壊滅的な闘争をする唯一の種である……。人間は大量殺戮を行なう唯一の種である。自らの社会における唯一の不適合者である。いったいこれはどうしてなのか」（N・ティンベルヘン、一九六八）。

フロイトとローレンツ――類似点と相違点

ローレンツの理論とフロイトの理論の関係は複雑である。彼らの理論は攻撃の動因の起源を違ったふうに説明はするが、攻撃の水力学的概念においては共通している。しかし他の面では、それらは互いに正反対であるように思われる。フロイトは破壊的本能を仮定したが、ローレンツはこの仮定を生物学的根拠から支持できないとはっきり言っている。彼の攻撃的要因は生に役立つものであり、フロイトの死の本能は死のしもべである。

しかし本来防衛的で生に役立つものである攻撃がたどる転変（vicissitudes）についてのローレンツの説明を聞くと、この違いの意味はほとんどなくなってしまう。多くの複雑な、しばしば首をかしげたくなるような解釈によって、防衛的な攻撃は人間の場合には、自発的にあふれ高まる動因へと変貌し、その動因が攻撃の表出を容易ならしめるような状況を作り出そうとしたり、何の刺激も見あたらず、また生み出されもしない時でさえ爆発するのだ、というふうに想定されているのである。それゆえ社会経済的な観点から見れば、大きな攻撃を起こすようなしかるべき刺激がありえないように組織された社会でも、攻撃的本能の要求そのものが社会の構成員にその社会を変えることを強要し、もし変えなければ、攻撃が何の刺激もないのに爆発する。かくして人間は生まれつきの力にかられて破壊するのだというローレンツの達した結論は、実際上はフロイトの結論と同じなのだ。しかしフロイトが破壊的動因に対立するものとして、それと同じように強いエロス（生、性）の力を見ているのに対して、ローレンツにとっては、愛自体が攻撃的本能の産物なのである。

フロイトもローレンツも、攻撃を行動に表現できないことは不健康であるということで一致している。フロイトは彼の初期の仕事において、性の抑圧が精神病を生み出すと仮定したし、のちには同じ原理を死の本能に適用して、外部に向かう攻撃を抑圧することは不健康であると教えた。ローレンツは「今日の文明人は、彼の攻撃的動因が不十分にしか発散されないので苦しんでいる」と言っている。両者ともに、違った道を通って、攻撃的＝破壊的エネルギーが絶えず生み出され、それを制御することが結局は不可能ではないにしても非常にむつかしいという人間像に到達している。動物におけるいわゆる悪は、人間においては真の悪となる。ローレンツによればその根源は悪ではないのだが。

a　類推による〈証明〉

しかしながら、攻撃についてのフロイトとローレンツのそれぞれの理論の類似性のために、彼らの主要な違いを見落としてはならない。フロイトは人間の研究者で、人間の外部に現われた行動と人間の無意識のさまざまな表現の、鋭い観察者であった。彼の死の本能の理論は誤っているかもしれないし、不完全であるかもしれない。またあるいは不十分な証拠に基づいているかもしれない。しかしそれはたえざる人間の観察の過程において得られたものであった。一方ローレンツは動物、とくに下等な動物の、疑いもなく非常に有能な観察者である。しかし彼の人間についての知識は、普通の人の持っている知識を超えるものではない。彼は体系的な観察や文献の十分な渉猟によってその知識にみがきをかけることもしていない。[7] 彼は単純にも、自分自身や知人についての観察がすべての人間に適用できると考えている。しかし彼のおもな方法は自己観察ですらなく、ある種の動物の行動からの類推を人間の行動に及ぼすことである。科学的には、このような類推は何ものをも証明しない。それらは暗示的であり、動物の愛好者には好ましいものである。それらはローレンツが盛んにやっている高度な擬人化と、軌を一にするものである。それらによって人は動物が〈感じて〉いることが〈わかる〉という、楽しい幻想を与えられるのであって、まさにそれゆえにはそれらは人気を得るのである。誰がソロモン王の指輪〔訳注。ソロモンは知りたいことをすべて教えてくれる指輪を持っていたと伝えられる〕を持ちたいと思わないだろうか。

（7）　ローレンツは少なくとも『攻撃』を書いていた時は、フロイトの仕事について直接の知識は持たなかったようである。彼の著作への直接の言及は一つもないし、なされている言及はすべて、友人の精神分析学者たちがフロイトの立場について教えてくれたことに基づいている。残念ながら、彼らの言うことが常に正しいとはかぎらないし、また正確に理解されてもいない。

ローレンツは動物——主として捕われの状態の魚と鳥である——に対する実験に基づいて、攻撃の水力学的な性質に関する諸理論を作り上げた。問題となる点はこうである。方向を変えてやらなければ結局は相手を殺すことになる攻撃的動因――これをローレンツはある種の魚と鳥の場合に観察した――と同じものが、人間の場合にも作用するのだろうか。

人間および人間以外の霊長類に関しては、この仮説を支える直接の証拠がないので、ローレンツは彼の論点を証明するためにいろいろな議論を持ち出すのだ。彼のおもなアプローチは、類推によるものである。彼は人間の行動と彼が研究した動物の行動との間に類似点を見いだして、どちらの種類の行動も同じ原因を持つと結論する。この方法は多くの心理学者によって批判されたが、すでに一九四八年に、ローレンツのすぐれた同僚であるN・ティンベルヘンがその危険に気づいていた。それは「進化の低い段階、低級な神経組織、単純な形態の行動などから得られた生理学的証拠から類推して、高級で複雑な段階の行動のメカニズムに関する生理学的理論を裏付けようとするやり方に内在する」危険である(N・ティンベルヘン、一九四八。傍点はフロム)。

いくつかの例をあげて、ローレンツの〈類推による証明〉[8]を説明しよう。キクラやブラジル産のマザ＝オブ＝パール魚について語りながら、ローレンツはもしそれぞれの魚が近くにいる同性の魚に対して、健康な怒りを発散することができれば、その魚は自分のつれあいを攻撃することはないという観察を報告している(再定位攻撃[9])。彼はそれからこうコメントしている。

同じような行動が人間の場合にも観察できる。まだハプスブルク王政が存在し、召使というものがいた古き良き時代のことだが、私はやもめ暮しのおばが次のような、いつも決まって予知できる行動をするのを観察したものだ。彼女は八ヵ月ないし十ヵ月以上同じ女中を雇っていたためしがなかった。

彼女は新しい召使が来るたびに喜び、口を窮めてほめ、とうとう理想の召使を得たと断言した。それから数ヵ月の間に彼女の評価は冷えてゆき、小さなあらを拾い出し、それから大きなあらを見付けるようになり、そしてさきに言った期間の終わるころにはあわれな娘の中に憎むべき性質を発見し、ついにその娘は激しいけんかののちに、証明書ももらえずに解雇されるのであった。この爆発ののちに、この老婦人はまたもや次に雇い入れた娘を非の打ちどころのない天使と見なす気持になるのだった。

すでに世を去って久しい、愛情深いおばを笑いものにするつもりはない。私がかつて捕虜であったころに、私自身をも含むまじめな自制心を持った人びとの中に、これとまったく同じ現象を観察することができた、というよりはせざるをえなかったのである。互いに完全に依存し合っているために、よそ者や自分たちの仲間以外の人間と争うことのない小さな集団を、探険性狂暴としても知られるところの、いわゆる極地病が襲うのである。このことから、攻撃がせき止められることは、集団の中の者が互いに知り、理解し、好き合っていればいるほど危険であることが明らかとなろう。こういう状況のもとでは、私の個人的体験から知るかぎり、すべての攻撃や種内闘争の行動は、その閾値が極端に下がるのである。個人的には、このことは自分の最も親しい友人の小さな癖――せきばらいをしたりくしゃみをしたりするやり方など――に、ふつうなら酔っぱらいになぐられた時にしか見せないような反作用を示すという事実に現われている（K・ローレンツ、一九六六）。

（8）　生物学的現象から社会的現象へまったく不合理な類推を行なう傾向は、すでに一九四〇年に、ローレンツがある嘆かわしい論文（K・ローレンツ、一九四〇）の中で示しているのであって、そこでローレンツは、自然淘汰の原理が人類の生物学的な要求をしかるべく処理できないのなら、国の法律がそれに代わらなければならないと述べている。

(9) N・ティンベルヘンの用語。

おばさんや仲間の捕虜や自分自身についての個人的な経験は、必ずしもこういう反作用の普遍性を意味してはいないということに、ローレンツは気付いていないようだ。彼はまた、おばさんの行動については、彼女の攻撃的潜在力が八カ月ないし十カ月ごとに爆発するほどの勢いに達したとする水力学的な解釈よりも、もっと複雑な心理学的解釈を下しうるということにも、まったく気付いていないようだ。

精神分析の立場から言えば、彼のおばさんは非常にナルシシズム的な、搾取的な女性であったと思われる。彼女は召使が完全に彼女に〈献身〉し、自分自身の利害を持たず、彼女に奉仕することで幸福感を覚えるような生き物の役割を喜んで引き受けることを要求したのだ。彼女はそれぞれの新しい召使に、これこそ自分の期待を満たしてくれる召使だという幻想をいだいて近づく。この召使が〈理想的〉ではないという事実に気付かないほど幻想がまだ強い——その上召使は初めのうちは新しい主人に気に入られようと全力を尽すこともあって——短い〈蜜月〉が過ぎると、おばさんは召使が自分に当てられた役割を果たすつもりがないという認識に目ざめる。こういう目ざめの過程はもちろんしばらく続くのであって、やがて最終的な事態を迎えるのである。ここでおばさんは、ナルシシズム的＝搾取的人間が挫折した時に誰でもするように、強烈な失望と怒りを覚える。この怒りの原因が自分の実行不可能な要求にあることに気付かないままで、彼女は召使を責めることによって自分の失望を合理化する。自分の欲望を捨てることはできないので、彼女は召使を首にして、新しい召使が〈理想的〉であることを望む。同じメカニズムは彼女が死ぬまで、あるいはもう召使を雇うことができなくなるまで繰り返される。こういう展開は、決して雇い主と召使の関係のみに見いだされるものではない。夫婦間の葛藤の経緯もしばしばこれと同じである。しかしながら、離婚は召使を首にするほど容易ではないので、その結果はしばしば生涯の闘争となり、夫婦が互いに積もりに積もった相手の過失をこらしめようとする。ここで私たちの当面する問題は人間独特の性格、すなわちナルシシズム的＝搾取的性格の問題であって、蓄積した本能的エネルギーの問題ではない。

「道徳類似の行動様式」の章で、ローレンツは次のように言っている。「しかしながら、今問題にしている現象をほんとうに認識する人なら、動物に共同体の利益のための無私の行動を強要し、人間の道徳律と同じように働くこれらの生理的メカニズムに対して、繰り返し感歎の念を禁じえないだろう」（K・ローレンツ、一九六六）。

動物にどうして〈無私の〉行動など認めるのか。ローレンツが述べているのは、本能的に決定された行動の型である。〈無私〉という言葉は人間の心理から取ったもので、人間は他人を助けたいという気持から自己《セルフ》（より正確には自我《エゴ》と言うべきだが）を忘れることができるという事実を言うのだ。しかしガンや魚やイヌが、忘れることのできる自己（あるいは自我）を持っているのだろうか。無私とは人間の自意識および、その基礎となっている神経生理学的構造という事実に依拠しているのではないのだろうか。この疑問はローレンツが動物の行動を描写する時に使うほかの多くの言葉、たとえば〈残酷性〉とか、〈悲しみ〉とか、〈当惑〉などについても、起こるのである。

ローレンツの動物行動学的データの中で最も重要で興味深い部分の一つは、群れに対する外部からの脅威への反作用としての動物（彼のおもな例はガンである）どうしの〈きずな〉である。ところが人間の行動を説明するために彼が行なう類推には、時には唖然とさせられる。「よそ者への識別的攻撃と、群れの仲間どうしのきずなは、互いに強め合う。〈われわれ〉と〈彼ら〉の対立は、ある種の激しく対立する単位をも結びつけうる。今日の中国に対決する際、合衆国とソビエト連邦とは時として〈われわれ〉と感じているようである。たまたま戦争の特徴を幾つかそなえた、これと同じ現象がハイイロガンのころげ鳴きの儀式の中で研究できるのである」(K・ローレンツ、一九六六)。アメリカ－ソビエトの態度は、私たちがハイイロガンから受けついだ本能の型によって決定されるのだろうか。著者は多少おどけているつもりなのだろうか。それともほんとうにガンとアメリカおよびソビエトの政治的指導者との関連について、何かを言おうとしているのだろうか。

ローレンツは動物の行動(あるいはその解釈)と人間の行動に関する彼の単純な考え方との間の類推をさらに進めて、たとえば人間の愛と憎しみについてこう言っている。「個人的なきずな、個々の友情は、高度に発達した種内攻撃を行なう動物にのみ見いだされる。いや実はある特定の動物や種が攻撃的であればあるほど、このきずなは強い」(K・ローレンツ、一九六六)。ここまではそれで結構だ。ローレンツの観察が正しいとしよう。ところがここで彼は人間心理の領域へ飛躍する。種内攻撃が個人的な友情や愛より何百万年も古いことを述べたのちに、彼は「攻撃のないところに愛はない」と結論する(K・ローレンツ、一九六六。傍点はフロム)。この威勢のよい宣言は、人間の愛に関するかぎりそれを裏付ける証拠はなく、観察しうる事実の大部分がそれを否定しているのだが、これを補足するために、種内攻撃ではなく〈愛の醜い弟〉の憎しみについて、またこういうことを言っている。「ふつうの攻撃とは反対に、それはまさに愛と同じように、一人の個人に向けられる。そしておそらく、憎しみは愛の存在を前提とする。人がほんとうに憎みうるのは、かつて愛し、そしてたとえ自分では否定しようとも、今も愛している場合のみである」（Ｋ・ローレンツ、一九六六。傍点はフロム）。愛は時として憎しみに変貌するとはよく言われることである。もっともこのような変貌をするのは愛ではなく、愛している人間の傷ついたナルシシズム、すなわち憎しみを生み出す非－愛であると言う方が正確なのだが。しかしかつて愛した時にのみ憎むのだと主張するに至っては、彼の言っていることの中にある真実の要素もまったくばかげたものになってしまう。圧政下にある人たちが抑圧者を憎むのも、子供を殺された母親が犯人を憎むのも、拷問を受けた者が拷問者を憎むのも、かつて愛し、あるいは今なお愛しているからなのだろうか。

〈闘争熱〉の現象から、もう一つの類推が行なわれている。これは「共同攻撃の特殊化した形であり、明らかにより原始的な形の小規模な個々の攻撃とは違っているが、機能的には関連している」（Ｋ・ローレンツ、一九六六）。それは系統発生的に進化した行動の型に動機づけられた〈神聖な慣習〉である。ローレンツは「人間の闘争熱が人類以前の祖先の共同防衛反応から進化したことには、一点の疑いもありえない」と主張する（Ｋ・ローレンツ、一九六六）。それは共通の敵に対する防衛の際に、群れ全体が共有する熱狂なのだ。

正常な強さの情緒を持った人なら誰でも自分自身の体験から、闘争熱の反応に伴うあの主観的現象を知っている。戦慄が背筋を、そしてもっと正確に観察すればわかるように、両腕の外側を走る。気分が高揚して、日常生活のすべての束縛を超えて舞い上がり、この独特の情緒のおかげで神聖な義務のように思えてくるものの呼び声に答えて、すべてを捨てる覚悟を決める。途上のすべての障害は取るに足らないものとなる。同じ人間を傷つけあるいは殺すことへの本能的な抑制は、不幸にもその力の多くを失う。闘争熱の命じる行動に反対する理性的な考慮、批判、すべての正当な議論は、すべての価値の驚くべき逆転によって沈黙させられ、根拠がないばかりか卑しく不名誉なもののように思われてしまう。人びとは残虐行為を犯しながらも、自分たちは絶対的に正しいのだという気持を持つだろう。概念的思考と道徳的責任は、最も低調になる。ウクライナのことわざが言っているように、「旗がひるがえると、すべての理性はラッパに吸い込まれる」のだ（K・ローレンツ、一九六六）。

ローレンツは「私たちの道徳的責任が原始的動因を制御しうるかもしれないという正当な希望」を述べているが、「そうなることへの私たちの唯一の希望は、次のような事実を謙虚に認めるところにある。すなわち、闘争熱は系統発生的に決定された解発のメカニズムを持った本能的反応であり、知性と責任ある監督によってそれを制御できるとすれば、それは定言的な問いのふるい〔訳注。カントの言う定言命令に違反しないかどうかのふるい〕にかけてもなおかつ真の価値を持つとされる目的に、その反応を条件づけることとしかないということである」（K・ローレンツ、一九六六）。

ローレンツが述べるふつうの人間の行動は、いささか驚くべきものである。たしかに多くの人間は「残虐行為を犯しながらも、自分たちは絶対に正しいのだという気持を持つ」――いやこれをもっと適切な心理学の用語で言えば、多くの人間は何の道徳的抑制もなく、罪の意識を味わうこともなく残虐行為を犯す。しかし証拠を集めようとすらしないで、これが普遍的な人間の反作用であると主張したり、戦争中に残虐行為を犯すのは〈人間の本性〉であると主張して、しかもその主張の根拠を魚や鳥との疑わしい類推に基づいた本能なるものに求めるのは、科学的な手続きとして支持しがたいものである。

実際には他の集団に対して憎しみがかきたてられた時に残虐行為を犯す傾向は、個人や集団によって大いに違うのである。第一次世界大戦の時にイギリスの宣伝機関は、ドイツの兵士がベルギーの赤ん坊を銃剣で突き刺している話を作り出さなければならなかった。それは敵への憎しみをかきたてるには、ほんとうの残虐行為が少なすぎたからであった。同様にドイツ側は敵の犯した残虐行為をわずかしか報道しなかったが、その理由は簡単で、実際にわずかしかなかったからであった。第二次世界大戦の時でさえ、人類の野蛮性は増しはしたが、残虐行為はふつうナチスの特殊な組織に限られていた。一般に両陣営の正規軍は、ローレンツの述べていることから当然起こると予期されるような規模では、戦争犯罪を犯さなかった。彼が述べていることは、残虐行為に関するかぎり、サディスティックな、あるいは血に飢えた性格に見られるような行動である。彼の言う〈闘争熱〉は単に国粋主義的な、情緒的にやや未発達な反作用であるにすぎない。いったん旗がひるがえると進んで残虐行為を犯すようになるのは、人間の本能的部分であると主張するのは、ジュネーブ条約〔訳注。一八六四年に結ばれた条約で、国際赤十字社の設立と、捕虜、傷病兵の人道的な取り扱いを決めた〕の原則違反への非難に対する言い古された弁護論である。ローレンツに残虐行為を弁護するつもりがないことは確かだが、彼の議論は実際にはその弁護となっているのだ。彼のアプローチは残虐行為の根ざしている性格体系や、その発達の原因となる個人的および社会的条件を理解する妨げとなるのである。

ローレンツはさらに進んで、闘争熱（この〈真の自律的本能〉）がなければ、「芸術も、科学も、いや人類のいかなる偉大な努力も生まれなかったであろう」とまで論じている（K・ローレンツ、一九六六）。この本能の発揮される第一の条件は、「その主体が自らを同一化しているある社会的単位が、外部からの何らかの危険によって脅かされているように見えなければならない」ことだというのに、どうしてこんなことがありうるのか。芸術や科学は外的脅威のある時にのみ栄えるという証拠があるのだろうか。

ローレンツは、隣人のために進んで自分の生命を危険にさらすことに見られる隣人愛を、「彼があなたの最良の友人で、あなたの命を幾度も救ってくれたのなら当然のことだ。あなたは何も考えさえせずにそうするのだ」と説明している（K・ローレンツ、一九六六）。危機にあたってはこういう「りっぱな行為」の事例は容易に起こりうる。「この種の事例はすでに旧石器時代においてもしばしば起こり、事態を処理するため系統発生的に適応する社会規範を作り出していた」（K・ローレンツ、一九六六）。

このような隣人愛の考え方は、本能主義と功利主義の混合である。あなたは友人が幾度もあなたの命を救ってくれたから、彼を救う。もし彼が一度だけ救ってくれたとしたら、あるいは一度も救ってくれなかったとしたら、どうなのか。おまけに、あなたがそうするのはほかでもない、旧石器時代にそういうことが何度もあったからだというのだ！

b　戦争に関する結論

人間の本能的攻撃の分析の最後に至って、ローレンツはフロイトがアインシュタインにあてた『なぜ戦争が？』（一九三二）という手紙におけるフロイトと同じ立場に立っている。両者ともに、戦争は本能の結果であるがゆえに根絶できない、ということを暗示するかのような結論に達したことを喜んではいない。しかしフロイトは自らを非常に広い意味での〈平和主義者〉と呼びうるだろうが、ローレンツは核戦争が前例のない破局になることを十分に知ってはいるけれども、とうていこの範疇には入らない。彼は社会が攻撃本能の悲劇的結果を免れる助けとなるような方法を見いだそうとしている。いや、この核時代において、人間の生まれつきの破壊性という彼の理論を受け入れやすいものにするためには、どうしても平和の可能性を探さなければならないとも言えるのである。彼の提案の幾つかはフロイトの提案と似ているが、両者の間にはかなりの違いがある。フロイトの提案には疑いと謙虚さがある。ところがローレンツは宣言する。「私はあえて認める……私は人類がもっと良い方向へ変わるように、人類に教えるべきことを持っていると思う。この信念は見かけほど大それたことではない……」(K・ローレンツ、一九六六)。

たしかにローレンツが何か教えるべき重要なことを持っているなら、それは大それたことではないだろう。残念ながら彼の提案は、「社会的行動の型の誤った働きによって社会が完全に崩壊する」危険に対するものなのに、使い古された決まり文句や、〈素朴な教訓〉の域をほとんど出るものではない。

1　「最も重要な教訓は……〈汝自身を知れ〉ということであり」、その意味は「われわれは自分たちの行動を支配している、因果関係の連鎖への洞察を深めなければならぬ」ということ(K・ローレンツ、一九六六)――つまりこれは進化の法則のことである。この知識の一つの要素として、ローレンツがとくに強調しているのは、「原始的な形の攻撃を代用物に対して発散するあらゆる可能性を、客観的、動物行動学的に研究すること」である(K・ローレンツ、一九六六)。

2　「いわゆる昇華の精神分析学的研究」。

3　「異なったイデオロギーや国家に属する個々の人びとの間の個人的面識、できれば友情を深めること」。

4　「第四の、おそらくは最も重要な方策であって、直ちに採用すべきものは、闘争熱の知的で責任あるはけ口を見つけること」——つまり、「若い世代が……現代世界において奉仕するに値するほんとうの目的を見いだす」のを助けてやることである。

このプログラムを一つ一つ見てゆこう。

ローレンツは古典的な〈汝自身を知れ〉の概念を——ギリシア的概念だけでなく、自己認識を土台にして精神分析の学問と療法を打ち立てたフロイトの概念をも——ゆがめて使っている。フロイトにとって自己認識とは、人間が無意識であるものを意識することを意味する。この過程において、無意識を意識化の試みから守ろうとする抵抗力に出会うので、これは非常にむつかしい。自己認識はフロイトの意味では、知的な過程であるばかりでなく、スピノザにおいてすでにそうであったように、同時に感情的過程でもある。それは頭脳による知識だけではなく、胸《ハート》による知識でもある。自分を知ることは、知的にも情的にも、自分の心の今まで秘密にされてきた部分への洞察を増すことである。それは自分の症候を直してほしいと思う病人にとって、何年もかかる過程かもしれないし、また自分自身でありたいと真剣に望む人にとって、一生かかる過程かもしれない。そのもたらす結果はエネルギーの増加であるが、それはエネルギーが抑圧をささえる仕事から解放されるからである。こうして人間が自分の内的真実に触れれば触れるほど、彼は目ざめて自由となる。ところがローレンツが〈汝自身を知れ〉で意味しているものは、なにかまったく違ったものであって、それは進化の諸事実、とくに攻撃の本能的な性質の理論的知識である。ローレンツの自己認識の概念と類似しているのは、フロイトの死の本能の理論的知識だろう。実際、ローレンツの論法に従えば、療法としての精神分析はただフロイトの全集を読むことだけで成り立つことになるだろう。重力の法則を知っている人が深い水にはまったが、泳ぎを知らないという場合、彼の知識は自分がおぼれるのを防いではくれない、と言ったマルクスの言葉が思い出される。中国の賢人が言ったように、「薬の処方を読んでもよくはならない」。

ローレンツは第二の教訓の昇華については、詳しく述べていない。第二の「異なったイデオロギーや国家に属する個々の人びとの間の個人的面識、できれば友情を深めること」は、ローレンツ自身も〈わかり切った〉計画であると認めている——航空会社でさえ国際旅行を、平和のために役立つと広告している。残念ながら、この個人的面識が攻撃低下の機能を果たすという概念は、実現されたためしがない。その証拠はたくさんある。一九一四年以前において、イギリス人とドイツ人は互いに非常によく知り合っていた。ところが戦争が起こった時の相互の憎しみは恐るべきものであった。もっと説得的な証拠がある。周知のように、国家間のいかなる戦争も、内戦ほどには憎しみと残酷性を誘発しはしない。内戦の場合は、戦う両陣営の間に面識の不足はないというのに。互いによく知り合っているという事実が、家族の中での憎しみを減らすだろうか。

〈面識〉と〈友情〉が攻撃を低下させることを期待しえないのは、それらが他人についての表面的な知識、つまり私が外から眺めた〈対象〉の知識を表わしているからである。これは私が他人の経験を理解するために、同じものではないとしてもそれと似た自分自身の経験を動員する時のような、洞察的で感情移入的な知識とはまったく異なったものである。この種の知識を得るためには自分自身の内部にある抑圧の大部分が強さを減じて、自らの無意識の新しい面を意識することへの抵抗がほとんどなくなることが必要である。裁きを伴わない理解に達すれば、攻撃は低下するか、あるいはまったく消滅する。それは人が自らの不安、貪欲、ナルシシズムを克服する程度によるのであって、他人について得た情報の量によるのではない(10)。

(10) なぜ国際戦争よりも国内戦争の方が実際にずっと激しいのか、またなぜずっと多くの破壊的衝動を誘い出すのかは、興味深い問いである。考慮に値する理由としては、少なくとも現代の国際戦争に関するかぎり、その目的はふつう敵の破壊や絶滅にはないということがあげられる。その目的は限定されている。すなわち敵に講和の条件を受け入れさせることであるが、それは敗戦国の国民の生活に打撃は与えても、決して生存を脅かすものではない。(この一番いい例はドイツであって、ドイツは二度の世界大戦に敗れながら、それぞれの敗北ののちには、昔以上に繁栄した。) この通則の例外は敵の全住民を物理的に絶滅させ、あるいは奴隷化することを目的とする戦争であって、その例としてはローマ人の行なった戦争の幾つか——決してそのすべてではないが——がある。国内戦争においては、両陣営は相手を物理的に破壊することではないとしても、経済的、社会的、政治的に破壊することを目的としている。もしこの仮説が正しいとすれば、破壊性の度合いは概して脅威のきびしさに左右されるということになるだろう。

ローレンツの四つの教訓の最後は、〈闘争熱にはけ口を与えること〉である。彼がとくに推奨しているものの一つは、運動競技である。ところが実際は、競争的なスポーツははなはだしく攻撃をかきたてるのだ。それがどれほど強いかは、最近サッカーの国際試合で引き起こされた深刻な感情の結果、ラテン・アメリカで小さな戦争が起こったという事実が明らかにしている。

スポーツが攻撃を低下させるという証拠がないのなら、それと同時にスポーツが攻撃に動機づけられる証拠もないと言わなければならない。スポーツにおいてしばしば攻撃を生み出すものは、そのスポーツの競争的な性格であって、それが社会的な競争の風潮によって育てられ、何かを成し遂げたという誇りより金と評判が最も魅力ある目標であるような、全面的商業主義によって増大したのだ。一九七二年のあの不幸なミュンヘンでのオリンピック競技を目撃した多くの思慮深い人びとは、それが善意と平和を促進する代わりに、競争的攻撃性と国家主義的誇りを促進したことを認めている。(11)

(11)　ローレンツが闘争熱のはけ口について言っていることの内容の乏しさは、ウィリアム・ジェームズの古典的な論文である「戦争の精神的等価物」(一九一一)を読めば、とくにはっきりするだろう。

戦争と平和について、ローレンツにはほかにも幾つかの発言があるが、それらはこの領域での彼のあいまいさのよい例なので、引用に値する。「たとえ」と彼は言う。「わが祖国を愛する者として(私はそうなのだが)、私が他の国に対して純然たる憎しみをいだいたとしても(決してそんなことはないが)、もし私がその国にも私と同じように帰納的自然科学の分野で熱心に研究を進めたり、チャールズ・ダーウィンを尊敬して、熱心に彼の発見した真理を広めている人びと、あるいはまた私と同じようにミケランジェロの芸術を愛している人びと、あるいはまた私と同じようにゲーテの『ファウスト』や、さんご礁の美しさや、野生生物の保護や、その他名をあげようと思えばあげられる多くの小さなことに熱中している人びとが生きているのだということがわかれば、私はやはりその国の破壊を心の底から望むことはできないだろう。もし敵が私の同化している文化的倫理的価値を一つだけでも共有していれば、その敵を徹底的に憎むことはとてもできないだろう」(K・ローレンツ、一九六六。傍点はフロム)。

ローレンツは一国全体の破壊への願望を否定はするが、〈心の底から〉という言葉を使ったり、憎しみを〈徹底的に〉で修飾したりして、態度をあいまいにしている。しかし〈中途はんぱに〉破壊を望むとか、〈控えめの〉憎しみとは何だろう。さらに重要なことに、彼が他国の破壊を望まない条件は、彼の特別な趣味や熱中を共有している人びとがいるということなのである。（ダーウィンを尊敬している人びとも、彼の発見したことを熱心に広めることによって初めて資格ができるらしい。）彼らが人間であるというだけでは十分ではないのだ。言い換えれば、敵の全面的破壊を望まない条件と理由は、ただ敵がローレンツ自身の文化に、さらにはもっと限定して彼自身の関心と価値に類似しているということだけなのだ。

これらの発言の性格は、〈ヒューマニズム的教育〉――すなわち、個人が同化できる共通の理想を適度に与える教育――へのローレンツの要求によっても、変わりはしない。この種の教育は第一次世界大戦以前のドイツのハイスクールで行なわれていた。しかしこのヒューマニズムの教師たちの大多数は、おそらくはふつうのドイツ人以上に好戦的だったのだ。まったく違ったラディカルなヒューマニズム、生命と人類への同化を第一義とするヒューマニズムのみが、戦争を防ぐ力を持ちうるのである。

c　進化の偶像崇拝

ローレンツの立場は、ダーウィニズムに対する彼の疑似宗教的な態度を知らなければ、十分に理解することはできない。この点での彼のような態度は珍しいものではなく、現代文化の重要な社会心理学的現象として、さらに研究する価値がある。この世界において途方に暮れた孤独な存在であるという感じを味わいたくないという人間の深刻な要求は、かつてはもちろんこの世界を創造し、それぞれすべての生物に関心を持つ神という概念によって満たされていた。進化の理論が至高の創造主としての神の像を破壊した時、人間の全能の父としての神への信頼も同時に崩壊した。もっとも、神への信仰とダーウィンの理論の受容とを兼ね合わせることのできる者も多かったのだが。しかし神の権威が失われたと感じる多くの者にとって、神的象徴への要求は消えはしなかった。ある者は進化を新しい神と宣言し、ダーウィンをその予言者として崇拝した。ローレンツやほかの多くの人たちにとって、進化の思想は方向づけと献身の全体系の核心となった。ダーウィンは人間の起源についての究極の真理を明らかにしたのであって、すべての人間的現象は経済的、宗教的、倫理的、政治的な考察によって接近、説明しうるとしても、これらは〔究極においては〕進化の見地から理解されるべきだとされた。ダーウィニズムに対するこの疑似宗教的態度は、ローレンツが淘汰と突然変異に言及して、〈偉人なる建設者たち〉という言葉を使っていることで明らかになる。彼はキリスト教徒が神の行為について語るのとそっくりなやり方で、〈偉大なる建設者たち〉の方法や目的について語る。彼は〈偉大なる建設者〉という単数形さえ使って、いっそう神との類推に近づくのである。おそらく『攻撃』の最後の一節ほど、ローレンツの考え方の偶像崇拝的な性質を明確に表現しているものはない。

脊椎動物の進化において、攻撃的な種の二つまたはそれ以上の個体が仲よく一緒に生活し、共通の目的のために働かなければならなくなった時、個体間の愛と友情のきずなが画期的な発明として、偉大なる建設者たちによって創造されたことを、私たちは知っている。私たちは人間社会が、このきずなに基づいて築かれていることを知っている。しかし私たちはこのきずながあまりに限定され過ぎて、それが包含すべきすべてのものを包含できなくなったという事実を認めなければならない。このきずず

な は互いに知り合い、友達であるものどうしの攻撃を防ぐにすぎない。阻止しなければならないのは、すべての国家やイデオロギーに属するすべての人間の間の、すべての積極的な敵意であることは明らかだ。明白な結論は、愛と友情がすべての人間を抱擁し、私たちが私たちの兄弟であるすべての人間を無差別に愛すべきだということである。この戒律は新しいものではない。私たちの感性がその美を味わいうるように、私たちの理性はその必要性を十分に理解しうるのだ。しかしそれにもかかわらず、私たちはそれに従いえないように作られている。私たちは個人に対してのみ、友情と愛の充実したあたたかい情緒を感じうるのであって、精いっぱいに意志力を働かせても、この事実を変えることはできない。しかし偉大なる建設者たちにはできるのだ。そして彼らはそれをするであろうと私は信じる。自然淘汰の力を信じるように、人間の理性の力を私は信じる。理性が正しい方向に淘汰の圧力を働かすことができ、またそうするであろうことを、私は信じる。このことが遠からぬ将来において私たちの子孫に、あらゆる戒律の中でも最も偉大で最も美しい戒律を実行する能力を与えるであろうことを、私は信じる(K・ローレンツ、一九六六。傍点はフロム)。

神と人間になしえなかったことを、偉大なる建設者たちはやり遂げるのだ。友愛の戒律は無力たらざるをえないのだが、偉大なる建設者たちがそれに生命を与えるのだ。彼の論述の最後の部分は、真の信仰告白に終わっている。私は信じる、私は信じる、私は信じる……。

ローレンツが説いている社会的、道徳的ダーウィニズムは、ロマンティックで民族主義的な異教であって、それは人間の攻撃に責任のある生物学的、心理学的、社会的要因の真の理解を鈍らせるおそれがある。ここに攻撃についての見解が似ているにもかかわらず、ローレンツがフロイトと根本的に違っている点がある。フロイトは啓蒙主義哲学の最後の代表者の一人であった。彼は理性を人間の持つ唯一の力として、また人間を混乱と腐敗から救いうる唯一の力として、心底から信じていた。彼は人間の無意識的な努力を明らかにすることによる自己認識の必要を、心底から訴えた。彼は理性に頼ることによって、神の喪失を克服した——そして痛切に自己の弱さを感じた。しかし彼は新しい偶像に頼ることはしなかったのである。

第二章　環境主義者たちと行動主義者たち

1　啓蒙主義的環境主義

本能主義者の立場と正反対の立場は、環境主義者の採る立場であろうと思われる。彼らの考え方によれば、人間の行動は環境、すなわち〈生まれつきの〉要因と反対の社会的、文化的要因の力によってのみ形成される。これはとくに人間の進歩のおもな障害である攻撃について言えることである。

この見解はその最もラディカルな形において、すでに啓蒙思潮の哲学者たちによって唱えられていた。人間は〈善良〉かつ理性的に生まれついていると考えられ、彼が悪の方向へ好んで傾いてゆくのは、悪い制度、悪い教育、悪い手本のためなのであった。ある者は男女間に天然の違いのあることを否定し（*l'âme n'a pas de sexe*——精神は性を持たない）、違いがあるとすれば、解剖学的な違い以外はすべて、教育と社会の取り決めのみによるものだと言った。しかし行動主義とは対照的に、これらの哲学者たちは人間工学や人間操作の方法には無関心で、社会的、政治的変革に関心を寄せていた。彼らは〈良い社会〉が良い人間を創造する、いやむしろ人間が生まれつき持っている良さを発揮させるのだと信じていた。

2 行動主義

行動主義はJ・B・ワトソン（J. B. Watson）によって始められた（一九一四）。それは「人間心理学の主題は人間の行動あるいは活動である」という前提に基づいていた。論理実証主義と同じく、それは直接に観察できないすべての〈主観的〉な概念、たとえば「感覚、知覚、心像、欲求、さらに思考や情緒さえも、それらが主観的に定義されるかぎりは」排除した（J・B・ワトソン、一九五八）。

行動主義はワトソンのあまり精緻でない体系から、スキナーのはなやかな新行動主義に至るまで、目をみはるほどの発展を遂げた。しかしこれは深遠さや独創性が増したというよりは、主として本来の命題にみがきがかけられたことの現われである。

3 B・F・スキナーの新行動主義

スキナーの新行動主義(1)は、ワトソンの概念と同じ原理に基づいている。つまり科学としての心理学は、感情や衝動や他のいかなる主観的な現象にも関係する必要はなく、また関係すべきでないのである(2)。それは人間の〈本性〉について語ったり、人間のモデルを作ったり、人間の行動を動機づけるさまざまな情熱を分析したりしようとする試みを、すべて軽蔑する。人間の行動を意図や意志や目的や目標などに動かされていると考えるのは、科学以前のむなしい見方である。心理学はどのような強化（訳注。刺激などによって条件づけや反応を強めること〕が人間行動を形成しやすいのか、いかにしてこの強化操縦を最も有効に適用すべきかを研究しなければならない。スキナーの〈心理学〉は、行動の操作の科学である。その目標は、望まれる行動を生み出すための強化を見いだすことである。

（1） スキナー理論の功罪について十分に考察するとすれば、私たちの主たる問題から離れすぎることになるので、以後私は、新行動主義の一般的原理を提出することと、私たちの論議に関連があると思われる幾つかの点を、より詳しく論じることにとどめよう。スキナーの体系の研究のために読むべき書物は、B・F・スキナー（一九五三）である。短いものならB・F・スキナー（一九六三）参照。最後の著書（一九七一）において、彼は彼の体系の一般的原理、とくにこれらの原理の文化との関連を論じている。Carl R. Rogers とB・F・スキナー（一九五六）の短い議論や、B・F・スキナー（一九六一）も参照せよ。スキナーの立場の批判としては、Noam Chomsky（1959）参照。反対論としては、K. MacCorquodale（1970）およびN・チョムスキー（一九七一）を見ること。チョムスキーの論評は徹底的で広範囲に及び、論旨の立て方もあまりにあざやかなので、それらを繰り返す必要はない。とはいえチョムスキーと私の心理学的立場はあまりにも離れているので、私は本章で私の批判をある程度提示しておかなければならない。

（2） スキナーは多くの行動主義者とは対照的に、〈内的なできごと〉も完全に科学的考察から除外する必要はないことを認めているが、次のように付け加えている。「知識についての行動主義理論は、内的世界はまったく知りえないものではないとしても、少なくとも十分には知りえないであろうことを暗示している」（B・F・スキナー、一九六三）。この限定によって、スキナーの譲歩は心理学の主題である魂＝精神に対する敬意以上のものではなくなるのである。

パヴロフ方式の単純な条件づけでなく、スキナーは〈操作的〉条件づけについて語る。簡単に言えば、これは条件づけられていない行動が実験者の見地から望ましいものであれば報酬を受ける、つまり快楽を与えられることを意味する。（スキナーは報酬による強化が罰よりもずっと効果的だと信じている。）その結果、被験者はついには望まれるやり方で行動し続けるようになる。たとえばジョニーはほうれんそうがとくに好きではない。彼がそれを食べると母親がほめ言葉ややさしい目つき、あるいは菓子をもう一切れなど、最大の効果という基準で計ってジョニーにとって最も強化的な報酬を与える——つまり母親は〈正の強化〉を施すのだ。ジョニーはついにはほうれんそうを食べるのが好きになる。強化がスケジュールの点で効果的に施された場合はとくにそうだ。何百という実験によって、スキナーやその他の学者たちは、この操作的条件づけの技術を開発した。スキナーは正の強化を正しく用いることによって、動物や人間の行動が〈生まれつき〉とある人たちがあいまいに呼んでいる傾向に反してまでも、驚くほどに変えることができることを示した。

このことを示したのは、疑いもなくスキナーの実験的研究の大きな功績である。それはまた、社会構造（あるいはたいていのアメリカの人類学者の口調によれば、〈文化〉）が必ずしも操作的条件づけによらなくとも、人間を形成することができると信じる人びとの見地をも支持するものである。スキナーが遺伝的資質を無視してはいないことも、付け加えておかなければならない。彼の立場を正確に表現するためには、遺伝的資質を除けば行動はまったく強化によって決定される、と言うべきだろう。

強化は二つの方法で起こりうる。それはふつうの文化的過程においても起こるし、あるいはまたスキナーの教えによれば計画することもできるのであって、その結果〈文化の設計〉に至りうるのである（B・F・スキナー、一九六一、一九七一）。

目標と価値

スキナーの実験は、条件づけの目標とは無関係である。動物あるいは人間の被験者は、ある方法で行動するように条件づけられる。それ（彼）が何をするように条件づけられるかは、その条件づけの目標を設定する実験者の決定によって決められる。ふつうこのような実験室段階での実験者は、動物や人間の被験者を何のために条件づけしているかには関心がなく、むしろ自分が選んだ目標に向けてそれらを条件づけることができるという事実に、またどうすれば最もうまくできるかということに関心を持っている。しかしながら、私たちが実験室から現実の生に、個人あるいは社会の生活に目を向ける時、重大な問題が生じる。この場合に最も重大な問題は、人びとが何に向けて条件づけられるのか、誰がそれらの目標を決めるのかということである。

　スキナーが文化について語る時も、彼はやはり実験室を頭に置いているようだ。実験室では条件づけの目標はほとんど問題にならないので、その中では心理学者は価値判断なしに容易に研究を進めることができる。少なくとも、おそらくはこれが、なぜスキナーが目標と価値の問題と取り組まないのかということの、一つの説明にはなるだろう。たとえば彼はこう書いている。「私たちが独創的あるいは例外的な行動をする人びとをたたえるのは、そのような行動自体がたたえるべきものであるからではなく、それ以外に独創的あるいは例外的行動を奨励する方法を知らないからである」（C・R・ロジャーズ、B・F・スキナー、一九五六）。これは循環論法以外の何ものでもない。私たちが独創性をたたえるのは、ただそれをたたえることによってのみ条件づけできるから、というわけである。

　しかしもしそれ自体が望ましい目的でないとすれば、なぜ私たちはそれを条件づけようとするのか。

　社会学的な分析を少しでも行なえば答えが与えられるにもかかわらず、スキナーはこの問題にまともに取り組んでいない。ある与えられた社会の中のさまざまな階級や職業集団において、望ましいとされる独創性と創造性の程度はそれぞれ異なる。たとえば科学者や最高の経営者は、私たちの社会のような技術的＝官僚制的社会においては、このような性質を多く必要とする。ブルー・カラーの労働者の場合は、同じだけの創造性を持つことはぜいたくである――あるいは体制全体の円滑な運行にとっての脅威となる。

私はこの分析が、独創性と創造性の価値の問題に対する十分な答えだとは思わない。創造性と独創性への努力が、人間の中に深く根ざした衝動であることを示す多くの心理学的な証拠があるし、創造性と独創性への努力が脳の組織の中に〈組み込まれて〉いるという仮定にも、かなりの神経生理学的な証拠がある（R・B・リヴィングストン、一九六七）。私が強調したいのは、ただスキナーの立場の行き詰まりは、彼がこのような考察や精神分析的社会学の考察に注意を向けず、それゆえに行動主義で答えられない問題には答えようがないのだと信じている事実によるのだ、ということである。

価値の問題についてのスキナーのあいまいな考え方の例を、もう一つあげよう。

原子爆弾をいかにして造るかを決定する際には価値判断は含まれないという主張には、たいていの人が賛成するだろう。しかしその人びとも、原子爆弾を造ることを決定する際にそれが含まれないという主張には反対するだろう。この場合の最も重大な違いは、原爆の設計者の指針となる科学的なやり方は明らかだが、原爆を造る文化の設計者の指針となるやり方は明らかではないということだろう。私たちは物理的発明の成功あるいは失敗を予言するのと同じ正確さで、文化的発明の成功あるいは失敗を予言することはできない。私たちがさきの第二の場合に価値判断に訴えると言われるのは、このためである。私たちが頼るのは推測である。科学が手放したところで価値判断が取り上げるというのは、ただこの意味においてである。私たちが物理的技術に持ち込むのと同じ確信をもって、小規模な社会的相互作用や、おそらくは文化全体をも設計できるならば、価値の問題は起こらないだろう〈B・F・スキナー、一九六一〉。

スキナーの主要な論点は、原爆を設計する際の技術的問題における価値判断の欠如と、原爆を造る決定との間には、実は本質的な違いはないということなのだ。唯一の違いは、原爆を造る動機が〈明らかで〉ないということである。おそらくそれらの動機はスキナー教授には明らかでないのだろうが、歴史を学ぶ多くの者にとっては明らかなのだ。実際には原子爆弾の製造の決定には一つならず理由があった。（水素爆弾の場合も同様だった。）すなわちヒトラーが原爆を造るのではないかという恐れ。おそらくはのちに予想された葛藤にそなえて、ソ連よりすぐれた武器を持とうという願望。（これはとくに水爆について言えることだ。）競争相手の体制との争いに耐え抜くために軍備を増強せざるをえない体制の論理。

これらの軍事的、戦略的、政治的理由とはまったく別に、同じように重要な理由があると私は信じる。私が言っているのは、サイバネティックス社会において、公理的な規範の一つとなっている金言のことである。「あることをなすことが技術的に可能であるがゆえに、それはなされなければならぬ」。核兵器を造ることが可能なら、たとえそのために私たちがみな破滅することになろうとも、それは造られなければならぬ。月や惑星まで行くことが可能なら、たとえこの地上における多くの満たされぬ要求を犠牲にしてでも、それはなされなければならぬ。この原理はすべてのヒューマニズム的価値の否定を意味する。しかしそれはやはりある価値、おそらくは〈電子技術〉社会における至高の規範を表現している。(3)

(3) 私はこの考えを『希望の革命』(*The Revolution of Hope*)(E・フロム、一九六八)〔邦訳、紀伊國屋書店〕で論じた。これとは別個に H. Ozbekhan は "The Triumph of Technology: 'Can' Implies 'Ought'" という彼の論文で、同じ原理を説いている(H・オズベハン、一九六八)。

マイケル・マコービー博士は、高度に発達した産業経営についての彼の研究の幾つかの結果に対して、私の注意を促したが、その指摘によれば、「できるということは、ねばならぬことを意味する」という原理は、より競争の激しいほかの産業よりも、軍事生産を行なう産業の方によくあてはまる、ということである。しかしこの議論が正しいとしても、二つの要因を考慮しなければならない。第一は、軍隊のために直接あるいは間接に働く産業の大きさであり、第二は、この原理は産業生産に直接関係していない多くの人びとの心をとらえているということである。一つのよい例は、宇宙飛行に対する初期の熱狂ぶりであった。もう一つの例は、医学に見られる傾向であって、特定の場合にそれらがほんとうに重要なのかどうかにはかかわりなく、機械装置を造って使うという傾向である。

スキナーは原爆を造る理由を検討しようとはしないで、行動主義がもっと発達して、この謎を解くまで待ってほしいと言うのだ。社会的過程に関する見解においても、彼は精神的過程を扱う時と同様に、隠された、言語化されない動機への無理解ぶりを示している。個人生活のみならず、政治生活における動機づけについても、人びとの言うことの多くが偽りであることはよく知られていることだから、言語化されたことに頼ることは、社会的、精神的過程の理解を妨げることになる。

スキナーがどうやら自分でも気付かずに、価値を忍び込ませている場合もある。たとえば同じ論文で彼は書いている。「きっと誰も新しい主人-奴隷の関係を発展させたり、民衆の意志を新しいやり方で専制的支配者に屈服させたりすることを望んではいないだろう。こういうことは、科学なき世界にふさわしい支配様式なのだ」（B・F・スキナー、一九六一）。スキナー教授の生きているこの十年は、どういう時代なのだろう。民衆の意志を独裁者たちに屈服させることをほんとうに望む体制は、ないのだろうか。そういう体制は、ただ〈科学なき〉文化にのみ見いだされるのだろうか。中世には科学がなく、科学は必然的に人間を自由に向かわせるものであるがゆえに、中世は〈暗黒〉であったとする、旧式な〈進歩〉のイデオロギーを、スキナーはいまだに信じているらしい。実際にはいかなる指導者も政府も、もはや民衆の意志を屈服させる意図を明らさまには述べないのであって、彼らはえてして古い言葉とは反対に響く新しい言葉を使うのである。いかなる独裁者も、自らを独裁者とは呼ばないし、すべての体制は民衆の意志を表現していると自称する。他方〈自由世界〉の国々では、〈匿名の権威〉と操作が、教育、労働、政治における公然の権威に取って代わった。

スキナーにおける価値は、次の所説にも現われている。「もし私たちが、私たちの受け継いだ民主主義の遺産に値する人間ならば、直接的あるいは利己的な目的のための科学の専制的使用には、もちろん進んで抵抗するだろう。しかしもし私たちが民主主義の達成や目標を重んじるならば、たとえその時に私たちが何らかの意味で支配者の立場になろうとも、文化様式の設計と建設に科学を応用することを拒否すべきではない」（B・F・スキナー、一九六一。傍点はフロム）。新行動主義理論におけるこの価値の基礎は何か。支配者についてはどうか。

スキナーの答えは、「あらゆる人間が支配し、あらゆる人間が支配される」ということである（C・R・ロジャーズ、B・F・スキナー、一九五六）。これは民主主義精神の持主には心強く響くが、すぐに明らかになるように、あいまいであまり意味のない文句である。

主人がいかに奴隷を支配するか、あるいは雇用者がいかに労働者を支配するかに注目する時、われわれはふつう相互的な影響を見落としている。そして作用を一方方向にのみ考えるために、支配を搾取、あるいは少なくとも一方的な利益の獲得と見なすようになる。しかし支配は実際には相互的である。主人が奴隷を罰する時の方法は、それに服する時の奴隷の行動によって左右されるという意味において、奴隷は主人が奴隷を支配するのと同じほど完全に主人を支配するのだ（傍点はフロム）。このことは搾取の概念が無意味だとか、誰が得をする《クィ・ボノ》のかという質問が妥当でないという意味ではない。しかしそういう質問によって、われわれは社会的エピソード自体（傍点はフロム）の説明の範囲を超えて、明らかに価値判断の問題に関連した、ある長期的な影響を考えることになる。文化的慣習を変えるようないかなる行動を分析する場合にも、これと同じような考察が生じるのである（B・F・スキナー、一九六一）。

私にはこの所説は驚くべきものである。私たちは、搾取の概念は〈無意味〉ではないけれども、主人と奴隷の関係は相互的なものであると信じてほしいと言われているのだ。スキナーにとって、搾取は社会的エピソード自体の一部ではなく、支配の方法だけがそうなのだ。これは社会生活を、実験室におけるエピソードのように見る人間の見解である。実験室では、実験者にとって問題となるのはただ彼の方法である——そして〈エピソード〉自体ではない。なぜなら、ネズミが穏和であるか攻撃的であるかは、この人工的な世界ではまったくどうでもよいことなのだから。しかもこれだけでは十分でないかのように、スキナーは主人による搾取は、価値判断の問題に〈明らかに関連している〉と言う。スキナーは搾取が、あるいはその点では強盗や拷問や殺人までもが、明らかに価値判断に関係しているから、〈事実〉ではないと信じているのだろうか。これは実際すべての社会的、心理的現象が、もし価値判断をなしうるものであれば、科学的に検討できる事実ではなくなることを意味することになるだろう。(4)

（4） 同じ論理によって、拷問する者とされる者との関係も〈相互的〉となる。なぜなら、拷問される者は苦痛を現わすことによって、拷問者が最も効果的な拷問手段を用いるように条件づけるからである。

奴隷と奴隷所有者は相互関係にあるというスキナーの言葉は、彼の〈支配〉という言葉のあいまいな使用法によってのみ説明できる。この言葉が現実生活で使われる意味においては、奴隷使用者が奴隷を支配しているということ、また支配には何ら〈相互的〉なものはなく、ただ奴隷が最小限の対抗支配——たとえば叛乱のおどしによる——をなしうるだけだということには、疑問の余地はない。しかしスキナーはこんなことを言っているのではない。彼は実験室での実験のような非常に抽象的な意味で支配を語っているのであって、そこには現実生活は入り込まない。彼はよく冗談として言われてきたことを、大まじめで繰り返しているのだ。自分がいかにうまく実験者を条件づけたか、つまり自分があるレバーを押すたびに実験者は餌をくれなければならないのだと、ほかのネズミに話しているあのネズミの話を。

新行動主義は人間についての理論を持たないので、それは行動のみを見て、行動する人間を見ることができない。誰かが敵意を隠すために私にほほえみかけようと、女店員がほほえむように教えこまれているので(良い店の話だが)ほほえもうと、友だちが私に会って嬉しいからほほえもうと、これらすべては新行動主義にとっては何の違いもない。〈ほほえみはほほえみだ〉からである。こういうことが一個の人間としてのスキナー教授にとって何の違いもないということは、個人の現実がもはや問題とならないほどにまで彼が疎外されてしまっているというのででもなければ、信じがたいことである。しかしもしこの違いが問題となるのならば、それを無視する理論がどうして正しいものでありえようか。

さらに新行動主義は、迫害者や拷問者となるべく条件づけられた者たちが、〈正の強化〉が続けられているにもかかわらず、精神病になる場合が少なくないのはなぜかということも、説明できない。その他の多くの者たちが、すべての条件づけが反対の方向に働いているにもかかわらず、彼らの理性の力、良心、あるいは愛によって反抗するのを、正の強化はなぜ妨げないのか。また条件づけの成功の生証人として主役を演じるはずの、最もよく適応した者たちの多くが、しばしばひどく不幸であったり、悩んだり、ノイローゼにかかっているのはどうしてなのか。人間には生まれつき、条件づけの力を制限するような衝動があるに違いない。条件づけの失敗を研究することは、科学的にはその成功を研究するのと同じぐらい重要である。たしかに、ほとんどあらゆる望みの方向に人間を条件づけることができる。しかし、〈ほとんど〉であるにすぎない。人間は人間としての基本的要件に矛盾する条件には、違った、確認できるやり方で反作用する。彼を奴隷として条件づけることはできるが、彼は攻撃によって反作用するか、もしくは生気を失ってしまう。あるいは機械の一部としての感覚を持つように条件づけることはできるが、倦怠や攻撃や不幸などの反作用を起こすようになる。

基本的にスキナーは、人間の情熱を無視する単純な合理主義者である。フロイトとは対照的に、彼は人間の情熱の力には無感覚で、人間は常に私欲の要求するままに行動すると信じている。実際、新行動主義の全原理は、私欲があまり強力なものであるがゆえに、それに訴えることによって——主として個人が望まれたとおりに行動したことに対し、環境が報酬を与えるという形で——人間の行動を完全に決定しうるということである。究極のところ、新行動主義の基礎はブルジョア的体験の本質、すなわち人間の他のすべての情熱よりも、自己中心主義と私欲が優先するというところにある。

スキナー理論の人気の理由

スキナーの異常な人気は、彼が伝統的、楽観的、自由主義的思想の要素を、サイバネティックス社会の社会的、精神的現実と融合させることに成功したという事実によって、説明できる。

スキナーは人間は順応性を持ち、社会的な影響を受けやすく、彼の〈本性〉の中のいかなるものも、平和で公正な社会への発展の最終的障害になるとは考えられないと信じている。かくして彼の体系は、自由主義者として、スキナーの体系の中に自分たちの政治的楽観主義を擁護する議論を見いだす心理学者たちを引きつける。彼は平和と平等というような望ましい社会的目標は、ただの根拠のない理想ではなく、現実に打ち建てることのできるものだと信じている人びとに訴える。科学的な基礎の上により良い社会を〈設計〉できるという考え全体が、以前なら社会主義者になったかもしれない多くの人びとに訴える。マルクスもまたより良い社会の設計を望んだのではなかったか。彼は自分の流儀の社会主義を、〈ユートピア的〉社会主義に対して、〈科学的〉と呼んだのではなかったか。スキナーの方法は、政治的解決が挫折の様相を見せ、革命的なもろもろの希望が最も沈滞してしまった歴史上の時期としての今日において、とくに魅力的なものではないだろうか。

しかしスキナーが伝統的な自由主義的見解を、まさにそれを否定するものと組み合わせなかったならば、その暗黙の楽観主義だけでは、彼の考え方はこんなに魅力あるものにはならなかっただろう。

サイバネティックスの時代においては、個人はますます操作されるようになる。彼の労働も消費も余暇も、広告やイデオロギーや、スキナーの言う〈正の強化〉によって操作される。個人は社会的過程における彼の積極的で責任ある役割を失う。彼は完全に〈調整〉され、全体的な機構に適合しないいかなる行動も、行為も、思考も、感情も、彼を非常に不利な立場に置くことを学ぶ。事実彼はかくあれと期待される人間であるのだ。もし彼が自分自身でありたいと主張すれば、警察国家においては、自由あるいは生命さえもあぶなくなる。ある種の民主主義国家においては、昇進があぶなくなり、まれには職さえもあぶなくなり、おそらくは最も重要なことだろうが、誰ともコミュニケーションを絶たれた孤立感を味わうという危険にさらされるのである。

たいていの人びとは自分の不快感をはっきりと意識してはいないが、彼らは人生に対して、将来に対して、そして彼らのしていることの単調さと無意味さから生じる倦怠に対して、ぼんやりとした不安を感じている。彼らは信じたいと思っている理想そのものが、社会的現実とのつながりを絶たれていることを感じる。条件づけが最もすぐれた、最も進歩的な、最も効果的な解決法であると教えられ、彼らは何とほっとすることだろう。スキナーはサイバネティックス時代の孤立し、操作される人間の地獄を、進歩の天国として推奨している。彼は私たちがどこへ向かっているのかという不安をしずめるために、心配しなくてもいいと言い、私たちの産業体制の採った方向は、偉大なるヒューマニストたちが夢みたのと同じ方向であって、ただ科学に基づいている点だけが違うのだと言う。その上、スキナーの理論はそれがサイバネティックス社会の疎外された人間にとっては（ほとんど）真実であるから、真実らしく響くのだ。要するに、スキナーの理論は新しい科学的ヒューマニズムのごとく装いをこらした、日和見主義の心理学なのである。

私はスキナーが〈電子技術〉社会の弁護者という、この役割を果たすことを望んでいると言っているのではない。それどころか、彼が政治的、社会的に単純であればこそ、時としてはもし彼が私たちを何に条件づけようとしているのか、自分で気付いていればこうはいくまいと思われるほど説得的に（また支離滅裂に）、書くことができるのである。

4　行動主義と攻撃

攻撃の問題にとって行動主義的方法がたいそう重要であるのは、アメリカでの攻撃の研究者たちのほとんどが、行動主義的な方向づけをもって書いているからである。彼らの論法は簡単に言えばこうである。もしジョニーが、攻撃的になることによって弟（あるいは母その他）がほしいものをくれることを知れば、彼は攻撃的に行動しがちな人間になるのであって、同じことが従順な、勇敢な、あるいはやさしい行動についても言えるのである。この公式は、人は自分のほしいものを手に入れるためのうまい方法であると判明したやり方で行ない、感じ、考えるということである。攻撃はほかのすべての行動と同じようにまったく学習の結果なのであって、それは自分の最適度の利益を求めるということに基づいているのだ。

攻撃についての行動主義的な見解は、攻撃を「有害な刺激を他の有機体に及ぼす反応」と定義したA・H・バス（A. H. Buss）によって、簡潔に表現されている。彼は書いている。

攻撃の定義から意図の概念を除外するのには、二つの理由がある。第一に意図は目的論、すなわち将来の目標に向けられた意図的行為を含んでおり、この見地は本書が採っている行動主義的アプローチと相容れない。第二に、この方が重要なのだが、この言葉を行動的現象に適用することのむつかしさがある。意図は内的な現象であって、言語化は可能かもしれないが、不可能かもしれない。また言語的表現に正確に反映させることが可能かもしれないが、不可能かもしれない。意図は有機体の強化の歴史からの推論であると考えることができそうである。もし攻撃的反応が、その被害者の逃走というような特定の結果によって規則的に強化されたら、攻撃的反応を繰り返すことは、〈逃走させようという意図〉を含んでいると言われるかもしれない。しかしこの種の推論は、行動の分析においては余計なことであって、攻撃的反応の強化の歴史とその反応を引き出す直接的状況との間の関係を、直接に検討することの方が有益なのである。

要するに、意図は攻撃的行動の分析においては扱いにくく、不必要なものであって、決定的な問題はむしろ、攻撃的反応の生起とその強さに影響を与える強化的な結果の性質である。言い換えると、攻撃的行動に影響を与える強化因子の種類は何かということである（A・H・バス、一九六一）。

〈意図〉とは意識的な意図のことだとバスは理解している。しかしバスは精神分析的アプローチにまったく無理解ではない。「もし怒りが攻撃の唯一の動因でないとしたら、それを動因と見なすのは有益であろうか。それは有益ではないというのが、本書の採る立場である」（A・H・バス、一九六一）(5)。

（5）L・バーコウィッツは、多くの点でA・H・バスと類似した立場を採っている。彼も動機づけとなる情動という考えに無理解ではないが、本質的には行動主義理論の枠組の中にとどまっている。彼は欲求不満＝攻撃の理論を修正はするが、退けはしない（バーコウィッツ、一九六二および一九六九）。

A・H・バスやL・バーコウィッツのようなすぐれた行動主義心理学者たちは、人間の感情という現象に対してスキナーよりはるかに敏感なのだが、行為者でなくて行為が科学的観察の対象であるというスキナーの基本原理は、彼らの立場についても言えることである。それゆえ彼らはフロイトの発見した根本的な諸問題、すなわち行動を決定する精神的な力、これらの力の大部分無意識的な性格、これらの力のエネルギー荷と方向に変化を与えうる要因としての〈意識〉（〈洞察〉）などには、しかるべき重要性を与えていない。

行動主義者たちが、彼らの方法を〈科学的〉と言うのは、彼らが目に見えるもの、すなわち顕在的な行動を扱うからである。しかし彼らは〈行動〉自体を行動する人間から切り離してしまえば、それを十分に記述することができないことに気付いていない。一人の男が銃を撃って、他人を殺す。行動としての行為自体――その人を殺すたまを撃つこと――は、もしその〈攻撃者〉と切り離したならば、心理学的にはほとんど意味がない。事実行動主義的な叙述は、銃に関してのみ適切だと言えるだろう。それに関しては、引き金を引く人間の動機づけなど、どうでもいいことなのだ。しかし彼の行動は、彼をして引き金を引くに至らしめた意識的および無意識的動機づけを私たちが知って初めて、十分に理解することができるのだ。私たちは彼の行動の唯一の原因を見いだすのではなく、この男の内部の精神構造——彼の性格——や、ある瞬間に彼の発砲を引き起こした、多くの意識的、無意識的な要因などを見いだすことができるのである。私たちは発砲しようとする衝動は、彼の性格体系の中の多くの要因によって決定されると説明できるが、発砲するという行為はあらゆる要因の中でも最も偶然的なものであって、最も予言しがたいものであることを知る。それはその場の多くの偶然的な要素、たとえば銃が手近にあったとか、ほかに人がいなかったとか、圧迫《ストレス》の度合いとか、その時の彼の全心理生理学的体系の条件などによって左右されるのである。

観察できる行動は科学的に信頼しうるデータであるという行動主義の金言は、まったくまちがっている。実際には、たとえ表面的な観察では違いは見えないとしても、行動自体が、動機となる衝動いかんによって違っているのである。

簡単な例がこのことを示している。違った性格構造を持った二人の父親が、息子の健全な成長のためにこの種の罰が必要だと信じるがゆえに、それぞれ息子をたたく。父親たちは一見まったく同じ行動をしている。彼等は子供を手でたたいている。しかしもし私たちが愛情と思いやりを持った父親の行動を、サディスティックな父親の行動と比較すれば、行動は実は同じものではないことがわかる。彼らが罰の前後に子供をつかまえたり、子供に言って聞かせたりするそのやり方、彼らの顔の表情などが、一人の父親の行動を、もう一人の父親の行動とはまったく違ったものにする。それに応じて、それぞれの行動に対する子供たちの反作用も異なる。一人の子供はその罰の破壊的な、あるいはサディスティックな性質を感じる。もう一人の子供には何ら父親の愛を疑う理由はない。子供の反作用の違いは父親のこの行動がただ一回限りの場合でも生じるが、それは子供たちが今までに経験してきて、彼の父親像と父親への反作用を形成した無数の行動の一つの場合にすぎないのであるから、なおさらのことである。二人の父親がともに、子供自身のために子供を罰しているのだと確信しているという事実は、ほとんど何の違いももたらさないのであって、せいぜいこの道徳主義的な確信のゆえに、ふつうならサディスティックな父親が持つかもしれない心理的抑制がなくなるだろうというぐらいのことである。他方、たとえサディスティックな父親が決して子供をたたかないとしても、それはおそらく妻を恐れるためか、あるいはそれが彼の進歩的な教育観に反するからだろうが、彼の〈非暴力的〉行動もやはり同じ反作用を生み出すだろう。というのは、子供をたたいた時に彼の手が伝えるのと同じサディスティックな衝動を、彼の目が子供に伝えるからである。子供たちは一般に大人より敏感なので、彼らは父親の切り離された行動でなく、その衝動に反応するのである。

また別の例をあげてみよう。大声をあげて顔を赤くしている男が見える。私たちは彼の行動を〈怒っている〉と表現する。なぜ怒っているのかと尋ねたら、その答えは「おびえているから」ということであるかもしれない。「なぜおびえているのだ」。「深刻な無力感に悩んでいるからだ」。「どうしてなのだ」。「母親へのきずなが解けないので、まだ情緒的には小児に等しいからだ」。（もちろん必ずこう続くわけではない。）これらのそれぞれの答えは〈真実〉である。それらの間の違いは、次第により深い（そしてふつうはより意識しない）層の体験に触れるところにある。答えの触れる層が深ければ深いほど、彼の行動の理解により多くの関連性を持つことになる。それはただ彼の動機づけを理解するだけでなく、行動をあらゆる細部にわたって認識することにも関連性を持つのだ。たとえばこういう場合には、敏感な観察者なら、彼の顔に怒りだけでなく、困ったようなおびえた表情を見ることだろう。ほかの場合にも、人間の明らさまな行動は同じかもしれないが、敏感な人なら、彼の顔のかたくなさと強烈な破壊性に気付くだろう。彼の怒りの行動は、破壊的衝動の抑制された表現にすぎない。この二つの同じような行動は、実はまったく違っているのであって、直観的な敏感さは別として、この違いを理解する科学的な方法は、動機づけの――すなわち二つのそれぞれの性格構造の――理解を必要とするのである。

私はありきたりの答えを書かなかった。「彼は侮辱されたから――あるいはそう思っているから――怒っているのだ」。こういう説明は直接の起因となる刺激のみを強調しているが、刺激の持っている刺激力は、刺激を受けた人間の性格構造にも左右されることを無視している。同じ刺激を受けた人びとの集団は、それぞれの性格に応じて、違った反作用をするだろう。Aはその刺激に引きつけられるかもしれない。Bは反発し、Cはおびえ、Dは無視するだろう。

バスが意図は内的な現象であって、言語化は可能かもしれないが、不可能かもしれないと言うのは、もちろんまったく正しい。しかしこれがまさに行動主義のディレンマなのである。なぜならそれは言語化されないデータを検討する方法を持たず、それが扱いうるデータのみに研究を限定しなければならないのだが、それらのデータはあまりに粗雑すぎて、緻密な理論的分析には役立たないからである。

5　心理学的実験について

もし心理学者が人間の行動を理解するという課題をになうならば、彼は生きている（*in vivo*）人間の研究にふさわしい研究方法を考案しなければならないのだが、ほとんどすべての行動主義的研究は、試験管の中で（*in vitro*）行なわれている。（言葉通りに心理学の実験室の中でという意味ではなく、それと同等の意味、すなわち被験者が〈現実の〉生活過程ではなく、制御され人工的にととのえられた条件の下で観察されるという意味である。）心理学は自然科学の方法をまねることによって体裁をととのえようとしたように思えるが、それは五十年前の自然科学のことであって、最も進歩した自然科学において用いられている〈科学的〉方法という意味ではない。[6] その上、理論的な無意味さを隠すために、しばしばおおぎょうな数式が用いられるが、これらはデータに深い関連があるわけでもなく、データの価値を増すものでもないのだ。

（6） J. Robert Oppenheimer の演説（一九五五）、およびすぐれた自然科学者たちによる多くの類似の論述を参照のこと。

実験室の外での人間の行動を観察し分析する方法を考案するのはむつかしい仕事だが、それは人間を理解するためには必要な条件なのだ。人間を研究するためには、原則として二つの観察の分野がある。

1　他人を直接に、詳しく観察することが一つの方法である。この種の最も精緻で有効な状況は精神分析的状況、すなわちフロイトの考案した〈精神分析実験室〉である。それは患者の無意識の衝動の表現を可能にし、それらの衝動と彼の顕在的で「正常な」、また「神経症的な」行動とのつながりの検討を可能にする。[7] これほど集中的ではないが、やはり非常に有効なのは面接——より望ましいのは一連の面接だが——であって、これはもし可能なら、幾つかの夢の研究や、ある種の投射テスト〔訳注。たとえば図形や絵画に対する反応などから、隠された欲求や感情を見いだそうとするテスト。後述のロールシャハ法やT・A・Tなどがある〕をも含むべきである。しかし熟練した観察者が人をしばらく詳細に観察するだけで（もちろんその人の身ぶり、声、姿勢、顔の表情、手などを含めて）得ることのできる深層の知識を、過小評価してはならない。個人的な知識、日記、手紙、詳細な経歴などを与えられなくても、この種の観察は彼の性格の深層に及ぶ理解の重要な源になるのである。

（7）二つの言葉に引用符を付けたのは、それらがしばしばあいまいに用いられ、時にはそれぞれ社会的に適応したというのと、適応していないというのとに等しいことになってしまっているからである。

2　生きている《イン・ヴィヴォ》人間を研究するもう一つの方法は、生活を心理学の実験室の中へ持ち込むより、むしろ生活の中の与えられた状況を〈自然の実験室〉に変貌させることである。〔すなわち〕実験者が彼の心理学実験室の中でやるように、人工的に社会的状況を作り出すことをやめて、生活自体が提供してくれる実験を研究する。類似の与えられた社会的状況を選び、それらを研究する方法によって、実験にも等しいものに変貌させる。幾つかの要因を常数とし、幾つかの要因を変数とすることによって、この自然の実験室はさまざまな仮説の吟味をも可能にする。多くの類似の状況があって、一つの仮説があらゆる状況に通用するかどうか、もし通用しなければ、仮説を変えることなしにその例外部分を十分に説明できるかどうかを、吟味することができる。このような〈自然の実験〉の最も簡単な形の一つは、アンケート（長い自由回答の質問紙および（または）個人面接を用いて）であって、これは一定の集団、たとえば年齢別、職業別の集団とか、四人とか、病院の入院患者とか、その他の集団から選んだ代表を対象とする。（昔からある心理学の総合テストの使用は、私の考えでは性格のより深い層を理解するのに十分ではない。）

たしかに私たちは〈自然の実験〉を行なうことによって、実験室実験の〈正確さ〉に到達することはできない。なぜならいかなる二つの社会的布置〔訳注。行動に影響を与える刺激や条件の集まりのこと〕も同一ではないからである。しかし〈被験者〉ではなく人間を観察することによって、人工物ではなく生命を観察することによって、一般に主張される（そしてしばしば疑わしい）正確さの代価として、くだらぬ実験の結果を出すことに努める必要はなくなるのである。私は精神分析面接の実験室、あるいは社会的に与えられた〈実験室〉における攻撃の研究は、科学的見地から見て、行動の分析に関するかぎり、心理学実験室での方法よりはるかに望ましいと信じている。しかしそれには非常に巧妙な実験室実験が要するよりも、はるかに高い程度の複雑な理論的思考が必要なのである。[8]

（8）私は〈解釈法による質問紙〉が、集団の根底にあってほとんど無意識的な動機づけの研究において、貴重な道具となることを知った。解釈法による質問紙は、答え（自由回答の質問に対する）の中にある意図しない意味を分析し、答えを額面どおりに受け取るのではなく、性格学的な意味で解釈する。私は一九三二年に、フランクフルト大学の社会科学研究所での研究で、この方法を初めて応用し、一九六〇年代に、メキシコのある小さな村の社会的性格の研究において、再びこれを使った。最初の研究のおもな協力者の中には、Ernest Schachtel、故 Anna Hartoch-Schachtel、および Paul Lazarsfeld（統計上の助言者として）がいた。この研究は三十年代の半ばに完了したが、質問紙とサンプルの答えだけが発表された（M. Horkheimer, ed., 1936）。第二の研究は発表済みである（E・フロムとM・マコービー、一九七〇）。マコービーと私は、ネクロフィリア的性格を示す要因を決定するための質問紙をも考案した。そしてマコービーはこの質問紙をいろいろな集団に応用して、満足すべき結果を収めた（M・マコービー、一九七二a）。

たった今言ったことの例証として、非常に興味深い——そして攻撃の分野で最も高く評価されている実験の一つである、エール大学の〈相互作用実験室〉で行なわれたスタンリー・ミルグラム（Stanley Milgram）の〈服従の行動主義的研究〉を見よう（S・ミルグラム、一九六三）。[9]

（9）以下の引用はすべてS・ミルグラム（一九六三）から。

被験者は二十歳から五十歳までの四十人の男性で、ニューヘーブンおよびその周辺の地域から集められた。被験者は新聞広告と、直接の手紙による依頼によって得られた。依頼に応じた人たちは、エール大学での記憶と学習の研究に参加するのだと信じていた。標本には広い範囲の職業が見られる。代表的な被験者は郵便局員、ハイスクールの教師、セールスマン、技師、労働者などであった。被験者の学歴は、小学校を終えていない人から、博士号やその他の専門的学位を持っている人たちにまで及んでいた。彼らには実験に参加した報酬として四ドル五十セント支払われた。しかし被験者たちは、この報酬はただ実験室まで来てもらったためのもので、着いてから何が起ころうと、金は彼らのものであると言われた。

一人のナイーヴな〔訳注。実験に予断を持たず、白紙の状態で臨むこと〕被験者と一人の犠牲者（実験者のさくらなのだが）とが、それぞれの実験に参加した。ナイーヴな被験者が〔犠牲者に〕電気ショックを与えるのを、正当化するための口実を考え出さなければならなかった。[10] これは最初の説明によって、効果的に行なわれた。罰と学習との間に推定される関係について一般的な前置きがあったあとで、被験者たちは次のように聞かされた。

「しかし実際には、私たちは罰が学習に及ぼす影響についてほとんど知らないのです。なぜならそれについての真に科学的な研究は、人間にはほとんど行なわれていないのですから。

たとえば私たちは、どれだけの罰が学習に最適であるかを知りません――また誰が罰を与えているかによってどれだけ違うのか、成人は自分より若い人から学ぶのが一番いいのか、それとも年上の人からがいいのかということも知りません――ほかにもまだこの種のことがいろいろあります。

そこで私たちはこの研究で、違った職業と年齢の成人をたくさん集めています。そしてその中のある人には先生に、ある人には生徒になっていただきたいのです。

私たちは違った人たちが先生と生徒として、お互いにどういう影響を与えるのか、またこの場合に罰が学習にどういう影響を与えるのか、まさにそのことを知りたいのです。

そういうわけで、私はあなたがたの一人に今夜ここで先生になっていただき、もう一人の方には生徒になっていただきたいのです。

どなたかお望みはありますか」。

(10) 実際には電気ショックは与えられなかったが、このことを先生＝被験者は知らなかった。

そこで被験者たちは、この実験で誰が先生になり、誰が生徒になるかを決めるために、帽子の中から紙切れを選んだ。このくじ引きには仕掛けがしてあって、ナイーヴな被験者はいつも先生になり、さくらがいつも生徒になるのだった。(紙切れにはどちらも「先生」という言葉が書いてあった。)くじ引きが終わるとすぐに、先生と生徒は近くの部屋へ移され、生徒は「電気いす」装置にひもでくくりつけられた。

実験者は、生徒がショックを与えられている時の過度の動きを防ぐために、ひもで縛ることが必要なのだと説明した。こうしておけば、彼はこの場から逃げることはできないのだ。電極が生徒の手首に付けられ、「火ぶくれややけどを防ぐために」、電極ペーストが塗られた。被験者は、電極は隣の部屋のショック発生器につながっていると聞かされた。

……被験者は、生徒がまちがった答えをするたびにショックを与えるように言われる。その上――これが肝心の指図なのだが――被験者は、「生徒がまちがった答えを出すたびに、ショック発生器の段階を一つ上げる」ように指示される。彼はまた、ショックを与える前に電圧の高さを告げるようにとも、指示されている。このことは生徒に与えられるショックの強さが増してゆくことを、たえず被験者に留意させるのに役立つ……。あらゆる場合に、生徒は言葉の組み合わせテストの答えとして、だいたい正しい答え一つに対してまちがった答え三つの割合であらかじめ決められた答えをする。この実験の場合には、ショックの段階が三百に達するまで、生徒からの声による反応やその他の不服の徴候は聞かれない。三百ボルトのショックが与えられると、生徒は電気いすにくくりつけられている部屋の壁をどんどんとける。この音は被験者に聞こえる。この時からのちは、生徒の答えはもはや四面パネル〔訳注。生徒が答えのスイッチを押すと、四つにしきった面のどれかにランプがつくようにした装置〕には現われない……。もし被験者がこれ以上続けたくないと言えば、実験者は一連の「注意」を、被験者を協力させるために必要なだけ使って、これに応じた。

注意1　どうぞ継続してください。（あるいは）どうぞ続けてください。

注意2　実験はあなたの継続を必要とします。

注意3　あなたが継続することは絶対に必要です。
注意4　ほかに選択の余地はありません。あなたは続けなければなりません。
注意は常に順番に用いられた。注意1が失敗した場合にかぎり、注意2を使うことができた。注意4のあとでも被験者が従わなければ、実験は終わりになった。実験者の口調はいつもきっぱりしていたが、不作法ではなかった。被験者が立ち往生したり、指示に従うのをためらうたびに、また新しくこの順番が始められた。

特別の注意。もし被験者が生徒に一生肉体的傷害が残ることがあるかと尋ねると、実験者は言った。「ショックは苦痛ではあるでしょうが、からだの組織に一生傷が残るようなことはありません。だからどうぞ続けてください」。(必要ならば、これに注意2、3、4が続いた。)

被験者が、生徒がこれ以上続けるのを望んでいないと言うと、実験者は答えた。「生徒が好もうと好むまいと、あなたは彼がすべての言葉の組み合わせを正しく覚えるまで、続けなければならないのです。だからどうぞ続けてください」。(必要ならば、これに注意2、3、4が続いた。)

実験の結果はどうであったか。「多くの被験者は、実験の場において、とくに比較的強力なショックを与える時には、神経質なようすを見せた。多くの場合、緊張の度合いは、実験室における社会心理学的研究ではめったに見られないほど、極度に達した」(傍点はフロム)。被験者は汗ばみ、ふるえ、どもり、くちびるをかみ、うなり、からだに爪を食い込ませるのが観察された。これらはこの実験に対する、例外的と言うよりむしろ特徴的な反応であった。

緊張の一つの徴候は、神経質な笑いの発作が規則的に起こることであった。四十人の被験者のうち、十四人が神経質な笑いと微笑の明確な徴候を示した。笑いはまったく場違いに思えたし、異様でさえあった。完全などうしようもない発作にとりつかれた例が、三人の被験者に観察された。一度、あまりにも激しいけいれん性の発作が観察されたので、実験を中止しなければならないこともあった。この被験者は四十六歳の百科辞典のセールスマンであったが、自分の不作法などうにもならない行動にすっかり当惑してしまった。実験後の面接で、被験者たちは自分がサディスティックなタイプではないこと、笑いは犠牲者にショックを与えるのを楽しんでいたのを意味してはいないことを示すのに、大わらわであった。

実験者が初めに予期していたのとはやや違って、四十人の被験者のうちショック段階三百、すなわち犠牲者が壁をけり始め、もはや先生の選択肢方式〔訳注。多くの項目の中から正しい答えを選ばせる方式〕の質問に答えなくなり始める前にやめた者はなかった。四十人の被験者のうち、三百ボルトの段階を超えると、五人だけが実験者の指図に従うことを拒んだ。あと四人はもう一度だけショックを与えた。二人は三百三十ボルトの段階でやめた。三百四十五、三百六十、三百七十五がそれぞれ一人ずつであった。こうして全部で十四人（三十五パーセント）が、実験者に逆らった。〈服従的な〉被験者たちは、しばしば極度のストレスの下でそうした……そして実験者に逆らった人びとと同じ不安を示した。しかし彼らは従った。

最高のショックが与えられ、実験者が作業の中止を宣言した時、服従的な被験者の多くは安堵の溜息をつき、額をぬぐい、指で目をこすり、あるいは神経質にたばこをいじった。幾人かはどうやら後悔したようすで、首を振った。幾人かの被験者は、実験の間ずっと冷静で、初めから終わりまで最小限の緊張の徴候しか示さなかった。

この実験を論じて、著者はそれが驚くべき二つの発見をもたらしたと述べている。

第一の発見は、この状況においてまったく強い服従的傾向が示されたことにかかわっている。被験者たちは子供のころから、他人をその意志に反して傷つけることは、道徳に根本的に違反する行為であると教わって来た。ところが二十六人の被験者がこの主義を捨てて、強制的に命令する特別な権限など持っていない権威の指示に従っている……。第二の予期しなかった結果は、この手続きが生じた異常な緊張であった。被験者はただの良心が命ずるままに、やめるか続けるかするだろうと人は想像するかもしれない。ところが、実際に起こったことは、それとはひどくかけはなれていた。驚くほどの緊張と、情緒的緊迫感の反作用があった。ある観察者が言った。

「円熟した、初めのうちは落ち着きはらった実業家がほほえみながら、自信に満ちて実験室に入ってくるのを、私は見た。二十分もしないうちに、彼はけいれんし、どもり、急速に神経的崩壊の瞬間に近づきつつある哀れな姿に変わり果てていた。彼はたえず耳たぶを引っぱり、両手をよじり合わせていた。ある瞬間に彼はこぶしを額に押しつけてつぶやいた。『おお神よ、もうやめましょう』。しかし彼は実験者のすべての言葉に反応を続け、最後まで従った」。

この実験はたしかに非常におもしろい――服従と同調の試験としてばかりでなく、残酷性と破壊性の試験としても。これは現実生活において起こった状況、すなわち上官の命令（あるいは命令だと信じたもの）に従って、それを何の疑問もいだかずに実行することによって、極端に残酷で破壊的な行動をした兵士たちの犯罪を、ほとんどまねしたかのように見える。これはまた、ニュールンベルクで戦争犯罪者という判決を受けたドイツの将軍たちの話でもあるのだろうか。あるいはまた、ベトナムにおけるカリー中尉〔訳注。南ベトナムのソンミでのアメリカ軍による非戦闘員大量虐殺事件の責任者〕と、彼の部下の何人かの話でもあるのだろうか。

私はこの実験によって、現実生活のたいていの状況に関して、何らかの結論を下しうるとは思わない。この心理学者は服従すべき権威であったばかりではなく、科学の代表者でもあり、またアメリカの高等教育の最も名声高い機関の一つの代表者でもあった。科学は現代の産業社会において最も高い価値を持つと、一般に見なされていることを考えると、ふつうの人にとっては、科学が命じることがまちがいや不道徳でありうると信じることは、非常にむつかしいことなのだ。もし主がアブラハムに息子を殺すなと言わなかったら〔訳注。旧約聖書創世記二二章〕、アブラハムは、歴史においてわが子を犠牲にした何百万という親たちと同じように、息子を殺しただろう。信じる者にとっては、神も、現代における神の同義語である科学も、まちがったことを命じることはありえないのである。この理由からも、またミルグラムがあげているほかの理由からも、多くの割合の人たちが服従したということは、この集団の三十五パーセントがある点で服従を拒否したことに比べると、さほど驚くべきことではない。いやむしろ三分の一以上のこの不服従の方が、より驚くべき——そして心強い——ことだと考えてしかるべきなのだ。

もう一つの驚き、すなわち非常な緊張が見られたということも、同様に驚くに当たらないことである。実験者は「被験者はただ彼の良心が命ずるままに、やめるか続けるかするだろう」と予期した。それはほんとうに、人びとが現実生活において葛藤を解決する時のやり方だろうか。人間は自分の葛藤を直視しないように努めるということ、つまり人間は自分が——貪欲や恐れから——したいと熱望することと、彼の良心が禁止することとのいずれかを意識的に選ぶのではないということ、これこそまさに人間の機能の特異性——かつまたその悲劇性——ではなかろうか。実際には、彼は葛藤の意識を合理化によって消し去るのであって、葛藤はストレスの増大、神経症的徴候、あるいはまちがった理由による罪の意識として、無意識的にしか現われないのである。ミルグラムの被験者たちは、この点ではごく正常に行動しているのだ。

ここでさらに幾つかの興味深い問題が浮かび上がる。ミルグラムは彼の被験者たちが権威への服従と、子供のころからずっと学んできた、他人を傷つけるなかれという行動の型との板ばさみになっているから、葛藤状況にあると想像している。

しかしほんとうにそうなのだろうか。私たちは「他人を傷つけるなかれ」と教わっただろうか。それは子供たちが日曜学校で言われることだろう。ところが現実主義の人生学校では、子供たちはたとえ他人が傷つこうとも、自分自身の利益を求めなければならぬと教わるのだ。この点では、葛藤はミルグラムの想像するほど深刻なものではなさそうである。

私はミルグラムの研究の最も重要な発見は、残酷な行動に反対する反作用の強さだと思う。たしかに被験者たちの六十五パーセントを、残酷に行動するように〈条件づける〉ことができた。しかしこのサディスティックな行動に対する憤慨や恐怖が、明らかに彼らの大部分の中に存在したのだ。残念ながら、著者は実験の間ずっと冷静であった〈被験者〉の数について、正確なデータを示していない。人間の行動を理解するためには、彼らについてより多くを知ることが最も興味深いことだろう。一見彼らは、自分たちが行なっている残酷な行動に対して反対する気持ちを、ほとんどあるいはまったく持たなかったようだ。次の問題は、なぜそうなのかということである。考えられる一つの答えは、彼らは他人の苦しみを楽しんでいたのであって、彼らの行動が権威によって認可されると、何の自責の念も覚えなかったのだということである。次に考えられることは、彼らがあまりに疎外された、あるいはナルシシズム的な人間であるがゆえに、他人の内部で起こっていることに対しては絶縁されていたということである。あるいは彼らは〈精神病者〉であって、いかなる種類の道徳的反作用をも欠いていたのかもしれない。葛藤がストレスや不安のいろいろな徴候となって現われた人びとに関しては、彼らはサディスティックな性格や破壊的な性格は持っていない人たちだと想像すべきだろう。（もし深層面接を行なっていたら、性格の相違点がわかっただろうし、人びとがどのように行動するかについて、根拠ある推測さえもできたかもしれない。）

ミルグラムの研究の主要な結果は、彼が重点を置いていないこと、つまり大多数の被験者に良心があり、服従が彼らを良心に反して行動させた時に、彼らが苦痛を覚えたということであるように思われる。

したがって、この実験を人間の容易な非人間化のまた新たな証拠として解釈することはできるが、一方被験者の反作用はむしろその逆のこと――彼らの内部に、残酷な行動を耐えがたく感じる強い力が存在すること――を示している。これは現実生活における残酷性の研究への重要なアプローチ、すなわち残酷な行動だけでなく、権威に従う人びとの――しばしば無意識の――罪の意識をも考慮するというアプローチを示唆している。（ナチスは一般の人間の良心をなだめるために、残虐行為をごまかす精緻な方法を用いなければならなかった。）ミルグラムの実験は、行動の意識的な面と無意識的な面との間の違いのよい例証である。この実験を利用してその違いを探究するには至っていないけれども。

もう一つの実験は直接に残酷性の原因の問題を扱っているので、とくにここでは関連がある。

この実験の最初の報告は短い論文（P・G・ジンバード〔P. G. Zimbardo〕、一九七二）で発表されたが、これは著者から私への手紙にあるように、刑務所の改革に関する国会小委員会に、口頭で報告されたものの抜粋である。その論文は短いものなので、ジンバード博士はこれが彼の仕事を批判するための公正な根拠になるとは、考えていない。そこで私は彼の意向に従うことにしたのだが、実は気が進まないのだ。と言うのは、この論文とのちの論文（C・ヘーニー〔C. Haney〕、C・バンクス〔C. Banks〕、P・ジンバード、印刷中）との間には、いくらかの食い違いがあって、それを指摘したかったからである。[11] 私は第一の論文に対しては、次の二つの最も重要な点に関して、簡単に言及するだけのこととする。(a)看守たちの態度。(b)著者たちの中心的命題。

（11）ほかに注記のないかぎり、以下の引用は共同論文からで、ジンバード博士の御好意によって、原稿を送っていただいた。

実験の目的は、ある特別な状況、すなわち「模擬刑務所」においてそれぞれ囚人と看守の役を演じるという状況での、ふつうの人間の行動を研究することであった。著者たちがこの実験によって証明されたと信じている一般的命題は、多くの人びと、おそらくは大多数の人びとは、彼らが置かれた状況の力によって、道徳観や個人的信念や価値観には関係なく、ほとんどどんなことでもさせられてしまう、ということである（P・H・G・ジンバードー、一九七二）。もっと具体的に言えば、この実験において、刑務所という状況が「看守」の役を演じた被験者の大部分を、残酷なサディストに変貌させ、また囚人の役を演じた被験者の大部分を浅ましい、おどおどした、従順な人間に変貌させてしまい、その中の幾人かはあまりにも激しい精神的徴候を示したために、二、三日のちに実験から解放しなければならなかった、ということである。事実、両集団の反作用があまりに激しかったので、二週間続くはずの実験を六日後にやめなければならなかった。

私は実験がこの行動主義的命題を証明したということに疑いを持っており、その疑いの理由を述べるつもりである。しかしまず私は、読者に第二の報告書に述べられている実験の細部を知ってもらわなければならない。十五ドルの日当で、刑務所生活に関する心理学的研究に参加する男性の志願者を求むという新聞広告に、学生たちが応募した。応募した学生たちは、

家庭的背景、肉体的および精神的健康歴、経験の有無、精神病理の諸原因に関しての態度的傾向（犯罪を犯したことがあるかどうかも含めて）などについて、広範囲な質問紙に記入した。この背景に関する質問紙に記入した各応募者は、二人の実験者の一人による面接を受けた。最後に最も安定してお

り（肉体的にも精神的にも）、最も成熟していて、反社会的行動を犯すことが最も少ないと判断された二十四人の被験者が、この研究に参加すべく選ばれた。無作為な方法で、半数の被験者が「看守」の役を割り当てられ、半数が「囚人」の役を割り当てられた。

最終的に選ばれた被験者たちは、「模擬刑務所を始める前日に、総合的な心理テスト〔訳注。battery of psychological tests とはいろいろのテストを組み合わせたもの〕を受けた。しかし実験者＝観察者たちに先入観をいだかせないために、研究が終わるまで点数表は作成されなかった」。著者たちによれば、彼らは平均的人間の範囲を逸脱せず、またサディスティックなあるいはマゾヒスティックな傾向も示さない標本を選んだ。

「刑務所」は、スタンフォード大学の心理学棟の地下の廊下を、三十五フィートに区切って作られた。

すべての被験者たちは、まったく無作為の方法で、看守か囚人の役を割り当てられると言われた。全員が十五ドルの日当で二週間に至るまでの期間、どちらかの役を演じることに進んで同意した。彼らはこの研究の続く間、割り当てられた役を勤める「意向」を表明したことに対して、金銭的報酬のみならず、最小限十分な食事、衣服、住居および医療を保証する契約書に署名した。

契約書には、囚人の役を割り当てられた人たちは監視を受け（プライバシーはほとんど、あるいはまったくない）、拘禁中は肉体的虐待を受けることはないが、基本的市民権の一部が停止されることを予期しなければならない旨、明記してあった。そのほかに予期しておかなければならない事態についての情報は、彼らには与えられず、また囚人の役にふさわしい行動についても教えられなかった。実際にこの待遇を受けることに決まった人たちは、私たちが実験を始めるある日曜日に、彼らの住居で待機するよう、電話で通知された。

看守に割り当てられた人たちは、「看守長」（研究助手の学生）および「刑務所長」（研究主任）を交えた会合に出席した。彼らは、自分たちの仕事は「刑務所が有効に機能するのに必要な、適度の秩序を所内で維持すること」であると言われた。

著者たちが「刑務所」をどういうものと考えているかに、言及しておくことが重要である。彼らはこの言葉を、法律違反者を収容する場所という一般的な意味ではなく、ある種のアメリカの刑務所に存在する状態を写し出しているという、特殊な意味で用いている。

われわれの意図は、アメリカの刑務所を文字どおりまねることではなく、それを機能的に再現することであった。倫理的、道徳的、実際的理由から、われわれは被験者を長期あるいは無期限に拘束することはできなかった。きびしい体罰の威嚇や宣告もできなかった。同性愛や人種差別をはびこらせることもできなかった。またある種のそれ以外の刑務所生活の特徴を、二重写しにすることもできなかった。しかしわれわれはまずまず十分にほんとうらしい日常的状況を作り出して、それぞれの役を演じる参加者たちに、彼らに割り当てられた表面的な要求を超えて、彼らの演じる人物の深層構造まで立ち入らせることができると信じた。そのためにわれわれは、実際の刑務所生活において行なわれ、経験されていることと機能的に等しい状態を設定して、それによって被験者たちの中に、質的に類似した心理的反作用——権力と無力、統制と圧迫、満足と不満、気まぐれな支配と権威への抵抗、地位と無名、精力と去勢などの感情——を生み出そうとした。

この刑務所で用いられた方法の描写から、読者にもやがてわかることだが、右の説明は、この実験で行なった取り扱いについては最後の言葉で漠然と暗示しているだけで、かなり控えめな説明である。実際の方法は、看守たちの行動からだけでなく、実験者たちによって決められた刑務所の規則のために、きびしくかつ組織的な屈辱と堕落をもたらすものであった。

「刑務所」という言葉を使うことによって、少なくともアメリカにおける——そして実際ほかのすべての国における——刑務所が、すべてこのタイプであることが暗示されている。このような暗示は、ほかにも刑務所があるということ、とくにアメリカの連邦刑務所や、外国のそれに相当するものなどがあって、それらは著者たちが彼らの模擬刑務所に再現したほどひどいものではないということを無視している。

「囚人」たちはどのように扱われたか。彼らは実験の開始の準備をするように言われていた。パロアルト市警本部（訳注。パロアルトはスタンフォード大学の所在地）の協力で、囚人として扱われることに決められた被験者たちは、すべてその住居で不意に「逮捕」された。警官が彼らに夜盗あるいは凶器による強盗の容疑を告げ、彼らの法的な権利について教え、手錠をかけ、くまなく身体検査を行ない（しばしば隣人たちが珍しげに見守る中で）、そして彼らを警察の車のうしろにのせて、警察まで連行した。警察で彼らは、標準的慣例に従って指紋を取られ、照合用の書類を作成され、それから留置場に入れられた。それぞれの囚人は目隠しをされたのちに、実験者の一人と被験者＝看守によって、われわれの模擬刑務所まで連れてこられた。逮捕の過程において、関係した警官たちは終始本式で真剣な態度を維持し、この「逮捕」と模擬刑務所の研究との関係を明らかにしようとする、いかなる質問にも答えなかった。

　われわれの実験刑務所に着くと、それぞれの囚人は裸にされ、シラミの駆除剤（防臭剤のスプレー）をかけられ、しばらくの間、中庭に裸で一人立たされた。前に述べた制服を着せられ、照合用の写真（「人相写真《マグショット》」）をとられたのちに、囚人は独房に入れられ、ものを言わないように命ぜられた。

　「逮捕」はほんものの警官たちによって行なわれたので（こういう手続きに警察が加わることは合法的なのだろうか）、被験者たちの限られた知識では、これはほんとうの容疑であった。とくに警官たちが、逮捕と実験との間の関係についての質問には答えなかったのだから、なおさらのことであった。被験者たちはどう考えたらよかったのか。「逮捕」が逮捕でないことが、また警察があえてこれらの偽りの罪状をこしらえ、ただ実験をよりほんとうらしく見せるために力を行使したということが、どうしたら彼らにわかっただろうか。

　「囚人」たちの制服は特異なものであった。それは、ゆったりとした木綿の上っ張りで、前とうしろに照合用の番号が付いていた。これらの「ドレス」の下には、下着類は着用されなかった。片方の足首には、錠の付いた軽い鎖が巻かれていた。足にはゴムのサンダルをはき、髪の毛は帽子の形にしたナイロンのストッキングでおおわれていた……。囚人たちの制服は彼らの個人性をなくすためのみならず、彼らの自尊心を傷つけ、彼らの従属と屈従のシンボルとして役立つようなデザインであった。足首の鎖は、環境の圧迫を絶えず思い起こさせるもの（もう一方の足首に当たれば、眠っている間でさえも）であった。ストッキングの帽子は、髪の長さや色や型に関係したいかなる個人性をも抹殺した（幾つかの「ほんものの」刑務所や軍隊で、髪を短く刈り込む場合のように）。からだに合わない制服のために、囚人たちは動きにくい思いをした。下着なしで着ていたので、制服は彼らに慣れない姿勢、それも男より女の姿勢を執ることを強いた――これも囚人となることのもたらす去勢作用の一つである。

実験の行なわれた六日間に、囚人と看守が示したこの状況への反作用はどんなものであったか。

この状況が参加者に与えた衝撃の最も劇的な証拠は、五人の囚人のはなはだしい反作用に見られた。徴候の極度の情緒的抑鬱、叫喚、激怒、強度の不安のために、彼らを解放しなければならなかった。徴候の型は、四人の被験者においてはまったく同じで、早くも拘禁後二日目に始まった。五人目の被験者は、からだの幾つかの部分にできた精神・身体的な発疹（psychosomatic rash）の手当てを受けてから、解放された。残りの囚人たちのうち二人だけが、かせいだ金を「仮釈放」によって失いたくないと言った。実験がわずか六日後に予定より早く終わった時、残っているすべての囚人たちは、思いがけない幸運に喜んだ……。

四人たちの反応がやや画一的で、ただ程度だけが違っているのに対して、看守たちの反応はより複雑な様相を示している。

対照的に、大多数の看守は実験を中止するという決定を残念に思っているように見えた。それで彼らは自らの役割に熱中するあまり、今では自分たちが行使している極度の統制と権力を楽しんでいて、それを手放したくないのだと、私たちには思われた。

著者たちは「看守」たちの態度を描写している。

時間どおりに交代勤務に来ない看守は一人もなかった。それればかりか、余分な時間を自発的に、不平もなく――超勤手当もなしで――勤務を続けることも数回あった。

被験者たちの両方の集団に現われた極度に病的な反作用は、社会的な力が作用する時の威力を実証している。それでもやはりこの新しい体験に対処するやり方、およびそれにうまく順応する程度には、個人差があった。四人たちの半数は圧迫的な雰囲気に実際に耐えたし、すべての看守が敵意を示したわけでもない。幾人かの看守はきびしいが公平であった。(「ルールに従って演じた」。) 幾人かは自分の役割をはるかに逸脱して、残酷さや虐待に創意を発揮した。また少数の看守は受動的で、四人たちの上に強圧的な統制を及ぼすことはまれであった。

残念ながら、私たちには「幾人か」、「幾人か」、「少数の」という以上に正確なことは知らされていない。正確な数を言うことは極めて容易だったに違いないので、これは不必要に正確さを欠いているように思われる。このことは、さきのTrans-Action〔訳注。第一の論文の掲載された誌名〕ではもう少し正確で、実質的に違ったことが述べられているのだから、いっそう驚くべきことである。積極的にサディスティックな看守、「囚人の気力をくじく技術において、極めて創意に富んだ」看守の割合は、そこでは約三分の一と見積もられている。残りは二つの種類に分類されて、それぞれ（1）「きびしいが公平」、（2）「こまごまと親切にし、好意的であるので、囚人から見れば良い看守」と描写されている。これはあとの報告書に述べられた、「受動的で、強圧的統制を及ぼすことはまれ」というのとは、ずいぶん違った性格づけである。

このような描写は、データをまとめる際の正確さが幾分欠けていることを示しているが、これが実験の最も重要な命題に関連している場合には、いっそう残念と言うべきである。著者たちは、ふつうの人間を数日以内に哀れな服従的人間に、あるいは無情なサディストに変貌させうるには状況だけで十分だということが、この実験で証明されたと信じている。私にはこの実験は、どちらかと言えばむしろその反対を証明しているように思われる。この実験の概念に従えば堕落をしい、屈辱的なものとなるはずの（明らかに看守たちはこのことをすぐに悟ったに違いない）、この模擬刑務所全体にみなぎる妖気にもかかわらず、看守たちの三分の二が個人的な「反抗」によって、サディスティックな行為をしなかったのならば、この実験はむしろ、しかるべき状況を与えても、そう簡単に人をサディストに変貌させることはできない、ということを証明しているように思われる。

このような文脈においては、行動と性格の違いは非常に重要である。サディスティックな規則に従って行動することと、人を残酷に扱うことを望んだり楽しんだりすることとは別なのだ。この区別をしなかったために、ミルグラムの実験がだいなしになったように、この実験の価値の多くが失われているのである。

この区別はまた、命題のもう一つの面、すなわち総合テストは、被験者の中にはサディスティックあるいはマゾヒスティックな行動への傾向がないことを示したこと、つまりテストはサディスティックあるいはマゾヒスティックな性格特性を示さなかったということにも、関連性を持っている。顕在的な行動を主要なデータとする心理学者たちに関するかぎり、この結論はまったく正しいだろう。しかし精神分析の経験を基礎にすれば、その結論はあまり信じられない。性格特性はしばしばまったく無意識的であり、その上在来の心理テストでは発見されえない。T・A・T〔訳注。絵に対する反応によって性格を診断するテスト〕やロールシャハ法〔訳注。インクのしみに対する反応によって性格を診断するテスト〕のような投射テストに関しては、無意識の過程の研究にかなりの経験を持った研究者だけが、多くの無意識の材料を発見するものなのである。

「看守」たちについてのデータは、さらに違った理由で疑問の余地がある、これらの被験者たちは、まさに彼らが多かれ少なかれ平均的なふつうの人間を代表しており、かつサディスティックな傾向を持っていないとされたからこそ、選ばれたのである。この〔テストの〕結果は、平均的な人びとの中にいる無意識的なサディストの割合はゼロではないことを示す経験的証拠に矛盾している。幾つかの研究(E・フロム、一九三六。E・フロムとM・マコービー、一九七〇)がこのことを示しているし、熟練した観察者なら、質問紙やテストを用いないでもこのことを見いだしうる。しかしふつうの人びとの中のサディスティックな性格の割合がどれだけあるにせよ、この種のものがまったく見いだされなかったということは、この問題に関して用いられたテストの適合性を弁護しにくいものにしている。

この実験の奇妙な結果の幾つかは、おそらく他の要因によって説明されるべきであろう。著者たちは、被験者たちが現実と彼らの演じている役割とを区別しにくかったことを述べ、これを状況の結果だと想像している。これはほんとうかもしれないが、実験者たちは、この結果を実験の中に組み込んでいたのである。第一に、「囚人」たちは幾つかの事情によって混乱してしまった。彼らが聞かされ、それによって彼らが契約した条件は、彼らが実際に見いだしたものとはひどく違っていた。彼らはまさか堕落を強いる屈辱的な環境に入れられるとは、予期しなかったはずだ。混乱を生じるのにさらに重要な役割を果たしたのは、警察の協力である。警察当局がこのような実験的ゲームに力を入れるのはまことに異例のことだから、囚人たちが現実と役割演技との間の違いを認めることは、非常にむつかしいことであった。報告書によれば、彼らは逮捕が実験と何か関係があるのかどうかさえ知らなかったし、警官たちはこの関係についての質問に答えることを拒否した。ふつうの人間なら誰でも混乱してしまい、当惑と、だまされたという気持ちと、どうしようもない気持ちをいだいて実験に臨むのではなかろうか。

どうして彼らはすぐに、あるいは一、二日後にやめなかったのか。著者たちは、「囚人」たちが模擬刑務所から解放されるための条件として、どういうことを言われたかについて、はっきりとした説明をしていない。少なくとも私は、彼らがもしこれ以上とどまることに耐えられない時にはやめる権利があると言われたと述べた箇所を、見いだすことができなかった。それればかりか、幾人かが逃げだそうとした時、看守たちは力ずくで彼らを引き止めたのである。彼らは仮釈放会議だけが彼らにそこを出る許可を与えうるのだという印象を与えられたようである。しかし著者たちは言う。

この研究で最も注目すべきできごとの一つが、仮釈放会議の審理の間に起こった。その時、仮釈放の資格のある五人の囚人が一人ずつ、著者の代表から、もし仮釈放されたら(研究から解放されたら)、囚人としてかせいだ金をすべて失うことになるが、それでもいいかと尋ねられていた。五人の囚人のうち、三人が「はい」と答え、喜んでそうすると言った。研究に参加する最初の誘因が金の約束であったことに注目してもらいたい。その彼らがわずか四日後に、これを完全に放棄するつもりになっていたのだ。そしてさらに驚くべきことに、決定を下すまでに、仮釈放の可能性について、スタッフのメンバーたちと論議しなければならないと言われると、それぞれの囚人はおとなしく立ち上がり、看守に連れられて独房まで帰っていった。もし彼らがただ金のために実験に参加した「被験者」として、自分を見なしていたのなら、もはや研究にとどまる誘因はなかったわけである。そしてこれほど明らかに彼らにとって不快なものとなった、この状況からのがれるのはしごく簡単で、やめさえすればよかったのである。しかしこの状況が彼らの上に及ぼすようになった統制が、あまりにも強力であり、またこの模擬的な環境があまりにもほんものらしくなったために、彼らは最初のそしてただ一つの残るための動機が、もはや意味を失っていることに気付きえなかった。そして彼らは彼らの逮捕者による「仮釈放」の決定を待つために、独房へ帰ったのである。

彼らはごく簡単にこの状況からのがれることができたのだろうか。どうして彼らはこの会合の時に、「やめたい方はどうぞすぐにやめてください。その方がたはただ金がもらえないだけです」と言われなかったのか。もし彼らがこの宣言のあとでもなお残っていたのなら、彼らの従順さについて著者たちの言っていることは、たしかに正当と言えるだろう。しかし「決定を下すまでに、仮釈放の可能性について、スタッフのメンバーたちと論議しなければならない」という言葉によって、彼らは典型的な官僚的責任転嫁の回答を与えられたのだ。それは彼らにはやめる権利がないことを、暗示していたのだ。

四人たちはこれらがすべて実験であることを、ほんとうに「知って」いたのか。その答えは「知る」ということがこの場合何を意味するか、また四人たちがそもそもの初めから意図的に混乱させられ、もはや何が何だか、誰が誰だか知らない場合に、彼らの思考過程に及ぼされる結果がどういうものであるかによって違ってくる。

正確さを欠き、結果の自己批判的評価を欠いていることのほかに、この実験にはまだ不十分なところがある。それはその結果を、同じ型のほんものの刑務所における状況と照合していないことである。最悪の型のアメリカの刑務所では、ほとんどの四人は奴隷のごとく従順で、ほとんどの看守は残虐なサディストなのだろうか。著者たちはただ一人の元四人と一人の刑務所の牧師を引き合いに出して、模擬刑務所の結果が、ほんものの刑務所で見られる結果と一致するという命題の証拠としている。これは実験の主要な命題にとって最も重要な問題だから、彼らは類似を立証するためにもっと手を尽くすべきだったのだ——たとえば多くの元四人たちとの系統立った面接など。さらにただ「刑務所」と言うだけでなく、彼らはアメリカの刑務所の中で、彼らが二重写しにしようとした堕落的な型の刑務所に相当するものの割合について、もっと正確なデータを提供すべきであったのだ。

著者たちが彼らの結論を実際的な状況と照合しなかったのは、アメリカの最悪の刑務所よりはるかに残虐な刑務所的状況――ヒトラーの強制収容所――を扱った豊富な資料が手近にあるだけに、とくに残念である。

SS〔訳注。ヒトラー親衛隊〕の自発的な残酷性に関する側面だけにかぎって、問題を系統的に扱う研究は、これまで行なわれては来なかった。SSの自発的なサディズム――すなわち、決められた仕事の範囲を超え、個人のサディスティックな欲望に動機づけられたサディスティックな行動――の度合いについてのデータを得ようと、私なりに限られた努力をした結果、私はかつての囚人たちから、十パーセントから九十パーセントに及ぶ見積もりを得たが、低い見積もりは、たいていはかつての政治犯の下したものだった。[12]事実を明らかにするためには、ナチの強制収容所体制におけるSSのサディズムについて、徹底的な研究に着手することが必要だろう。このような研究には幾つかのアプローチがある。たとえば、

1　かつての強制収容所の収容者たちとの系統立った面接――彼らの陳述をその年齢、逮捕の理由、拘禁期間、その他の関連したデータなどに関係づけて――および、かつての強制収容所のSSとの同様な面接。[13]

(12) H. Brandt および H. Simonson 教授――両者ともに政治犯として、長年強制収容所で過ごした――および、匿名を希望する人びとからの私信。H・ブラント（一九七〇）も参照のこと。

(13) 私が J. M. Steiner 博士から聞いたところでは、博士はこのような面接に基づいた研究を印刷に回すべく準備中である。これは重要な貢献を与えるにちがいない。

2　「間接的」データとして、たとえば次のようなもの。この体制は少なくとも一九三九年においては、新しい囚人を強制収容所まで運ぶ長い汽車の旅の間に、ひどい肉体的苦痛（なぐったり、銃剣で傷つけたり）や空腹や極度のはずかしめによって、彼らを「骨抜き」にするのが常であった。ＳＳは何の容赦もなく、これらのサディスティックな命令を実行した。しかしそののち、囚人たちが一つの収容所から他の収容所へ汽車で移される時には、今は「古参囚」となった彼らに、誰も手出しをしなかった（Ｂ・ベテルハイム〔B. Bettelheim〕、一九六〇）。もしＳＳがサディスティックな行動によって楽しみたければ、彼らはきっと罰せられる恐れなしにそうしえただろう。[14] これが頻繁に起こりはしなかったということは、ＳＳの個人的なサディズムについてのある結論に、私たちを導くようだ。囚人たちの態度に関するかぎり、強制収容所から得たデータは、ヘーニー、バンクス、ジンバードの仮定する命題、すなわち環境の強制力が関与してくると、個人の価値観、倫理、信念の違いは問題にならないという命題が誤りであることを示すのに役立っている。それどころか、非政治的な中産階級の囚人たち（ほとんどはユダヤ人）と、ほんとうの政治的信念あるいは宗教的信念、あるいはその両方を持った囚人たちとの、それぞれにおける態度の違いは、すべての囚人に共通な強制収容所の状態に対する反作用が、彼らの価値観や信念によって決定的に違ってくるということを示している。

（14）当時は、看守は囚人を殺した時にのみ、報告書を提出しなければならなかった。

ブルーノ・ベテルハイムは、この違いを非常にあざやかに、かつ深く分析している。

非政治的な中産階級の囚人たち（強制収容所では少数者）は、最初のショックに一番耐えられない人たちだった。彼らは自分たちに何が起こったのか、またそれはなぜかということを、まったく理解できなかった。それまで彼らに自尊心を与えて来たものに対して、彼らは今まで以上にすがりついた。彼ら虐待されている時ですら、彼らはＳＳに自分は決してナチズムに反対したことはないと言った。彼らには、今まで何の疑問もいだかずに法律に従って来た自分たちが、どうして迫害されているのかがわからなかった。不当に拘禁された今でも、彼らは迫害者たちに心の中でさえ反抗しえなかった。反抗は彼らがひどく必要としている自尊心を与えてくれただろうが。彼らになしえたことは、ただ嘆願することのみであり、多くの者は平身低頭した。法律と警察は非難の埒外になければならないので、彼らはゲシュタポのなすことはすべて正しいと認めた。彼らの唯一の異論は、迫害は当局が命じている以上、それ自体は正しいのに違いないのだが、自分たちがその対象になっている、ということであった。彼らはそれはすべて〈間違い〉なのだと言い張ることによって、彼らの苦しい立場を合理化した。ＳＳは彼らをからかい、ひどく虐待し、同時に自分たちの優越した立場を浮きぼりにするような情景を楽しんだ。この（囚人の）集団は全体的に、彼らの中産階級としての身分が、何らかの形で尊重されることをとくに望んでいた。彼らに最も打撃を与えたのは、「ふつうの犯罪人なみに」扱われることであった。

　彼らの行動は、非政治的なドイツの中産階級が、国家社会主義（訳注。ナチズムのこと）にいかに対抗しえないものであるかを示した。道徳的、政治的、あるいは社会的ないかなる首尾一貫した哲学も、彼らの統合性を守り、あるいはナチズムに対する内的抵抗の力を与えはしなかった。彼らは拘禁というショックを受けた時、頼るべきものをほとんどあるいはまったく持たなかったのだ。彼らの自尊心は、彼らの地位に伴う威信と尊敬に基づいており、彼らの職業や、一家の主人であることや、同様の外的要因によるものであった……。

彼らのほとんどすべてが、たしなみや自尊心のような、持ちまえの望ましい中産階級の特徴を失ってしまった。彼らは無気力になり、小心さ、けんかっぽさ、自己憐憫といった彼らの集団の望ましくない特徴を過大に発揮した。多くの者が落ち着かないさまでふさぎこみ、たえず不平を言った。かたりを働いたり、他の囚人から盗んだりする者もあった。（囚人から盗むことが卑劣だと考えられていたのに対して、SSから盗んだりかたったりすることは、しばしばりっぱなこととされていた。）彼らはもはや自分自身の生活の型に従うことはできないかのようで、他の囚人たちの集団の間に広がっている生活の型をまねていた。犯罪者たちの示す行動の型に従う者もあった。ごくわずかな者だけが政治犯のやり方に従ったが、それがどこまで身についたかは疑わしいとしても、概してあらゆる型の中でも最も望ましいものであった。収容所の外で好むやり方を、中においてもやろうとする者もあった。すなわち支配的な集団に異議なく従うことであった。二、三の者は上流階級の囚人たちにくっついて、彼らの行動をまねようとした。もっと多くの者は奴隷のごとくSSに服従し、彼らに奉仕するスパイになる者さえあった。（スパイとなったのは、これらのわずかな者以外には、何人かの犯罪者だけであった。）これも彼らには何の救いにもならなかった。というのは、ゲシュタポは裏切りを好んではいたが、裏切り者は軽蔑していたからである（B・ベテルハイム、一九六〇）。

ベテルハイムはここで、中産階級に属する平均的な人間の同一性《アイデンテイテイ》の感覚と自尊心の鋭い分析を行なっている。つまりその人間の社会的地位、威信、命令する力などが、彼の自尊心をささえているのだ。もしこれらのささえが取り去られたら、彼は空気の抜けた風船のように、精神的にまいってしまう。ベテルハイムはなぜこれらの人びとが意気阻喪したか、なぜ彼らの多くがSSの哀れな奴隷となり、またスパイにさえなったかを示している。この変貌の諸原因の中の一つの要素を強調しなければならない。つまりこれらの非政治的囚人たちは、状況を把握することができず、〈犯罪者〉のみが罰せられるという在来の考え方にとらわれていたので――そして彼らは犯罪者ではなかった――なぜ強制収容所に入れられたのかを理解することができなかったのだ。この理解力のなさと、その結果としての混乱が、彼らをまいらせるのにかなり大きな役割を果たしたのである。

政治的および宗教的な囚人たちは、同じ条件に対してまったく違った反作用をした。

SSによる迫害を予期していた政治的囚人たちは、拘禁に対する精神的な準備をしていたので、彼らにとっては拘禁のショックはそれほどでもなかった。彼らは自分たちの運命を憤ったが、事の成り行きを理解すればこれもありうることとして、ともかくも受け入れることができた。自分たちの将来について、また家族や友だちの身に起こるであろうことについて、当然のかつ的を射た不安をいだき、また収容所の状態にはほかの囚人たちと同じように苦しんではいたが、拘禁されたという事実だけでわが身の堕落を感じる理由はないと彼らが思っていたことは確かである。

良心的兵役拒否者として、すべての〈エホバの証人〉たち〔訳注。聖書に基づいてエホバの信仰を説く宗教運動の一派〕は収容所へ送られた。彼らが拘禁から受けた影響はいっそう小さかった。そしてきびしい宗教的信念のおかげで、彼らは統合性を保った。SSの目から見た彼らの唯一の罪は武器を執ることの拒否だったので、彼らはしばしば兵役につけば自由を与えようと言われた。彼らは毅然として拒否した。

この集団の人たちは一般に視野や経験が狭く、他人を改宗させることを望んでいた。しかし一方では模範的な仲間で、役に立ち、行ない正しく、頼りがいのある人たちであった。彼らは議論好きであった。そして誰かが彼らの宗教的信念に疑問をはさんだ時にかぎり、けんかっぽくさえなった。彼らの良心的な仕事ぶりのゆえに、彼らはしばしば作業がしらに選ばれた。しかしいったん作業がしらとなり、SSからの命令を受けると、彼らは囚人たちに仕事を熱心に、そして割り当てられた時間内にやるように強いた。彼らは囚人の中で、ほかの囚人たちを虐待したりいじめたりしない唯一の集団だったが（それどころか、彼らは仲間の囚人たちに対して、いつもたいそう丁重であった）、SSの将校たちは彼らの仕事ぶり、技術、気どらない態度のために、彼らを好んで当番として使った。ほかの囚人集団が絶えず共倒れ的な争いをしているのとはまったく対照的に、エホバの証人たちは決してSSの将校たちとの接触を悪用して、収容所で特権的な地位を得ようとはしなかった（B・ベテルハイム、一九六〇）。

政治的囚人についてのベテルハイムの描写は非常に大ざっぱではあるが、[15]それでもなお彼は、信念を持ちかつそれに自信を持っている強制収容所の収容者たちは、同じ環境に対して、そのような信念を持たない囚人たちとは、まったく違った反作用をしたということを、きわめてはっきりと示している。この事実は、ヘーニーその他が彼らの実験で証明しようとした、行動主義的命題を否定するものである。

(15) より詳しい描写については、H・ブラント(一九七〇)参照。

〈自然の〉実験に使える材料が多くあるのに、このような〈人工の〉実験をすることの価値については、疑問をいだかざるをえない。この種の実験は、正確であるがゆえに自然の実験よりも望ましいとされている、その正確さが額面どおりではなく、さらにまた人工的な道具立ては〈現実生活〉のそれと比べると、実験の状況全体をゆがめやすいので、いっそうこの疑問がわいてくるのである。

ここで〈現実生活〉とは何を意味しているのか。

形式的に定義すれば、哲学的かつ認識論的な問題が出てきて、その論議のために私たちの考えの本筋から遠くそれてしまうので、おそらく二、三の例によってこの言葉を説明する方がいいだろう。

〈機動演習〉では、何人かの兵士たちが「戦死」し、大砲が「破壊」されたと宣言される。演習の規則によればそれはそのとおりなのだが、これは人間としての、あるいは物としての兵士や大砲には、何の影響も与えない。「死んだ」兵士は彼の短い休息を楽しみ、「破壊」された大砲はその後も役に立つ。負けた側にとっての最悪の運命は、その方の司令官の将来に不利な条件が生まれるかもしれないということである。言い換えれば、機動演習において起こることは、大多数の関係者の現実的状況には何の影響も及ぼさないのである。

金を賭けてするゲームも例として適切である。トランプやルーレットや馬に賭ける人たちのほとんどは、〈ゲーム〉と〈現実〉との境界線をよく意識している。彼らは損をしても自分の経済状態に重大な影響を及ぼさない、つまり何ら重大な結果を持たないような金額しか賭けないのである。

少数者であるほんものの〈勝負師〉たちは、もし負ければほんとうに彼らの経済状態に破滅的な影響を与えるほどの金額を賭けるものである。しかし〈勝負師〉は、ほんとうは〈ゲームをやって〉いるのではない。彼は非常に現実的かつしばしば劇的な生き方に熱中しているのだ。同じ〈ゲーム対現実〉の概念が、フェンシングのようなスポーツにも当てはまる。競技をしている二人の人間のどちらも命を賭けてはいない。もし命を賭けるような状況になっていたとしたら、私たちは決闘と言うのであって、ゲームとは言わない。(16)

(16)　アメリカ人の社会的性格におけるゲーム的な態度の持つ意味についての、M・マコービーの研究によって、私は〈ゲーム的〉態度の力学をより鋭く意識するようになった（M・マコービーの近刊予定書、またM・マコービー、一九七二も参照のこと）。

もし心理学の実験において、〈被験者〉たちが、あらゆる状況がゲームにすぎないことをはっきりと意識していたら、すべては簡単だろう。しかしミルグラムの実験のように、多くの実験において彼らは偽りの情報を与えられ、嘘をつかれている。刑務所の実験について言えば、それはすべてが実験にすぎないという意識を最小限にし、あるいは失わせるように仕組まれていた。これらの実験の多くが、そもそもそれらを始めるに当たっていかさまで動かなければならないという事実そのものが、この特異な非現実性を示している。参加者の現実感覚は混乱し、彼らの批判的判断力はずっと低下しているのである。(17)

(17)　これらの実験から私は、テレビのコマーシャルの本質的な特徴の一つを思い起こす。つまり空想と現実の違いを混乱させるような雰囲気が生み出され、それが〈ご託宣〉の暗示力を強めるのである。視聴者はある種の石鹸を使うことが、彼の生活に奇跡的な変化をもたらしはしないことを〈知っている〉が、同時に彼のもう一つの部分は実際にこれを信じている。何が現実で何が虚構かを決めることなしに、彼は現実と幻想との区別のない薄明の中で考え続けるのである。

〈現実生活〉では、人は自分の行動がいろいろな結果を生じることを知っている。人は誰かを殺したいという夢想をいだくかもしれないが、この夢想が行為をもたらすことはめったにない。多くの人びとの場合、これらの夢想は夢の中に現われるが、それは眠っている状態では、夢想は何の結果も生じないからである。被験者が完全な現実感覚を欠いているような実験は、彼が現実においてどう反作用するかを示すよりは、無意識的傾向を示す反作用を引き起こすかもしれない。(18) あるできごとが現実であるかゲームであるかということは、また別な理由で決定的に重要である。ほんとうの危険にあった時、それに当たるためによく〈危急エネルギー〉が動員されること、それも当人が必要な体力や技術や忍耐力をそれほどまで持っているとは、自分でも思ってもみなかったことが多いということは、よく知られている。しかしこの危急エネルギーは、有機体全体がほんとうの危険に直面した時にのみ動員されるのであって、そこには十分な神経生理学的な理由がある。空想上の危険は有機体にこのような刺激は与えず、ただ恐れと心配をもたらすだけである。これと同じ原理は危険に直面した時の危急の反作用だけでなく、ほかの多くの点での夢想と現実との違いにも当てはまる。たとえば道徳的抑制や良心の反作用の動員がそれであって、それらは全状況が現実であるという感じがなければ起こらないのである。

(18) この理由により、時折りの殺人の夢からは、このような衝動が存在するという質的な論述が許されるだけで、それらの衝動の強さについての、量的な論述をすることはできない。これらの夢がたびたび繰り返される時にのみ、量的な分析も許されるだろう。

さらにこの種の実験室での実験においては、実験者の役割も考慮しなければならない。彼は自分が組み立て、統御する作りものの現実の主宰者である。ある意味では彼が被験者にとっては現実の代表者であり、そのために彼の及ぼす力は、被術者に対する催眠術師のそれのごとく、催眠術的な力である。実験者は被験者を、自分の責任および自分自身の意志とからある程度解放してやるので、非催眠術的状況にある場合に比べて、はるかに規則に従いやすくするのだ。

最後に、模擬囚人とほんものの囚人との間の違いがあまりにも大きいので、前者を観察してそこから妥当な類推を引き出すことは、まず不可能と言える。何かをやったために刑務所へ送られた囚人にとっては、状況はたいそう現実的である。彼は自分が刑務所へ送られたわけを知っている。（彼の受けた罰が正当か否かは別の問題である。）彼は自分の無力さと、自分の持っているわずかな権利を知っている。彼は予定より早く釈放される機会のあることを知っている。自分が刑務所にとどまる期間が、二週間とか、二ヵ月とか、二年とか、それとも二十年とかを本人が知っている（たとえ最悪の状態で暮らすとしても）かどうかは、明らかに彼の態度に影響する決定的要因である。この要因だけでも、彼の絶望、意気阻喪、そして時には（例外的ではあるが）、新しいエネルギーの動員――善意の、あるいは悪意の目的を持って――に対して、きわめて重要な役目を果たすのだ。さらに、囚人は〈囚人の一人〉ではない。囚人たちは個々の人間であって、彼らのそれぞれの性格構造の違いに従って、個々に反作用する。しかしこれは、彼らの反作用が彼らの性格の関数であるだけで、環境の関数ではないということを意味しているのではない。反作用がそのどちらかに違いないと仮定するのは、まったく単純な考えである。それぞれの個人――そして集団――における複雑で刺激的な問題は、ある与えられた性格構造と、ある与えられた社会的構造との間の、特定の相互作用がどのようなものであるかを見いだすことである。ほんとうの研究が始まるのはここからである。そしてそれは、状況が人間の行動を説明する唯一の要因であるという仮定によって、抑圧されているにすぎない。

6　欲求不満＝攻撃理論

攻撃に関しては、ほかにも多くの行動主義的な方向の研究がある。(19) しかしながらどれ一つとして、攻撃と暴力の起源についての一般的理論を展開したものはない。例外はJ・ダラード（J. Dollard）その他によって展開された欲求不満＝攻撃理論（一九三九）で、これはすべての攻撃の原因を発見したと主張している。もっと具体的に言えば、「攻撃的行動の発生は欲求不満の存在を前提にしており、また反対に欲求不満の存在は、常に何らかの形の攻撃を生み出す」ということである（J・ダラード他、一九三九）。二年後に、著者の一人のN・E・ミラー（N. E. Miller）は、この仮説の後半を放棄して、欲求不満は幾つかの違った種類の反応を誘発しうるものであって、その中の一つが攻撃であるにすぎないことを認めた（N・E・ミラー、一九四一）。

（19）　暴力に関する心理学的研究の一つのすぐれた概観（E. I. Megargee, 1969）を参照。

バスによれば、この理論はごくわずかな例外を除いて、ほとんどすべての心理学者たちに事実上受け入れられた。バス自身は、「欲求不満の強調は、用具的反応としての攻撃を無視するばかりか、ほかの種類の多くの前件（有害刺激）をも無視するという不幸な結果をもたらした。欲求不満は攻撃の一つの前件にすぎず、また最も強力なものでもない」という批判的な結論に達している（A・H・バス、一九六一）。

欲求不満＝攻撃理論の徹底的な論議は、扱うべき文献の量のゆえに、本書の枠組の中では不可能である。[20] 以下私は、幾つかの基本的な点に限ることにする。

（20） 欲求不満＝攻撃の理論に関して、A・H・バスの著作以外に言及すべき最も重要な議論の一つは、L・バーコウィッツの "Frustration-Aggression Hypothesis Revisited"（1969）である。バーコウィッツは批判的だが、全体としては肯定的である。そして彼は多くの最近の実験を引用している。

本来この理論が定式化された時は簡単なものであったのだが、欲求不満（frustration）をどう理解するかがあいまいなために、その簡単さがずいぶんそこなわれている。基本的には、この言葉が理解されている意味は二つある。（a）前進し、目標をめざす活動の中断。（たとえば、少年がクッキーのびんに手を入れると母親が入って来てやめさせる。あるいは性欲の高まった人物が、性行為の途中で中断させられる。）（b）欲求あるいは願望の拒絶としての欲求不満――バスによれば〈剝奪 deprivation〉。（たとえば、少年が母親にクッキーをねだり、母親が拒否する。あるいは男が女に言い寄り、拒絶される。）

〈欲求不満〉という言葉のあいまいさの一つの理由は、ダラードその他が必要な明確さをもって自説を述べていないところにある。もう一つの理由は、おそらく〈欲求不満〉という言葉が一般には第二の意味で使われており、その上精神分析の考え方もこの用法を助長しているというところにあるだろう。

(たとえば、愛を求める子供の願望が母親のために〈欲求不満〉となる。)

欲求不満の意味に応じて、私たちは二つのまったく違った理論を扱うことになる。第一の意味の欲求不満は、意図された活動がすでに始まっていることを必要とするので、比較的まれだろう。それは頻繁には起こらないので、すべての攻撃を、あるいはかなりの部分の攻撃をすらも説明することはできない。それと同時に、ある活動の中断の結果としての攻撃の説明は、この理論の唯一の確かな部分だろう。それが正しいと証明するためにも、誤りであると証明するためにも、新しい神経生理学的なデータが決定的な価値を持つことになるだろう。

他方、第二の意味の欲求不満に基づいた理論は、経験的証拠の重みには耐えられないように思われる。第一に、欲求不満をがまんしなければ重要なことは何も達成できないという、人生の根本的な事実を考えればよい。努力なしに、つまり欲求不満なしに学ぶことができるという考えは、広告のスローガンとしてはいいだろうが、重要な技能の習得にはあてはまらないことは確かである。欲求不満をがまんする能力がなければ、人間はとうてい発達しなかっただろう。また日々の観察からも、人びとは欲求不満を経験しても、攻撃的反応を起こさないことが多いのは明らかではないだろうか。攻撃を生じることができ、またしばしば実際に生じるのは、欲求不満がその人間に対して持つ意味である。そして欲求不満の心理学的な意味は、その欲求不満が起こる全体的布置に応じて異なるのである。

たとえばある子供がキャンデーを食べるのを禁じられた時、親の態度がほんとうに愛情深く、支配を喜ぶようなところがなければ、この欲求不満が攻撃を動員することはないだろう。しかしもしこの禁止が親の支配欲の多くの現われの一つにすぎないとしたら、もしたとえば自分の兄弟がそれを食べさせてもらったとしたら、その結果として大いに腹を立てることになるだろう。攻撃を生じるのは欲求不満自体ではなく、その状況の中の不公平さあるいは拒まれたという意識なのである。

欲求不満の発生とその強さを決めるのに最も重要な要因は、人の性格である。たとえば非常に大食らいの人は、彼の欲するすべての食物を得なければ怒りの反作用を示すだろうし、けちな人は、何かを安く買おうとする願望がかなえられない時にそうするだろう。ナルシシズム的な人は、彼の予期する賞賛や認知を得なければ欲求不満を覚える。人の性格は第一に何に欲求不満を覚えるかを決定し、第二に欲求不満に対する彼の反作用の強さを決定する。

攻撃についての行動主義的方向を持った心理学的研究の多くは、それらの目標の観点からは貴重なものだが、暴力的な攻撃の原因についての包括的な仮説を定式化するには至っていない。「われわれの検討した研究のうち、わずかな研究だけが」とメガージーは、彼の心理学文献のすぐれた概観において結論している。「人間の暴力の理論の吟味を試みている。暴力に焦点を当てた実験的研究は、たいてい理論を吟味することを目的としてはいなかった。重要な理論的問題に焦点を当てた研究は、たいてい比較的穏やかな攻撃行動を研究するか、それとも人間以下の被験体を用いるかであった」(E・I・メガージー、一九六九。傍点はフロム)。研究者たちの優秀さ、意のままになる研究手段、すぐれた科学的業績をあげようと熱望する学者たちの数を考えると、これらの貧弱な結果は、暴力的な攻撃の起源についての体系的な理論の発展には、行動主義心理学は役に立たないのではないか、という推測を裏付けるように思われるのである。

第三章　本能主義と行動主義——相違点と類似点

1　共通の基盤

本能主義者の考える人間は、種の過去に生きている。ちょうど行動主義者の考える人間が、彼の社会体制の現在に生きているように。前者は過去から受け継いだ型しか生み出しえない機械であり、後者は現在の社会的な型しか生み出しえない機械[1]である。本能主義と行動主義には、共通した一つの基本的前提がある。それは人間にはそれ自身の構造を、それ自身の法則を持った精神はないということである。

（1）H. von Foerster（一九七〇）のいう〈微小機械〉という意味で。

ローレンツの意味での本能主義にも、同じことが言える。このことはローレンツのかつての学生の一人であるパウル・ライハウゼン（Paul Leyhausen）によって、最もラディカルな形で表現されている。彼は人間を扱う心理学者（人間心理学者 *Humanpsychologen*）たちが、すべて精神的なものは心理学的にのみ、すなわち心理学的前提に基づいてのみ説明しうると主張するのを批判する。（「のみ」というのは、議論をしやすくするために彼らの立場を少しゆがめた言い方である。）ライハウゼンは反対にこう主張する。「精神的なできごとや経験に関する説明を、ほんとうに見いだしえない領域があるとすれば、それは精神自体の領域である。これは消化の説明を見いだしうるのは消化作用においてではなく、約十億年前に存在した特別な生態学的条件においてであるのと、同じ理由なのである。これらの条件の下で多くの有機体は淘汰圧を受け、その結果無機的な食物のみならず、有機的な性質を持った食物をも同化するようになった。同じように精神作用もまた、生命――および種――を保存する意味を持つ淘汰圧の結果として生じた成果である。その説明はあらゆる意味において心理学以前のものである……」（K・ローレンツ、P・ライハウゼン、一九六八。英訳はフロム）。もっと簡単な言葉で言えば、ライハウゼンは進化の過程によってのみ、心理学的なデータを説明しうると主張しているのだ。ここで最も重要な点は、「説明する」とは何を意味するかということである。たとえばもし恐怖という結果が、最も下等な動物から最も高等な動物に至る脳の進化の帰結として、どうして起こりうるのかを知りたければ、これは脳の進化を研究する科学者の仕事である。しかしながら、なぜ人がおびえるのかを説明したいと思うならば、進化に関するデータはそれに答えるためにはあまり役に立たないだろう。その説明は本質的に心理学的なものでなければならない。おそらくその人は自分より強い敵に脅かされているのだろう。あるいは自分自身の抑圧された攻撃と取り組んでいるのだろう。あるいは無力感に悩んでいるのだろう。あるいは彼の内部の偏執病的な要素が、彼を被害妄想におとしいれているのであろう。それとも――ほかにもそれ一つだけで、あるいは他の要因との組み合わせによって、彼の恐怖を説明できる要因が多くある。ある特定の人物の恐怖を進化の過程によって説明しようと望むのは、明らかにむなしいことである。

人間現象の研究への唯一のアプローチは、進化論によるアプローチであるというライハウゼンの前提は、私たちが人間の精神作用を理解するのは、ただ進化の過程において、どのようにして人間が今の人間となったかを知ることによるほかはない、ということを意味する。同じようにして、彼は消化作用も、何百万年も昔に存在していた諸条件から説明されるべきだと言う。消化系の故障を扱う医者は、特定の患者の特定の症候の原因を調べずに、消化の進化を調べれば、患者を救えるのだろうか。ライハウゼンにとっては、進化論が唯一の科学となり、人間を扱うほかのすべての科学を吸収してしまうのだ。ローレンツは、私の知っているかぎりでは、この原理をこれほど思い切って定式化してはいないが、彼の理論も同じ前提に基づいている。彼は、人間は現在の自分を作り上げた進化の過程を理解して初めて、かつ十分に、自分自身を理解できるのだ、と主張している。[2]

(2)　ローレンツ＝ライハウゼンの立場に類似した立場が、あるゆがめられた形の精神分析の中にもあって、それは精神分析とは患者の歴史を知ることにほかならず、現在の精神過程の力学を理解する必要はないとする。

本能主義理論と行動主義理論との間には大きな違いがあるにもかかわらず、両者は共通の基本的な方向づけを持っている。両者はともに、その視野から人間を、行動する人間を除外している。人間が条件づけの産物であろうと、動物進化の産物であろうと彼は外部の条件のみによって決定される。彼は自分自身の生活の中に何の役割も持たず、何の責任も持たず、また一かけらの自由さえ持たない。彼は糸——本能あるいは条件づけの——であやつられる人形なのだ。

2　最近の考え方

本能主義者たちと行動主義者たちがそれぞれの人間像において、また彼らの哲学的方向づけにおいて、ある程度の類似点を持っているという事実にもかかわらず――いやおそらくはそれゆえに――彼らは互いに異常なほど熱狂的に戦ってきた。〈生まれかそれとも育ちか〉、〈本能かそれとも環境か〉を旗じるしとして、その回りに両陣営が集まり、いかなる共通の基盤を認めることも拒否するようになった。

近年に至って、本能主義者‐行動主義者戦争のきびしい二者択一を克服しようとする傾向が、高まっている。一つの解決は用語を変えることであった。ある人たちは〈本能〉という言葉を下等な動物に限定し、人間の動機づけを論じる時には、本能の代わりに〈有機体的動因〉と言うようになった。このようにして、ある人たちは「人間の行動のほとんどは学習されたものであるが、鳥の行動のほとんどは学習されたものではない」というような表現を展開した（W・C・アリー〔W. C. Alee〕、H・W・ニッセン〔H. W. Nissen〕、M・F・ニムコフ〔M. F. Nimkoff〕、一九五二）。この後者の表現は、古くからの〈あれかこれか〉の表現を〈多いか少ないか〉の表現に変え、それぞれの要因の重要性が徐々に変化するのを考慮しようという、新しい傾向の特徴なのだ。この考え方のモデルは一つの連続体であって、一方の端には（ほとんど）完全な生まれつきの決定があり、他の端には（ほとんど）完全な学習がある。

F・A・ビーチ（F. A. Beach）は本能主義理論の反対者として顕著な存在だが、次のように書いている。

おそらく現在の心理学が本能を扱う際の重大な弱点は、複雑な行動を分類するのに、二分法で十分だと見なすところにある。あらゆる行動は学習か、それとも遺伝によって決定されるに違いないという推論は、この両者ともに部分的にしか理解されていない以上、まったく根拠がない。いかなる反応でも、その最終的な形に影響を与えるのは多くの変数であって、その中の二つが遺伝的および経験的要因であるにすぎない。心理学が着手しなければならないのは、これらすべての要因の確認と分析である。この仕事が正しく把握され実行されたならば、本能的行動というようなあいまいな概念の必要も根拠もなくなるだろう（F・A・ビーチ、一九五五）。

同じような調子で、N・R・F・マイアー（N. R. F. Maier）とT・C・シュナイアラ（T. C. Schneirla）はこう書いている。

学習は下等動物の行動よりも高等動物の行動において、より重要な役割を演じるので、高等動物の生まれつきの行動の型は、下等動物のそれよりもはるかに広い範囲にわたって経験による修正を受ける。動物が違った環境に適応し、最適度の条件によって課せられる狭い限界から逃げ出すことができるようになるのは、このような修正のおかげである。それゆえ高等動物は下等動物に比べると、生存のために特定の外的な環境条件に依存する度合いが低い。

行動における後天的な要因と先天的な要因の相互作用のために、多くの行動の型を分類することは不可能である。それぞれの型の行動は、別々に研究されなければならない（N・R・F・マイアー、T・C・シュナイアラ、一九六四）。

本書において採っている立場は、幾つかの点で今名前をあげた著者たちをはじめ、そのほか〈本能〉対〈学習〉という旗じるしの下で戦いを続けることを拒否した人たちの立場に近い。しかし第三編で明らかにするように、この研究の観点からいっそう重要と考えられる問題は、個体と種の生存を保証することをその機能とする〈有機体的動因〉（食物、闘争、逃走、性——かつては〈本能〉と呼ばれていた）と、系統発生的に計画されておらず、それゆえに、すべての人間に共通してはいない〈非有機体的動因〉（性格に根ざした情熱[3]）、すなわち愛や自由への欲求、破壊性、ナルシシズム、サディズム、マゾヒズムなどとの違いである。

（3）〈非有機体的〉とは、もちろんそれらの動因が神経生理学的な基礎を持たないという意味ではなく、それらが有機体的要求から起こるものでもないし、またそれに役立つものでもないという意味である。

人間の第二の本性を形成するこれらの非有機体的動因は、しばしば有機体的動因と混同される。適切な例は性的動因である。主観的には性欲（それに相応する生理的現象も含めて）と感じられているものの強さが、しばしばナルシシズム、サディズム、マゾヒズム、権力欲、さらには不安や淋しさや退屈のような非性的情熱によるものであることは、精神分析において十分に確認されている観察である。たとえばナルシシズム的な男性にとって、女の姿が性的興奮を呼び起こすのは、彼がいかに魅力的であるかを自分自身に証明する可能性によって、興奮するからであるかもしれない。あるいはサディスティックな人間は、女（あるいは場合によっては男）を征服し、彼女あるいは彼を支配する見込みがあると、性的に興奮するかもしれない。多くの人びとがただこのような動機によって、何年もの間お互いに情緒的に結びついている。とくに一方のサディズムが他方のマゾヒズムと合致すれば、なおさらのことである。もしある程度の肉体的条件があれば、名声や権力や富がその持主に性的魅力を与えることは、かなりよく知られている。これらすべての場合において、肉体的欲望は非性的情熱によって動員されるのであり、またそれによって、非性的情熱は満足感を得るのである。実際、愛はもちろんのこと、ほんとうの肉体的魅力からでさえなく、虚栄心やサディズムやマゾヒズムの結果として生まれてきた子供たちがどれだけいるかは、誰しも想像にかたくないところである。ところが人びと、とくに男は、自分が〈虚栄心過剰〉であると考えるよりは、〈精力過剰〉であると考えたがるのである。[4]

（４）このことは“machismo”〔訳注。マチズモ――精力という意味の新語〕すなわち男性的な力の現象に、とくに明らかである（A. Aramoni, 1965。E・フロムとM・マコービー、一九七〇も参照のこと）。

同じ現象が強迫的食欲症の症例において、臨床的に精密に研究されている。この症候を動機づけているのは、〈生理的〉な飢えではなく、抑鬱、不安、〈空虚〉の感情によって生じる〈精神的〉な飢えである。

私の命題――以下の諸章で明らかにするはずだが――は、破壊性と残酷性は本能的動因ではなく、人間の全経験に根ざした情熱である、ということである。それらは人生の意味を理解する方法の一つである。それらはそもそもの本性によって、〈人間的条件〉に根ざしているので、動物の中には存在せず、また存在しえない。ローレンツやその他の本能主義者の主たる誤りは、本能に根ざす動因と性格に根ざす動因との二種類の動因を、混同したことである。いわば自分のサディズムを発揮する機会を待っているサディスティックな人間は、せきとめられた本能という水力学的なモデルに合致するように見える。しかしサディスティックな性格を持つ人びとだけが、サディスティックに行動する機会を待つのであって、それはまさに愛情深い性格を持つ人びとが、彼らの愛を発揮する機会を待つのと同じことなのである。

3　両理論の政治的社会的背景

環境主義者たちと本能主義者たちの争いの社会的および政治的背景を、ある程度詳しく検討することは有益である。

環境主義理論を特徴づけているのは、封建的特権に反抗した十八世紀の中産階級の政治的革命の精神である。封建制度は、その秩序が自然の秩序であるという仮定に基づいていた。中産階級がくつがえそうとしたこの〈自然の〉秩序との戦いの中で、人間の地位は決して生まれつきの要因や自然の要因によるものではなく、まったく社会的な取り決めによるものであって、それを改善するのが革命の課題であるという理論に、人は傾いていったのである。いかなる悪行も愚行も人間性自体のためではなく、社会の不正は腐敗した取り決めのためだと説明されることとなった。それゆえ、人間の将来に関する絶対的な楽観主義には、何の障害もなかったのである。

環境主義理論が、十八世紀における新興中産階級の革命的希望とこのように密接に関連しているのに対して、ダーウィンの教えに基づいた本能主義運動は、十九世紀資本主義の基本的な仮定を反映している。もし最も複雑で驚くべき現象としての人間が、生命の発生以来続けられたすべての生物間の仮借ない競争の産物であることが証明できれば、すべての個人どうしの仮借ない競争によって調和を生み出す体制としての資本主義も、自然の秩序であるかのように見えるだろう。単細胞生物から人間に至る生命の発展は、自由企業の最もすばらしい例だと思われることだろう。この制度の下では最もすぐれた者が競争に勝ち残り、進歩してゆく経済体制の中で生き残るのにふさわしくない者が排除されるからである。(5)

(5)　この歴史的な解釈は、ダーウィン理論の妥当性とは何の関係もない。ただおそらくは、その理論が協力の役割というような幾つかの事実を無視していることや、それが人気を博しているということとは、関係があると思われる。

一九二〇年代にK・ダンラップ (K. Dunlap)、ツン・ヤン・クオ (Zing Yan Kuo)、L・バーナード (L. Bernard) が先頭に立った反本能主義革命が勝利を収めた理由は、二十世紀の資本主義と十九世紀のそれとの違いの中に見いだされるだろう。私は今の問題に関連のある幾つかの相違点だけをあげておこう。十九世紀資本主義は資本家間の激しい競争のそれであって、その結果、より弱くより無能な資本家は排除されてしまった。二十世紀資本主義においては、競争の要素はある程度大企業間の協力にその地位を譲り渡した。それゆえ、激しい競争は自然の法則に合致するという証明は、もはや必要ではなくなった。もう一つの重要な相違点は、支配方法の変化にある。十九世紀資本主義においては、支配は主として神や王の権威に精神的にささえられた、きびしい家父長的原理の行使に基づいていた。巨大な中央集権的企業を持ち、労働者たちに娯楽およびパンを与える能力を持ったサイバネティックス資本主義は、心理的操作と人間工学によって支配を維持することができる。それは権威への恐れによって支配される〈本能〉を持った人間より、非常に順応しやすく、影響を受けやすい人間を必要とする。最後に、現在の産業社会は人生の目的について、前世紀のそれとは違った展望をいだいている。当時の理想は——少なくとも中産階級にとっては——独立であり、個人の創意であり、〈私の船の船長〉になることであった。しかし現在の展望は、無制限の消費と自然に対する無制限の支配のそれである。人間はいつの日か完全に自然を支配し、かくして神のごとき存在となる夢に燃えている。どうして人間の本性の中に、支配できないものがあろうか。

しかしもし行動主義が二十世紀産業主義の気分を表現しているとするならば、ローレンツの著作における本能主義の復活や、広範な大衆の中でのその人気を、どう説明すればいいのだろうか。私が指摘したように、その一つの理由は、増大する一方の危険のために多くの人びとに行き渡っている恐怖と絶望であり、しかもそれらの危険を避けるために何もなされていないということである。進歩を信じ、人間の運命の根本的な変化を希望していた人びとは、彼らを幻滅させるに至った社会的過程を綿密に分析しようとはせずに、この挫折の責任は人間の本性にあるに違いないという説明に逃避している。最後に、新しい本能主義の代弁者となる著者たちの個人的、政治的傾向がある。

この分野の著者たちの中には、彼らのそれぞれの理論の政治的、哲学的意味について、ぼんやりとした意識しか持たない人たちもいる。またこれらの理論の解説者たちの間でも、この関係はあまり注目されていない。しかし例外もある。N・パストア（N. Pastore）（一九四九）は、生まれ−育ちの問題に関する二十四人の心理学者、生物学者、および社会学者の社会政治的な考え方を比較した。十二人の〈自由主義者《リベラル》〉たち、あるいは急進主義者《ラディカル》たちのうち、十一人は環境主義者で、一人は遺伝主義者であった。十二人の〈保守主義者〉のうち、十一人は遺伝主義者で、一人は環境主義者であった。ここに含まれている人たちの数の少なさを勘定に入れても、この結果はまことに啓示的である。

理論の情緒的な意味を意識している著者たちもいるが、ふつうは彼らの敵の仮説に含まれる意味だけしか意識していない。この一面的な意識の好例は、正統的精神分析の最も著名な代表者の一人であるR・ウェールダー（R. Waelder）の言葉である。

> 私が言及している批評家の集団は、かつてまったくのマルクス主義者であったか、あるいは少なくともマルクス主義自身がその子孫であった、あの西洋自由主義の伝統の一派に属していた。つまりそれは人間は生まれつき〈善〉であり、人間世界のいかなる不幸も悪も腐敗した制度に——おそらくは私有財産の制度に、あるいは最近のより穏健な表現によれば、いわゆる〈神経症の文化〉に——よるのだと熱烈に信じる思想の一派であった……。

しかし進化論者であれ革命主義者であれ、穏健であれ急進的であれ、あるいは偏狭な心の持ち主であれ、人間の本性の善を信じ、人間の苦しみの責任は外的原因のみにあると信じる者は、誰しも破壊本能あるいは死の本能の理論に動揺せざるをえなかった。なぜなら、もしこの理論が正しいなら、争いや苦しみの可能性は人間世界に内在するものとなって、苦しみをなくしたり減らしたりする試みは、絶望的な企てとは言わぬまでも、少なくとも社会革命家たちが想像していたより、はるかに複雑な企てであるように思われるからである（R・ウェールダー、一九五六）。

ウェールダーの指摘は鋭いが、彼がただ反本能主義者の偏見のみを見て、彼自身と同じ立場の人びとの偏見を見ていないのは、注目に値することである。

第四章　攻撃を理解するための精神分析的アプローチ

精神分析的アプローチは、攻撃を理解する上で、行動主義的アプローチと本能主義的アプローチがともに持っている欠陥を免れる方法を、与えてくれるだろうか。一見したところでは、精神分析は単にそれぞれの欠陥を免れなかったばかりではなく、実際には両者の欠陥を一緒に背負い込んでいるように見える。精神分析理論は、一般理論の諸概念において本能主義的であると同時に、[1]治療の方向づけにおいては環境主義的である。

（1） *Trieb* というフロイトの用語はふつう〈本能〉(instinct) と訳されるが、それは肉体に根ざした動因のような、より広い意味の本能をさすのであって、完了行動〔訳注。欲求を充足させる行動〕を促しはするが、厳密に決定するものではない。

フロイトの理論[2]が本能主義的であって、人間の行動を自己保存の本能と性本能の間の（そしてのちの理論では生の本能と死の本能の間の）葛藤の結果として説明していることは、文献を引用する必要もないほどよく知られている。また分析療法が人間の発達を幼時の特定の環境的布置、すなわち家族の影響によって説明しようとすることを考えれば、環境主義的な枠組を容易に認めることができる。しかしこの側面は、環境の修正作用がリビドー的構造の作用を通じて起こると仮定すれば、本能主義と折れ合う。
(2) フロイトの攻撃理論の発展の詳しい分析は、付録にある。

しかし実際には、患者も一般の人びとも、しばしば精神分析学者自身も、性本能の特定の転変を重んじるのは口先だけで(非常にしばしばこれらの変遷は、それ自体が理論的な予想方式に基づいて組み立てられた〈証拠〉に基づいて、再構成される)、まったく環境主義的な立場を採っている。彼らの原理は、患者におけるすべての負の発達は、幼時に有害な影響を受けた結果として理解されるべきだということである。これは時として、誕生後の子供に現われる望ましくない、あるいは病的な特性のすべてに罪を感じる親たちを、不合理な自責の念に向かわせ、また分析を受けている人びとが、彼らの悩みのすべてを親のせいにしたり、彼ら自身に責任のある問題に、自ら立ち向かうことを避けたりする傾向を生んだ。

これらすべてを考えると、心理学者が精神分析を本能主義の部類に属する理論として分類するのは、妥当であるように思われる。またそれゆえに、ローレンツに対する彼らの反論は、それ自体(*eo ipso*)が精神分析に対する反論である。しかしここで注意が必要である。問題は、精神分析をいかに定義すべきかということだ。それはフロイトの理論の総計なのだろうか。それとも私たちはこの体系においても独創的で創造的な部分と、付随的で時代の制約を受ける部分との区別、すなわちすべての偉大な思想の先駆者の仕事においてなしうる区別を、することができるのだろうか。もしこのような区別が妥当ならば、私たちはリビドー理論がフロイトの仕事の核心に属するものなのか、それとも当時の哲学的および科学的環境の中で、彼の基本的な諸発見を考え、表現する方法がほかになかったために、このような形で新しい洞察を系統だてたにすぎないのかを、問わなければならない（E・フロム、一九七〇a）。

フロイト自身は、リビドー理論が科学的に確かであるとは一度も主張しなかった。彼はそれを〈われわれの神話〉と呼び、その代わりにエロスと死の〈本能〉の理論を立てた。彼が精神分析を抵抗と感情転移〔訳注。ある特定の人物に向けられる感情や態度を、他の人物に向ける現象〕に基づく理論として――リビドー理論によらずにそれを省いて――定義したことも、同じように意味深いことである。

しかしおそらくフロイト自身の所説より重要なことは、何が彼の諸発見に独自の歴史的意味を与えたのかを、心にとめておくことである。それが本能主義理論そのものでないことは、確かである。本能理論は、十九世紀以来非常に人気があった。彼が性本能をすべての情熱の根源として（自己保存の本能は別として）選び出したことは、ヴィクトリア朝中産階級の道徳にまだ支配されている時代にあっては、もちろん新しく革命的であった。しかしこの本能理論の特別版でさえ、それほど強力で永続的な影響はたぶん与えなかっただろう。フロイトにその歴史的意味を与えたのは、無意識過程の発見であると私には思われる。それも彼が幾つかの事例史、とりわけ彼の主著である『夢判断』（一九〇〇）で示しているように、哲学的あるいは思弁的にではなく、経験的に発見したのであった。たとえば、もし意識的には穏やかで良心的な人物が、強い殺人の衝動を持っていることを明らかにしえたなら、これらの衝動を説明するのに、彼の父親に対する〈エディプス的〉憎しみから来るものとするか、死の本能の現われとするか、傷ついたナルシシズムの結果とするか、それともほかの理由によるものとするかは、二次的な問題である。フロイトの革命は、人間の心の無意識の面と、人間が望ましくない欲求の意識を抑圧するために使うエネルギーとを、私たちに認識させたことであった。フロイトは善意であっても、それが無意識の欲求を隠すものであれば無意味であることを示した。彼は意識的によい〈意図を持った〉だけでは十分でないことを明らかにして、〈正直な〉不正直の仮面をはいだ。彼は人間の深層を、暗黒世界を探険した最初の科学者であり、それゆえにこそ彼の考えは、ほとんどの精神病医がなおも彼の理論をまじめに考えることを拒否していた時にも、芸術家や作家たちにあれほどの衝撃を与えたのである。

しかしフロイトはさらに先へ進んだ。彼は人間の中には自分でも気付かない力が働いていて、合理化が彼をその意識化から守ることを示したばかりではなく、これらの無意識的な力は一つのシステムに統合されると説明し、そのシステムに新しい、ダイナミックな意味での〈性格〉という名を与えた。(3)

（3）フロイトの性格理論は、〈システム理論〉に基づいて理解するのがより容易である。これは一九二〇年代に発達し始め、生物学や神経生理学のような自然科学や、社会学のある面における考え方を大いに促進した。おそらくシステム的な考え方が理解されていないことが、社会をシステムとして見ることを基礎とするマルクスの社会学と同様に、フロイトの性格学も理解されないことの原因なのだろう。P. Weiss は、動物の行動に関する一般的なシステム理論を示した（P・ヴァイス、一九二五）。最近の二つの論文で、彼はシステムの性質についての彼の見解の簡にして要を得た叙述をしているが、これは私の知るかぎり、この問題についての最高の手引きである（P・ヴァイス、一九六七、一九七〇）。L. von Bertalanffy (1968) および C. W. Churchman (1968) も参照のこと。

フロイトは〈肛門愛的性格〉についての彼の最初の論文で、この概念を展開し始めた（S・フロイト、一九〇八）。ある種の行動特性、たとえば強情さ、規律正しさ、けちなどは、しばしば特性の症候群として一緒に見いだされると、彼は指摘した。さらにその症候群が見いだされる場合はいつも、排便のしつけの方面や、括約筋の抑制の変化や、便通や大便に関するある種の行動特性に、特色を見いだすことができるのであった。かくしてフロイトの踏む最初の手続きは、行動特性の症候群を見いだして、それらを便通の場合に子供が行動する（部分的には彼をしつけている人びとの、何らかの要求に対する反応として）仕方に結びつけることであった。彼のあざやかでかつ創造的な第二の手続きは、これら二組の行動の型を、リビドーの進化に関してすでに立てた仮定に基づく理論的考察によって、結びつけることであった。この仮定は、子供の発達の初期において、口が欲望と満足の主たる器官でなくなったのちは、肛門が重要な性感帯となり、リビドー的願望のほとんどは、便の保持と排泄の作用に集中するというものであった。彼の結論は、行動特性の症候群を肛門愛期におけるリビドーの満足あるいは欲求不満の昇華、あるいはその反動形成〔訳注。無意識の衝動と正反対の傾向の態度や行動を発展させること〕として説明することであった。強情さとけちは、便器にすわり続ける快感を捨てることに対する最初の拒絶の昇華であると考えられ、規律正しさは、いつでも好きな時に排泄したいという、幼児の最初の欲求の反動形成であると考えられた。フロイトはそれまで互いにまったく無関係と考えられていた、この症候群の三つの特性が、一つの構造あるいはシステムの一部をなしていること、そしてその理由は、それらがすべて同じ肛門愛リビドーの根から発していて、そのリビドーがあるいは直接に、あるいは反動形成により、あるいは昇華によってこれらの特性に現われるからであることを示した。このようにしてフロイトは、これらの特性がエネルギーに満ちていて、実際にも変化に強く逆らう理由を説明することができた。(4)

（4）本来の症候群にあとから付け加えられた特性は、過度の清潔ときちょうめんさである。これらは最初の肛門愛衝動への反動形成としても理解することができる。

これらに付け加えられたものの中で最も重要なものの一つは、〈口唇愛＝サディズム的〉性格（私の用語では搾取的性格）である。このほかにも、どの面を強調しようとするかによって、いろいろと違った性格形成の概念がある。たとえば権威主義的[5]（サド＝マゾヒズム的）性格、反抗的性格と革命的性格、ナルシシズム的性格と近親愛的性格である。あとに述べたこれらの概念のほとんどは、古典的な精神分析の考え方にはないものだが、互いに関係し、重なり合っている。これらを組み合わせることによって、ある種の性格をより十分に説明することができるのである。

（5）私はこの概念を、ドイツの労働者や従業員の研究において発展させた（E・フロム、一九三六）。七三ページの注参照。E・フロム（一九三二、一九四一、一九七〇）も参照のこと。T. W. Adorno *et al.* (1950) は、ある点では、労働者や従業員の権威主義的な性格に関する、私の初めの研究の主題を扱っているが、その精神分析的アプローチと、性格に関する力動的な概念を欠いている。

性格構造についてのフロイトの理論的説明は、リビドー（口唇愛、肛門愛、性器愛の）がさまざまな性格特性にエネルギーを与える源であるということであった。しかしたとえリビドー理論を無視したとしても、彼の発見が症候群の臨床的観察に対して持っている重要性は、何ら失われはしないし、同じ源がそれらの症候群にエネルギーを与えているという事実は、依然として真実である。私は性格症候群は、個人の外界および自分に対する関係の特殊な形に根ざし、そこからエネルギーを得ていることを示そうと試みたが、さらに社会集団がある共通の性格構造（〈社会的性格〉）を持つかぎりにおいて、集団のすべてのメンバーが共有する社会経済的条件が、その社会的性格を形成することをも示そうと試みた（E・フロム、一九三二、一九三六、一九四一、一九四七、一九七〇。E・フロムとM・マコービー、一九七〇[(6)]）。

（6）Erik H. Erikson（1964）は彼の理論の後期の発展において、〈様式（modes）〉〔訳注。外界や自己自身とのかかわりの様式。取り込み、保留、除去、侵入の四つ〕という観点から同じような見解に到達したが、フロイトとの違いはそれほどはっきりと強調していない。彼はユーロク・インディアンに関して、性格はリビドー固着によって決定されるものではないことを明らかにした。そして彼は社会的要因を強調するために、リビドー理論の本質的な部分を退けている。

性格の概念が並みはずれて重要であるのは、それが本能‐環境の従来の二分法を超越しているからである。フロイトの体系では、性本能は非常に順応性に富むものであって、大部分が環境の力によって形成されると想像された。かくして性格は、本能と環境の相互作用の結果と考えられた。この新しい立場は、フロイトがすべての本能を一つの本能、すなわち性愛に包摂した（自己保存の本能は別として）ので、初めて可能となったのである。以前の本能主義者のリストに見いだされる多くの本能は、比較的固定しているが、それは行動のそれぞれの動機が、特定の種類の生得的動因に帰せられているからである。しかしフロイトの体系においては、さまざまな動機づけの力の相違は、リビドーに及ぼす環境の影響の結果であると説明された。そこで皮肉なことに、フロイトが性愛の概念を拡大したために、彼はフロイト以前の本能理論には及びもつかないほど広く、環境の影響を受け入れるための門戸を開くことができたのである。愛、やさしさ、サディズム、マゾヒズム、野心、好奇心、不安、競争心――これらの動因や他の多くの動因は、もはやそれぞれが特定の本能に帰せられるのではなく、リビドーを媒介とした環境（根本的には幼児期に重要な意味を持った人びと）の影響に帰せられた。フロイトは意識的に、彼の先生たちの哲学に忠実であったが、超本能（super-instinct）を仮定することによって、彼は自らの本能主義的な見地を超越した。リビドー理論に支配されて、彼の自由な思考がなおも妨げられていたことは事実だが、今はもうこの本能主義の荷物をきれいに置き去りにすべき時である。私がここで強調したいのは、フロイトの〈本能主義〉が伝統的本能主義とは、ずいぶん違っていたということ、いやむしろそれを克服する第一歩であったということなのである。

今まで述べてきたことは、「性格が行動を決定する」ということ、愛を目ざすにせよ、破壊を目ざすにせよ、性格特性が人間をある仕方で行動させるということ、そして自分の性格に従って行動している人間は、満足感を味わうということを暗示している。実際性格特性は私たちに、人がどのように行動したいのかを教えてくれる。しかし私たちは、もしできればという重要な条件を付け加えなければならない。

この〈もしできれば〉とは、何を意味するのか。

私たちはここでフロイトの諸概念のうち、最も基本的なものの一つである、自己保存の本能に基づく〈現実原則〉対性本能に基づく〈快感原則〉の概念にもどらなければならない。私たちをかりたてるものが性本能であろうと、性格特性が根ざしている非性的情熱であろうと、私たちがしたいと思うことと、自己利益の要求との間の葛藤は、常にきびしいものである。私たちは、生き続けるためには、ある程度まで自分の行動をかげんしなければならないので、いつでも情熱のかりたてるままに行動できるとはかぎらない。ふつうの人間は、彼の性格が彼にしたいと思わせることと、多かれ少なかれ有害な結果をこうむらないために彼がしなければならないこととの間に、ある妥協点を見いだそうとする。人が自己保存（自我の利益）の命令に従う程度は、もちろんまちまちである。一方の極では、自我の利益の重さはゼロであって、これは殉教者や或るタイプの気違いじみた殺人者にあてはまる。もう一方の極には〈日和見主義者〉がいて、彼にとっては自己利益が、彼により多くの成功や人気や安楽を与えうるすべてのものを含んでいるのだ。この両極端の間にそれぞれの自己利益と性格に根ざした情熱の混合の性質に従って、すべての人びとを並べることができる。

人が自分の激しい欲求をどの程度抑圧するかは、彼自身の内部の要因のみならず、状況にも左右される。もし状況が変われば、抑圧された欲求は意識的となり、実行に移される。たとえば、サディズム＝マゾヒズム的性格を持った人の場合に、このことが言える。自分のボスには従順でありながら、妻や子供たちにはサディスティックにいばり散らすタイプの人間のことは、誰でも知っている。適切なもう一つの例は、全体的な社会的状況が変わる時に、性格に起こる変化である。柔和な、いやむしろ親切な人間というポーズさえ執っていたかもしれないサディスティックな性格が、サディズムを嘆くよりむしろ尊重する恐怖政治《テロリスティック》の社会においては、悪魔となることもありうるのである。またある者はあらゆる目に見える行為においては、サディスティックな行動を抑制するかもしれないが、顔の微妙な表情や一見無害な余分の言葉に、それを示しているかもしれない。

性格特性の抑圧は、最も高貴な衝動に関しても起こる。イエスの教えが今なお私たちの道徳的イデオロギーの一部であるという事実にもかかわらず、それに従って行動する人間は、一般に愚か者か〈神経症患者〉だと考えられている。それゆえ多くの人びとは、やはり自らの寛大な衝動を自己利益に動機づけられていると、合理化するのである。

これらの考察は、性格特性の動機づけの力が、程度は違うにせよ自己利益に影響されることを示している。それらは、性格が人間行動の主たる動機づけとなってはいるが、いろいろな条件のもとで、自己利益の要求によって制限され、修正されることを意味している。フロイトの偉大な業績は、行動の底にある性格特性を発見しただけでなく、夢の解釈、自由連想、言い誤りなどのような、その研究方法をも案出したことである。

ここに行動主義と精神分析的性格学との、根本的な違いがある。条件づけは食物、安全、賞賛への欲求や苦痛の回避などの、自己利益に訴えることによって作用する。動物の場合は自己利益があまり強いので、最適度の間隔を置いて繰り返される強化を与えても、自己利益が性や攻撃などのような、ほかの本能よりも強いことがわかる。人間ももちろん自己利益に従って行動するが、いつでも必ずそうであるとはかぎらない。彼はしばしば情熱、それも最も卑しい情熱や最も高貴な情熱に従って行動し、しばしば愛、真実、統合性を追求して——あるいは憎しみ、貪欲、サディズム、破壊性などのために——自己利益も、財産も、自由も、生命をも賭けようとする——またそうすることもできるのである。まさにこの違いの中にこそ、条件づけだけでは人間行動を十分に説明できない理由があるのだ。

要約すれば

フロイトの諸発見の中でも画期的なことは、彼が人間の性格システムを構成する力のシステムを理解する鍵、およびそのシステムの中の矛盾への鍵を見いだしたことであった。無意識過程および性格の力動的概念の発見は、人間行動の根底にまで及んだために根源的《ラディカル》であり、もはや誰も自らの善意の陰に隠れえないために不安を与え、自分が自分および他人について知りうることを、もしすべての人が実際に知れば、社会はその根底まで揺らぐと思われるために危険であった。

　精神分析が成功して高い地位を得た時、それは自らのラディカルな核心を放棄して、一般に受け入れやすいものを強調した。それは無意識の中でフロイトが強調した部分、すなわち性的な努力に関しては、これを保存した。消費社会はヴィクトリア朝的タブーの多くを捨てた。(精神分析の影響のためではなく、その構造に内在する幾つかの理由のために。) 自分の近親愛的願望、〈去勢恐怖〉、〈ペニス羨望〉などを発見しても、もはや人はうろたえなかった。しかしナルシシズム、サディズム、万能感、服従、疎外、無関心、自分の統合性への無意識的裏切り、現実概念の幻想性などの抑圧された性格特性を発見すること、これらすべてを自分の中や、社会組織の中や自分が従っている指導者の中に発見すること——これこそは〈社会的ダイナマイト〉なのだ。フロイトはただ本能的イドのみを扱ったが、人間の情熱を説明するのに、本能による以外は方法がなかった時には、それでまったく十分だった。しかし当時革命的であったことも、今日では陳腐である。本能理論は、ある時期には一つの必要な仮説と考えられていたが、やがて正統派精神分析理論の拘束衣となって、フロイトの関心の中心であった人間の情熱の理解のそれ以上の発展を遅らせた。

　精神分析を〈本能主義的〉理論として位置づけることは、形式的な意味では正しいが、真に精神分析の本質に触れるものではないと私が言うのは、これらの理由からである。精神分析は本質的には、無意識的努力、抵抗、自らの主観的要求と期待に従った現実の変造(〈感情転移〉)、性格、および性格特性に表現される激しい努力と自己保存の要求との葛藤、こういったものについての理論である。このように改訂された意味において(フロイトの諸発見の核心に基づいてはいるが)、人間の攻撃と破壊性の問題への本書のアプローチは、精神分析的である——そして本能主義的でもなければ、行動主義的でもない。

ますます多くの精神分析学者が、フロイトのリビドー理論を捨てるようになったが、多くの場合彼らはそれに代わるような、同じほど正確で組織的な理論体系を立ててはいない。彼らの用いる〈動因〉は、生理学の中にも、人間存在の諸条件の中にも、あるいは社会の適切な概念の中にも、十分な基盤を持っていない。彼らはしばしば、やや浅薄な範疇——たとえばカレン・ホーナイ（Karen Horney）の〈競争〉——を用いるが、それらはアメリカの人類学で言う〈文化の型〉とたいして違ってはいない。これと対照的に幾人かの精神分析学者——そのほとんどがアドルフ・マイヤー（Adolf Meyer）の影響を受けている——は、フロイトのリビドー理論を捨てて、私には精神分析理論の中で最も有望かつ創造的な発展の一つと思われるものを築き上げた。主として精神分裂病患者に関する彼らの研究に基づいて、彼らは対人関係において起こる無意識過程の理解を、ますます深めた。リビドー理論、とくにイドや自我や超自我の概念の影響に拘束されることがないので、彼らは二人の人間の間の関係において、また関係者としての役割を演じるそれぞれの一人の人間の中において起こることを、十分に記述することができる。この学派の最もすぐれた代表者たち——アドルフ・マイヤー以外の——の中には、ハリー・スタック・サリヴァン（Harry Stack Sullivan）、フリーダ・フロム＝ライヒマン（Frieda Fromm-Reichmann）、セオドア・リズ（Theodore Lidz）がいる。私の考えでは、R・D・レイン（R. D. Laing）が最も鋭い分析を行なうのに成功しているが、それは彼が個人的、主観的要因に根源的な探りを入れたからだけでなく、彼の社会的状況の分析もまた同様に根源的であって、今日の社会を健全なものとして無批判に受け入れていないからでもある。今まで名前をあげた人びとのほかに、とくにウィニコット（Winnicot）、フェアベアン（Fairbairn）、バーリント（Balint）、ガントリップ（Guntrip）の名が、本能的欲求不満と支配に関する理論と治療から、「真正の関係の中での真正の自己の再生と成長を促進する理論と治療」（H・ガントリップ、一九七一）への精神分析の発展を、代表している。L・ビンスヴァンガー（L. Binswanger）のような〈実存主義者〉たちの仕事は、これに比べると、対人関係における過程の正確な記述を欠いており、正確な臨床的データの代わりに、ややあいまいな哲学的概念を用いている。

第二編　本能主義的命題への反証

第五章　神経生理学

第二編の各章の目的は、神経生理学、動物心理学、古生物学、人類学の各分野の関連データは、人間には自発的、自己推進的な攻撃的動因が生まれつき備わっているという仮説を支持するものではない、ということを示すことである。

1　心理学の神経生理学との関係

神経生理学のデータの論議に入る前に、心の科学である心理学の、脳の科学である神経科学に対する関係について、二、三述べておかなければならない。

それぞれの科学には独自の題材と独自の方法があり、それの採る方向は、方法をデータにどのように適用できるかで決まる。神経生理学者が、心理学者の立場から最も望ましい方法で研究を進めることは期待できないし、その逆もまたしかりである。しかしこの二つの科学が密接な接触を保ち、互いに助け合うことを期待することはできる。このことは、両者が少なくとも相手の言語を理解し、その最も基本的な諸発見を認識しうる程度の、初歩的な知識を持っている場合に初めて可能である。もし両方の科学の研究者たちがこのように密接な接触を保っていたら、彼らは一方の発見を他方のそれと関係づけうるような領域があることを知るだろう。たとえば、防衛的攻撃の問題に関しても、このことが言えるのである。

しかしながらほとんどの場合において、心理学的研究と神経生理学的研究、およびそれぞれの準拠枠ははるかに隔たっているのであって、現在のところでは、たとえば神経生理学においては、破壊性、サディズム、マゾヒズム、ナルシシズムのような情熱に相当する、どういうものがあるかというような問題について教えてほしいという心理学者の欲求を、神経生理学者は満たすことができないし、[1]また心理学者も神経生理学者のたいした助けにはならない。どうやらそれぞれの科学はそれぞれの道を行き、それぞれの問題を解決してゆくうちに、いつの日か、両者は同じ問題に違った方法で接近し、それぞれの発見を相互に関係づけうる段階にまで発達を遂げることになりそうである。どちらの科学にとっても、自らの諸発見に対して、相手が肯定的あるいは否定的証拠をもたらすまで待つのはばかげている。心理学的理論が明らかな神経生理学的証拠によって否定されない以上は、心理学者は彼の諸発見に対して、それらがデータの十分な観察と解釈に基づいているかぎり、ふつうの科学的な疑いだけを持つべきである。

(1) これは一般論であって、これを限定するために、以下のことを指摘しておかなければならない。すなわち、夢の働きに対する神経生理学的等価物を見いだそうとする、故ラウール・エルナンデス・ペオンの試み、精神分裂病と退屈に関する R. G. Heath の神経生理学的研究、および偏執病の神経生理学的説明を見いだそうとする P. D. MacLean の試みである。

神経生理学へのフロイト自身の貢献は、K. Pribram（1962）が論じている。フロイトの神経生理学的知識の意義については、P. Ammacher（1962）参照。さらに R. R. Holt（1965）も参照のこと。

R・B・リヴィングストンは、この二つの科学の関係についてこう言っている。

心理学と神経生理学との真の統合は、多くの科学者が両方の学問の基礎知識を十分身に着けた時に達成されるだろう。どれほど確実で有用な結合が成し遂げられるかは、今後の問題である。にもかかわらず、新しい研究領域がすでに現われている。それは行動の研究者が環境以外に脳をも扱うことができ、脳の研究者が行動研究の概念や技術を利用できるような領域である。二つの分野の昔ながらの専門別意識の多くは、失われつつある。私たちは二つの学問の間にまだ残っている偏狭さや、なわばり根性や、対抗心を積極的に捨てなければならない。私たちの敵は誰か。ほかでもない、私たちの内なる無知である。

最近の進歩にもかかわらず、心理学と神経生理学の基礎研究のための便益は、世界でもまだ比較的少ない。解決を要する問題は驚くほど多い。理解を進めるためには、私たちが現在の諸概念を修正するしかない。さらにまたこれらの諸概念を変えるためには、創意に富んだ実験的、理論的追求しかないのである（R・B・リヴィングストン、一九六二）。

一般の風評から時としてうかがえるように、多くの人びとは、神経生理学者が人間行動の問題に対する多くの答えを見いだしたと誤解している。これに反し、神経科学の分野におけるたいていの学者は、ずいぶん違った態度を示している。無脊椎動物、電気魚（訳注。電気ウナギ、電気エイなどの総称）、海棲哺乳動物などの神経系の専門家であるT・H・ブロック（T. H. Bullock）は、「神経生理のメカニズムの進化」という論文で、「真の問題に現在本質的な貢献をする能力が、私たちにはないと言う者」の話から始め、さらに進んでこう言っている。「実際はわれわれは、学習の際の神経細胞のメカニズムについても、本能のいろいろな型の生物的基礎についても、あるいはほとんどいかなる複雑な行動の現われについても、一応のぼんやりとした知識すら持ってはいないのである」（T・H・ブロック、一九六一[2]）。同様にバージャー・カーダ（Birger Kaada）も言っている。

攻撃的行動の中枢神経における機構についてのわれわれの知識も概念も、ほとんどの情報が動物実験から得られたという事実のために、制限を受けている。したがって、中枢神経系が情緒の〈感情的〉ないし〈情動的〉側面に対して持つ関係については、ほとんど何も知られていない。われわれはまったく、表出的あるいは行動的現象や、客観的に記録された外的な肉体上の変化などの、観察と実際的分析に限定されている。これらの手続きでさえ完全に信頼できるものでないことは、明らかであって、広範囲にわたる研究努力にもかかわらず、これらの手がかりだけをもとにして行動を解釈することは、むつかしいのである（B・カーダ、一九六七）。

（2）　しかしながら最近になって、ブロックはこの論述の立場は守りながらも、より楽観的な態度によって、それを限定している。「一九五八年以降、神経科学は再認（訳注。ある対象を既知のものと認めること）、情緒の制御のような幾つかの高級な機能の理解に、大きく貢献し、また学習のメカニズムはまだとしても、連合のメカニズムの理解へと、重要な前進をしました。たとえば攻撃の生物学的根拠は何であるのか、水力学的なメカニズムは存在するのか、またそれは先天的なのかなどの問題に答えるというような、重要な洞察を与える日も近いでしょう」。（Tメルネチュク博士への私信で、博士から私にそのことを手紙で知らせていただいた。）

最もすぐれた神経科学者の一人であるW・ペンフィールド（W. Penfield）も、同じ結論に達している。

心の神経生理学の問題を解決したいと思う者は、山のふもとにいる人びとに似ている。彼はふもとの丘の上を切り開いてそこに立ち、登りたいと思う山を見上げている。しかし頂上は晴れることのない雲に隠され、多くの人びとは征服不可能だと信じている。もし人間が自らの脳と心を完全に理解しえた日が来たら、それはたしかに人間の最大の征服であり、最終的な業績であると言えるだろう。

科学者が科学的な研究において用いうる方法は、一つしかない。それは自然現象の観察に続いて比較分析を行ない、さらにそれを論理的に組み立てた仮説による実験で補うという方法である。科学的方法の規準に非常に誠実に従う神経生理学者なら、彼ら自身の科学的研究が、〔こういった仕方で〕問いに答えたと称しうる仕事なのだ、というようなうぬぼれは、まず持たないだろう（W・ペンフィールド、一九六〇）。(3)

（3）人間科学を創造するためには、諸神経科学や心理学のみならず、ほかの多くの分野——たとえば古生物学、人類学、歴史、宗教（神話や儀礼）史、生物学、生理学、遺伝学の分野——を総合しなければならない。〈人間科学〉の主題は人間である。

すなわち生物的、歴史的に進化する全体的存在としての人間であって、彼を理解するためには、私たちは彼のあらゆる面の相互の結びつきを知り、多くの下位システムを持った複雑なシステムの中で生起しつつある過程として、彼を見なければならない。〈行動科学〉（心理学や社会学）とは、ロックフェラー財団の計画によって一般に知られるようになった言葉であるが、これが主として関心を持つのは人間が何をするかということと、いかにすれば彼にそれをさせることができるかであって、なぜ彼がそれをするのかでもなければ、人間とは何者なのかでもない。行動科学は、総合的な人間科学の発展にとっての著しい障害となり、かつその代用となった。

神経科学一般と心理学一般との間の親善関係《ラプロシュマン》に関して、とくに人間行動の説明に貢献する上での現在の神経生理学の価値に関して、多くの神経科学者は多かれ少なかれ、根源的な悲観論を表明している。この悲観論はH・フォン・フェルスターとT・メルネチュクによって、[4] またH・R・マトゥラーナ（H. R. Maturana）とF・C・ヴァレラ（F. C. Varela）によって（近刊予定[5]）、表明されている。F・G・ヴァーデン（F. G. Worden）も批判的な口調で書いている。「神経科学の研究からの実例を見れば、研究者たちが意識的現象に直接に関係すればするほど、唯物論的学説の欠陥がますます厄介なものとなり、もっとすぐれた概念の体系を求めるようになることがよくわかるのである」（F・G・ヴァーデン、近刊予定[6]）。

（4） H・フォン・フェルスターとT・メルネチュクからの私信。

（5）（6） 出版以前に原稿を読む許可を与えられたそれぞれの著者に、お礼を申し上げる。

神経科学者たちと幾度も口頭や手紙によって意見を交換した結果、私はこの控え目な考え方を共有する研究者たちの数がふえつつあるという印象を持っている。脳はますます一つの全体として、一つのシステムとして理解され、行動を脳のどこかの部分に関連づけて説明することはできなくなっている。この考え方を支持する印象的なデータが、E・ヴァレンスタイン（E. Valenstein）によって示されたが（一九六八）、彼は視床下部（hypothalamus）にあると想像されている飢え、かわき、性などの〈中枢〉は、実際にそこに存在するとしても、かつて考えられていたほど純粋なものではないということ——ある行動に対応する〈中枢〉を刺激しても、もし環境の与える刺激が別の中枢と合致すれば、後者の中枢に相応した行動が引き起こされるということ——を明らかにした。D・プローグ（D. Ploog）（一九七〇）は、リスザルの中に引き起こされた〈攻撃〉（実際には、脅迫の非言語的伝達）は、脅迫をするサルが相手のサルより社会的に低い地位にあれば、相手から本気にされないことを示した。これらのデータは、脳はいかなる行動を命ずるかを考えるに当たって、入ってくる刺激の一つの要素だけでなく、より多くを勘定に入れるという——その時の自然的および社会的環境の状態のすべてが、ある特定の刺激の意味を修正するという——全体論的（holistic）な考え方と一致している。

　しかしながら、神経生理学が人間行動を十分に説明する能力を持っていることを疑ったとしても、それはとくにこの数十年における、多くの実験的発見の、相対的な妥当性を否定することにはならない。これらの発見はもっと全体的な考え方に再組織され、統合されるだろうが、一方ではある種の攻撃、すなわち防衛的攻撃の理解に、重要な手がかりを与えるに十分な妥当性を持っている。

2　攻撃的行動の基礎としての脳(7)

(7)　この論議に当たっては、私は最も重要で一般に受け入れられているデータのみを示すことにする。過去二十年間にこの分野であげられた業績はあまりにも膨大なので、私の能力では、生起する何百もの詳細にわたる問題に立ち入ることはできないし、またそれに応じて膨大となる文献を、本文で言及した多くの著作から引用することも無益だろう。

脳の機能と行動との関係の研究は、脳の構造と機能は個体と種の生存の原理に支配されるというダーウィンの主張に、大きく支配されてきた。それ以後の神経生理学者たちは、生存に必要な最も基本的な衝動や行動の基礎となる脳の領域を見いだすことに、努力を集中してきた。これらの基本的な脳のメカニズムを四F——「食べること(feeding)、戦うこと(fighting)、逃げること(fleeing)、そして……性行為を行なうこと(performance of sexual activities)」——と呼んだマクリーンの結論は、一般の合意を得ている(P・D・マクリーン、一九五八)。容易に認められるように、これらの行為は個体および種の肉体的生存にとって、きわめて必要なことである。(人間には肉体的生存を超えた基本的な要求があって、それを実現することが、全体的な存在としての彼の活動に必要であるということは、のちに論じることにする。)

攻撃と逃走に関するかぎり、多くの研究者たち——W・R・ヘス(W. R. Hess)、J・オールズ(J. Olds)、R・G・ヒース、J・M・R・デルガード(J. M. R. Delgado)その他——の仕事は、それらが脳の中の違った神経領域によって〈制御〉(8)されることを暗示している。たとえば怒りという感情的反作用や、それに対応して起こる攻撃的行動の型は、扁桃、側方視床下部、中脳の幾つかの部分、中心灰白質のようなさまざまな領域を、直接に電気で刺激することによって、活性化することができること、また中隔、帯状束の渦巻状の部分、尾状核のようなほかの組織を刺激することによって、抑制することができることが明らかにされている。[9] すぐれた外科技術によって、何人かの研究者たち[10]は、脳の幾つかの特定の領域に電極を埋め込むことができた。彼らは観察のために二方向の結線を完成した。ある領域に低電圧の電気の刺激を与えることによって、彼らは動物の、そしてのちには人間の行動の変化を研究することができた。たとえば彼らは、ある種の領域を直接に電気で刺激することが強烈に攻撃的な行動を引き起こすことを示すことができたし、またほかのある種の領域の刺激が、攻撃を抑制することをも示すことができた。また一方では、彼らは環境の刺激によって怒り、恐怖、喜びなどの感情が引き起こされた時の、脳のさまざまな領域の電気的活動を測定することができた。彼らはまた、脳のある種の領域が破壊された時に生じる、永久的な結果も観察することができた。

（8）本文に引用した著者たちの中には、〈制御された〉という言葉をまったく不適当とする人たちもある。彼らはこの反応は刺激された特定の領域と相互に作用する脳のほかの部分で起こっている過程に対する反応であると考える。

（9）新皮質もまた、激怒の行動に対しては主として刺激的な影響を与える。側頭極の新皮質の切除に関する K. Ackert の実験参照（K・アッカート、一九六七）。

（10）W・R・ヘス（一九五四）、J・オールズ、P. Milner（一九五四）およびR・G・ヒース編（一九六二）、J・M・R・デルガードー（一九三七、一九六九―これには膨大な文献目録がある）参照。さらに V. H. Mark と F. R. Ervin による最近発行の著書（一九七〇）も参照のこと。本書には暴力的行動に関する神経生理学上の基本的データが、明確かつ簡潔に示されていて、この分野のしろうとにも容易に理解できる。

神経の中で攻撃の基礎となる部分の一つに埋め込まれた電極の電荷を、比較的わずかに上昇させただけで、突然手のつけられない凶悪な怒りが爆発するのを目撃し、また電気の刺激を減らすか、攻撃抑制中枢を刺激することによって、同じように突然にこの攻撃を停止することができるのを目撃するのは、実際きわめて印象的なことである。突進してくる雄ウシを抑制領域の刺激（遠隔操作によって）によって停止させたデルガードーの劇的な実験は、この手続きに対する一般の関心を大いにかきたてた（J・M・R・デルガードー、一九三九）。

反応が脳のある領域では活性化し、ある領域では抑制されるのは、決して攻撃だけに特有のことではなく、同じ二元性がほかの衝動に関しても存在する。事実、脳は二元的システムとして組織されている。特定の刺激（外的あるいは内的の）がなければ、攻撃は流動的平衡の状態にある。なぜなら、活性化の領域と抑制の領域とが、互いに比較的安定した均衡を保っているからである。このことは、活性化の領域と抑制の領域のいずれかが破壊された時に、とくにはっきりと認めることができる。ハインリヒ・クリューファー（Heinrich Klüver）とP・C・ビューシー（P. C. Bucy）の古典的実験（一九三四）に始まって、たとえば、扁桃を破壊されると動物（リーサスザル、クズリ、ヤマネコ、ネズミ、その他）は――少なくとも一時的には――強い挑発を受けても、攻撃的な激しい反作用を起こす能力を失うほどに変貌することが示されてきた。[11] また一方では、攻撃抑制の領域、たとえば視床下部の腹内側核の小さな領域の破壊は、たえず攻撃的なネコやネズミを作り出すのである。

（11） V・H・マークとF・K・アーヴィン（一九七〇）参照。

脳の二元的組織を仮定すれば、きわめて重大な問題が生じる。すなわち、均衡を乱し、あからさまな怒りとそれに対応する激しい行動を生み出すものは何か。

私たちはすでに、このような均衡の乱れを生じうる一つの方法が、抑制領域のいずれかを電気で刺激するか、または破壊するか（ホルモンや新陳代謝による変化以外に）であることを見てきた。マークとアーヴィンは、このような平衡の乱れは脳の正常な回路を変えるようないろいろな形の脳疾患によっても、起こりうることを強調している。

しかし一つは実験的にもたらされ、一つは病的であるこの二つの例以外に、均衡を変えて攻撃を動員する条件とは、どのようなものなのか。動物と人間における、〈生まれつきの〉攻撃の原因とは何なのか。

3　攻撃の防衛的機能

動物および人間の攻撃についての神経生理学と心理学の両方の文献を調べてみると、動物の攻撃行動は生存に対するあらゆる脅威、あるいは私はもっと一般的な言い方をしたいのだが、その動物――個体としてであれ、種の一員としてであれ――にとっての死活の利害に対するあらゆる脅威への反応であるという結論を、下さざるをえないように思われる。この一般的な定義には、多くの違った場合が含まれている。最も明らかなものは、個体の生命に対する直接の脅威あるいは性や食糧の要求への脅威であり、もっと複雑な形は、〈過密〉のそれであって、これは物理的空間への要求に対する、そして（あるいは）

集団の社会的構造に対する脅威となる。しかし攻撃活動を引き起こす条件のすべてに共通しているのは、それらが死活の利害への脅威となっていることである。個体や種の生存への脅威に対する反応として、対応する脳の諸領域において、生命を守るための攻撃の動員が行なわれる。つまり、系統発生的に計画された攻撃が動物や人間に存在する場合、それは生物学的に適応した、防衛的反作用なのである。こうなっているということは、脳の進化に関するダーウィンの原理を思い出せば、驚くには当たらない。生存をつかさどるのが脳の機能なので、生存へのいかなる脅威に対しても、直ちに反作用できるようになっているのである。

攻撃は決して脅威に対する唯一の反作用ではない。動物は彼の生存への脅威に対しては怒りと襲撃で反応するか、恐れと逃走で反応するかのどちらかである。事実、動物が逃げる望みを失って戦う――最後の手段(*ultima ratio*)として――時のほかは、逃走の方がより頻繁な反作用の形であるようだ。

ネコの視床下部のある部分を電気で刺激すれば、ネコは襲撃か逃走のいずれかの反作用をすることは、ヘスが最初に発見した。その結果として、彼はこの二つの種類の行動を、〈防衛反作用〉の部門に含めて、両者の反作用が動物の生命を守るためのものであることを示した。

神経細胞の中で、襲撃と逃走の基盤になる領域は接近しているが、はっきりと分かれている。この問題についての多くの仕事が、W・R・ヘスとH・W・マグーン(H. W. Magoun)その他、とくにヘスの研究室のハンスパーガー(Hunsperger)とそのグループ、ロマニューク(Romaniuk)、レヴィンソン(Levinson)、フリン(Flynn)らによる先駆者的な研究のあとを継いでいる。[12] これらさまざまな研究者たちの到達した結果にはある程度の違いはあるが、彼らはヘスの基本的な発見を裏付けている。

（12）これらの研究の詳細な論評については、B・カーダ（一九六七）参照。

マークとアーヴィンは、現在の知識の状態を次のように要約している。

種のいかんを問わず、いかなる動物も生命を脅かす襲撃に対しては、二つの型の行動のいずれかで反作用する。すなわち逃走か、攻撃と暴力——つまり闘争——かのどちらかである。脳はいかなる行動を指揮するに当たっても、常に一つの単位として働く。その結果、脳の中でこれら二つの違った型の自己保存を始めたり制限したりするメカニズムは、脳のほかのすべての部分に対すると同様に互いに密接に結びついている。そしてこれらのメカニズムが正しく機能するかどうかは、多くの複雑で微妙な平衡を保つ下位システムの同時的な働きによるのである（V・H・マーク、F・R・アーヴィン、一九七〇）。

〈逃走〉本能

防衛反作用としての闘争と逃走に関するデータを見れば、攻撃の本能主義理論が奇妙なものに思えてくる。逃げようとする衝動は——神経生理学的にも、行動的にも——動物行動においては、戦おうとする衝動以上のとは言わぬまでも、それと同じだけの役割を演じる。神経生理学的には、二つの衝動は同じように統合されているのであって、攻撃が逃走より〈自然〉だと言う根拠はない。それならどうして、本能主義者たちは、生まれつきの逃走の衝動について語らずに、生まれつきの攻撃の衝動の強さについて語るのか。

攻撃の衝動についての本能主義者たちの論法を逃走の衝動に移し替えたら、次のような言い方になるだろう。「人間は逃げようとする生まれつきの衝動によって、動かされている。彼は理性によってこの衝動を制御しようとするかもしれない。しかし、たとえ〈逃走本能〉の力を抑制するのに役立つような方法を見付けることができたとしても、この制御はあまり効を奏さないだろう」。

宗教的な立場からローレンツの科学的な仕事に至るまで、社会生活の最も重大な問題の一つとして、人間の生まれつきの攻撃が強調されてきたことを考えると、人間の〈どうしようもない逃走本能〉を中心とした理論は、滑稽に響くかもしれない。しかしそれは神経生理学的には、〈どうしようもない攻撃〉の理論と同じぐらい、根拠のあることである。むしろ生物学的な見地からは、逃走の方が闘争より以上に、自己保存に役立つように思われる。実際、政治的あるいは軍事的な指導者たちには、それはそう滑稽ではなく、むしろ妥当だと思えるかもしれない。彼らは経験から、人間の本性はヒロイズムに傾くものとは思われないこと、また人間を戦うように動機づけたり、生命を守るために逃げ出すのを防ぐためには、多くの方策を執らなければならないことを知っているのである。

歴史の研究者なら、逃走本能は闘争本能と少なくとも同じぐらい強力な要因であることが、すでに証明されているのではなかろうかという疑問を提起するかもしれない。彼は歴史は本能的攻撃よりも、人間の〈逃走本能〉を抑えようとする試みによって、決定されてきたという結論に達するかもしれない。彼は人間の社会的取り決めやイデオロギー的な努力の大部分は、この目的にささげられてきたと考えるかもしれない。人間に指導者たちのよりすぐれた知恵への畏敬の感情を注ぎ込み、〈名誉〉の価値を信じ込ませるために、人間は死によって脅かさなければならなかった。卑怯者や裏切り者と呼ばれるぞというおどしをかけることもあれば、ただ酒で酔わせたり、戦利品や女の期待に酔わせることもあった。歴史を分析すれば、逃走衝動が抑圧されて闘争衝動が支配的であるように見えるのは、生物学的要因よりも、主として文化的要因によるのだということが明らかになるかもしれない。

このように考えてきたのも、ただ闘争人（*Homo aggressivus*）の概念を主張する、動物行動学的なかたよりを指摘するためなのであって、動物と人間の脳には神経細胞のメカニズムが組み込まれており、それらが個体あるいは種の生存への脅威に反応して、攻撃行動（あるいは逃走）を動員し、この型の攻撃は生物学的に適応した、生に役立つものであるという基本的な事実は残っている。

4　捕食と攻撃

ほかにもまだ、非常に多くの混乱を引き起こした攻撃の種類がある。すなわち捕食性の陸棲動物のそれである。動物学的には、これらの動物ははっきりと定義されていて、ネコ、ハイエナ、オオカミ、クマなどの科を含んでいる。(13)

(13)　クマはこの点で分類がむつかしい。雑食性のクマもあって、彼らは小さな動物や傷ついた動物を殺して、その肉を食べるが、たとえばライオンがするように、それらに忍び寄ることはない。一方北極グマは極端な気象条件のもとに生活しているため、アザラシに忍び寄って殺して食べるので、真の捕食動物と見なすことができる。

捕食的攻撃の神経学的な基礎は、防衛的攻撃のそれとは違っているということを示す実験的証拠が、急速に蓄積されつつある。(14) ローレンツは動物行動学の観点から、同じことを主張した。

(14) この点はマークとアーヴィン（一九七〇）が強調しているし、Egger とフリンの研究によって明らかにされている。彼らが視床下部の側方部の特定の領域を刺激して起こしえた行動は、観察者たちに、獲物に忍び寄ったり獲物を追ったりしている動物を思い起こさせるものであった（M・D・エガーとJ・P・フリン、一九六三）。

狩猟者の動機づけは、闘争者のそれと根本的に違っている。ライオンがたおす野牛《バッファロー》は、私がたった今食料庫にぶら下がっているのを見たうまそうな七面鳥が、私の攻撃をかきたてないのと同様、ライオンの攻撃をかきたてはしない。これらの内的動因の違いは、動物の表情に富んだ動きの中にはっきりと見ることができるのであって、追われたウサギをまさに捕えようとするイヌは、彼が主人を迎えたり、期待のごちそうを待ち受ける時に見せるのと同じような、興奮した嬉しそうな表情を見せる。多くのすぐれた写真から、ライオンは跳躍する前の劇的な動きにおいて、決して怒ってはいないことがわかる。うなったり、耳を伏せたり、そのほかのよく知られた闘争行動に伴う表情の動きが捕食動物に見られるのは、彼らが激しく抵抗する獲物をひどく恐れている時だけであり、その時でさえ、それらの表現はただ見かけだけである（K・ローレンツ、一九六六）。

K・E・モイヤー（K. E. Moyer）は、さまざまな種類の攻撃の神経生理学的な基礎について、入手しうるデータに基づき、捕食的攻撃を他の型の攻撃と区別し、「この（捕食的）攻撃の神経学的な基礎は、他の種類の攻撃のそれとは違っているということを示す実験的証拠が、急速に蓄積されつつある」という結論に達している（K・E・モイヤー、一九六八）。

捕食行動には、防衛的攻撃のそれと違ったそれ自身の神経生理学的基礎があるばかりでなく、行動自体が違っている。それは怒りを示さず、闘争行動との互換性もなく、断固たる意志を持ち、正確に目的をめざし、その緊張は、目標——食糧の獲得——の達成とともに終わる。捕食本能は、すべての動物に共通した防衛本能ではなく、食糧を見付ける本能であって、これはこの仕事に適した形態を備えたある種の動物に共通したものである。もちろん、捕食行動は攻撃的であるが[15]、この攻撃は脅威によってかきたてられた、怒りに結びつく攻撃とは違うことを付け加えなければならない。それは時に〈用具的〉攻撃と呼ばれるもの、すなわちある望みの目標に到達するのに役立つ攻撃に近い。非捕食動物には、この種の攻撃はない。

（15）重要な事実は、多くの捕食動物——たとえばオオカミ——が、自分の種に対しては非攻撃的であるということである。彼らが互いに殺し合うことはないという意味——これはローレンツが説明しているように、種の生存のために彼らの恐るべき武器の使用を制限する必要があるからだということで、十分に説明できる——だけでなく、相互の社会的接触において、彼らがきわめて親しくやさしいという意味においてもそうである。

防衛的攻撃と捕食的攻撃の違いが、人間の攻撃の問題にとって重要であるのは、人間が系統発生的には非捕食動物であって、それゆえ人間の攻撃は、その神経生理学的な基礎に関するかぎり、捕食的な型のものではないからである。忘れてはならないことだが、人間の歯は「人間の肉食習慣にあまり適合していない。なぜなら、くだものや野菜を食べていた祖先の歯の形がまだ残っているからだ。また人間の消化系統は、肉食動物でなく草食動物の持つすべての特徴を備えていることに注目するのも、興味深いことである」（J・ネーピア〔J. Napier〕、一九七〇）。原始時代の狩猟民や食糧採集民の常食ですら、約七十五パーセントが草食で、肉食は二十五パーセントあるいはそれ以下にすぎなかった。[16] I・デヴォア（I. Devore）によれば、「旧世界のすべての霊長類は、本質的に草食性である。現存する人類で、最も原始的な人間経済の組織を持っている者、つまり北極のエスキモー以外の、世界中の残存する狩猟＝採集民のすべてもそうである……。今日のブッシュマン〔訳注。南アフリカに住む部族〕を研究する未来の考古学者たちは、ブッシュマンの使った矢じりと一緒に見いだされる破砕用の石は、骨を砕いて髄を取り出すために使われたと結論するかもしれないが、実はこれらの石は女たちが、たまたまブッシュマン経済の八十パーセントをまかなっている、木の実を砕くのに使ったものなのだ」（I・デヴォア、一九七〇）。

(16) 人間が捕食的特徴を持つと主張されている問題のすべては、第七章で論じる。

それにもかかわらず、動物の、そして間接的には人間の、生まれつき強い攻撃性という心象を一番強めたのは、捕食動物の姿である。この先入観をもたらした理由は手近にある。

人間は何千年にわたって、家畜化した捕食動物——たとえばイヌやネコ——を、身の回りに置いてきた。実際、人間が彼らをならした理由の一つはこうだ。つまり、人間はイヌを使ってほかの動物を狩り立てたり、脅かしてくる人間を襲わせたりするし、ネコを使ってハツカネズミやドブネズミを追わせるのである。また一方では、人間は彼のヒツジの群れの一番の敵であるオオカミの攻撃性や、ニワトリをむさぼり食うキツネの攻撃性を思い知らされた。[17] こういうわけで、人間が自らの視野の中の一番近い所に置くことにした動物は、捕食性であったのだ。そして彼には捕食的攻撃性も防衛的攻撃性も、ほとんど区別のしようがなかった。どちらの型の攻撃も、ともに殺すという結果に終わるからである。さらにまた、人間は彼らを彼ら自身の生息地で観察することも、彼らどうしでの社交的な親しい態度を認識することもできなかった。

(17) 人間をその同胞に対しては〈オオカミ〉であると表現したホッブズが、牧羊国に住んでいたのは偶然ではないかもしれない。『赤頭巾』のように、恐ろしいオオカミを扱ったおとぎ話の起源や人気を、この観点から検討すれば興味深いことだろう。

私たちが神経生理学的な証拠の検討に基づいて到達した結論は、攻撃の最もすぐれた二人の研究者であるJ・P・スコット（J. P. Scott）とレナード・バーコウィッツが、それぞれの理論的な準拠枠を私のそれとは異にしながらも提示している結論と、本質的には同じである。スコットは書いている。「闘争を刺激するものがないという恵まれた環境に生きる人間は、戦わないからといって、生理的あるいは神経的損傷を受けることはない。これは内的な新陳代謝作用が明確な生理的変化をもたらし、その結果、外的環境に何の変化がなくとも空腹と食べる刺激を生じるという、食べる場合の生理とは事情がまったく違っている」（J・P・スコット、一九五八）。バーコウィッツは遺伝的に伝えられる〈攻撃的エネルギー〉よりも、〈配線図〉、つまりある種の刺激に対して攻撃的に反作用する〈構え〉について語っている（L・バーコウィッツ、一九六七）。

私が論じた神経科学のデータは、ある一つの種類の攻撃——生命を守る、生物学的に適応した、防衛的攻撃――の概念を確立するのを助けてくれた。これらの科学は、人間には自らの死活の利害に対する脅威によって動員される、潜在的な攻撃が備わっていることを示すのに役立った。しかし、これらの神経生理学的なデータのどれ一つとして、人間独特の、人間が他の哺乳動物と共有していないあの型の攻撃、すなわち、いかなる〈理由〉もなく、それ自体を目標として、それも生命を守るために追求する目標ではなく、それ自体が望ましく喜ばしい目標として、殺したり苦しめたりする傾向については、何ら扱っていない。

神経科学はこれらの情熱の研究を始めてはいないが（脳の損傷に原因するものを例外として）、ローレンツの本能主義的＝水力学的解釈が、たいていの神経科学者が考えているような脳の働きのモデルとは合致せず、それゆえ神経生理学的な証拠の裏付けを持たないということは、明言してもさしつかえないだろう。

第六章　動物の行動

経験的なデータが、攻撃についての本能主義的理論の妥当性を立証するのに役立つかもしれない第二の重要な分野は、動物行動の分野である。動物の攻撃は、三つの違った型に分ける必要がある。(1)捕食的攻撃、(2)種内攻撃(同じ種の動物に対する攻撃)、(3)種外攻撃(違った種の動物に対する攻撃)。さきに指摘したように、動物の行動の研究者たち(ローレンツを含めて)の間では、捕食的攻撃における行動の型と神経学的な過程は、ほかの型の動物の攻撃と類似していないので、別個に取り扱うべきだということで、意見が一致している。

種外攻撃に関するかぎり、たいていの観察者は口をそろえて、動物は身を守る時、すなわち脅威を感じながらも逃げることができない時を除けば、めったに他の種の動物を殺さないと言っている。このことは動物の攻撃という現象を主として種内攻撃、すなわちローレンツが専念している現象である、同じ種の動物どうしの攻撃に限定することになる。

種内攻撃には、次のような特徴がある。(a)たいていの哺乳動物においては、それは〈血なまぐさい〉ものではない。それは殺したり、破壊したり、苦しめたりすることを目ざすものではなく、本質的には警告の役目をする威嚇の姿勢である。概して私たちは、たいていの哺乳動物の中に、互いにとがめ合ったり、けんかしたり、威嚇的な行動に出たりする例は非常に多く見るが、人間の行動に見受けるような血なまぐさい争いや破壊を見ることは、ほとんどない。(b)ある種の昆虫や魚や鳥においてのみ、そして哺乳動物の中ではネズミにおいてのみ、破壊的行動が習慣となっている。(c)威嚇的行動は、動物が自分の死活の利害に対する脅威として体験したことへの反作用であり、それゆえに〈防衛的攻撃〉という神経生理学的概念の意味で、防衛的である。(d)たいていの哺乳動物には自発的な攻撃衝動があって、それが発散されるのに多かれ少なかれ適当な機会が来るまで、せき止められているという証拠はない。動物の攻撃が防衛的であるかぎり、それは系統発生的に型を定められた、ある種の神経細胞の構造に基づいているのであって、ローレンツの水力学的なモデルと、人間の破壊性と残酷性を生まれつきのものとし、防衛的攻撃に根ざすものとする説明さえなければ、彼の立場に文句をつけることはないのである。

人間は哺乳動物の中で、大規模な殺し屋およびサディストとしての唯一の存在である。なぜそうなのかという問いに答えることが、以後の諸章の目的である。動物の行動を論議するこの章では、多くの哺乳動物は同じ種のものと戦うが、彼らは〈非壊滅的〉な、非破壊的なやり方で戦うということ、そして一般の哺乳動物、とくに人間以前の霊長類の生活に関するデータは、人間が彼らから受け継いだとされる、生まれつきの〈破壊性〉の存在を暗示してはいないことを、詳細にわたって明らかにしたいと思う。いやむしろ、もし人類が自然の生息地に住んでいるチンパンジーとほとんど同じ程度の〈生まれつき〉の攻撃性を持っていたとしたら、私たちはかなり平和な世界に生きているだろうということを。

1　捕われの状態における攻撃

動物の間、とくに霊長類の間での攻撃を研究する場合、彼ら自身の生息地に住んでいる時の行動と、捕われの状態、つまり基本的には動物園にいる時の行動とを、区別することから始めるのが大切である。観察によれば、野生のままの霊長類はほとんど攻撃を見せないのに、動物園の霊長類は、過度の破壊性を見せることがある。

この区別が人間の攻撃を理解するのに根本的に重要であるというのは、紀元前第五・千年期までの狩猟民と食糧採集民および初期農耕民を除けば、人間は今までの歴史において、〈自然の生息地〉に住んだことがほとんどないからなのだ。〈文明〉人はつねに〈動物園〉に――つまりいろいろな程度の捕われと不自由の状態に――住んできたのであって、このことは最も進歩した社会においてもやはり同じことなのである。

初めに、十分な研究の行なわれている、動物園の霊長類の例を幾つかあげよう。最もよく知られているのは、おそらくソリー・ズーカーマン（Solly Zuckerman）がリージェンツ・パークのロンドン動物園（〈サル山〉）で、一九二九年から一九三〇年にかけて研究した、マントヒヒだろう。この区域は長さ百フィート、幅六十フィートで、動物園の標準からは広かったが、彼らの自然の生息地の広さに比べると、極度に狭いものであった。ズーカーマンは、これらのマントヒヒたちの間に、非常に多くの緊張と攻撃を観察した。強い連中は弱い連中を残酷無情に圧迫し、母親たちでさえ、自分の赤ん坊の手から食物を奪った。おもな被害者は雌と子供たちで、闘いの中であやまってけがをしたり殺されたりすることもあった。ズーカーマンは、一匹の雄のあばれ者が赤ん坊のヒヒを故意に二度襲うのを見た。そしてこの小さなヒヒは、夕方には死んでいた。六十一匹の雄のうち、八匹が暴力によって死に、ほかにも多くが病気で死んだ（S・ズーカーマン、一九三二）。

動物園における霊長類の観察は、ほかにもチューリッヒではハンス・クンマー（Hans Kummer）（一九五一）[1]によって、またイギリスのホイップスネード・パークでは、ヴァーノン・レノルズ（Vernon Reynolds）（一九六一）[2]によって、それぞれなされている。クンマーは広さ十五ヤード×二十七ヤードの囲いの中で、ヒヒを飼った。チューリッヒでは、本気でかんでひどい傷ができるのが、あたりまえのことであった。クンマーはチューリッヒ動物園のヒヒと、彼がエチオピアで研究した野生の生活をしているヒヒの、それぞれの間での攻撃を詳細にわたって比較して、動物園での攻撃的行為の発生率は、野生の群れに比べて雌で九倍、成熟した雄で十七倍半になることを知った。ヴァーノン・レノルズは、一辺わずか十ヤードの八角形の囲いに入れた、二十四匹のリーサスザルを研究した。これらのサルが閉じ込められた空間は、サル山より狭かったが、攻撃の程度はサル山ほど極端ではなかった。それでも野生の場合よりは多くの暴力が見られ、たくさんのサルが傷つき、一匹の雌はあまりひどいけがをしたので、射殺しなければならなかった。

（1）（2） C. and W. M. S. Russell（1968）に引用。

生態学的な条件が攻撃に対して与える影響に関してとくに興味深いのは、リーサスザル（*Macaca mul-*

ata）についての種々の研究、とくにC・H・サウスウィック（C. H. Southwick）（一九六四）の研究であり、またC・H・サウスウィック、M・ベッグ（M. Beg）、M・シディキ（M. Siddiqi）（一九六五）による研究である。サウスウィックは、捕われの状態にあるリーサスザルの中での、〈闘争的〉行動の（つまり、葛藤への反応としての行動の）形と頻度に対しては、環境的および社会的条件がつねに最大の影響を与えることを知った。彼の研究では、環境的変化すなわち一定の空間の中でのサルの数と、社会的変化すなわち現在ある群れの中へ新しいサルを加えることとを、区別することができる。彼は減少する空間は攻撃の増大をもたらすが、新しいサルを加えることによる社会構造の変化は、「環境の変化よりもはるかに劇的な攻撃的相互作用の増大をもたらした」という結論に達している（C・H・サウスウィック、一九六四）。

空間をせばめることによる攻撃の増大は、ほかの多くの哺乳動物の種においても、いっそう攻撃的な行動を生じさせている。L・H・マシューズ（L. H. Matthews）は、文献の研究とロンドン動物園での彼自身の観察から、過密状態の場合を除けば、哺乳動物が死ぬまで戦った例は見いだせなかったと述べている（L・H・マシューズ、一九六三）。動物の行動のすぐれた研究者であるパウル・ライハウゼンは、ネコを狭い空間に一緒に閉じ込めた時に起こる、相対的階級組織《ヒエラルヒー》の混乱が果たす役割を強調している。「おりが過密になればなるほど、相対的階級組織が失われていく。最後に独裁者が登場し、〈下層民〉が出現する。彼らはほかのすべての連中からたえずひどい襲撃を受けるので、狂乱状態に陥り、ありとあらゆる不自然な行動をするようになる。共同体は悪意に満ちた暴力集団《モッブ》となる。彼らすべてはめったに気をゆるめないし、のんびりしたようすを決して見せず、たえずおどしたり、うなったり、また戦ったりさえする」(P・ライハウゼン、一九五六)。[3]

(3) 過密に関するP・ライハウゼンの議論(一九六五)、とくに人間に対する過密の影響についての議論も参照のこと。

固定した餌場における一時的な過密状態でさえ、攻撃の増大をもたらした。一九五二年の冬、C・カボット(C. Cabot)、N・コリアス(N. Collias)、R・C・ガッティンガー(R. C. Guttinger)(C・ラッセルとW・M・S・ラッセルが引用)の三人のアメリカの科学者が、ウィスコンシン州のフラッグ川の付近でシカを観察して、けんかの量は決まった面積の餌場の中のシカの数、つまりシカの密度に左右されることを知った。五頭ないし七頭のシカだけしかいない時は、けんかは一時間について一頭当たり一回だけであった。二十三頭ないし三十頭のシカがいる時は、けんかの割合は、一時間について一頭当たり四・四回であった。同じような観察が、アメリカの生物学者J・B・カルホーン(J. B. Calhoun)(一九四八)によって、野生のネズミについてなされた。

証拠が示すように、豊富な食糧があっても、過密状態のもとでは、増大する攻撃性を防ぐことにならない。この点に目を向けることが大切である。ロンドン動物園の動物たちは十分な食物を与えられていたのに、過密が攻撃性の増大をもたらした。さらに興味をそそられるのは、リーサスザルの間では、食物を二十五パーセント減らした時でさえ、サウスウィックの観察によれば、相互の闘争的関係には何の変化も生じなかったし、五十パーセント減らすと、実に闘争的行動が減少するという意味の深い結果を生じたということである。[4]

(4) 同じような現象が人間の間にも見られ、飢餓状態は攻撃性を増大させるよりも、むしろ減少させるのである。

捕われの状態にある霊長類の攻撃性の増大の研究——他の哺乳動物の研究も、同じ結果を示しているのだが——から、過密が暴力の増大をもたらす主要な条件であるという結論になりそうである。しかし〈過密〉とはレッテルにすぎないし、どちらかと言えば誤解を生じやすいレッテルである。というのは、過密の中のどの要素が攻撃の増大に責任があるのかを、それは教えてくれないからである。最小限の私的な空間に対する、〈自然の〉要求というものがあるのだろうか。[5] 過密は動物が探険や自由な動きへの、生まれつきの要求を実現するのを妨げるのだろうか。過密を自分の肉体に対する脅威と感じて、それに動物は攻撃によって反作用するのだろうか。

(5) 人間の空間必要度に関する T. E. Hall の興味深い研究参照(一九六三、一九六六)。

これらの問いに十分に答えるためには、さらに研究を重ねなければならないのだが、サウスウィックの諸発見は、過密には区別すべき違った要素が少なくとも二つあることを暗示している。一つは空間の縮小であり、もう一つは社会構造の破壊である。第二の要因の重要性は、新参者の加入がいつも過密に上回りさえする攻撃をもたらすという、さきに述べたサウスウィックの観察によって、はっきりと裏付けられている。もちろん、しばしば両方の要因が存在するのであって、二つのうちどちらが攻撃行動に責任があるのかを決めることは、困難である。

動物の過密の場合にこれらの要因がどういう特定の混じり方をしようとも、それぞれが攻撃を生み出しうる。空間の縮小は、動物から動きや遊びという重要な生命の働きを奪い、また自分の食物を探さなければならない時にのみ発達しうる諸能力の行使を不可能にする。かくして〈空間を奪われた〉動物は、自らの生命の働きの縮小に脅威を感じて、攻撃によって反作用する。動物集団の社会構造の崩壊は、サウスウィックによれば、より大きな脅威となる。すべての動物の種は、その種独特の社会構造の中に生きている。階級組織があろうとなかろうと、それは動物の行動が順応する準拠枠なのだ。社会的均衡の或る限界が、動物の生存にとって必要な条件である。過密による均衡の破壊は、動物の生存に対する大きな脅威となり、そこで攻撃の防衛的な役割を仮定すれば、とくに逃走が不可能な場合、激しい攻撃が結果として生じることが予想される。

　動物園での生活条件のもとで過密が生じうることは、ズーカーマンのヒヒに見られたとおりである。しかし動物園の動物は、過密よりも空間の制限に苦しむことの方が多いのである。捕われの動物は十分な食物と保護を与えられているが、〈何もすることがない〉のだ。すべての生理的要求を満足させるだけで、動物に（そして人間に）幸福感を与えるに十分だと信じるなら、彼らの動物園生活は、彼らを大いに満足させるはずである。ところがこの寄生生活は、彼らの肉体的および精神的能力の能動的表現を可能にする刺激を彼らから奪うので、彼らはしばしば退屈し、活気を失い、感情を失ってしまう。A・コルトラント（A. Kortlandt）は次のように報告している。「動物園のチンパンジーが年とともにたいていがますます活気を失い、気が抜けてゆくのと違って、野生の生活をしているチンパンジーの場合は、年上でもより活気があり、あらゆることにより多くの興味を持ち、より人間的であるように見えた」（A・コルトラント、一九六二）[6]。S・E・グリックマン（S. E. Glickman）とR・W・スロージェス（R. W. Sroges）（一九六六）は、動物園のおりが生みだす、たえざる〈鈍い刺激の世界〉と、その結果としての〈退屈〉について述べて、同じようなことを主張している。

（6）一例はある銀毛の年老いたチンパンジーで、彼は肉体的には若い仲間たちよりはるかに劣っているのに、依然として群れのリーダーであった。どうやら自由な生活が、そのさまざまな刺激によって、彼にリーダーとしての資格を与える一種の知恵を発達させたらしい。

人間の攻撃と過密

もし過密が動物の攻撃の重要な条件なら、それは人間の攻撃の場合にも重要な原因になるのかどうか、という問いが起こる。この考えを持っている人は多くあり、P・ライハウゼンがこれを表明している。彼は〈反抗〉や〈暴力〉や〈神経症〉に対しては、「人間社会における数の平衡を確立し、社会を最適の水準で制御する方法を早く見付けること」以外に、救済の方法はないと主張している（P・ライハウゼン、一九六五）[7]。

（7）同じ命題がC・ラッセルとW・M・S・ラッセル（一九六八、一九六八a）によって、表明されている。

このように一般に〈過密〉と人口の密集とが同一視されていることが、多くの混乱を生じた。ライハウゼンのアプローチは単純化しすぎる傾向があり、かつ保守的なのだが、彼は現在の過密の問題には二つの面、すなわち活力に富んだ社会構造の破壊（とくに世界の産業化した地域における）と、主として世界の非産業化地域における、人口とそれをささえる経済的社会的基盤との不釣り合いとがあることを無視している。

人間には、自分がその中でしかるべき位置を占め、他人との関係が比較的安定しているとともに、一般に受け入れられた価値や観念によってささえられているような、そういう社会体制が必要である。現代産業社会において起こったことは、伝統や共通の価値や他人とのほんとうの人格的な交際のきずなの多くが、失われてしまったということである。現代の大衆的人間《マス・マン》は群衆の一部ではあるが、孤立して孤独である。彼は他人とわかち合える信念を持たず、コミュニケーション・メディアから得るスローガンやイデオロギーのみを持っている。彼は原子――a-tom（in-dividual―個人―に相当するギリシア語、分けられないの意）――となり、共通ではあるが、同時にしばしば矛盾する利害関係と、現金を媒介にした関係によってのみ、他人と結びついている。エミール・デュルケーム（Emile Durkheim）（一八九七）は、この現象を〈アノミー *anomie*〉と呼び、これが産業化の進展とともに増しつつあった、自殺のおもな原因であることを見いだした。彼の言うアノミーとはすべての伝統的な社会的きずなの破壊のことであって、それをもたらしたものは、すべての真に共同的な組織が国家に従属するものとなり、すべての真の社会生活が滅ぼされてしまったという事実なのである。彼は現代の政治的国家に生きる人びとは、〈解体したくずと化した個人〉であると考えた。(8) これまた社会学の大家であるF・テンニース（F. Tönnies）も、同じような現代社会の分析を試み、伝統的な〈共同体《コミュニティ》〉（*Gemeinschaft*）と、すべてのほんとうの社会的きずなが失われてしまった現代社会《ソサエティ》（*Gesellschaft*）とを区別した。

（8）同じような見解が E. Mayo (1933) によって、表明された。

人口の密集それ自体ではなく、社会構造やほんとうの共通のきずなや生への関心などの欠如が人間の攻撃の原因になることは、多くの例によって示すことができる。最も顕著な例の一つは、イスラエルのキブツ〔訳注。集団農場〕であって、これらは非常な過密の状態で、個人のための空間は少ししかなく、プライバシーもほとんどない。（キブツが貧しかった数年前はもっとひどかった。）ところがメンバーの間の攻撃性は、驚くほど乏しいのである。世界中のほかの〈自発的共同体〉についても、同じことが言える。また別な例はベルギーやオランダのような国々で、この二つは世界で最も人口密度の高い地域であるにもかかわらず、それぞれの国民にとくにきわだった攻撃性があるわけではない。ウッドストックやワイト島での若人の祭典以上の過密はまずありえないだろうが、両者ともに驚くほど攻撃性とは無縁であった。もう一つ例をあげれば、マンハッタン島〔訳注。ニューヨーク市内にあり、同市の主要な一区〕は、三十年前には世界で最も人口密度の高い地域の一つだったが、当時は今日ほど極端な暴力が目立ってはいなかった。

数百家族が一緒に住んでいる大きなアパートに生活したことのある人なら誰でも、こんなに人口密度の高い建物ほど多くのプライバシーがあり、これほど隣近所の人たちの存在がじゃまにならないところはまずないということを知っている。これに比べると、家がもっともっと散らばっていて、人口密度がはるかに低い小さな村では、プライバシーはずっと少ない。ここでは人びとはお互いをより多く意識し、お互いの私生活を見守り、うわさの種にし、たえずお互いの視野の中にいる。これよりはずっと低い程度ではあるが、郊外の社会についても、同じことが言える。

これらの例から、攻撃に責任があるのは過密自体ではなく、過密の起こる時の社会的、心理的、文化的、経済的条件であると言えそうである。人口過剰、すなわち貧困状態のもとでの人口の密集が、ストレスと攻撃を引き起こすことは明らかであって、インドの大都市が、アメリカの都市のスラムと同じく、この例である。人口過剰とそれがもたらす人口の密集が悪性となるのは、まともな住宅がないために、人びとが他人から直接にまたたえずじゃまされなくても済むような、最も基本的な条件すらも欠いている時である。人口過剰とは、ある一定の社会の人間の数が、彼らに十分な食物と住宅と意味のある余暇を与えるための経済的基盤を、超えることを意味する。人口過剰が悪い結果を生むこと、それゆえ人間の数は、経済的基盤と釣り合った水準にまで減らさなければならないことには、疑いがない。しかし、密集した人口をささえるだけの経済的基盤のある社会では、密集自体は市民からプライバシーを奪うことはなく、彼がたえず他人からじゃまされることもない。

しかしながら、十分な生活水準で片が付くのは、プライバシーの欠如と、たえず他人の目にさらされるという問題だけである。それはアノミーの問題、共同体《ゲマインシャフト》の欠如の問題、人間的な調和を持ち、メンバーがお互いを人間として知っているような世界に住みたいという、個人の要求の問題を解決してはくれない。もしすべての社会的、精神的構造が根本的に変革されたならば、もし個人が十分な食物と住宅を与えられるだけでなく、社会の利害がそれぞれの個人の利害と一致するようになったならば、また仲間とのつながりや自分の力の発揮が、物の消費や仲間との対立に代わって、社会的、個人的生活を支配する原理となった時には、その時初めて産業社会のアノミーを除去することができる。これは高い人口密度の条件のもとでも可能だが、それにしても私たちのすべての前提を根本的に考え直すことと、根本的な社会変革が必要である。

以上のように考えてくると、動物の過密から人間の過密への類推は、すべて限られた価値しか持たないということになる。動物は自分が必要とする空間と社会組織に関する、本能的な〈知識〉を持っている。動物は自分の空間と社会構造の混乱を救うために、本能的に攻撃によって反応する。動物には、こういう点での死活の利害に対する脅威に反応する手段が、ほかにはないのだ。しかし人間には、ほかの手段が多くある。彼は社会構造を変えることができるし、本能的に与えられているものを超えた連帯のきずなや、共通の価値のきずなを育てることができる。過密に対する動物の解決策は、生物学的、本能的なものであり、人間の解決策は社会的であり、政治的である。

2　野生動物の攻撃

幸いなことに、野生の動物の最近の研究が多くあって、それらは捕われの状態において観察される攻撃性は、同じ動物が自然の生息地に住んでいる時には存在しないことを、明らかに示している。(9)

(9)　人間以外の霊長類のフィールド研究は、H・W・ニッセン（一九三一）がチンパンジーの研究において、H. C. Bingham (1932) がゴリラの研究において、C. R. Carpenter (1934) がホエザルの研究において、初めて手掛けた。これらの研究からほとんど二十年の間、霊長類のフィールド研究という主題全体が休止状態にあった。その間に幾つかの短いフィールド研究は行なわれたけれども、一連の長期にわたる注意深い観察が新しく始められたのは、五〇年代の半ばになって、京都大学の日本モンキーセンターが設立され、S. A. Altman のサンチアゴ島におけるリーサスザルのコロニーの研究が行なわれてからである。今日では五十人を優に超える人たちが、このような研究に従事している。霊長類の行動に関する最もすぐれた論文集は、I・デヴォア編（一九六五）に見いだすことができるが、これには包括的な文献目録がある。本書に含まれた論文の中で、私がここで言及したいものは次のとおりである。K. R. L. Hall とデヴォア（一九六五）、C・H・サウスウィック、M・ベッグおよびM・R・シディキによる「インド北部のリーサスザル」についての論文（一九六五）、G. B. Schaller の「ヤマゴリラの行動」（一九六五）、V. and F. Reynolds の「ボドンゴ森林地帯のチンパンジー」（一九六五）、Jane Goodall の「ゴンベ川保護地域のチンパンジー」（一九六五）。グッドールは同じ研究を一九六五年まで続け、新しく発見したことと以前の発見とを合わせて、結婚後の名前で発表した。Jane van Lawick-Goodall（1968）。以下で私はA・コルトラント（一九六二）およびR・L・ホール（一九六四）も利用した。

サルの中ではヒヒがかなり荒っぽいという評判だが、S・L・ウォッシュバーン（S. L. Washburn）とI・デヴォア（一九七一）が、ヒヒについて入念な研究を行なった。紙面の都合上、私はウォッシュバーンとデヴォアの結論に触れるにとどめるが、それはもし全体の社会構造が乱されなければ、攻撃行動はほとんどなく、攻撃行動があるとしても、それはすべて本質的に身ぶり、あるいは威嚇的姿勢のそれである、ということである。過密に関するさきの論議を考えると、水飲み場で出会ったヒヒの群れどうしで、争いが起こったのを見たことがないと彼らが報告しているのは、注目に値する。彼らは、いっときにただ一つの水飲み場の回りに集まったヒヒたちが、四百匹を超すのを数えたが、ヒヒたちの間に何ら攻撃行動は見られなかった。彼らはまた、ヒヒたちが他の種に属する動物に対しても、非常に非攻撃的であるのを観察した。こういう事情は、チャクマヒヒ（*Papio ursinus*）に関するK・R・L・ホール（一九六〇）の研究によって裏付けされ、補足されている。

人間に最もよく似ている霊長類であるチンパンジーの中での攻撃行動の研究は、とくに興味深い。最近まで、アフリカの赤道地方での彼らの生態については、ほとんど何も知られていなかった。しかしながら、今では自然の生息地でのチンパンジーの観察が、別々に三つ行なわれていて、攻撃行動についての非常に興味深い資料を提供している。

ボドンゴ森林地帯のチンパンジーを研究したV・レノルズとF・レノルズは、極度に低い攻撃の発生率を報告している。「三百時間の観察の間に、実際の争いや威嚇あるいは怒りの表現を含めて十七回のけんかが見られたが、どれも数秒以上は続かなかった」(V&F・レノルズ、一九六五)。この十七回のけんかのうち、二匹の成熟した雄がやったのは四回だけであった。ジェーン・グッドールによるゴンベ川保護地域のチンパンジーの観察も、本質的には同じである。「威嚇的な行動は四回、それも劣位の雄が優位の雄より先に食物を取ろうとした時に見られた……。襲撃の例はめったに見られず、成熟した雄の争いが見られたのは一度だけであった」(J・グッドール、一九六五)。ところが一方では「毛づくろい《グルーミング》をしてやったり、求愛をしたりするような行為や身ぶりは数多く」見られるのであって、それらのおもな機能は、共同体の中の個々のチンパンジーの間に親しい関係を生み出し、維持することであるように思われる。彼らの群れはたいていが一時的で、母親-幼児以外の固定した関係は見いだしえなかった(J・グッドール、一九六五)。これらのチンパンジーの間には七十二組のはっきりした一方優位の相互作用が観察されたが、厳密な意味での固定した優位の序列は観察されなかった。

A・コルトラントはチンパンジーの不安についての観察を述べているが、これはあとでわかるように、人間の〈第二の本性〉である性格の進化を理解するために、非常に重要なことである。彼は書いている。

> 私が観察したすべてのチンパンジーは、用心深くためらいがちな連中であった。これは、野生のチンパンジーをすぐ近くで研究したあとに残るおもな印象の一つである。彼らの活発な鋭い目の背後に、疑い深く考え深いパーソナリティが、わけのわからぬ世界の意味を悟ろうと常に努力しているのが感じられるのだ。どうやらチンパンジーの場合には、本能の確かさに知性の不確かさが――しかし人間

の特徴である決意や決断はなしに――取って代わったように思われるのである」（A・コルトラント、一九六二）。

コルトラントは、捕われの動物についての実験が示しているように、チンパンジーの行動の型は、サルのそれより生まれつきの度合いがずっと低いことに注目している。(10)

(10) フロリダ州オレンジパークの、ヤーキーズ霊長類生物学研究所の K. J. Hayes と C. Hayes は、一頭のチンパンジーを彼らの家庭で育て、系統的に〈強制的〉人間化教育を行ない、二歳八ヵ月におけるその知能指数を百二十五と測定した（C・ヘイズ、一九五一、およびK・J・ヘイズとC・ヘイズ、一九五一）。

ヴァン・ラウィック＝グッドールの観察から、とくに一つをここで引用したい。というのは、それがチンパンジーの行動におけるためらいと決断力のなさについてのコルトラントの重要な論述の、よい例になるからである。以下がその報告である。

ある日、ゴリアテが斜面の少し上の方に、見たことのないピンク色の雌（発情している）をすぐ後ろに従えて現われた。ヒューゴーと私は、すぐに一山のバナナを二匹のチンパンジーから見える所に置き、テントに隠れて見守った。雌は私たちのキャンプを見ると、一気に木に登ってじっと下を見た。ゴリアテもすぐに立ち止まって、雌を見上げた。それから彼はバナナに目をやった。彼は斜面を少し降りて立ち止まり、雌を振り返った。彼女はじっとしていた。ゆっくりとゴリアテは降り続けた。すると今度は雌は黙って木から降りて、下生えの中に見えなくなった。ゴリアテが振り返って、雌がいないのに気付いた時、彼は大あわてで駆けもどった。次の瞬間雌はふたたび木に登り、そのあとから全身の毛を逆立てたゴリアテが登っていった。彼はしばらく雌の毛づくろいをしてやったが、何度もキャンプの方へ目をやった。彼にはもはやバナナは見えなかったが、それがそこにあることは知っていたのだ。そのうえ、十日ばかりよそへ行っていたので、おそらく口にはつばがわいていたことだろう。

結局彼は木から降りて、再び私たちの方へやってきたが、数歩ごとに立ち止まっては、振り返って雌を見つめた。雌はじっとすわっていたが、ヒューゴーも私も、彼女がゴリアテのそばから逃げたがっているということをはっきりと感じていた。ゴリアテがさらに少し斜面を下った時、草木の陰になって雌が見えなくなったようだが、それは彼が振り向いて急いで木に登ったことから明らかであった。彼女はまだそこにすわっていた。ゴリアテは木を降り、もう数ヤード歩き、また別の木に一気に登った。まだそこにいた。ゴリアテがバナナの方へ進む間、こういうことがさらに五分間続けられた。

木を切り開いたキャンプ地に着いた時、ゴリアテは新たな問題に直面した――登る木はなく、地面からは雌は見えないのだ。三たび彼は切り開きに足を踏み入れ、それから引き返し、最後の木に飛ぶようにして登った。雌は動かなかった。突然ゴリアテは決心したように、速駆けでバナナの所へ走っていった。彼は一本だけつかんで急いで引き返し、また例の木に登った。まだ雌は同じ枝にすわっていた。ゴリアテはバナナを食べ終わり、少し安心したように急いでバナナの山にもどり、腕一杯にかかえて、また木へ飛んで帰った。今度は雌はいなかった。ゴリアテがバナナをかかえている間に、彼女は枝から降りて、何度も肩越しに彼の方を振り返りながら、黙って姿を消したのであった。

ゴリアテの仰天ぶりは、見るもおかしかった。バナナをほうり出して、彼は雌を残してきた木に飛ぶようにして登り、四方八方を眺め、それから自分も下生えの中に姿を消した。それから二十分間、彼は雌を探した。数分ごとに、私たちは彼が違う木に登ってあたりを見つめるのを見た。しかしまったく彼女を見付けることができず、とうとうあきらめてキャンプへもどり、すっかり疲れ果てたようにすわって、ゆっくりとバナナを食べた。そうしながらも、彼はたえず振り向いては、斜面をじっと見上げるのであった（J・ヴァン・ラウィック＝グッドール、一九七一）。

雄のチンパンジーが、まずバナナを食べるべきか、それとも雌にかかるべきかを決めることができないというのは、まったく印象的である。もし人間の場合に同じ行動が見られたら、私たちは彼が強迫的疑念にとりつかれていると言うだろう。ふつうの人間は、自分の性格構造の支配的衝動に従って行動するのに、困難は感じないからである。口唇愛的受容的性格なら、まずバナナを食べて、性衝動の満足はあと回しにするだろうし、〈性器愛的性格〉なら、性的満足を得るまで食物を待たせておくだろう。いずれの場合にも、彼は疑いもためらいもなしに行動するだろう。この例における雄が強迫的神経症にかかっていたとはまず考えられないので、彼がなぜこのように行動するかという疑問は、コルトラントの論述にその答えがあると思われるが、残念ながらヴァン・ラウィック＝グッドールは、これにはまったく触れていない。

コルトラントは、チンパンジーがもはや体力を失ってしまった年寄りたちに対しても敬意を払うとともに、若い者たちに対しては驚くほど寛容であることを述べている。ヴァン・ラウィック＝グッドールも同じような特徴を強調している。

チンパンジーは、ふつうお互いに対する行動においては、非常に寛容な態度を示す。雄の場合がとくにそうであり、雌の場合はそれほどでもない。優位者の劣位者に対する寛容の典型的な例が見られたのは、青年期の雄が或るやしの木で、そこだけ固まって熟した部分の実を食べていた時であった。成熟した雄が登っていったが、彼はさきの雄を追い払おうとはせず、ただそのそばまで行っただけで、二匹は並んで食べた。同じような状況で、劣位のチンパンジーが優位のチンパンジーの所まで登って行くこともあるが、食べようとする前に、手を伸ばして相手の唇やももや生殖器付近に触れるのが、ふつうである。雄どうしの寛容は、とくに交尾期に顕著であって、たとえばさきに述べた場合には、七匹の雄が一匹の雌と交尾しているのが見られたが、彼らの間には何ら攻撃の徴候は見られず、またこれらの雄のうち、一匹は青年期の雄であった(J・ヴァン・ラウィック＝グッドール、一九七一)。

野生の状態で観察したゴリラについては、G・B・シャーラーが、群れどうしの〈相互作用〉は概して平和的であったと報告している。一匹の雄が、さきに述べたような攻撃的な威嚇突撃を行ない、また、「私はある時、別の群れからの侵入者たちに対して、雌と子供と幼いゴリラが初頭攻撃の形で、弱い攻撃をかけるのを観察した。群れどうしの攻撃性のほとんどは、にらんだりほえたりすることに限られていた」。ゴリラの間で真剣な攻撃性を持った襲撃が行なわれるのを、シャーラーは見たことがなかった。ゴリラの群れの生息区域は重なり合っていただけでなく、ゴリラたちの中で共同利用をされていたらしいので、このことはいっそう注目すべきことである。このために摩擦の機会が多くあるはずだからである（G・B・シャーラー、一九六三、一九六五）。

物を食べる時の行動についてのヴァン・ラウィック＝グッドールの報告には、とくに注意を払う必要がある。というのは、彼女の観察が多くの著者たちによって、チンパンジーの肉食的あるいは〈捕食的〉性格の論拠として用いられているからである。彼女は述べている。「ゴンベ川保護地域の（そしておそらくは、この種全体の生息区域のほとんどの所の）チンパンジーは、雑食性である……。チンパンジーは、本来は草食性である。つまり彼の常食全体を構成する食物の大部分は、植物である」（J・ヴァン・ラウィック＝グッドール、一九六八）。この法則にはある程度の例外があった。彼女の野外研究の期間中に、彼女あるいは彼女の助手は、チンパンジーが他の哺乳動物の肉を食べているのを、二十八回観察した。そのうえ、最初の二年半は時々、最後の二年半は規則的に排泄物のサンプルを調べたところ、チンパンジーが食べているところを見たのとは別に、全部で三十六の違った哺乳動物の残存物が糞の中に発見された。それ以外に、彼女はこの期間における四つの例を報告しているが、そのうち三例においては、雄のチンパンジーが幼いヒヒをつかまえて殺し、一例では殺されたのは、一匹のおそらくは雌の赤いミノザルであった。そのうえ彼女は、五十四のチンパンジーの群れによって、四十五ヵ月以内に六十八匹の哺乳動物（ほとんどが霊長類）が、言い換えるとざっと一月に一匹半が食べられるのを観察した。これらの数字は、著者がさきに述べた、チンパンジーの「常食は概して植物である」こと、それゆえ肉食は例外的であることを、裏書きしている。しかし評判のよい著書である *In the Shadow of Man* の中で、著者はきっぱりと、彼女と夫は「チンパンジーが肉を食べているのを、かなり頻繁に見た」と述べている（J・ヴァン・ラウィック＝グッドール、一九七一）。しかしそれに限定を与えるような前著のデータ、すなわち肉食が相対的には少ないことを示すデータを引用してはいない。私がこの点を強調するのは、この研究以後に発表されたものの中で、ヴァン・ラウィック＝グッドールの一九七一年版のデータに基づいて、チンパンジーの〈捕食的〉性格を強調する説明が多くあるからである。しかしチンパンジーは、多くの著者が述べているように雑食性であって、主として植物性の食物を常食としている。彼らが時々（実際にはまれに）肉を食べるということは、彼らを肉食動物にするものではなく、まして捕食動物にするものでもない。しかし〈捕食的〉とか〈肉食的〉という言葉を使うことは、人間が先天的な破壊性を持って生まれてきたことをほのめかすことである。

3　なわばりと優位

動物の攻撃性についての一般的心象は、なわばり（*territorialism*）の概念に大きく影響されている。ロバート・アードリーの『なわばり』（一九六七）は一般の人びとに、人間は彼の動物時代の祖先から受け継いだ、なわばりを守る本能に支配されているという印象を与えた。この本能は動物および人間の攻撃性の、おもな原因の一つだと考えられている。ここから容易に類推がなされて、戦争は同じ本能の力によって引き起こされるという安易な考えが、多くの人びとに訴えるのである。

しかしながら、この考えは多くの理由からまったくまちがっている。まず第一に、なわばりの概念があてはまらない動物の種が、多く存在する。「なわばりは脊椎動物や節足動物のような高等動物にのみ存在し、その場合でさえ、非常に不規則である」（J・P・スコット、一九六八a）。また行動の別な研究者、たとえばツン・ヤン・クオなどは、「いわゆる〈なわばり防衛〉は、結局のところよそ者に対する反作用の型につけた気まぐれな名前で、擬人論と十九世紀のダーウィニズムの風味がついているだけのことだと考えたい。この問題に決着をつけるためには、さらにいっそうの体系的、実験的探究が必要である」と言う（ツン・ヤン・クオ、一九六〇）。

N・ティンベルヘンは、種のなわばりと個体のなわばりとを区別している。「なわばりが選ばれる時の基礎となるのは、主として動物の先天的な属性であって、これに従って彼らは反作用するということは、確かなようである。このため、同じ種あるいは少なくとも同じ集団に属する動物が選ぶ生息地の一般的な型は、同じである。しかしながら、一匹の雄が自分のなわばり――種の繁殖地の特別な部分――を自分だけで守るのは、学習過程の結果である」（N・ティンベルヘン、一九五三）。

霊長類の描写において、私たちはなわばりが重なり合うことがいかに多いかを見てきた。もし類人猿の観察が何かを教えてくれるとすれば、それは霊長類のいろいろな群れは、彼らのなわばりに関してはまったく寛大で融通がきくのであって、油断なく国境を守り、いかなる〈外国人〉の侵入も力で防ぐという社会との類推を許すような光景は決して見せない、ということである。

なわばりが人間の攻撃性のもとになるという仮定は、またほかの理由でもまちがっている。なわばりの防衛は、なわばりへの侵入が過密を生じるほどになった時に必要となる深刻な争いを、避ける役割を持っているのである。実際、なわばり争いの攻撃の時に見られる威嚇行動は、空間的平衡と平和を保つための、本能的な型なのである。動物に備わった本能の持つ機能は、法律的な取り決めが人間において持つそれと同じである。したがって、本能以外になわばりを示し、「立ち入り禁止」を警告する象徴的な方法が得られれば、本能は使われなくなる。あとで明らかになるように、ほとんどの戦争はいろいろな種類の利益を得るために起こるのであって、領土を脅かすものを防ぐために起こるのではない——戦争屋たちのイデオロギーでは別だが——ことも、心にとどめておく価値がある。

優位《いい》（*dominance*）の概念についても、同じようにまちがった印象が一般の人たちの間にある。多くの種において、しかし決してすべての種においてではないのだが、群れは階級的に組織されている。最も強い雄は、食物や性や毛づくろいにおいて、より低い階級の雄たちに優先している。[11] しかし優位はなわばりと同じく、決してすべての動物に存在するわけではなく、さらに脊椎動物や哺乳動物においても、常に存在するものではない。

（11）この階級制から独裁の〈本能的〉な根を類推する人は、なわばりから愛国心を類推する人よりもまれである。もっとも論理は、同じはずだが。この異なった扱いの理由は、おそらく〈愛国心〉よりも、独裁に対する本能的な根拠を組み立てることの方が、評判が悪いからだろう。

人間以外の霊長類の間での優位に関しては、サルの種の中でもヒヒやマカークザルのように、どちらかと言えばよく発達して厳密な階級制のあるサルと、優位の型がそれほど強くない類人猿とでは、大きな違いがある。ヤマゴリラについて、シャーラーが報告している。

明確な優位の相互作用は、百十回観察された。優位が最も頻繁に主張されたのは、狭い道で一匹が通行権を要求する時や、すわる場所を選ぶ場合に、優位の者が劣位の者を追い払う時などであった。ゴリラたちは、彼らの優位を最小限の行動で示した。ふつうは地位の低い者は、地位の高い者が近づいたり、ちょっとにらんだりしただけで、前から姿を消した。肉体的接触を含む動作で最も頻繁に見受けられたのは、優位の者が劣位の者の体を、手の甲で軽くたたく動作であった（G・B・シャーラー、一九六五）。

ボドンゴ森林地帯のチンパンジーに関する報告で、V・レノルズとF・レノルズは述べている。

個体間の地位の違いの若干の証拠はあったが、優位の相互作用は、観察されたチンパンジーの行動の中の、ごく僅かな部分を構成しているだけであった。雄にも雌にも、直線的な優位の序列があるという証拠はなかった。受容的な雌を独占する権利は観察されず、群れの恒久的なリーダーもなかった（V&F・レノルズ、一九六五）。

T・E・ローウェル（T. E. Rowell）は、彼のヒヒの研究において優位という概念全体を否定して、こう言っている。「状況証拠からすれば、階級制的行動は種々の環境的ストレスと関係しているように思われる。そしてストレスを受けた時に最初に心理的徴候（たとえば病気に対する抵抗力の弱さ）を示すのは、地位の低い者なのである。もし地位を決定するのが（ふつう考えられているように優位的行動ではなく）劣位的行動であるならば、ストレスの要因はすべての者にそれぞれの構造に応じて違った程度に、直接の影響を与え、同時に生理的、行動的（服従的行動）変化をもたらすと見てよく、これが転じて階級制の社会組織を生み出すことになる」（T・E・ローウェル、一九六六）。彼は「階級制は、主として劣位者の行動の型により、また低い地位の――高い地位ではなく――者によってささえられているように思われる」（T・E・ローウェル、一九六六）という結論に達している。

W・A・メーソン（W. A. Mason）もまた、彼のチンパンジー研究に基づいて、強い留保の念を表明している。

ここで私が採っている見解は、〈優位〉とか〈劣位〉とかは、チンパンジーがしばしば互いにおどしたり、おどされたりする関係にあるという事実を示すための、習慣的な言葉にすぎないということである。当然私たちは、いかなる群れにおいてもより大きく、より強く、より乱暴で、より攻撃的な者がる（これはほかのほとんどすべての者にとって脅威となる）、一種の全体的な優位の地位を誇示することを予期するだろう。どうやらこのことが、野生動物の場合に、成長した雄がたいてい成熟した雌に対して優位に立ち、雌は雌で成長期の、あるいは幼い子供たちに対して優位に立っている事実の説明となりそうである。しかしながらこの観察以外には、チンパンジーの群れが全体として階級的に組織されていることを示すものはないし、また社会的支配権を求める自律的な動因があるという確かな証拠もない。チンパンジーはわがままで、衝動的で、貪欲であって、特別な社会的動機や要求が加わらなくても、これだけでも確かに優位と劣位の関係を発展させる十分な根拠となる。

優位と劣位とは、それゆえ社会的な相互作用の自然な副産物であって、二つの個体間の関係の一面にすぎないと見なすことができる……（W・A・メーソン、一九七〇）。

優位に関しては、それが存在するとしても、私がなわばりについて評したのと同じことがあてはまる。それは群れに平和と凝集を与え、深刻な争いを引き起こすような摩擦を防ぐ機能を果たす。人間は失われた本能の代わりに、協定や礼儀や法律で代用するのである。

動物の優位は、群れの中のほかの連中に対して権力を振るうことを楽しむリーダーが吹かせる、きつい〈親分風〉であると広く解釈されてきた。たしかにたとえばサルの間では、リーダーの権威は彼がほかの連中の間に生み出す恐怖のせいであることが多い。しかし類人猿の間では、たとえばチンパンジーの場合のように、最も強い者の権威を確立するのは、しばしば彼の報復力に対する恐れではなく、群れを率いる彼の能力である。この一つの例として、さきに触れたように、コルトラント(一九六二)はある年老いたチンパンジーが、肉体的に弱っているという事実にもかかわらず、経験と知恵によってリーダーの地位を保持していたことを報告している。

動物の間での優位の役割が何であれ、優位者は常に自らの役割に値しなければならない——つまり彼のよりすぐれた肉体的力、知恵、精力、あるいは何にせよ、彼をリーダーとして皆に受け入れさせるものを示さなければならない——ことは、かなりはっきりしているようである。J・M・R・デルガード(一九六七)の報告している、サルを対象にした非常に巧妙な実験は、もし優位者が彼の抜きんでた性質をたとえしばらくの間でも失ったら、彼の支配者としての役割は終わることを示唆している。人間の歴史においては、優位が制度化して、いまだに多くの原始社会に見られるような、個人の能力に依存するものではもはやなくなった時、リーダーは彼のきわだった性質を常に持っている必要はなくなる。

いや、そもそもそれを持つことすら必要ではなくなる。社会体制によって条件づけられて、人びとは称号や制服やその他もろもろの中に、リーダーが有能であることの証拠を見るのであって、全体制によって支持されたこれらのシンボルが存続するかぎり、一般の人間は王様が着物を着ているかどうかを、自問する勇気すらないのである。

4　他の哺乳動物の間での攻撃性

霊長類がわずかな破壊性しか示さないというだけでなく、ほかのすべての哺乳動物も、捕食性であれ、非捕食性であれ、ローレンツの水力学理論が正しいとした時に見られるであろうと思われる攻撃的行動は示さない。

最も攻撃的な哺乳動物であるネズミの間でさえ、攻撃性の強さはローレンツの諸例が示すほど大きくはない。サリー・カリガー（Sally Carrigher）は、ローレンツが自分の仮説を支持するものとして引用しているネズミの実験と、重要な点はネズミの生まれつきの攻撃性ではなく、大小の攻撃性を生み出すもとになったある種の条件であることを、はっきりと示す別の実験との間の違いに、注意を促している。

ローレンツによれば、シュタイニガー（Steiniger）はいろいろな場所から捕えてきたドブネズミを、完全に自然のままの生活条件を与えてくれる大きな囲いの中に入れた。初めのうちは、個々のドブネズミはお互いを恐れているように見えた。彼らは攻撃的な気分ではなかったが、偶然に出くわすと互いにかみ合った。とくに彼らが囲いの一方の端に沿って追われ、スピードを出して走っていてぶつかるような時は、なおさらだった。[12]

(12) ついでながら、たいていの動物心理学者は、囲いによって与えられた条件を「完全に自然のままの」とは呼ばないだろう――とくに、囲いが狭くてそれぞれの個体が塀に沿って走っている時にぶつかるようでは、なおさらのことである。

シュタイニガーのネズミたちは間もなく互いに襲撃を始め、一つがいを除いて皆殺されるまで戦った。このつがいの子孫たちは一族を形成し、その後この生息地に入れられたよそ者のネズミをすべて殺してしまった。

この研究が行なわれていたのと同じころに、ボルチモアのジョン・B・カルホーンもネズミの行動を研究していた。F・シュタイニガーの場合、最初のネズミの数は十五匹であったが、カルホーンの場合は十四匹――これまた互いに初対面――であった。しかしカルホーンの囲いはシュタイニガーの囲いの十六倍の広さがあり、ほかのいろいろな点でも条件が良かった。敵意を持った仲間に追いかけられるネズミのために、〈避難所〉が設けてあり(野外にはおそらくこんな避難所があるだろう)、またカルホーンのネズミたちは、すべてしるしを付けて識別されていた。

二十七カ月の間、広い地域の中心の塔から、すべての個々のネズミの動きが記録された。互いに知り合いになる間に幾度かの争いがあってのち、彼らは二つの族に分かれたが、そのどちらも相手を滅ぼそうなどとはしなかった。何の挑戦も受けずに互いに行ったり来たりしてすれ違うことが非常に多くあった――その中の何匹かはあまりしばしば行き来したので、使者というあだ名がついた(S・カリガー、一九六八）[13]。

（13） S. A. Barnett and M. M. Spencer（1951）および S. A. Barnett（1958, 1958 a）参照。

動物の攻撃の最もすぐれた研究者の一人であるJ・P・スコットが指摘しているように、脊椎動物や下等な無脊椎動物とは対照的に、節足動物では攻撃はごくあたりまえのことであって、エビの激しい戦いがそれを示しているし、スズメバチのような社会生活をする昆虫や、雌が雄に襲いかかって食べてしまうある種のクモの場合も同じである。魚や爬虫類の中にも、非常に多くの攻撃が見いだされる。彼は書いている。

> 動物の闘争的行動についての比較生理学は、闘争的行動を起こす主たる刺激は外部にあるというきわめて重要な結論を生み出している。つまり、個体が外部の環境に関係なく戦うことを余儀なくさせるような自発的な内的刺激はないということである。闘争的行動の仕組みに関係する生理的、情緒的要因は、それゆえ性的行動や食物摂取行動におけるそれとはまったく違っている。

そしてスコットはさらにこう言う。

> 自然環境のもとでは、破壊的かつ不適応（傍点はフロム）の闘争的行動という意味での敵意や攻撃は、動物社会にはなかなか見いだせない。

ローレンツが仮定している自発的な内的刺激という特定の問題に取り組んだスコットは、こう書いている。

人間を含めた高等哺乳動物の中での闘争的行動は外的刺激に原因するのであって、自発的な内的刺激の証拠はないということは、私たちが現在持っているあらゆるデータが示している。情緒的、生理的作用は刺激のききめを長引かせ、強めはするが、その原因となるわけではない（J・P・スコット、一九六八a）[14]。

（14） ツン・ヤン・クオも、哺乳動物における動物の闘争の実験的研究において、同じような結論に達している（一九六〇）。

人間には殺すことへの抑制はあるのか

人間の攻撃に関するローレンツの一連の説明の中で最も重要な点の一つは、人間は捕食動物と違って、同じ種の仲間を殺すことへの本能的抑制を発達させていないということである。彼はこの点を説明するために、人間はすべての非捕食動物と同様、爪その他の危険な生得の武器を持たないので、このような抑制を必要としないのだと仮定している。そして人間が本能的抑制を持たないことが非常に危険となるのは、ただただ人間が武器を造ったからだとしている。

しかし人間が殺すことへの抑制を持たないというのは、たしかに事実なのだろうか。

人間の歴史の記録はあまりにもしばしば殺人の記述に重点をおいているので、一見人間には何の抑制もなさそうに思える。しかしながら、もし私たちの質問を次のように書き直してみれば、この答えは怪しくなってくる。人間には、自分が多かれ少なかれ同一化している、つまり自分にとってまったくの〈よそ者〉でなく感情的なきずなで結びついている生き物、人間、動物を殺すことへの抑制はあるのだろうか。

このような抑制がおそらく存在するだろうし、殺すという行為にはある罪の意識が伴うだろうことを示す証拠が、かなりある。

動物を殺すことに対する抑制を生じるのに、親しみと感情移入の要素がある役割を果たすということは、日常生活で観察される反作用から容易に見いだすことができる。多くの人びとはウサギやヤギなど、ふだん親しんだり、ペットとして飼っていたりするような動物を殺したり食べたりすることに、明確な嫌悪を示す。こういう動物を殺さない人びと、また食べるという想像だけで明らかな嫌悪感を催すような人びとは多くいる。同じ人びとがこの感情移入の要素がない場合には、同じような動物を食べるのをためらわないのである。しかし個別に知っている動物に関してばかりでなく、やはり生き物である動物との同一性の意識を持つからこそ、殺すことへの抑制があるのである。とくにある種の感情移入がある場合には、生命を破壊するということに関して、意識的あるいは無意識的な罪の感情が生じるかもしれない。このように動物と親しいのにどうしても殺さなければならないという気持が、旧石器時代の狩猟民たちのクマ信仰の儀礼にまったく劇的に現われている（J・マーリンガー〔J. Mahringer〕、一九五二）[15]。

（15）同じような理由が、ミルクと一緒には肉を食べないというユダヤ人の儀礼の根底にもある、と私は信じる。ミルクと乳製品は生命の象徴である。それらは生きた動物を象徴する。肉と乳製品を一諸に食べることを禁止するのは、生きている動物と食物として利用される死んだ動物とを鋭く区別するという、同じ傾向を示しているように思われる。

人間と同じ質の生命を持っているすべての生き物との同一性の意識は、インド思想において重要な道徳的原理として明らかにされ、その結果ヒンズー教においては、いかなる動物を殺すことも禁止されるようになった。

同一性と感情移入の意識があれば、ほかの人間に対しても殺すことへの抑制が働くということは、決してありえないことではない。初めに考えなければならないことは、原始人にとっては〈よそ者〉、すなわち同じ集団に属していない人間はしばしば同じ人間としてではなく、同一性の意識のない〈或る物〉として感じられる、ということである。一般的に、同じ集団の人間を殺すことに対してはより大きな心の抵抗があるのであって、原始社会の犯罪に対する最も厳しい罰は、しばしば死ではなく追放なのである。（このことは聖書のカインに対する罰において今なお明らかである。）しかし原始社会のこれらの例に限られたことではない。ギリシア文化のように高度に文明化されている場合でも、奴隷は完全な人間ではないものとして体験されていたのである。

現代社会にも同じ現象が見られる。戦争が起これば、すべての政府は自国民の中に、敵は人間ではないのだという感情を呼び起こそうとする。敵は本来の名前でなく、別な名前で呼ばれる。たとえば第一次世界大戦で、ドイツ兵はイギリス人からは〈フン族〉と呼ばれ、フランス人からは〈のろま《ボッシュ》〉と呼ばれた。このように敵は人間でないとする考え方は、皮膚の色の違う敵の場合にその頂点に達した。ベトナムでの戦争においては、多くのアメリカ兵たちが相手のベトナム人たちを〈ごみ《グック》〉と呼んで、彼らに対する感情移入の意識をほとんど持っていなかったことを示す例が、ふんだんに見られた。〈殺す〉という言葉さえも使われずに、〈片づける〉という言葉が使われた。カリー中尉は、ミライで多数のベトナム市民、男、女、子供たちを虐殺した罪に問われ、有罪を宣告された際に、自分は民族解放戦線（〈ベトコン〉）の兵士たちを人間ではなく〈敵〉と見なすように教育されたという事情を、抗弁の論拠とした。それが十分な抗弁となるかどうかは、ここでは問題ではない。これはたしかに強力な論拠である。というのはそれはほんとうのことであり、ベトナムの農民に対する基本的な態度を言葉に表わしたものであるからである。ヒトラーも彼がやっつけようとした〈政治的な敵〉をウンターメンシェン（〈人間以下のもの〉）と呼ぶことによって、これと同じことをしたのであった。味方が敵側の生き物をやっつけることをより容易ならしめたいと思う時、殺戮すべき連中が非人間であるという感情を自軍の兵士たちに吹き込むのが、ほとんど通例であるようである。(16)

(16) トム・ウィッカーは、ニューヨークのアッチカ刑務所に突入した警察による、人質および収容者の大量殺戮をかえりみて、非常に心のこもったコラムを書いて、同じ論旨を明らかにした。彼はアッチカの殺戮のあとでニューヨーク州知事のネルソン・A・ロックフェラーが発表した、次の文章で始まる声明に言及している。「アッチカで人質となって死んだ人たちの御家族に、心から同情申し上げます」。そしてウィッカーは書いている。「アッチカで失敗したことの――そしてほかのたいていのアメリカの刑務所や〈矯正施設〉で失敗していることの――多くは、次の簡単な事実の中に見いだすことができる。すなわち、今の文章においても、他のいかなる文章においても、知事や役人の誰一人として、死んだ囚人たちの家族に同情する言葉を一言も寄せていないということである」。

「たしかに当時は、人質を殺したのは囚人たちであって――今わかっているように――州当局によって、発砲しながら塀を乗り越えるように命じられた連中の小銃弾やシカ撃ち弾ではないと、考えられていた。しかしたとえ警察ではなく囚人たちが人質を殺したとしても、やはり彼らは人間なのだし、また少なくとも彼らの母親や妻や子供たちはやはり人間なのだ。しかしニューヨーク州とその役人たちの公的な同情は、彼らの誰にも寄せられなかったのだ」。

「これが問題の根である。囚人たち、とくに黒人の囚人たちは、あまりにも多くの場合に、人間として見なされることもなく、取り扱われることもない。しかも彼らがそうであるから、彼らの家族もそうなのだ」。

ウィッカーは続ける。「アッチカで事件の解決の交渉に当たった特別視察団のメンバーは、しばしば囚人たちが自分たちも人間なのであって、何よりもまず人間として扱ってほしいと訴えるのを聞いた。囚人の領土と州の領土を隔てる門の鉄格子を通して、矯正局副長官のウォルター・ダンバーが、囚人側のリーダーのリチャード・クラークに言った。『三十年間、私は収容者に嘘を言ったことは一度もない』。

『でも人間にはどうです』とリチャードは静かに言った」(一九七一年九月十八日付『ニューヨーク・タイムズ』)。

相手を〈非人間〉にするもう一つの方法は、相手とのすべての感情的きずなを断ち切ることである。これはある種の重い病理的症例においては、永続的な心の状態として起こるのだが、病気でない人間の場合にも一時的に起こりうる。攻撃の対象がよそ者であろうと、親しい身内や友人であろうと変わりはないのであって、そこに起こることは、攻撃者が相手を情緒的に切り離し、〈凍結〉させるということである。相手は人間として体験されなくなって、〈物――向こう側の〉となる。こういう状況のもとでは、最も激しい形の破壊性に対してすら、抑制はなくなる。破壊的攻撃は、少なくともかなりの程度には、一時的あるいは慢性的な情緒的退行と結びついて起こる、という仮定を裏付ける臨床的証拠が十分にあるのである。

他人が人間として体験されない場合はいつでも、破壊性と残酷性の行為はある異なった性質を帯びる。

簡単な例がこのことを示してくれるだろう。たとえばあるヒンズー教徒あるいは仏教徒が、あらゆる生き物に対してほんとうの深い感情移入の感覚を持っていたとした場合、もし彼がふつうの現代人が何のためらいもなくハエを殺すのを見たならば、彼はこの行為を大いなる無神経さと破壊性の現われであると判断するかもしれない。しかしこの判断はまちがっているだろう。要点は多くの人びとにとってハエは感覚を持った生き物としてはまったく体験されないのであって、それゆえに何でもうるさい〈物〉が受けるような扱いを受けるのだということなのである。たとえこのような人びとの〈生き物〉についての体験が限定されているとしても、彼らがとくに残酷であるというわけではない。

第七章　古生物学

1　人間は一つの種か

ローレンツが使った動物のデータは種内攻撃に関するものであって、異なった動物の種の間での攻撃に関するものではなかったことを、想起する必要がある。問題はこうだ。人間はほかの人間との関係において、お互いを同じ種の仲間として体験し、それゆえ同じ種の仲間に対する遺伝的に用意された行動の型によって反作用するというのは、実際に確かなことなのだろうか。反対に多くの原始的な民族の中では、他の部族の人間あるいは数マイル離れた隣村に住む人間ですら、完全なよそ者として、あるいは人間でさえないものとして見られ、それゆえ彼に対する感情移入はないということを私たちは見ているのではないだろうか。社会的、文化的進化の過程においてのみ、人間として受け入れられる人びとの数はふえてきた。人間はほかの人間を同じ種に属するものとして体験するものではないと仮定する理由は、十分あるように思える。というのは、動物の中ではにおいや形やある種の色などが種の同一性の直接の証拠になるのに、人間にはほかの人間を認めることを容易にする、そのような本能的あるいは反射的反作用がないからである。実際、多くの動物実験において、動物でさえ誰が自分と同じ種の仲間なのかということについて、だまされたり自信をなくしたりすることが明らかにされている。

人間には他のいかなる動物よりも少ない本能的備えしかないからこそ、人間は動物ほど容易に同じ種の仲間を認めたり同一視したりはしない。彼にとっては本能よりむしろ違った言語、慣習、衣服その他、彼の理性の認める規準が、誰が同じ種の仲間で誰がそうでないかを決めてくれるのであって、少しでも違った集団は同じ人間性を共有しているとは考えられない。ここから次の逆説が生じる。つまり人間は本能的備えを欠いていればこそ、彼の種の同一性の体験をも欠いているのであって、よそ者をまるで他の種に属しているかのごとく体験する。言い換えれば、人間をこのように非人間的にするのは、人間の持つ人間性である。

これらの考えが正しいとすれば、ローレンツの主張はくずれ去るだろう。なぜなら彼のすべての巧妙な解釈も、彼の引き出している結論も、同じ種に属するものの間での攻撃に基づいているからである。今度の場合はまったく違った問題、すなわち他の種に属するものへの動物の生まれつきの攻撃性の問題が生じるだろう。この種外攻撃に関するかぎり、動物が脅かされたり捕食動物に取り囲まれたりした時以外は、このような種外攻撃が遺伝的に計画されたものであるという証拠は、動物に関するデータからは、どちらかと言えばわずかしか得られない。人間は捕食動物の子孫であるという仮説には、弁護の余地はあるのだろうか。人間は他人に対するオオカミではないとしても、他人に対するヒツジであると、私たちは仮定してもよいのだろうか。

2　人間は捕食動物か

人間の祖先が捕食性であったことを暗示する証拠は、あるのだろうか。

人間の祖先の一人であったかもしれない最も早いホミニド〔訳注。霊長類ヒト科に属する人間の先祖〕は、約千四百万年前にインドに住んでいたラマピテクス（*Ramapithecus*）である。(1) 彼の歯列弓の形はほかのホミニドに類似しており、今日の類人猿のそれよりもずっと人間によく似ていた。彼は主たる常食である草食以外に肉食もしたかもしれないが、彼が捕食動物であったと考えるのは無理だろう。

（1）ラマピテクスがホミニドで人間の直接の祖先であったのかどうかは、今でも論争されている。（議論の詳細な紹介についてはD. Pilbeam, 1970 参照。）ほとんどすべての古生物学上のデータは多くの推論に基づいているので、大いに議論の余地がある。一人の著者について行くと、他の著者について行った場合と違った像に到達するだろう。しかしながら私たちの目的のためには、議論されている多くの人間進化の細目は本質的な問題ではない。そして人間の発達の主要な点に関するかぎり、私はこの分野のほとんどの研究者の一致した意見と思われるものを示すことに努めた。しかし人間進化の主要な段階に関する場合でさえも、あまりにわずらわしくならないように、文脈から省略した論争もある。以下の分析のために使用した著作は次のとおりである。D・ピルビーム（一九七〇）、J・ネーピア（一九七〇）、J. Young(1971), I. Schwidetzki (1971), S. Tax, ed. (1960), B. Rensch, ed. (1965), A. Roe and G. C. Simpson (1958, 1967), A. Portmann (1965), S. L. Washburn and P. Jay, eds, (1968), B. G. Campbell (1966). ほかに多くの論文があり、その幾つかは本文中に示してある。

ラマピテクス以降で私たちが知っている最も早いホミニドの化石は、アウストラロピテクス・ロブストゥス（*Australopithecus robustus*）と、より進化したアウストラロピテクス・アフリカヌス（*Australopithecus africanus*）であって、後者は一九二四年に南アフリカでレイモンド・ダート（Raymond Dart）によって発見され、ほとんど二百万年昔のものと信じられている。アウストラロピテクス類は非常に多くの論争の種になった。今日の大多数の古人類学者は、アウストラロピテクス類はホミニドであったという命題を受け入れているが、D・R・ピルビームとE・L・サイモンズ（E. L. Simons）（一九六五）のように、A・アフリカヌスはヒト（*Homo*）の最初の出現と考えるべきだという仮定をする研究者も何人かいる。

アウストラロピテクス類を論じる際に、彼らが人間、あるいは少なくとも人間の祖先であったことを証明するために、彼らの道具の使用が重視された。しかしルイス・マンフォード（Lewis Mumford）は、道具作りを人間であることの十分な証明として重要視することは誤解を招きやすく、またこれは技術に対する現代の概念に内在する偏見に基づいたものであるという、説得力に富んだ指摘を行なった（L・マンフォード、一九六七）。一九二四年以来新しい化石が発見されてきたが、それらの分類が論争を呼んでいるのは、アウストラロピテクスがかなりの程度にまで肉食であったのか、狩猟者であったのか、また道具作りをやっていたのかという問題の場合と同じである。(2) にもかかわらずほとんどの研究者は、A・アフリカヌスが雑食性であって、常食の融通性を特徴としていたことに意見が一致している。B・G・キャンベル（一九六六）は、アウストラロピテクスは小さな爬虫類、鳥、齧歯類のような小さな哺乳動物、根、くだものなどを食べていたという結論に達している。彼は武器を使ったりわなを仕掛けたりしなくとも取れるような、小さな動物を食べていた。これに反して狩猟は協力と十分な技術を前提とするものであって、これらはずっとのちになってようやく現われ、その時期はアジアにおいて紀元前約五十万年に人間が出現した時期と一致している。

（2） S. L. Washburn and F. C. Howell (1960) によれば、初期の小がらなアウストラロピテクス類は、草食を基本としてそれに肉を加えていたが、多くの動物を殺したとはとうてい考えられない。「一方おそらく彼らに取って代わったと思われる後期のもっと大がらな連中は、小さな、そして（あるいは）まだ成長していない動物を相手にすることができた。これらの連中が、アフリカの洪積世の大きな特徴である大がらな草食性の哺乳動物を捕食できたことを暗示する証拠はない」。ウォッシュバーンはそれ以前の論文（一九五七）で同じ見解を表明して、次のように書いている。「アウストラロピテクス類は狩猟者であったと言うより、むしろ彼ら自身が獲物であったのかもしれない」。しかしながらのちに彼はアウストラロピテクス類を含むホミニドは、「ひょっとしたら」狩猟者であったのではないか、と言っている (S. L. Washburn and C. S. Lancaster, 1968)。

アウストラロピテクスが狩猟者であろうとなかろうと、ホミニドは彼らの類人猿の祖先たちと同様に、ライオンやオオカミのような肉食性捕食動物を特徴づけている本能的、形態学的備えを持った捕食動物ではなかったことには、何の疑いもない。

この明白な証拠があるにもかかわらず、芝居がかったアードリーはかりかD・フリーマン (D. Freeman) のようなまじめな学者までが、アウストラロピテクスを、人類に破壊性という原罪をもたらした古生物学上の〈アダム〉と見なそうという試みをしている。フリーマンは、アウストラロピテクス類のことを「肉食的適応」と言い、それは「捕食的、殺人的、食人的嗜好」を持つと言う。「かくして古人類学はこの十年間に、人間の本性の精神分析的研究によって得られた人間の攻撃に関する結論に対して、その系統発生論的な基盤を明らかにしたのである」。彼は要約している。「そこで広く人類学的に見渡してみれば、人間の本性も技術も、また究極的には人間の文明も、洪積世初期の南アフリカの草原地帯において、肉食性のアウストラロピテクス類が初めてなしえたこの種の捕食的適応のおかげで存在しうるのだと言ってよいだろう」（D・フリーマン、一九六四）。

この論文を発表したあとの議論では、フリーマンはそれほど確信を持っていないように見える。「かくして最近の古人類学上の諸発見にかんがみて、人間性の幾つかの側面（おそらく攻撃性と残酷性を含めて）は、洪積世期におけるホミニドの進化のまさに基礎となった特殊な捕食的、肉食的適応とおそらく関係があるのだろうという仮説が今や提出されたのである。思うにこれは科学的かつ冷静に研究する価値のある仮説である。何となればそれは、私たちが現在一番無知であることがらに関係しているからである」（D・フリーマン、一九六四。傍点はフロム）。論文では古人類学が人間の攻撃についての結論を示したという事実であったはずのものが、この議論においては「研究する価値のある」仮説となっているのだ。

このような研究は、〈捕食的〉、〈肉食的〉、〈狩猟〉といった言葉を用いる際のフリーマンの――多くのほかの著者たちの仕事においても同じなのだが――混乱によって、あいまいなものになっている。動物学的には、捕食動物ははっきりと定義されている。それらはネコ、ハイエナ、イヌ、クマなどの科であって、かぎつめのある足指、鋭い犬歯などの特徴を持っている。捕食動物はほかの動物を襲撃して殺すことによって、食糧を得ている。この行動は遺伝的に計画され、学習の要素はごく周辺的である。そのうえさきに述べたように、捕食的攻撃は防衛的反作用としての攻撃とは神経学的に異なった基礎を持っている。捕食動物をとくに攻撃的な動物ということさえできない。というのは同じ種の仲間との関係においては、たとえば私たちがオオカミの行動の中に見ているように、彼は社交的であり、やさしくさえあるのだから。捕食動物は（主として草食性で追跡にはまったく向いていないクマを除けば）、肉だけしか食べない。しかし肉を食べる動物がすべて捕食性であるわけではない。草も肉も食べる雑食動物は、だからと言って食肉類という目《もく》に属することにはならない。フリーマンも「〈肉食性〉という用語がホミニドの行動に関して用いられた時は、食肉類の目《もく》に含まれるもろもろの種に用いられた時とはまったく違った意味を持たなければならない」ことには気付いていた（J・D・カーシー〔J. D. Carthy〕、F・J・エブリング〔F. J. Ebling〕、一九六四。傍点はフロム）。しかしそれならなぜホミニドを雑食性と呼ばずに、肉食性と呼ぶのだろう。その結果生じる混乱は、読者の頭に次のような等式を植えつけるのを助けるだけである。肉を食べるもの＝肉食性＝捕食性。ゆえに人間のホミニド時代の祖先は、人間を含む他の動物を襲撃する本能を備えた捕食動物であった。ゆえに人間の破壊性は生まれつきであり、フロイトは正しかった。証明終わり！

　A・アフリカヌスについて私たちが結論しうることは、ただ彼が雑食動物であって、その常食においては肉が多少とも重要な役割を果たしていたこと、そして彼は動物が十分に小さい場合には、食糧源として殺していたということだけである。肉を常食にしても、ホミニドが捕食動物に変貌するわけではない。そのうえサー・ジュリアン・ハクスリーらが述べているように、常食——草食であれ肉食であれ——は攻撃を生み出すことには何ら関係しないということは、今では広く受け入れられている事実なのである。

アウストラロピテクスが捕食動物としての本能を持っていて、もし〈彼〉が人間の祖先であるとした場合、それが人間の中の〈捕食性〉の遺伝子のもとになったという仮定には、何の正当性もないのである。

第八章　人類学

私は本章では原始時代の狩猟民、食糧採集民、新石器時代の農耕民、そして新しい都市社会についてのやや詳細なデータを提供しよう。これによって読者は、原始的であればあるほど人間は攻撃的であるという世間一般の命題が、データによって証明されているかどうかを、彼もしくは彼女自身が判断できる立場にあることになるのだ。多くの場合、これらのデータは若い世代の人類学者たちがこの十年間に見いだしたものなので、古い考え方とは違って、たいていの非専門家の頭の中でまだ調整されていないものである。

1　〈狩猟民としての人間〉——人類学のアダムか

人間のホミニド時代の祖先の捕食性が人間の生まれつきの攻撃性のもとであると言えないとすれば、人間の〈堕落〉のもとになった人間時代の祖先、つまり先史時代のアダムはいったい存在するのだろうか。これはこの分野での最高権威の一人であるS・L・ウォッシュバーンとその共著者たちが信じていることなのであって、彼らはこの〈アダム〉を狩猟民としての人間であると認定している。ウォッシュバーンは、人間は彼の歴史の九十九パーセントを狩猟民として生きてきたという事実から、私たちの生物学的諸現象、心理、慣習などのもとは過去の狩猟民にあるという前提から出発する。

ごくまじめな意味で言うのだが、私たちの知性、関心、情緒、そして基本的社会生活――これらすべては狩猟的適応の成功がもたらした進化的産物なのである。人類学者が人類の単一性を言う時、彼らが述べているのは、狩猟および採集の生活方法の及ぼした淘汰圧があまりにも類似していて、結果があまりにもうまくいったために、ホモ・サピエンスの集団は、どこへ行っても基本的には今でも同じだということなのである（S・L・ウォッシュバーン、L・S・ランカスター、一九六八）[1]。

（1）ウォッシュバーンとランカスター（一九六八）には、狩猟生活のあらゆる面についての豊富なデータが含まれている。S. L. Washburn and V. Avis (1958) をも参照。

そこで重大な問題は次のようになる。この〈狩猟民の心理〉とは何か。ウォッシュバーンはこれを洪積世中期、すなわち約五十万年前あるいはすでにそれ以前に十分に発達していた〈肉食的心理〉と呼ぶ。

肉食動物としての初期の人間の世界観は、彼の草食性のいとこたちのそれとはずいぶん異なっていたに違いない。後者の関心は小さな領域で満足させられ、ほかの動物は、襲撃してくるおそれのあるわずかなもの以外は大して重要性を持たなかった。しかし肉への欲求によって動物はより広い領域を知り、多くの動物の習性を学ぶようになる。人間の持つなわばりの習性や心理は、類人猿やサルのそれとは根本的に違っている。少なくとも三十万年（おそらくはその倍）にわたって、肉食的好奇心と攻撃が類人猿の探求心と支配欲に付け加わった。この肉食的心理は洪積世中期までにすっかり形成され、それがアウストラロピテクス類の略奪によって始められたのであろう（S・L・ウォッシュバーン、V・エーヴィス、一九五八）。

ウォッシュバーンは、〈肉食的心理〉を殺しの動因およびその快楽と同一視している。彼は書いている。「人間はほかの動物を狩猟することに快楽を覚える。念入りな訓練によって生まれつきの動因を隠しているのでなければ、人間は追跡し殺すことを楽しむ。たいていの文化において、拷問や苦しみは皆が楽しむための公開の見せ物となっている」（S・L・ウォッシュバーン、V・エーヴィス、一九五八。傍点はフロム）。

ウォッシュバーンは主張する。「人間は肉食的心理を持っている。人びとに殺すことを教えるのはたやすく、殺すことを避けるような慣習を発達させるのはむつかしい。多くの人間は他の人間が苦しむのを見て喜び、あるいは動物を殺して喜ぶ……公開のむちうちや拷問は、多くの文化に共通している」（S・L・ウォッシュバーン、一九五九）。最後の二つの所説では、ウォッシュバーンは殺しだけでなく残酷性もまた、人間心理の一部であることを暗示している。

殺しと残酷性に対する生まれつきの喜びがあると、ウォッシュバーンが主張する論法はどういうものだろうか。

一つの論法は〈スポーツとしての殺し〉である。(彼はスポーツとしての〈殺し〉と言い、〈狩猟〉とは言っていない。後者の方がより正確だろうが。) 彼は書いている。「おそらくこのことは、スポーツとしての殺しを続けるために多くの努力が払われていることを見れば、最も容易にわかる。昔は王族や貴族が、殺しのスポーツを楽しむことのできる猟園を維持していたし、今日ではアメリカ政府が何百万ドルも使って、狩猟者たちのために獲物を供給している」(S・L・ウォッシュバーン、C・S・ランカスター、一九六八)。関連した例は、「魚の無益なあがきを長引かせ、個人的な支配と技術の意識を最高に楽しむために、最もきゃしゃな釣具を使う人びと」である (S・L・ウォッシュバーン、C・S・ランカスター、一九六八)。

ウォッシュバーンは戦争の人気を指摘する。


そして最近まで、戦争は狩猟とほとんど同じように見なされてきた。ほかの人間どもは、ただ最も危険な獲物であるにすぎなかった。戦争は人間の歴史においてあまりにも重要なものであったので、それに関係する男たちにとって楽しいものでなければならなかったのだ。戦争の性質や条件が完全に変わってしまった最近になって初めて、かかる慣例に対する反発が生じ、国家的政策の正常な部分としての戦争、あるいは個人が社会的名誉を得るための是認された道としての戦争の賢明さが、疑われるに至ったのである (S・L・ウォッシュバーン、C・S・ランカスター、一九六八)。

これに関連して、ウォッシュバーンは述べている。

殺しの生物学的な基礎がどの程度に人間心理に組み込まれているかは、狩猟や魚釣りやけんかや戦争ごっこに対して少年たちの関心を容易にそそりうることから判断できる。これらの行動は避けえないものではないが、容易に学ばれるものであり、満足を与えるものであり、またたいていの文化において社会的に報いられてきた。殺しの技術と殺しの快楽とはふつう遊びにおいて育てられ、遊びのいろいろな型が、子供たちにおとなになってからの役割への準備をさせるのだ（S・L・ウォッシュバーン、C・S・ランカスター、一九六八）。

多くの人びとが殺しと残酷性を楽しむというウォッシュバーンの主張は、そのかぎりでは真実だが、それの意味するところはサディスティックな個人、サディスティックな文化が存在するということにすぎない。ところが、サディスティックでない個人や文化も存在するのだ。たとえばサディズムがより多く見いだされるのは、無力感に陥り、人生に喜びをほとんど持たない欲求不満の個人や社会階級、たとえばローマの下層階級がそれで、彼らは物質的貧困と社会的無力の代償をサディスティックな見せ物に求めていたし、ドイツの下層中産階級もその例であって、ヒトラーが彼の最も狂信的な部下を得たのは、この階級からであった。サディズムはまた、自らの支配的地位や財産への脅威を感じた支配階級や[2]、復讐を渇望する被抑圧者の集団にも見いだされるのである。

（2）一八七一年にフランスのコミューン派が、勝ち誇ったティエール〔訳注。当時のフランス政府の首班〕の軍隊に大量殺戮されたのは、極端な一例である。

狩猟が拷問の快楽を生み出すという考えには根拠もないし、またこれは最も信じがたい言い方である。狩猟者はふつうは動物の苦しみを楽しむものではないし、実際拷問を楽しむようなサディストは下等な狩猟者にしかならない。また釣り人もふつうはウォッシュバーンの言ったようなことはやらない。さらに原始時代の狩猟民がサディスティックな、あるいは破壊的な衝動に動機づけられていたという仮定にも、証拠はない。それどころか、彼らが殺された動物に対して愛情をいだき、おそらくは殺しに対する罪悪感をもいだいていたことを示すかなりの証拠があるのだ。旧石器時代の狩猟民の間では、クマはしばしば〈おじいさん〉と呼びかけられ、あるいは人間の神話的祖先と見なされていた。クマが殺されると謝罪の意が表明された。クマを食べる前に、クマを〈主賓〉として聖なる食事が取られ、クマの前には最上の料理が置かれた。最後にクマはおごそかに埋葬された（J・マーリンガー、一九五二）。(3)

（3） マーリンガーの引用している著者たちを参照。類似の態度が、ナヴァホ・インディアンの狩猟儀礼に見いだされうる。R. Underhill（1953）参照。

狩猟の心理については、現代の狩猟者のそれを含めて、広く研究する必要がある。しかし今のこの文脈からでも幾つかの観察を行なうことができる。まず支配階級のエリート（たとえば封建制における貴族階級）が行なうスポーツとしての狩猟と、ほかのあらゆる形の狩猟、たとえば原始時代の狩猟民、作物やニワトリを守ろうとする農民、そして狩猟を愛する個人が行なう狩猟とを区別しなければならない。

〈エリートの狩猟〉は権力エリート特有の権力欲、支配欲を満足させるもののように思われるが、ここにはある程度のサディズムも含まれている。それは狩猟の心理より、封建的心理についてより多くを語ってくれる。

原始時代の専門的狩猟民や現代の狩猟愛好家などの動機づけの中で、少なくとも二つの種類を区別しなければならない。第一のものは人間経験の奥底にその根を持っている。狩猟という行為において、人間はたとえ一時的にもせよ、再び自然の一部となる。彼は自然の状態にもどり、動物と一体となり、存在の分裂の苦しみから免れる。そして彼は自らの意識によって自然の一部となるとともに、自然を超越する。獲物に忍び寄る時、彼およびその動物は対等となる。結局人間は武器を使うことによって、自らの優越を示すのではあるが。原始時代の人間においては、この経験はまったく意識的である。自分が動物であるかのごとく装い、動物を祖先と見なすことによって、彼はこの同一化をあからさまに示す。頭脳的な方向づけを持った現代人にとっては、この自然との一体感の経験は言葉に表わしたり、意識したりしにくいものであるが、それは今でも多くの人間の中に生きている。

狩猟愛好家にとってこれと少なくとも同じほど重要なものは、自分の技能を楽しむというまったく異なった動機づけである。この狩猟における技能の要素を無視して、殺すという行為に注意を集中している著者が現代においていかに多いかは、驚くほどである。結局、狩猟は武器を扱うことのほかに、多くの技能と広い知識を必要とするものなのだ。

この点はウィリアム・S・ラフリン（William S. Laughlin）が詳しく論じているが、彼はまた「狩猟は人類の行動の型の支配的なものである」という命題から出発している（W・S・ラフリン、一九六八）。

しかしながら、殺しや残酷性の快楽については、ラフリンは狩猟の行動の型の一部としてそれに言及することさえせずに、それを次のような一般的な言葉で説明している。「狩猟は創意や問題解決を奨励し、問題解決の失敗には対しては現実の罰を与えた。それゆえ狩猟のおかげで人類は単一の変異種としてのまとまりを保つことができ、それとともに、人類の進歩も可能になった」（W・S・ラフリン、一九六八）。

ラフリンは次のように指摘しているが、これは道具や武器が一般に強調されすぎていることを考えると、銘記すべき重要な問題である。

狩猟は何事かがなされ、幾つかの制御された行動が重大な結果を伴って遂行されるという真の意味において、用具的システムである。槍、棍棒、手斧、その他博物館に展示するのにふさわしいすべてのものといった技術的な面は、それらが使われた状況から離れてしまえば、本質的に無意味である。それらは分析を始めるのにふさわしい場であるとは言えない。というのは事の進行の中でのそれらの位置は、それに先立つ幾つかの複合体からほど遠いからである（W・S・ラフリン、一九六八）[4]。

（4）ラフリンの所見は、人間進化における道具の役割についての、ルイス・マンフォードの主要な命題の一つを完全に支持するものである。

狩猟の効率は技術的な基礎の進歩に基づいてではなく、狩猟者の技能の上達によって理解すべきである。

原始時代の人間は自然界に関する複雑な知識を持っていたという仮定には、体系的な研究こそ驚くほど少ないが、十分な証拠がある。この複雑な知識はすべての目に見える動物学的な世界、すなわち哺乳動物、有袋類、爬虫類、鳥、魚、昆虫、そして植物などを包含している。潮の干満、一般の気象現象、天文学などの知識やその他の自然界のいろいろな面などもまた、知識の複雑さや範囲に関して、また居住地域に応じて集団の間に若干の差異はあるが、十分に発達している……。私はここでは狩猟行動のシステムおよび人間の進化にとってのそのシステムの意味に対して、この複雑な知識が持つ関連性だけを例にあげよう……狩猟民としての人間は、自分のそれも含めて動物の行動やからだの組織を学びつつあった。彼はまず自分自身を飼いならし、次いでほかの動物や植物に向かった。この意味で狩猟は人類を独習させる知識の学校であった（W・S・ラフリン、一九六八）。

要するに、原始時代の狩猟民の動機づけは殺しの快楽ではなく、さまざまな技能の学習とその最適度の遂行、すなわち人間自身の発達であった。(5)

(5)　今日ではほとんどすべてのものが機械によって造られるので、技能の快楽はほとんど見られず、見られるとすれば、それはおそらく大工仕事のような趣味において人びとが経験する喜びか、それともふつうの人が、飾り職人や織物職人が仕事をしているのを見る機会を得た時に感じる魅惑ぐらいのものである。おそらく演奏中のバイオリニストが与える魅惑は、彼が生み出す音楽の美しさだけでなく、彼の技能を目のあたりにすることによっても、生じるものなのである。生産の大部分が手によって行なわれ、技能に依存している文化においては、労働がそこに含まれる技能のゆえに、またこの技能が含まれる程度に応じて、楽しいものとなることは、疑いもなく明らかなことである。狩猟の快楽を技能の快楽よりも殺しの快楽として解釈するのは、いかにも現代の人間にふさわしい。つまり彼にとって重要なただ一つのことは努力の結果、すなわちこの場合は殺すことであって、努力の過程そのものではない。

狩猟やけんかや戦争ごっこに、少年たちの関心を容易にそそることができるというウォッシュバーンの論法は、少年たちは文化的に容認されているいかなる型にも、容易に引き入れることができるという事実を無視している。一般に容認された行動の型に対するこの少年たちの関心が、殺しの快楽の生まれつきの性格を証明していると結論するとすれば、それは社会的行動の問題についての驚くほど単純な態度のあかしとなる。さらに注目すべきことは、多くのスポーツ——禅の剣道からフェンシング、柔道、空手に至るまで——があって、そこではその魅力は殺すことの快楽にあるのではなく、そこにおいて発揮できる技能にあることは明らかだということである。

「ほとんどすべての人間社会は、ある種のほかの人間社会の連中を殺すことを望ましいことと考えてきた」というウォッシュバーンとランカスターの言い方もまた、同じように弁護の余地がない（ウォッシュバーン、ランカスター、一九六八）。これは世間の決まり文句の繰り返しであり、そのただ一つのよりどころはさきに論じたD・フリーマンの論文（一九六四）であるが、この論文はフロイトの見解に影響されて、かたよっている。事実はこれから明らかになるように、原始時代の狩猟民の戦争は血なまぐさくないことを特徴としており、たいていは殺すことを目的としていない。最近になってようやく戦争に対する反発が生じたと主張するのは、もちろん広範囲に及ぶ哲学的、宗教的な教え、とくにヘブライの予言者たちの教えの歴史を無視することである。

私たちがウォッシュバーンの推論に従わないとすれば、狩猟行動が生み出した型がほかにあるのかという問題が残る。実際、狩猟行動によって遺伝的に計画されたかもしれない行動の型が、二つあるように思われる。すなわち協力と分配である。同じバンド〔訳注。移動集団。ただしゆきあたりばったりに放浪するのではなく、固定した複数の居住地域の間を移動する〕の仲間が協力し合うことは、ほとんどの狩猟社会にとって実際的に必要なことであったし、食物の分配もそうであった。北極地方を除いたほとんどの地方では肉は腐りやすいので、保存することができなかった。狩猟における幸運は、すべての狩猟民が平等に分かち合うものではなかった。それゆえそこから生まれた実際的な結果として、今日幸運を得た人びとが明日幸運を得るであろう人びとと、食物を分配するということになった。狩猟行動が遺伝的変化をもたらしたと仮定すると、現代人は殺しと残酷性より、協力と分配への生まれつきの衝動を持っているという結論になるだろう。

残念ながら文明の歴史が示しているように、人間の協力と分配の記録にはややむらがある。これに対する説明としては、狩猟生活は遺伝的な変化を生み出さなかったとか、分配や協力への衝動は、これらの美徳を押えてその代わりに無慈悲な自己中心主義を奨励するような組織を持った文化によって、深く抑圧されてきたという事実があるかもしれない。にもかかわらず、今日でも現代産業世界の外部にある多くの社会において、協力や分配の傾向が見られるということは、これらの衝動の生まれつきの性格を示しているのではないかと、推測してみる余地はまだ残っている。実際現代の戦争においてさえも一般の兵士たちは敵に対して多くの憎しみを持たず、残酷行為にふけるのはごく例外的であって[6]、驚くほどの協力と分配が見られる。市民生活においては、たいていの人は他人の命を救うために自分の命を賭けたり、他人と食物を分配したりすることはないが、戦争の場合には、これは毎日のできごとである。ひょっとしたらさらに進んで、戦争を魅力あるものにする要因の一つは、平和時において私たちの社会が——イデオロギーとしては否定しても事実上は——愚かであると見なしている、深くうずもれた人間衝動を実行に移すことができるという、まさにその可能性であると言ってもいいかもしれない。

（6）ベトナムで行なわれているような戦争の場合は、これはかなり違ってくる。というのは、この場合〈現地人の〉敵は人間として体験されないからである。一九〇—一九一ページ参照。

狩猟心理に関するウォッシュバーンの考え方は、人間の生まれつきの破壊性と残酷性の理論への偏向の一例にすぎない。社会科学の全領域において、現実の感情的、政治的問題に直接関連した問題となると、非常に強い仲間意識を観察することができる。社会のイデオロギーや利害にかかわる場合、たいてい客観性は偏見に譲歩する。政治的、経済的目的のために人間の生命を破壊する用意をほとんど無限に持っている現代社会が、そのような権利に関する基本的かつ人間的な疑問に対して自らを弁明する最上の根拠は、破壊性と残酷性は私たちの社会体制が生み出したものではなく、人間の生まれつきの性質だという仮定なのである。

攻撃と原始的狩猟民

幸いなことに、狩猟行動についての私たちの知識は、推測に限られてはいない。今なお存在する原始的狩猟民や食糧採集民に関するかなり多くの情報があって、それは狩猟は破壊性をもたらすものではないこと、原始的狩猟民は彼らの文明化した兄弟たちに比べると攻撃性は少ないことを教えてくれる。

私たちはこれらの原始的狩猟民についての知識を先史時代の狩猟民、少なくとも約四万年ないし五万年前における現生人類、〈ホモ・サピエンス・サピエンス〉〔訳注。旧人段階の人類をさす Homo sapiens neanderthalensis に対し、新人段階の人類をさす言葉。旧人は新人より古く、約十万年前から出現〕の出現以後に生きていた狩猟民に適用できるかどうかという問題が生じる。

事実を言えば、人類についてはその出現以来のことはほとんど知られていないし、ホモ・サピエンス・サピエンスについても、その狩猟＝採集時代のことはあまり知られていない。そこで多くの著者たちは、現代の原始人たちから先史時代における彼らの祖先に関する結論を引き出すことに対して、きわめて正当な警告を発している（J・ディーツ〔J. Deetz〕、一九六八[7]）。にもかかわらず、G・P・マードック（G. P. Murdock）が言うように、「彼らが洪積世期の人類の行動に対して投げるかもしれない光のゆえに」、現代の狩猟民に対する関心が存在している。そして『狩猟民としての人類』（*Man the Hunter*）（R・B・リー〔R. B. Lee〕、I・デヴォア共編、一九六八）のシンポジウムに参加したほかの学者たちも、ほとんどがこの表現どおりの見解を持っているように思われる。先史時代の狩猟＝採集民が、現代のたいていの原始的狩猟＝採集民とまったく同じであったとは考えられないとしても、次のことは考慮しなければならない。（1）ホモ・サピエンス・サピエンスは、解剖学的にも神経生理学的にも、今日の人間と変わりはないこと。（2）今なお存在する原始的狩猟民についての知識は、先史時代の狩猟民に関する少なくとも一つの重要な問題、すなわち狩猟行動がパーソナリティおよび社会組織に与える影響を理解するために、必ず役立つに違いないこと。これ以外にも原始的狩猟民に関するデータによって、破壊性、残酷性、非社会性などしばしば人間の本性に帰せられている性質——要するにホッブズのいう〈自然人〉の持つ性質——は、最も〈文明化〉されていない人間の中には驚くほど欠けている！　ことが明らかになっている。

（7）G・P・マードック（一九六八）をも参照。

今なお存在する原始的狩猟民を論じる前に、旧石器時代の狩猟民について二、三述べておかなければならない。M・D・サーリンズ（M. D. Sahlins）は書いている。

石器時代のもろもろの危険に対して淘汰的適応をする際に、人間社会は利己主義、無差別な性関係、優位、野蛮な競争などの霊長類的傾向を克服し、あるいは制圧した。それは争いに代えるに同族意識と協力をもってし、性の上に団結を置き、力の上に道徳を置いた。その最も初期において、人間社会は歴史上における最大の改革、すなわち人間の霊長類的性質の放棄を成し遂げ、それによって種の進化的未来を確保したのであった（M・D・サーリンズ、一九六〇）。

先史時代の狩猟民の生活に関するある種の直接的なデータが、動物信仰の中に見いだされ、それらは彼がいわゆる生まれつきの破壊性を持っていなかったという事実を示している。マンフォードが指摘したように、先史時代の狩猟民の生活に関連した洞窟絵画は、人間どうしの戦いを全然描いていない[8]。

（8）同じ見解が、古人類学者エルムート・デ・テラによって表明されている（私信）。

しかしながら、類推の際に必要な用心は承知の上で、最も印象的なデータが今なお存在する狩猟＝食糧採集民のそれであることは、確かである。この研究の専門家であるコリン・ターンブル（Colin Turnbull）の報告によれば、

私の知っている二つの集団においては、感情的にも肉体的にも攻撃はほとんど皆無である。このことは戦争、確執、呪術、魔術が存在しないことによって裏付けられている。

私はまた狩猟がそれ自体攻撃的行動であるとは信じていない。理解するためにはこのことを知らなければならない。つまり狩猟行為は決して攻撃的精神でなされはしないのである。減少する自然の資源を意識することから、生き物を殺すことに対する悔恨さえ現実に存在するのだ。ある場合には、この殺しに憐憫の要素さえ加わっている。狩猟民についての私の経験は、彼らが非常におとなしい人びとであることを教えてくれた。また彼らが非常にきびしい生活を送っているのは確かに事実だが、これは攻撃的であることと同じではないのである（C・M・ターンブル、一九六五）[9]。

（9）この一般論の精彩に富んだ叙述として、原始的なアフリカ狩猟民社会であるムブートゥー・ピグミーの社会生活に関する、ターンブルの紹介を参照のこと（C・M・ターンブル、一九六五）。

ターンブルとの議論に加わったほかの誰も、彼に反対していない。

原始的狩猟民と食糧採集民についての人類学的な諸発見について、最も包括的な説明を与えているのは、『狩猟民』（*The Hunters*）を書いたE・R・サーヴィス（E. R. Service）である（E・R・サーヴィス、一九六六）。彼のこの専攻論文はこのような社会をすべて含んでおり、含まれていないのは北アメ

リカの北東海岸部のとくに資源の豊富な環境に定住している諸集団と、文明との接触後間もなく絶滅したために、私たちがあまりにも断片的な知識しか持たない、その他の狩猟＝採集社会である。(10)

（10） サーヴィスが扱っている社会は次のとおりである。エスキモー、カナダのアルゴンキアンおよびアサバスカン狩猟民、グレート・ベースン〔訳注。アメリカ西部の大盆地地域〕のショショニ族、フエゴ諸島のインディアン、オーストラリア原住民、マレー半島のセマング族、アンダマン諸島の原住民。

狩猟＝採集社会の最も明らかでおそらく最も重要な特徴は彼らの移住性であるが、これを必要ならしめた採集経済は、家族どうしをゆるやかに統合して〈バンド〉社会を作る。彼らの必要とするものについて言えば——家屋、自動車、衣服、電気などを必要とする現代人とは対照的に——原始的な狩猟民にとっては、「食糧、そしてそれを得るために用いられるわずかな手段が経済生活の焦点である……もっと複雑な経済におけるよりも、さらに根本的な意味において」（E・R・サーヴィス、一九六六）。

年齢および性による分業はどの家族にも見られるが、それ以外には恒常的な労働の専門化はない。食物の中に肉の占める割合は少なく（おそらくは約二十五パーセント）、集めた種、根、果実、木の実《ナッツ》、漿果《ベリー》などが主食であり、これらを集めるのは女の仕事である。M・J・メギット（M. J. Meggitt）が言うように、「草食に重点を置くというのが、狩猟、漁撈、そして採集の経済の最もきわだった特徴であるようだ」（M・J・メギット、一九六四）。エスキモーだけが狩猟と漁撈だけで生活していて、エスキモーの女たちは漁撈のほとんどを引き受けている。

狩猟においては男たちが広く協力するが、これは技術のあまり発達していないバンド社会には付き物のことである。「ほかならぬ技術の単純さ、および環境を支配する力の不足などに関連した幾つかの理由から、多くの狩猟＝採集民族はまったく文字どおりに、世界で最も暇な民族である」（E・R・サーヴィス、一九六六）。

経済関係はとくに教訓的である。サーヴィスは書いている。

私たちは自分自身の経済の性質のゆえに、人間には〈交易交換の生まれつきの傾向〉があり、個人や集団の間の経済関係は〈節約し〉、努力の結果を〈最大にし〉、〈高く売って安く買う〉ことを特徴としていると考えるのが常である。しかしながら、原始的な民族はこういうことは何一つしない。それどころかたいていは、その反対のことをやっているように見える。彼らは〈物をやってしまう〉し、気前のよさをたたえ、もてなしを期待し、倹約を利己主義として罰する。

そして何より不思議なことに、境遇がひどければひどいほど、物が少なければ少ないほど〈あるいは貴重であればあるほど〉、彼らのふるまいはより〈経済的〉でなくなり、いっそう気前よくなるように思われる。私たちはもちろんある社会内部の人びととの間の交換の形を考えているのであって、こういう人びととは、バンド社会ではみな何らかの親族なのだ。バンドの中には、私たち自身の社会で実際に親しい社会関係を続けている人たちより多くの親族がいる。しかし現代の家庭の経済とのある類似点を認めることはできる。というのは、これもまた本式の経済の特徴とされる原理とはまったく対照的だからである。私たちは自分の子供たちに食物を〈やる〉のではないだろうか。私たちは兄弟を〈助け〉、年老いた両親を〈養う〉。彼らもまた同じことを私たちに行ない、あるいはすでに行なっており、あるいは将来行なうことだろう。

一般的に極地帯と言われている地方では、密接な社会関係がゆきわたっているので、愛の感情、家族生活の中での礼儀、気前のよさという美徳がすべて一緒になって、物を扱う方法を条件づけ、それによって、物を経済的に見ようとする態度は弱められる。人類学者たちは実際に行なわれるやり取りを、〈純粋な贈り物〉とか〈ただの贈り物〉というような言葉で特徴づけようとしたが、それはこのやり取りが売買ではなく交換であって、しかもそこに含まれる感情は釣り合いのとれた交換という感情ではないということを、強調するためであった。しかしこれらの言葉はこの行為のほんとうの性質を表わすものではなく、やや誤解を招くものでさえある。

ある時ピーター・フルーケン (Peter Freuchen) は一人のエスキモーの狩人から肉をもらったので、厚くお礼を言った。狩人はがっかりし、フルーケンはすぐにある老人からたしなめられた。「肉の礼を言ってはいけないよ。お前さんにも分けてもらう権利があるんだから。この土地では他人にたよりたいと思う者は誰もいない。だから誰も贈り物をやりもしないし、もらいもしないのだ。そんなことをすれば他人にたよることになるからな。むちがイヌを育てるように、贈り物は奴隷を育てるのだよ[11]」。

(11) ピーター・フルーケン(一九六一)。

〈贈り物〉という言葉には、相互性でなく慈善の響きがある。いかなる狩猟＝採集社会においても、感謝の言葉は発せられないし、事実、獲物をキャンプ仲間と分ける男を〈気前がいい〉とほめることさえ、まちがったこととされるだろう。ほかの時には気前がいいと言ってもさしつかえないかもしれないが、分配の場合にかぎってそれはいけない。なぜならその時には、そのような表現は感謝の意の表明と同じ意味を帯びるからである。つまり分配が予想外のことであって、与えた男はまったく当然のこととして気前がよかったのではないということになるのである。こういう場合には、狩猟の際の勇気をほめるのはよいことだが、気前のよさをほめてはいけないのである（E・R・サーヴィス、一九六六）。

経済的にも心理的にもとくに重要なのは、財産の問題である。今日最も広く言われている決まり文句は、財産を愛するのは人間の生まれつきの特性だということである。よく混同されるのは、仕事に必要な道具類や、装飾品などのようなある種の個人的品目といった財産と、生産手段、すなわちそれを独占することによって、他人を自分のために働かせることができるものを所有するという意味での財産である。このような生産手段は、産業社会においては機械類や、機械による生産に投下する資本がその基本である。原始的な社会においては、生産手段は土地であり狩猟地域である。

原始的なバンドにおいては、誰も自然の資源に近づくことを拒否されない——いかなる個人もこれらの資源を所有してはいない……。

バンドが依存している自然の資源は、よそ者の侵入に対してはバンド全体がその領域を守るという意味で、集団あるいは共同の財産である。バンドの中では、すべての家族がこれらの資源を得る同等の権利を持っている。そのうえ隣のバンドの親族たちも、少なくとも頼みさえすればすぐに、自由に狩猟や採集をすることを許される。資源を利用する権利が一見制限されることもあるが、それは木の実《ナッツ》やくだもののなる木についてなされるのがいちばん普通の場合である。ある場合には、特定の木や林がバンドのそれぞれの家族に割り当てられる。しかしこのやり方は財産の分割と言うよりは、労働の分割である。というのは、その目的は幾つかの別々の家族が同じ地域を目ざした時に起こる、時間と労力のむだを防ぐことだと思われるからだ。それはただ幾つかの森を割り当てて使うことを、慣例化するだけのことである。というのも、木のある場所は獲物に比べて、あるいは自然の野菜や草に比べてさえ、はるかに一定しているからである。いずれにせよ、たとえ一つの家族が多くの木の実やくだものを手に入れ、他の家族には手に入らなかったとしても、分配のしきたりが働いて誰も腹をすかすことはないだろう。

　私有財産に最も近いと思われるのは、個々の人間が作ったり使ったりするものである。武器、ナイフやけずり道具、衣類、装飾品、お守りその他は、狩猟者や採集者の間でしばしば私有財産と見なされる……。しかし原始的な社会では、これらの個人的な品目さえも、ほんとうの意味での私有財産ではない、という議論も成り立つ。こういう物の占有はそれらを使うために必要となるのだから、それらの物は〈生産手段の所有〉と言うよりは、労働の分割のための必要物である。こういう物が私的な所有として意味を持つのは、ある者がそれらを所有し他の者は所有しない時——いわば搾取的関係が成立しうる時——だけである。しかし何かの災難で武器や衣類を持っていない者あるいは者たちが、もっと幸運な親族からそれらを借りたりもらったりできない例は、想像することもむつかしい（そして民族学的な記述の中に見いだすことは不可能である）（E・R・サーヴィス、一九六八）。

狩猟＝採集社会に属する人たちの間の社会的関係は、動物の中の〈優位〉と呼ばれるものが存在しないのがその特徴である。サーヴィスは述べている。

狩猟＝採集のバンドは、この優位の問題において、ほかのいかなる人間社会よりも完全に、類人猿と異なっている。肉体的優位に基づいたつつきの順位〔訳注。たとえばある種の鳥の社会では優位の鳥は劣位の鳥をつつくが、その逆はありえない〕はないし、富、世襲の階級、軍事的あるいは政治的職位などに基づく上位－下位の序列もない。何らかの首尾一貫した至上権があるとすれば、それはただ儀式をつかさどることのできる年功と知恵を兼ね備えた人物のそれだけである。

　個人として他人より高い地位と威信を持つ人びとがいたとしても、その高い地位や威信の現われ方は類人猿的優位の正反対である。原始的な社会では、高い地位にある人たちには気前のよさとつつましさが要求され、彼らの受ける報いはほかの人びとの愛情といんぎんな態度だけである。たとえばある男がバンドの中の誰よりも強く、速く、勇敢で、かつ聡明だったとしよう。彼はほかの者たちより高い地位を占めるだろうか。必ずしもそうとは限らない。これらの性質が集団のために――たとえば狩猟において――活用され、その結果皆に与える獲物をより多く捕え、しかもそれをふるまい正しくつつましくやってのけた時に初めて、彼に威信が与えられる。かくしてやや単純化して言えば、類人猿の社会ではより大きな力はより大きな優位を生み、その結果優位の者はより多くの食物やつがい相手やその他もろもろを望むようになる。原始的な人間社会ではより大きな力は共同体のために用いなければならず、その人物は威信を得るためには、文字どおりそのための犠牲を払わなければならず、より少ない食物でより骨折って働かなければならない。つがい相手という点では、彼はふつうはほかの連中と同じくただ一人の妻しか持たない。

最も原始的な人間社会が、同時に最も平等主義的であるように思われる。これは技術が未発達であるために、この種の社会はほかのいかなる社会に比べても、より完全により長く協力にたよらねばならぬという事実に関係があるに違いない。類人猿は常に協力し分配するわけではないが、人間は常にそれを行なう――このことが基本的な相違点である（E・R・サーヴィス、一九六六）。

サーヴィスは、私たちが狩猟＝採集民族の中に見いだす権威の種類について説明している。これらの社会においては、もちろん集団行動を管理する必要がある。

管理というのは、集団でいっせいに行動する時のいろいろな問題に関して、権威を持つ人間が執る役割のことである。それはふつう私たちが〈リーダーシップ〉という言葉によって意味することである。集団行動や密接な協力の際の管理の必要性は、狩猟＝採集社会においては変化に富み、また数多く起こる。それはキャンプの移動、共同での獲物の追跡、そしてとくに敵とのあらゆる種類の小ぜり合いなどのような日常のできごとを含むだろう。しかしこれらの活動においてはリーダーシップが明らかな意味を持つにもかかわらず、狩猟＝採集社会はほかの場合と同様に、文化的発達のもっとのちの段階に見られるような正式のリーダーシップを持たないというところが、特徴的である。恒久的な首長の地位はない。リーダーシップは、計画されている活動の種類に応じて一人の人間から他の人間に移る。たとえば儀式を計画する場合には、ごく高齢の男が彼の儀礼の知識のゆえに本命となるかもしれないが、狩猟隊のリーダーとしては、もっと若く狩猟の技能にすぐれた人物がなるのがふつうだろう。何にもまして、ふつう族長(chief)という言葉から連想するような意味での指導者や首長はない[12](E・R・サーヴィス、一九六六)。

(12) M・J・メギット(一九六〇。E・R・サーヴィス、一九六六に引用)も、オーストラリア原住民の長老たちに関して、ほとんど同一の結論に到達した。さらに合理的と非合理的権威の相違については、E・フロム(一九四一)をも参照。

このように階級制や族長が存在しないことがさらに注目に値するのは、ほとんどすべての文明社会に見られる支配制度は動物の世界から遺伝的に受け継いだものだというのが、広く受け入れられた決まり文句であるからだ。私たちはチンパンジーの間では優位の関係がどちらかと言えばゆるやかであるのを見たが、それでもやはりそれは存在する。原始的な人びとの社会関係は、人間がこの種の優位-劣位の心理を遺伝的に用意されているわけでないことを示している。五、六千年にわたって少数の支配者が多数者を搾取してきた歴史時代の社会の分析は、優位-劣位の心理は社会秩序への適応であってその原因ではないことを、きわめて明瞭に示している。エリートによる支配に基づいた社会秩序を弁護する者にとっては、社会構造は人間の生まれつきの要求の所産であって、それゆえ自然で避けがたいものだと信じることが、もちろん好都合である。原始的な平等主義社会は、これがまさしく事実でないことを示している。

原始的人間は権威主義的制度あるいは官僚制的権威主義的制度を持たないのに、非社会的で危険な仲間に対してどうして身を守るのだろうという問いが生じるにちがいない。この問いには幾つもの答えがある。まず第一に、行動の多くはただ慣習と礼儀によって制御されるものである。しかし慣習と礼儀が個人の非社会的行動を防ぐ役に立たないとすれば、その人物に対する制裁は何だろうか。ふつう行なわれる制裁は皆が罪を犯した者から遠ざかり、丁寧な扱いをしなくなることである。彼はうわさとあざけりの的になる。極端な場合には追放される。もし一人の人間がたえず非行を働き、彼の行動がよその集団に害を与えれば、彼の所属する集団が彼を殺そうと決めることすらありうる。しかしこういう場合はきわめてまれであって、たいていの問題は、集団の年功と知恵においてすぐれた男たちの権威によって解決される。

これらのデータは、次のようなホッブズ的描写と明らかに両立しない。その描写では、国家が暴力と刑罰とを独占して犯罪者への復讐欲を間接的に満足させなければ、人間の生まれつきの攻撃のゆえに、すべての人間がてんでに争うようになる、ということになっている。サーヴィスが指摘しているように、

事実はもちろん、バンド社会はたとえそれをまとめる正式の裁定組織がなくとも、ばらばらになりはしないということである……。

しかし確執や戦争はバンド社会では比較的まれだが、それらの起こるおそれはたえずあるので、それらを防いだり、広がるのを妨げたりする何らかの方法がなければならない。しばしばそれらの始ま

りは個人どうしの単なるけんかである。それゆえに早くやめさせることが大切だ。ある所与の共同体では、二人の人間の間のけんかの裁定は、ふつう彼ら二人の共通の親戚である長老によって行なわれる。この人物がけんかをしたそれぞれの人間と同じ関係にあれば、理想的だろう。なぜならその場合には、彼がどちらかの味方をする可能性が少ないことは明らかだからである。しかしもちろんいつでもこうなるとはかぎらないし、縁故によってこの威信ある地位を占める人物が、裁定を下すことをいつも望むともかぎらない。時には一人が明らかに正しく、相手がまちがっていたり、一人に人気があって相手に人気がなかったりする。するとこの皆の意見がよく知れ渡るやいなや、一般の人びとが裁定者となって係争に決着がつけられるのである。

今述べたどの方法によってもけんかに決着がつかない時は、ほんとうの争いに代わって、何らかの形の試合が行なわれるが、望ましい形はむしろ遊戯である。レスリングや頭突きが、エスキモー社会における模擬決闘の典型的な形である。それは公衆の面前で行なわれ、勝った者は皆からその係争の勝利者と見なされる。とくに興味深いのは、エスキモーの有名な歌の決闘である。使用する武器は言葉なのだ。「おれが斧でそぎ落とすこっぱのように、小さく鋭い言葉」。

歌の決闘は、殺人を除くあらゆる種類の恨みや論争を終わらせるために利用される。しかし東部グリーンランドの住民は、身内を殺された場合でも、自分が復讐の目的を遂げるには肉体的に弱すぎたり、必ず勝つと自信が持てるほど歌がうまい時などは、歌比べによって恨みを晴らそうとすることもある。東部グリーンランドの住民は、恨みの原因を忘れるほど歌の技巧そのものに夢中になる人たちなので、これは理解できることである。これらのエスキモーの間では、歌の技能は粗野な肉体的技倆に匹敵し、あるいはそれを上回るのである。

歌い方は高度に様式化されている。うまい歌い手は伝統的な作歌の型を使いながら、それをみごとな技巧をもって表現しようと試みるので、聴衆は喜んで熱狂的な喝采を贈る。最も盛んな喝采を得た者が〈勝利者〉となる。歌比べに勝っても、その結果として何の賠償を得るわけでもない。唯一の利益は名声にある（E・A・ホーベル〔E. A. Hoebel〕、一九五四）。

長々と続けられる歌の決闘の利点の一つは、この論争において正しいのは誰か、あるいは非を認めるべきは誰かについて、一般の人びとが合意に達する時間が与えられることである。ふつう人びとは、自分がどちらに味方しているかはある程度わかっているが、たいていの原始的共同体においてそうであるように、共同体全体としての合意が大いに望まれるので、多数の意見がどこにあるかが人びとにわかるまで、時間をかけるのである。決闘者の一人の歌に対して、彼の相手の場合よりひどく笑う人びとの数がだんだんとふえてきて、ついには共同体の同情がどちらの側にあるかが明らかになり、そこで意見はすぐに合意に達し、負けた方はすごすごと引き下がるのである（E・R・サーヴィス、一九六六）。

ほかの狩猟社会においては、個人的なけんかはエスキモーの時ほど魅力的な解決はなされず、槍投げの決闘によって解決される。

たいていの場合がそうなのだが、一人の原告と一人の被告の間に争いがある時は、原告が決められた距離から儀礼に従って槍を投げ、被告は槍をよける。観衆は原告が槍を投げる時の速さ、強さ、正確さに喝采してもよく、さらに被告がよける時の巧みさに喝采してもよい。やがてしだいにどちらかの技術に対する賞賛が圧倒的となって、合意が得られる。共同体が最終的に彼が悪いと考えつつあることを被告が悟った場合は、彼は槍をよけずにどこかからだの肉の厚い部分を傷つけられることになっている。反対に原告が世論が自分に味方していないことを知れば、彼は単に槍を投げるのをやめてしまうのである〔C・W・M・ハート〔C. W. M. Hart〕、A・R・ピリング〔A. R. Pilling〕、一九六〇〕。

2　原始的狩猟民——豊かな社会か

以上と深い関連のある論点——しかも現代産業社会を分析する場合にさえ興味深い論点——が、原始的狩猟民の経済的な乏しさと、貧困とは何かという問題に対する現代人の態度というすべての問題に関して、M・D・サーリンズによって指摘されている。彼は原始的狩猟民の攻撃性という観念をもたらした前提、すなわち旧石器時代の生活は極端に物に乏しく、たえず飢えに直面する生活であったという前提に反論している。それどころか、サーリンズは原始的狩猟民の社会は、「最初の豊かな社会」であったことを強調する。

一般の理解では、豊かな社会とはすべての人びとの必要が容易に満たされる社会である。そして私たちはこの幸福な状態は産業文明のみが達成しうるものと決めこんでいるが、狩猟民や採集民の場合の方が、そして民族学研究のために残されている多くの周辺的な狩猟民や採集民の場合でさえ、よりすぐれた例でありうる。何となれば、必要は多く作るか少なく欲するかのどちらかによって〈容易に満たされる〉のであって、それゆえ豊かさへの道は二つありうるからである……。禅のやり方を採用することによって、一つの民族は生活水準はおそらく低いであろうが、比類なき物質的豊富さを味わうことができる。これが狩猟民の説明となると私は思う（M・D・サーリンズ、一九六八）[13]。

(13) R・B・リー（「狩猟民は生きるために何をするか――乏しい資源でいかにやって行くか」）も、狩猟＝採集民の生活が不安定な生存競争の生活であるという仮定に疑問をいだいている。「狩猟＝採集民に関する最近のデータは、根本的に違った像を示している」（R・B・リーとI・デヴォア、一九六八）。

サーリンズはさらに非常に適切な論述を行なっている。

乏しさは商業経済特有の強迫観念であり、それに関係するすべての者にとって予測しうる状態である。市場には目もくらむような商品がずらりと並べられて、それらはいくらでも手に入る――これらすべての〈良き物〉は手の届くところにある――のだが、決してそれらをつかむことはできない。というのはすべてを買うほどの金は決してないからである。市場経済の中に生きることは、不足に始まり剝奪に終わる二重の悲劇の生涯を送ることである……。私たちは終身重労働の宣告を受けている。この不安に満ちた優越の地点から私たちは狩猟民を振り返る。だが技術的にすぐれた現代人でさえどうにもならぬとするなら、ちっぽけな弓矢を持った裸の野蛮人に何の望みがあると言うのだ。狩猟民がブルジョア的衝動と旧石器時代の道具を持っているると決めておいて、私たちは彼の立場を初めから絶望的と判断するのだ。[14]

(14) S. Piggott も同様の論旨を述べている。「名声の高い考古学者たちも、時には有史以前の共同体を、現在の物質的文化によって評価することに内在する誤りに気付いていない。〈堕落した〉というような言葉は、たとえばつぼの類型学的な系列の中に問題のつぼを位置付けるという用法から切り離されて、感情的含蓄や道徳的含蓄さえ伴って、器の製作者たちに適用される。貧弱で乏しい土器しか持たない人びとは、〈窮乏した〉という汚名を着せられるが、彼らの窮乏はひょっとしたら、彼らが考古学者に彼のお気に入りの製品を与えることができないというだけのことであったかもしれないのである」(S・ピゴット、一九六〇)。

乏しさとは技術的手段に固有の性質ではない。それは手段と目的との間の関係である。狩猟民は彼らの健康という限られた目的に関心を持っているのだという、経験的に可能な考えをいだいてみれば、弓と矢はその目的に十分だということになる。狩猟民はしばしば私たちよりもずっと少なく働き、食糧探しも骨の折れる仕事ではなく間欠的であり、余暇はたっぷりあり、日中の一人当たりの睡眠時間はほかのどういう条件の社会よりも多いということが、十分に主張できる……。不安と言うよりは、狩猟民は豊かさ、すなわちすべての人びとの必要（それはわずかなものだが）がいつも容易に満たされる状態から生まれる、自信を持っているように思われる。この自信は苦しい時にも彼らを見捨てることはない「この態度はボルネオのペナン族の「今日食物がなくても明日はあるだろう」という哲学に表現されている」(M・D・サーリンズ、一九六八)。

サーリンズの指摘が重要なのは、彼が今日の社会の準拠枠や価値判断を必ずしも妥当なものとして受け入れていない、少数の人類学者の一人だからである。彼は社会科学者が経済の〈本性〉と見るものによって判断するために、彼らの観察する社会像をいかにゆがめてしまうものであるか――それとまったく同様に、社会科学者は現代人とは言わぬまでも、少なくとも文明史を通じて知っている人間のデータによって、人間の本性についての結論を下すのであるが――ということを、示している。

3　原始的社会の戦い

防衛的攻撃、破壊性、残酷性はふつう戦争の原因にはならないが、これらの衝動は戦いの中で現われる。それゆえ原始的社会の戦いに関する幾つかのデータは、原始的社会の攻撃の説明を完成する助けになるだろう。

メギットはオーストラリアのワルビリ族の間の戦いの性質を要約しているが、サーヴィスによれば、それは一般の狩猟＝採集社会の戦いの特徴づけとして適切なものである。

ワルビリ族の社会は戦闘精神を強調してはいなかった――恒久的あるいは職業的な軍人階級はなく、軍隊の階級のような命令系統もなく、集団が征服のための戦争をすることもほとんどなかった。一人一人が常に武装し、自分の権利を守る用意のある潜在的兵士であった。(そして今もそうだ。)しかし彼はまた個人主義者でもあって、独立して戦うことを好んだ。何かのけんかの場合には、人びとは親族関係によって相対立する陣営に固まった。そしてこういう集団が時にはある共同体のすべての人間を包含した。しかし戦術を立て、ほかの人間にもその戦術を確実に守らせるような軍事的指導者としては、選ばれた者も世襲の者も存在しなかった。有能で勇敢な戦士として尊敬されている者もあり、また彼らの忠告は尊重されたが、ほかの者が必ずしも彼らに従うとはかぎらなかった。そのうえ戦いが行なわれる状況は、実際問題として範囲が非常に限られていたので、人びとは最も効果的な戦いのやり方を知っていて、それらを何のためらいもなく実行することができた。これは今でも、若い独身者たちについてさえ言えることである。

いずれにせよ共同体どうしの全面戦争が起こるような理由は、ほとんどなかった。奴隷制度は知られていなかったし、持ち運びできる物も少なく、戦いで領土を奪ってみても、勝った側の精神的きずなはほかの土地にあるので、それはほとんどやっかいものに等しかった。他の部族を征服しようとする小規模な戦争もときどき起こったが、それらは部族内の戦いに比べて、あるいは共同体内の戦いに比べてさえ、程度において異なるだけであったにちがいない。そういうわけで、ワリンガリ族への襲撃はタナミ地域の水源地帯の占領という結果に終わったのだが、これに加わったのはワネイガの連中だけであった——多くても数十名だった。また共同体どうしが軍事同盟を結んで、ワルビリ族の中のほかの共同体や、また他の部族に当たったというような形跡はない（M・J・メギット、一九六〇）。

専門的に言えば、原始的狩猟民の間のこの種の葛藤は戦争であると言える。この意味では、〈戦争〉は人間という種の中に常にあったのであって、それゆえ戦争は殺そうとする生まれつきの動因の現われであると結論できるかもしれない。しかしながらこの推論は、低度の原始的文化における戦いと文明化した文化における戦いとの間、またそれのみならず、前者における戦いと高度の原始的文化における戦いとの間にある深刻な違い[(15)]を無視している。原始的社会の戦い、とくに低度の原始的社会の戦いは、中央集権的な組織もなく、決まった隊長が指揮するわけでもなかった。それは比較的回数も少なく、征服のための戦争でもなく、できるだけ多くの敵を殺すことを目的とする血なまぐさい戦争でもなかった。これとは対照的に、たいていの文明社会の戦争には決まった隊長がいて制度化され組織化されており、領土の征服および（または）、奴隷や（または）戦利品の獲得を目的としていた。

（15） Q. Wright（1965）参照。

さらに、おそらくはこれが最も重要なことだろうが、原始的狩猟＝採集民の中には全面戦争を起こすような重要な経済的刺激がないという、しばしば見のがされている事実がある。

狩猟＝採集社会における出産－死亡の割合は、人口増加の圧迫のために、住民のある部分が他の部分と戦って領土を獲得するようなことはめったにないという程度のものである。たとえこういう事情が生じたとしても、たいした戦いにはならないだろう。もし狩猟権あるいはどこかの食糧採集地の権利が要求されたとすれば、より強くより数の多い集団がたぶん戦うことすらなく、あっさりと勝つだろう。第二に狩猟＝採集社会では略奪によって得るものは多くない。すべてのバンドは物質的に貧しく、資本や貴重品として役立つような標準的な交換品目もない。最後に、狩猟＝採集の段階では、経済的搾取のための奴隷として働かせるために捕虜を捕えてみても――より新しい時代ではこれがありふれた戦争の原因なのだが――経済の生産性が低いので、何の役にも立たない。捕虜や奴隷は、自分自身が生きてゆくため以上の食糧を生産するのに苦労するだろう（E・R・サーヴィス、一九六六）。

サーヴィスが描いている原始的狩猟＝採集民の戦いの全体像は、ほかの多くの研究者たちも支持し、かつ補足しているが、その一部を以下の数節に引用した。[16] D・ピルビームは時々起こる確執とは対照的に、戦争がないことを強調するとともに、狩猟社会の指導者たちの間で力よりも模範の果たす役割や、相互性と寛大の原理や協力の中心的な役割などを強調している（D・ピルビーム、一九七〇）。

（16） W. J. Perry (1917, 1923, 1923 a) や G. E. Smith (1924, 1924 a) のような古い著者については、論じないことにする。というのは、彼らは一般に現代の研究者たちから見捨てられていて、彼らの貢献の価値を弁護するためには、あまりにも多くの紙面を必要とするからである。

U・H・スチュアート（U. H. Stewart）は領土権や戦いについて、次のような結論に到達している。

原始的なバンドが領土や資源を所有していて、それらを守るために戦うという主張がたびたび行なわれてきた。そのような場合が決してないとは私は主張できないが、おそらくは非常にまれなことである。第一に、第一次集団〔訳注。第一次のバンドは季節によって変動はあるがほぼ二十五人ぐらい〕から成るより大きな最大のバンド〔訳注。相互作用を行ないうるマクシマムな広がり。五百人を超えることはまれ〕の中で第一次集団は相互に結婚し、小さすぎる時は合同し、大きすぎる時は分かれる。第二に、ここに報告されている例では、第一次集団は特定の地域を利用する傾向以上のものを持たない。第三に、このような社会の間でのいわゆる〈戦い〉のほとんどは、魔法にかけられたという主張や、昔から続いている家族間の確執の結果としての復讐にすぎない。第四に、たいていの地域では採集がおもな資源となるのだが、実の採れる場所を防衛したという例の報告は知らない。第一次のバンドは互いに戦うことはなかったし、最大のバンドがその領土を他のバンドから守るのにどうして人員を集めえたのか、またなぜそんなことをしなければならないのかは、理解しがたいことである。ドリアンの木や、ワシの巣や、その他幾つかの特定の資源が時として個人のものだと主張されたことは確かだが、そういう物が何マイルも離れた人間によってどうして守られたのかは、明らかにされていない(U・H・スチュアート、一九六八)。

H・H・ターニ=ハイ(H. H. Turney-High)(一九七一)も同じような結論に達している。彼は恐怖や怒りや欲求不満の経験は普遍的なものだが、戦争の技術は人間の進化の遅い時期になって初めて発達するということを強調した。戦争は複雑な水準の概念化を必要とするので、たいていの原始的社会は戦争をする能力を持たなかった。たいていの原始的社会は、隣人を征服したり打ち負かしたりするのに必要な組織を想像することができなかった。たいていの原始的社会の戦争は武器を持った乱闘にすぎず、戦争といえるものではまったくない。ラパポート(Rapaport)によれば、ターニ=ハイの仕事は人類学者たちによってあまり好意的には受け入れられなかったのだが、それは専門の人類学者たちが書いている戦いの記述は二次資料であって、どうしようもなく不十分な、時としてはまったくの誤解を生むものであることを、彼が強調したからであった。彼はたとえ何世代も前のしろうとの民族学者のものであっ

ても、一次資料の方がもっと確かだと信じていた。(17)

(17)　D・C・ラパポートはターニ＝ハイの著書（H・H・ターニ＝ハイ、一九七一）の序文において、最もすぐれた戦争史家である Hans Delbrück を引用しているが、彼の見いだしたのは、「ヘロドトスがマラトンの戦いを正しく復元した唯一の部分は、誰が勝って誰が負けたかということ」であった。

クインシー・ライト（Quincy Wright）の画期的な仕事（膨大な書誌を含めて千六百三十七ページ）は、六百五十三の原始的民族の中で見いだしたおもなデータを統計的に比較し、それに基づいて戦いの徹底的な分析を行なっている。彼の分析の欠点は、違った種類の戦いのみならず原始的社会の分類においても、彼が分析的であるというより記述的であるという事実にある。にもかかわらず、彼の結論はほかの多くの著者たちの得た結果に一致する統計的傾向を示しているので、かなり興味深い。「採集民、低度の狩猟民、低度の農耕民は最も非好戦的である。高度の狩猟民や高度の農耕民はより好戦的であり、一方最も高度の農耕民や牧畜民はすべての中で最も好戦的である」（Q・ライト、一九六五）。この言葉は、好戦的な性格は最も原始的な形の社会において現われる人間の生まれつきの動因の働きではなく、人間の文明の発展の働きであるという考えを裏付けている。ライトのデータは、社会において労働の分化が多ければ多いほどその社会は好戦的であり、階級制度のある社会がすべての民族の中で最も好戦的であることを示している。結局彼のデータは、集団間の均衡および集団とその自然環境との間の均衡が大きければ大きいほど、好戦性は少なく、均衡がしばしば乱されると好戦性が増すという結果になることを示している。

ライトは四種の戦争――防衛的、社会的、経済的、政治的――を区別している。防衛的戦争という言葉で彼がさしているのは、慣習の中に戦争というものがなく、実際に襲撃された時にのみ戦い、「その場合には無意識的に有り合わせの道具や狩猟用の武器を使って身を守るが、こんなことをしなければならないことを不幸と考える」人びとのやり方のことである。社会的戦争とは、戦争が「ふつうあまり人命を奪わない」人びとについて言われている。（この戦争は狩猟民の間の戦争について、サーヴィスが述べていることに一致している。）経済的、政治的戦争とは女、奴隷、原料、土地を得るため、そして（またはさらに支配王朝あるいは支配階級を維持するために戦争をする人びとのことを言っている。

ほとんどすべての人がこう考える。文明人がこれほど好戦的であるのなら、原始人はどれほどもっと好戦的であったことだろう！[18] しかしライトの得た結果は、最も原始的な人間が最も非好戦的で、好戦的性格は文明に比例して増大するという命題を裏付けている。もし破壊性が人間に生まれつきのものなら、この傾向は逆にならなければならないだろう。

（18） S. Andreski (1964) も参照のこと。彼は本書の立場、および本文で言及したほかの著者たちの立場と同様の立場を採っている。彼は紀元前約五世紀〔訳注。実は前三世紀〕の中国の哲学者韓非子の、非常に興味深い所説を引用している。「昔の男たちは土地を耕しはしなかったが、草や木の実が食べるのに十分あった。また女たちも布を織ることはなかった。というのは鳥や獣の毛皮が衣服とするに十分あったからである。働かなくとも生きるに十分なだけはあり、人間は少なく、食べ物はたっぷりあったので、人間は争うことはなかった。それゆえ多大の報酬も重い罰も用いられず、人間は自らを治めた。しかし今日では人間は五人の子供がいても多いとは思わず、それぞれの子供が五人の子供を持てば、祖父の死ぬ前に二十五人の孫ができるだろう。その結果人間は多く、食べ物は少なく、人はわずかな報酬のためにあくせく働かなければならない。そこで人間は争うようになり、報酬を倍にし、罰を山と積んでも、混乱からのがれることはできない」(J. J. L. Duyvendak, 1928 から引用)。

ライトと同じような見解を、M・ギンズバーグ（M. Ginsberg）も述べている。彼は書いている。

この意味での戦争は、集団の凝結化と経済的発達にともなって増していくように思われる。最も素朴な民族の中においては、私たちはむしろ確執という言葉を使うべきであり、これらの確執が起こるのは明らかに女がさらわれたためであったり、あるいは侵入や個人的な危害に対する恨みのためであったりする。これらの社会が、原始的民族の中でもより進んだ民族に比べると平和であることは認めなければならない。しかし暴力や暴力への恐れは存在するのであって、戦いも起こるが、これが小さな規模の戦いであることは明白であり、必然的である。これらの事実は十分に知られてはいないのだが、これらが原始的社会の牧歌的平和という見解を支持するものではないとしても、本来的な、すなわち刺激なしに起こる攻撃性が、人間性の先天的な要素ではないと考える人びとの見解と、おそらく両立するだろう〈E・グラヴァー〔E. Glover〕、M・ギンズバーグ、一九二四〉。

ルース・ベネディクト（Ruth Benedict）（一九五九）は〈社会的に致命的な〉戦争と、〈非致命的な〉戦争とを区別している。後者においては、戦争の目的はほかの部族を勝利者が支配者および戦時利得者として服従させることではない。北アメリカのインディアンの間では多くの戦いが行なわれたが、征服という概念は、決して北アメリカの土着民の間には生じなかった。このためほとんどすべてのインディアンの部族は、非常に極端なこと、すなわち戦争を国家から切り離すことができた。国家は平和時の族長（Peace Chief）によって象徴され、彼は内集団《イン・グループ》〔訳注。自分の属している集団〕に関するすべてのこと、および彼の開く会議における世論の指導者であった。平和時の族長は恒久的な地位であった。彼は独裁的支配者ではなかったが、しばしば非常に重要な人物であった。しかし彼は戦争にはまったく関係しなかった。彼は戦争の時の隊長を任命することさえせず、また戦争に行く部隊の行動に関係することもなかった。部下を集めることのできる者は誰でも、好きな時、好きな所へ部隊を連れていった。そしてある種の部族では、彼は遠征の間じゅう完全な支配権を持っていた。しかしこれは部隊が帰ってくるまで続くだけであった。国家はこのような戦争の解釈に従って、これらの冒険には考えうる何の関心も持たなかった。つまりこれらの冒険は外集団《アウト・グループ》に向けられた粗野な個人主義の非常に望ましい現われにすぎず、またその現われは国家を傷つけることはなかった（R・ベネディクト、一九五八）。

ベネディクトの論点は、戦争と国家と個人財産の関係に触れているゆえに重要である。社会的に非致命的な戦争は、たいていが冒険心や、戦利品を得たり賞讃を受けたいという気持の現われであるが、人びとや領土を征服したり、人間を服従させたり、彼らの生活の基礎を破壊したりする衝動によって引き起こされたものではなかった。ベネディクトの達した結論によれば、「戦争の根絶は、先史時代の戦争に関する政治的理論家たちの書いたものから考えられるほど、異例のことではない……。この破壊〔戦争のこと〕を、人間の持つ何らかの生物学的な戦う要求に帰したのは、完全な誤解である。この破壊は人工的なものである」（R・ベネディクト、一九五九）。これまたすぐれた人類学者であるE・A・ホーベル（一九五八）は、初期の北アメリカ・インディアンの中での戦いを、次のような言葉で特徴づけている。「それらの戦いは、ウィリアム・ジェームズの言う〈戦争の精神的等価物〉に似ている。それらは攻撃を害なく解発する。それらは破壊することなく運動、スポーツ、娯楽を与えてくれる。そして一方の側が相手側に欲求を押しつけるとしても、それはおだやかにしかなされない」(E・A・ホーベル、一九五八)。彼は人間の戦争への傾向は手の込んだ文化的複合であるから、本能でないことは明らかだという一般的結論に達している。彼は興味深い例として、平和主義的なショショニ族と激しいコマンチ族をあげているが、彼らは一六〇〇年にはまだ文化的にも種族的にも一つであったのだ。

4　新石器時代の革命[19]

(19) 以下の分析において私が主として準拠する書物は次のとおりである。V. G. Childe (1936), G. Clarke (1969), S. Cole (1967), J. Mellaart (1967)、および G. Smolla によるチャイルドの見解の論議(一九六七)。違った仮説が C. O Sauer (1952) によって提起されている。私はこの問題についてのマンフォードの論述からも、大きな恩恵をこうむった(一九六一、一九六七)。

原始的な狩猟民や食糧採集民の生活の詳細な記述は、人間——少なくとも五万年前に完全な出現を遂げてからの——は、おそらくは野蛮で破壊的で残酷な生き物であったのではなく、それゆえ進化のより進んだ段階において見られる〈殺し屋人間〉の原型ではないことを示している。しかしながらここでやめることはできない。人間が搾取者、破壊者としてしだいに発達してきたことを理解するためには、初期農耕時代における人間の発達を扱い、最後には都市の建設者、兵士、商人への彼の変貌を扱うことが必要である。

約五十万年前に人間が出現してから紀元前約九〇〇〇年までは、人間は一つの点において変化しなかった。すなわち彼は採集し狩猟したもので生活していたが、何も新しいものを作り出しはしなかった。彼は完全に自然に依存していたのであって、自然に影響を与えたり自然を変貌させたりはしなかった。この自然との関係は農耕（および牧畜）の発明によって根本的に変わったが、それはだいたい新石器時代の初め、より正確に言えば今日の考古学者たちが〈原新石器〉時代——紀元前九〇〇〇年から七〇〇〇年——と呼ぶ時代に、西イランからギリシアまで一千マイル以上にわたって広がった地域、すなわちイラク、シリア、レバノン、ヨルダン、イスラエル、そしてトルコのアナトリア高原などのそれぞれ一部を含む地域で起こった。（それは中部および北部ヨーロッパでは遅れて始まった。）初めて人間は、自らの創意と技術を用い、それまで自然から与えられてきた以上のものを生み出すことによって、ある限界内にせよ、自然から独立したのであった。今や人口がふえるにつれてより多くの種をまき、より多くの土地を耕し、より多くの動物を育てることが可能になった。余った食糧が徐々にたくわえられて、道具や土器や衣類の製造にほとんど専念する職人を養うことができるようになった。

この時期になされた最初の大きな発見は、この地域に野生していた小麦と大麦の栽培であった。これらの草の種を地面にまくことによって、新しい植物が生えてくることが発見され、また一番良い種を選んでまけばよいこともわかり、ついには変種の偶然の交配によって、野生の草の種よりはるかに大きな穀粒を作り出せることが観察された。野生の草から収穫の多い現在の小麦への発達の過程は、まだ十分に知られてはいない。それは遺伝子の突然変異、交配、染色体の倍化などを含み、今日の農業の水準における人間による人工淘汰を達成するには、数千年を要した。工業化されない農業を原始的で、むしろわかり切った生産様式として見下すことに慣れている工業時代の人間にとっては、新石器時代の諸発見は、彼がたいそう誇りにしている現代の大きな技術的諸発見とは比べものにならないように見えるかもしれない。しかし種が成長するだろうという期待が、その結果によって正しいと実証されたという事実は、まったく新しい概念を生み出した。すなわち人間は、自らの意志や意図を用いて、さきに述べたことを生起させる——物事が〈起こっている〉というだけのことでなく——ことができるということを、認識したのである。農耕の発見はすべての科学的思考およびのちのちの技術的発達の基礎となったと言っても、言いすぎではないだろう。

第二の発見は、同じ時期になされた牧畜の発見であった。ヒツジはすでに第九・千年期にイラク北部で飼いならされていたし、ウシやブタは紀元前六〇〇〇年ごろであった。ヒツジやウシの飼育はより多くの食糧、すなわちミルクやより豊富な肉を供給するようになった。より多くのより安定した食糧供給によって、移住をせずに定住する生活様式が可能となり、恒久的な村や町が建設されるようになった。[20]

(20)　これはすべての狩猟民が移住生活をし、すべての農耕民が定住生活をすることを意味するものではない。チャイルドは、この通則に対する例外を幾つかあげている。

原新石器時代に、狩猟民の部族は植物や動物の人工的育成に基づく新しい安定した経済を発明し、発達させた。栽培された植物の最も古い残存物でも、紀元前七〇〇〇年よりたいしてさかのぼりはしないが、「当時達していた栽培の水準と栽培作物の種類とから考えると、それ以前に長い農耕の先史時代があって、それは原新石器時代の初期、すなわち紀元前九〇〇〇年ごろまでさかのぼると思われる」(J・メラート、一九六七)[21]。

(21) チャイルドは〈新石器革命〉という言い方をして、新石器時代の発達の複雑さを正当に評価しなかったという批判を受けた。この批判にも価値はあるが、一方では、人間の生産様式における変化は非常に重要なものなので、〈革命〉という言葉にも存在理由がありそうだということは、忘れてはならない。またマンフォードの意見も参照のこと。彼は農耕が大きく進歩した時期を紀元前九〇〇〇年から七〇〇〇年の間に置くのは、問題となっているのが、これよりずっと長い期間にわたって、四つ、おそらくは五つの段階を経て起こった漸進的な過程であるという事実を、ないがしろにするものだと指摘している(L・マンフォード、一九六七)。彼はとくに O. Ames (1939) と E. Anderson (1952) を引用している。私はより詳細で、非常に鋭い描写に興味を持つ人には、マンフォードの新石器文化の分析を推奨する。

食糧をたくわえる必要に迫られて、新しい発見すなわち土器作りの技術の発見がなされるまでに、約二千年から三千年かかった。(かご類はもっと早く作られていた。)土器の発明によって最初の技術的発明がなされたのであって、その結果化学的過程への洞察が生まれた。実に「つぼを作ったことは人間による創造の至高の例であった」(V・G・チャイルド、一九三六)[22]。かくして新石器時代そのものをさらに〈無土器〉期、すなわち土器が発明されていなかった時期と、〈土器〉期とに分けることができる。アナトリアの古い村々、たとえばハシラールは古い段階においては無土器であり、チャタル・ヒュユクは多くの土器を持つ町であった。

(22) チャイルドはこの主題についてさらに思考を重ね、興味深い意見を述べている。「土のかたまりはまったく可塑的で、人間はそれを好きな形にすることができた。石や骨の道具を作る時は、彼はいつも元の材料の形と大きさに束縛され、少しずつ削ってゆくしかなかった。土器を作る女はこのような束縛は受けない。彼女は土のかたまりを好きなように形づくることができる。彼女は継ぎ目のじょうぶさには何の懸念も持たずに、それに継ぎ足してゆくことができる。〈創造〉ということを考える時、「形のなかったところに形を作る」焼物師の自由な活動が、つねに人間の心に繰り返して浮かぶ。焼物師の技術からの聖書の比喩がこの点の例証となる」（V・G・チャイルド、一九三六）。

チャタル・ヒュユークはアナトリアの新石器時代の町の中でも、最も発達した町の一つであった。一九六一年以来、比較的小さな部分が発掘されたにすぎないが、新石器時代の社会を経済的、社会的、宗教的な面で理解するために最も重要なデータが、すでに得られている。[23]

(23)　チャタル・ヒュユークの最も詳細な描写は、その発掘を指揮した考古学者のJ・メラートによってなされている。

発掘を始めてから、十に及ぶ層が掘り出され、その最も古い部分は紀元前六五〇〇年ごろと推定されている。

紀元前五六〇〇年以後に、チャタル・ヒュユークの古い丘は、何のためかはわからないが放棄され、川を渡ったチャタル・ヒュユーク西部に新しい敷地が造られた。ここは少なくとも七百年間は居住されていたらしいが、これまた放棄されるに至った。しかし暴力や故意の破壊の徴候はない（J・メラート、一九六七）。

チャタル・ヒュユークの最も驚くべき特徴の一つは、その文明の程度である。

チャタル・ヒュユークは、黒曜石の鏡、儀式用の短剣、金属製の装身具など、現在知られている同時代の人間たちのほとんどの手に及ばなかったぜいたく品を楽しむことができた。銅や鉛を製錬し、玉や管やおそらくは小さな道具まで作っていたと思われ、かくして冶金術の始まりは第七・千年期にまでさかのぼることになった。そこで産出する黒曜石と輸入した燧石による石細工は、この時期の最も優美なものである。木製の器は変化に富み、複雑であり、毛織物は完全に発達していた（J・メラート、一九六七）。

女のための化粧道具や、男女のための非常に魅力的な腕輪などが、埋葬地で見付けられた。彼らは銅や鉛の製錬技術を知っていた。多くの種類の岩石や鉱石を使っていることは、メラートによれば、鉱脈調査と交換がこの都市の経済の最も重要な項目であったことを示している。

この発達した文明にもかかわらず、社会構造は、進化のもっと後期の段階に特徴的なある種の要素を欠いていたように思われる。富める者と貧しい者との間の階級的区別は、ほとんどなかったようである。メラートによれば、建物の大きさや備品や副葬品から、社会的な不平等があったことがうかがわれるが、「これは決してはなはだしいものではない」。実際、この都市の発掘された部分の図面を見れば、建物の大きさの違いは非常に少なく、のちの都市社会における違いに比べると取るに足らないものであることがわかる。チャイルドは新石器時代初期の村に首長がいたという明確な証拠はないと言い、メラートはチャタル・ヒュユークから得たいかなる証拠についても、述べていない。多くの女の司祭（おそらくは男の司祭も）はいたようだが、階級制の組織があったという証拠はない。チャタル・ヒュユークでは新しい農耕の方法によって生み出された余剰食糧が十分にあるために、ぜいたく品の製造や物の交換が可能であったが、チャイルドによれば、より以前のより未発達な新石器時代の村々ではわずかな余剰しかなく、それゆえ経済的平等の程度は、チャタル・ヒュユーク以上に高かった。彼は新石器時代の工芸は家内工業であったに違いないこと、そして工芸の伝統は個人的ではなく集団的なものであることを指摘している。共同体のすべての構成員の経験と知恵がたえずプールされ、仕事は公共的であり、そのいろいろなしきたりは共同体の経験の結果なのである。新石器時代のある所々の村から見付けられたつぼは、個人性ではなく、強力な集団的伝統の特徴を帯びている。そのうえ、土地の不足はまだなかった。人口がふえると若者たちは出てゆき、彼ら自身の村を始めることができた。このような経済事情のもとでは、社会を異なった諸階級に分けるような条件もなく、また全経済を組織化するとともに、その手腕に対する代価を取り立てるような恒久的な指導者たちが生まれる条件もなかった。このようなことが起こりえたのはもっとのちのことである。すなわちもっと多くの発見や発明がなされ、余剰がはるかに多くなり、それを〈資本〉に変貌させ、それを所有している人びとが他人を自分のために働かせることによって、利益をあげうるようになってからのことにすぎない。

攻撃の観点からは、二つの観察がとくに重要性を持っている。現在まで発掘によって調査されたところでは、チャタル・ヒュユークの存在した八百年間において、略奪や大量虐殺が行なわれた証拠はない。さらに、暴力が存在しなかったことのより印象的な証拠は、掘り出された何百という人骨の中で、変死を遂げたあとのあるものはただの一つも見付かっていないということである（J・メラート、一九六七）。

チャタル・ヒュユークを含む新石器時代の村の最も特徴的な点の一つは、それらの社会構造および宗教における母親の中心的な役割である。

男が狩猟をし、女が根やくだものを集めていた、より古いころの労働の分割に従って、農耕はおそらく女の発見であり、牧畜は男の発見であったのだろう。(文明の発達における農耕の基礎的な役割を考えると、現代文明の基礎は女によって築かれたと言っても言いすぎではないだろう。)大地と女の持っている生む力——男にはない力である——が、初期農耕民の世界において母親に至高の地位を与えたのは、まったく当然のことであった。(男が知性によって、すなわち呪術や技術によって具体的な物を創造することができた時——その時初めて男は優越性を主張しえたのである。)女神としての母親(しばしば母なる大地と同一視された)は、宗教的世界の至高の女神となり、俗世界の母親は家族生活および社会生活の中心となった。

チャタル・ヒュユークにおける母親の中心的な役割の最も印象的な直接の証拠は、子供たちがいつも母親と一緒に埋葬され、父親と一緒に埋葬されることが決してなかったという事実にある。骨は母親の寝いす(主要な部屋にある一種の台)の下に埋められたが、この寝いすは父親のものより大きく、いつも家の中の同じ場所にあった。子供を母親とのみ一緒に埋めるということは、家母長制独特の特性であって、子供にとっての本質的な関係は母親に対するものと考えられ、家父長制社会におけるように父親に対するものとは考えられないのである。

この埋葬方式は、新石器社会の家母長制的構造の仮定を支持する印象的な資料であるが、この命題は、チャタル・ヒュユークやその他アナトリアで発掘された新石器時代の村々の宗教に関して私たちが持っているデータによって、完全に裏付けられるのである。(24)

(24) 以下で私は家母長制という言葉よりも、〈母親中心の〉という言葉を時に使うが、それは前者は女性が男性を支配していたことを意味しているからである。そういう場合もあったらしい——たとえば、メラートによれば、ハシラールで——が、おそらくチャタル・ヒュユークにおいては事実ではなく、女性（母親）は主たる役割は果たしていたにせよ、支配の役割は果たしていなかった。

これらの発掘は、初期の宗教の発達についての私たちの概念に革命をもたらした。最も顕著な特徴は、この宗教が母神像を中心としているという事実である。メラートは結論している。「チャタル・ヒュユークとハシラールはある結びつきを確立した……〔それによって〕チャタル・ヒュユークからハシラールへ、そしてさらにはアルカイックや古典の時代における偉大なる〈母神たち〉、すなわちキュベレー、アルテミス、アプロディーテーなどとして知られているおぼろな女神たちの像へと、宗教的連続性のあることを立証しうるのである」（J・メラート、一九六七）。

母神が中心的役割を果たしていたことは、発掘された数多くの神殿にある彫像や壁画やレリーフなどに明らかに見ることができる。ほかの新石器時代の遺跡における発見とは対照的に、チャタル・ヒュユークからは母神ばかりではなく、雄ウシや、より多くは雄ウシの頭や角によって象徴される男神も発見されている。しかしこの事実は、中心的な神としての〈大いなる母〉の支配的地位を、実質的に変化させるものではない。発掘された四十一の彫刻のうち、三十三がまったく女神ばかりのものであった。男神が象徴されている八つの彫刻は、あるものは女神の息子として、あるものは夫として、事実上みなその女神に関連させて理解すべきものである。（古い層の一つでは、女神の小像だけしか見付からなかった。）さらに女神の中心的な役割を立証するのは、彼女の像が示しているのが彼女一人の時、男と一緒の時、妊娠している時、あるいは子供を生んでいる時の姿であって、男に従属している姿が一つもないという事実である。女神が雄ウシの頭や雄ヒツジの頭を生んでいる神殿が、幾つかある。(これを女が男から生まれるという家父長制の典型的な物語である、イヴやアテーネーの物語と比べてみよ。)

母神はしばしばヒョウを連れていたり、ヒョウの皮を着ていたり、あるいは数匹のヒョウによって象徴的に表わされたりするが、ヒョウはその地方では、当時最も獰猛で危険な動物であった。このことは彼女をして野生の動物の女王たらしめるのだが、これはまたあまりにも多くのほかの女神たちと同じように、生の女神および死の女神としての彼女の二重の役割をも示している。子供たちを生み、彼らの個個の生の周期が終わると再び彼らを受け入れる〈母なる大地〉は、必ずしも破壊的な母親ではない。しかし時々はそうなるのである。(ヒンズー教の女神のカーリのように。)こういう発達をした理由を見いだすためには長い考察が必要であって、それは今は控えなければならない。

新石器時代の宗教の母神は、野生動物の女王であるばかりではない。彼女はまた狩猟の保護者であり、農耕の保護者であり、植物の女王である。

メラートはチャタル・ヒュユークを含む新石器時代の社会における女の役割について、次のように要約している。

アナトリアの新石器時代の宗教についてとくに注目すべきことは、そしてこれはハシラール同様チャタル・ヒュユークについても言えることだが、いかなる小像、小彫像、レリーフの塑像、あるいは壁画にも、性がまったくないことである。生殖器は決して示されず、男根や女陰が描写された例は知られていない。しかもこれらはアナトリア以外では、後期古石器文化においても、新石器文化および新石器時代以後の文化においても、ともにしばしば表現されているだけに、いっそう注目すべきことなのだ。[25]この一見やっかいな疑問に対しては、非常に簡単な答えがありそうである。というのは、芸術において性が強調されるのは、常に男性的衝動と欲望に結びついている時だからである。もし新石器時代の女が新石器時代の宗教の創造者であったのなら、性の不在は容易に説明されるし、乳房やへそや妊娠が女性的原理を表わし、角や角のある動物の頭が男性を表わすという、違ったシンボリズムが生み出されたということになる。チャタル・ヒュユークのような初期の新石器時代においては、生物学的にも男より女が多かったことが考えられるし、実際このことは埋葬にも反映している。そのうえ、新しい経済においては女が非常に多くの仕事を引き受けたが、これはアナトリアの村々では今日に至るまで変わっていない型であって、おそらくこのことが女の社会的優越性を説明するものだろう。生命を生み出す唯一の存在として、女は農耕におけるいろいろな仕事や、家畜をならし養うことや、繁殖、豊富、豊穣の観念と結びつくようになった。それゆえあらゆる形の生命の一様の保護、生命の増殖、そして生と死および誕生と復活に関する儀式の秘法をまさにめざしている宗教は、明らかに男の分野と言うより女の分野の一部となったのである。女神崇拝は、男の司祭の存在を決して排除したわけではないが、主として女がつかさどっていたということは、きわめてありそうなことである……

（J・メラート、一九六七）[26]。

（25）多くの女性の小さな像における性的要素の重要性を、L・マンフォード（一九六七）が強調しているので、参照のこと。彼の強調は確かに正しい。この性的要素が欠けていたのは、アナトリアの新石器文化のみであったように思われる。他の新石器文化におけるこの性的要素の重視によって、すべての新石器文化が家母長制であったという考えを修正することが必要となるかどうかは、今後の調査の課題である。

(26) 家母長制社会については、ソビエトの学者が西洋の学者以上に研究をしている。これはエンゲルス(一八九一)がBachofen(初版は一八六一)およびMorgan (1870) の発見したことに大いに感銘を受けたためと推測すべきだろう。Z. A. Abramova (1967) 参照。彼女は母神の二重の役割、すなわち家庭の支配者としての役割、および動物、とくに狩猟の獲物の支配者としての役割を論じている。A. P. Okladnikov (1972) も参照のこと。このソビエトの人類学者は、家母長制と死の崇拝との関連を指摘している。さらに A. Marshack (1972) による旧石器時代の女神についての興味深い議論を参照のこと。彼は女神たちと月および太陽暦とを結びつけている。

新石器社会は比較的平等主義的で、階級制も、搾取も、目立った攻撃もなかったという見解を裏付けるデータは、示唆的である。しかしながら、これらのアナトリアの村々が家母長制的(母親中心的)構造を持っていたという事実は、新石器社会が少なくともアナトリアにおいては、本質的に非攻撃的で平和な社会であったという仮説に、非常に大きな証拠を付け加えることになる。その理由は、J・J・バッハオーフェン (J. J. Bachofen) がすべての家母長制社会の本質的特性だと信じたところの、生命の肯定の精神にあり、また破壊の欠如にある。

実際、アナトリアの新石器時代の村々の発掘によって日の目を見たもろもろの発見は、J・J・バッハオーフェンが一八六一年初版の『母権』(*Das Mutterrecht*) なる著作で仮定した家母長制の文化や宗教の存在を証明する、最も完全で具体的な証拠を提供してくれる。ギリシアおよびローマの神話、儀礼、シンボル、そして夢を分析することによって、彼は天才のみにできることを成し遂げた。すなわち持ちまえの鋭い分析力によって、彼は具体的な証拠がほとんど得られない段階の社会組織を再構成したのであった。（アメリカの民族学者のL・H・モーガン（一八七〇、一八七七）も、彼自身の北アメリカ・インディアンの研究に基づいて、別個に非常によく似た結論に達した。）ほとんどすべての人類学者たちは――数人の注目すべき例外はあったが――バッハオーフェンの発見を、何ら科学的価値のないものと断言した。事実ようやく一九六七年になって、バッハオーフェンの著作の選集の英訳が出版されたのである（J・J・バッハオーフェン、一九六七）。

バッハオーフェンの理論が退けられたのには、おそらく二つの理由があった。第一に、家父長制社会に生きている人類学者たちにとって、彼らの社会的、精神的準拠枠を超えて、男性支配が〈自然〉でないと想像することはほとんど不可能であった。（フロイトは同じ理由から、女を去勢された男と見る見解に達した。）第二に、人類学者たちは人骨や道具や武器などのような具体的証拠だけを信じることに慣れすぎていたので、彼らには神話や劇が人工物に劣らず真実であることが信じがたかったのである。こういう態度全体が、鋭い理論的思考の持つ力や精緻さに対する認識不足をもたらしたのである。

バッハオーフェンの『母権』の中の次の数節から、家母長制の精神についての彼の概念がある程度理解できる。

すべての文化、すべての美徳、生存のすべての高貴な相の根源にある関係は、母と子の関係である。それは暴力の世界において、愛と結合と平和の神聖な原理として働く。子供を育てながら、女は男よりも早く、自分の愛情深い思いやりを自我の限界を超えてほかの人間にまで及ぼし、自分の持つすべての創意の才を、その人間の生存の保護と改善に向けるようになる。この段階での女は、すべての文化、すべての慈悲、すべての献身、すべての生ける者への配慮と死せる者への悲しみの貯蔵庫である。しかし母なるものから生じる愛はより強いばかりでなく、より普遍的でもある……。父性的原理が本来制限的であるのに対して、母性的原理は普遍的である。父性的原理は限られた集団への制約を暗示するが、母性的原理は自然の生のごとく限界を知らない。母なるものの概念はすべての男の中に普遍的友愛の感覚をもたらすが、それは父性の発達とともに消滅する。父権に基づく家族は閉ざされた個別的有機体であるが、家母長家族は典型的に普遍的な性格を帯びており、その性格はすべての発達の発端にあって、物質的生活をより高い精神的生活から区別している。すべての女の子宮は大地母神デーメーテールが人間化した姿なのだが、ほかのすべての女の生んだ子供たちに、兄弟や姉妹を与えるだろう。人が生まれた土地には兄弟や姉妹しかいないのだが、やがて家父長制の発達が民衆の未分化のままの統一を解消し、分節化の原理を導入することになるのである。

家母長的文化は母性的原理のこの面を多くの形で表現し、法律に明文化さえしている。この面は家母長的民族の中にたびたび見られる普遍的自由と平等、彼らのもてなしのよさ、あらゆる種類の制限への忌避の基礎になっている……。そしてその中に根付いているのが、いかなる限界も境界も知らず、一つの民族の成員すべてを同じように抱擁する賞賛すべき同族意識であり、同胞感情なのである。家母長的国家は殺し合いのけんかや争いがないことで、とくによく知られていた……。家母長的民族は——そしてこれまた同様に特徴的であったが——同胞や、あるいは動物でさえも肉体的に傷つけることを、とくに罪深いこととしていた……。エジプトの彫像の顔の表情にさえ認められるやさしい人間性に満ちた雰囲気が、家母長的世界の文化にみなぎっている（J・J・バッハオーフェン、一九六七[27]）。

（27）　E・フロム（一九三四、一九七〇e）も参照のこと。

5　先史時代の社会と〈人間性〉

狩猟民および新石器時代の農耕民の生産様式と社会組織についてのこの記述は、人間性の本質的な部分であると一般に考えられているある種の精神的特性についての示唆に満ちている。先史時代の狩猟民や農耕民には、財産を得ようと熱心に努力したり、〈物持ち〉をうらやむ気持ちを強めたりする機会はなかったが、それは守るべき私有財産もなければ、羨望を起こさせるような重大な経済的差異もないからであった。それどころか、彼らの生活方法は協力と平和な生活の発展を促すものであった。ほかの人間を搾取しようとする欲望を形成するような基礎はなかった。他人の肉体的あるいは精神的エネルギーを自分自身の目的のために搾取するという考えは、経済的にも社会的にも搾取の基礎となるものがない社会ではばかげたことである。

他人を支配しようという衝動も、ほとんど発達する機会を持たなかった。原始的なバンド社会も、そしておそらくは約五万年前からの先史時代の狩猟民も、文明社会とは根本的に違っていたが、それはまさに人間関係が支配と権力の原理に従ってはいなかったからであった。これらの社会の働きは相互性に依存していた。個人として支配の情熱を持った人間は社会的失敗者であり、影響力を持たなかっただろう。最後に、生産と消費はある水準で安定していたので、貪欲を発達させる誘因もほとんどなかった。[28]

（28）　ついでながら、たとえば中世の封建社会のような多くの高度に発達した社会では、一つの職業集団――たとえば同業組合《ギルド》

――のメンバーは、物質的利益の増大ではなく、伝統的な生活水準を満足させるだけのものを求めて努力した。彼らより上の社会階級の人びとが、より多くのぜいたく品を消費しているということを知っても、そのためにこの過剰消費への貪欲がそそられることはなかった。生活の過程は満足すべきものであったので、それ以上の消費が望ましいとは思われなかった。同じことが小作農についても言える。十八世紀における彼らの叛乱は、彼らが上の階級と同じだけの消費を望んだからではなく、彼らが品位ある人間存在の基礎と、地主たちが彼らに対して昔から負っている義務の遂行を求めたからなのである。

狩猟=採集民や初期農耕民に関するデータは、所有、搾取、貪欲、羨望などの情熱は当時はまだ存在せず、それは文明のみの生み出すものであることを暗示しているだろうか。このような大ざっぱな言い方ができるとは、私には思えない。私たちはこれを実証するに十分なデータは持っていないし、また理論的な根拠からも正しいとは言えそうにない。というのは、最も恵まれた社会環境のもとでも、個人的な要因がこれらの悪徳をある種の個人の中に生み出すからである。しかし貪欲や羨望や搾取性を、その社会構造によって育成し助長する文化と、その反対の働きをする文化との間には大きな違いがある。前者においては、これらの悪徳は〈社会的性格〉の――すなわち大多数の人びとの中に見いだされる症候群の――一部を形づくっているし、後者においては、それらは一般の規準からの個人的な逸脱であって、社会全体に影響を与える可能性はほとんどない。ここで私たちが次の歴史的段階である都市の発達を考えるならば、この仮説はさらに強さを増すことになる。この段階は新しい種類の文明をもたらしたばかりでなく、一般には人間の生まれつきの性質であるとされているもろもろの情熱をもたらしたからである。

6　都市革命(29)

(29)　この言葉はチャイルド（一九三六）によって造られ、その使用はマンフォード（一九六七）によって批判された。

紀元前第四および第三・千年期に新しい種類の社会が発達したが、マンフォードのあざやかな叙述がその特徴を最もよくとらえている。

新石器時代初期の複合体の中から、新しい種類の社会組織が生じた。それはもはやばらばらの小さな単位ではなく、大きな単位に統合されていた。もはや〈民主的〉、すなわち近所どうしの親しさや、慣習的しきたりや、同意に基づいたものではなく、権威主義的であり、中央集権的であり、有力な少数者によって支配されていた。もはやわずかな領土に限られてはいず、計画的に〈境界を越え〉、原料を奪い、無力な人たちを奴隷にし、支配し、みつぎものを取り立てた。この新しい文化はただ生命を増進させることだけでなく集団の力を拡大することに専念した。新しい強制の手段を完成することによって、この社会の支配者たちは紀元前第三・千年期までに、現代に至るまでそれをしのぐものがなかったほどの規模で、産業力と軍事力を組織したのである（L・マンフォード、一九六七）。

これはどのようにして起こったのか。

歴史的に言えば比較的短い期間に、人間はウシの肉体的な力や風の力を利用するようになった。人間はすきや、車輪の付いた車や、帆船を発明し、銅の鉱石を精練する時の化学的過程（ある程度まではもっと前から知られていた）や、金属の物理的性質を発見し、太陽暦を作り始めていた。その結果、文字を書く技術や、規準や尺度などへの道が開かれた。「ガリレオの時代に至るまでの歴史上のいかなる時期においても」とチャイルドは書いている。「知識の進歩がこれほど速く、広範囲に及ぶ発見がこれほど頻繁な時期はなかった」（V・G・チャイルド、一九三六）。

しかし社会的変化もこれに劣らず革命的であった。自給自足の農民たちの小さな村々は、第二次産業や外国貿易によって養われる人々の多い都市に変貌し、これらの新しい都市は都市国家として組織された。人間は文字どおり新しい土地を創造した。バビロニアの大きな都市群は、沖積泥の上に葦を十字形に重ねて造った一種の台地の上にできた。人びとは畠に水を供給し沼地を干拓するために水路を掘り、人間や家畜を水から守り洪水に沈まないようにするために、土手や堤を造った。この耕地の創造は非常に多くの労働を必要とし、この「人間の労働の形をした資本は、土地に投資されつつあったのである」（V・G・チャイルド、一九三六）。

この過程のもたらしたまた別な結果は、この種の労働のために、また工芸や公共事業や貿易を専門としている人たちにとっての食糧を作る土地を耕すために、専門的な労働力が必要となったということであった。彼らは共同体によって組織され、計画、保護、支配を行なうエリートによって指導されなければならなかった。このことは、以前の新石器時代の村々の場合よりはるかに多くの余剰の蓄積が必要になったということ、そしてこの蓄積はいざという時や人口増加のための備蓄食糧としてのみ使われたのではなく、生産拡張のための資本として使われたということを意味する。チャイルドは、川の流域でのこれらの生活条件に内在しているまた別の要因——社会がその成員に及ぼす例外的な強制力——を指摘している。共同体は従順でない成員に対して、彼の畠へ続いている水路を閉じることによって水の使用を拒否することができた。この強制の可能性は、王や司祭や有力なエリートが社会の意志に取って代わる——あるいはイデオロギー的に言えば〈代表する〉——のに成功した時に、彼らの権力がよりどころとした基礎であった。

新しい生産様式とともに、人間の歴史における最も決定的な変化の一つが起こった。彼の生産物はもはや狩猟社会や初期の農耕社会の場合のように、彼自身の労働によって生産しうる物に限られなくなった。新石器時代の農耕の始まりとともに、人間がすでにわずかな余剰を生産しえたことは事実だが、この余剰は彼の生活を安定させるのに役立つだけであった。しかしながらこの余剰がふえた時、それをまったく新しい目的に使うことができるようになった。直接に食糧を生産せずに沼地を除いたり、家屋や都市やピラミッドを造ったり、兵士として働いたりする人びとを養うことが可能になった。もちろんこのような利用ができたのは、技術と労働の分化がある程度まで達して、人間の労働力をようやくそのように使うことができるようになってからのことである。この時期において、余剰はばくだいな量に達した。耕される畠や干拓される沼地がふえればふえるほど、多くの余剰を生産することができた。この新しい可能性は、人間の歴史における最も根本的な変化の一つをもたらした。人間を経済的な道具として使うことができるということ、人間を搾取することができるということ、人間を奴隷にすることができるということが発見されたのであった。

この過程をその経済的、社会的、宗教的、心理的結果において、もっと詳しくたどってみよう。新しい社会の基本的な経済的事実は、さきに述べたように労働のより以上の専門化であり、余剰の資本への変貌であり、中央集権的な生産様式の必要性であった。これの及ぼした最初の結果は、異なった階級の発生であった。支配階級が指導と組織を行ない、自分たちのために不釣合いに多くの生産物の分け前を、すなわち大多数の人たちの及ばない生活水準を要求し、獲得した。彼らの下には下層階級である農民や職人がいた。そのまた下には戦争の捕虜である奴隷たちがいた。特権階級は彼ら自身の階級制を作り、その頂点には、元来は全体制の名目上の長であった恒久的な首長が――そして結局は神々の代理としての王となったが――いた。

新しい生産様式のもたらしたもう一つの結果は、都市革命の達成に必要な共同資本を蓄積するために必要不可欠なものとしての征服であったと考えられている。しかし制度としての戦争の発明には、さらに根元的な理由があった。それは最適度の有効性を持つためには統一を必要とする経済体制と、この経済的必要と衝突する政治的分裂や王朝の分裂との矛盾であった。制度としての戦争は王国や官僚制と同様に、紀元前三〇〇〇年ごろになされた発明であった。当時も今日と同様に、それは人間の攻撃のような心理的要因によって引き起こされたのではなく、王や王に仕える官僚たちの権力や栄光への願望を除けば、戦争を有用なものとし、その結果人間の破壊性と残酷性を生み出し、増大させる傾向を持った客観的条件の結果であった。(30)

(30) チャイルドの示唆によれば、より多くの土地への要求が起こった時、征服者の集団は古くからの居住者を追い出すか、彼らに取って代わるか、それとも彼らを支配するかしなければならなかったので、都市革命が完了するまでには、ある種の戦争が行なわれたにちがいないという。しかし彼は、このことは考古学的な証拠によって明らかにすることはできないことを認めている。したがって彼は、紀元前六〇〇〇年以降の都市革命の序幕において、「小規模で断続的な種類のものではあるが、戦争があったことを認めなければならない」という立場を採っている(V・G・チャイルド、一九三八)。その程度のことがあったにせよ、王や階級制を持った都市国家が発達する前には、血なまぐさい征服戦争は恒久的な制度とはならなかった。

これらの社会的、政治的変化は、社会における女の役割および宗教における母親像の根底的な変化を伴った。もはや土地の豊穣性がすべての生命と創造性の源ではなく、新しい発明、技術、抽象的思考、そして法律を持った国家を生み出す知性がそれらの源となった。もはや子宮ではなく、頭が創造的な力となり、それと同時に女ではなく男が社会を支配した。

この変化はバビロニアの天地創造の讃歌であるエヌマ・エリシュに、詩的に表現されている。この神話は、男の神々が宇宙を支配していた〈大いなる母〉であるティアマットに対して反乱を起こして勝ったことを物語っている。激しい戦いののちにティアマットは殺され、彼女のからだから天と地が造られ、そしてマルドゥークが至高神として支配するのである。

しかし彼が指導者として選ばれる前に、マルドゥークはある試験に通らなければならない。それは現代人には無意味に——あるいはわけのわからぬものに——見えるかもしれないが、それがこの神話を理解する鍵なのである。

その時皆の者、一枚の衣を中に置き、
初めに生まれしマルドゥークに言う。
「まことに、おお主よ、なんじのさだめこそ神々の至上のもの

『滅ぼし、生む』ことを命じたまえ、(さらば)それは行なわれん！
なんじの口より出ずる言葉によりて、衣を滅ぼしたまえ、
再び命じて衣を全くあらしめたまえ！」
彼言葉にて命ずるに、衣滅びぬ。
彼再び命ずるに、衣もどりぬ。
父なる神々、彼の言葉の力を見守りて、
皆々喜びて臣従を誓い、(言う)
「マルドゥークは王なり」と。

——A・ハイデル(A. Heidel)、一九四二

この試験の意味は、男が自然の創造——土と女のみの持っている性質——に対する自らの無能さを、新しい形の創造によって克服したことを示すことである。マルドゥークはこのような方法で創造しうるがゆえに、母親の生れつきの優越性を克服し、それによって彼女に取って代わることができるのだ。聖書の物語はバビロニア神話の終わったところから始まる。すなわち男の神が言葉によって世界を創造するのである(E・フロム、一九五一)。

新しい都市社会の最も意味深い特徴の一つは、それが家父長的統治の原理に基づいていたことであり、そこには支配、すなわち自然の支配、奴隷、女、子供の支配の原理が内在していた。新しい家父長的男

性は文字どおり大地を〈造る〉。彼の技術は自然の過程の修正ばかりではなく、人間による自然の統制と支配であり、その結果として自然には見られなかった新しい産物が得られる。人間自身が共同体の仕事を組織する人びとに支配されるようになり、それゆえ指導者たちは彼らが支配する人びとに対して権力を持たなければならなかった。

この新しい社会の目的を達成するためには、自然も人間もすべてが支配されなければならず、また権力を行使するか——あるいは恐れるかしなければならなかった。支配されうるようになるためには、人間は服従し従属することを学ばなければならず、従属するためには、彼らの統治者のすぐれた力——肉体的および（または）呪術的——を信じなければならなかった。新石器時代の村においては、原始的狩猟民におけると同様に、指導者たちは人びとを導き忠告を与えたが、搾取けしなかった。そして彼らのリーダーシップが自発的に受け入れられていたのに対して、あるいは別の言い方をすれば、先史時代の権威は能力に基づいた〈合理的〉なものであったのに対して、新しい家父長制度の権威は暴力と権力に基づくものであった。それは搾取的であり、恐怖や〈畏怖〉や従属の精神的なメカニズムがその仲立ちをしていた。それは〈非合理的権威〉であった。

ルイス・マンフォードは、都市の生活を支配する新しい原理を非常に簡潔に表現している。「あらゆる形において権力を行使することが文明の本質であった。都市は闘争、攻撃、統制、征服——そして隷属——を表現する多くの方法を見いだした」。彼は都市の新しいやり方は「きびしく、能率的で、しばしば過酷で、サディスティックですらあった」こと、そしてエジプトの王たちや、彼らの同類であるメソポタミアの王たちは、「彼らの捕虜のおもだった者を彼ら自身の手で不具にし、拷問し、殺したりした個人的勲功の記念碑や銘板を誇りにした」ことを指摘している（L・マンフォード、一九六一）。

精神分析療法における臨床的経験の結果として、私はサディストの本質は人間や物に対して限りない、神のような支配力を持ちたいという情熱である、という信念（E・フロム、一九四一）にずっと前から到達していた。[31] これらの社会のサディスティックな性格に関するマンフォードの見解は、私自身の見解の重要な裏付けである。[32]

（31）この見解は第十一章で詳細に論じる。

（32）これは偶然以上のものである。それは私たちの根本的な共通の立場、すなわち生命に役立つものと生命を抑圧するものとの根本的な相違を強調するという立場に由来する。

サディズムに加えて、生命を破壊しようとする情熱とすべての死せるものへの誘引（ネクロフィリア）が、新しい都市文明において発達するように思える。マンフォードはさらに、新しい社会秩序の中に見いだされる破壊的で死への方向づけを持った神話について述べ、それぞれの歴史的文明は生きている都市の核、すなわちポリスに始まり、ちりと骨の共同墓地、すなわち死者の都市であるネクロポリスに終わるのであって、そこには焼け焦げた廃墟、くずれた建物、からっぽの仕事場、意味のないがらくたの山が残り、人びとは虐殺されるか奴隷にされてしまうのだと言うパトリック・ゲディズ（Patrick Geddes）の言葉を引用している（L・マンフォード、一九六一）。ヘブライ人のカナン征服の物語を読んでも、バビロニア人の戦争の物語を読んでも、同じ限りない非人間的な破壊性の精神が示されている。よい例はバビロンの全滅について、セナケリブ〔訳注。古代アッシリアの王〕が石に刻んだ文章である。

この町と（その）家々を、その土台からてっぺんに至るまで、私は破壊し、私は略奪し、私は火で焼いた。城壁および外壁、神殿や神々、れんがと土の神殿の塔、それらのあらんかぎりを私は破壊し尽くし、アラクトゥ運河へ投げ込んだ。町のまん中に私は運河を掘り、町じゅうを水びたしにした。そしてその土台から破壊した。私は洪水による破壊以上に完全に、この町を破壊した（L・マンフォード、一九六一、に引用されている）。

カルタゴやエルサレムの破壊からドレスデン、広島、そしてベトナムの人びとや土や木々の破壊に至る文明の歴史は、サディズムと破壊性の悲劇的な記録である。

7　原始的文化における攻撃性

これまで私たちは先史時代の社会や、今でも存在している原始的な狩猟＝採集民の中に見られる攻撃のみを扱ってきた。その他のもっと進歩してはいるがやはり原始的な文化からは、何を学びうるだろうか。

今までに集められた膨大な人類学のデータに基づいて攻撃を扱っているような仕事を参考にすれば、この問題を検討することは容易だろう。ところが驚いたことに——そしてまた少々ひどい事実だが——こういう仕事は存在していないのだ。明らかにこれまで人類学者たちは攻撃の現象をそれほど重要なものとは考えなかったので、彼らのデータをこの観点から要約し解釈しようとする気にはならなかったのだ。わずかにデレク・フリーマンが短い論文を書いて、フロイトの命題を支持するために、攻撃に関する人類学のデータを要約しようと試みている。いま一人の人類学者のH・ヘルムート（H. Helmuth）が書いた要約的論文も、同じように短いものである（一九六七）。ヘルムートは人類学的なデータを提示して、原始的社会では攻撃は比較的少ないという正反対の見解を強調している。

以下のページで、原始的社会における攻撃に関する幾つかのほかの研究を紹介するが、さしあたってまず、私は最も手に入りやすい人類学関係の出版物から私が行なったデータの分析を提示しよう。これらの出版物における諸研究は、攻撃を容認する見解あるいは否認する見解のいずれに対しても、先入観を持たずに行なわれているので、それらは非常に大ざっぱな言葉の意味において、一種の〈無作為〉抽出をしたサンプルだと考えられる。とはいえ私はこの分析の結果が、一般の原始的文化の中での攻撃性の分布という点で、いささかなりとも統計的に有意味であると言っているのではない。私のおもな目的は明らかに統計的なものではなく、非攻撃的な社会がフリーマンやその他のフロイト理論の代表者たちが指摘するほど、珍しいものでも〈取るに足らない〉ものでもないことを明らかにすることである。私はまた攻撃は単なる一つの特性ではなく、ある症候群の一部であること、攻撃はつねにその体制のほかの特性、たとえばきびしい階級制、優位、階級区分などと一緒に見いだされることをも示したいと思った。言い換えれば、攻撃は孤立した行動特性としてではなく、社会的性格の一部として理解されるべきなのである。[33]

（33） 私は一九四八年と一九四九年にイェール大学で、原始的社会の性格構造について一緒にセミナーを開講した故 Ralph Linton に対し、これらのセミナーや私的な会話において私が教えられたことへの謝意を表明したい。私はまたこれらのセミナーに参加したジョージ・P・マードックに対しても、私たちの見解はずいぶん異なったままではあったが、私が受けた刺激への謝意を表明したい。

8　三十の原始的部族の分析

私は攻撃性・対・平和性という観点から、三十の原始的文化を分析した。そのうち三つはルース・ベネディクト（一九三四）によって記述されており、[34]十三はマーガレット・ミード（Margaret Mead）（一九六一）によって、[35]十五はG・P・マードック（一九三四）によって、[36]そして一つはC・M・ターンブル（一九六五）によって、[37]記述されている。これらの三十の社会を分析することによって、私たちは三つの異なった、輪郭の明らかな体制（A、B、C）を区別することができる。これらの社会は〈より多い、あるいはより少ない〉攻撃とか、〈より多い、あるいはより少ない〉非攻撃性の点で区別されるだけでなく、異なった性格体系の点からも区別されるのであって、さらにその性格体系を互いに区別するのはその体系を形成する多くの個々の特性であり、その中には攻撃といかなる明白な関係も持っていないものもある。[38]

(34)　ズニ、ドブ、クワキウトル。

(35)　アラペシ、グリーンランド・エスキモー、バチガ、イフガーオー、クワキウトル、マヌス、イロコイ、オジブワ、サモア、ズニ、バトンガ、ダコタ、マオリ。

(36)　タスマニア、アランダ、サモア、セマング、トーダ、カザーク、アイヌ、極地エスキモー、ハイダ、クロー、イロコイ、ホピ、アステカ、インカ、ウィトートー、ナマ・ホッテントット、ガンダ。（しかしながら私はこの文脈においては、彼のアステカおよびインカについての記述を考慮に入れなかった。というのは、それらは高度に発達した複雑な社会であって、それゆえこの短い分析には適していないからである。)

(37) ムブートゥー。

(38) ズニとクワキウトルは、R・ベネディクトとM・ミードの両者が記述している。イロコイとサモアとは、M・ミードとG・P・マードックの両者が記述している。彼らの分析は、もちろん一度きりである。E・R・サーヴィス(一九六八)が記述している原始的狩猟民の中では、セマング、エスキモー、オーストラリア原住民がこのサンプルに含まれている。セマングとエスキモーは体制Aにはいり、オーストラリア原住民は体制Bにはいる。私がホピを分類しなかったのは、彼らの社会の構造があまりにも矛盾していて、分析を許さないように見えるからである。彼らの持つ多くの特性からは体制Aにはいりそうだが、彼らの攻撃性によって、彼らが体制Bにはいらないかどうかが疑わしくなる(D. Eggan, 1943 参照)。

体制A——生命肯定の社会

この体制では、理想や慣習や制度が主として強調するのは、それらがあらゆる形における生命の保護と成長に役立つということである。人びとの間の敵意や暴力や残酷性は最小限あるのみで、過酷な罰はなく、ほとんどいかなる犯罪もなく、制度としての戦争は存在しないか、それともごく小さな役割を演じるだけである。子供たちはやさしく取り扱われ、きびしい体罰はない。女は一般に男と同等と見なされ、あるいは少なくとも搾取されたり屈辱をうけたりすることはない。性に対する一般の態度は、許容的で肯定的である。羨望、強欲、貪欲、搾取性はほとんどない。競争や個人主義もほとんどなく、協力は大いに行なわれる。個人財産は使われている物に限られる。他人だけでなくとくに自然に対する信頼と信用の態度が、一般にゆき渡っている。人びとは一般に上きげんであり、沈んだ気分は比較的少ない。

この生命肯定の範疇に入る社会の中に、私はズニ・プエブロ・インディアン、山岳アラペシ、バトンガ、アランダ、セマング、トーダ、極地エスキモー、そしてムブートゥーを入れた。

体制Aのグループの中には、狩猟民（たとえばムブートゥー族）もあれば、農耕＝牧羊民（ズニ族のごとき）もある。その中には比較的豊富な食糧を持った社会もあれば、食糧が非常に乏しいことを特徴とする社会もある。しかしこう言ったところで、性格学的に見た相違がそれぞれの社会の社会経済的構造の違いに左右されないとか、大きく影響されないとか言っているわけでは決してない。それはただ貧困あるいは富裕、狩猟あるいは農耕などの明らかな経済的要因だけが、性格発達の決定的要因ではないことを示しているだけである。経済と社会的性格との関係を理解するためには、それぞれの社会の社会経済的構造のすべてを研究しなければならないだろう。

体制B――非破壊的＝攻撃的社会

この体制は破壊的でないという点で、第一の体制と同じ基本的要素を持っているが、攻撃性と戦争が、中心的ではないとしてもふつうのできごとであるという点、そして競争や階級制や個人主義が存在するという点で、違っている。これらの社会に破壊性や残酷性、あるいは極端な疑い深さがみなぎっているというわけでは決してないが、体制Aの社会に特徴的であるような種類のやさしさや信頼はそこにはない。おそらく体制Bを最もよく特徴づけるためには、そこには男性的攻撃性の精神、個人主義、物を獲得し、仕事を成し遂げようとする欲望が満ち満ちていると言えばよいだろう。私の分析では、次の十四の部族がこの範疇に入る。グリーンランド・エスキモー、バチガ、オジブワ、イフガーオー、マヌス、サモア、ダコタ、マオリ、タスマニア、カザーク、アイヌ、クロー、インカ、そしてホッテントットである。

体制C――破壊的社会

体制Cの構造は非常にはっきりしている。それを特徴づけているのは、部族の内部においても外部に対しても多く見いだされる、個人間の暴力、破壊性、攻撃、残酷性であり、また戦争、悪意、裏切りに対する喜びである。生活の全体的な雰囲気は、敵意と緊張と恐怖のそれである。ふつう非常に多くの競争があり、私有財産の非常な強調（具体的な物でない場合でも、シンボルにおいて）や、きびしい階級制や、かなり多くの戦争がある。この体制の例は、ドブ、クワキウトル、ハイダ、アステカ、ウィトートー、そしてガンダの諸族である。

私はそれぞれの社会をこれらの範疇に分類したことが、論争の余地のないものであるなどと主張するものではない。しかし私のおもな論点は統計的ではなく、質的なものなので、幾つかの社会の分類に同意するか異議を唱えるかはたいした問題ではない。おもな違いは一方ではともに生命を肯定する体制AとB、他方では、本質的に残酷で破壊的、すなわちサディスティックでネクロフィラスな体制C、その両者の間にある。

三つの体制の実例

読者がこの三つの体制の性質をよりはっきりと思い描けるように、私はこれからそれぞれの体制の特徴を備えた社会のもっと詳細な実例をあげよう。

a　ズニ・インディアン（体制A）

ズニ・インディアンはルース・ベネディクト（一九三四）によって徹底的に研究されたが、ほかにもマーガレット・ミード、アーヴィング・ゴールドマン（Irving Goldman）、ルース・バンゼル（Ruth Bunzel）その他が研究している。彼らはアメリカ南西部で農耕と牧羊によって生活している。ほかのプエブロ・インディアンの社会と同様に、彼らは十二世紀と十三世紀には多くの都市に住んでいたが、彼らの歴史はずっと昔までさかのぼりうるのであって、最初の素朴な時代には一間の石の家に住み、その一つ一つの地下には儀式用の部屋があった。経済的には彼らは豊かな状態で生活していると言えるが、物質的な財産に対する彼らの評価はそう高くはない。社会的な態度においては、灌漑できる土地が限られているにもかかわらず、競争はほとんどない。彼らは母親中心的な家系で組織されているが、司祭や文官は男である。攻撃的、競争的、非協力的な人間は、異常な型の人間と見なされる。男だけが行なう牧羊を例外として、仕事は協力して行なうのが基本である。経済活動においては競争は排除されるが、やはり牧羊は例外であって、そこではいくらかの口論が見られる。しかし深刻な張り合いはない。概して個人的な業績はほとんど注目されない。けんかもいくらかあるが、あったとしても、それは主として性的な嫉妬によるのであって、経済的な活動や所有物に関して起こるものではない。

貯蓄は事実上知られていない。個人として比較的豊かな者も比較的貧しい者もいるが、それでも富は非常に流動的である。そして自分の宝石類を友だちだけでなく、求められれば社会の中の誰にでも喜んで貸してやるということは、物質的な財に対するズニの態度をよく表わしている。ある程度の性的な嫉妬はあるが、結婚は離婚が簡単であるにもかかわらず、概して長続きする。女は母親中心の社会には予想されることだが、いかなる点でも男に従属してはいない。贈り物は盛んに行なわれるが、多くの競争的社会とは違って、これは自分の富を誇示したり、贈り物をもらう相手をはずかしめるためのものではなく、また互酬性を維持しようとする試みもなされない。富は個人的な働きや勤勉によって得られるので、一つの家族に長くとどまることはないし、他人を搾取することは知られていない。土地の私的所有はあるが、訴訟はめったになく、またすぐに解決する。

ズニの体制は、物が比較的重んじられないという事実、そして人への関心のおもなものは宗教的であるという事実によってのみ理解できる。これを言い換えれば、優位にある価値とは生命と生きること自体であり、物やその所有ではないということである。歌、祈り、儀礼、踊りなどがこの体制の主要かつ最も重要な要素である。それらを指導するのは司祭であって、彼らは人をとがめたり裁いたりはしないが、非常に尊敬されている。物の所有や経済的成功に対立するものとしての宗教的生活の価値は、物に関係した訴訟事件において裁判官の役割を果たす役人たちが、司祭たちとはまったく対照的に、たいして尊敬されていないというところに見られる。

個人的権威は、おそらくズニ族の中で最もきびしく非難される特性である。りっぱな人間の定義は、〈気持ちのよい物腰、すなおな気質、そして寛大な心〉を持つ人である。男たちはたとえ妻が不貞を働いたとしても、決して暴力ざたに及んだり、暴力を意図することはない。成人儀礼の期間中、少年たちはカチーナ〔訳注。神格化された祖先霊で仮面をつけた人物が扮する〕にむち打たれおどされるが、ほかの多くの文化と違って、この成人儀礼でさえ決してきびしい試練というものではない。殺人はほとんどない。ベネディクトが彼女自身の観察から報告しているように、殺人の行なわれた記憶はない。自殺は禁止されている。彼らの神話や物語においては、恐怖や危険の主題は育たない。罪の意識はとくに性に関してはなく、性的純潔は一般に冷たい目で見られる。性は幸福な生活の中の一つのできごとと見なされるが、ほかのどちらかと言えば攻撃的な幾つかの社会におけるように、快楽の唯一の源泉と見なされることは決してない。性に関連して何らかの恐れもあるようだが、恐れがあるとしても、それは男が女を恐れ、彼女らとの性的交渉を恐れているのである。ゴールドマンは家母長的社会に広まる去勢恐怖の主題に言及している。これはフロイトの考えたような罰を与える父親への恐怖ではなく、むしろ女に対する男の恐怖を表わしているのである。

非攻撃性、非暴力、協力、そして人生を楽しむことを特徴とするこの体制像は、嫉妬やけんかもあるという事実によって変化を受けるだろうか。もし敵意やけんかがまったくないという絶対的な理想に合致しなければならないとすれば、いかなる社会をも非暴力的であるとか平和的であるとして特徴づけることはできないだろう。しかしこんな考え方はやや単純すぎる。基本的には非攻撃的で非暴力的な人びとでさえ、ある種の条件のもとでは腹を立てて反作用することも時にはある。とくに激しやすい人の場合はなおさらである。しかしながら、このことは彼らの性格構造が攻撃的であるとか、暴力的であるとか、破壊的であるとかを意味してはいない。さらに進んで、ズニ文化ほどに怒りの表現がタブーとされている文化においては、時として比較的少ない量の怒りが蓄積されて、けんかとなって表現されることもあると言えるかもしれない。しかし人間の生まれつきの攻撃という見解に独断的にしがみついている場合にのみ、このようなときおりのけんかが抑圧された攻撃の深さと強さを示しているという解釈がなされるのである。

このような解釈は、無意識的な動機づけに関するフロイトの発見の誤用に基づいている。この推論の論理はこうである。もし想定された特性がはっきり見られたら、その存在は明らかで疑いの余地はないのだが、それがまったくないとしても、ないこと自体がその存在を証明している。それは抑圧されているのに違いないのであって、その現われ方がはっきりしていなければいないほど、そんなに完全な抑圧を必要とするぐらいだから、その特性はよほど強いのに違いないというわけである。こういう方法によれば何でも証明できることになり、フロイトの発見は空虚な独断のための手段に変貌してしまう。すべての精神分析学者は、ある種の動因が抑圧されていると仮定するためには、夢や幻想や意図しない行動などに現われたその抑圧の経験的証拠がなければならぬということに、原則的には同意している。しかしながら、この理論的原則は、人間や文化を分析する際にしばしば無視されている。この理論が必要とするところの、ある種の動因が存在するという前提の正しさを確信するあまり、わざわざその経験的な現われを発見しようとはしないのだ。このようなやり方をする精神分析学者も、自分では誠意をもって行動しているのである。というのは、彼はこの理論の主張しているもの——そしてそれだけ——を見いだすことを予期しているという事実に、自分では気付いていないからである。人類学的な証拠を考量する場合には、ある傾向は意識的に知覚されない場合にも存在しうるという精神分析の論法の原則を見失わないようにしながら、今のような誤りを避けるように注意しなければならない。

ズニ族の場合には、はっきりと現われた敵意がないということが攻撃の強い抑圧によるものだ、という証拠はない。それゆえ非攻撃的で生命を愛し、協力的な体制像を疑う正当な理由はないのである。

非攻撃的な社会の提供するデータを無視するもう一つの方法は、それらを完全に無視するか、あるいはそれらが重要なものではないと主張することである。かくしてフロイトは、たとえばアインシュタインにあてた有名な手紙で、平和な原始的社会の問題について次のように述べている。「聞くところによればこの地上のある幸福な地域では、自然が人間の要求するものをすべて豊富に与えてくれ、そこには静かな生活を送り、強制も攻撃も知らない民族が住んでいるそうです。私にはちょっと信じられないことなので、こういう幸福な人たちのことをもっと聞きたいものだと思っています」(S・フロイト、一九三三)。もしフロイトがこれらの「幸福な人たち」のことをもっと知ったとしたら、彼がどういう態度を示したであろうかは、私にはわからない。どうやら彼はこのことを知ろうと真剣な努力はしなかったようである。

b　マヌス族(体制B)

マヌス族(M・ミード、一九六一)は、人生のおもな目的が生きることと楽しむこと、芸術と儀礼ではなく、経済活動による個人的成功の達成であるゆえに、体制Aとはっきり区別される体制の例である。一方、マヌス族の体制は体制Cとも非常に違っているが、体制Cについてはドブ族を例にあげるつもりである。マヌス族は本質的に暴力的でも破壊的でもサディスティックでもなく、また悪意をいだいたり人を裏切ることもない。

マヌス族は海に住む漁撈民で、グレート・アドミラルティー島の南岸に沿った礁湖に、くいを打ち込んで作った村に住んでいる。彼らは余剰の漁獲を近くの農耕を営む陸の住民たちと交易し、彼らからこの群島のより遠い地域で作られた品物を手に入れている。彼らは精力のすべてを完全に物質的成功のためにささげ、あまりにもわが身を酷使するので、多くの人間は中年の初めに死んでしまう。実際、初孫を見るまで生きることは珍しいことである。この仮借ない仕事への執念が奨励されるのは、成功が主たる価値であるという事実からだけでなく、失敗には恥がからんでいるためでもある。負債を返すことができなければ、その不幸な人は屈辱的な立場に追い込まれるし、一定量の資本の蓄積ができるだけの経済的成功をしなければ、その人はいかなる社会的威信も持たない人間の範疇に入れられる。しかし人がせっせと働いてどのような社会的威信を得ようとも、彼がもはや経済的に活動しなくなれば、それは失われるのである。

若者たちをしつける場合には、主として財産、恥、そして肉体的能力を尊重することが強調される。子供の忠誠を得ようとして身内の者たちが互いに競争するという事実によって、個人主義は強められ、子供は自分が貴重な存在であると思うようになる。彼らの結婚のおきてはきびしいもので、十九世紀の中産階級の道徳に似ている。悪徳のおもなものは性犯罪、醜聞を言い触らすこと、わいせつ、負債を返さないこと、身内を助けないこと、自分の家を手入れしておかないことである。激しい仕事と競争のしつけに矛盾しているように見えるのは、結婚前の若者たちの生活の或る時期である。若い未婚の男たちは一種の共同体を形成し、共同のクラブハウスに住み、共有の情人（ふつうは戦争の捕虜）を持ち、たばこやびんろうじゅの実〔訳注。木の実の一種で、チューインガムのようにかむ〕も共有している。彼らは社会の周辺部で、どちらかと言えば愉快に騒ぎながら生活している。おそらくこの休息期間は、男の一生の或る時期においてわずかでも快楽と満足を生み出すために必要なのだろう。しかしこの牧歌的生活は、結婚という行為によって最終的に打ち切られてしまう。結婚するためには若者は金を借りなければならず、結婚して最初の数年間は、彼にとっての目標はただ一つ、すなわち自分の負っている負債を財政的後援者に返すことしかない。彼は妻の一部をスポンサーに借りているかぎり、妻をあまり楽しむことさえできないのである。この最初の義務を果たすと、失敗をしたくないと思う人たちは、自分でも財産をたくわえるために一生をささげ、ほかの人たちの結婚の後援者となる。これが彼らが共同体の指導者となるための一つの条件なのである。結婚自体が主として経済的なことがらであって、個人的な愛情や性的関心は小さな役割しか演じない。夫と妻の関係は、こういう事情のもとでは驚くには当たらないことだが、少なくとも結婚して最初の約十五年間は敵対的である。子供たちや、自分たちが世話している者たちの結婚をととのえようというころになって初めて、夫婦間の関係はある種の協力的な性格を帯びるようになる。精力は成功というすべてに優先する目的に完全にささげられるので、愛情、忠誠、好み、嫌悪、憎しみなどの個人的動機はすべて押えられる。この体制を理解するために決定的に重要なことは、愛情や愛着はほとんどないけれども、一方では破壊性や残酷性もほとんどないということである。この全体像を支配している激しい競争の中でさえも、重要なことは他人をはずかしめることではなく、自分自身の地位を保つことである。残酷性は比較的少ない。実際、まったく成功しない人びと、失敗者となった人びとは放置されるだけで、攻撃の的にはならない。戦争は排除されてはいないが、若者たちを非行から遠ざけておく一つの手段として以外は、ふつうには認められていない。戦争は時には娼婦として働かせる女を捕えるのに役立ったが、概してそれは交易を破壊するものと考えられ、成功への道ではなかった。彼らの理想とするパーソナリティは決して英雄のそれではなく、非常に競争的で、成功的で、勤勉で、冷静な人間のそれであった。

彼らの宗教的な考え方は、はっきりとこの体制を反映している。彼らの宗教はエクスタシーや自然との一体感に達しようとする試みに基づくものではなく、純粋に実際的な目的を持っている。それはわずかな形式的な供え物で死者の霊を慰めたり、病気や不幸の原因を見いだし、これらの原因を除去する方法を確立することである。

この体制における生活の中心は、財産と成功であり、執念の主たるものは仕事であり、恐れの最大のものは失敗である。このような体制においては非常に多くの不安が生まれるということは、ほとんど必然的である。しかしこの不安にもかかわらず、高度の破壊性や敵意が彼らの社会的性格の一部になっていないということは、重要なことである。

体制Bのグループには、マヌス族ほど競争的でも所有欲が強くもない社会がほかにも幾つかあるのだが、私がマヌス族を選ぶことにしたわけは、この例をあげることによって、個人主義的＝攻撃的性格構造と、体制Cの残酷でサディスティックな性格構造との間の違いを、よりはっきりと描写できるからであった。

c　ドブ族（体制C）

ドブ諸島の住民たち（R・ベネディクト、一九三四）は、体制Cの好例である。マリノフスキー（Malinowski）の著作でよく知られているトロブリアンド諸島のすぐ近くにあるのだが、彼らの環境と性格はまったく異なっている。トロブリアンド族が安楽で豊かな生活をさせてくれる豊穣な島々に住んでいるのに、一方ドブ諸島は火山性であって、小さなくぼ地状の土地が幾つかあり、魚を取る機会も少ない。

しかしながらドブ族は隣人たちの間では貧しさのゆえではなく、危険さのゆえに知られている。彼らには首長はないが、彼らはよく組織された集団で、それが同心円的に配置されており、そのそれぞれの内部においては、限定された敵意の伝統的な表現形態が許容されている。スス（〈母の乳〉）という母系集団があって、そこではある程度の協力と信頼が見られるが、それ以外ではドブ族の個人間の関係は、すべての人間を敵となる可能性のある者として疑うということを原則としている。結婚ですら、二つの家族の間の敵意を減じることはない。夫婦が一年ごとに夫の村と妻の村に住むという事実によって、ある程度の平和は樹立される。夫と妻の関係は疑惑と敵意に満ちている。貞節は期待されない。そして性的な目的のため以外に男と女がたとえ短い期間でも一緒にいることがあるとは、ドブ族の誰も認めないだろう。

二つの点がこの体制のおもな特徴になっている。すなわち私的所有権と悪意の魔術を重んじることである。彼らの間での所有権の排他性は、激しく仮借のないところが特徴であって、ベネディクトは多くの例をあげている。庭の所有権とそのプライバシーが非常に尊重されるので、夫婦が庭で性行為をすることがならわしになっている。誰もひとの持っている財産の額を知ってはならない。それはまるで盗んだものであるかのように、秘密にされている。同じ所有権の意識が、まじないや呪文の所有権に関しても存在する。ドブ族は病気を起こしたり直したりする〈病気の呪文〉を持っており、それぞれの病気に特別な呪文がある。病気の説明としては悪意をもって呪文を用いたため、ということしかない。ある種の病気を起こしたり直したりすることを、完全に意のままにする呪文を持っている人間たちもいる。このように一つの病気に関して、それにかからせたり直したりする術を独占することによって、彼らは当然かなりの権力を持つことになる。いかなる分野における成果も呪術なしには不可能なので、ドブ族の全生活は呪術によって支配されている。そして病気とつながりを持った呪文もそうだが、それとはまったく別の分野でも、呪術の文句は私有財産の最も重要な項目の一つになっている。

生活全体が激しい競争であり、負けた競争相手は徹底的に利用される。しかし競争はほかの体制のようにあからさまで率直なものではなく、ひそかで油断もすきもならないものである。立派で成功した人間の理想像は、他人をだましてその地位を奪った人間である。

最も賞賛される美徳であり最大の成功であるとされるのは、〈ワブワブ〉、すなわち他人に損をさせて自分は得をすることを旨とするいんちきなやり方である。この技術は他人を犠牲にした状況のもとで、自分の利益をあげることである。(これは取り引きとはまったく違うやり方である。というのは取り引きは少なくとも原則としては、双方が得をするはずの公正な交換に基づいているからである。)このやり方の精神のもっと大きいとさえ言える特徴は、その不実さである。ふだんの人間関係においては、ドブ族は愛想がよくてばかていねいなほどに礼儀正しい。ある男の言うには、「俺たちが誰かを殺したいと思うと、その男と一緒に食べたり、飲んだり、眠ったり、働いたり、休んだりして、それを幾月も続けることもある。俺たちは時期を待つ。俺たちはその男を友だちと呼ぶ」（R・ベネディクト、一九三四）。その結果、少なくない殺人事件の場合に、疑いはその被害者と友だちになろうとした連中にかかるのである。

物の所有以外で最も強い欲望は、性の面での欲望である。彼らのふだんの生活の喜びのなさを考えると、性の問題は複雑である。彼らのしきたりには笑いがなく、気むずかしさが美徳となっている。彼らの一人が言うように、「庭では私たちは遊ばず、歌わず、ヨーデルもやらず、伝説も語らない」（R・ベネディクト、一九三四）。事実、ベネディクトは別の部族の村はずれでうずくまっている一人の男のことを報告している。そこでは人びとは踊っていたのだが、それに加わったらどうかという誘いを憤然と拒絶した。「私がしあわせそうだった、と妻は言うだろう」（R・ベネディクト、一九三四）。彼らにとって幸福は最高のタブーである。ところがこの気むずかしさおよび幸福や楽しい活動のタブーと並んで、乱婚が行なわれ、性的情熱や性的技巧が高く評価されているのである。実際、娘たちが結婚の準備として受ける性教育の基本は、夫を引きつけておく方法は彼を性的に消耗させておくことだ、ということである。

ズニ族とは対照的に、性的満足はドブ族がわが身に許すほとんど唯一の快楽と興奮に満ちた経験であるように思われる。しかしながら、予期されるように彼らの性生活は彼らの性格構造に色づけられているのであって、彼らの性的満足にはわずかな喜びしかなく、決してそれが男と女のあたたかく親しい関係を生み出すもとにはならないようである。矛盾しているようだが、彼らは非常に慎み深く、この点ではベネディクトが言うように、清教徒のように極端である。幸福と楽しみがタブーになっているというまさにそのことのために、性は何か非常に望ましいけれども悪いことであるというような性質を帯びなければならないのだ。実際、性的情熱は喜びの表現となることもできるが、それとまさに同じ程度に喜びのなさの代償となることもできる。ドブ族の場合は明らかに後者であるようだ。(39)

(39) ほかに喜びを持たない人びとが偏執的に性に力を入れる例は、今日の西洋社会においては、〈スインガー〉たちの中に見られるが、彼らはグループ・セックスを実行している極度に退屈した、不幸で、月並な人びとであって、絶え間ない退屈と孤独からの唯一の気晴らしとして、性的満足にしがみついている。それは若い世代の多くをも含む、消費社会における次のような部分とあまり違わないだろう。それは性的消費の拘束がすでになくなり、性を(麻薬のように)それがなければ退屈で抑鬱的となる精神状態での唯一の気晴らしと考えるような部分である。

要約としてベネディクトは述べている。

ドブにおける生活は敵意や悪意を極端な形にまで育成しているが、たいていの社会はそれぞれの制度によって、これらを最小限に押えてきている。ところがドブの制度はそれらを最高度に高めるのである。ドブ族は宇宙の悪意について人間がいだく最も恐るべき悪夢をそのままに、何ら抑制することなく生きているのであって、彼の人生観に従えば、美徳とはしかるべき犠牲者を選んで、彼が人間社会にも自然の力にもあると考えている悪意の的にしうるところにある。彼にはすべての生活が激しい格闘であると見え、そこでは共に天をいただかない敵どうしが四つに組んで、人生の良きものを一つ一つ争うのである。その闘争においては疑惑と残酷性とが彼の頼る武器である。そして彼は慈悲をいささかも求めない代わり、与えることもない（R・ベネディクト、一九三四）。

9　破壊性と残酷性の証拠

人類学上のデータによって、人間の破壊性の本能主義的解釈は批判に耐えうるものでないことが立証された。[40] あらゆる文化において、人間は死活の脅威に対しては戦うことによって（あるいは逃げることによって）身を守るのが見られるが、破壊性や残酷性がごくわずかしかない社会があまりにも多いので、これらの大きな違いは〈生まれつきの〉情熱を考えていたのでは説明できない。さらに、狩猟＝採集民や初期農耕民のような最も文明化していない社会が、もっと発達した社会より少ない破壊性しか示していないという事実は、破壊性が人間の〈本性〉の一部であるという考えを否定している。最後に、破壊性が孤立した要因ではなく、私たちが見てきたように一つの症候群の一部であるという事実が、本能主義的命題を否定している。

（40）文字を持たない四十の社会における殺人と自殺の率を研究することによって、原始的な民族の中での攻撃性を扱う研究が、S. Palmer（1955）によって企てられた。彼は殺人と自殺を一緒にして破壊的行為とし、四十の社会におけるそれらの発生率を比較した。彼が研究した社会の中で、低い破壊指数（〇—五）を持ったグループが一つあり、その中には八つの文化が含まれている。中程度の破壊性（六—十五）を持ったグループが一つで、そこには十四の文化がある。非常に高度の破壊性（十六—四十二）を持つグループが一つで、これには十八の文化が含まれる。低い攻撃性と中程度の攻撃性とを一緒にすれば、高い攻撃性十八に対して、低および中の攻撃性が二十二となる。これは私が三十の原始的文化の分析において見いだした非常に攻撃的な社会よりは、高い率を示しているが、それにもかかわらず、パーマーの分析は、原始的な民族の極度の攻撃性という命題を裏付けるものではない。

しかし破壊性と残酷性が人間性の一部ではないという事実は、それらが広くゆき渡った強烈なものでないことを意味してはいない。この事実を証明する必要はない。それは原始的社会を研究した多くの人たちが明らかにしている。[41] ただし、これらのデータはより発達した――あるいは堕落した――原始的社会に関するデータであって、最も原始的な社会である狩猟＝採集民に関するものではないことを心にとどめておくことが重要である。不幸なことに私たち自身がこのような異常な破壊性と残酷性の目撃者であったし、また今もそうであるので、歴史上の記録を見る必要さえないのである。

(41) たとえば M. R. Davie (1929) は、原始的民族の間における破壊性と拷問についての多くの資料を提供している。文明のもとでの戦争についてはQ・ライト（一九六五）も参照。

この考えから、私は人間の破壊性についてのよく知られた豊富な資料の引用はしない。一方狩猟＝採集民や新石器時代初期の農耕民について新しく発見されたことがらは、専門家以外には比較的知られていないので詳しく引用する必要があったのである。

私は二つの点で読者に注意したい。第一に、〈原始的(primitive)〉という言葉を非常に異なった種類の文明以前の文化に使うことから、多くの混乱が生じる、ということである。それらに共通していることは書かれた文字、精緻な技術、貨幣の使用を欠いているということである。しかし経済的、社会的、政治的構造に関しては、原始的社会はそれぞれ根本的に違っている。実際、〈原始的社会〉というようなものは——抽象的概念として以外には——なく、いろいろな型の原始的社会があるだけである。破壊性を欠いているということは狩猟＝採集民の特徴であり、それは幾つかのもっと発達した原始的社会にも見られるが、ほかの多くの社会や文明社会では、一番目立つのは破壊性であって、平和性ではない。

私が注意を促したいもう一つの誤りは、事実としての破壊的かつ残酷な行為の持つ精神的、宗教的な意味や動機づけを無視することである。一つの極端な例として、ヘブライ人の征服したころのカナンにおいて、また紀元前三世紀にローマ人に滅ぼされるまでのカルタゴにおいて行なわれた子供のいけにえを考えてみよう。これらの親たちは、自分の子供を殺そうという破壊的で残酷な情熱に動機づけられていたのだろうか。たしかにこれはありそうにもないことである。アブラハムがイサクをいけにえにしようとする物語は、子供のいけにえに反対するための物語で、アブラハムのイサクへの愛情を感動的に強調している。にもかかわらず、アブラハムが息子を殺そうとする決意はゆるがない。ここで私たちがかかわっているのは、子供に対する愛情さえもしのぐ程強い宗教的動機づけであることは、まったく明らかである。このような文化の中の人間は完全に彼の宗教的体系に身をささげているのであって、彼はこの体系の外にいる人間にはそう見えようとも、残酷ではないのである。

現代において子供のいけにえに匹敵する現象である戦争という現象を考えれば、この点を理解する助けになるかもしれない。第一次世界大戦を例に採ろう。指導者たちの経済的利害、野心、虚栄心の混合、そして至るところで演じられた多くの愚かなしくじりが、戦争を引き起こした。しかしいったん起こってしまうと（あるいはその少し前からでさえ）、それは〈宗教的〉現象となった。国家、国民、国家的名誉などが偶像となり、両陣営は進んで彼らの子供たちをこれらの偶像のいけにえとした。戦争に責任のあったイギリスおよびドイツの上流階級においては、その若者たちの多くの部分が、戦いの初期に一掃されてしまった。たしかに彼らは親たちに愛されていた。それでも伝統的な考え方が最も深くしみ込んでいる人たちの場合はとくに、愛情のゆえに子供たちを死へ追いやることをためらうことはなかったし、また死に向かう若者たちも何らためらわなかった。子供をいけにえにする場合は父親が直接子供を殺すのに対して、戦争の場合は両陣営がお互いの子供たちを殺す取り決めをするという事実は、たいして重要ではない。戦争の場合は、責任のある人びとは何が起こるのか知っているのだが、偶像の力は子供への愛情の力より強いのである。

人間の生まれつきの破壊性の証拠としてしばしば引き合いにされてきた一つの現象は、人食いのそれである。人間の生まれつきの破壊性という命題の擁護者たちは、最も原始的な形の人間である北京原人(紀元前約五十万年)でさえ人食いであったことを示すかに見える、もろもろの発見を重視してきた。

事実はどうなのか。

四十人分の頭蓋骨の断片が周口店で発見され、それは知られているかぎり最も原始的なヒトである北京原人のものと考えられた。ほかの骨はほとんど見付からなかった。頭蓋骨は基部を切り取られているので、脳が取り出されたのではないかと思われる。さらに脳は食べられたのだという結論が下され、それゆえ周口店で発見されたことは、知られている最も古い人間は人食いであったことを証明しているという結論が下されたのである。

しかしながら、これらの結論のいずれも証明されてはいない。私たちは見つかった頭蓋骨の持主を誰が殺したのか、何のために殺したのか、またこれは例外なのか典型的な例なのかも知らない。マンフォード（一九六七）はK・J・ナル（K. J. Narr）（一九六一）と同じように、これらの推論は憶測にすぎないという点を強調しているが、それはもっともなことである。北京原人に関する事実がどういうものであれ、L・マンフォードが言うように、とくにアフリカとニューギニアでのちに広まった人食いを、より低い段階の人間の中で人食いが行なわれた証拠と考えることはできない。（これは最も原始的な人間はより発達した人間より破壊性が少なく、それに伴って、多くのより発達した原始的人間より進んだ形の宗教を持つという現象において、私たちが見いだしたのと同じ問題である〔K・J・ナル、一九六一。〕）

北京原人の脳が取り出されたのかもしれないということの意味について多くの推測がなされた中で、一つの推測がとくに注目に値する。すなわちここで私たちがかかわっているのは儀礼的行為であって、脳は栄養としてではなく神聖な食物として食べられたのではないかという仮定である。A・C・ブランク（A. C. Blanc）は初期の人間のイデオロギーの研究において、さきに名をあげた著者たちと同じように、私たちは北京原人の宗教的な考え方についてはほとんど何も知らないが、彼を宗教的な人食いを行なった最初の人間と考えることは可能である、と指摘している（A・C・ブランク、一九六一）[42]。ブランクは周口店で発見されたことと、モンテチルチェオでネアンデルタール人の頭蓋骨について発見されたこと、つまりその基部は脳を取り出すために切り取られているということとの間には、おそらく関連があるのではないかと言っている。彼は今では十分な証拠がそろったから、私たちが今かかわっているのは儀礼的行為であるという結論を下してもよいと考えている。ブランクはこのような切り取り方はボルネオやメラネシアの首狩り族の行なうのと同じであって、そこでは首狩りは明らかに儀礼的な意味を持っていることを指摘する。興味深いことだが、これらの部族は、ブランクによれば「とくに血を好むこともなく、攻撃的でもなく、むしろ高い道徳を持っている」(A・C・ブランク、一九六一)。

(42) ブランクは古代ギリシアのディオニソスの秘儀を指摘して、書いている。「最後に、聖パウロはコリント人への手紙〔訳注。新約聖書コリント前書第十章第十六節〕の中で、聖餐の儀礼においてはキリストの血と肉にほんとうに与るのだという動機をとくに力をこめて強調しているが、このことに注目するのも無意味ではあるまい。それはギリシアにおけるキリスト教とその主要な儀礼の浸透と受容を促進するための、強力な手段であった。ギリシアにおいては、ディオニソスの象徴的な儀礼としての食事の伝統がとくに強かったし、また深く意識されてもいたのであった(A・C・ブランク、一九六一)。

これらすべてのデータから、北京原人の人食いについての私たちの知識はもっともらしい解釈以上のものではなく、もしそれが正しいとしても、私たちのかかわっているのはおそらくは儀礼的現象であって、アフリカや南アメリカやニューギニアで見られるたいていの破壊的で非儀礼的な人食いとは、まったく異なったものであるという結論が生まれる(M・R・デーヴィー、一九二九)。先史時代の人食いがまれであったということは、E・フォルハルト(E. Vollhard)が「人食い」(“*Kannibalismus*”)という専攻論文で、初期の人間が人食いをしたという確実な証拠はまだ認められていなかったが、一九四二年にブランクからモンテチルチェオの頭蓋骨の証拠を見せられて、初めて考えを変えた、と述べている事実によって明らかに示されている(A・C・ブランクの報告による。一九六一)。

首狩りにおいても儀礼的人食いの場合と同じように、儀礼的な動機が見られる。首狩りが宗教的に意味のある儀礼から、サディズムと破壊性の生み出す行動へどの程度変化するかということは、今までこの問題について検討されてきた以上に詳しく検討するだけの価値がある。拷問は原始的部族の場合でも現代のリンチをする暴徒の場合でも、おそらくは儀礼的行為であることはまれであって、たいていはサディスティックな衝動の表現であろう。

これらすべての破壊性と残酷性の現象を理解するためには、破壊性あるいは残酷性の動機づけよりも、そこにあるかもしれない宗教的動機づけを認識する必要がある。しかし非実際的、非物質的な目標への努力と、精神的、道徳的動機づけの力との強さを認識しない文化においては、この区別はほとんど理解されないのである。

しかしながら、破壊的で残酷な動作の多くの例をよりよく理解することで、精神的動機づけとしての破壊性と残酷性のせいに帰しうる場合が減るかもしれないとしても、人間はほとんどすべての哺乳動物と違って、殺すことと苦しめることに強烈な快楽を覚える唯一の霊長類であることを示す例は十分にある、という事実は残る。私は本章でこの破壊性は生まれつきのものでもなく、〈人間性〉の一部でもないということ、そしてすべての人間に共通したものでもないということを明らかにしたと思う。人間のこの潜在的な悪をもたらすものとして、ほかにどのような人間独特の条件があるのかという問題は、以下の文章で論じられ、そしてたぶん——少なくともある程度までは——答えられるだろう。

第三編　さまざまな攻撃と破壊性およびそれぞれの条件

第九章　良性の攻撃

まえがき

前章で示した証拠から、防衛的攻撃は動物にも人間の脳にも〈組み込まれて〉いて、死活の利害への脅威に対する防衛機能を果たすという結論が得られた。

もし人間の攻撃が多少ともほかの哺乳動物——とくに私たちの一番近い親戚であるチンパンジー——と同じ程度であるならば、人間社会はむしろ平和で非暴力的なものであるだろう。しかし事実はそうではない。人間の歴史は異常な破壊性と残酷性の記録であり、人間の攻撃は動物時代の祖先のそれをはるかにしのぐもののようであり、そして人間はたいていの動物と違って、ほんとうの〈殺し屋〉なのである。

私たちは人間のこの〈過剰攻撃〉をどのように説明すべきなのか、それは動物の攻撃と同じ原因を持っているのだろうか。それとも人間には何かほかに人間独特の潜在的破壊性があるのだろうか。

第一の仮定に対する賛成論として指摘できることは、動物もまた環境的、社会的平衡が乱された時には極端なひどい破壊性を発揮するということである。ただしこれは例外的に——たとえば過密の状態において——起こるだけなのだが。人間が動物よりずっと破壊的なのは、彼が過密あるいはその他の攻撃のもととなる布置のような諸条件を作り出し、それが人間の歴史において例外的というよりむしろふつうのことになってしまったからだと結論することもできよう。それゆえ人間の過剰攻撃はより大きな潜在的攻撃性によるのではなく、攻撃のもととなる諸条件が、自然の生息地にすんでいる動物の場合より人間の場合によく起こるという事実によるのである。(1)

(1) この見解は、C ラッセルとW・M・S・ラッセル(一九六八a)に表明されている。

この議論は妥当なものである——その議論の範囲内では。またこれは歴史における人間の条件の批判的分析を促すゆえに、重要な議論でもある。それは人間がその歴史の大半を動物園で過ごし、〈野生のまま〉——すなわち人間の成長と幸福をもたらすような自由な状態——ではなかったことを暗示している。実際、人間の〈本性〉に関するほとんどのデータは、ロンドン動物園のサル山のヒヒに関するズーカーマンの最初のデータと基本的には同じ種類のものである(S・ズーカーマン、一九三二)。

しかし人間は過密を含まない状況でも、しばしば残酷かつ破壊的に行動するという事実は残る。破壊性と残酷性は人間に強い満足を感じさせることがありうる。大量の人間が突然流血の渇望にとらえられることがありうる。個人や集団が或る性格構造を持ち、それに促されて破壊性を発揮できるような状況を熱心に待ち受ける——あるいは作り出す——ということもありうる。

一方、動物はほかの動物に痛みや苦しみを与えて楽しむことはなく、また〈いわれなく〉殺すこともない。時として動物がサディスティックな行動を見せるように思われることもある——たとえば、ネコがネズミをおもちゃにする時のように。しかしネコがネズミの苦しみを楽しんでいると考えるのは、擬人論的な解釈であって、ネズミであれ毛糸の玉であれ、何でも速く動くものならおもちゃとして役立つのである。あるいはほかの例をあげるなら、ローレンツは二羽のハトを狭すぎるかごに閉じ込めた時のできごとを報告している。強い方のハトが相手の羽を生きながらに一枚一枚むしり取り、ローレンツがやって来て二羽を引き離すまで続けたという。しかしここでも、無制限の残酷性の現われと思えるものが、実は空間を奪われたことに対する反作用であって、防衛的攻撃の範疇に入るのである。

破壊のために破壊するという願望は、また違ったものである。人間だけが破壊以外に何の理由も目的も持たずに生命を破壊することに、快楽を覚えるもののようである。もっと一般的に言えば、人間だけが防衛あるいは必要なものを得るという目的を超えて、破壊的になるものらしいのである。

本章で展開されるはずの命題は、人間の破壊性と残酷性は動物的な遺伝によって、あるいは破壊の本能によって説明できるものではなく、人間を動物時代の祖先と違ったものとしている要因に基づいて理解しなければならないということである。問題はどのようにして、またどの程度にまで、人間存在の特殊な条件が、殺し、苦しめる人間の渇望の性質と強さを決定しているのかを検討することである。(2)

(2) L・フォン・ベルタランフィは、原理的にはここに示したのと同様の立場を採っている。彼は書いている。「人間の精神の中には、攻撃的、破壊的傾向があって、それが生物学的動因の性質を持ったものであることには疑いがない。しかしながら、自己保存や自己破壊を超えた最も有害な攻撃現象は、生物学的な水準以上の人間独特の特徴、すなわち思考、言葉、行動によって象徴的な宇宙を創造する彼の能力に基づいている」(L・フォン・ベルタランフィ、一九五六)。

人間の攻撃性が動物のそれと同じ防衛的な性格を持っている一方では、それは人間の条件の中にある理由のために、はるかに頻繁である。本章はまず人間の防衛的攻撃を扱い、次いで人間に独特のものについて扱うことになる。

もし私たちがほかの人間や動物や無生物などに害を及ぼしたり、及ぼそうと意図したりするすべての行為を〈攻撃〉と呼ぶならば、攻撃の範疇に含まれるあらゆる種類の衝動の最も根本的な区別は、生物学的に適応し生に役立つ良性の攻撃と、生物学的に非適応で悪性の攻撃との間のそれである。

この区別については、すでに攻撃の神経生理学的な面を論じた時に言及した。それを簡単に要約すればこうである。生物学的に適応した攻撃は死活の利害に対する脅威への反応であって、それは系統発生的に計画されたものであり、動物および人間に共通のものである。それは自然発生的でも自然に増大するものでもなく、反作用的であり防衛的である。それは脅威を破壊するかその原因を除くかによって、脅威を除去することを目的とするものである。

生物学的に非適応で悪性の攻撃、すなわち破壊性と残酷性とは、脅威に対する防衛ではない。それは系統発生的に計画されたものではなく、ただ人間のみの持つ特徴である。それは社会を壊滅するようなものなので、生物学的に有害である。そのおもな現われ——殺しと残酷性——はほかに何の目的も必要とせずに快楽に満ちている。それは襲撃を受ける者だけでなく、襲撃を掛ける者にとっても有害である。悪性の攻撃は本能ではないが、人間存在の条件そのものに根ざした人間の潜在的可能性である。

生物学的に適応した攻撃と生物学的に非適応の攻撃とを区別すれば、人間の攻撃に関するすべての議論の混乱を整理するのに役立つに違いない。人間の攻撃の頻繁さと強さが人間性の生まれつきの特性によるものだと説明する人びとに対抗するために、平和な世界への希望を捨てることを拒否する彼らの反対者たちは、しばしば人間の破壊性と残酷性の程度を過小評価せざるをえなくなる。かくして希望の擁護者たちは、しばしば人間に関して弁護的かつ過度に楽観的な考え方をするように強いられてきた。防衛的攻撃と悪性の攻撃とを区別すれば、このことは不必要になる。その意味するところはただ人間の攻撃の悪性の部分は生まれつきではなく、それゆえ根絶できないものではないということであるが、一方それは悪性の攻撃は人間の潜在的可能性であって、新しい型が導入されたらすぐに消えるような学習された行動の型以上のものであることをも認めている。

　第三編では良性と悪性の両方の攻撃の性質およびその条件を検討するが、後者の方をずっと詳しく扱うことになるだろう。始める前に私が読者に注意を促しておきたいことは、行動主義的理論とは対照的に、これから行なうあらゆる型の攻撃の分析の主題は攻撃的衝動であって、それらが攻撃的動作に表現されているか否かにはとらわれないということである。

1　疑似攻撃

　疑似攻撃という言葉によって私が指しているのは、害を及ぼすかもしれないがその意図のない攻撃行為である。

偶発的攻撃

　疑似攻撃の最も明白な例は偶然の、意図しない攻撃、すなわち他人を傷つけはするが、危害を与えることを意図しない攻撃である。この型の攻撃の古典的な例は、銃を撃ってそれがそばにいる人を偶然に傷つけたり殺したりする場合である。精神分析が無意識の動機づけの概念を導入したので、偶発的行為の法律的定義はそう単純ではなくなったし、その結果、偶然のように見えるものもその攻撃者が無意識的に意図したものではなかったかという疑問を起こすこともできるのである。こう考えると、意図しない攻撃の範疇に入る例は数を減じることになるが、すべての偶発的攻撃が無意識的動機によるものと仮定するならば、それはまったく独断的な過度の単純化ということになるだろう。

遊びの攻撃

遊びの攻撃は、技能を発揮することを目的としている。それは破壊や危害を目的とはせず、憎しみによって動機づけられてもいない。フェンシングや剣道そして弓などは防衛や襲撃のために敵を殺す必要から発達したのだが、それらは本来の機能をほとんど完全に失って、技術となった。この技術はたとえば禅の剣道において練磨されるのだが、これは高度の技能、身体全体の完全な制御、完全な集中――茶道のように一見まったく異なった芸術と共通した性能なのだが――を必要とする。禅の剣道の達人は殺したり破壊したりする望みは持たず、憎しみも持たない。彼はしかるべき動きを見せ、もし相手が殺されたなら、それは相手の「いる場所が悪かった」からなのだ。[3] 古典的精神分析学者なら、剣士は憎しみと相手を殺したいという願望に動機づけられていると考えるかもしれない。こう考えるのは彼の権利だが、それは禅の精神をほとんど理解していないことを示すものである。

(3) 故鈴木大拙博士からの私信。

弓矢もかつては殺す目的を持った襲撃と防衛の武器であったが、今日では弓道はE・ヘリゲル（E. Herrigel）の『弓における禅』（*Zen in the Art of Archery*）（一九五三）という小冊子に非常に啓蒙的に書いてあるように、まったく技能の練習なのである。西洋文化においても同じ現象が見られるのであって、フェンシングも剣術もスポーツになった。これらには禅芸術の精神面はないかもしれないが、これらもまた危害を加える意図を持たない種類の戦いの例である。同様に原始的な部族の中にも、主として技能の誇示であって、破壊性の表現という意味はごくわずかしかないように思われる戦いが、しばしば見られるのである。

自己主張的攻撃

疑似攻撃の中で何と言っても一番重要な場合は、多かれ少なかれ自己主張に等しい場合である。それは語根――*aggredi* でそのもとは *ad gradi*（*gradus* は〈歩み〉で *ad* は〈向かって〉）であり、その意味は〈前へ進む（ゆく、歩む）〉――の文字どおりの意味であり、ちょうど *regredi* から来た regression が〈後方へ進む〉を意味するのと同じである。*aggredi* すなわち今では廃語になった英語の形で言えば、"to aggress" は自動詞である。人は aggress すなわち前へ進むことはできるが、襲撃するという意味で誰かを "aggress" することはできない。"aggress" という言葉は初期において襲撃の意味を得たに違いない。というのは戦争の場合は、前へ進むということはふつう襲撃の始まりであるからである。

攻撃的（aggressive）であるということは、"aggressing" という本来の意味では、ある目標を目ざして過度のためらいや疑いや恐れを持たずに前進することと定義することができる。

自己主張的攻撃という考えは、男性ホルモンと攻撃との間のつながりについての観察の中に、かなりの確証を得られそうである。多くの実験によって、男性ホルモンが攻撃的行動を生む傾向があることが明らかになっている。これはなぜかという問いへの答えとして、男性と女性の最も根本的な違いの一つは性行為の時の役割の違いであることを考えなければならない。男性の性的役割の解剖学的、生理学的条件は、男性は処女の処女膜を破る能力のあること、女性が見せるかもしれない恐れやためらいや、あるいは抵抗にさえも妨げられないことを要求する。動物の場合は、雄は雌にかかっている間、雌に一定の姿勢を執らせなければならない。男性が性的役割を果たしうることは種の存続にとっての基本的要件であるから、自然が男性にある特別な潜在的攻撃性を与えたのではないかと想像される。この想像は多くのデータによって立証されているようである。

攻撃と雄の去勢との関係、あるいは去勢された雄に男性ホルモンを注射した場合の結果との関係を研究するために、多くの実験が行なわれてきた。この分野での基本的な研究は四〇年代に行なわれた。[4] 古典的な実験の一つは、ビーマン (Beeman) が記述しているものである。彼は成熟した雄のネズミ (生後二十五日) を去勢すると、手術後しばらくして彼らはもはや去勢以前ほどには戦わなくなり、おとなしく行動することを示した。しかしながら、その同じネズミにそれから男性ホルモンを与えると、彼らは再び戦い始め、男性ホルモンを与えなくなるとまた戦いをやめた。しかしビーマンは、ネズミは手術ののちに休息を与えられなければ戦いをやめずに、毎日続けて決まって戦いをするように条件づけられることをも明らかにすることができた (E・A・ビーマン、一九四七)。このことは男性ホルモンは闘争的行動の刺激の一つではあるが、それがなければその行動が起こらないような条件ではないことを示している。

（4）　F・A・ビーチ（一九四五）参照。

チンパンジーに対しても、同じような実験がG・クラーク（G. Clark）とH・G・バード（H. G. Bird）によって行なわれた（一九四六）。その結果は男性ホルモンは攻撃性（優位）の度合いを高め、女性ホルモンはそれを低めるというものであった。それ以後の実験――たとえばE・B・シッグ（E. B. Sigg）の報告しているもの――も、ビーマンらのかつての仕事の正しさを証明している。シッグの到達した結論によれば、「孤立したネズミにおいて攻撃的行動が促進されるのは、おそらく多くのホルモンの不均衡の結果、攻撃を生じる引き金的な刺激の閾値が下がることによると言えるだろう。男性生殖腺ホルモンはこの反応に重大な関係を持っているが、ほかの内分泌器官の変化（副腎皮質、副腎髄質、甲状腺の）もそれを助ける上で重要な意味を持っているかもしれない」（S・ガラティーニ〔S. Garattini〕、E・B・シッグ編、一九六九）。

同じ書物の中で、性ホルモンと攻撃の関係についての問題を扱っているほかの論文から、私はK・M・J・ラーゲルスペッツ（K. M. J. Lagerspetz）の論文だけに触れたい。彼の報告している実験によって、高い攻撃性を持つように条件づけられたネズミの場合は、雌にかかることも交尾することも完全に抑制されるが、非攻撃的に条件づけられたネズミの場合は、性行動は抑制されないことが明らかにされている。著者の結論によれば、「これらの結果から考えられることは、この二つの型の行動は、どちらか一方を選んで抑制したり強化したりできる別個の選択肢であって、〔それゆえこれらの結果は〕

攻撃的行動と性的行動とが、環境の刺激によってさらに発散しやすくなる同じ興奮によるものだという思いこみを実証することにはならない」（K・M・J・ラーゲルスペッツ、一九六九）。このような結論は、攻撃的衝動は男性の性衝動を助長するという仮定に矛盾している。この一見矛盾した事実を評価するのは、私の能力の及ばないところである。しかしもう少しあとで私の考えた仮説を紹介することにしよう。

男性的性質と攻撃との間に関係があると仮定するためのまた別な根拠と考えられるのは、Y染色体の性質についての発見や考察である。女性は二つの性染色体（XX）を持っているが、男性の性染色体の組み合わせは一つのXと一つのYとから成る（XY）。しかしながら細胞分裂の過程において、異常な発達が起こりうるのであって、攻撃という観点から見てその最も重要なものは、一つのX染色体と二つのY染色体を持った男性である（XYY）。（ほかにも余分な性染色体を持った型があるが、ここでは私たちの関心を引かない。）XYY型の人間はある種の身体的異常さを示すらしい。彼らはたいてい身長は標準以上で、どちらかと言えば鈍感であり、てんかん性や疑似てんかん性の状態に比較的なりやすい。ここで私たちの関心を引く点は、彼らが異常な程度の攻撃性をも示すことがあるということである。初めてこの仮定がなされた根拠は、エジンバラのある特別保護施設の精神的に異常な（暴力的で危険な）収容者についての研究であった（P・A・ジェーコブス〔P. A. Jacobs〕ほか、一九六五）。百九十七人の男性のうち、七人がXYY体質（千人中三・五人）であったが、これは一般の人びとの場合よりおそらくは有意味に高い割合である。(5) この仕事が発表されてから一ダースばかりのほかの研究が行なわれたが、それらの結果は最初の研究の結果を裏付け、拡大する傾向を持っている。(6) しかしこれらの研究から何らかの明確な結論を引き出すことはできず、これらに基づいた仮定は、より多くのサンプルに基づいての、より厳密な方法を用いた研究による確証を待たなければならない。[7]

（5）しかしながら、これらの数字には議論の余地がある。というのは、一般の人びとの中のXYYの率は、千人のうち〇・五人—三・五人という違いがあるからである。

（6）M・F・A・モンタギュー（一九六八）および J. Nielsen (1968) 参照。とくにそれらの引用文献を参照のこと。

（7）この問題についての最も新しい概観は、攻撃とXYY染色体とのつながりはまだ立証されないという結論に達している。著者は書いている。「会議に参加した学者たちの優勢な意見は、これまで暗示され、あるいは実証された行動的逸脱は、XYY染色体構造との間に、直接の因果関係があることを示してはいないというものであった。かくして現在においては、XYYの全量が行動的異常と明確に、あるいは常に結びついているとは言えない……。そのうえ、広く考えられていることとは違って、XYY異常を持った人びとは、正常な染色体構造を持つ犯罪者と比べて、より攻撃的であるということは見いだされてはいない。この点で、早まった軽率な推論によって、XYYの人びとが他の犯罪者に比べて、異常に攻撃的であり、暴力的であるという偽りの汚名を着せられたように思われる」(S. A. Shah, 1970)。

男性の攻撃はふつう文献の中では、一般に攻撃と呼ばれているもの——すなわち他人に危害を加えることを目的とする襲撃的行動——と違わないもののように理解されている。しかしこれが男性の攻撃の本性であるとすれば、生物学的な観点からは何ともわけのわからないものとなる。女性に対して敵意を持ち、危害を加えるような男性の態度というものの生物学的役割とはいったい何なのか。それは男性－女性関係の基本的なきずなを断ち切るものであり、さらに生物学的観点からはもっと重要なことであるが、それは子供を生み育てる責任を持った女性に危害を加えることになるのだ。[8] ある種の布置、とくに家父長的支配と女に対する搾取という布置のもとでは、両性の間に深刻な対立関係が発達することは事実だが、このような対立がなぜ生物学的観点から望ましいのかは、またそれが進化の作用の結果として発達したこと自体も、説明できないことである。一方私がさきに言ったように、男性が前進し、障害物を乗り越える能力を持つことは、生物学的に必要なことである。しかしこのこと自体は敵意を持った、あるいは襲撃的な行動ではなく、それは自己主張的攻撃なのである。男性の攻撃が破壊性や残酷性とは根本的に違うということは、女性が男性ほど破壊的でも残酷でもないという仮定をもたらすような証拠はまったくないという事実によって、裏付けられている。

(8) 動物の交尾は、時として雄が激しい攻撃を行なっているという印象を与える。ところが慣れた観察者の観察によれば、真実は見掛けとは一致しないこと、少なくとも哺乳動物の間では、雄は雌にいかなる害も与えないことが明らかとなっている。

このように考えると、高度の闘争的行動を示すネズミは交尾に関心を持たないことを見いだしたラーゲルスペッツによる、さきに引用した実験に含まれている幾つかの理解しにくい点をも説明できるように思われる(K・M・J・ラーゲルスペッツ、一九六九)。もし一般に用いられているような意味での攻撃が男性の性的能力の一部であるならば、あるいはそれを刺激さえするものであるならば、反対の結果が予想されるはずである。ラーゲルスペッツの実験とほかの著者たちの実験との間にあるかのように見える矛盾は、もし私たちが敵意を持った攻撃と前進するという意味での攻撃とを区別するならば、簡単に解決するように思われる。戦っているネズミは敵意を持った襲撃的な気分を持っていて、そこには性的刺激はないと考えられる。一方ほかの実験における男性ホルモンの投与が生み出すものは敵意ではなく、前進し、その結果ふつうの闘争的行動の抑制を減らすような傾向なのである。

ラーゲルスペッツの命題は、人間のふつうの行動を観察することによって立証できる。怒りと敵意をいだいている人びとはほとんど性欲を覚えず、性的刺激も彼らをたいして動かしはしない。ここで言っているのは敵意と怒りを持った襲撃的傾向のことであって、サディズムのことではない。サディズムは実際性衝動と両立するし、しばしば混在もするものである。要するに怒りすなわち基本的には防衛的である攻撃は、性的関心を弱めるのであって、サディスティックな衝動およびマゾヒスティックな衝動は、性的行動から生まれたものではないとしても、それと両立するし、また刺激もするのである。

自己主張的攻撃は性的行動に限られたものではない。それは人生におけるいろいろな場合、たとえば外科医や登山者の行動やたいていのスポーツにおいて要求される基本的な性質である。それはまた狩猟者にも必要な性質である。成功するセールスマンもまたこの型の攻撃を必要とするのであって、このことは〈攻撃的セールスマン〉という言葉で表現されている。これらすべての場合において、やることがうまくゆくのは、ただその当人が妨げられずに自己主張をしうる時——すなわち断固として、障害に妨げられることなく目的を追求しうる時——だけである。もちろんこの性質は、敵を襲撃する人間にもまた必要である。この意味での攻撃性を欠いている将軍は、優柔不断で低級な武官であるし、これを欠いて襲撃する兵士は、たちまち退却するだろう。しかし危害を加えることを目的とする攻撃と、危害を加えることであれ、創造することであれ、目標の追求を容易にするだけの自己主張的攻撃とは区別しなければならない。

男性ホルモンの注射が動物の闘争能力を回復したり強化したりするという動物実験においては、二つの解釈の可能性を慎重に区別しなければならない。(1)ホルモンは激怒と攻撃を生み出すということ。

(2) ホルモンはほかの原因によって統合された既存のもろもろの敵意ある目的を追求する際の、動物の自己主張を強化するということ。男性ホルモンが攻撃に与える影響についての諸実験を検討してみて私の受けた印象は、どちらの解釈も可能だが、生物学的な理由から第二の解釈の方があたっていそうだということである。この違いに焦点をあててさらに実験を行なえば、おそらくはこのどちらかの仮説に対する確実な証拠が得られるだろう。

自己主張、攻撃、男性ホルモン、そして——おそらくは——Y染色体の間の関係から、男は女より多くの自己主張的攻撃を備えていて、将軍や外科医や狩猟者としてまさっており、一方女は保護と心づかいにおいてよりすぐれ、内科医や教師としてまさっていると考えられる。もちろん今日の女の行動からは、いかなる結論も引き出しえない。というのは、それは主として現在の家父長制的秩序の結果であるからである。さらに言えば、この問題すべてはまったく統計的な意味しかなく、個別的な意味は持たないだろう。自己主張的な攻撃性を持たない男も多いし、それを必要とする仕事をりっぱにやってのける女も多い。男らしさと自己主張的攻撃性との間にあるのは明らかに単純な関係ではなく、高度に複雑な関係であって、その詳細について私たちはほとんど何も知らない。これは遺伝学者にとっては何も驚くべきことではないのであって、彼は遺伝的な傾向はある種の型の行動に転化しうるが、それはほかの遺伝的傾向および、その中で人が生まれて生きなければならない生活の場のすべてとの相互連関によってのみ、理解できるものであることを知っているのである。さらに自己主張的攻撃は生存にも必要な性質であって、さきに述べた特定の活動を行なう時にのみ必要なものではなく、したがってすべての人間がそれを備えていて男だけのものではないと考えるのは、生物学的に妥当な仮定である、と見なさなければならない。特定の男性的攻撃がただ性的行動にのみ影響を与えるのかどうか、それとも一方では、男にも女にも内在する両性的性質という現象によって、女性の自己主張的攻撃を十分に説明できるかどうか、というようなことは、男性ホルモンや染色体の影響についての経験的なデータがもっともっと多く得られるまでは、無益な空論にすぎない。

しかしながら、臨床的にかなりよく立証されている重要な事実が一つある。妨げられずに自己主張的攻撃を行なう人物は、一般的に言って、自己主張に欠けている人物よりも防衛的な意味での敵意がより少ない。このことは防衛的攻撃にも、サディズムのような悪性の攻撃にも言えることである。その理由は容易にわかる。さきの問題について言えば、防衛的攻撃は脅威への反応である。妨げられずに自己主張的攻撃を行なう人物は、そう簡単に脅威を感じないから、攻撃によって反作用しなければならない立場に立つこともあまりない。サディスティックな人間は自らの心情の無能力に苦しみ、他人を動かし他人の反応を呼び起こして自分を愛される人間とすることができないことで苦しんでいるがゆえに、サディスティックなのである。彼はその無能力の代償として、他人を支配する権力を得ようとする情熱を持つ。自己主張的攻撃は自分の目的を達成する能力を強めるので、それを持つことはサディスティックな制御への要求を大きく低下させるのである。(9)

(9) 第十一章のサディズムについての議論参照。

自己主張的攻撃に関する最後の見解として、それがある所与の人物において発達する度合いは、彼の性格構造全体およびある種の神経症的徴候にとって重大な意味を持っていると、私は言いたい。内気な、あるいは抑制を受けている人物においては、強迫的で固定観念にとらわれる傾向を持った人物と同様に、この型の攻撃が妨げられている。それを治療する仕事は、まずその人物をしてこの障害に気付かせてやることであり、それからそれがいかにして発達したのかを理解し、そしてこれが最も重要なのだが、彼の性格体系や環境の中のほかのどのような要因によってそれがささえられ、かつエネルギーを補給されているのかを理解するよう助けてやることである。

おそらく自己主張的な攻撃を弱める結果をもたらす最も重要な要因は、家庭および社会における権威主義的雰囲気であって、その中では自己主張が反抗や襲撃や罪と同等視されている。あらゆる不合理で搾取的な形態の権威にとって、自己主張——権威自身の真の目標を他人が追求すること——は、権威の力に対する脅威であるがゆえに最高の罪なのである。その権威の支配下にある人は、権威の目的は彼の目的でもあり、服従は自己を実現する最適の機会を与えてくれると教え込まれている。

2　防衛的攻撃

動物と人間との違い

防衛的攻撃は攻撃の神経生理学的基礎を論じた時にすでに述べた理由によって、生物学的に適応している。それらの理由を簡単に繰り返すと、動物の脳は食物、空間、子供、雌への接近といった死活の利害が脅かされると、襲撃や逃走の衝動を動員するように、系統発生的に計画されている。本来の目的は危険を取り除くことである。これは逃走によって取り除くことが可能であるし、またたいていはそうする。また逃走が不可能な場合は、戦うことあるいは効果的なおどしの姿勢を執ることによって、危険の除去が行なわれる。防衛的攻撃の目的は破壊への渇望ではなく、生命の保護である。いったんこの目的が達成されたら、攻撃もそれに相当する感情も消えてしまう。

人間もまた彼の死活の利害が脅かされたら、襲撃あるいは逃走によって反作用するように、系統発生的に計画されている。この生まれつきの傾向は人間の場合は下等動物ほど厳密には働かないが、生命、健康、自由、財産（私有財産が存在し、大いに重んじられている社会において）が脅かされると、人間は系統発生的に準備された防衛的攻撃の傾向に動機づけられやすいという証拠には事欠かない。たしかにこの反作用は道徳的、宗教的信念やしつけによって克服することができるが、実際にはほとんどの個人や集団の見せる反作用である。実際、防衛的攻撃はおそらく人間の攻撃的衝動のほとんどの説明になるだろう。

防衛的攻撃のための神経的な備えは、動物の場合も人間の場合も同じと言えるかもしれない。しかしこの言い方は限られた意味においてのみ正しい。そのおもな理由は、攻撃を統合するこれらの領域は全体の脳の一部であって、大きな新皮質とはるかに多くの神経の連結を持った人間の脳は、動物の脳とは違っているということである。

しかし防衛的攻撃の神経生理学的な基礎は動物のそれと同一ではないとはいえ、この同じ神経生理学的な備えが、人間の場合には動物に比べて何倍もの防衛的攻撃の発生率をもたらすと言えるほどには、似ているのである。この現象の理由は、人間存在の特別な条件にある。それらは主として次のようなものである。

1　動物は〈明らかで目の前にある危険〉のみを脅威と感じる。たしかに動物の本能的な備えおよび個々に獲得したり遺伝的に受け継いだりした記憶は、しばしば人間が知覚する以上に正確に、危険や脅威に気付かせる。

　しかし人間は予知能力と想像力を持っているので、目の前の危険や脅威、あるいは危険や脅威の記憶だけでなく、おそらく将来に起こると想像しうる危険や脅威にも反作用する。彼はたとえば自分の部族は戦争の訓練のゆき届いた隣の部族よりも豊かだから、やつらはいつか自分たちを襲ってくるだろうと結論するかもしれない。あるいは彼が傷つけた隣人が、好機がくれば復讐するだろうと考えるかもしれない。政治の分野においては、将来の脅威の予測が政治家や将軍たちの頭を離れない中心的問題の一つである。もし個人あるいは集団が脅威を感じたら、その脅威が当面のものでなくても、防衛的攻撃のメカニズムが動員されるのであり、したがって人間が将来の脅威を予測することができるということが、彼の攻撃的反作用の頻度を高めるのである。

2　人間は将来のほんとうの危険を予知しうるだけではなく、指導者たちに説得され洗脳されて、実際には存在しない危険を見ることもできる。たとえば近代のほとんどの戦争は、この型の組織的な宣伝によって準備されてきた。国民は襲撃され滅ぼされる危険が迫っていると指導者たちから説得され、その結果自分たちを脅かす国々に対する憎しみの反作用が引き起こされたのである。何の脅威も存在しないことがしばしばであった。とくにフランス革命以後、職業軍人から成る比較的小さな軍隊に代わって大きな市民軍が出現したので、国家の指導者が人びとに向かって、産業がより安い原料、より安い労働力、あるいは新しい市場を必要としているから敵を殺し、かつ自分も死んでくれ、とは言いにくくなっている。たとえそのような目的を言明することによって戦争が正当化されたとしても、戦争に進んで参加するのは少数者だけだろう。ところが一方、もし政府が国民をして彼らが脅かされていると信じさせることができたら、脅威に対する正常な生物学的反作用が動員されるのである。おまけに、これらの外部からの脅威の予告は、しばしば事実となる。つまり攻撃をかける方の国が戦争の準備をすることによって、襲撃されようとする国にも戦争の準備をさせ、それによって自らが主張する脅威の〈証拠〉を生み出すのである。

洗脳によって防衛的攻撃を起こさせるのは、人間においてのみ可能である。脅かされていることを人びとに説得するためには、何よりもまず言葉の媒介が必要であって、これがなければほとんどの暗示が不可能となる。それに加えて、洗脳のための十分な基礎を与えてくれる社会構造が必要である。たとえば森の中で満足して暮らし、恒久的な権威者を持たないアフリカのピグミーの狩猟民であるムブートゥー族の中で、この種の暗示が効を奏するとは想像しがたい。彼らの社会では、信じられないことを信じられるようにするほどの権力を持つ者はいない。一方大きな権威を持つ人物――たとえば魔術師や政治的、宗教的指導者たち――のいる社会では、このような暗示の基礎が存在する。概して言えば支配者集団が掛ける暗示の力は、その集団が被支配者に対して持っている権力および（あるいは）批判的で自主的な思考の能力を減らすために、手の込んだイデオロギー体系を用いる支配者たちの能力に比例するのである。

第三の人間独特の存在条件によって、人間の防衛的攻撃性は動物の攻撃性に比べてさらに強められる。人間は動物と同様に、彼の死活の利害への脅威に対して自らを守る。しかし人間の死活の利害の範囲は、動物に比べてはるかに広い。人間は肉体的のみならず精神的にも生存しなければならない。彼は活動の能力を失わないために、一定の精神的均衡を維持する必要がある。人間にとっては彼の精神的均衡を維持するために必要なすべてのことは、彼の肉体的均衡に役立つものと同じく死活の利害なのである。何よりもまず方向づけの枠組（訳注。一見混沌としている周囲の世界を理解し、それにまとまりを与えるための枠組）を保持することが、彼にとっての死活の利害である。彼が行動する能力はこのことにかかっているし、結局は彼の同一性の感覚もそうである。もし他人が彼自身の方向づけの枠組を疑問視するような考えで彼を脅かしたとすれば、彼はそういう考えに対しては死活の利害として反作用するだろう。彼はこの反作用を多くの方法で合理化するかもしれない。彼はこれらの新しい考えが本質的に〈不道徳〉だとか、〈野蛮〉だとか、〈気違いざた〉だとか、そのほか思いつくかぎりの言葉を使って反感を表明するだろうが、この敵意は実際には〈彼〉が脅威を感じているゆえにかきたてられるのである。

人間は方向づけの枠組のみならず、献身の対象をも必要とするのであって、その対象は彼の情緒的均衡にとって死活の必要物となる。これらの対象が何であれ――価値、理想、祖先、父、母、大地、国、階級、宗教、そして何百というほかの現象――それらは聖的なものと感じられる。慣習でさえそれらが現存の価値を象徴するがゆえに、聖となりうる。[10] 個人――あるいは集団――は〈聖〉への襲撃に対して、生命への襲撃に対するのと同じ激怒と攻撃性をもって反作用する。

（10）この現象の特徴的な事実をあげれば、ギリシア語の *ethos* ――文字どおりの意味は行動――が、"ethical"（倫理的な）の意味を持つようになったことである。ちょうど "norm"（本来は大工の道具を表わす言葉）が、"normal"（正常な）なものと、"normative"（規範的な）なものとの二重の意味に用いられたように。

死活の利害への脅威に対する反作用について述べたことは、それとは異なったより一般的な言い方でも、すなわち恐怖は攻撃か逃走の傾向かのどちらかを動員しやすいというふうにも表現することができる。少しでも〈顔〉が立ってのがれる方法があるかぎりは、しばしば人は逃げるが、もし彼が追い詰められて逃げられなくなれば、攻撃的反作用の方が起こりやすい。しかし見のがしてはならない要因が一つある。すなわち逃走的反作用は二つの要因の相互作用によるのであって、第一は現実に存在する脅威の大きさであり、第二は脅威を受けた人間の肉体的、精神的強さと自信である。連続体の一方の端にはほとんどすべての人間をこわがらせるようなできごとがあり、反対の端には、びくびくしていてほとんどすべてのことをこわがるというほどの頼りなさと無力感がある。こういうわけで恐怖は現実の脅威によっても条件づけられるが、また同じ程度において、外的刺激がなくても恐怖を生み出す内的環境によっても条件づけられるのである。

恐怖は苦痛と同じく非常に不愉快な感情なので、人間はそれを除くためにはほとんど何でもする。恐怖や不安を除くためには、たとえば薬の使用や、性的興奮や、睡眠や、他人と一緒にいることなど、多くの方法がある。不安を除く最も効果的な方法の一つは、攻撃的になることだ。人が恐怖という受け身の状態を脱して襲撃を始めることができれば、恐怖の苦しさは消えてしまうのである。(11)

(11)　私はファン・デ・ディオス・エルナンデス博士の神経生理学のレベルでの刺激に富んだ示唆に対して謝意を表するが、それは長い専門的な論議を必要とするので、ここでは省略する。

攻撃と自由

人間の死活の利害に対するあらゆる脅威の中で、自由に対する脅威は個人的にも社会的にも非常に重要な問題である。この自由への欲求は文化の産物であり、もっと限定すれば学習による条件づけの産物であるという一般に広まっている意見とは対照的に、自由への欲求は人間という有機体の生物学的反作用であることを暗示する証拠が十分にある。

この見解を支持する一つの現象は、歴史を通じて国民や階級は勝利の可能性が少しでもあれば、またしばしばまったくない場合でも、圧制者に対して戦ってきたということである。実に人類の歴史はエジプト人に対するヘブライ人の解放のための戦い、ローマ帝国に対する国民の反乱、十六世紀におけるドイツ農民の蜂起からアメリカ、フランス、ドイツ、ロシア、中国、アルジェリア、ベトナムのそれぞれの革命に至るまで、自由のための戦いの歴史であり、革命の歴史であった。[12] 指導者たちは彼らのほんとうの目的が民衆を奴隷化することにあるのに、あまりにもしばしば、自分たちは民衆を率いて自由のために戦っているのだというスローガンをいつも使ってきた。これ以上強く人の心情に訴える約束はないということは、自由を抑圧することを望む指導者でさえ、自由を約束することが必要だと考えるという現象によって明らかである。

(12) 歴史上に起こった革命に目を奪われて、赤ん坊や子供たちも革命を起こすという事実を忘れてはならない。ただ彼らは力がないので、彼ら自身の方法、いわばゲリラ戦の方法を用いなければならないのである。彼らはさまざまな独自の方法で自由の抑圧に対して戦うが、それは強情な反抗癖、食べることの拒否、排便のしつけの拒否、寝小便に始まって、自閉症的な閉じこもりや疑似精神薄弱のような、より徹底した手段に及ぶ。おとなは自らの権力に対する挑戦を受けたエリートのようにふるまう。彼らは自らの地位を守るために、しばしばわいろを伴った腕力に訴える。その結果、たいていの子供たちは屈服して、絶え間ない苦しみよりは服従を選ぶ。この戦争においては、勝利が得られるまでいかなるあわれみも示されず、私たちの病院は戦傷者でいっぱいになる。それでも、すべての人間――無力な人びとの子供も、有力な人びとの子供も――が、一度は無力であって、自らの自由のために戦ったという共通の体験を持っているというのは、驚くべき事実である。まさにこの理由から、すべての人間が――彼の生物学的な備えのなかに――子供のころに革命的な潜在力を獲得し、それが長い間眠ってはいるが、特別な事情のもとで動員されうるのだ、と考えられるのである。

人間には自由のために戦う衝動が内在していると仮定するもう一つの理由は、人間の十全の成長および人間の精神的健康と幸福にとっては、自由こそその条件であり、それがなければ人間は不具であり不健康であるという事実にある。自由とは束縛のないことを意味するのではない。というのはいかなる成長もある構造の中でのみ起こるのであり、いかなる構造も束縛を必要とするからである（H・フォン・フェルスター、一九七〇）。問題はその束縛が主としてほかの人物や制度のために働くのか、それとも自律的――すなわちその人物の構造に内在する成長のいろいろな必要から生じるということ――なのかということである。

人間という有機体の阻害されない発達の条件として、自由は人間にとって死活の生物学的問題であり、[13]自由への脅威はほかのあらゆる死活の利害への脅威と同じように、防衛的攻撃を引き起こすのである。そうなると大多数の人間、とくにいわゆる低開発諸国の人びとが自由を奪われている世界で、攻撃と暴力が生まれ続けているのは驚くに値することだろうか。権力を握っている連中――すなわち白人たち――に、黄色人種や褐色人種や黒色人種は人間ではないから、人間的に反作用するはずがないと考える

習慣がなければ、彼らはおそらく今ほどの驚きや憤慨を覚えることはないだろう。(14)

(13) 人間だけではない。動物園での生活が動物に及ぼす悪影響についてはすでに述べたが、これは Hediger のようなすぐれた権威の反対意見をもしのぐように思われる(H・ヘディガー、一九四二)。

(14) 皮膚の色は、それが無力さと結びつく時にのみこのような結果をもたらす。日本人は今世紀の初めに力を獲得した時以来、人間となった。中国人像も同じ理由で、ほんの数年前に変わった。進歩した工業技術の所有が、人間であることの規準となった。

しかしこの盲目性にはまだほかに理由がある。白人は権力を握ってはいるが、その白人でさえ彼らの体制に強いられて、それほどひどくあからさまな仕方ではないにせよ、自分たちの自由を放棄してきたのである。おそらく彼らが今日自由のために戦う人びとを憎む気持ちは、自らなした放棄を思い起こさせられるがゆえにいっそう強められるのであろう。

ほんとうの革命的攻撃は、自分の生命や自由や威厳を守る衝動によって生じるあらゆる攻撃のように、生物学的に合理的であって、正常な人間の機能の一部であるという事実にだまされて、生命の破壊はたとえ生物学的に正当化される場合でも、つねに破壊であることに変わりはないことを忘れてはならない。破壊が人間的に正当化されると信じるか否かは、宗教的、道徳的、あるいは政治的信念の問題である。しかしこの点における主義がどのようなものであれ、純粋に防衛的な攻撃が(非防衛的)破壊性や、支配される代わりに他人を支配することで事態を逆転させようとするサディスティックな願望と、いかに容易に混じり合うかを意識しておくことが重要である。もし実際にこれが起これば革命的攻撃は堕落して、それが廃棄しようと努めていた状態を新たによみがえらせるような結果になるのである。

攻撃とナルシシズム[15]

すでに論議したいろいろな要因以外に、防衛的攻撃の最も重要な原因の一つは、傷ついたナルシシズムである。

(15) ナルシシズムのより詳細な論議については、E・フロム(一九六四)参照。

ナルシシズムの概念は、フロイトが彼のリビドー理論によって定式化したものである。精神分裂病の患者はいろいろな対象に対して(現実でも空想でも)、いかなる〈リビドー的〉な関係も持っているようには見えないので、フロイトは次のような問いを発せざるをえなかった。「精神分裂病において、外的対象に向けられなくなったリビドーに何が起こったのか」。彼の答えはこうであった。「外的世界に向けられなくなったリビドーは、自我に向けられ、かくしてナルシシズムと呼びうるような態度を生み出しているのだ」。さらにフロイトは次のように仮定した。すなわち幼児期における人間の本来の状態はナルシシズム(〈第一次ナルシシズム〉)であって、そこには外部の世界に対する関係はまだ何もなかった。正常な発達の過程において子供は外部の世界とのリビドー的関係を、範囲においても強さにおいても増すが、特別な事情(最もひどいのは狂気であるが)のもとでは、リビドーは対象から引き上げられ、再び自己に向けられる(〈第二次ナルシシズム〉)。しかし正常な発達の場合でさえも、人間はある程度までは一生ナルシシズム的である(S・フロイト、一九一四)。

フロイトがこう述べたにもかかわらず、ナルシシズムの概念は精神分析学者の臨床的研究においては、それが当然果たすべき重要な役割を果たしていない。それは主として幼児期と精神病に適用されてきたが[16]、その広範囲に及ぶ重要性は、まさに正常なパーソナリティ、あるいはいわゆる神経症的パーソナリティにおける役割にあるのである。この役割は、ナルシシズムがリビドー理論の狭い準拠枠から解放された時に初めて、十分に理解することができる。その時にはナルシシズムは次のような状態の体験として記述されうる。すなわちただその人間自身、彼のからだ、彼の要求、彼の感情、彼の思考、彼の財産、彼に関係するすべての物やすべての人のみが十全に現実のものとして体験され、その人間の一部でもなく、彼の要求の対象でもないすべての人、すべての物は興味も引かず、十全には現実のものでなく、知的認識によってのみ知覚されるが、感情的には重さも色もないものなのである。人間は彼がナルシシズム的であるその程度に応じて、二重の知覚規準を持っている。彼自身と彼に関係のあるもののみが意味を持ち、そのほかの世界は多かれ少なかれ重さも色もないのであって、この二重の規準のゆえにナルシシズム的人物は判断力にははなはだしい欠陥があり、客観性の能力を欠いている。[17]

(16) 近年多くの精神分析学者が幼時における第一次ナルシシズムの概念に疑問をいだくようになり、フロイトが考えたよりもずっと早い時期に、対象との関係が存在すると推測している。精神病における完全にナルシシズム的な性質というフロイトの考えも、たいていの精神分析学者が放棄してしまった。

(17) 以下で私が扱うのは、尊大さの方向で現われるナルシシズムのみである。また別な形のナルシシズムがあって、これは正反対のもののように見えるけれども、同じものの違った現われにすぎない。私が言っているのは負のナルシシズムであって、この場合、人はたえず自分の健康を心配するあまり、憂鬱症《ヒコポンデリー》になるほどである。この現われは今の文脈にとっては重要でない。しかしながらこの二つの現われがしばしば交じっていることに注目しなければならない。ヒムラーが憂鬱症と言えるほどに健康を気にしていたことを思い起こすだけで足りる。

しばしばナルシシズム的人物はある安心感を得るが、それは自分の完全さ、他人に対する優越性、人にすぐれた性質を自分だけでまったく主観的に信じ込むからであって、他人と関係したり、自分で何かほんとうの仕事をしたり、何かを成し遂げたりしたからではない。彼が自分のナルシシズム的な自己像を固守しなければならないのは、彼の同一性の感覚だけでなく彼の自負の念もそれに基づいているからである。もし彼のナルシシズムが脅かされたら、彼は死活にかかわる重要な領域において脅かされることになる。他人が彼をばかにしたり、批判したり、彼が何かまちがったことを言った時にそれをはやしたてたり、ゲームやその他の多くの場合に彼を負かしたりすることによって彼のナルシシズムを傷つけると、ナルシシズム的な人物はそれを外に現わすか否か、あるいは意識しているか否かにさえかかわりなく、たいていは強い怒りあるいは激怒の反作用を起こす。こういう人物は彼のナルシシズムを傷つけた人間を決して忘れず、彼の肉体や財産が襲われた時ならこれほどではあるまいというほどの復讐欲を持つことが多いという事実から、しばしばこの攻撃的反作用の強さがわかるのである。

たいていの人たちは彼ら自身のナルシシズムを意識せずに、そのさまざまな現われの中で、そのナルシシズムをあからさまに暴露しないものだけを意識している。そういうわけで、たとえば彼らは自分の親や子供たちに対して極端な賛美の情をいだき、平気でこれらの感情を表現するが、それはそのような行動が親孝行とか、親の愛情とか、忠実というように、ふつうは積極的に評価されているからである。しかしもし彼らが自分自身についての感情を、「私は世界で一番すばらしい人間だ」とか、「私はほかの誰よりもえらい」というふうに表現したとすれば、彼らは異常に虚栄心が強いと思われるばかりか、おそらく完全には正気でないとさえ思われるだろう。一方もし人が芸術、科学、スポーツ、実業、あるいは政治の分野で何か認められることをすれば、彼のナルシシズム的態度は現実的で合理的に思われるだけでなく、たえず他人の賞賛を受けることだろう。こういう場合には彼のナルシシズムは社会的に承認され確認されたわけだから、彼はそれを十分に発揮することができる。[18]現在の西洋社会では、有名人のナルシシズムと大衆の要求との間に特殊な相互連関がある。大衆は一般の人間の生活が空虚で退屈なので、有名人たちと接触することを望む。マス・メディアは名声を売り物にして生きている。かくして誰もが満足する。ナルシシズム的演技者と、大衆と、名声の商人と。

(18) ナルシシズムと創造性の問題は非常に複雑であって、長い論議を必要とするので、ここでは不可能である。

政治的指導者の中では、高度のナルシシズムが非常に多く、とくに一般大衆に及ぼす影響力によって権力を得ている連中の間では、それは一種の職業病——それとも資質——と考えてもいいだろう。もし指導者が自分のすぐれた才能と自らの使命を信じていれば、それほど絶対的な確信を持っているような人間に引かれやすい大衆を信じさせることは、いっそう容易だろう。しかしナルシシズム的な指導者は、彼のナルシシズム的カリスマを政治的成功のための手段として利用するだけではない。彼は自分自身の精神的均衡のために成功と喝采を必要とするのである。彼の偉大さと絶対的な正しさは、元来彼のナルシシズム的な尊大さに基づいているのであって、人間として彼がほんとうに成し遂げたことに基づいているのではない。[19]しかし彼の人間的核心——信念、良心、愛、そして信仰——があまり発達していないために、彼はナルシシズム的な慢心なしではいられない。極端にナルシシズム的な人間は、有名にならざるをえないことがしばしばである。さもなければ彼らは抑鬱状態となって正気を失うからである。しかしナルシシズム的な夢を正当化するほどの喝采を博すまでに他人を動かすためには、多くの才能——

そして適当な機会――が必要である。このような人びとは成功した時でさえ、それ以上の成功を求めるようにかりたてられる。彼らにとって失敗は破滅の危険性を伴っているからである。大衆の人気を得ることは、いわば彼らの抑鬱や狂気に対する自己療法である。彼らの目的のために戦いながら、彼らは実は正気を保つために戦っているのである。

(19)　これは彼がただのはったり屋にすぎないことを意味しているのではない。たしかに多くの場合はそうなのだが、いつでもそうとはかぎらない。たとえばウッドロー・ウィルソン、フランクリン・D・ローズヴェルト、そしてウィンストン・チャーチルは、非常にナルシシズム的な人物だったが、彼らは重要な政治的業績において不足はない。しかしこれらの業績は、彼らが自己満足を覚え、またしばしば傲慢となって現われるような、文句のない正しさを覚えることを正当化するものではなかった。同時に、彼らのナルシシズムはヒトラーのような人間のそれと比べると、限られたものであった。そのことから、チャーチルが一九四八年の選挙に負けた時に、なぜきびしい精神的な打撃を受けなかったかが説明できるし、もしローズヴェルトが敗北を経験したとしても、同じ結果になっただろうと私は推測する。もっとも、たとえ政治的敗北を喫したあとでも、彼らには多くの崇拝者が残されただろうという事実を無視してはならないが。ウィルソンの場合は少し違うかもしれない。彼の政治的敗北によって、彼の肉体的病気と相互に作用し合う重大な精神的問題が生じなかったかどうかは、研究の課題となるだろう。ヒトラーとスターリンの場合は、はっきりしているように思われる。ヒトラーは敗北に直面するよりは死を選んだ。スターリンは一九四一年のドイツ軍の攻撃直後の何週間かは、精神的危機の徴候を示したし、晩年になってあまりに多くの敵を作り出したために、もはや国民から愛される父親ではなくなったと感じた時に、偏執病的な傾向に苦しんだようである。

集団的ナルシシズムにおいて、対象が個人ではなく自分が属する集団である時も、個人はそれを十分に意識し、何の拘束もなくそれを表現することができる。〈私の国〉(あるいは国民や宗教)は最もすばらしく、最も文化的で、最も強力で、最も平和を愛している等々の主張は、全然気違いざたとは聞こえない。それどころか、愛国心、信仰、忠誠の表現のように聞こえる。それはまた同じ集団の多くの仲間が共有しているので、現実的で合理的な価値判断のようにも見える。この合意《コンセンサス》は空想を現実に変貌させることができるのであるが、それはたいていの人にとって現実とは一般の合意から成るものであって、理性や批判的検討に基づくものではないからである。[20]

(20) 時には小集団の合意でさえも、現実を作り出すのに十分である——最も極端な場合には、二人の合意(*folie à deux*——二人の狂気——)でさえも。

集団的ナルシシズムは重要な機能を持っている。まず第一に、それは集団の連帯と凝集を強め、ナルシシズム的偏見に訴えることによって操作を容易にする。第二に、それは集団の仲間、とくにそのほかには誇りや自分の値打を感じる理由のほとんどない人びとに満足を与える要素として、この上なく重要である。たとえ自分が集団の中で最もみじめで、最も貧しく、最も尊敬されない一員であったとしても、「おれは世界中で一番すばらしい集団の仲間だ。ほんとうは虫けらみたいなこのおれが、この集団に入っているために巨人になるのだ」と感じることは、自分のみじめな状態の償いとなる。したがって集団的ナルシシズムの程度は、人生におけるほんとうの満足の欠如に比例する。人生をよりよく楽しんでいる社会的階級は、下層中産階級のようにすべての物質的および文化的な領域における乏しさを味わい、まったくの退屈に満ちた生活を送っている階級に比べると、それほど狂信的ではない。(狂信は集団的ナルシシズムに特徴的な性質である。)

それと同時に、集団的ナルシシズムを育てることは、社会的財政の見地からは非常に安上がりである。

実際それは生活水準を上げるのに必要な社会的出費に比べると、ほとんどただに等しい。社会はただ、社会的ナルシシズムを生み出すスローガンを造るイデオローグたちに金を払えばよい。それどころか、社会的な役割を演じる多くの人たち、たとえば教師、ジャーナリスト、牧師、大学教授らが報酬——少なくとも金銭的な——すらなしで手を貸してくれる。彼らはこのようなりっぱな大義名分のために奉仕しているという誇りと満足を覚えることで——そして威信を高め昇進することで——報酬を得ているのである。

個人としての自分にでなく集団に対するナルシシズムを持った人びとも、個人的なナルシシズム的人間と同じように敏感であって、彼らの集団に加えられたいかなる現実のあるいは空想上の危害にも、激しい怒りをもって反作用する。どちらかと言えば、彼らの方がより強く、少なくともより意識的に反作用する。個人の場合は精神的にひどく病んでいるのでなければ、自分の個人的なナルシシズム的イメージに少なくともいくらかの疑いをいだくだろう。集団の一員の場合は、彼のナルシシズムは多数の者が共有しているので、それに何の疑いも持たない。お互いの集団的ナルシシズムに挑戦する集団どうしに争いが起これば、この挑戦そのものがそれぞれの集団の中に強い敵意をかきたてる。自分自身の集団のナルシシズム的イメージは最高点にまで高められ、相手の集団に対する低い評価はどん底まで沈んでしまう。自分自身の集団は人間の尊厳、品位、道徳、そして権利の擁護者となる。相手の集団は悪魔的な性質を持っているとされ、油断はならず、無慈悲で、残酷で、根本的に人間ではないとされる。集団的ナルシシズムのシンボル——たとえば旗あるいは皇帝、大統領、大使などの人格——を一つでも汚したら、人びとは激しい怒りと攻撃の反作用を起こして、彼らの指導者が戦争という手段に訴えても、それを進んで支持するようにさえなる。

集団的ナルシシズムは人間の攻撃の最も重要な源泉の一つであるが、これもまたほかのあらゆる形の防衛的攻撃と同じように、死活の利害に対する襲撃への反作用である。それがほかの形の防衛的攻撃と違う点は、強いナルシシズムはそれ自体が半ば病的な現象であるということである。インドの分割当時にヒンズー教徒と回教徒の間で起こり、また最近ではベンガルの回教徒とパキスタンの支配者たちとの間に起こった、血なまぐさく残酷な大量虐殺の原因や機能を考えると、たしかに集団的ナルシシズムがかなりの役割を演じている。私たちがここで問題にしているのは、世界中で最も貧しく最もみじめであると言えるほどの人たちであるという事実を認識するならば、このことは驚くには当たらない。しかし、ナルシシズムがこれらの現象の唯一の原因でないことは確かであって、それらのほかの面についてはあとで論じることにしよう。

攻撃と抵抗

防衛的攻撃のまた別の重要な源泉は、抑圧された努力や空想を意識させようとする試みに対する反作用である。この型の反作用はフロイトが〈抵抗〉と名付けたものの一つの相であって、それは精神分析的方法によって体系的に探究されてきた。フロイトはもし分析者が抑圧されているものに触れたなら、患者は彼の治療的アプローチに〈抵抗〉することを知った。これは患者が意識的にいやがっているとか、不正直であるとか、秘密主義であるという問題ではなく、彼は無意識のものの発見に対して防衛しているのであって、自分ではそのものも抵抗も意識していない。なぜ人がある種の努力をしばしば生涯にわたって抑圧するかということには、多くの理由がある。彼は自分の抑圧された衝動が他人に（あるいは自尊心や自己への愛に関するかぎり、自分自身に）知れたとしたら、罰せられ、愛されなくなり、あるいは恥をかかされるのではないかと恐れているのかもしれない。

精神分析療法は、抵抗が生み出しうる多くの違った反作用を明らかにした。患者は微妙な話題から逃げて何かほかのことをしゃべる場合もある。眠りや疲れを覚えることもある。面接に来られない理由を作り上げることもある――あるいは分析者にひどく腹を立てて、何か理由をこしらえて分析を受けることをやめてしまうこともある。ここに簡単な例がある。私が分析していた一人の作家は、自分が日和見主義者でないことを自慢にしていたのだが、ある時の面接で、原稿を書き換えたことがあり、それはそうした方が自分の言いたいことをうまく言えると思ったからだ、と語った。彼は正しい決定をしたと思ったのだが、そののちに何か気が沈んで頭痛がしたので驚いた。私は彼のほんとうの動機はおそらく書き換えた方がもとの方より多くの人気を得て、彼により多くの名声と金をもたらすことを期待したからではないか、さらに彼の気分が沈み頭痛がしたのは、おそらくこの自己に対する裏切りと関係があるのではないか、と示唆した。私がこう言い終わるやいなや彼はとび上がり、かんかんになって私はサディストだとか、私は彼の期待している喜びを台なしにして楽しんでいるのであって、彼の将来の成功をそねんでいるねたみ深い人物だとか、彼の著作の分野のことは何も知らない無知な人物だとか、まだまだ多くの悪口をがなりたてた。（この患者はふだんは非常に礼儀正しい人物であって、この爆発の以前にも以後にも私に敬意をもって接したことを言っておかなければならない。）彼のこの行動以上に私の解釈を裏付けるものは、まずありえないだろう。彼の無意識的動機づけを口に出されることは、彼にとっては自己像と同一性の感覚を脅かされることであったのだ。彼はこの脅威に対して、あたかもそれが彼の肉体や財産への脅威であるかのように、激しい攻撃によって反作用したのだ。このような場合の攻撃には一つの目的がある。それは証拠を握っている証人をやっつけることである。

精神分析療法においては、抑圧されたものに触れると抵抗が固められてゆくのが、ほぼ例外なしに観察できる。しかしこの現象を観察しうるのは、決して精神分析の状況に限られはしない。日常生活からの例もたくさんある。子供たちをそばに置きたいのは彼らを所有し支配したいからだ——それほど彼らを愛しているからではない——と言われて、憤激の反作用を起こす母親を見たことのない人があるだろうか。あるいは娘の処女性を気づかうのは、娘に対する彼自身の性的関心のためであると言われた父親を。あるいはその政治的信念の背後にある欲得の関心を指摘されたある種の型の愛国者を。あるいはそのイデオロギーの背後にある個人的な破壊衝動を指摘されたある種の型の革命家を。実際、他人の動機を問題にすることは、礼儀上最も尊重されているタブーの一つ——しかも礼儀は攻撃の高まりを最小限にする機能を持っているので、これは非常に必要なタブーなのだが——を破ることになるのである。

歴史の上でも同じことが起こる。ある特定の体制について真実を述べた人びとは、激怒した権力者たちによって追放され、投獄され、あるいは殺された。たしかにその明白な説明は、彼らはそれぞれのエスタブリッシュメントにとって危険人物であって、彼らを殺すことが現状《スタッス・クオ》を守る最上の方法であると思われたのだ、ということである。これはたしかにほんとうだが、これだけでは真実を言う人間が確立された秩序への真の脅威とならない場合でさえ、ひどく憎まれるという事実の説明にはならない。その理由は私の考えでは、真実を言うことによって彼らはそれを抑圧している人びとの抵抗を動員するというところにある。後者の人びとにとって真実が危険であるのは、それが彼らの権力を脅かしうるだけでなく、それが彼らの意識的な方向づけの全体系をゆさぶり、彼らの合理化を許さず、違った行為をさえ強いるかもしれないからである。抑圧されていた重要な衝動を意識する過程を体験した人びとだけが、その結果として起こるまるで大地をゆるがすような当惑と混乱の感覚を知っている。すべての人びとが進んでこの冒険を行なうわけではない。まして盲目であることによって少なくともしばらくは利益を得る人びとに至っては、なおさらのことである。

同調的攻撃

同調的攻撃に含まれるいろいろな攻撃的行為は、攻撃者が破壊欲にかられて行なうものではなく、そうせよと命ぜられて、その命令に従うことが義務だと考えるから行なうものである。すべての階級的構造を持った社会においては、おそらく服従が最も深くしみ込んだ特性であろう、服従は美徳と同等視され、不服従は罪と同等視される。不服従は最高の犯罪であって、そこからほかのすべての犯罪が派生する。アブラハムは服従心から進んで息子を殺そうとした。アンティゴネーは国家の法律に従わなかったために、クレオンに殺される〔訳注。ソポクレスの『アンティゴネー』参照〕。とくに軍隊は服従心を育てるが、それは軍隊の本質そのものが命令の絶対的な反射的受容の上に成り立っていて、それはいかなる疑問をも排除するものだからである。殺し傷つける兵士や、一瞬のうちに数千の生命を破壊する爆撃機のパイロットは、必ずしも破壊的あるいは残酷な衝動によってではなく、疑問の余地のない服従の原則によって動かされているのである。

同調的攻撃は広くゆき渡っているので、真剣に注目しなければならない。子供の仲間における少年たちの行動から軍隊の兵士たちの行動に至るまで、〈腰抜け〉と思われたくない気持ちや他人への服従心から多くの破壊的な行為が行なわれている。この型の攻撃的行動は、しばしば生まれつきの攻撃的衝動の力を示すものと誤った解釈をされるが、その底にあるのはこのような動機づけであって、人間の破壊性ではない。同調的攻撃はいっそ疑似攻撃の中に分類してもよかったのだが、そうしないわけは、同調への要求の結果としての服従は、多くの場合それがなければ表面に出なかったと思われる攻撃的衝動を動員するからである。そのうえ、不服従や非同調の衝動は、多くの人間にとっては内的な脅威なのであって、彼らは要求される攻撃的行為を行なうことによって、その脅威に対して身を守るのである。

用具的攻撃

生物学的に適応した攻撃のまた別な型は用具攻撃的であって、それは必要な、あるいは望ましいものを得るという目的を持っている。その目的は破壊それ自体ではなく、それはほんとうの目的を達成するための用具としてのみ役立つのである。この点でそれは防衛的攻撃と類似しているが、ほかの重要な面で違っている。それはたとえば防衛的攻撃を計画するような、系統発生的に計画された神経細胞的な基礎を持っているようには思えない。哺乳動物の中では、捕食動物の攻撃が食糧を得るための用具的性質を持っているが、彼らだけが生まれつきの神経細胞の組織に促されて獲物を襲うのだ。ホミニドとヒトの狩猟行動は学習と経験に基づいているのであって、系統発生的に計画されているようには思えない。

用具的攻撃のやっかいな点は、〈必要な〉とか〈望ましい〉という言葉のあいまいさにある。

必要ということを、たとえば飢えを防ぐというような疑問の余地のない生理的要求という観点から定義することはたやすい。もし自分も家族も必要最小限の食物すらないために人がどろぼうや強盗を働いたら、その攻撃は明らかに生理的必要に動機づけられた行為である。同じことが飢え死にしそうになって、他のもっと豊かな部族を襲う原始的な部族についても言える。しかしこれらのはっきりした必要の例は、今日では比較的少ない。ほかのもっと複雑な場合の方がずっと多い。ある国民の指導者が彼らの必要とする原料を持っている領土を征服するか、あるいは競争相手の国民を打ち負かすかしなければ、自分たちの経済的な事情が結局は深刻な危機に陥ることを知る。こういう理由はしばしば指導者たちのより大きな権力への欲求や、個人的な野心をおおうイデオロギー的な隠れみのであるにすぎないが、少なくとも広い相対的な意味では、歴史的必要に実際に応じて起こる戦争がある。

しかし望ましいものとは何か。言葉の狭い意味では、望ましいものとは必要なものであると答えることができるだろう。この場合、〈望ましい〉とは客観的状況に基づいている。しかしもっと多くの場合には、望ましいとは望まれるところのものと定義される。もし私たちがその言葉をこの意味で使うとすれば、用具的攻撃の問題は別の様相を帯びることになり、実際に攻撃の動機づけの中で最も重要なものとなるだろう。事実は、人びとは生存を続けるために必要なものだけを望むのではなく、またちゃんとした生活の物質的基礎を与えてくれるものだけを望むのでもない。私たちの文化の――そして歴史上の同じような時期の――たいていの人びとは貪欲なのである。より多くの食物、飲物、性、財産、権力、そして名声に対して貪欲なのである。彼らの貪欲はこれらの対象によって強さは変わるかもしれないが、すべての人びとに共通していることは、彼らは飽くことを知らないゆえに、決して満足しないということである。貪欲は人間の最も強い非本能的情熱の一つであって、それは明らかに精神的機能障害、内的空虚さ、自己の内部における中心の喪失の徴候である。それは仏教、ユダヤ教、およびキリスト教の倫理における根本的な罪であると同時に、十全な発達の阻害の病的な現われなのである。

幾つかの例をあげて、貪欲の病的な性格を明らかにしよう。食べすぎは貪欲の一つの形であるが、これがしばしば抑鬱状態によって起こされることはよく知られているし、強迫的購買欲が抑鬱的な気分をのがれるための一つの試みであることもよく知られている。食べたり買ったりする行為は内的な空虚を満たし、それによって抑鬱的な感情をさしあたり克服するための象徴的行為である。貪欲は一つの情熱である――すなわち、それはエネルギーに満ちていて、人を目標の達成へと仮借なくかりたてるのである。

私たちの文化では、ありとあらゆる手段によってすべての人間が消費者に変貌させられてしまうので、貪欲が大いに強化される。もちろん貪欲な人物も、欲しいものが買えるだけの金があれば、攻撃的になる必要はない。しかし貪欲な人物が必要な資力を持たなければ、自分の欲求を満たそうとすると攻撃しなければならない。この最もひどい例は麻薬への貪欲にとりつかれた麻薬常習者である(彼の場合は生理的原因によって、ますます強められるのだが)。麻薬を買う金を持たない多くの人間は、必要な金を得るために奪い、襲い、あるいは殺しさえする。彼らの行動は破壊的ではあるが、その攻撃は用具的であって、それが目標ではない。歴史的な尺度で見れば、貪欲は攻撃の最も頻繁な原因の一つであって、おそらく用具的行動の動機としては、客観的に必要なものへの欲求と同じほど強力なものである。

貪欲は利己心と同一視されるために、理解しにくくなる。利己心は生物すべてが持っている動因、すなわち自己保存の動因の正常な表現であって、その目的は生命あるいは慣習的、伝統的な生活水準を維持するために必要なものを得ることである。マックス・ウェーバー（Max Weber）、トーニー（Tawney）、フォン・ブレンターノ（von Brentano）、ゾンバルト（Sombart）らが明らかにしたように、中世の人間は農民であれ職人であれ、自分の昔ながらの生活水準を維持したいという欲求に動機づけられていた。十六世紀における革命的な農民たちの要求は、都会の職人たちが持っているものを得ることではなかったし、また職人たちも封建貴族や金持ちの商人の富を求めはしなかった。十八世紀になってからでさえ、商人が競争相手から顧客を横取りするために、自分の店がよそより人目を引くようにしたり、自分の商品を自慢してほかの商人の品物をけなしたりすることを禁止した法律が見られる。資本主義が十分に発達して初めて――もっと昔のそれと類似した社会、たとえばローマ帝国の社会でもそうだったが――貪欲がますます多くの市民の主要な動機となった。しかしながら貪欲はおそらくはまだ残っている宗教的伝統のためだろうが、ほとんど誰も自ら認めるだけの勇気を持たない動機である。このディレンマは貪欲を利己心として合理化することによって、解決された。その論理はこうであった。利己心は生物学的に与えられたもがきであって、人間性に根ざしている。利己心は貪欲と等しい。ゆえに、貪欲は人間性に根ざしている――そして性格に条件づけられた人間の情熱ではない。証明終わり。

戦争の原因について

用具的攻撃の最も重要な例は戦争である。戦争が人間の破壊本能の力によって起こされると考えるのが、流行のようになった。本能主義者たちと精神分析学者たちは[21]、戦争をこのように説明している。かくして、たとえば精神分析の正統派の重要な代表者であるE・グラヴァーは、M・ギンズバーグに反論して、「戦争のなぞは……深い無意識の底にある」と言い、戦争を「本能的適応の不適当な形態」と比較している（E・グラヴァー、M・ギンズバーグ、一九三四）[22]。

(21) A. Strachey (1957) 参照。さらに E. M. F. Durbin and J. Bowlby (1939) も参照のこと。彼らは反対に、人間関係においては、平和的な協力が戦いと同じように自然で根源的な傾向であることを、非常に巧みに論じているが、戦争を本質的に心理学的な問題であると考えている。

(22) 原稿のこの部分を改訂している時に得た、一九七一年にウィーンで開かれた国際精神分析学会の第二十七回大会からの報告によれば、戦争の問題についての態度に変化が見られるようである。A. Mitscherlich 博士は、精神分析を社会問題に応用しなければ、「私たちの理論のすべては歴史によって押し流されてしまうでしょう」と言い、さらにこう言った。「もし私たちがいつまでも、戦争が起こるのは父親が息子たちを憎み、彼らを殺すことを望むからであり、戦争は子殺しなのだなどと言っていれば、誰も私たちの言うことをまじめに聞いてはくれなくなるでしょう。私たちがこれに代わって見付けるべき目標は、集団行動を説明する理論であり、個人の動因を発動させる社会の葛藤にこの行動の原因を求める理論なのであります」。このような試みは、三〇年代の初期以来、精神分析学者たちによって事実行なわれてきたのだが、そういう人たちは、いろいろな口実のもとに、国際精神分析学会から追い出されてしまった。この新しい〈努力〉への公的な許可は、大会の終わりに、Anna Freud によって与えられたが、彼女は慎重に次のように付け加えた。「私たちは真に攻撃性を構成するものは何かということについて、臨床的研究からもっともっと多くのことを知るまでは、攻撃理論の体系化を見合わせなければならないでしょう」（引用は、ともに『ヘラルド・トリビューン』紙のパリ版から。一九七一年七月二十九日付、三十一日付）。

フロイト自身は彼の弟子たちよりはるかに現実的な見解を持っていた。アルバート・アインシュタインにあてた有名な手紙である『なぜ戦争が』（S・フロイト、一九三二）の中でも、彼は戦争が人間の破壊性に原因するという立場は採らず、その原因を集団どうしの現実的な争いの中に認め、それらの争いが常に暴力によって解決されてきたのは、争いを平和的に解決しうる――民法の場合のような――国際的に施行可能な法律がないからだ、と考えた。彼は人間の破壊性という要因には、いったん政府が戦争をすることに決めたなら、人びとに進んで戦争にゆく気持ちを起こさせるというような、補助的な役割しか認めていない。

戦争は生まれつきの人間の破壊性によって起こるという命題は、歴史を少しでも知っている人間にとっては、明らかに不合理である。バビロニア人もギリシア人も[23]、また今日の政治家に至るまで、みな非常に現実的であると彼らが考える理由で戦争を計画した。もちろん彼らの計算はしばしばまちがっていたとはいえ、賛成論も反対論も十分にはかりにかけて考えたのであった。彼らの動機はさまざまであった。耕作のための土地、富、奴隷、原料、市場、領土の拡張――そして防衛であった。特別な事情のある場合は、復讐心とか、あるいは小さな部族においては破壊への情熱とかが戦争を動機づける要因の一つとなったが、こういう場合は例外的である。戦争が人間の攻撃性によって起こるというこの考え方は、現実的でないばかりか、有害でもある。それはほんとうの原因から注意をそらし、そのためにそれらの原因への抵抗を弱めることになる。

（23）　非常に適切な例としては、ペロポネソス戦争に関するツキジデスの記述を見よ。

戦争への生まれつきの傾向という命題は、歴史上の記録によって否定されているばかりではない。それが原始的な民族の戦争の歴史によっても否定されているということは、非常に重要なことである。私たちはさきに原始的民族の間での攻撃に関連して、彼ら――とくに狩猟民および食糧採集民――は最も非好戦的であり、彼らの戦いの特徴として破壊性と血なまぐささが比較的少ないことを明らかにした。さらに私たちは、文明の発達とともに戦争の頻度と血なまぐささが増すことも知った。もし戦争が生まれつきの破壊衝動によって起こるものなら、事実はその反対でなければならない。十八、十九、二十世紀における人道主義的傾向は、戦争における破壊性と残酷性を減らし、それをさまざまな国際条約に成文化した――また第一次世界大戦までは、また大戦が起こってからも、それは尊重された。このように人間が進歩するという見方から、文明人は原始人より攻撃性が少ないと考えられ、今なお戦争が起こるのは、頑強な攻撃本能が文明の恩恵に屈することを拒否するからであると説明された。しかし実際は、文明人の破壊性が人間の本性に投射されて、歴史が生物学と混同されたのであった。

戦争の原因についてたとえ手短かな分析でも行なおうとすれば、本書の枠をはるかにはみ出してしまうので、私はただ一つの例、すなわち第一次世界大戦の例をあげるだけにとどめなければならない。(24)

(24) 一九一四―一九一八年の戦争の軍事的、政治的、経済的な面に関する文献はあまりにも膨大なので、短縮した目録でも多くのページを要するだろう。私は第一次世界大戦の原因についての二つの最も深遠で啓発的な著作は、二人のすぐれた歴史家、G. W. F. Hallgarten (1963), F. Fischer (1967) によるものだと思う。

第一次世界大戦を動機づけたのは、両陣営の政治的、軍事的、産業的指導者たちの経済的利害と野心であって、せき止められた攻撃にはけ口を与えるという関係諸国民の要求ではなかった。これらの動機づけはよく知られていて、ここで詳しく述べる必要はない。概して言えば、一九一四―一九一八年の戦争においてドイツが目的としたことが、その戦争のおもな動機づけでもあった。すなわち西部および中部ヨーロッパにおける経済的主導権と、東洋における領土である。（これらは実はヒトラーの目的でもあった。彼の対外政策は本質的には、ドイツ帝国政府の対外政策の延長であった。）西洋の連合国側の目的や動機づけも同じようなものであった。フランスはアルザス＝ロレーヌを欲し、ロシアはダーダネルス海峡を欲し、イギリスはドイツ植民地の一部を欲し、そしてイタリアは少なくとも獲物のごく一部を欲した。これらの目的の幾つかは秘密条約に明記されていたが、これらがなければ講和条約が何年も前に結ばれ、両陣営の数百万の人命が救われていたであろう。

第一次世界大戦では、両陣営ともに自衛と自由の意識に訴えなければならなかった。ドイツ側は彼らが包囲され脅かされていると主張し、さらに彼らはツアーと戦うことによって自由のために戦っているのだと主張した。彼らの敵は、自分たちはドイツ貴族《ユンケル》の攻撃的な軍国主義に脅かされているのであって、自分たちこそカイゼルと戦うことによって自由のために戦っているのだと主張した。この戦争の起こりが攻撃性の解放を求めるフランス、ドイツ、イギリス、ロシアの諸国民の要求にあったと考えることはまちがっているし、それはただ一つの機能、すなわち歴史上の大虐殺の一つを起こした責任のある人びとや社会条件から、注意をそらすという機能しか演じない。

この戦争への熱狂に関するかぎり、戦争が始まったころの熱狂と、それぞれの国民の戦いを続けるための動機づけとを区別しなければならない。ドイツ側に関するかぎり、国民の中の二つの集団を見分けなければならない。ナショナリストの小集団——国民全体としては少数者——は、一九一四年より何年も前から征服戦争を叫んでいた。彼らは主として高校教師、少数の大学教授、ジャーナリスト、政治家から成り、ドイツ海軍の何人かの指導者たちや重工業の幾つかの部分の支持を受けていた。彼らの精神的動機づけは、集団的ナルシシズム、用具的攻撃、そしてこのナショナリズムの運動の中で、またそれを通じて出世し、権力を得ようとする願望の混合であったと説明できるだろう。国民の大部分は、戦争の起こる直前と直後にのみ、非常な熱狂ぶりを示した。この場合にもまた、いろいろな社会的階級の間に意味深い違いや反作用が見られる。たとえば知識人や学生は、労働者階級以上の熱狂ぶりをもって行動した。(この問題に或る光を投げかける興味深い資料をあげれば、ドイツ政府の指導者であったフォン・ベートマン゠ホルヴェーク首相は、戦後に公表されたドイツ外務省の文書によると、議会で最も勢力の強かった社会民主党の同意を得るためには、まずロシアに宣戦を布告することによって、労働者たちに彼らが独裁に抵抗して自由のために戦っているという気持ちを持たせなければならないことを知っていた、ということである。)戦争の始まる数日前から開戦後にかけて、国民全体が政府および新聞によって、ドイツは屈辱を受け襲撃を受けるだろうと組織的な暗示に掛けられ、それによって防衛的攻撃の衝動が動員された。しかし国民全体としては、用具的攻撃の強い衝動によって、すなわち外国の領土を征服しようという願望によって動機づけられはしなかった。これは戦争の始まったころでさえ、政府の宣伝はいかなる征服の目的をも否定し、あるいはのちになって将軍たちが対外的政策の指令を出していたころでも、征服の目的はドイツ帝国の将来の安全にとって必要なのだと説明されていたという事実によって立証されている。しかし最初の熱狂は数ヵ月のちには消えてしまい、二度ともどらなかった。

ヒトラーがポーランドに対する襲撃を始め、その結果第二次世界大戦の引き金を引いた時、一般の戦争熱はほとんどゼロであったことは、非常に注目すべきことである。国民は長年にわたって猛烈に軍国主義を吹き込まれてきたにもかかわらず、この戦争を行なうことを望んではいないことを非常にはっきりと示した。(ヒトラーは攻撃に対する防衛の意識を目ざめさせるために、ポーランドの兵士たちによると称して――実際は変装したナチスだったのだが――シレジアの放送局に対する偽りの襲撃を仕組まなければならなかった。)

しかしドイツ国民は明らかにこの戦争を好まなかったのだが(将軍たちもいやがっていた)、彼らは抵抗することなく戦争に加わり最後まで勇敢に戦った。

この場合の心理学的な問題は戦争の原因追求にあるのではなく、たとえ戦争の原因とはならなくとも、戦争を可能にする心理学的要因は何かという問いにある。

この問いに答える場合には、多くの関連した要因を考えなければならない。第一次世界大戦では(少し性質は違うが、第二次世界大戦でも)、いったん戦争が始まると、ドイツの(あるいはフランス、ロシア、イギリスの)兵士たちはもし負けたら国民全体が不幸になると思ったために、戦い続けた。それぞれの兵士たちを動機づけていたのは、自分たちは自らの生命を守るために戦っているのであって、これは殺すか殺されるかの問題だという感情であった。しかしこういう感情でさえ、戦争を自発的に続ける意志をささえるには十分でなかっただろう。彼らはまた、もし逃亡したら銃殺されることも知っていた。ただしこういう動機づけすらも、すべての軍隊において大規模な反乱の起こることの防止にはならず、ロシアとドイツにおいては、ついに一九一七年および一九一八年に革命が起こった。フランスでは、一九一七年には兵士たちが反乱を起こさない軍団はほとんどなかった。これらの反乱は一方では大量の処刑により、他方では兵士たちの日常生活の条件のある程度の改良により鎮圧はされたものの、この鎮圧の成功はひとえにフランスの将軍たちが、一つの部隊に他の部隊で起こっていることを知らせないように、巧みな手腕を振るったことによるものであった。

戦争を可能にするまた別の重要な要因は、権威に対する尊敬と畏怖の深く沁み込んだ感情である。兵士は、指導者に従うことが道徳的、宗教的義務であって、それを実行するためには生命を賭ける覚悟をしなければならぬという気持ちを、伝統的に植えつけられてきた。軍隊および銃後の国民の少なくともかなりの部分において、この服従の態度を打ち破るためには、三年ないし四年のざんごう生活の恐怖を体験し、自分たちは防衛とは何の関係もない戦争目的のために、指導者たちに利用されているという事実への洞察が増すことが必要だったのである。

戦争を可能にするには、ほかにも攻撃とは何の関係もないもっと微妙な情緒的動機づけがある。戦争は生命の危険と多くの肉体的苦しみを伴うけれども、人を興奮させるものである。ふつうの人間の生活が退屈で型にはまっていて、冒険がないことを考えると、進んで戦争に行こうという気持ちは、退屈で型にはまった日常生活に終止符を打ちたい――そして冒険、それもふつうの人間が一生において期待しうる実に唯一の冒険に身を投じたい――という欲望として理解すべきである。(25)

(25) しかしこの要因を過大評価してはならない。スイス、スカンジナビア諸国、ベルギー、オランダのような国々の例は、もし国が襲撃されることもなく、政府が戦争を始める理由もないならば、冒険心という要因では、国民は戦争を起こすことを望むようにはならないことを示している。

戦争はある程度まで、すべての価値を逆転させる。戦争は利他主義や連帯のような、深く根ざした人間の衝動を表出させる――平和な時が現代人の中に生み出す自己中心主義や競争の原理のために阻害されている衝動を。階級の違いはなくならないとしても、かなりの程度には姿を消す。戦争においては人間は再び人間となり、彼の社会的地位が市民としての彼に与える特権にはかかわりなく、頭角を現わす機会を得る。これを誇張して言えば、戦争は平和時に社会生活を支配している不正や不平等や退屈に対する間接的反抗である。そして兵士は生命を賭けて敵と戦うが、食糧や医療や家や衣服のために、自分の集団の仲間と戦う必要はないという事実は無視できない。それらは一種のゆがんだ社会主義的な方法で、全部支給されるからである。戦争がこれらの積極的な面を持つという事実は、私たちの文明に対する悲しむべき批判である。もし市民生活が戦争において見られる冒険、連帯、平等、理想主義の要素を持っていたなら、人びとに戦争をさせることは非常にむつかしくなる、と結論してよかろう。戦争をしている政府にとっての問題は、この反抗を利用して戦争目的に向けることである。同時にそれが政府にとっての脅威にならないようにきびしい規律を押しつけるとともに、指導者たちが私心のない、賢明な、勇敢な人たちであって、人びとを破壊から守ってくれるという宣伝により、指導者たちへの服従の精神を押しつけなければならない。[26]

(26) このディレンマにとって特徴的なことは、捕虜の扱いを決めた国際条約において、一つの政府が〈彼らの〉捕虜を、捕虜のそれぞれの政府に対する宣伝材料として使うことを禁止する条項に、すべての強国が同意したことである。要するに、それぞれの政府は敵の兵士を殺す権利は持っているが、彼らを不忠にしてはいけないということに同意したのである。

結論を言えば、近代の大きな戦争および古代国家の間のたいていの戦争は、せき止められた攻撃によって起こされたのではなく、軍事的、政治的エリートの用具的攻撃によって起こされたのである。このことは最も原始的な文化からより高度に発達した文化に至るまでの、戦争の発生率の違いについてのデータが示している。文明が原始的であればあるほど、戦争は少ない（Q・ライト、一九六五）[27]。同じ傾向が、戦争の回数も激しさも技術文明の発達とともに増しているという事実に見られる。それは有力な政府を持った強大国の間において最高であり、恒久的な首長を持たない原始的な人間の間で最低である。次の表に見られるように、近代のヨーロッパの主要国家の行なった戦いの数は、同じ傾向を示している。表は一四八〇年以来の各世紀における戦いの回数の記録である(Q・ライト、一九六五)。

年	戦いの回数
一四八〇―一四九九	九
一五〇〇―一五九九	八七
一六〇〇―一六九九	二三九
一七〇〇―一七九九	七八一
一八〇〇―一八九九	六五一
一九〇〇―一九四〇	八九二

(27) 第八章の「原始的社会の戦い」参照。

戦争が人間の生まれつきの攻撃によって起こされると説明する著者たちが行なったことは、近代戦争が人間の〈破壊的〉性質によって起こされるに違いないと考えて、それを正常な現象と見なしたことであった。彼らはこの仮定の裏付けを、動物や私たちの先史時代の祖先たちに関するデータの中に見いだそうとしたが、そのためにはこれらを歪曲しなければならなかった。この立場は今日の文明が前技術時代の文化にまさっているという、ゆるがすことのできない確信から生じたものである。その論理はこうであった——文明人でもこれほど多くの戦争やこれほど大きな破壊性に苦しめられているならば、〈進歩〉への発達においてはるかに遅れている原始人は、ずっとひどい状態にあったに違いない。破壊性を私たちの文明のせいにするわけにはゆかないので、それを私たちの本能の結果として説明しなければならないのだ。しかし事実は違ったふうに語っている。

防衛的攻撃の減少の条件

防衛的攻撃は死活の利害への脅威に対して、系統発生的に準備された反作用であるので、その生物学的な基礎を変えることはできないのだが、ほかの本能的傾向に根ざした衝動のように、制御し修正することはできる。しかしながら、防衛的攻撃を減らすおもな条件は、それを動員する現実的要因を減らすことである。これを達成する社会的変革の計画については、その概略を述べようという企てすら、本書の枠組の中では明らかに不可能である。[28] ごくわずかな点に限って述べることにしよう。

(28) 私はこれらの問題の幾つかを、『正気の社会』(一九五五)(*The Sane Society*)〔邦訳、社会思想社〕と『希望の革命』(一九六八)とで論じた。

おもな条件はもちろん、個人も集団もほかから脅かされないことである。そのためにはすべての人間が品位のある生活を送ることができ、また一つの集団が他の集団を支配する企てが可能でもなければ魅力的でもなくなるような、物質的基礎がなければならない。このような条件は現在の体制とは異なった生産、所有、消費の体制を作ることによって、予知できる未来に実現されうるかもしれない。しかしこの状態を達成できるということは、もちろんそれが達成されるであろうとか、それを達成することが容易だということを意味しない。実にそれは圧倒的に困難な仕事なので、ひとえにその困難さのゆえに、誠意を持った多くの人びとが何もしないことの方を選び、儀礼さながらに進歩の賛歌を歌うことによって、破局を避けることを望んでいるのだ。

すべての人間に基本的な必要品を与えることを保証する体制を確立することは、優位の階級がなくなることを意味する。人間は〈動物園〉の状態で生活することをやめなければならない——すなわち彼の完全な自由が回復され、あらゆる形の搾取的支配が消滅しなければならない。人間は支配的指導者なしでは過ごせないというのは神話であって、階級制なしで十分機能しているすべての社会が、その誤りを証明している。こういう変革はもちろん、根本的な政治的および社会的変革を伴うものであって、その結果家族構造、教育や宗教の構造、そして仕事や余暇における個人間の関係を含めたすべての人間関係が変わるだろう。

防衛的攻撃が現実の脅威への反作用ではなく、大衆暗示や洗脳によってもっともらしく作り出された脅威への反作用であるかぎり、この同じ社会的変革が、この種の精神的な力を利用する基礎を除去するだろう。暗示にかかりやすいということの底には、個人の無力さと指導者への畏怖があるので、今述べた社会的および政治的変革によってそれはなくなり、それに応じて自主的で批判的な考え方が発達するだろう。

最後に、集団的ナルシシズムを減らすためには、国民の大部分の中にあるみじめさ、単調さ、うっとうしさ、無力さをなくしてしまわなければならない。これはただ物質的な条件を改善するだけでは達成できない。それは社会組織を思い切って変革し、それを支配＝所有＝権力への方向づけから生への方向づけへと変化させ、持つこととためることからあることとわかち合うことへと変化させることによって、初めてなしうることである。そのためにはそれぞれの人間が市民としての役割においてのみならず、いかなる種類の企業であれ、その労働者あるいは従業員としての役割においても、最高度の積極的な参加と責任を果たすことが必要である。まったく新しい分権化の諸形態を考え出さなければならないのであって、それにともなった新しい社会的、政治的構造が、アノミーの社会、すなわち何百万という原子から成る大衆社会に終止符を打つことになるだろう。

　これらの条件のどれ一つとして、互いに独立しているものはない。それらは一つのシステムの一部分なのであって、それゆえ反作用的攻撃を最小限にすることは、この六千年に及ぶ歴史において存在してきたシステムのすべてを、根本的に違ったシステムに代えることによって初めて可能である。もしこのことが実現すれば、仏陀、予言者たち、イエス、そしてルネサンスのヒューマニズム的夢想家たちにとってはユートピア的であった構想が、個人および人類の保存と成長という人間の基本的な生物学的計画に役立つ、合理的で現実的な解決策として認められるだろう。

第十章　悪性の攻撃——その前提

まえがき

生物学的に適応した攻撃は、生に役立つものである。このことはまだまだ多くの知識を必要とするとはいえ、生物学的にも神経生理学的にも、原理的には理解されている。それはさきに論じたある種の違いはあるにせよ、人間がすべてのほかの動物と共有する動因である。

人間だけの特色は、彼が殺し、苦しめる衝動に動かされ、またそうすることに渇望を感じるということである。彼は生物学的にも経済的にも何ら合理的な利益もないのに、彼自身の種を殺し破壊することのできる唯一の動物である。この生物学的に非適応で悪性の破壊性の性質を探るのが、以下のページの目的である。

悪性の攻撃は人間独特のものであり、動物の本能によるものでないことを銘記しておこう。それは人間の生理学的生存に役立つものではないが、彼の精神的な働きの重要な部分である。それはある個人や文化においては支配的で強力であるが、ほかではそうでない情熱の一つである。私が明らかにしようとするのは、破壊性は人間存在に根ざした精神的な要求に対してなしうる回答の一つであり、それが生じるのはさきにも述べたように、さまざまな社会条件と人間の存在的要求との相互作用によるということである。この仮説によって必要となるのは、私たちが次のような問いについて検討を試みることができるための、理論的な基礎を打ち建てることである。人間存在の独特の条件とは何か。人間の本性あるいは本質とは何か。

今日の考え方は、とくに心理学においては、このような問いをあまり歓迎しないのであって、それらはふつう哲学その他の純粋に〈主観的な思弁〉の領域に属すると考えられているのだが、私はこれからの論議の中で、実は経験的に検討できる領域のあることを明らかにしたいと思う。

1 人間の本性

ギリシアの哲学者たち以来のほとんどの思想家たちにとって、何か人間性と呼ばれるもの、何か人間の本質を成すものがあるというのは、自明のことであった。それを成すのが何であるかについてはいろいろな考えがあったが、そのような本質があるということ――すなわち、それによって人間が人間となる何物かがあるということ――には、考えが一致していた。かくして人間は理性を持った生き物であるとか、社会的動物であるとか、道具を作ることのできる動物（ホモ・ファベル）とか、あるいはシンボルを作る動物というように定義された。

最近になって、この伝統的な考え方が疑われ始めた。その変化の一つの理由は、人間に対する歴史的アプローチがますます強調されてきたことである。人間性の歴史を検討してみると、私たちの時代の人間は昔の人間とあまりにも違うので、すべての時代の人間が〈人間性〉と呼ぶことのできる何物かを共有してきたと仮定するのは、非現実的であるように思われた。この歴史的アプローチはとくにアメリカ合衆国において、文化人類学の分野の研究によって盛んになった。原始的民族の研究により、多種多様の慣習、価値、感情、思想が発見されたので、多くの人類学者は人間は生まれつき白紙であって、そこにそれぞれの文化が本文を書くのだと考えるようになった。不変の人間性という仮定を否定する傾向を助長したまた別の要因は、こういう考え方が最も非人間的な行為を犯す際の隠れみのとして、あまりにもしばしば悪用されてきたということであった。たとえば人間性の名において、アリストテレスや十八世紀までのたいていの思想家は奴隷制度を弁護した。[1] あるいは資本主義形態の社会の合理性と必然性を証明するために、学者たちは取得欲、競争心、利己心が人間の生まれつきの特性であると主張した。一般に、貪欲、殺人、ごまかし、嘘といった望ましくない人間行動を避けがたいものとして容認する時に、人はシニカルに〈人間性〉という言葉を発するのである。

(1) 例外――ギリシア人の中では、すべての人間の平等を論じたストア派。ルネサンスでは、エラスムス、トマス・モア、ファン・ルイス・ビーヴェスのようなヒューマニストたち。

人間性という概念に対する懐疑のまた別な理由は、おそらく進化論的な考え方の与えた影響の中にある。いったん人間が進化の過程にあって発達しつつあるのだと見なされるようになると、彼の本質の中に或る実体が含まれているという考え方には賛成できないと思われるようになった。しかし私は進化論的な立場からこそ、人間性の問題に対する新しい洞察が期待できると信じている。この方向への新しい貢献はカール・マルクス、R・M・バック (R. M. Bucke)[2]、テイヤール・ド・シャルダン (Teilhard de

Chardin)、T・ドブジャンスキー（T. Dobzhansky）といった著者たちによってなされた。本章においても同じようなアプローチが企てられている。

（2） リチャード・M・バックはカナダの精神病医で、エマーソンの友人であり、大胆で想像力に富んだ人物だった。そして彼の時代には、北アメリカの精神医学界の指導的人物の一人であった。今では精神病医は彼のことは完全に忘れているが、彼の著書である *Cosmic Consciousness*（改訂版、一九四六）は、ほとんど百年にわたって、しろうとに読まれてきた。

人間性が存在するという仮定を支持するおもな論拠は、ホモ・サピエンスの本質が形態学的、解剖学的、生理学的、神経学的な観点から定義できるということである。実際私たちは姿勢、脳の構造、歯、常食その他、人間を最も発達した人間以外の霊長類からはっきりと区別する多くの要因に関するデータによって、人間という種に対する厳密で一般に容認された定義を下している。たしかに私たちは肉体と精神を別々の領域と見なす考え方にまで退歩しないかぎり、人間という種は身体的のみならず精神的にも定義しうるに違いないと、仮定しなければならない。

ダーウィン自身も、人間そのものは特定の身体的属性のみならず、特定の精神的属性によっても特徴づけられるという事実を、よく意識していた。彼が『人間の由来』（*The Descent of Man*）で述べている最も重要な属性は、次のようなものである（G・G・シンプソンが短縮し、言い換えたもの）。

> 知性が高くなるのに比例して、人間の行動はより柔軟になり、反射的、本能的な面は少なくなる。
> 人間は好奇心、模倣、注意、記憶、想像力といった複雑な要因を、他の比較的進んだ動物と共有しているが、それらの度合いはより高く、用い方はより複雑である。

人間は少なくともほかの動物よりも多く理性を働かせ、彼の行動の適応的性質を合理的に利用する。

人間はいつも非常に変化に富んだ道具を使い、また作る。

人間は自意識を持ち、自分の過去、未来、生、死などについて考える。

人間は精神的抽象作用を行ない、関連したシンボリズムを発達させる。これらの能力の最も本質的で最も複雑に発達した結果が言語である。

いくらかの人間は美の感覚を持っている。

宗教的感覚という言葉を広い意味で考えて、アニミズム（訳注。すべての物に霊が宿っているという考え方）的なもの、超自然的なもの、精神的なものに対する畏怖、迷信、あるいは信仰とすれば、たいていの人間は宗教的感覚を持っている。

正常な人間は道徳的感覚を持っている。もっと新しい言葉を使えば、人間は倫理的に考える。

人間は文化的、社会的動物であって、種類においても複雑さにおいても独特の文化と社会を発達させた（G・G・シンプソン、一九四九）。

ダーウィンのあげた精神的特性のリストを検討すると、幾つかの要素が目立っている。彼は幾つかの個々別々の項目をあげているが、そのあるものは自意識、シンボルや文化の創造、美的、道徳的、宗教的感覚のように、人間固有のものである。この人間独特の特徴のリストの欠陥は、それがまったく記述的で羅列的であり、非体系的であり、それらの共通の条件を分析しようと試みていないことである。

彼はリストの中にやさしさ、愛、憎しみ、残酷性、ナルシシズム、サディズム、マゾヒズムなどの人間独特の情熱や情緒をあげていない。これらに類するほかのものを、彼は本能として扱っている。彼にとってはすべての人間も動物も、

とくに霊長類は、共通した幾つかの本能を持っている。すべては同じ感覚、直観、知覚、同じような情熱、愛情、情緒、さらには嫉妬、疑い、競争、感謝、そして寛大のようなより複雑な情緒さえ持っている。彼らは欺瞞を働き復讐心を持つ。彼らは時としてあざけりに対して敏感であり、ユーモアの感覚さえ持っている。彼らは驚きや好奇心を持つ。彼らは程度こそ大いに異なっているが、同じ模倣の能力、観念の連合、理性を持っている(C・ダーウィン、一九四六)。

最も重要な人間の情熱が人間独特のものであって、私たちの動物時代の祖先から受け継いだものではないと見なそうとする私たちの試みは、明らかにダーウィンの見解の中にささえを得ることはできない。ダーウィン以後の進化の研究者たちの中での考え方の進歩は、今日の最もすぐれた研究者の一人であるG・G・シンプソンの見解に現われている。彼は、人間は動物の属性とは違った本質的な属性を持っていると主張する。「理解すべき重要なことは」と彼は書いている。「人間が動物であるということである。しかし人間独自の性質の本質は、ほかのいかなる動物とも共有しない特徴の中にこそある、ということを理解するのは、もっと重要である。彼が自然の中で占める位置およびその最高の意味は、彼の動物性によってではなく、彼の人間性によって定義されるのだ」(G・G・シンプソン、一九四九)。

シンプソンはホモ・サピエンスの基本的定義として、知性、柔軟性、個別化、そして社会化という相

互に関連した要因をあげた。たとえ彼の答えが完全に満足すべきものではないとしても、人間の本質的特性が相互に関連していて、一つの基本的要因に根ざしているものとして理解しようとする彼の試み、および量的変化が質的変化に変貌することへの彼の認識は、ダーウィンを超える意味深い一歩を成している（G・G・シンプソン、一九四四、一九五三）。

心理学の側から、人間独特の要求を記述しようとした最も有名な試みの一つは、エーブラハム・マズロー（Abraham Maslow）によるもので、彼は人間の〈基本的要求〉のリスト——生理的、美的要求、安全、所属、愛、尊敬、自己実現、知識、および理解への要求——を作り上げた（A・マズロー、一九五四）。このリストはいくぶん非体系的な羅列であって、残念ながらマズローは、人間性の中にあるこのような要求の共通の起源を分析しようとはしなかった。

人間の本性を人間という種の独特の条件——生物学的および精神的な——によって定義しようと試みるなら、私たちはまず人間の誕生について幾つかのことを考えてみる必要がある。

人間の個体がいつ生まれるかを知ることは簡単なようだが、実際は見掛けほど簡単ではない。その答えはいろいろありうる。受胎の時、胎児がはっきりした人間の形をとった時、誕生の時、乳離れが終わった時。あるいはほとんどの人間は死ぬ時になっても、まだ十分に生まれてはいないとさえ主張できるかもしれない。個体の〈誕生〉の日や時刻を決めることはやめて、むしろ人間が生まれてゆく過程について語るのが最上だろう。

もし種としての人間がいつ生まれたのかを問うとなれば、答えははるかにむつかしくなる。私たちの進化の過程についての知識は、はるかに少ないのである。この場合私たちは何百万年という年月を扱っているし、私たちの知識は偶然見付かった骸骨や道具に基づいていて、それらの意味は今でも多くの論争を呼んでいるのである。

しかし私たちの知識は不十分ではあるが、幾つかのデータがあって、それらは細部の修正を必要とするにせよ、私たちに人間の誕生と呼びうる過程を大体において描き出してくれる。私たちは人間の受胎については、約十五億年前の単細胞生物の出現にまで、あるいは約二億年前の原始的哺乳動物が初めて生まれた時にまで、さかのぼれるかもしれない。人間の発生〔訳注。受胎後にだんだん人間の形をととのえてゆくこと〕は、約千四百万年前か、あるいはおそらくそれ以前に生きていた人間のホミニド時代の祖先たちに始まると言えるかもしれない。人間の誕生については、それを最初の人間、ホモ・エレクトゥス〔訳注。直立人〕の出現の時としてもよいかもしれないが、アジアで見付かったそのさまざまな標本は、約百万年前から約五十万年前までに及んでいる(北京原人)。あるいは今日の人間とあらゆる本質的な生物学的様相において同一である、現生人類(ホモ・サピエンス・サピエンス)が出現したわずか四万年ばかり前としてもよいかもしれない。(3) 実際、もし私たちが人間の発生を歴史的な時間の観点から見れば、ほんとうの人間はわずか数分前に生まれたと言えるかもしれない。あるいは彼はまだ生まれつつあるのだとか、へその緒がまだ切れていないのだとか、余病が併発したので人間がいったい生まれるのか、それとも死産になるのかわからないのだとさえ考えられるかもしれない。

(3) D・ピルビーム(一九七〇)の議論参照。さらにM・F・A・モンタギュー(一九六七)およびG・スモラ(一九六七)も参照のこと。

人間の進化の研究者は、たいてい人間の誕生を一つの特別なできごと、すなわち道具の製作の時としているが、それは人間をホモ・ファベル、すなわち道具製作者としたベンジャミン・フランクリンの定義に従っているのである。この定義はそれを「ヤンキー国の特徴」と考えたマルクスによって、きびしく批判された[4]。現代の著者たちの中では、マンフォードが最も説得的にこの道具作りに基づいた方向づけを批判している（L・マンフォード、一九六七）。

（4）人間性に関するマルクスの概念については、E・フロム（一九六一、一九六八）参照。

人間の本性の概念は、生産にとりつかれた現代の刻印をあまりにもはっきりと押されている道具作りのような個々の相ではなく、むしろ人間の進化の過程に求めなければならない。私たちは人間の出現をしるしづける二つの基本的な生物学的条件の混合に基づいた人間性の理解に、到達しなければならない。その一つは、本能による行動の決定の度合いの絶え間ない低下であった[5]。本能の性質についての多くの論争を呼んだ考え方を勘定に入れたとしても、動物の進化の程度が高くなればなるほど、厳密に決定され、脳の中で系統発生的に計画されたお決まりの行動の型の重要性は小さくなるということは、一般に認められていることである。

（5）ここでは〈本能〉という言葉は、議論を簡単にするために、厳密でない意味で使われている。それは学習を排除した旧式の〈本能〉の意味ではなく、〈有機体的動因〉の意味で使われている。

本能による行動の決定の度合いが絶え間なく低下する過程は、連続体として表わすことができるのであって、そのゼロの端には動物進化の最も低い形があって、そこでは本能による決定の度合いは一番高い。これは動物の進化とともに低下して、哺乳動物においてある水準に達する。それは霊長類へと発達するうちにさらに低下するが、ここにおいてすら、ヤーキーズたち（R. M. Yerkes, A. V. Yerkes）が彼らの古典的研究で明らかにしたように、サルと類人猿の間には大きな隔たりがあるのである（R・M・ヤーキーズ、A・V・ヤーキーズ、一九二九）。ヒトという種において、本能による決定の度合いは最大限に低下した。

動物の進化において見いだされるもう一つの傾向は、脳の発達であり、とくに新皮質の発達である。ここでもまた、私たちは進化を連続体として表わすことができる——一方の端には最も下等な動物がいて、最も原始的な神経構造と比較的わずかな数の神経細胞を持っており、他方の端には人間がいて、より大きくより複雑な脳の構造を持ち、とくに新皮質はホミニド時代の祖先に比べても三倍あり、神経細胞間の連結に至っては、まさに途方もない数に及んでいる。(6)

（6）Judson Herrick は神経細胞《ニューロン》の回路の持つ可能性について、おおよその概念を与えようとしている。「大脳皮質のすべての神経細胞《ニューロン》は、非常に複雑にこんがらかったきわめて細い繊維の網の目に組み込まれているが、それらの繊維のあるものはずいぶん遠い部分から来ている。おそらく大脳皮質の神経細胞のほとんどが、大脳皮質のあらゆる場と、直接あるいは間接に結びついていると言っても、まちがいはないだろう。これが大脳皮質の連合過程の解剖学的な基礎になっている。これらの連合繊維の相互の結びつきが形成する解剖学的なメカニズムによって、一連の大脳皮質の連合作用の間に、大脳皮質の神経細胞の多くの違った機能的な組み合わせが可能になるのだが、その数は、天文学者たちが星の間の距離を測る時に持ち出したいかなる数字をも、はるかにしのぐものである……。このシステムの実際的な価値を決定するのは、神経要素をこのように次々と組み合わせる能力である……。もし百万個の大脳皮質の神経細胞が、わずか二個ずつの組を作って、ありとあらゆる組み合わせで結びついたとすれば、その結果生じる神経細胞《ニューロン》間の連結の違った型の数は、$10^{2,783,000}$という数字で表わされるだろう……。大脳皮質の既知の構造を根拠にすれば……網膜に映ったある像によって同時に刺激される視覚野にある、短い大脳皮質神経細胞《ニューロン》の系列の中に、解剖学的に存在し、実際に使用できる細胞間の連結の数は、わずか二個ずつの組を作った場合に理論的に可能な組み合わせとしてすでにあげた、$10^{2,783,000}$をはるかに上回るだろう」（C・J・ヘリック、一九二八）。比較のためにリヴィングストンは付け加えている。「宇宙にある原子の数が約10^{66}と見積もられていることを、思い出してほしい」。

これらのデータを考慮すると、人間とは進化の過程において、本能による決定の度合いが最低となり、脳の発達が最高となった時に出現した霊長類であると定義することができる。この最低の本能による決定と最高の脳の発達との組み合わせは、動物の進化においてかつて起こったことがないのであって、生物学的に言ってまったく新しい現象を成しているのである。

人間が出現した時、彼の行動は本能的備えによって導かれることはほとんどなかった。危険や性的刺激に対する反作用のような幾つかの基本的反作用を除けば、正しい決定に彼の生命がかかっているという場合でも、いかに決定すべきかを教えてくれる遺伝的なプログラムはたいていの場合存在しない。かくして生物学的には、人間はすべての動物の中で最もたよりなくか弱い者のように見えるだろう。

人間の脳の異常な発達は、彼の本能面の赤字を埋めてくれるだろうか。

ある程度までは埋めてくれる。人間は正しい選択をするように、彼の知性によって導かれる。しかし私たちはこの道具がいかに弱く、また当てにならないかということも知っている。それは容易に人間の欲望や情熱に影響され、それらの影響に負けてしまう。人間の脳は弱くなった本能の代用品としては不十分であるばかりでなく、それはまた、生きるという仕事をおそろしく複雑にする。私が今言っているのは用具的知性、すなわち自分の要求を満足させるために対象を操作する用具として思考を働かせることではない。結局こういうものは、人間は動物とくに霊長類と共有しているのである。私が言っているのは人間の思考がまったく新しい性質、すなわち自意識という性質を獲得したその面のことである。人間は対象を知るだけでなく、自分が知っているということを知っている唯一の動物である。人間は用具的知性だけでなく、理性、すなわち客観的に理解する――つまり物自身のあるがままの性質を、彼の満足のためのただの手段としてではなく知る――ために思考を働かせる能力をも持った唯一の動物である。自意識と理性を持っているので、人間は自分を自然やほかのものから離れた存在であると意識している。彼は自分の無力と無知を意識している。彼は自分の終わり、つまり死を意識している。

自意識と理性と想像力は、動物の存在を特徴づける〈調和〉を打ち砕いた。それらの出現は人間を一種の異端者、宇宙の気まぐれ的存在とした。彼は自然の一部であり、自然の物理的法則に従っており、それらを変える力はない。しかし彼は自然を超越する。彼は一部であるとともに、切り離されている。彼は故郷を持たないが、彼がすべての生き物と共有する故郷につなぎ止められている。偶然の場所と時間においてこの世界に投げ込まれ、彼はまた偶然に、意志に反してむりやり連れ出される。彼は自意識をもっているので、自分の無力さと生存の限界とを実感している。彼は彼の存在の二分法からのがれることは決してない。彼はたとえ望んだとしても自分の心を捨てることはできないし、彼が生きているかぎり、彼のからだからのがれることもできない――そして彼のからだが、彼に生きることを欲するようにしむける。

人間は彼の種の型を繰り返すことによって生きることを許されない。彼自身が生きなければならない。

人間は自然の中で所を得ず、楽園から追放されたように感じうる唯一の動物であり、自分自身の生存が自分で解決しなければならない問題であり、またそこからのがれることもできない問題であるような唯一の動物である。彼は自然と調和していた前人間的状態に帰ることもできず、また前へ進んでゆけばどこへ到達するのかも知らない。人間存在の矛盾の結果、たえざる不均衡の状態が生じる。この不均衡が、いわば自然と調和して生きている動物から人間を区別するのである。このことはもちろん、動物が必ずしも平和で幸福な生活をしていることを意味するものではなく、動物はそれぞれに特有の生態学的な生息範囲を占めるに至り、それに対してその身体的、精神的性質が、進化の作用によって適応させられてきたのだ、ということを意味している。人間の存在に関する、そしてそれゆえ避けることのできない不均衡は、彼が文化の助けを借りて、彼の存在に関する諸問題を扱うための多少とも適切な方法を見いだした時に、相対的に安定しうる。しかしこの相対的安定は、さきの二分法が解決したことを意味するものではなく、それはただ眠っているだけであって、この相対的安定の条件が変わるやいなや、姿を現わすのである。

実際、人間の自己創造の過程において、この相対的安定は幾度も幾度もくつがえる。人間は彼の歴史において環境を変える。そしてこの過程において彼は自分自身を変える。彼の知識はふえるが、自分の無知についての意識も増す。彼は自分を個体として経験し、自分の部族の一員として経験するだけにとどまらない。そしてこれによって彼が切り離され、孤立しているという意識は増大する。彼は強力な指導者たちに導かれて、より大きくより有効な社会単位を作る——そして彼は恐れ、従順になる。彼はある程度の自由を得る——そしてその自由そのものを恐れるようになる。彼の物質的生産の能力は増すが、その過程において彼は貪欲になり自己中心的になり、彼が作り出したものの奴隷になる。
すべての新しい不均衡は、人間に新しい均衡を求めることを強いる。実際、しばしば人間の生まれつきの進歩への動因と見なされてきたものは、新しい、そしてもし可能ならよりよい均衡を見いだそうとする人間の試みなのである。

新しい形の均衡は、決して直線的な人間の向上を生むわけではない。歴史上においても、新しい達成はしばしば逆に退行をもたらした。多くの場合、新しい解決を見いだすことを強いられると、人間は袋小路に入り込んで、そこから何とかのがれなければならなくなる。そして今までの歴史においてそれが可能であったのは、実に驚くべきことなのである。

このように考えてくると、人間の本質あるいは本性をいかに定義すべきかということについて、ある仮説が生まれてくる。私は人間の本性は愛、憎しみ、理性、善あるいは悪というような特定の性質によって定義することはできず、人間の存在を特徴づけ、失われた本能と自意識との二分法に根ざしている基本的な矛盾によってのみ定義できる、と言いたい。人間の存在における葛藤は、すべての人間に共通な或る精神的要求を生み出す。彼は自分が切り離され、力も持たず、途方に暮れた存在であるという恐怖を克服し、自らを世界と結びつける新しい形態を発見しなければならない。私はこれらの精神的要求を存在的と言ったが、それはそれらが人間存在の条件そのものに根ざしているからである。それらはすべての人間が共有しており、それらを満たすことが人間の正気を保つために必要であるのは、有機体的動因を満足させることが人間の生命を保つために必要であるのと同じである。しかしこれらの要求のそれぞれは違った方法で満たすことができ、それらの違いは彼の社会的条件のいろいろな違いによるのである。存在的要求を満たすこれらの違った方法は、愛、やさしさ、正義と独立と真実を求める努力、憎しみ、サディズム、マゾヒズム、破壊性、ナルシシズムといった情熱となって現われる。私はこれらを性格に根ざした情熱――あるいは単に人間的情熱――と呼ぶのだが、それはそれらが人間の性格の中に統合されているからである。

性格の概念についてはあとで詳しく論じるが、ここでは性格とはすべての非本能的努力の比較的恒久的な体系であって、それによって人間は人間界および自然界に関係する、と言っておけば十分だろう。性格とは失われた動物の本能に対する人間的代用品であると理解してもいいだろう。それは人間の第二の本性である。すべての人間が共通に持っているのは、彼らの有機体的動因（経験によって大いに修正することはできるが）と、彼らの存在的要求である。彼らが共通して持っていないのは、彼らのそれぞれの性格において優位を占める種類の情熱――性格に根ざした情熱――である。性格における違いは主として社会条件の違いによる（遺伝によって与えられた傾向もまた性格形成に影響するのだが）。この理由から、性格に根ざした情熱を歴史的範疇と呼び、本能を自然的範疇と呼ぶことができる。しかし前者も純粋に歴史的な範疇ではない。というのは、社会的影響は人間存在の生物学的に与えられた条件を通じてのみ及ぼされうるからである。(7)

（7）このように二種類の動因を区別するのは、本質的にはマルクスの行なった区別と一致している。彼は二種類の人間の動因や欲求について述べている。すなわちまず〈恒常的な〉あるいは固定したもの――たとえば飢えや性的動因など――であって、これらは人間性において欠くことのできない部分であり、それらが変わりうるのは、さまざまな文化においてそれらが執る形態や方向においてのみである。次は〈相対的欲求〉であって、それらの「起源はある種の社会構造、およびある種の生産と交通《コミュニケーション》の条件の中にある」（K・マルクスとF・エンゲルス、MEGA、第五巻。翻訳はフロム）。彼はこれらの欲求の幾つかについて、〈非人間的〉、〈堕落した〉、〈不自然な〉、〈空想的〉などと言った。

私たちはこれで人間の存在的要求、および性格に根ざしたさまざまな情熱を論じる準備ができたが、後者は後者でこれらの存在的要求へのいろいろ違った答えとなるのである。この論議を始める前に、振り返って方法の問題を考えてみよう。私は先史時代の始まりにおいてこうであったろうと思われる人間の心を、〈再構成〉することを提案した。この方法に対する明らかな反論は、それが理論的再構成であって、そこには何ら証拠がない――あるいはそのように思われる――ということである。しかしながら、将来の発見によって否定されるかもしれず、あるいは立証されるかもしれない程度の仮説を試みに立てる分には、証拠はまったくないわけではない。

この証拠は基本的には、人間はおそらくすでに五十万年前（北京原人）において信仰や儀礼を持っていて、彼の関心は物質的要求を満たす範囲を超えて広がっていたことを示すもろもろの発見の中にある。先史時代の宗教と芸術（当時は切り離すことはできなかった）の歴史は、原始的な人間の心を研究する際のおもな根拠となる。私がこの研究の文脈内で、この広大でいまだに論争を呼んでいる領域に足を踏み入れることは明らかに不可能である。私が強調したいのは、現在利用しうるデータも、原始的な宗教および儀礼に関してこれから見いだされるべきデータと同様に、もし私たちがそれを解く鍵を持たなければ、先史時代の人間の心の性質を明らかにしてはくれないということだ。この鍵は思うに私たち自身の心である。私たちの意識的な思考ではなく、私たちの無意識の中に埋もれていて、しかもすべての文化のすべての人間の中に存在する経験的核心であるような範疇の、思考および感情なのである。簡単に言えば、それは私が人間の〈一次的人間経験〉と呼びたいと思うものである。この一次的人間経験は、それ自体が人間の存在条件に根ざしている。この理由からそれはすべての人間に共通なのであって、人種として受け継いだものなどと説明する必要はない。

最初の問題はもちろん、私たちがこの鍵を見付けることができるかどうかということであり、私たちがふだんの心の枠を超えて〈原初的人間〉の心に入り込むことができるかどうかということである。演劇、詩、芸術、神話はこれをなしたが、心理学は精神分析を例外としてこれをなしてはいない。いろいろな精神分析学派はこれをさまざまな方法で行なった。フロイトの原初的人間は、家父長制的に組織された男性優位の族の一員という歴史的構成概念であって、その族は父親＝専制者によって支配され、搾取され、息子たちは彼に反抗し、それが内面化して超自我《スーパーエゴ》が形成され、新しい社会組織が形成されるというものであった。フロイトの目的は、現在の患者に彼の最古の祖先とフロイトが信じる者たちの経験を共有させることによって、彼自身の無意識を発見させる手助けをしようということであった。

この原初的人間のモデルは虚構であり、それに対応する〈エディプス複合〉は人間経験の最も深い層ではなかったのだが、それでもフロイトの仮説はまったく新しい可能性、すなわちあらゆる時代と文化におけるすべての人間は、彼らの共通の祖先たちと基本的な経験を共有していたという可能性を明らかにした。かくしてフロイトは、すべての人間は人間性の共通の核心を共有しているというヒューマニズムの信念に、新しく歴史的な論拠を付け加えたのであった。

C・G・ユング（C. G. Jung）も同じ試みを行なったが、その方法はフロイトの方法とは違っていたし、また多くの点でもっと複雑なものであった。彼はいろいろな神話、儀礼、宗教にとくに興味を持っていた。彼は無意識を理解する鍵として神話を巧みにかつあざやかに利用し、先輩たちの誰よりも体系的にまた広範囲にわたって、神話と心理学との間に橋をかけた。

私が今提案しているのは、現在と私たちの無意識とを理解するために、過去を利用することだけでなく、私たちの無意識を先史時代を理解する鍵として使うことでもある。これは精神分析的な意味での自己知識の習練を必要とする。すなわち私たちの無意識を意識することへの抵抗の大部分を除去することによって、意識的な心から私たちの核心の最奥部まで入り込むことのむつかしさを減らすことなのである。

このことが可能になれば、私たちは自分と同じ文化に生きている同胞たち、さらにはまったく違った文化の人たち、そして狂人さえも理解することができる。私たちはまた原初的人間が何を経験したのか、どのような存在的要求を持っていたのか、またどのようにして人間（私たちをも含めて）はこれらの要求に答えることができるのかを悟ることができるのである。

三万年前の洞窟絵画に至るまでの原始的な芸術、あるいはアフリカやギリシアや中世のように、根本的に異なった文化の芸術などを見る時、私たちはこれらの文化が私たちの文化とは根本的に違っているという事実にもかかわらず、これらの芸術が理解できるのは当然のことと思っている。私たちは何千年も昔の人たちが目ざめている時に考えたのと同じような、シンボルや神話を夢に見る。それらは意識的な知覚においてはずいぶん違ってはいるが、すべての人間に共通の言語ではなかろうか（E・フロム、一九五一）。

人間の進化の分野における現代の考え方が、骸骨や道具をおもな証拠として、あまりにも一面的に人間のからだの発達や物質的文化の線に沿った方向に傾いていることを考慮に入れると、初期の人間の心に関心を持つ研究者が少ないのは驚くに当たらない。しかし私が今述べた考え方は、幾人かのすぐれた学者たちと同じなのであって、彼らの全体的な哲学的見地は、大部分の学者たちと異なっている。なかんずく私は、とくに私の意見に近い古生物学者のF・M・バーゴニウー（F. M. Bergounioux）や、動物学者で遺伝学者のT・ドブジャンスキーの意見のことを言っているのである。

バーゴニウーは書いている。

彼〔人間〕を霊長類と見なすことが正当であるとしても、そしてまた、彼は解剖学的にも生理学的にも、霊長類のあらゆる特徴を持っているのだが、彼だけが誰も疑いえない新しさを持った生物学的集団を構成している……。人間は環境から無慈悲に引き離され、自分の知らない尺度と法則を持った世界のまん中に孤立したように感じた。彼はそれゆえたえざる苦しい努力と彼自身の錯誤によって、生存するために知らなければならないすべてのことを学ばなければならないと感じた。彼を取り巻く動物たちは、行き来しながら倦むことなく同じ行為を繰り返していた。狩猟し、食糧を採集し、水を求め、無数の敵から身を守るために身をかわしたり逃げたりしていた。彼らにとって、休息と活動の時期は、食糧や睡眠、生殖や防衛の必要によって定められた不変のリズムをもって交代する。人間は自分を回りのものから引き離す。彼は孤独で、見捨てられ、自分が何も知らないということのほかはあらゆることについて無知であると感じる……。かくして彼が最初に感じたことは、存在的不安であって、それは彼を絶望の極限にまで導きさえしたかもしれないのである(F・M・バーゴニウー、一九六四)。

非常によく似た考え方がドブジャンスキーによって表明された。

しかしながら、自意識と予見とは自由と責任という恐ろしい贈り物をもたらした。人間は自由にある計画は実行し、ある計画は一時中止することができると感じる。彼は世界および自分自身の奴隷ではなく、主人であることの喜びを感じる。しかしこの喜びは、責任感によって弱められる。彼は自分の行為に対して責任があることを知っている。彼は善悪の知識を得た。これは身に背負うには恐ろしいほど重い荷物である。ほかのいかなる動物も、このようなものに耐えることはできない。人間の魂の中には悲劇的な不調和がある。人間性の欠陥の中で、これは出産の苦痛よりはるかに深刻なものである(T・ドブジャンスキー、一九六二)。

2 人間の存在的要求およびさまざまの性格に根ざした情熱(8)

(8) 以下の内容はE・フロム(一九四七、一九五五)における、同じ主題についての議論を発展させたものである。できるだけ繰り返しを避けるために、古い内容は短縮したもののみを示した。

方向づけと献身の枠組

人間の持っている自意識の、理性の、想像の能力――最も賢い動物の用具的思考の能力をさえ上回る新しい性質――は、世界およびその中における彼の位置についての全体像を必要とするが、それは構造を持ち内的に首尾一貫したものでなければならない。人間は自然的および社会的世界の地図を必要とするのであって、それがなければ彼はまごついてしまい、目的のある一貫した行動ができないだろう。彼には自分自身に方向を与える方法も、彼にぶつかってくるあらゆるものの印象を組織化できるような不動の立場を自分で見付ける方法も、ないだろう。彼がすべてのできごとの最終的な説明として魔術や呪術を信じようと、彼の生活や運命を導くものとして祖先の霊を信じようと、彼に賞あるいは罰を与える全能の神を信じようと、あるいはすべての人間的な問題に答えを与える科学の力を信じようと――方向づけの枠組への要求という観点からは、何の違いもない。彼の世界は彼にとって意味のあるものとなり、彼は自分の回りの人びととの合意によって、自分の考えに自信を持つようになる。たとえその地図がまちがっていても、それは心理的な機能を果たしている。しかし地図が完全にまちがっていたことはない――また、完全に正しかったこともない。それは常にいろいろな現象を十分近似的に説明するものとして、生きる目的に役立ってきた。生活の慣習がその矛盾や非合理性から解放される度合いに応じてのみ、理論的な全体像は真実と一致しうるのである。

印象的な事実は、このような方向づけの枠組を持たない文化は一つとしてないということである。個人の場合も同じ。しばしばある個人がこのような全体像は持っていないと主張し、人生におけるさまざまな現象やできごとには、場合に応じて自分の判断力の導くままに反応していると信じることがある。

しかし彼が自分の哲学を容認しているのはそれがまったくの常識であるからであって、彼は自分の考え方のすべてが一般に受け入れられた準拠枠によっているることに気付いていないのだということは、容易に明らかにすることができる。このような人物が全体的な人生観において根本的に違った考え方に直面した時、彼はそれを〈気違いざた〉とか〈不合理〉とか〈子供じみた〉などと判断し、自分の方はまったく論理的だと信じるのである。準拠枠の形成への要求は、とくに子供たちの場合に明らかである。彼らはある年齢において方向づけの枠組への深刻な要求を示し、しばしばそれを、彼らの手に入るわずかなデータを利用して、巧みに自分で作り上げる。

方向づけの枠組への要求の強さは、人間の研究者の多くを悩ませてきた事実、すなわち人間が政治的、宗教的、あるいはほかのどのような性質のものにせよ、不合理な教義に——そういう影響を受けていない者の目から見れば、それらは明らかにつまらぬ概念の寄せ集めにすぎないのに——魅せられやすいという事実の説明になる。答えの一部は、指導者たちの暗示的な影響力、および人間の暗示にかかりやすい性質というところにある。しかしこれがすべてであるとは思えない。人間は方向づけの一貫した枠組への要求がこれほどにまで死活の問題でなければ、おそらくそれほど暗示にかかりやすくはないだろう。あるイデオロギーがすべての問いに答えを与えると主張すればするほど、それは人を引きつけやすくなる。不合理な、あるいは明らかに正気でさえない思考体系がこれほど容易に人の心を引きつける理由は、ここにあるのだろう。

しかし地図だけでは行為の指標として十分ではない。人間はどこへ行くべきかを教えてくれる目標をも必要とする。動物にはこういう問題はない。その本能が目標とともに地図をも与えてくれる。しかし人間は本能による決定を欠いているし、進みうる多くの方向を考えさせる脳を持っているので、完全な献身の対象を必要とする。彼はすべての努力の焦点となり、すべての実際の——公言したものだけでなく——価値の基礎となる献身の対象を必要とする。彼がこのような献身の対象を必要とするのには、幾つかの理由がある。その対象は彼の精力を一つの方向に統合する。それはあらゆる疑いや不安を持った彼の孤立的存在以上に彼を高め、人生に意味を与える。自分の孤立した自我を超えた目標に献身することによって、彼は自分を超越して、絶対的自己中心性の牢獄を脱出する。(9)

(9)〈超越〉という言葉は、古くから神学的な準拠枠で使われている。キリスト教的な考え方では、人間の超越とは、当然人間が自らを超越して神に達することだと見なされる。かくして神学は、人間の超越への要求に言及して、神の信仰への要求を証明しようとする。しかしながら、神の概念が〈非自己〉を表わす純粋に象徴的な意味で用いられているのでなければ、この論理は誤っている。自らの自己中心的、ナルシシズム的、孤立的立場を超越して他人と結びつき、世界に対して心を開く立場に到達し、自己中心的であるがゆえに自己を閉じ込める地獄からのがれようとする要求が存在する。仏教のような宗教体系はこの種の超越を主張したが、神や超人間的な力に言及することはなかった。マイスター・エックハルト〔訳注。中世ドイツの神秘思想家〕も、彼の最も大胆な論述においてそうであった。

人間の献身の対象はさまざまである。彼はわが子を殺すことを求める偶像にも、わが子を守らせる理想にも献身しうるし、生命の成長あるいは破壊にも献身しうる。彼はこの上なく変化に富んだ目標や偶像に献身しうる。しかし献身の対象の違いは非常に重要であるが、献身への要求自体は一次的、存在的要求であって、いかにしてこの要求が満たされるかには関係なく、とにかく満たされることを必要とするのである。

赤ん坊が生まれると、彼は安全な子宮から離れるが、そこは彼がまだ自然の一部である——彼が母親のからだを通じて生きている——状況であった。生まれる瞬間にも、彼はまだ共棲的に母親に結びついていて、生まれてからのちも、ほかのたいていの動物よりも長くその状態を続ける。しかしへその緒が切られても、分離の状態を元へもどし、子宮へ帰り、あるいは絶対的な保護と安全の新しい状況を見いだしたいという深刻な欲求が残るのである。[10]

(10) 母親への固着の深さが正常な発達および病的な発達の中心問題である〈エディプス複合〉ことを発見したのは、フロイトの功績の一つであった。しかし彼は自らの哲学的前提によって、この固着を性的なものと解釈することを強いられ、そのために彼の発見の重要性をせばめてしまった。晩年になって初めて、彼はエディプス複合以前の母親への愛着もあることを認め始めた。しかし彼はこのことにうすうす気付いたものの、それ以上には進まず、〈近親愛〉の古い概念を修正しなかった。何人かの精神分析学者、とくにS. Ferencziおよび彼のもとの研究者たち、そしてより最近では、J・ボールビー（一九五八、一九六九）が、母親への固着の真の性質を知った。霊長類に対する最近の実験（H. R. Harlow, J. L. McCaugh, R. F. Thompson, 1971）、および幼児に対するそれ（R. Spitz and G. Cobliner, 1965）とが、母親へのきずなのこの上もない重要性をはっきりと示した。明らかになった精神分析的データは、正常な人物と神経症の人物の両方の生活において、性的でない近親愛的な努力がどんな役割を果たしているかを示している。私は長年私の著作でこの点を強調してきたので、ここでは『正気の社会』（一九五五）および『悪について』（一九六四）において扱った最近のものだけを引用する。共棲については、E・フロム（一九四一、一九五五、一九六四）参照。またM. S. Mahler（1968）も参照。これは一九五一年以来の女史の論文に基づいている。

しかし楽園への道は、人間の生物学的な、そしてとくに彼の神経生理学的な構造によって、ふさがれている。彼にはただ一つの二者択一しかない。退行への欲求を持ち続けて、その代償として母親に（またそのシンボリックな代用品である大地、自然、神、民族、官僚制などに）シンボリックな依存をするか、あるいは進歩を続けて彼自身の努力により、人間どうしの兄弟愛を体験することにより、また自分を過去の力から解き放つことにより、この世界に新しい根を見いだすかである。

人間は自分が切り離されていることを意識して、彼の同胞との新しいきずなを見いだすことを求める。彼の正気そのものがそこにかかっている。世界との強い感情的きずながなければ、彼は自分がまったく孤立し、途方に暮れた存在であると感じるだろう。しかし彼はいろいろの道を探し求めて他人と結びつくことができる。彼は他人を愛することができるが、そのためには独立性と生産性を持たなければならない。あるいは彼の自由の意識が発達していないならば、彼は共棲的に――すなわち他人の一部となるか、他人を自分の一部とすることによって――他人と結びつくことができる。この共棲的関係においては、彼は他人を支配するか（サディズム）、あるいは他人に支配されるか〈マゾヒズム〉のどちらかを求めて努力する。彼が愛の道も共棲の道も選ぶことができなければ、彼は自分だけに結びつくこと（ナルシシズム）によって、この問題を解決することができる。その時彼は世界となり、自分を〈愛する〉ことによって世界を愛する。これは結びつきへの要求を処理するための頻繁に見られる一つの形態（ふつうはサディズムと交じり合っている）であるが、それは危険なものである。その極端な形態においては、ある種の狂気に至る。この問題を解決する最後の、そして最悪の形態（ふつうは極端なナルシシズムと交じり合っている）は、すべての他人を破壊しようとする欲求である。もし私のほかに誰も存在しないなら、私は他人を恐れる必要はないし、他人と結びつく必要もない。世界を破壊することによって、私は世界に押しつぶされることを免れるのである。

統一

人間の中の存在的分裂は、もし彼が彼自身の中に、そして外部の自然界および人間界との間に統一の感覚を確立することができなければ、耐えがたいものとなるだろう。

人間は麻薬、性的狂宴、断食、踊り、そのほかさまざまな信仰に多く見られる儀礼などの助けを借りて、夢幻あるいは恍惚の状態を生み出すことによって、この意識を麻痺させることができる。彼はまた、失われた調和を回復するために、自分を動物と同一化しようとすることもできる。このような形で統一を求めることは、多くの原始的な宗教の本質であって、そこでは部族の祖先がトーテム動物であったり、人間が動物のごとく行動したり（たとえば自分をクマと同一化したチュートン民族の狂戦士〔訳注。戦いに出るとクマのようになり、狂暴のかぎりを尽くしたという北欧伝説の戦士〕たち）、あるいは動物の仮面をかぶったりすることによって、人間が動物と同一化するのである。統一はまた、すべての力を破壊や権力や名声や財産を求める情熱のような、すべてを焼き尽くす一つの情熱に従属させることによっても、確立することができる。

自分の理性を麻痺させるという意味で〈われを忘れること〉が、自分自身の中での統一を回復しようとするこれらすべての試みの目的である。それは悲劇的な試みである。それは一時的に成功するだけであったり（夢幻状態あるいは酔った時のように）、たとえ恒久的であっても（憎しみや権力への情熱のように）、それは人間を不具にし、彼を他人から遠ざけ、判断力をゆがめ、ほかの人間が強力な麻薬に頼るのと同じ程度に、この特定の情熱に頼るようにしむけるという意味において。

人間を不具にすることなく成功できる統一へのアプローチは、一つしかない。このような試みは紀元前第一・千年期において、人間が文明を発達させた世界のあらゆる地域で——中国で、インドで、エジプトで、パレスチナで、ギリシアで——行なわれた。これらの文化の土壌から生まれた偉大な宗教は、人間は分裂という事実を理性をなくすることによって元にもどそうとするような悲劇的努力によってではなく、人間的理性と愛を十分に発達させることによって統一を達成しうることを教えた。道教、仏教、予言者たちのユダヤ教、福音書のキリスト教の間の違いは大きいけれども、これらの宗教は一つの共通の目標を持っていた。すなわち動物的存在に退行することによってではなく、十全に人間的となることによって一体感——人間の内部における一体感、人間と自然との一体感、そして人間と他の人間との一体感——の体験に到達することであった。二千五百年という短い歴史において、人間はこれらの宗教が求めた目標を達成する上で、たいして前進はしていないようである。人間の経済的、社会的発展のどうしようもないおそさに加えて、人間を支配し操作する社会的機能をもった人びとが宗教を独占していたという事実が、このことの説明になりそうだ。しかし新しい統一の概念は人間の精神的発達にとって、経済的発展における農業や工業の発明と同様に、革命的なできごとであった。またこの概念は完全に失われたわけでもなかった。それはキリスト教の諸派において、あらゆる宗教の神秘思想家たちの間において、ヨアキム・デ・フィオーレ（Joachim de Fiore）〔訳注。中世イタリアの神秘思想家〕の思想の中において、ルネサンスのヒューマニストたちの間において、そして世俗的な形ではマルクスの哲学において、よみがえったのであった。

　救いを得るのに退行的方法を採るか、前進的方法を採るかという二者択一は、社会的＝歴史的なものにとどまらない。それぞれの個人が同じ二者択一に直面する。退行的解決を選んだ社会の中にあって、個人がそれを選ばないことの自由の余地はたしかに小さい――しかしその余地はある。もっとも、大いなる努力、明晰な思考、そして偉大なヒューマニストたちの教えによる導きを必要とする。（神経症は、個人の中でのこれら二つの傾向の間の戦いと考えれば、一番よく理解できる。深層性格分析は、もし成功すれば前進的な解決をもたらすのである。）

　人間の存在的分裂の問題に対するまた別な解決は、まったく今日のサイバネティックス社会に特徴的なものであって、自分の社会的役割と同一化すること、あまり感じないようにし、自分を物に還元することによって自分を失うことである。人間が彼の社会組織と同一化して、自分が人間であることを忘れるがゆえに、存在的分裂がカムフラージュされるのである。彼はハイデッガーの言葉を使えば、〈世人〉となり、非人間となる。彼はいわば〈負の恍惚〉の中にいる。彼は〈彼〉であることをやめることによって、また人間であることをやめて物になることによって、われを忘れるのである。

有能であること

　人間は自分が不思議な圧迫的な世界にいるという意識、そしてその結果としての無能力感によって、圧倒されやすい。もし彼が自分をまったく受動的なものとして、単なる物として体験すれば、彼は自らの意志と自分の同一性の感覚を欠くことになるだろう。その代償として彼は何かをすること、誰かを動かすこと、〈印象づける〉こと、あるいは最も適切な英語を使えば、〈有能《エフェクティヴ》〉であることができるという意識を持たなければならない。私たちは今日この言葉を〈有能〉な弁士とかセールスマンというふうに使って、うまく結果を得られる人間のことを意味する。しかしこれは“to effect”の本来の意味（ラテン語の ex-facere——なす——から来た）の堕落である。なす《エフェクト》とは、引き起こす、成し遂げる、実現する、実行する、果たす、に等しい。本来のエフェクティヴな人物とは、何事かを行ない、なし、成し遂げる能力を持った人物である。何かをなすことができるということは、自分が無能力ではなく、生きて機能している人間であることの主張である。なすことができるということは、能動的であってただ動かされるだけではないことを意味する。能動的であって受動的であるにとどまらないことを意味する。それは結局のところ、自分が存在することのあかしである。この原理は次のように表現できるだろう。私は存在する。なぜなら私はなすがゆえに。

多くの研究がこの点を強調している。今世紀の初めに遊びに古典的な解釈を下したK・グロース（K. Groos）は、子供の遊びの基本的な動機は、「原因であることの喜び」であると書いた。子供が騒ぎたてたり、物をあちこち動かしたり、水たまりで遊んだり、そのほかそれに似たようなことをして喜ぶのを、彼はこう説明したのであった。彼の結論は次のとおりである。「私たちは結果について知ることを求め、自分でこれらの結果を生み出すことを求める」（K・グロース、一九〇一）。五十年後にも同じような考え方が、子供は自分の動作によって生じるものにとくに興味をいだくことを観察したJ・ピアジェ（J. Piaget）によって、表明された（J・ピアジェ、一九五二）。R・W・ホワイト（R. W. White）も同じような考え方に立って、人間の基本的な動機づけの一つを「能力の動機づけ」と呼び、能力の動機づけとしての面を表現するために、エフェクタンス（effectance）という言葉を提唱した（K・W・ホワイト、一九五九）。

同じ要求は、約十五ヵ月から十八ヵ月の年齢に達した幾人かの子供たちの発する最初のまともなセンテンスが、何らかの形で「僕がする――僕がする」という意味の繰り返しであるという事実、また初めて“me”が“mine”〔訳注。僕のもの〕よりさきにしばしば使われるようになるという事実に現われている（D・E・シェクター〔D. E. Schecter〕、一九六八[11]）。生物学的な事情から、子供は十八ヵ月の年齢に達するまでは、必然的に極端に無力な状態にあり、それ以後でさえ、他人の好意や善意にたよるところが大きい。子供の生まれつきの無力さの度合いは毎日変化するが、一般におとなたちが子供に対する態度を変えるのは、それに比べてずっとおそい。子供がかんしゃくを起こしたり、泣きわめいたり、強情を張ったりしていろいろ違った方法でおとなと戦おうとするのは、彼がある結果を生み出し、動かし、変え、自分の意志を表現しようとする試みの最も目立った現われの一つである。子供はいつもおとなのよりすぐれた力に負かされるが、この敗北はいろいろな結果を生じないではおかない。それは受動的に耐えるように強いられたことを能動的になすことによって、その敗北に打ち勝つ傾向を活性化するように思われる。それは従わなければならなかった時には支配し、打ち負かされた時には打ち負かし、要するにされるがままになるように強いられたことをなし、あるいはなすことを禁止されていたことをなそうとする傾向なのである。精神分析のデータが、神経症的傾向や、窃視欲、強迫的自慰、強迫的性交欲といった性的異常は、しばしばこのような初期の禁制の結果であることを、十分に示している。受動的な役割から能動的な役割へのこのほとんど強迫的な変貌は、たとえうまくいかなかったとしても、まだ開いている傷口をいやそうとする一つの試みであるかのごとく思われる。おそらく一般的に〈罪〉に引きつけられ、禁じられたことをしたいという気持ちも、このように説明できるだろう[12]。許されなかったことが心を引きつけるだけでなく、不可能なことも心を引きつけるのである。人間は自分が存在するように強いられた狭い枠組の外側を見ようとかりたてられているかのごとく、自分の存在の個人的、社会的、自然的極限にまで進んで行きたいと、心の底から望んでいるように思われる。この衝動は大きな犯罪と同様に、大きな発見をも促すような重要な誘因となりうるのである。

（11）およびD・E・シェクター。私信による。
（12）誤解を避けるために強調したいことは、ただ一つの要因（禁制）だけを、それを含んでいる全体の対人関係の状況から切り離すことはできないということである。もし禁制が非抑圧的な状況で起こったとすれば、それは抑圧的な布置の中で子供の意志をくじくのに役立つのと同じ結果を持つことはないだろう。

おとなもまた、なし（effect）うることによって存在することのあかしとしたいという要求を覚える。なすという感覚を得る方法はたくさんある。あやしている赤ん坊の満足げな表情や、愛する人からのほほえみや、恋人からの性的反応や、会話の相手からの関心などを引き出すことによって、また仕事——物質的、知的、芸術的な——によって、などである。しかし同じ要求は、他人の上に権力を振るうことによって、彼らの恐怖を体験することによって、殺人者が犠牲者の顔に現われた苦痛を見つめることによって、一つの国を征服することによって、人びとを苦しめることによって、建設されたものをただ破壊することによってもまた満たすことができる。〈なす《エフエクト》〉という要求は、動物や、自然界の無生物や、思想に対する関係と同様に、対人関係においても現われる。他人に対する関係における基本的な二者択一は、愛を引き起こす《エフエクト》力を感じるか、それとも恐怖と苦しみを引き起こす《エフエクト》力を感じるかということである。物に対する関係では、二者択一は建設するか破壊するかである。これらの二者択一は互いに正反対ではあるが、なす《エフェクト》という同じ存在的要求に対する反応なのである。

抑鬱や退屈を研究すると、無能を——すなわち完全な致命的な無能力（性的不能はそのわずかな一部にすぎない）を——宣告されることは、最も苦痛でほとんど耐えがたい体験であって、人間はそれを克服するためには、麻薬や仕事に没頭することから、残酷な行為や殺人に至るまで、ほとんど何でもやってのけるということを示す材料がたくさん見付かる。

興奮と刺激

ロシアの神経学者のイヴァン・セチェノフ（Ivan Sechenov）は、『脳の反射』（*Reflexes of the Brain*）において、神経系は「働かせる」——すなわちある最小限度の興奮を経験する——必要があることを、初めて確証した（I・セチェノフ、一八六三）。

R・B・リヴィングストンも同じ原理を述べている。

神経系は統合のみならず活動の源でもある。脳は外部の刺激に対して反作用するだけでなく、それ自体が自発的な活動性を持っている……。脳細胞の活動は胎内の生命とともに始まり、おそらく組織の発達に役立つのであろう。脳の発達は出産前と出産後数ヵ月において、最も急速に起こる。この旺盛な成長の時期を過ぎると、発達の速度は目立って衰える。しかしおとなにおいても、そこを過ぎれば発達が止まるとか、そこを過ぎれば病気やけがのあとの組織の再生能力がなくなるというような点は存在しない。

> さらにまた、
>
> 脳は動作筋と同じぐらいの割合で酸素を消費する。動作筋がこれほどの割合で酸素を消費するのはごくわずかな期間だが、神経系は目ざめている時も眠っている時も、生まれてから死ぬまで一生この高い割合を維持するのである（R・B・リヴィングストン、一九六七）。

組織培養の際ですら、神経細胞は生物学的にも電気的にも活動を続ける。

脳が絶え間ない興奮を要求することが認められる一つの領域は、夢を見るという現象である。私たちの睡眠時間のかなりの部分（約二十五パーセント）が夢を見るのに使われているということ（個人差は夢を見るか見ないかではなく、夢を覚えているかいないかにある）、そして人間は夢を見ることを妨げられると、半ば病的な反作用を示すらしいということは、十分に確証されている（W・ディメント〔W. Dement〕、一九六〇）。体重の二パーセントしか占めていない脳が、なぜからだのほかの部分が休んでいる睡眠中にも活動をやめない唯一の器官（心臓と肺を除いて）であるのか、あるいは神経生理学的に言えば、なぜ脳が昼夜を通じてからだの全酸素摂取量の二十パーセントを消費するのかというのは、この際適切な質問である。これは神経細胞がからだのほかの部分の細胞に比べて、より激しい活動状態に〈なければならぬ〉ことを意味するように思われる。その理由については、十分な酸素を脳に供給することは生きるためにきわめて重要なことであって、脳は活動と興奮の余地を特別に与えられているからだ、と考えられるのである。

幼児が刺激を要求することは、多くの研究者たちが明らかにしてきた。R・スピッツは、幼児に対する刺激の欠如が病的な結果を生むことを示した。ハーロー夫妻やほかの研究者たちは、幼いころに母親との接触を奪われると、サルは深刻な精神的損傷を受けることを明らかにした(13)。D・E・シェクターは、社会的刺激が子供の発達の基礎を成すという彼の命題を追求する際に、この問題を研究した。彼は「適当な社会的刺激（知覚的刺激を含めて）がなければ、たとえば盲目で施設に入れられた幼児のように、情緒的、社会的関係において、言語、抽象的思考、内的抑制において、欠けるところがふえてゆく」という結論に達した（D・E・シェクター、一九七三）。

(13) 私はルイジアナ州ニューオーリアンズのテュレーン大学精神医学部において、これらの〈緊張病〉のサルを見せていただいたR・G・ヒース博士に謝意を表する。

実験的研究もまた、刺激と興奮への要求を明らかにした。E・トーバー（E. Tauber）とF・コフラー（F. Koffler）（一九六六）は、新生児において、動くものに対する視性運動性眼振〔訳注。動くものを追って眼を動かすこと〕の反作用が見られることを明らかにした。「ウルフとホワイト（Wolff and White）（一九六五）は生後三日ないし四日の子供が、物体を目の同側性運動〔訳注。両眼を同時に同じ方向へ動かすこと〕によって追うのを観察した。ファンツ（Fantz）（一九五八）は、生まれてまだ数週間の赤ん坊が、より複雑な視覚模様に、より簡単な場合に比べるといっそう長く目をすえるさまを述べている」（D・E・シェクター、一九七三(14)）。シェクターは付け加えている。「もちろん私たちは幼児の主観的な知覚体験の性質を知ることはできないのであって、ただ弁別的な視覚的運動反応を知りうるのみである。ただ大ざっぱな言い方をするなら、私たちは幼児が複雑な刺激の型を〈好む〉と結論できるだろう」（D・E・シェクター、一九七三）。マギル大学で行なわれた感覚の剝奪に関する実験は[15]、大部分の外界の刺激をなくしてしまうと、たとえすべての生理的要求（性を除いて）を満足させ、平均以上の報酬を与えられても、知覚にある程度の乱れが生じることを示した。被験者たちはずいぶんいらだち、落ち着きを失い、情緒的な不安を示した結果、彼らの多くがわずか数時間後に、報酬を棒に振るのもいとわず、実験に参加することをやめた[16]。

(14)　論文の原稿を読ませていただいたD・E・シェクター博士に謝意を表する。

(15)　W. H. Bexton *et al.* (1954), W. Heron *et al.* (1956), T H. Scott *et al.* (1959) および B. K. Doane *et al.* (1959) の一連の論文参照。

(16)　彼らが疑似精神病的反作用を示したという考えは、私の意見では、データのまちがった解釈に基づいている。

日常生活での観察からも、人間の有機体は動物の有機体と同様、ある最小限の休息を必要としているように、ある最小限の興奮と刺激を必要としていることがわかる。私たちは人びとが熱心に興奮に反応し、それを求めるのを見る。興奮を生む刺激のリストには際限がない。人びとの――そして文化の――間の違いは、ただ興奮を生み出すおもな刺激の執る形態だけにある。事故、殺人、火事、戦争、性は興奮の源である。愛や創造的な仕事もそうである。ギリシア劇はたしかにその観客を、ローマのコロセウムでのサディスティックな見せ物と同じように興奮させたが、それは違った方法で興奮させたのであった。この違いは非常に重要なのだが、ほとんど注目されていない。少し回り道になるが、この違いについてはわずかでも論じておく価値があるように思われる。

心理学および神経生理学の文献では、〈刺激〉という言葉はほとんど私がここで〈単純な〉刺激と呼ぶものだけをさすために、用いられてきた。もし人間が生命の危険に脅かされたら、彼の反応は単純で直接的で、ほとんど反射的である。なぜならそれは彼の神経生理学的な組織に根ざしているからである。同じことがほかの生理的な要求、たとえば飢えや、またある程度までは性についても言える。反応を起こす人間は、〈反作用する〉けれども、彼は行動していない――私の言う意味は、彼は逃げたり、襲撃したり、性的に興奮したりするのに必要な最小限の行動以上に、能動的にいかなる反応の統合をも行なわないということである。この種の反応においては、脳やすべての生理学的装置が人間の代わりに行動するとも言えるだろう。

ふつう見のがされていることとは、別の種類の刺激すなわち人間を刺激して能動的にする刺激があるという事実である。このような能動性を与える刺激は小説でもありうるし、詩、思想、風景、音楽、あるいは自分の愛する人でもありうる。これらの刺激はどれ一つとして、単純な反応を生み出しはしない。それらはいわばあなたに誘いかけ、あなた自身を能動的に共感的にそれらに結びつけることによって、また能動的に関心を持ち、〈対象〉(それは単なる〈物〉ではなくなるのだが)の中に常に新しい面を見たり発見したりすることによって、またより目ざめ、より意識することによって反応することを求める。あなたは刺激が働きかけ、いわばそのメロディに合わせてあなたのからだが踊らなければならないような、受動的な対象物ではなくなる。その代わりにあなたは世界に結びつくことによって、あなた自身の能力を表現する。あなたは能動的になり、生産的になる。単純な刺激は動因を生み出す――すなわち、人はそれに動かされる。能動性を与える刺激は努力をもたらす――すなわち人は能動的にある目標を求めて努力するのである。

これら二つの種類の刺激および反応の間の違いは、非常に重要な結果を生じる。最初の単純な種類の刺激は、ある閾値以上に繰り返されると、もはや心にとどまらず、その刺激力を失ってしまう。（これは繰り返して起こることによってそれらが重要でないことを示す刺激は意識しなくなるという、神経生理学的な節約の原理によるものである。）たえず刺激を与えるためには、刺激が強さを増すか、それとも内容を変えるかしなければならない。ある程度の新しさの要素が必要なのである。

能動性を与える刺激は違った結果を生み出す。それらはいつも〈同じ〉ではない。それらに対する生産的な反応のゆえに、それらは常に新しく常に変化している。刺激を受けた人物（〈被刺激者〉）は刺激に活気を与え、それらの中にいつも新しい面を見いだすことによって、それらを変化させる。刺激と〈被刺激者〉との間に存在するのは相互関係であって、機械的なS→Rという一方的関係ではない。

この違いは誰の経験によっても、容易に確認される。私はギリシア劇、ゲーテの詩、カフカの小説、マイスター・エックハルトの説教、パラケルスス（訳注。十六世紀に活躍したスイス生まれの医者で錬金術師）の論文、ソクラテス以前の哲学者たちの著作の断片、あるいはスピノザやマルクスの著作を、飽きることなく読むことができる――明らかにこれらの例は個人的なものだから、すべての人に、これらの例をもっと自分に親しいものと置き換えてもらわなければならない。これらの刺激は常に生きている。これらは読者を目ざめさせ、彼の意識を増大させる。一方安っぽい小説は二度目に読むと退屈で、眠りを誘うのである。

能動性を与える刺激と単純な刺激の持つ意味は、学習の問題にとってきわめて重要である。もし学習が諸現象の表面からそれらの根にまで――すなわちそれらの原因にまで、欺瞞的なイデオロギーからありのままの事実にまで及び、こうして真理に近づく——入り込むことを意味するなら、それは心も躍る能動的な過程であり、人間の成長の必要条件である。（私が今言っているのは書物による学習だけではなく、子供や、原始的部族の字の読めない成員が自然のあるいは個人的なできごとについて行なう発見をも含んでいる。）一方もし学習が条件づけに仲介された知識の獲得にすぎないとするなら、私たちが扱っているのは単純な刺激であって、そこでは人は賞賛、安全、成功などへの要求という刺激によって働きかけられているのである。

産業社会における現代生活は、ほとんど完全にこのような単純な刺激によって動いている。刺激されるのは、性欲、貪欲、サディズム、破壊性、ナルシシズムなどの動因であり、これらの刺激は映画、テレビ、ラジオ、新聞、雑誌、そして商品市場などによって仲介される。全体として、広告は社会的に生み出された欲求の刺激に依存している。そのメカニズムは常に同じである。単純な刺激——→直接的、受動的反応。刺激が効果を失わないように、たえず変えなければならない理由はここにある。今日人を興奮させる車は一年か二年で人を飽きさせる——それゆえ興奮を求めてそれを変えなければならない。自分の知っている場所は自動的に退屈になるので、いろいろと違った場所、それも一度の旅行でできるだけ多くの場所を訪れることによって、かろうじて興奮を得ることができる。このような枠組の中では、セックスの相手も興奮を生み出すために変えることが必要となる。

今まで述べてきたことの方向を修正して、問題は刺激だけではないということを強調することが必要となった。最も刺激的な詩でも人物でも、自分自身の恐怖や抑制や怠惰や受動性のために反応することのできない人には、まったく効果がない。能動性を与える刺激でも、効果を生じるためには〈触れ合える〉被刺激者を必要とする——教育できるという意味でなく、人間的に反応するという意味で触れ合える被刺激者を。一方、十全に生きている人物は、能動的になるために必ずしも特別な外的刺激を必要としない。むしろ彼は自分で刺激を作り出すのだ。この違いは子供たちの中にはっきりと見ることができる。ある年齢（だいたい五歳ぐらい）までは、彼らは非常に能動的で生産的なので、自分で刺激を〈作る〉のである。彼らは紙の切れ端、木、石、いすなど彼らの利用できる物はほとんど何でも使って、全世界を創造する。しかし六歳を過ぎて、彼らが従順になり、自発性を失い、受動的になると、彼らは自分は受動性を保ち、ただ〈反-作用し〉さえすればいいような刺激を受けることを望む。彼らは精巧なおもちゃを欲しがり、すぐにそれらに飽きる。要するに、彼らはすでにおとなたちが車や衣服や旅行の行先や恋人に対してするように、ふるまっているのだ。

単純な刺激と能動性を与える刺激との間には、またほかの重要な違いがある。単純な刺激に動かされる人物は、解放感とスリルと満足感の入り交じった気持ちを経験する。彼が〈満足〉（"satisfied"）（ラテン語の *satis-facere*——〈十分にする〉——から）すれば、彼は〈十分〉なのだ。これに反して能動性を与える刺激は、飽きさせるところがない——すなわち、それは決して〈十分〉だと感じさせない。もちろん正常な肉体的疲労が起こった場合は別だが。

私はこの二つの種類の刺激の間の違いについて、神経生理学および心理学のデータに基づいた法則を定式化できると思う。ある刺激が受動性を与えるものであればあるほど、それだけ頻繁に強さおよび（あるいは）種類において、変化させなければならない。それが能動性を与えるものであればあるほど、その刺激的性質は長く保たれ、強さや内容の変化の必要性も少ない。

慢性の抑鬱性退屈症

私が有機体の刺激と興奮への要求をこれほど長々と問題にしたのは、それが破壊性と残酷性を生み出す多くの要因の一つであるからなのだ。腹立ち、激怒、残酷性、あるいは破壊への情熱によって興奮する方が、愛や生産的、能動的関心によるよりずっとたやすい。初めの種類の興奮は、人が努力することを必要としない——忍耐も習練も必要でなく、学ぶことも、集中することも、欲求不満に耐えることも、批判的思考を訓練することも、ナルシシズムや貪欲を克服することも、必要ではない。もしその人物が成長できなかったとしても、単純な刺激がいつも手近にあるし、さもなければ容易に生み出すことができる。事故や火事や犯罪や戦争のような刺激を新聞で読んだり、ラジオのニュースで聞いたり、テレビや映画で見たりすることができる。人びとはまた、憎んだり、破壊したり、他人を支配したりする理由を見付けることによって、自分自身の心の中で刺激を作り出すことができる。(この欲求の強さは、マス・メディアがこの種の興奮を売ることによって得る何百万ドルという金が示している。)実際多くの夫婦が、結婚生活は彼らに憎しみ、けんか、サディズム、そして服従を経験する機会を与えてくれるという理由で、一緒に暮らしている。彼らは二人の争いにもかかわらずではなく、それゆえに一緒に暮らしているのである。苦しみ服従することを喜ぶマゾヒスティックな行動も、その根の一つはこの興奮への要求の中にある。マゾヒスティックな人たちは興奮を引き起こしたり、ふつうの刺激にすぐに反作用することがなかなかできない。しかしいわば刺激が彼らを圧倒した時、彼らが自分に押しつけられた興奮に身をゆだねることができる時には、彼らは反作用することができるのである。

刺激の問題は、攻撃と破壊性を生み出す上で少なからぬ役割を演じる現象である退屈と、密接に結びついている。論理的な見地から言えば、退屈については前章で攻撃のほかの原因と一緒に論じた方が適切であったかもしれないが、退屈を理解するためには刺激について論じることが必要な前提なので、それができなかったわけである。

刺激と退屈に関連して、私たちは三つの型の人物を区別することができる。(1) 能動性を与える刺激に生産的に反応しうる人物は、退屈しない。(2) たえず変化する〈深みのない〉刺激を常に求めている人物は慢性の退屈症にかかっているが、彼はその退屈を補償しているので、そのことを意識していない。(3) いかなる種類の正常な刺激によっても、興奮を得ようとしても得られない人物は、非常に病状の重い人である。彼が自分の心の状態を鋭く意識している場合もあるし、自分が病気であるという事実に気付いていない場合もある。この型の退屈は第二の型の退屈と根本的に違っている。つまり第二の型では退屈は行動的な意味、すなわちその人物は刺激が不十分な時には退屈するが、この退屈が補償されると彼はそれに反応する能力を持っているという意味で使われているのである。第三の場合では、退屈は補償されえない。今私たちが言っている退屈は、力動的《ダイナミック》および性格学的な意味における退屈であって、それは一種の慢性抑鬱状態であると説明することもできるだろう。しかし慢性の退屈の補償されたものとされないものとの違いは量的な違いでしかない。どちらの型の退屈の場合も、その人物は生産性を欠いている。さきの型においては、彼は適当な刺激によってその症候を――その原因ではないが――除くことができる。あとの型では症候すら除くことはできない。

この違いは、「退屈した」という言葉の使い方に見られる。もし誰かが「私は憂鬱だ」と言えば、その人はふつうはある心の状態のことを言っている。もし誰かが「私は退屈だ」と言えば、彼はふつう何か外部の世界についてのことを言っているのであって、それが彼におもしろいあるいは楽しい刺激を与えてくれないということを暗示しているのである。しかし私たちが「退屈な人間」と言う時には、私たちはその人間自身、彼の性格のことを言っているのである。私たちは彼がおもしろい話をしてくれなかったから今日は退屈な人間だと言っているのではない。彼が退屈な人間だと言う時、私たちは彼が人間として退屈だと言っているのである。彼にはどこか死んだような生気のない、おもしろくないところがあるのだ。多くの人びとは自分が退屈していることは容易に認めるが、自分が退屈な人間であることを認める人はほとんどない。

慢性の退屈——補償されるものもされないものも——が或る程度認識されたのはようやく最近になってからであるが、これは現代の電子技術社会におけるおもな精神病理学的現象の一つを成している。(17)

(17) A. Burton (1967) 参照。彼は抑鬱を「私たちの社会の病気」と呼んでいる。W・ヘロン（一九五七）も参照。私たちの社会に広まっている退屈の意味と、その攻撃を生み出す機能については、私は以前の著作におけると同様、『希望の革命』（一九六八a）においても指摘した。

抑鬱性退屈（力動的な意味における）の論議に入る前に、行動的な意味での退屈について少し述べておくのが適当だろう。〈能動性を与える刺激〉に生産的に反応しうる人びとは、決して退屈することがないと言ってよい——しかしそういう人びとは、サイバネティックス社会では例外である。大多数の人びとは、重い病気にはかかっていないにせよ、やはり軽い形の病状を持っていると見なすことができる。

つまり不十分な内的生産性である。彼らは常に変化する、単純な――能動性を与えない――刺激が得られなければ退屈するのである。

慢性の補償された退屈が一般には病的と見なされないのには、おそらく幾つかの理由がある。たぶんおもな理由は、現代の産業社会においてはたいていの人びとが退屈していて、共通の病状――〈常態の病状〉――は病状として体験されないということであろう。そのうえ〈常態の〉退屈はふつう意識されない。たいていの人びとは退屈を意識することを防いでくれる多くの〈活動〉に参加することによって、それを補償することができる。一日のうち八時間を、彼らは暮らしを立てるために忙しく過ごす。仕事の時間が終わって退屈の意識に襲われそうになると、彼らはこの危険を避けるために、退屈が表面化するのを防ぐ多くの手段に訴える。酒を飲み、テレビを見、車に乗り、パーティに行き、性行為を行ない、また最近の流行では麻薬を用いる。最後に自然な眠りの要求があとを引き受ける。こうして一日じゅう、もし退屈がどんな時にも意識的に経験されなかったとしたら、その日は成功のうちに終わるのである。今日の人間のおもな目標の一つは、〈退屈からの逃避〉であると言えるかもしれない。退屈が紛らされない場合に生じる反作用の強さを認識して初めて、それの生み出す衝動の力がいささかでも理解できるのである。

労働者階級の間では、協定の交渉の際の労働者側の要求が十分に示しているように、退屈は中産階級や上流階級に比べて、はるかに多く意識されている。社会的により高い階層の人びとの場合は、彼らの仕事によって少なくともある程度までは、創造的な計画立案に加わって、自分の想像的、知的、組織的能力を発揮することができるので、多くの人びとがほんとうの満足を得ることができるのだが、労働者階級はそれを得ることができない。これがほんとうであることは、最近十分に明らかになった事実、すなわち今日のブルーカラーの労働者の中に高まりつつある不満は、不十分な賃金に関する、より伝統的な不満以外に、労働時間に彼らが体験する苦痛な退屈であるという事実によって、はっきりと立証されている。幾つかの例では、経営者はこれを〈仕事の多様化〉としばしば呼ばれる方法で改善しようとするが、これは労働者に一つの作業だけをさせるのではなく、自分の好きなように仕事の計画や段取りをさせ、たいていはより多くの責任を持たせるやり方である。これは一つの答えとして正しい方向に向かっているように思われるが、私たちの文化の全体的な気風を考えると、非常に限られた答えでしかない。さらにまた、問題は仕事をよりおもしろくすることにあるのではなく、時間を短くして余暇に自分の能力や関心を開発できるようにすることにあるのではないかとも、しばしば言われている。しかしこの考えの提唱者たちは、余暇自体が消費産業によって操作されているので、基本的には仕事と同じほど退屈であって、ただ仕事の場合ほど意識されないだけだということを忘れているようだ。仕事は人間と自然とのやり取りとして、人間存在の基本的な部分なので、仕事が疎外されないものとなって初めて、余暇も生産的となりうるのである。しかしこれは仕事の性質を変えるという問題だけではなく、経済を人間の真の要求に従属せしめるという方向への、全体的な社会的、政治的変化の問題でもあるのだ。

今まで述べてきた二種類の非抑鬱的退屈の説明からは、違いはただ刺激の種類の違いであって、能動性を与えようと与えまいと、ともに退屈を紛らす点では、同じと思われるだろう。しかしこのような説明はあまりにも単純化しすぎている。違いはもっと根深いものであって、すっきりと定式化できたように見えたものも、このためかなり複雑になるのである。能動性を与える刺激によって克服された退屈はほんとうに終わった、と言うよりは初めから存在していなかったのだ。なぜなら生産的な人物は、理想的に言えば決して退屈することがなく、適当な刺激を見いだすのに何の困難もないからなのだ。一方非生産的で、内面的に受動的な人物は、彼の表面化した意識的な退屈がさしあたり紛らされた時でさえ、退屈しているのである。

これはいったいなぜか。その理由は、退屈を表面的に紛らしたとしても、人間全体、とくに彼の根深い感情、想像力、理性、要するに彼のすべての本質的能力と精神的可能性には達していないというところにあると思われる。それらは生気を取り戻してはいない。退屈を補償する手段は、かさは大きいが何の栄養価もない食物のようなものである。彼は依然として〈空腹〉感を覚え、深層においては動かされていない。彼はこの不愉快な感情を一時的な興奮、〈スリル〉、〈楽しみ〉、酒、あるいは性で〈麻痺〉させる——しかし無意識的には、彼は退屈している。

ある非常に忙しい弁護士がいて、しばしば一日に十二時間あるいはそれ以上働き、自分では仕事に夢中で退屈などしたことがないと言っていたが、彼が次のような夢を見た。

> 私は何か知らない罪を犯して、東部の故郷の町からジョージアに移され、そこでほかの囚人たちと一本の鎖につながれています。驚いたことに、私は簡単に鎖をはずすことができるのですが、私は割り当てられた仕事を続けなければならないのです。それは砂袋を一台のトラックから遠く離れた別のトラックまで運び、それから同じ袋をまた最初のトラックまで運んで帰る仕事なのです。私はその夢の間、強い精神的苦痛と抑鬱感を経験し、まるで悪夢から目ざめたかのようにおびえながら目をさま

し、ただの夢と知ってほっとするのです。

精神分析を行なった初めの何週間かは、彼はまったく朗らかで、自分がいかに人生に満足しているかという話をしていたが、彼はこの夢にすっかり動揺して、彼の仕事について多くの違った考え方を持ち出すようになった。詳しい話は避けるが、私はただ彼のしていることはほんとうは意味のないことであり、本質的にはいつでも同じ仕事であり、金をもうける以外には何の役にも立たず、金もうけだけでは生きるに値しないと自分でも感じているというような事実について、彼が話し始めたということだけを言っておきたい。彼の解決しなければならない問題はずいぶん多種多様であるにもかかわらず、それらは基本的にはみな同一であったり、そうでなくても、いつも繰り返される二、三の方法で解決できたというような事実について、彼は語るのであった。

二週間後に彼は次のような夢を見た。「私は事務所の机の前にすわっていましたが、私はゾンビー〔訳注。魔法の力で生きている者のようにふるまう死体〕になったような気分でした。起こっていることは聞こえるし、人びとのしていることは見えるのですが、自分は死んでしまって、何事も自分には関係ないと感じるのです」。

この夢に対するいろいろな連想から、生きていないという気持ちや抑鬱感を感じることについて、より多くの材料が得られた。三番目の夢で彼はこう報告した。「私の事務所のある建物が燃え上がっているのに、誰もそれがどうして起こったのか知らないのです。私には助ける力もありません」。

この最後の夢が、彼が所長をしている法律事務所に対する彼の深い憎しみを表わしているということは、ほとんど言う必要もないことである。彼はその憎しみが何のことか〈わから〉なかったので、憎し

みをまったく意識しなかったのだ。(18)

(18) この夢とそれについての解説とは、何年も前に私が著作を監修したことのある研究者により報告された。

無意識の退屈のまた別な例を、H・D・エスラー(H. D. Esler)があげている。彼は一人の患者を報告しているが、彼は美貌の研究生で、多くのガールフレンドとつきあい、人生のこの方面ではたいそううまくいっていた。彼は「人生はすばらしい」と主張していたが、ときどき彼は少し抑鬱状態になった。治療の際に催眠術をかけられると、彼は「黒い不毛の土地に多くの仮面がある」のを見た。その黒い不毛の土地がどこにあるのかを尋ねられると、彼はそれは彼の中にあると言った。何もかもつまらない、つまらない、つまらないと言い、仮面は彼が楽しんでいると人びとをだまして思い込ませるために、彼が演じるいろいろ違った役割を表わしていると言うのであった。彼は人生についての感情を表現し始めた。「むなしいという感じです」。分析療法医がセックスもつまらないのかと尋ねると、彼は「ええ、でもほかの事ほどつまらなくはありません」と言った。彼の言うのは、「前の結婚でできた三人の子供たちには、ほかのたいていの人びとよりは親しみを感じるが、やはり彼らにも退屈する。九年間の結婚生活の間、生きているような動きをしてきただけで、ときどき酒を飲んで気分を紛らした」ということであった。彼は父親について「野心的な、つまらない、孤独な人間で、一生友だちを持たなかった」と語った。分析療法医は彼が息子を持っていても孤独だったのかと尋ねた。彼は「私は彼と結びつきを持とうと懸命に努力したけれど、だめでした」と答えた。死にたいかと聞かれて患者は言った。「ええ、当然でしょう」。しかし彼は生きたいかと聞かれた時にも、はいと答えた。結局彼は夢を見たが、「日光がさしていて暖かく、草も生えて」いた。そこに人間がいたのかと聞かれて、彼は「いいえ、人間はいませんでしたが、やってくる気配がしていました」と答えた。催眠状態からさめると、彼は自分の言ったことに驚いたのであった。(19)

(19) H・D・エスラー博士。私信による。

抑鬱感と退屈感はときどき意識されていたのだが、それは催眠状態において初めて完全に意識されるようになったのである。患者は能動的で、つねに新しいセックスの達成によって、まさにかの弁護士が仕事によってなしたように、彼の退屈な状態を補償することができた。しかしその補償は主として意識の中で起こったことであった。それによって患者は彼の退屈を抑圧することができ、またこの補償が適切に作用するかぎり、この抑圧を続けることができた。しかし補償は、内的現実の深層においては退屈は除かれず、減らされさえもしていないという事実を変えるものではない。

私たちの文化のふつうの経路を通して与えられる退屈補償のための消費は、その機能を適切に果たしていないようである。そこで退屈を紛らせるほかの手段が求められる。アルコールの消費は、人が退屈を忘れるための助けとして用いる方法の一つである。この数年間に新しい現象が起こって、中産階級の人たちの退屈のはなはだしさを示した。私が言っているのは、〈スインガー〉たちの間で行なわれているグループ・セックスのことなのである。数組の男女が夫婦のまじわりを除き、同時に性行為にふけることを人生で一番の楽しみとしている人たちが、アメリカで百万ないし二百万人いると見積もられているのだが、彼らは主として中産階級で、政治的にも宗教的にも、ほとんどが保守的な考えを持った人たちである。この際のおもな条件は、いかなる情緒的なきずなも生じないということであり、相手はたえず変わるということである。これらの人びとを調査した研究者たちの記述によれば〔G・T・バーテル〔G. T. Bartell〕、一九七一〕、彼らはスインギングを始める前は長時間テレビを見てもどうにもならないほど退屈していたと説明している。夫と妻の個人的な関係は、もう何も伝えるべきものが残っていないほどであった。この退屈はたえず変わる性的刺激によって紛らされ、彼らの結婚生活すら、彼らの言うところでは「改善」された。というのは、彼らは今では少なくとも何か話の種――すなわち、それぞれがほかの男女を相手にした性的体験――を持っているからなのだ。〈スインギング〉はかつての単なる乱婚が少し複雑な形をとっただけのことで、とても新しい現象とは言えない。たぶん新しいと言えるのは、故意に感情を排除していることと、今ではグループ・セックスが「退屈な結婚生活を救うための方法として提唱されているということである。

退屈を紛らすためのまた別のもっと思い切った方法は、麻薬の使用であって、これは十代に始まって、もっと上の年齢層に及び、とくに社会的に安定した地位を持たず、興味のある仕事を持たない人たちの間に広まっている。多くの麻薬の使用者たち、とくにより深い、より真実な人生経験に心からあこがれている若い人たち――実際、彼らの多くは生の肯定、正直さ、冒険心、そして独立心の点できわだっている――は、麻薬を用いると「元気が出て」、彼らの経験の視野が広がると主張している。私はこの主張に異議は唱えない。しかし麻薬を用いても彼らの性格は変わらないし、それゆえ彼らの退屈の恒久的な根もなくならない。それはより高い発達の状態を促進することもない。そこへ到達しうるためには、ただ自分の内部で、忍耐と努力に満ちた道を選び、洞察力を獲得し、いかにして集中し習練をするかを学ぶことによるほかはない。麻薬は決して〈即座の悟り〉をもたらすものではない。

　不十分にしか補償されない退屈のもたらす少なからず危険な結果は、暴力と破壊性である。この結果が最も多く現われるのは、新聞、ラジオ、テレビが一般大衆に与える主食である犯罪、死亡事故、その他流血と残酷の場面の報道に引きつけられるという、受動的な形においてである。人びとが熱心にこれらの報道に反応するのは、内的能動性を持たなくても、これらが興奮を生み出し、その結果退屈を軽減する最も早い方法であるからなのだ。暴力の描写がもたらす結果を論じる時に、ふつう見落とされていることは、暴力の描写が或る結果を及ぼすためには、退屈が一つの必要条件だということである。しかし暴力と残酷性を受動的に楽しむことから、サディスティックなまたは破壊的な行動によって、いろいろなやり方で能動的に興奮を生み出すことまでは、短い一歩でしかない。誰かをまごつかせたり〈からかったり〉する〈無邪気〉な楽しみと、リンチをする暴徒への参加との違いは、量的であるにすぎない。どちらの場合にも、興奮の種が既製品として与えられなければ、退屈した人物自身がそれを作り出す。退屈した人物はしばしば〈ミニコロセウム〉の主催者となり、コロセウムで演じられた大規模な残酷行為と同じものを、小規模に演出する。こういう人たちは何事にも関心を持たず、最も表面的な触れ合い以外には、誰とも触れ合わない。すべての人、すべての物に彼らは冷淡である。彼らは感情的に凍りついていて、喜びを感じない――しかしまた、悲しみも苦痛も感じない。彼らは何も感じない。世の中は灰色であり、空は青くない。彼らは人生に何の欲望も持たず、しばしば生きているよりは死んだ方がましだと思っている。ときどき彼らはこの心の状態を鋭く、痛みとともに意識するが、多くは意識していない。

この型の病状を診断する際には、いろいろと問題が生じる。最も重い症例は、多くの精神病医によって精神病的内因性抑鬱症と診断されるかもしれない。しかしこの診断は疑問である。というのは、内因性抑鬱症の幾つかの特徴点がないからである。これらの人びとは自分を責め、罪悪感を持ち、自分の失敗をたえず気にするというところがないし、また鬱病の患者特有の顔の表情もない。[20]

(20) 私はR・G・ヒース博士に謝意を表する。博士からは極端な形の退屈症の患者二人に面接する機会を与えられるとともに、彼らに関して非常に刺激的な私信をいただいた。R・G・ヒース（一九六四）も参照のこと。

この最も重い型の抑鬱性退屈症以外に、これよりはるかに頻繁に見られる臨床像があって、これに対する最もありふれた診断は、慢性の〈神経症的抑鬱症〉だろう（E・ブロイラー〔E. Bleuler〕、一九六九）。今日非常に頻繁に見られるこの臨床像においては、抑鬱状態の原因のみならず、抑鬱の事実そのものも意識されていない。このような人たちはしばしば抑鬱の感情に気付かないのだが、彼らがそうであることは容易に明らかにしうるのである。ごく最近になって使われている〈仮面をかぶった抑鬱症〉とか、〈ほほえむ抑鬱症〉とかいう言葉は、この像を非常によく特徴づけているように思われる。この臨床像の中には、〈分裂病的〉性格という診断のあてはまる特徴があるので、診断上の問題はいっそう複雑となる。

この診断上の問題をこれ以上追求しても、このような人物をよりよく理解するための助けにはあまりならないと思われるので、これでやめることにする。正しい診断のむつかしさについては、あとで論じよう。慢性の、補償されない退屈症にかかっている人たちの場合に私たちが問題にしているのは、おそらくさまざまな悪性の度合いを持った、抑鬱性と精神分裂病の要素の特殊な混合であろう。私たちの目下の問題にとって重要なことは、診断的なレッテルではなく、こういう人たちの中に極端な形の破壊性が見られるということである。彼らはしばしば、退屈も抑鬱も感じていないように見える。彼らは環境に適応することができ、しばしば幸福にも見える。一見あまりにもよく適応しているので、親や教師や牧師から手本としてほめられる者もいる。ほかの者たちは、いろいろな犯罪的行為のために当局から目を付けられ、〈非社会的〉あるいは〈犯罪的〉と見なされるのだが、退屈も抑鬱も現わしてはいない。ふつう彼らは退屈しているという意識を抑圧する傾向がある。たいていの場合、彼らはほかのすべての人に対して完全に正常であるように見えることを望む。彼らが精神療法医を訪れると、彼らは職業を選んだり勉強したりすることに困難を覚えると告げるが、たいていはできるだけ正常なようすを見せる傾向がある。このなめらかでシニカルなうわべの下にひそむ病を発見するには、思いやりのある熟練した観察者が必要である。

H・D・エスラーはまさにこれを行なったのであって、彼は少年教護院にいる多くの青年期の若者たちの中に、彼が〈無意識的抑鬱〉と呼んでいる状態のあることを見いだした。[21] 私は次に幾つかの例をあげるが、これらもまた、この状態が破壊的な行為の原因の一つであって、多くの場合それしかその状態に対する救いはないらしいということを明らかにするだろう。

(21) 以下の多くはH・D・エスラー博士との私信に基づいている。博士は近く発行される著書で、彼の資料を発表する予定である。

ある州立精神病院に入院していた一人の少女が自分の両手首を切り、自分に血があるかどうか見たかったのだと、その行為を説明した。これは自分が人間でないと感じ、誰にも反応をしない少女であった。彼女はいかなる感情を現わすことも、またそこを問題にするなら感じることも、できるとは思っていなかった。（徹底的な臨床検査によって、精神分裂病ではないとされていた。）彼女があまりにも関心を欠き、また反応する能力もなかったので、自分の血を見ることが、自分が生きており、人間であるということを納得できる唯一の方法であったのだ。

また例をあげると、教護院に入っていた一人の少年が、ガレージの屋根へ石ころをほうり上げてはころがり落とし、一つ一つ頭で受けようとした。彼はこれが何かを感じることのできるただ一つの方法だと説明した。彼は五度自殺を試みた。彼は切れば痛いところを切り、助けてもらえるようにいつも看守にそのことを知らせた。彼は痛みを感じることによって、少なくとも何かを感じることができるのだと語った。

また別な青年の話によれば、彼は町を歩きながら「ナイフを忍ばせ、歩いている連中をぐさりとやった」。彼は犠牲者の顔に現われた苦悶を見ることに快楽を覚えた。彼はまたイヌを小道に連れ込んで、「おもしろ半分に」ナイフで殺した。一度彼は力を込めて言った。「ナイフでやられたイヌはこたえたろうなあ」。この同じ青年が、教護院の教師とその奥さんと一緒に森へ出かけてまきを割っていた時、奥さんがそこに一人で立っているのを見て、その頭へおのをぶち込みたいという衝動がむらむらと湧いたと告白した。運よく彼女は、彼の顔に浮かんだ奇妙な表情に反作用して、おのを貸してくれるように言ったのであった。この十七歳の青年は、赤ん坊のような顔をしていた。職業相談で彼と会ったインターン生は彼に魅力を覚え、なぜ彼が施設にいるのか理解できなかった。実は彼が演出した魅力は人を操るためのもので、非常に浅薄であった。

同じような例が今日西洋世界全体に見られ、ときどき新聞にも報道されている。次にあげる一九七二年のアリゾナ州ビズビーからのUPIおよびAP至急報は、典型的な例である。

十六歳のハイスクールの優等生で聖歌隊員である少年が、今日少年院に保護された。この少年は人を殺すことがどんな気分のものか知りたいので、両親を撃ち殺したと警察に告げたということである。ジョーゼフ・ロース(六〇)と奥さんのガートルード(五七)の死体が、感謝祭〔訳注。十一月の第四木曜日〕当日に保安官から派遣された一隊によって、ビズビーに近いダグラスの自宅で発見された。当局の発表では、二人とも水曜日の夜に狩猟用のライフルで胸を一発ずつ撃たれている。ロースは高校の視聴覚の教師で、ロース夫人は中学の教師をしていた。

コーチース郡のリチャード・ライリー法務長官は、このバーナード・J・ロース少年——「めったにないようないい子」ということだが——は木曜日に警察に出頭し、質問を受ける間も落ち着いていてていねいだったと言っている。

「『あの人たち〔両親のこと〕は年を取っているんです』」と少年は言ったと、ライリーは引用している。「『僕はあの人たちに腹を立てていません。敵意なんか持っていません』」。

「少年は長い間両親を殺すことを考えていたと言っている」とライリーは言った。「彼は誰かを殺すということがどんな気分のものか、知りたかったのだ[22]」。

(22) 突然の暴力の爆発は、腫瘍のような脳の病気によって起こることがある。このような場合はもちろん、抑鬱的退屈症の状態とは何の関係もない。

これらの殺しの動機は憎しみとは思われず、さきにあげた例のごとく、耐えがたい退屈感と無能力感、および誰か反作用する人間がおり、自分が印象を与えることのできる人間がいて、日常の経験の単調さに終止符を打つことのできる行為があるということを体験したいという要求である。殺すという行為は自分が存在するということ、自分が他人に影響を及ぼすことができるということを体験する一つの方法である。

この抑鬱性退屈症の論議では、退屈の心理学的な面だけを扱った。これは神経生理学的な異常に関係がないという意味ではなく、ブロイラーがすでに強調しているように、それらは二次的な役割しか果たしえないのであって、決定的な条件は全体的な環境的状況の中に見いだされるはずだ、ということを意味している。私は希望や生を愛する気分が支配している社会では、たとえ家族関係の布置は同じでも、重い抑鬱性退屈症の症例ですら、その度数や強さを減じることは大いにありうることだと思う。しかしこの何十年かは、事情はますますその反対になってきているのであって、その結果個人的な抑鬱状態が育つための肥沃な土壌が準備されているのである。

性格構造

人間的状況にのみ根ざした別の種類の要求——性格構造の発達への要求——がある。この要求はさきに問題にした現象、すなわち人間の本能的備えが意味を失いつつあることに関係している。効果的な行動をするためには、すぐに行動すること——すなわちあまりに多くの疑念によって遅れることもなく、またかなりの統合性を持ったやり方で行動すること——が、前提条件となる。これこそまさにコルトラントが（第六章参照）チンパンジーについて、彼らの決断力のなさと、ためらいがちでやや実効性を欠いた行動を述べた時に言っているディレンマなのである（A・コルトラント、一九六二）。

チンパンジーよりもさらに本能によって決定されることの少ない人間は、もし自分に欠けている本能の代用品を発達させなかったなら、生物学的な落伍者になっていただろうという推測には、根拠がありそうに思われる。この代用品は本能の機能をも果たし、あたかも人間が本能によって動機づけられているかのごとく行動することを可能にしなければならなかった。この代用品が人間の性格なのである。性格とは、人間の目標を追求するために人間のエネルギーが組織される特殊な構造であって、それは支配的な目標に従って、行動を動機づける。人は彼の性格に従って、〈本能的に〉行動すると、私たちは言うのである。ヘラクレイトスの言葉を使えば、性格は人間の宿命である。けちん坊は節約すべきか使うべきかなどと考え込みはしない。彼は節約し、ため込むようにかりたてられるのだ。搾取的＝サディズム的性格は、搾取の情熱にかりたてられる。サディスティックな性格は、支配の情熱にかりたてられる。愛情的＝生産的性格は、愛とわかち合いを求めて努力せざるをえない。これらの性格に条件づけられた動因や努力は、それぞれの人たちにとってあまりに強くまた疑問の余地のないものなので、彼らは自分たちの反作用がまったく〈自然な〉反作用だと思い、全然異なった性質を持った人びとがほかにいるとは、ほんとうにはなかなか信じられない。このことを意識せざるをえないようになると、彼らはむしろこういう人たちは何らかの不具者であって、人間性から逸脱した人たちだと考える。他人を判断する感受性（もちろん自分を判断する方がはるかにむつかしい）をある程度持った人なら、誰でもある人物の持っているのがサディスティックな性格なのか、破壊的な性格なのか、それとも愛情深い性格なのかがわかる。彼は表面的な行動の背後にある永続的な特性を見て、あたかも愛情深い人物であるかのごとく行動する破壊的な性格の不誠実さを感知することができるのである。(23)

（23）私は動物には性格がない、と暗に言おうとしているわけではない。たしかに彼らには彼らなりの個性があることは、何かある種の動物をよく知っている人には周知のことである。しかしこの個性はある程度気質的なもの、すわち遺伝的に与えられた性向であって、後天的に獲得した特性ではないということも考えなければならない。さらに言えば、動物には性格があるのかないのかという問いは、動物には知性があるのかないのかという昔からの問いと同じく、無益な問いである。動物が本能的に決定されればされるほど、見いだされる性格の要素は少なく、またその逆も言えると見なすべきだろう。

問題はこうだ。なぜ人間という種は、チンパンジーと違って性格を発達させることができたのか。この答えはある種の生物学的な考察の中にあるかもしれない。

人間の集団はそもそもの初めから、世界中の異なった地域とか、また同じ地域でも、気候や植物の根本的な違いというふうに、非常にまちまちな環境的条件のもとに生活してきた。ヒトの出現以来、これらの違いへの適応が遺伝的変化によって伝えられることは、少しはあったが、比較的わずかしかなかった。しかしヒトが発達すればするほど、遺伝的変化の結果としての適応は少なくなり、この四万年の間に、このような変化はほとんど無に等しくなった。しかしこれらの異なった環境的状況の圧力で、それぞれの集団が学習によってのみならず、〈社会的性格〉を発達させることによって、それぞれの状況に適応した行動をすることが必要となった。社会的性格という概念は、それぞれの社会（あるいは社会的階級）の形態は、その特定の社会が機能するために必要な特殊なやり方で、人間のエネルギーを使うことを必要とする、という考えに基づいている。社会が正常に機能するためには、その社会の人びとが自分のしなければならないことをしたいと思わなければならない。一般的な精神的エネルギーを、特定の心理的社会的エネルギーに変貌させるこの過程の仲介となるのが、社会的性格である（E・フロム、一九三二、一九四一、一九四七、一九七〇）。社会的性格が形成される方法は、本質的に文化的なものである。親を仲立ちとして、社会は若者たちに自らの価値、規則、命令などを伝える。しかしチンパンジーは言語を持たないので、彼らはシンボルや価値や思想を伝えることができない。言い換えれば、彼らは性格形成の条件を欠いている。素朴な意味以上の意味で、性格は人間的現象である。ただ人間だけが、彼の失われた本能的適応の代用品を創造することができた。

性格の獲得は人間の生存の過程における非常に重要かつ必要な要素であったが、そこにはまた多くの障害や危険さえあった。性格は伝統によって形成され、人間を彼の理性に訴えることなく動機づけるので、それはしばしば新しい条件に適応せず、時にはそれとまっこうから矛盾さえする。たとえば国家の絶対的主権というような概念は、古い型の社会的性格に根ざしていて、原子時代における人間の生存には危険である。

性格の概念は悪性の攻撃の現われを理解するためにきわめて重要である。人間の破壊的な、そしてサディスティックな情熱は、ふつう彼の性格構造の中に組み込まれている。たとえばサディスティックな人物の場合には、サディスティックな動因は彼の性格構造の支配的な部分であって、彼をサディスティックに行動するように動機づけ、それに制限を加えるのは、ただ彼の自己保存の関心だけである。サディスティックな性格を持った人の場合には、サディスティックな衝動はいつも活発であって、ただそれを実行に移すのに適当な状況としかるべき合理化を待っているだけなのだ。性格に根ざしたサディズムは自発的に高まる衝動であって、自らを表現する機会を待ち受け、そのような機会が身近にない場合は〈欲求行動〉によってそれらを作り出すのであって、そのかぎりではこういう人物は、ほとんど完全にローレンツの水力学モデル（第一章参照）にあてはまる。決定的な違いは、サディスティックな情熱の原因は性格の中にあり、系統発生的に計画された神経領域にはないということである。それゆえこれはすべての人間に共通のものではなく、同じ性格を持っている人びとにのみ共通しているのだ。サディスティックな性格と破壊的な性格の幾つかの例、およびそれらの形成に必要な条件については、あとで見ることにしよう。

3　性格に根ざした情熱の発達の条件

人間の存在的要求の論議によって、これらはいろいろの方法で満たすことができるということが明らかになった。献身の対象への要求には、神や愛や真理への献身によって――あるいは破壊的偶像の崇拝によって――答えることができる。結びつきへの要求は愛とやさしさによって――あるいは依存、サディズム、マゾヒズム、破壊性によって――答えることができる。統一と根を降ろすことへの要求には、連帯、同胞愛、愛、神秘的体験によって――あるいは酔っぱらったり、麻薬にふけったり、人格を喪失することによって――答えることができる。有能であろうとする要求には、愛や生産的な仕事によって――あるいはサディズムや破壊性によって――答えることができる。刺激と興奮への要求には、人間、自然、芸術、思想への生産的な関心によって――あるいは常に変化する快楽を貪欲に追求することによって――答えることができる。

性格に根ざした情熱の発達の条件は何か。

私たちはまず、これらの情熱は一つずつの単位としてではなく、症候群として現われることを考えなければならない。愛、連帯、正義、理性は相互に関連している。それらはすべて私が今後〈生命増進の症候群〉と呼ぶ、同一の生産的方向づけの現われである。一方サド＝マゾヒズム、破壊性、貪欲、ナルシシズム、近親愛もまた同じ種類のものであって、〈生命阻害の症候群〉と呼ぶ、同一の基本的方向づけに根ざしている。症候群の中の一つの要素が見いだされる時には、ほかの要素もまたいろいろな度合いで存在するが、このことはある人物が前者の、あるいは後者のどちらかの症候群によって支配されていることを意味しているのではない。実際、このような人びとは例外なのであって、ふつうの人は両方の症候群が交じり合っている。人の行動および変化の可能性にとって重要なことは、まさにそれぞれの症候群のそれぞれの強さなのである。

神経生理学的条件

二つのそれぞれの種類の情熱が発達するための神経生理学的な条件に関しては、私たちは人間はまだでき上がってはいず、「未完成」であるという事実から出発しなければならない（L・アイズリー〔L.

Eiseley〕、一九七一）。生まれた時に彼の悩がまだ十分に発達していないというだけでなく、彼の置かれている不均衡な状態によって、彼は際限のない過程として、最終的な解決も与えられない。

しかし彼は——本能の助けを奪われ、あまりにも容易に自分を欺く道具となる、理性の〈弱い葦〉のみを備えて——自らの神経生理学的な備えからは、助けを得られないのだろうか。こう仮定すると、重要な点を見のがすことになりそうである。彼の脳は大きさだけでなく、神経細胞の質や構造においても、霊長類の脳よりずっとすぐれていて、どのような種類の目標が、肉体的にも精神的にも人間の健康と成長を促すかということを認識する能力を持っている。それは人間のほんとうの、合理的な要求の実現に通じる目標を定めることができるのであって、人間はこの実現を促すように彼の社会を組織することができる。人間はまだでき上がらず、未完成で、矛盾を背負った存在であるばかりではない。彼はまた、いいいいいいいいいい自らの最適度の発達を能動的に求めている存在としても定義することができる。この探求は外的条件があまりにも不都合なために、しばしば失敗に終わらなければならないのではあるが。

人間が自らの最適度の発達を能動的に求めているという仮定には、神経生理学的なデータの支持がないわけでは決してない。C・J・ヘリックほどの研究者がこう書いている。

　人間の持つ知性に方向づけられた自己発達の能力によって、人間は自らの文化の型を決め、それによって人間進化の進路を、自分の選んだ方向に向ける力を与えられている。この力はほかの動物にはなく、人間の最もきわだった特徴であり、おそらくは科学に知られている最も意味深い事実であろう（C・J・ヘリック、一九二八）。

リヴィングストンは、同じ問題について幾つかの非常に適切な指摘をしている。

いろいろなレベルの神経系組織が、相互依存的に関連し合っていることは、今では疑問の余地なく確証されている。ともかく、統合的機能を持ったこれらの違った段階のそれぞれにおいて組織された合目的行動は、今なお不可解な方法により、一連の全体的目的を通じて表現されてゆくのだが、この全体的目的は、相争う機能の間を最終的に調停するある種の賢明な計算のあることを意味している。全有機体の目的は、ある統合された内的見通しに従ってはっきりと表現され、たえず実現に向かっているのである（R・B・リヴィングストン、一九六七a。傍点はフロム）。

一次的な生理的要求を超えた要求の問題を論じて、リヴィングストンはいう。

分子レベルにおけるある種の目標追求のシステムは、物理的＝化学的技術によって確認できる。脳の回路の段階における他の目標追求のシステムは、神経生理学的技術によって確認できる。それぞれのレベルにおいて、これらのシステムの一部は行動を支配する欲求と満足とに関連している。これらすべての目標追求のシステムは原形質から起こり、かつそれに本来備わったものである。これらの多くのシステムは特殊な形に分化して、特定の神経系および内分泌系に位置している。複雑な進化をした有機体には欲求と満足があるが、それは植物的成長の要求を満たすだけではない。この欲求と満足は、性的結合や子供の養育、食物、家族、領土の防衛にどうしても必要な協力にかかわるだけでもなく、環境の変化にうまく応じるのに不可欠な適応的行動にかかわるだけでもない。それらはまた余分なエネルギー、努力、そして探求——単なる生存を超えたぜいたく——への欲求と満足でもある（R・B・リヴィングストン、一九六七。傍点はフロム）。

彼はさらに続けていっている。

脳は歯やかぎ爪とまったく同じように、進化の産物である。しかし脳には建設的適応の能力があるので、はるかに多くのことが期待できる。神経科学者たちは、人間のより十分な自己認識を助け、人間のより高貴な選択に光を当てるために、人類の持つ最大限の可能性を理解することを、彼らの長期的目標とすることができる。何物にもまして人間の脳こそが、その記憶、学習、伝達、想像、創造の能力と自己認識の力によって、人間を特徴づけているのである（R・B・リヴィングストン、一九六七）。

リヴィングストンは協力、信念、相互信頼、愛他心は神経系の組織に組み込まれていて、それぞれに付きものの内的満足によって促進されると主張する。[24] 内的満足は決して欲求にのみ限定されるものではない。リヴィングストンによれば、充足感はまた、生気に満ち、休息の足りたあふれんばかりの健康から生じる積極的満足にも結びついている。この満足は遺伝的に与えられた価値と社会的に獲得された価値の双方に伴う喜びからも生じ、また未知のものに接したり、未知のものを求めたりする時に生まれる歓喜、すなわち快い興奮を一人であるいは他人とともに感じることからも生じる。充足感は好奇心の満足や探求の楽しみからも生じ、ますます広がる個人的、集団的自由の獲得からも生じる。満足の持つ積極的な特徴によって、人間は信じがたいほどの窮乏にも耐え、しかも生に執着し、そのうえ生命そのものの価値をもしのぐような信念を大切にすることができるのである（R・B・リヴィングストン、一九六七）。

（24） 彼は付け加えて、哺乳動物や多くのほかの形の生命は、組み込まれた協力的行動なしではただの一世代も生きられないだろうと言うことによって、P・クロポトキンの有名な『相互扶助』(*Mutual Aid*, 1955) における諸発見を裏書きした。

リヴィングストンの主要な論点は、あとで引用するほかの著者たちの場合と同様、かつての本能主義的な考え方と根本的に対立している。彼らは脳のどの特定の領域が、連帯や愛他心や相互信頼や真理を求める高度な努力を〈生み出す〉かというような推測はしないで、生存に役立つためのその進化という観点から、一つの全体として脳組織を見るのである。

C・フォン・モナコー（C. von Monakow）が、非常に興味深い示唆を行なっている。彼は生物学的良心（syneidesis）というものが存在して、最適度の安全、満足、適応、そして完全への努力を確保することをその機能としているのではないか、と提案した。フォン・モナコーは、有機体がその発達に役立つ方向に活動することはクリシス（*Klisis*）（歓喜、渇望、幸福）を——その結果としてこの種の行動を繰り返す欲求を——もたらし、一方有機体の最適度の発達に有害な行動は、エクレシス（*Ekklesis*）（不快感、嫌悪感）をもたらし、その人物が苦痛を生じる行動を避けるようにしむけると主張している（C・フォン・モナコー、一九五〇）。

H・フォン・フェルスターは、感情移入と愛は脳のシステムに内在する性質だと主張した。彼の出発点は認識作用の理論であって、彼は言語は共通経験を前提とするものであるのに、二人の人間がどうして伝達し合えるのか、という問題を提起している。フォン・フェルスターの推論によれば、人間にとって環境はそれだけで存在するのではなく、観察する人間との関係において存在するのだから、伝達は「皮膚によって隔てられてはいるが、構造において似ている二つの要素の中に、環境の同じような表象」のあることを前提とする。「彼らがこの洞察を理解し利用するならば、AはA′の知っていることを知る。何となればAは自分をA′と同一化し、われ－なんじの相等性が得られたからである。……明らかに、同一化は最も強力な合同である——そしてその最も微妙な現われは愛である」（H・フォン・フェルスター、一九六三）。[25]

（25）共有体験はとくに、すべての心理的な理解の基礎となる。他人の無意識を理解するためには、私たちが自らの無意識に迫ることができ、その結果他人の体験を共有することができるがゆえに他人を理解する、ということが前提となる。E・フロム、鈴木大拙および R. de Martino（一九六〇）参照。

しかしながらこれらの推論は、次の冷厳な事実によって否定されているように見える。つまり人間が最終的に誕生して以来四万年の間に、人間はこれらの〈高度な〉努力をより十分に発展させることなく、主として自らの貪欲と破壊性によって支配されてきたように思われる、ということである。なぜ生物学的に組み込まれた努力が優勢を保つ——あるいは優勢になる——ことがなかったのか。

この問題の論議に入る前に、それに修正を加えておこう。新石器時代が始まるまでの人間の精神については、私たちが多くの直接の知識を持っていないことは認めるとしても、すでに見てきたように、狩猟＝採集民から初期の農耕民に至る最も原始的な人間は、破壊性やサディズムの特徴を持ってはいなかったと推定する理由は十分にある。事実、一般に人間性に属するとされている性質の否定的な諸側面は、文明が発達するにつれて、強さと広がりを増したのである。そのうえ、〈高度の目標〉の理想は歴史の初期において、それぞれ自分たちの文化の原理に対する抗議として新しい目標を宣言した、偉大な教師たちによって表明されたことを銘記しなければならない。そしてこれらの目的は、宗教的な形においても世俗的な形においても、社会によってその反対のことを信じるように条件づけられていた人びとの胸に何度も何度も深く訴えてきたのである。実際、自由や尊厳や連帯や真理を求める人間の努力は、歴史的変化をもたらす最も強い動機づけの一つであった。

しかしながら、このようないろいろな修正を考慮に入れても、人間に組み込まれた高度の傾向が今まではだいたいにおいて敗北してきたという事実は残り、今日に生きている人たちは、特別な不安をもってこのことを体験しているのである。

社会的条件

この敗北の理由は何か。

この問いに対する唯一の満足な答えは、人間が生きている社会的環境にあると思われる。人間の歴史の大部分を通じて、これらの環境は人間の知的、技術的発達を促進する一方では、さきに引用した著者たちが言及している、組み込まれた可能性の十全な発達を阻害するものであった。

環境的要因がパーソナリティに与える影響を示す最も基本的な例は、環境が脳の発育に与える直接の影響である。栄養不良が幼児の脳の正常な発育を阻害することがありうるというのは、今では十分に確証のある事実である。食物だけでなく、運動や遊びの自由のようなほかの要因も、脳の発育に直接の影響を与えうるということもまた、動物実験によって明らかになっている。研究者たちはネズミを二つの集団に分け、それぞれ〈恵まれた〉環境と〈制限された〉環境に置いた。前者は大きなおりで育てられ、自由に動いたり、いろいろな物やお互いどうしで遊んだりすることができたが、〈制限された〉ネズミたちは、小さな隔離されたおりで一匹ずつ育てられた。言い換えると、〈恵まれた〉ネズミたちは〈制限された〉ネズミたちよりも、はるかに多くの刺激と運動学習の機会を持っていた。研究者たちは、最初の集団においては、皮質灰白質が〈制限された〉集団の場合より厚い（体重は劣っていたが）ことを知った（E・L・ベネット〔E. L. Bennett〕ほか、一九六四）。

同じような研究で、アルトマン（Altman）は「恵まれた動物において、皮質の領域が増大することの組織学的な証拠を得た。また成熟し恵まれた動物において、細胞増殖の速度が増すことを、放射線写真によって確かめた」（J・アルトマン、G・D・ダス〔G. D. Das〕、一九六四）。アルトマンの実験室の予備的な実験から得られた結果は、「そのほかの行動的変数、たとえばネズミを幼いうちにいじるというようなことは、脳の発達、とくに小脳皮質、海馬状隆起の歯牙状回転部、そして新皮質などのような組織における細胞増殖を、根本的に変化させうることを示している」（J・アルトマン、一九六七）。

これらの実験の結果を人間に適用すれば、脳の発育は食物のような外的要因だけでなく、赤ん坊を扱ったり抱いたりする時の〈あたたかさ〉、赤ん坊が受ける刺激の度合い、また運動したり、遊んだり、自己を表現したりする自由度にも左右されるように思われる。しかし脳の発達は幼児期で終わりはしないし、また思春期やおとなになってからでさえ終わりはしない。R・B・リヴィングストンが指摘しているように、「そこを過ぎれば発達が止まるとか、そこを過ぎれば病気やけがのあとの組織の再生能力がなくなるというような点はない」（R・B・リヴィングストン、一九六七）。一生を通じて刺激やはげましや愛情のような環境的要因は、脳の作用に微妙な影響を与えるように思われる。

　私たちはまだ、環境が脳の発達に与える直接的な影響については少ししか知らない。幸いなことに、私たちは性格の発達に対して社会的要因の果たす役割については、はるかに多くのことを知っている（すべての情動的過程は、もちろん脳の過程にその基礎があるのだが）。この点において私たちは、社会科学の思想の主流――人間の性格は彼の住んでいる社会によって、あるいは行動主義的な言葉を使えば、彼が受ける社会的条件づけによって形成されるという命題――に合流したようである。しかしながら、この考え方と今提起した考え方の間には、根本的な違いがある。社会科学の環境主義的見地は、本質的に相対主義的であって、それによれば人間は白紙であり、その上に文化が本文を書くのである。彼は良きにつけ悪しきにつけ社会によって形成されるのだが、〈良き〉とか〈悪しき〉というのは、倫理的あるいは宗教的観点からの価値判断と考えられている。[26] 私がここで採っている立場は、人間は内在的な目標を持っていて、人間の生物学的な構造が生きるための規範の源であるという立場である。彼に十全な発達と成長の可能性があるのは、与えられた外的条件がこの目的に役立つ場合なのである。

（26）陳腐な環境主義的見解に対する顕著な例外は、マルクスである。スターリニストあるいは修正主義者の俗流マルクシズムは、できるかぎりこのことをあいまいにしようと努めてはきたが。マルクスは「一般的人間性」を、「それぞれの歴史的時期において限定された人間性」と区別する概念を提起した（K・マルクス、一九〇六）。彼にとってはたとえば資本主義のようなある種の社会的条件は、〈不具の〉人間を生み出す。彼が考えていた社会主義は、人間の完全な自己実現をもたらすものなのである。

これが意味しているのは、人間の最適度の成長を促し、そして私たちのさきの仮定が正しければ、生命増進の症候群の発達を促すような特定の環境的条件があるということである。一方、これらの条件が欠けていればいるほど、彼は生命阻害の症候群の存在をその特徴とする不具で発育不全の人間となる。この考え方が、身体的発達と健康の場合なら、構造と規範の関係を夢にも疑わない多くの人びとによって、〈観念論的〉であるとか、〈非科学的〉であると見なされるのは、まことに驚くべきことである。この点について長々と論じる必要は、ほとんどない。ある種の食物はからだの成長と健康を促し、またある種の食物は有機体の機能障害、病気、早死にの原因となることを示すデータは、とくに栄養学の分野に豊富にある。さらにまた、食物だけがこのような影響を健康に及ぼすのではなく、運動やストレスのようなほかの要因も同様であることも、よく知られている。人間はこの点では、ほかのいかなる有機体とも変わらない。農民や園芸家なら誰でも知っているように、種が正常に発芽し、植物が成長するためには、ある程度の水分と、暖かさと、土の種類が必要である。これらの条件が満たされなければ、種は土の中で腐って死んでしまい、植物は死産となる。条件が最適の場合は、果樹は最適度の可能性にまで成長し、この特定の木が生み出しうるかぎり完全な果実を実らせるだろう。もし条件が最適度に達しなければ、木も果実も欠陥や損傷のあるものとなるだろう。

そこで私たちが直面する問題は、こうである。人間の可能性の十全な発達を促す環境的条件とはどれか。

何千という書物がこの問題について書かれ、何百という異なった答えが与えられた。もちろん私は、本書の文脈の中で答えを出そうと試みるつもりはない。(27) しかしながら、たとえ短くとも、いくらかの一般的な論述をすることはできる。

(27) E・フロム(一九五五)参照。

個人についての研究のみならず、歴史的な記録を見ても、自由があり、能動性を与える刺激があり、搾取的な支配がなく、〈人間中心〉の生産方式があれば、人間の成長に好都合であるということ、そしてこれらの反対の条件があれば、それに不都合であるということは明らかである。さらにまた、影響を与えるのは一つや二つの条件の存在ではなく、要因の全体系であることに気付く人びとの数は、ますます多くなってきている。このことが意味しているのは、人間の十全な成長を促す一般的な条件――そしてもちろん、個人の発達のそれぞれの段階には、それ特有の条件がある――は、適当な土壌を得るのに好都合な条件がいろいろと重なった社会体制においてのみ見いだしうるということである。

なぜ社会科学者たちが、人間の成長のための最適度の社会的条件を第一の関心事としなかったかという理由は、少数の顕著な例外は別として、社会科学者たちは本質的に現存の社会体制の弁護者であって、批判者ではないという悲しむべき事実を認識すれば、容易に見窮めのつくことである。こういうことがありうるのは、自然科学とは違って、彼らの得る成果は社会が機能するためにほとんど価値を持たないからである。それどころか、誤った成果や表面的な取り扱いはイデオロギー的な〈接合剤〉として役立ち、一方真実はいつものごとく、現状への脅威となる。[28] そのうえ、問題を十分に研究する仕事は、「人びとの求めるものは、彼らにとって良いものである」という臆断によって、いっそうむつかしくなってしまった。人びとの欲求はしばしば彼らにとって有害であるという事実、そして欲求自体が機能障害または暗示の、あるいはその両方の徴候でありうるという事実は見落とされた。たとえば今日では、たとえ多くの人が麻薬の使用を望んでも、麻薬の常用は望ましくないということは、すべての人が知っている。私たちの全経済体制が、欲求を生み出してそれを商品で満足させることによって利益をあげるということにかかっているので、欲求の非合理性の批判的な分析が人気を得ることはほとんど期待できない。

（28）　S・アンドレスキー（一九七二）による、社会科学へのあざやかな批判を参照。

しかし私たちはここでとどまってはならない。なぜ大多数の人間は、彼らの理性を用いて人間としての彼らの真の利益を認識しようとしないのかを、私たちは問わなければならない。それはただ彼らが洗脳されて従わざるをえないからだろうか。さらにまた、なぜもっと多くの指導者たちが、人間としての彼らの最上の利益は、彼らが統御している体制によっては与えられないことを認識しなかったのか。啓蒙思潮の哲学者たちがよくやったように、すべてを彼らの貪欲やずるさによって説明することは、この問題の核心を貫いたことにならない。

マルクスが歴史的発展についての彼の理論で明らかにしたように、社会条件を変化させ、改善しようとする試みにおいて、人間はつねに生態学的条件、気候、技術、地理的位置、そして文化的伝統のような、彼の環境の物質的な要因によって制限を受けるのである。私たちが見てきたように、原始時代の狩猟＝採集民や初期の農耕民は、破壊的情熱よりむしろ建設的情熱を生み出すことを促すような、比較的平衡の取れた環境の中で生活していた。しかし成長の過程で人間は変化し、そして彼は環境を変化させる。彼は知的、技術的に進歩するが、この進歩は生命阻害の性格症候群の発達を促す。私たちはいかに大ざっぱにもせよ、初期の狩猟＝採集民から〈都市革命〉に至る社会の変貌の記述において、この発達のあとをたどった。人間が哲学者や学者になり、エジプトのピラミッドのような芸術作品を造ることを可能ならしめるのに必要な余暇を作り出すために——要するに文化を創造するために、人間は奴隷を所有し、戦争をし、土地を征服しなければならなかった。人間がある点において、とくに知的、芸術的、そして科学的な面で成長するためにこそ、人間は他の点において、とくに感情的な面で彼を不具にし、成長を妨げるような環境を生み出さなければならなかった。こうなったのも、生産力が技術的文化的進歩および自由を共存させ、すべての者を阻害されずに発達させるほどに発達していなかったからであった。物質的な条件にはそれ自身の法則があり、それらの条件を変えようという願望だけでは十分とは言えない。実際、もしこの地球が楽園として創造されていて、人間が扱いにくい物質的現実に縛られていなかったなら、彼の阻害されない成長にふさわしい環境を作り出し、すべての人間に十分な食糧があり、同時に自由の可能性もあるというようにするためには、理性さえあれば十分であっただろう。しかし聖書の神話を借りて言えば、人間は楽園から追放されて、帰ることはできない。彼は自分と自然との間の葛藤という呪いを負わされた。世界は彼のために造られたのではなく、彼はその中に投げ込まれたのであって、自らの活動と理性によってのみ、彼は自分の十全な発達を促す世界、すなわち彼の人間的なわが家を創造することができるのである。彼の支配者たちはしばしばよこしまな人間で、自分の気まぐれに従い、その歴史的な課題を遂行しえなかったにせよ、彼ら自身も歴史的必然性の実行者であった。非合理性と個人的な悪が決定的要因となったのは、外的条件は人間の進歩を可能にするようなものであるのに、その進歩が支配者たち――そして被支配者たち――の性格のゆがみによって阻害された時期においてのみであった。

それにもかかわらず、人間の社会的、個人的進化の目標をはっきりと認識した夢想家たちがいつの時代にもいた。しかし彼らの〈ユートピア〉は、それらが実現しえない白日夢であるという意味で〈ユートピア的〉であるのではなかった。それらは存在しない所（ユートピア）〔訳注。ユートピアは存在しない所という意味の造語〕で起こった。しかし存在しない所は〈存在しない時〉ではない。ここで私の言いたいことはこうである。それらはその当時には、いかなる所与の場所にも存在しなかった――そしておそらくは存在しえなかった――から、〈ユートピア的〉であった。しかしユートピア的ということは、それらをいつの日にも――また別な時に――実現することができない、ということを意味してはいない。マルクスの社会主義の概念は、現在まで世界中のどこにおいても実現していない（社会主義の国々においてもたしかにそうだ）が、彼はそれをユートピアとは考えなかった。なぜなら、彼は歴史の進化のこの時点において、それを実現する物質的条件はすでに存在すると信じていたからであった。[29]

（29）これはきわめて重要な点であって、サルトルは本質的に主意主義的な理論とマルクスの歴史理論とを結びつけようとしながら、この点では決してマルクスの思想をほんとうに理解することも、総合することもなかった。R. Dunayevskaya によるすぐれたサルトル批判（近刊）を参照のこと。

本能と情熱の合理性と非合理性について

本能は論理的思考を拒むがゆえに非合理的であるというのは、広く受け入れられた考え方である。これは正しいだろうか。さらに、性格に根ざした情熱は合理的とか、非合理的とかに分類できるのだろうか。

〈理性〉とか〈合理的〉とかいう言葉は、慣習として思考過程にのみ適用されている。〈合理的〉な思考は、論理の法則に従い、情緒的でしばしば病的であるような要因によってゆがめられることはないと考えられている。しかし〈合理的〉とか〈非合理的〉とかは、時には行為や感情にも適用される。それで経済学者なら、熟練した労働者を欠き、熟練しない労働者がいっぱいいる国に高価な省力機械を導入することを、非合理的と呼ぶかもしれない。あるいはまた、彼は世界中の国々が軍備のために使っている千八百億ドル（その八十パーセントは超大国が使っている）という出費を、それが平和時に使用価値を持たない物の生産に役立っているという理由で、非合理的と呼ぶかもしれない。あるいは精神病医なら強迫的な手洗い〔訳注。よごれに対する病的な恐怖心から何度も手洗いを繰り返す症状〕や根拠のない不安のような神経症的徴候を、それらが心の機能障害の結果であって、これからも心の正常な機能を妨げやすいという理由で、非合理的と呼ぶかもしれない。

私が合理的と呼びたいのは、いかなる思考、感情、あるいは行為にせよ、それを含む全体の十分な活動および成長を促進するものであり、非合理的と呼びたいのは、全体を弱め、あるいは破壊する傾向を持つものである。自明のことだが、一つのシステムの経験的な分析によってのみ、何がそれぞれ合理的あるいは非合理的と見なされるべきかがわかる。[30]

（30）　この合理的（rational）という言葉の用法は、今日の習慣的な哲学用語ではないが、その根拠は西洋の伝統の中にある。ヘラクレイトスにとって、*logos*（ラテン語の *ratio* はその翻訳である）とは宇宙の根底にある組織原理であって、〈釣合い〉という彼の時代のロゴスのふつうの意味に関連するものであった（W. K Guthrie, 1962)。またヘラクレイトスにおいては、ロゴスに従うことは〈目ざめていること〉であった。アリストテレスは、ロゴスを倫理的な文脈で理性の意味に使い（『ニコマコス倫理学』五、一一三四a）、しばしば〈正しい理性〉という組み合わせで使っている。トマス・アクイナスは〈合理的欲求〉（*appetitus rationalis*）という言葉を使い、行為に関する理性と知識のみに関する理性とを区別している。スピノザは合理的と非合理的情動について述べ、パスカルは情緒的論証について述べる。カントにとっては、実践理性（*Vernunft*）は何をなすべきかを認める機能を持ち、理論的理性は人に何が存在するのかを認めさせる。さらに情緒に関連したヘーゲルの合理性の使用法も参照のこと。最後に私はこの短い概観において、「理性の機能は生きる技術を促進することである」というホワイトヘッドの言葉をあげたい（A・N・ホワイトヘッド、一九六七)。

この合理性の概念を本能（有機体的動因）に適用した場合、それらが合理的であるという結論に到達せざるをえない。ダーウィン的見地からは、生命を十分に維持し、個体と種の生存を保証するのは、まさに本能の機能である。動物はほとんど完全に本能によって決定されるがゆえに合理的に行動し、人間ももし主として本能によって決定されていれば、合理的に行動するだろう。彼の食糧捜し、彼の防衛的攻撃（あるいは逃走）、そして彼の性的欲求は、それらが有機体としての刺激によるものであるかぎり、非合理的な行動を促すものではない。人間の非合理性は彼が本能を欠いているという事実によって生じるのであって、本能の存在によって生じるものではない。

人間の性格に根ざした情熱の合理性についてはどうか。私たちの合理性の規準に従えば、それらの情熱を分類しなければならない。生命を増進する情熱は有機体の成長と幸福を増進するがゆえに、合理的と見なさなければならないし、生命を抑圧する情熱は成長と幸福を妨げるがゆえに、非合理的と見なさなければならない。しかしある修正が必要である。破壊的な、あるいは残酷な人がそのようになったのは、その人がそれ以上の成長の条件を欠いているからである。与えられた環境のもとで、彼はいわばそれ以上のことができない。彼の情熱は人間の可能性の観点からは非合理的だが、ある人物が生きている特定の個人的および社会的状況の観点から言えば、それなりの合理性を持っている。同じことが歴史的過程にもあてはまる。古代の〈巨大機械《メガマシーン》〉（L・マンフォード、一九六七）は、この意味では合理的であった。ファシズムやスターリニズムでさえ、それらがそれぞれの事情のもとで、歴史的に可能な次の段階として唯一のものであったのであれば、合理的と見なすことができる。もちろんこのことは、それらの擁護者たちの主張することである。しかし彼らはもっとほかの、歴史的により適切な選択がありえなかったことを証明しなければならないのだが、私はそれがありえたと信じている。[31]

（31）この問題は、イド―自我―超自我というフロイトの図式によって、あいまいにされてしまった。このように分けたために、精神分析の研究は、イドあるいは超自我に属さないすべてのものが自我に属すると考えざるをえなくなった。そしてこのあまりにも単純化した（しばしば大いに装いをこらしてはいるが）アプローチは、合理性の問題の分析を妨げてきた。

生命を阻害する情熱も、生命を増進する情熱と同じように、人間の存在的要求への答えであって、どちらも深く人間的であることを、繰り返しておく必要がある。前者は後者を実現する現実的な条件がな

って、それらは愛[34]、やさしさ、連帯、自由、そして真理を求める努力であるとともに、支配し、従属し、破壊する動因であり、ナルシシズム、貪欲、羨望、野心である。これらの情熱は人間を動かし、興奮させる。それらは夢ばかりでなく、すべての宗教、神話、劇、芸術が作られている材料である――要するに、人生を意味のある、生きるに値するものとするすべてのものである。これらの情熱に動機づけられる人びとは彼らの生命をも賭ける。彼らは自らの情熱の目標を達成することができない時には、自殺するかもしれない。しかし性的満足が得られないために自殺することはないし、飢えている時でさえ自殺はしない。ところが憎しみにかられるにせよ、愛にかられるにせよ、人間の情熱の力は同じなのである。

(34)　もちろん幼い動物もまた〈愛〉を必要とする。そしてその性質は人間の幼児の必要とするものとほとんど変わらないかもしれない。しかしそれはここで言及している非ナルシシズム的な人間の愛とは違っている。

事実がこうであることは、ほとんど疑うことができない。なぜそうなのかという問いに答えることは、もっとむつかしい。しかしいくつかの仮説的な推論を提示することはできる。

最初のものは、神経生理学者だけが検討できるような提言である。脳がたえず興奮を要求していることは、私たちがすでに論議した事実であるが、このことを考えると、この要求は情熱的な努力の存在を必要とするとも想像されうる。なぜならそれらの努力のみが、たえざる興奮を与えることができるからである。

次の仮説は本書ですでに扱った領域――人間存在の独自性――にある。すでに言ったように、人間が自己自身および自分の無力さと孤立を意識しているという事実は、彼が単なる物として生きることを耐えがたいことにする。もちろんこれらのことはすべて、歴史を通じてほとんどの思想家、劇作家、そして小説家たちがよく知っていた。エディプス劇の核心が、母親に対するエディプスの性欲の欲求不満であると、ほんとうに想像することができるだろうか。あるいはシェークスピアが、劇の主人公の性的欲求不満を中心にした『ハムレット』を書いたというようなことを。しかしそれこそまさに古典的精神分析学者たち、および彼らとともに、ほかの現代の還元主義者たちが信じていることらしいのだ。

人間の本能的な動因は必要ではあるが、ささいなものである。目標を捜し求める時に人間のエネルギーを統一する情熱は、献身的なるもの、あるいは聖なるものの領域に属する。ささいなものの系統は、〈暮らしを立てる〉方の系統であるが、〈聖なるもの〉の領域は、身体的生存を超えた生き方の領域である——それは人間が自らの運命を賭け、しばしば生命を賭ける領域であり、人生を生きるに値するものとする、彼の最も深い動機づけが根ざしている領域である。(35)

(35) この違いを正しく認識するためには、人が聖なるものと呼ぶものは必ずしもそうではないことを銘記しなければならない。たとえば今日では、キリスト教の概念や象徴は、もはや教会へ通うたいていの人びとを情熱的に巻き込むことこそないが、聖なるものとされている。一方自然の征服、名声、権力、金などの現実的な献身の対象を求める努力は、はっきりとした宗教体系に統合されていないために、聖なるものと呼ばれてはこなかった。ただ現代においては例外的に、〈聖なるエゴイズム〉(国家的な意味で)とか、〈聖なる復讐〉などと言った場合にのみ、事情は違っているのである。

人生のささいさを超えようとする試みにおいて、人間は冒険を求め、人間存在を限定する境界のかなたをながめ、さらにそれを越えようとさえするようになる。このために大いなる美徳や大いなる悪徳が、創造と同様に破壊が、こんなにも人を興奮させ引きつけるものとなるのだ。英雄とは恐れや疑いに屈することなく、境界まで行く勇気を持った人間のことである。ふつうの人間は、英雄になろうとする試みが失敗に終わっても、英雄である。彼は自分の人生の意味を少しでも知ろうとする欲求と、自分のできるかぎり、人生の境界まで歩いて行こうとする情熱に動機づけられているのだ。

このような説明には重大な修正が必要である。個人としての人間は、彼らの人生に意味を与えると称する既製の型を備えた社会に生きている。たとえば私たちの社会では、彼らは成功すること、〈かせぎ手〉になること、子供たちを育てること、よき市民となること、商品や快楽を消費することが人生に意味を与えるのだと言って聞かされる。しかしたいていの人びとは、意識の面ではこのような暗示に動かされているが、彼らはほんとうに意味があると感じるわけでもなく、自分の内部の中心の欠如を埋めるわけでもない。暗示された型はすり減ってしまい、役立たないことが多くなってゆく。このことが今日大規模に起こりつつあるという証拠は、麻薬の常用の増加にも見られるし、またどのようなものにも、たとえば知的、芸術的創造性の衰退や、暴力と破壊性の増大にも、真の関心が注がれていないということにも見られる。

第十一章　悪性の攻撃——残酷性と破壊性

1　外見上の破壊性

破壊性とはまったく違っているのだが、ある種の深くうずもれた原初的体験があって、これらは現代の観察者にはしばしば人間の生まれつきの破壊性の証拠のように見える。ところがもっと綿密に分析してみれば、それらは破壊的な行為を生み出すが、その動機づけは破壊の情熱ではないのである。

一つの例は血を流す情熱で、しばしば〈流血欲〉と呼ばれる。実際的な効果から言うと、人の血を流すことはいつも彼を殺すことを意味するのであって、それゆえ〈殺すこと〉と〈血を流すこと〉とは同義語である。しかしここで起こる疑問は、殺す喜びとは違った原初的な流血の喜びはないのだろうかということである。

経験の深い原初的な段階においては、血は非常に特殊な物質である。それは非常に広く生命および生命力と同等視されてきたし、肉体から発する三つの神聖な物質の一つである。あとの二つは精液と乳である。精液は男性の創造性を表わし、乳は女性および母親の創造性を表わし、両者ともに多くの信仰や儀礼において神聖なものと見なされていた。血は男性と女性の違いを超越する。経験の最も深い層において、人は血を流すことによって、呪術的に生命力そのものを捕えるのである。

血を宗教的な目的に使うことは、よく知られている。ヘブライ寺院の僧たちは礼拝式の一部として、殺した動物の血をまいた。アステカの僧たちは、いけにえのまだ動いている心臓を神々にささげた。多くの儀礼上の慣習において、兄弟の縁固めは、関係者たちの血を混ぜ合わせることによって象徴的に行なわれる。

血は〈生命の液〉であるから、血を飲むことは多くの場合、自分自身の生命力を強めることとして体験される。バッカスの祭りでは、ケレース〔訳注。ローマ神話の穀物の女神〕に関連した儀礼と同様に、秘儀の一部は動物の生肉を血と一緒に食べるところにあった。クレタ島のディオニソスの祭りでは、人びとは生きている動物の肉を歯で食いちぎった。このような儀礼は、多くの地下の神々や女神たちに関してもまた、見いだされる（J・ブライアント〔J. Bryant〕、一七七五）。J・G・バーク（J. G. Bourke）の言うところによれば、インドに侵入したアーリア人は、土着のインド人であるドラビダ人が人間や動物の肉を生のまま食べるので、彼らを軽蔑し、彼らを〈生肉食い〉と呼ぶことによって、その無理からぬ嫌悪感を表現した。(1) このように血を飲み生肉を食べることに非常に密接な関係のあるのが、今なお存在する原始的な諸部族から報告されている慣習である。カナダ北西部のハマツァ・インディアンは、ある種の宗教的儀式において、人間の腕、脚、あるいは胸の一片をかむことが義務になっている。(2) 血を飲めば健康が与えられると考えられるのは、最近においてさえ見られることである。ひどい恐怖を味わった人間にその時に殺したハトのぴくぴく動く心臓を与えて、彼がその恐怖から回復するのを助けてやるのは、ブルガリアの慣習であった（J・G・バーク、一九一三）。ローマカトリックのような高度に発達した宗教においてさえ、ぶどう酒をキリストの血として聖化したのちにそれを飲むという、原初的な慣行が見られるのであって、この儀礼が生命の肯定であり共同性の表現であるとはせずに、破壊的衝動の表現であると見なすのは、還元主義的歪曲であろう。

(1)　この生きている動物の生の肉を食べる儀礼がいかに後年まで存在したかは、タルムード〔訳注。ユダヤ教の聖典〕の伝説からわかるのであって、それはすでにノアによって（そして彼を通じてすべての人類によって）受け入れられていた七つの倫理的規範の中に、生きた動物の生の肉を食べることの禁制があったことを述べている。

(2)　カナダ北西部のインディアンに関する報告。イギリス科学振興協会のニューカースル＝アポン＝タイン大会会報所載、一八八九年（J・C・バーク、一九一三に引用）。

現代人にとって、血を流すことは破壊性以外の何ものでもないように思える。たしかに〈現実的〉な観点からは、まさにそのとおりであるが、行為そのものだけでなく、経験の最も深く最も原初的な層においてそれが持つ意味を考えれば、違った結論に到達するだろう。自分自身の血、あるいは他人の血を流すことによって、人は生命力に触れる。このこと自体が原初的な段階において人を酔わせる経験であるし、またそれが神々にささげられた時には、最も神聖な献身の行為になるのであって、破壊の願望が必ずしも動機である必要はない。

同様の考え方が人食いの現象にもあてはまる。人間の生まれつきの破壊性を主張する人びとは、彼らの理論を証明する主要な論証として、しばしば人食いを利用している。彼らは周口店において、基部から脳を取り出した頭蓋骨が見付かったという事実を指摘する。これは脳を食べるためにしたことだと推論され、殺人者たちはその味を好んでいたのだと言われた。それはもちろんありうることではあるが、おそらくは現代の消費者の考え方によりふさわしいものだろう。もっと真実に近いと思われる説明は、脳は呪術＝儀礼的目的に使われていたというものである。さきに述べたように、この立場はA・C・ブランク（一九六一）が採ったもので、彼は北京原人の頭蓋骨と、それよりほとんど五十万年ものちのモンテチルチェオで見付かった頭蓋骨との間に、強い類似性を認めた。もし彼の解釈が正しければ、同じことが儀礼として人肉を食べることと、儀礼として血を飲みかつ流すことにもあてはまるのである。

確かに儀礼でない人食いは、この何世紀かの〈原始的〉な人びとの間でふつうに行なわれていた。今なお生存している狩猟＝食糧採集民の性格について私たちが知っていること、あるいは先史時代の狩猟＝食糧採集民について推測できることのすべてから判断すれば、彼らは殺し屋ではなかったし、また彼らが食人種であった可能性も非常に薄い。マンフォードが簡潔に言っているように、「原始時代の人間が、私たち自身がやって見せているような大がかりな残虐行為、拷問、皆殺しなどをなしえなかったのとまったく同じように、彼は食べる目的で人を殺すことなど全然しなかったかもしれない」（L・マンフォード、一九六七）。

今まで述べてきたことは、破壊的行動の背後にしばしば宗教的で非破壊的な動機づけがあることを認めずに、それらのすべてが破壊本能の結果であると性急な解釈を下すことに対する警告の意味を持っている。それらは、これから取り掛かる真の残酷性と破壊性の爆発を、小さなことのように見せかけるために述べられたわけではない。

2　自発的な形態

破壊性[3]は二つの形態を執って現われる。自発的な形態と、性格構造に結びついた形態とである。前者によって私が言及しているのは、眠っている（必ずしも抑圧されているとは限らないが）破壊的衝動が異常な環境によって活性化して爆発したものであって、これは破壊的な特性が、常に現われるとはかぎらないが、性格の中に恒久的に存在するのとは対照的である。

（3）私はここでは〈破壊性〉という言葉を、厳密な意味での破壊性（〈ネクロフィリア〉）とサディズムの両方を含めて使っている。二つの区別はあとで行なうことにする。

歴史的記録

一見自発的な形態の破壊性の最も豊富な——そして最も恐るべき——資料は、文明の歴史の記録にある。戦争の歴史は無慈悲で無差別な殺人と拷問の記録であって、その犠牲者は男であり、女であり、子供であった。これらのできごとの多くの与える印象は破壊の狂宴のそれであって、そこでは慣習的な、あるいは真に道徳的な要因は何ら抑制力を持たなかった。殺しはまだ破壊性の最も穏やかな現われであった。ところが狂宴はここでとどまらなかった。男は去勢され、女ははらわたを引き出され、囚人ははりつけにされ、またライオンの前に投げ出された。人間の想像力が考えうる破壊的行為で、繰り返し繰り返し演じられなかったものはほとんどない。私たちはインドの分割当時に何十万というヒンズー教徒と回教徒が、同じように狂乱状態で殺し合うのを目撃したし、インドネシアでは一九六五年の共産主義者の追放の際に、いろいろな情報源によれば、四十万人から百万人に及ぶほんとうの共産主義者やそうと決め込まれた人たちが、多くの中国人と一緒に殺されたという(M・コールドウェル〔M. Caldwell〕、一九六八)。人間の破壊性のいろいろな現われについて、これ以上さらに詳細に描写する必要はない。それらはよく知られているし、そのうえたとえばD・フリーマン(一九六四)のように、破壊性が生まれつきであることを証明しようと望む人たちが、しばしば引き合いに出していることとである。

破壊性の原因については、サディズムとネクロフィリアを論じる時に問題にすることにする。私がここでこれらの爆発に触れたのは、サディスティックな性格やネクロフィラスな性格の場合のような、性格構造に結びついたものでない破壊性の例をあげるためであった。しかしこれらの破壊性の爆発が自発的であるというのは、それらがまったく理由なしに起こるという意味ではない。第一に、それらを刺激する外的条件、たとえば戦争、宗教的あるいは政治的葛藤、貧困、極端な退屈と個人の無意味さなどが常にある。第二に、主観的な理由がある。インドの場合のように、民族的あるいは宗教的な立場での極端な集団的ナルシシズムや、インドネシアのあちこちで見られたような、一種の恍惚状態に陥る傾向などである。突然に現われるのは人間性ではなく、破壊的潜在力なのであって、それはある恒久的な条件によって育てられ、突然の衝撃的なできごとによって動員されるのである。これらの刺激的な要因がなければ、これらの人びとの中の破壊のエネルギーは眠ったままでいるらしく、破壊的な性格の場合のように、たえずあふれるエネルギー源ではないのである。

復讐的破壊性

復讐的破壊性は、一人の人間あるいは彼が同一化している集団の仲間に与えられた、強烈でいわれのない苦しみに対する自発的な反作用である。それはふつうの防衛的攻撃とは二つの点で違っている。（1）それは損害が与えられたあとに起こるので、迫る危険に対する防衛ではない。（2）それは強さにおいてはるかにまさり、しばしば残酷であり、強欲で、飽きることを知らない。言語自体が〈復讐への渇望〉という表現によって、復讐のこの特殊な性質を表わしている。

個人の中でも集団の中でも、復讐的攻撃がいかに広い範囲で行なわれているかは、とくに力説する必要もない。それはほとんど世界じゅうで行なわれている制度としての、血の復讐という形態に見られる。アフリカ東部および北東部、コンゴ高地帯、アフリカ西部において。インド北東部、ベンガル、ニューギニア、ポリネシアの多くの辺境地帯の部族の間で。コルシカ（最近まで）において。そして北アメリカの原住民の間でも広く行なわれていた（M・R・デーヴィー、一九二九）。血の復讐は家族、氏族、あるいは部族の構成員に課せられた神聖な義務であって、彼はもし自分の仲間の一人が殺されたら、相手側の対応する単位の構成員を一人殺さなければならない。単なる処罰の場合は殺人犯あるいは彼の所属している集団が罰せられることによって罪はつぐなわれるのだが、それとは違って血の復讐の場合は、攻撃者の処罰によって連鎖が終わるわけではない。懲罰として人を殺せば、それは新しい殺人を意味するのであって、今度はそれによって、罰を受けた集団の構成員が罰を与えた人間を殺さなければならないというように、限りなく続くのである。理論的には、血の復讐は無限の鎖であって、実際にもそれは時として家族や、もっと大きな集団の絶滅をもたらす。血の復讐は――例外としてではあるが――戦争の意味を知らないグリーンランドの居住民のように、非常に平和な人たちの中にさえも見られる。ただしデーヴィーが書いているように、「この慣行の発達の程度はごくわずかであって、生き残った者に課せられる義務も、概してそう重いものではない」（M・R・デーヴィー、一九二九）。

血の復讐だけでなく、あらゆる形の罰――原始的なものから現代的なものに至るまで――は、復讐の一つの表現である（K・A・メニンガー〔K. A. Menninger〕、一九六八）。古典的な例は、旧約聖書の同態復讐法（*lex talionis*）〔訳注。目には目をというように、犯した罪と同じ種類の罰を加害者に加える法〕である。罪を犯せば三世代ないし四世代に及んで罰するというおどしもまた、命令にそむかれた神の復讐の表現であると見なされねばならない。もっとも、「いつくしみを千代までも施し、悪と、とがと、罪とをゆるす者」〔訳注。出エジプト記、第三十四章第七節〕と付け加えることによって、伝統的概念を弱める試みがなされたようではあるが。同じ考え方を多くの原始的社会に見いだすことができる――たとえば、「人間の血は、もし流されればつぐないを求める」と言うヤクート族の法律において。ヤクート族の中では、殺された者の子供たちが、殺した者の子供たちに復讐をすることが、九世代にわたって続いた（M・R・デーヴィー、一九二九）。

血の復讐や刑法が恐ろしいものであっても、それらが社会の安定を維持するという一種の社会的役割をも持っていることは、否定できない。復讐欲の持つ力のすべてを知るためには、この機能の欠けている場合を見ればよい。かくして多くのドイツ人は復讐への願望によって動機づけられたが、それは一九一四年―一九一八年の戦争の損失のためであり、もっと明確に言えばベルサイユ平和条約がその具体的な条件において、とくにドイツ政府のみが戦争の勃発の責任を執るべしという要求において、不公平であったからであった。ほんとうの、あるいは言い触らされた残虐行為というものが、最も激しい怒りと復讐心に火をつけることはよく知られている。ヒトラーは、チェコスロバキアでドイツ系の少数民族が虐待されていると言い触らして、それを同国を攻撃する前の宣伝活動の中心にした。一九六五年のインドネシアにおける大量殺戮は、スカルノに反対していた何人かの将軍が手足を切り取られたといううわさによって火がついたのが、始まりであった。ほとんど二千年も続いた復讐への渇望の一例は、ユダヤ人によると言われるイエスの処刑に対する反作用である。「キリスト殺し」という叫びは伝統的に、激しいユダヤ人排斥運動のおもな源の一つであった。

復讐はなぜこんなに根深く激しい情熱なのだろうか。私が提示できるのは、幾つかの推論だけである。初めに、復讐はある意味で呪術的な行為であるという見解を考えてみよう。残虐行為を犯した人間を殺すことによって、彼の行為は呪術的に取り消されるのだ。このことは今日でも、罰を受けることによって「犯人は負債を払った」という言い方に現われている。少なくとも理論的には、彼は一度も罪を犯したことのない人のようになったのだ。復讐は呪術的償いと言えるかもしれない。しかし、かりにそうだとしても、この償いへの欲求はなぜこんなに激しいのか。おそらく人間は公平についての原初的な感覚を持っているのであって、これは深く根を降ろした〈存在の平等性〉の感覚、すなわち私たちはみな母親から生まれ、かつては無力な子供であり、そしてみな死んでゆくという感覚があるからかもしれない。(4)人間は他人から与えられる危害に対して身を守りえないことがしばしばあるが、復讐を願う中で、彼は危害が与えられたことを呪術的に否定することによって、その痕跡をぬぐい去ろうとする。(羨望も同じ根を持っているようである。カインは弟が受け入れられているのに、自分が拒まれているという事実に耐えられなかった。この拒否は気まぐれなもので、彼にはそれを変える力がなかった。この根本的な不公平が強い羨望を生み、そのためにアベルを殺すことによってのみ、恨みをはらすことができたのである。）しかし復讐の原因はもっとあるに違いない。人間は神あるいは世俗の権威が役に立たない場合には、自分の手で公平を実現しようとするようである。それはあたかも復讐の情熱によって、人間は自分を神の、そして復讐の天使たちの役割にまで高めるかのようである。復讐の行為はまさにこのように自己を高めるがゆえにこそ、彼の最も偉大なる時となりうるのである。

（4）『ベニスの商人』三幕一場で、シャイロックはこの平等についての原初的な感覚を、美しく感動的に表現している。

（5） G. M. Foster (1972) 参照。

まだ幾つかの推論をすることができる。からだの一部を切り落としたり、去勢したり、拷問したりするような残酷性は、すべての人間に共通な良心の最低の要求をも無視している。このような非人間的な行為をする連中に対する復讐の情熱は、この原初的な良心によって動機づけられるのだろうか。それともそれはさらに、彼ら――私ではなく――が破壊的で残酷なのだというふうに、投射方式によって自分自身の破壊性を意識しないようにする防衛でもあるのだろうか。

これらの問いに答えるためには、復讐の現象についてさらに研究を進めなければならない。

しかしながら、これまで提示してきた考え方は、復讐の情熱は非常に深く根を降ろしているので、それはすべての人間にあるものと考えなければならないという見解を支持するもののようである。ところがこの仮定は事実に合致しない。それはたしかに広い範囲に及んではいるけれども、その度合いには大きな違いがあって、ある種の文化[6]や個人においては、それは最小限の痕跡しか残さないまでになっている。この違いを説明する要因は幾つかあるに違いない。そのような要因の一つは、欠乏対豊富のそれである。人生に自信を持ち人生を楽しみ、豊富とまでは言わずともけちけちしないで済むだけの物質的資産を持った人——あるいは集団——なら、損を取りもどすことができないのではないかという不安にかられた、貯蓄型の人に比べると、損害の償いを求める気持ちはそれほど強くないだろう。

（6） たとえば、第八章で論じた体制Aの文化と体制Cの文化の違い。

次のことはある程度の確からしさをもって言えるだろう。復讐への渇望は一本の線で表わすことができ、その一方の端には、何物をもってしても復讐の願望など起こさせることのできない人びとがいる。これらは仏教あるいはキリスト教の観点から、すべての人間の理想とされている発達段階に到達した人びとである。もう一方の端には、不安な、貯蓄型の、極度にナルシシズム的な性格があって、彼らの場合には、ごくわずかな損害でも激しい復讐の渇望を起こさせる。この型の例をあげれば、どろぼうに数ドル盗まれたために、そのどろぼうがきびしく罰せられることを望む人物であり、あるいは学生にばかにされたために、その学生を良い職に推薦するように頼まれた時に、彼に不利な成績書を書く教授であり、あるいはセールスマンに「不当に」扱われたので、会社へ文句を言って彼を首にせよと言う客である。これらの場合に私たちが問題にしている性格においては、復讐は常に存在する特性なのである。

恍惚状態の破壊性

自分が無力でほかのものから切り離されているという意識に苦しみながらも、人間は夢幻的な恍惚状態（〈われを忘れること〉）に達することによって、自らの存在の重荷を克服し、それによって自己の内部での統一と、自然との統一を回復しようと努めることができる。これを成し遂げるには多くの方法がある。まったく一時的な方法は、性行為という形で自然が与えている。この体験は、完全な集中と一時的な恍惚の原型として自然が与えたものと言えるだろう。それは性行為の相手をも含むかもしれないが、それぞれにとってナルシシズム的な体験に終わることがあまりにも多く、彼らはおそらくお互いに与え合った喜びに対して、お互いに感謝し合っているのである。（ふつうはこれが愛と感じられている。）

恍惚状態に達するためのこれ以外の共棲的な、より永続的で激しい方法については、すでに言及した。これらの方法は恍惚の踊り、麻薬の使用、熱狂的な性の狂宴、あるいは自ら誘い出した夢幻状態のような、宗教的な祭式の中に見られる。自ら誘い出した状態の顕著な一例は、バリ島における夢幻状態を生み出す儀式である。それらが攻撃の現象に関連してとくに興味深いのは、儀式の踊り[7]の一つにおいて、夢幻状態が最高潮に達した時に、踊り手たちがクリス（特別な種類の短剣）を用いて、自分を（時にはお互いを）突き刺すからである（J・ベロー〔J. Below〕、一九六〇およびV・モンテーユ〔V. Monteil〕、一九七〇）。

（7）これらの踊りは高い芸術的価値を持っており、それらの機能は、私がここで強調したものをはるかに超えている。

これらのほかに、憎しみと破壊性をその体験の中心とする恍惚の形態がある。一つの例はチュートン人の諸部族に見られた〈狂戦士《バーサーク》ぶり〉である。（バーサークとは〈クマの皮の肌着〉を意味する。）これは成人儀礼であって、若者がクマと同一化した状態に誘い込まれるのであった。この儀礼を行なう若者は人びとを襲ってかもうとし、ものを言わずにただクマのような声を立てるだけであった。この夢幻状態に陥ることがこの儀礼の最高の完成であって、これに参加したことが、独立したおとなとしての生活の始まりであった。チュートン人の狂暴（*furor teutonicus*）という表現が、この特殊な激怒の状態の神聖な性質を暗示している。この儀礼の幾つかの特徴が注目に値する。まず第一に、それは激怒のための激怒であって、敵に向けられているわけでもなく、何らかの損害あるいは侮辱によって挑発されたわけでもない。それは夢幻の状態を目的としていたのであって、この場合、その状態は一同に広まる激怒の感情を中心に形成されている（H・D・フェービング〔H. D. Fabing〕、一九五六）。絶対的な怒りの持つ統一力が、恍惚の体験に到達する手段として要求されるのであった。第二にそれは集団的な状態であって、その底には伝統と巫者《シャーマン》たちの導きと集団参加のもたらす作用とがあった。第三にそれは動物の存在にまで退行しようとする試みであり、この場合はクマのそれであって、儀礼を行なう者たちは捕食動物のごとくふるまうのだ。最後にそれは激怒の一時的な状態であって、慢性的な状態ではない。

今日まで存続して、激怒と破壊性を中心に形成される夢幻状態を示す他の一例が、ある小さなスペインの町で見られる。毎年ある一定の日に、男たちがめいめい小さい太鼓や大きい太鼓を持って、町のおもな広場に集まる。かっきり正午に彼らは太鼓を打ち始め、二十四時間たつまでやめない。しばらくすると彼らは狂乱状態になり、さらに太鼓がなおも打ち続けられるうちに、夢幻状態となる。かっきり二十四時間後に儀礼は終わる。多くの太鼓の皮は破れ、鼓手たちの手はふくれあがって、しばしば血を流している。この過程における最も注目すべき特徴は、参加者たちの顔である。それらは夢幻状態の人間の顔であり、そこに現われた表情は、激怒の狂乱のそれである。(8) 太鼓を打つことが、強力な破壊的衝動を表現することは明らかである。儀礼の初めには、おそらくリズムが夢幻状態を刺激する助けとなったのであろうが、しばらくすると、それぞれの鼓手が太鼓を打つ情熱に完全にとりつかれてしまうのだ。この情熱が完全にリズムに取って代わり、その激しさがあればこそ、鼓手たちは手が痛み、からだの疲労が増してくるにもかかわらず、二十四時間も続けることができるのである。

（8） この町の名はカランダである。私はこの儀礼の映画を見たが、この激怒の狂宴が私に与えた異常な印象は決して忘れていない。

破壊性の崇拝

恍惚状態の破壊性に多くの点で似ているのだが、全生活を長期にわたって憎しみと破壊性にささげるという現象がある。恍惚の場合のように一時的な状態ではないにもかかわらず、それは人のすべてをとらえ、破壊という一つの目標の崇拝に彼を統一するという機能を持っている。この状態は、破壊の神に対する永続的な偶像崇拝である。帰依者は神に、いわば生命を譲り渡して来た。

ケルンとフォン・ザローモン——破壊の偶像崇拝の臨床例

この現象のすぐれた例が、E・フォン・ザローモン（E. von Salomon）の自伝的小説（一九三〇）に見いだされる。彼は一九二二年に起こった、自由主義者で有能なドイツの外務大臣W・ラテナウ殺害事件の従犯者の一人であった。

フォン・ザローモンは警察官の息子として、一九〇二年に生まれ、一九一八年にドイツ革命が起こった時は、士官候補生であった。彼の心は革命家たちに対する燃えるような憎しみでいっぱいになったが、ブルジョワ中産階級に対する気持ちも同じであった。それは彼らが物質生活の安楽に満足し、国民に対する犠牲と献身の精神を失ってしまったと彼には感じられたからであった。(彼は時には、左翼の革命家たちの中でも最も過激な派に対して共感をいだいた。それは彼らもまた、現存の秩序を破壊することを望んでいたからであった。) フォン・ザローモンは同じ考えを持った狂信的な元士官の仲間と親しくなったが、その中にのちにラテナウを殺したケルンがいた。フォン・ザローモンは結局捕えられて、投獄五年を宣告された。(9) 彼にとっての英雄であるケルンと同様に、フォン・ザローモンはナチスの原型と見なすことができる。しかしナチスの大部分の連中とは対照的に、フォン・ザローモンと彼の仲間は、日和見主義にも、人生の安楽への欲求にさえも縁のない人間であった。

(9) 私は後年において彼のパーソナリティに変化が起こったのかどうかも知らないし、またどんな変化が起こったのかも知らない。私の分析は彼が書いている時代の自分自身および友だちについて言っていることに、厳密に限られている。ただしそれも、この小説が自叙伝的なものであると仮定してのことであるが。

自伝的な小説で、フォン・ザローモンは自分についてこう言っている。「私はいつも破壊に対して自分独特の喜びを感じた。だから私は日々の苦しみのまっただ中でも、軍用こうりに詰めた思想や価値がいかに減ったか、兵器庫に詰めた理想主義がいかに一つ一つすりつぶされて、ついにはむき出しの神経を持ったひとかたまりの肉体しか残らなくなったかを見て、心を吸い込まれるような喜びを覚えるのだ。そしてそれらの神経がぴんと張った弦のように一つ一つかなでるメロディーは震えを帯び、それは孤独の薄い空気のゆえにいっそう震えるのだった」。

フォン・ザローモンは、この文章から想像されるほど、破壊に熱中していたわけではない。彼の友だちの何人かが、とくに彼に恐ろしいほど強い印象を与えたケルンが、彼らのより狂信的な態度によって、彼に影響を与えたようである。フォン・ザローモンとケルンとの間の非常に興味深い議論が、絶対的破壊性と憎しみへのケルンの熱中ぶりを示している。

フォン・ザローモンが次のように会話を始める。「僕は力がほしい。一日を充実させてくれる目的がほしい。人生がまったくこの世の美しさのすべてを持ったものであってほしい。犠牲が価値のあるものだと知りたい」。

ケルンは激しく彼に答える。「ばか、疑うことはやめろ。もし知ってるなら言ってみろ。君はがつがつ幸福を求めているようだが、おれたちをイヌみたいに死なせる暴力でしか味わえない幸福より大きな幸福が、ほかにあるのか」。

数ページのちに、ケルンは言う。「もし現代の石ころの中から、偉大というものがまた生まれるとしたら、それにはがまんならない。おれたちは国民が幸福になるために戦うんじゃない。国民を破滅に追いやるために戦うんだ。しかしもしこの男〔ラテナウ〕がまたこの国民の体面を取りもどしたり、国民を動かして、戦争で死んでしまった意志や体裁を回復したりしたら、それにはがまんできないんだ」。

ドイツ帝国の将校であった彼が、どうして革命の日を生き延びることができたのかという問いに答えて、彼は言う。「おれは生き延びたりはしなかった。おれは名誉心の命ずるままに、一九一八年十一月十九日に頭へ弾丸をぶち込んだ。おれは死んだ。今おれの中で生きているやつは、おれじゃない。あの日以来おれは〈私〉というものを知らない……。おれは国のために死んだ。だからおれの中にあるすべては、ただ国民のために生きてるんだ。そうでなければ、どうしてがまんできるものか。おれはおれのなすべきことをやる。おれは毎日死ぬからだ。おれのすることは一つの力のみにささげられるので、おれのすることはみなその力の中に根を持っている。この力は破壊を求める。だからおれは破壊する……。おれは自分がすりつぶされて消えてしまうことも、この力がおれを解放したらおれは倒れてしまうことも、知っている」（傍点はフロム）。

私たちはケルンの宣言の中に、彼が自らをより高い力の自発的なしもべとしている極端なマゾヒズムを見るのだが、今の場合に最も興味深いのは、この男が崇拝し、そのためにはためらうことなく進んで生命を投げ出そうとしている、憎しみと破壊への願望の持つ統一力である。

ケルンが捕えられる前に自殺したためなのか、それとも彼の思想が政治的に挫折したためなのかは別として、フォン・ザローモンにおいては、力とその甘美な味への望みが、絶対的な憎しみと苦々しさに負けてしまったようである。刑務所では、彼はあまりにも孤独だったので、所長が彼に「人間的な関心」をもって接近しようとしても、そのことにがまんできなかった。投獄されたころは春の暖かい日々が続いたが、彼は仲間の囚人たちのいろいろな質問ががまんできなかった。「私は自分に敵意を抱いている独房へもぐり込んだ――私は戸を開ける看守や、スープを運んでくる男や、窓の前で遊んでいるイヌを憎んだ。私は喜びを恐れていたのだ」（傍点はフロム）。彼はそれから、中庭の木が花を咲かせ始めた時に、どれだけ腹が立ったかを述べている。彼は刑務所で迎えた三度目のクリスマスに、所長が囚人たちのためにその日を楽しくして、彼らに忘れさせようとした時の彼の反応を記録している。

でも私は、この私は忘れたくない。もし忘れたなら、私の呪われんことを。私はいつも過去の毎日、毎時間を思い浮かべていたい。このことが強い憎しみを生むのだ。私はいかなる屈辱も、いかなる軽蔑も、いかなるごうまんな身ぶりも忘れたくない。私になされたすべてのいじわるを、私に苦痛を与え、また苦痛を与えようとしたすべての言葉を、私は思い出したい。私はすべての顔、すべての経験、すべての敵を覚えていたい。私は自分の全生活にすべての胸の悪くなるような汚物と、山と積み上げた胸の悪くなるような記憶を詰め込みたい。私は忘れたくない。しかし私の身に起こったわずかばかりの良いこと、私はそれは忘れたい（傍点はフロム）。

ある意味ではフォン・ザローモン、ケルン、そして彼らのわずかな仲間を、革命家と見なすことができるかもしれない。彼らは現存する社会、政治構造をすべて破壊し、それに代えて国家主義的《ナショナリスティック》、軍国主義的秩序――それについて彼らはほとんど何の具体的な考えも持っていなかった――を打ち建てようとした。しかし革命家は性格的な意味では、ただ古い秩序をくつがえす願望だけを特徴とするものではない。生命と自由への愛に動機づけられていなければ、彼は破壊的な反逆者にすぎない。（このことは真の革命運動に参加はしているが、破壊性によって動機づけられている人たちにも言えることである。）こういう人間の精神的実態を分析すれば、彼らは破壊者であって革命家ではなかったことがわかる。彼らは敵を憎んだばかりでなく、生そのものを憎んだ。このことはケルンの宣言によっても、刑務所の人間や木や動物に対する反作用についてのフォン・ザローモンの記述によっても、きわめて明らかになる。

彼はいかなる人間にも、いかなる生き物にも、何のつながりも何の反応も覚えなかったのである。

この態度の異常さは、多くの真の革命家たちが私生活において、またとくに獄中において示す態度を考えると、とくに印象的である。ローザ・ルクセンブルクが獄中で書いた有名な手紙が思い出される。それらの手紙で彼女は、独房から観察できる鳥のことを詩的なやさしさで描写しているのだが、そこには苦々しさの跡は少しも見られない。しかしローザ・ルクセンブルクのような、非凡な人物だけを考える必要はない。世界じゅうの獄中には、獄中での年月の間にも、すべての生き物に対する愛を決して弱めることのなかった革命家たちが何千何万といたし、今でもいるのである。

なぜケルンやフォン・ザローモンのような人物が、憎しみと破壊に充足感を求めたかを理解するためには、彼らの生活史についてもっと多く知らなければならないだろうが、そのような知識は得られないので、私たちは彼らの憎しみ崇拝のための一つの条件を知ることで満足しなければならない。彼らの全世界は、道徳的にも社会的にも崩壊していた。彼らの国家主義的な諸価値、彼らの封建的な名誉と服従の概念、これらのものは君主制の敗北によって、基盤を失ってしまった。（結局のところ、彼らの半封建的な世界を破壊したのは、連合国側から受けた軍事的敗北ではなく、ドイツ国内における資本主義の勝利の行進であったのだが。）彼らが将校として学んだことは、今や無益だった。十四年後なら、彼らはすばらしい職業的好機を得たことだろうが。彼らの復讐への渇望、現在の彼らの存在の無意味さ、彼らの社会的根無し草の状態が、彼らの憎しみ崇拝をかなり説明してくれる。しかし私たちは、どの程度まで彼らの破壊性が、第一次世界大戦の何年も前にすでに形成されていた性格構造の表現であるのかは知らない。これはむしろケルンの場合のようであって、フォン・ザローモンの態度はおそらくより一時的で、ケルンの印象的なパーソナリティに強く誘発されたものだと私は推測している。ケルンはほんとうは、あとで論じるネクロフィラスな性格に属しているように思える。私がここで彼を含めて論じたのは、彼が偶像崇拝的な憎しみ崇拝の好例を提供しているからである。

これらの例についても、ほかの多くの、とくに集団の間での破壊性の例と同様に、もう一言言っておくのが適当だろう。私が言っているのは、破壊的行動の〈引き金的〉効果のことである。人はある脅威に対して、初めは防衛的攻撃の反作用を起こすかもしれない。この行動によって、彼は攻撃的行動に対する慣習的な抑制を、いくぶんか捨てたのだ。これによって、たとえば破壊や残酷性のようなほかの種類の攻撃性の解放が、より容易になる。これは一種の連鎖的反作用をもたらし、その中で破壊性が強くなって〈臨界質量〉に達した時、その結果は人間、とくに集団における恍惚状態となるのである。

3 破壊的性格――サディズム

自発的で一時的な破壊性の爆発の現象には、あまりにも多くの面があるので、今までに私が仮説的な提言として述べてきた以上に明確な理解に達するためには、さらにはるかに多くの研究を重ねる必要がある。一方、性格に結びついた形態での破壊性に関するデータは、より豊富でより明確である。このことはこれらのデータが精神分析における時間をかけた個人の観察や、日常生活での観察から得られたこと、さらにまた、これらの性格の諸形態を生み出す条件は、比較的安定して長続きのするものであることを考えると、驚くには当たらない。

サディズムの性質については、古くから二つの概念があり、時には別々に、時には組み合わせて用いられる。

一つの概念は、今世紀の初めにフォン・シュレンク＝ノツィング（von Schrenk-Notzing）が造った、〈アルゴラグニア〉（*algos*〈苦痛〉、*lagneia*〈欲望〉）という言葉で表現されるものである。彼は能動的アルゴラグニア（サディズム）を、受動的アルゴラグニア（マゾヒズム）と区別した。この概念においては、サディズムの本質はとくに性的なかかわりがあろうとなかろうと、苦痛を与えようとする欲望に見られる。(10)

（10）J. P. de River（1956）参照。この本には、サディスティックな行動を扱った興味深い犯罪の事例史が集められているが、他人を害するさまざまな衝動をすべて表わすために、〈サディズム〉という概念を無差別に使っているのが欠点である。

もう一つの概念は、サディズムを本質的に性的現象――フロイトの言葉を使えば、リビドーの部分的動因（彼の初期の考え方だが）――と見なし、性的な努力と何ら顕在的関係を持たないサディスティックな欲望をも、無意識的にそれに動機づけられていると説明する。肉眼ではそのような性的動機づけを発見することができない場合でも、リビドーが残酷性の推進力であることを証明するために、多くの精神分析理論が巧妙に駆使されたのであった。

これは性的なサディズムが、マゾヒズムとともに最も多く、最もよく知られた性的倒錯の一つであることを否定するものではない。この倒錯に悩まされている人間にとっては、それは性的な興奮と解発の条件である。それは女に肉体的苦痛を与える――たとえばたたくことによって――願望から、彼女を鎖につないだり、その他の方法で彼女の完全な服従を強要したりして、彼女をはずかしめることにまで及ぶ。時としてサディストは性的に興奮するために、激しい苦痛と苦しみを与える必要がある。時には少量の薬が望む効果をもたらしてくれる。多くの場合、サディスティックな空想だけで性的興奮を呼び起こすのに十分だが、また妻と正常な性交渉を行ないながらも、性的に興奮するためにはサディスティックな空想をひそかに必要とする男は、決して少なくないのである。性的マゾヒズムにおいては、手順は逆となって、興奮はたたかれたり、虐待されたり、傷つけられたりするところにある。性的倒錯としてのサディズムもマゾヒズムも、男の中にはしばしば見いだされる。性的サディズムは少なくとも私たちの文化においては、女よりも男の間に多いように思われるが、マゾヒズムが女の中により多いかどうかは、この問題についての信頼できるデータがないので、確かめることはむつかしい。

サディズムについての論議を始める前に、それが倒錯であるのかどうか、もしそうならどういう意味でなのかという問題について、二、三述べておくのが妥当であろう。

たとえばヘルベルト・マルクーゼ（Herbert Marcuse）のような政治的にラディカルな思想家たちの中で、サディズムを人間の性的自由の表現の一つとしてたたえることが、まったく流行のようになった。マルキ・ド・サド（Marquis de Sade）の著作は、この〈自由〉の表明として、政治的にラディカルな雑誌に転載されている。彼等はサディズムは人間的欲望であって、人間がそれによって快楽を得られるならば、彼らのサディスティックな欲望やマゾヒスティックな欲望を、ほかのすべての欲求と同じように満たす権利を持つことは、自由の要求するところであるというド・サドの主張を受け入れている。問題はまったく複雑である。もし子供を生むことにつながらないような、つまりただ性的快楽のみに役立つような性行為を――今までなされてきたように――倒錯と定義するなら、この伝統的な態度に反対するすべての人びとが立ち上がり――それも当然だが――〈倒錯〉を擁護するだろう。しかしながら、決してこれだけが倒錯の定義ではなく、また実際、それはやや旧式な定義なのである。

性的欲望は、愛が存在しない時でも生命の表現であり、互いに快楽を与え共有することの表現である。しかしながら、一人の人間が相手の軽蔑の対象、傷つける願望、支配する欲望の対象となるという特徴を持つ性行為は、唯一の真の性的倒錯である。それはそれらの行為が生殖に役立たないからではなく、生命に役立つ衝動をゆがめて、生命を阻害する衝動にするからである。

サディズムをしばしば倒錯と言われてきた形の性行為――すなわち、あらゆる種類の口唇－性器接触――と比べてみれば、その違いはまったく明らかになる。後者の行動はキスと同じく倒錯ではない。なぜならそれは他人を支配したり、屈辱を与えたりすることを意味しないからである。

自分の欲望に従うことは人間の生まれつきの権利であって、それゆえに尊重されるべきであるという議論は、合理主義的な、フロイト以前の観点、すなわち人間は自分にとってよいもののみを欲するゆえに、快楽は望ましい行為の指標であるという観点に立てば、非常によく理解できる。しかしフロイト以後では、この議論はやや陳腐に聞こえる。私たちは人間の欲望の多くは、それらがまさに彼を（他人とまでは言わずとも）害し、彼の発達を妨げるがゆえに、非合理的であることを知っている。破壊の願望に動機づけられ、破壊行為に快楽を覚える人間は、破壊的にふるまうことが彼の欲することであり、快楽の源であるから、彼にはそうする権利があるのだというような言いわけをすることは、まずできないだろう。サディスティックな倒錯の弁護者たちは、自分たちは破壊的、殺人的な願望の満足を弁護しているのではないのであって、サディズムは性愛の多くの現われの一つ、つまり〈好みの問題〉であるにすぎず、ほかのいかなる形の性的満足に比べても、決して悪いものではないと答えるだろう。

この議論は、問題の最も重要な点を見落としている。つまり、サディスティックな行為によって性的に興奮する人は、サディスティックな性格を持っているということなのだ――すなわち、彼はサディストなのであって、他人を支配し、傷つけ、はずかしめるという強い欲望を持った人物なのである。彼のサディスティックな欲望の強さは、彼の性的衝動に影響を与えるが、このことは権力や富に引かれる心やナルシシズムのような非性的動機づけが、性的欲望を喚起しうるという事実と変わりはない。実際、性行為ほど人間の性格がはっきりと現われる行動の分野はない――その理由はまさに、それが〈学習〉され、型にはめられた行動には最も遠いということにほかならない。一人の人間の愛、彼のやさしさ、彼のサディズムあるいはマゾヒズム、彼の貪欲、彼のナルシシズム、彼の不安――実際、彼のすべての性格特性――は、彼の性的行動の中に現われるのである。

時には、サディスティックな倒錯は、すべての人びとが先天的に持っているサディスティックな傾向に、無害なはけ口を与えるゆえに健全なのだという議論が提起される。この議論の論理に従えば、ヒトラーの強制収容所の看守たちは、もし彼らのサディスティックな傾向を性関係によって解発できていたら、収容者たちに対して親切であっただろうということになる。

性的サディズム／マゾヒズムの例

次にあげる性的サディズムとマゾヒズムの例は、ポーリーヌ・レアージュ（Pauline Réage）の『O

嬢の物語』(*The Story of O*) からだが、この本はド・サドの古典ほどには読まれていない。

彼女はベルを鳴らした。ピエールは彼女の両手を頭の上のベッドにつけた鎖に縛りつけた。彼女がこのように縛りつけられた時、彼女の愛人はベッドの上で彼女のそばに立って、再び彼女にキスをした。再び彼は彼女を愛していると言った。そしてベッドから降りて、ピエールの方へうなずいた。彼は彼女がまったく無益にもがくのを見守った。彼は彼女のうめき声が高まって、叫び声になるのを聞いていた。彼女の涙が流れ出した時、彼はピエールを出て行かせた。彼女はそれでも力を振りしぼって、再び彼を愛していると言った。そこで彼は彼女の涙にぬれた顔とあえぐ口にキスをし、いましめを解いて、彼女を横たえ、そして出て行った (P・レアージュ、一九六五)。

Oは彼女自身の意志を持ってはならない。彼女の愛人と彼の友だちは完全に彼女を支配しなければならない。彼女は隷属の中に自分の幸福を見いだし、彼らは絶対的な主人の役割に彼らの幸福を見いだす。次の引用は、サド＝マゾヒスティックな行為のこの面を描き出している。(彼女の愛人の支配の条件の一つは、彼女が彼の友だちに対しても、彼に対するのと同じように、従順に従わなければならないことだということを、説明しておかなければならない。その中の一人がサー・スティーヴンである。)

最後に彼女はすわり直して、これから言おうとすることがのどに詰まっているかのように、上着の一番上のホックをはずしたので、胸の割れ目が見えた。それから彼女は立ち上がった。彼女の手も膝も震えていた。

「私はあなたのものよ」とやっとのことで、彼女はルネに言った。「私はあなたがなれとおっしゃるなら、何にでもなるわ」。

「いや」と彼はさえぎった。「僕たちのものだ。僕の言うとおりに言うのだよ。私はあなた方二人のものです。私はあなた方二人がなれとおっしゃるなら、何にでもなります」。

「サー・スティーヴンの刺すような灰色の目は、ルネの目と同じように、じっと彼女を見詰めていた。そして彼女はそれらの目に吸い込まれてしまい、彼が口述する言葉を彼のあとからゆっくりと繰り返したが、文法の勉強のように、彼女はそれらを一人称に言い換えていた。

サー・スティーヴンと僕に、君が与える権利は……」彼女のからだをどこででも、どのようにでも、彼らの好きなようにする権利、彼女を鎖につなぐ権利、ごくわずかな失敗や違反に対しても、あるいはただ楽しみのためにでも、彼女を奴隷か囚人のようにむち打つ権利、もし彼女に泣き叫ばせることがあっても、彼女の嘆願をも泣き声をも無視する権利であった(P・レアージュ、一九六五)。


性的倒錯としてのサディズム(そしてマゾヒズムも)は、性的行動の含まれない膨大な量のサディズムのごく一部を成すにすぎない。極端な場合は死に至るまでの肉体的苦痛を加えることを目的とする、非性的なサディスティックな行動は、人間であれ動物であれ、無力な生き物をその対象としている。捕虜、奴隷、敗北した敵、子供、病人(とくに精神的な病人)、囚人、武器を持たない非白人、イヌ——彼らはみな、しばしば最も残酷な拷問を含む肉体的サディズムの対象となった。ローマでの残酷な見せ物から現代の警察署に至るまで、宗教的あるいは政治的目的のごとく装って、また時には明らかに貧困状態に置かれた大衆の娯楽のために、拷問が利用されてきた。ローマのコロセウムは、実に人間のサディズムの最大の記念物の一つである。

非性的サディズムの最も広く見られる現われの一つは、子供の虐待である。このサディズムの形態は、ようやくここ十年の間に、C・H・ケンプ（C. H. Kempe）その他による今や古典となった仕事に始まる多くの研究によって、より広く知られるようになった。それ以後、ほかにも多くの論文が発表され、[11]さらに多くの研究が、国家的な規模で進行中である。それらの研究によれば、子供の虐待は、ひどくたたいたり故意に飢えさせたりして死に至らしめるものから、腫れをこしらえたり、その他生命には別状ない傷を与えたりすることにまで及んでいることがわかる。このような行為が現実にどれだけ起こっているかについては、手に入るデータが公共機関から出たもの（たとえば隣人たちが呼んだ警察とか病院など）なので、私たちはほんとうに何も知らないと言っていいのだが、報告された実例の数は全体の何分の一かにすぎないことでは、意見が一致している。最も適当なデータは、ある全国的な調査の結果についてギル（D. G. Gill）が報告しているものだろう。これらのデータの一つだけに触れておこう。子供たちが虐待される年齢は、幾つかの時期に分かれる。（1）一歳から二歳まで。（2）三歳から九歳では、発生率は二倍になる。（3）九歳から十五歳にかけて、発生率は再び最初の水準に近いところまで下がり、十六歳以後は次第に消滅する（D・G・ギル、一九七〇）。これはサディズムが最も激しいのは、子供がまだ無力ではあるが自分の意志を持ち始め、彼を完全に支配しようとするおとなの願望に反作用を起こし始めた時であることを意味している。

（11） D・G・ギル（一九七〇）、R. Helfner and C. H. Kempe, eds. (1968) 参照。また S. X. Radhill および B. F. Steele and C. B. Pollock をも参照。

精神的残酷性、すなわち他人の感情をはずかしめ傷つけようとする願望は、おそらく肉体的サディズムよりも広い範囲にさえ及ぶものだろう。この型のサディスティックな襲撃は、サディストにとってはずっと安全である。結局肉体的な力でなく、言葉〈だけ〉が使われたのだから。ところが一方、精神的苦痛は肉体的苦痛と同じほど、あるいはそれ以上に激しいものとさえなりうる。この精神的サディズムの例をあげる必要はない。親は子供にそれを及ぼし、教授は学生に、目上の者は目下の者に――言い換えれば、いかなる状況にせよ、サディストに対して身を守ることのできない者がいる場合に、それが発揮される。（教師が無力な場合には、学生がしばしばサディストになる。）精神的サディズムは質問やほほえみやあいまいな言葉など、多くの一見無害な方法で擬装されるかもしれない。この種のサディズムの〈名人《アーティスト》〉、すなわちこの無邪気な方法で他人を困らせたり、はずかしめたりするのにぴったりの言葉や、ぴったりの身ぶりを見付ける人物を、知らない人がいるだろうか。もちろん、この種のサディズムは、そのはずかしめが他人の目の前で行なわれるなら、しばしばいっそう効果的になる。[12]

（12） タルムードは、他人の目の前で人をはずかしめた者は、彼を殺した者と見なされるべきであると言っている。

ヨセフ・スターリン――非性的サディズムの臨床例

精神的および肉体的サディズムの顕著な歴史的実例の一つは、スターリンであった。彼の行動は、ド・サドの小説が性的サディズムのそれであるのに対して、非性的サディズムの記述の教科書である。革命が始まって以来、政治囚の拷問を初めて命令したのは彼であった。それは彼がこの命令を下した時までは、ロシアの革命家たちによって避けられていた方策であった（R・A・メドヴェーデフ〔R. A. Medvedev〕、一九七一）[13]。スターリンの下でＮＫＶＤ〔訳注。ソ連の秘密警察〕の用いた拷問方法は、精妙さと残酷さにおいて、帝政時代の警察の考えたいかなるものにもまさっていた。時には彼が自ら、囚人にどういう拷問を加えるかについて命令した。彼は主として精神的なサディズムを実践したが、その幾つかの例をあげたいと思う。スターリンが楽しんだ一つの特殊な形態は、人びとに彼らが安全だと保証しておいて、その一日か二日後に彼らを逮捕するというやり方であった。もちろん犠牲者は自分がとくに安全だと感じていたので、この逮捕はいっそうひどい打撃であった。そのうえ、スターリンは犠牲者に対し、寵愛を保証しておきながら、その時点で彼の真の運命を知っているというサディスティックな快楽を味わうことができたのである。他人に対するこれ以上の優越と支配が、どこにあるだろうか。

(13) 本節での引用は、同じ著作からである。

ここにメドヴェーデフの報告している特異な例が幾つかある。

内戦の英雄Ｄ・Ｆ・セルディッチの逮捕の少し前に、スターリンはあるレセプションで彼のために乾杯し、〈兄弟のよしみ〉のために飲もうではないかと言った。ブリューヘルの破滅する数日前、スターリンはある会合で、彼のことを好意的に語った。アメリカの代表団が彼のところへ来た時、スターリンは詩人のチャレンツのことを聞かれて、彼には手も触れさせないと言ったが、数カ月後にチャレンツは逮捕され、殺された。オルジョニキーゼの下で人民委員代理を勤めたA・セレブロフスキーの妻は、一九三七年のある晩にスターリンから予期せぬ電話のあったことを語っている。「あなたは歩いてあちこち行かれるそうですな」とスターリンは言った。「それはいけません。世間の人間がよからぬことを考えるかもしれませんよ。あなたの車が修理中なら、一台回しましょう」。そして次の朝、クレムリンのガレージから一台の車がセレブロフスキー夫人用に到着した。ところが二日後、彼女の夫は逮捕され、病院から直接連れ去られた。

有名な歴史家で政治記者であったI・ステクローフはさまざまの逮捕事件に不安を覚え、スターリンに電話して会ってほしいと言った。「いいとも、来たまえ」とスターリンは言い、そして二人が会った時にも、彼を安心させるように言った。「どうしたんだ。党は君を知っているし、信頼しているよ。君は何も心配することはないよ」。ステクローフは友だちや家族のもとに帰った。そしてまさにその晩にNKVDが彼を逮捕しにやって来た。当然彼の友だちや家族がまず考えたことは、何が行なわれているかを知らないらしいスターリンに訴えることであった。スターリンが何も知らないことを信じる方が、陰険な背信を信じるより容易だったのだ。一九三八年に、かつてソ連邦の副首相であり、のちに中央委員会の書記となったI・A・アクーロフが、スケートをしていて倒れ、ほとんど致命的な脳震盪を起こした。スターリンの提案で、彼の生命を救うために外国からすぐれた外科医たちが呼ばれた。長い困難な回復ののちに、アクーロフは仕事に復帰し、そこで逮捕されて、銃殺された。

とくに精妙なサディズムの形態は、ソビエト会議あるいは党の最高幹部たちの妻——時には子供たち——を捕え、彼女らを強制労働収容所に閉じ込めておくというスターリンのやり方で、夫たちは彼女らの釈放を願い出ることさえできずに仕事を続け、スターリンにこびへつらわなければならなかった。かくしてソビエト連邦の議長であったカリーニンの妻は一九三七年に逮捕され、[14] モロトフの妻も、コミンテルンの指導的幹部の一人であったオットー・クーシネンの妻と息子も、みな収容所に入れられた。ある名前をあげられていない証人の述べるところによれば、彼の前でスターリンは、クーシネンになぜ息子が釈放されるように努力しないのかと尋ねた。「どうも彼の逮捕には重大な理由があるらしいのでね」とクーシネンは答えた。この証人によれば、「スターリンはにやりとして、クーシネンの息子の釈放を命令した」。クーシネンは収容所の妻に小包を送ったが、自分で宛名を書くことさえせず、家政婦にそれをさせた。スターリンは彼の秘書の妻を逮捕させたが、彼女の夫はその地位についたままであった。

(14)　メドヴェーデフの伝えるところでは、彼女は取り調べに当たった連中から拷問を受け、夫を危うくする陳述書に署名させられた。スターリンはこれらの陳述書をしばらく放置した。彼は好きな時にカリーニンやその他を逮捕するための根拠としてそれらを欲したのである。

彼らの地位を去ることもできず、妻や息子たちの釈放を願い出ることもできず、逮捕には正当な理由があったということで、スターリンに同意しなければならなかったこれらの幹部たちの極端な屈辱を思い浮かべるためには、たいして想像力を必要としない。これらの人びとは何の感情も持たなかったか、それとも精神的にまいってしまって、すべての自尊心や体面の感覚を失ってしまっていたかのどちらかであった。極端な例は、ソビエト連邦の最も有力な人物の一人であるラザーリ・カガノヴィッチが、彼の兄で戦前の航空産業大臣だったミハイル・モイセーヴィッチの逮捕に対して示した反作用である。

彼はスターリン主義者であって、多くの人びとを抑圧した責任者であった。しかし戦後彼はスターリンの寵愛を失った。その結果として、地下組織の〈ファシストセンター〉を作ったときめつけられて逮捕された何人かの役人が、ミハイル・カガノヴィッチ〔訳注。モイセーヴィッチのこと〕を共犯者だと言った。彼らはナチスがモスクワを占領すれば、彼（ユダヤ人であった）がファシスト政府の副大統領になるはずだったという、明らかに他から吹き込まれた（そしてまったくばかげた）主張をした。スターリンが明らかに予期していたらしいこれらの証言を聞いた時、彼はラザーリ・カガノヴィッチに電話をして、彼の兄がファシストと関係しているので逮捕しなければならないのだ、と言った。「そうかね、それで？」とラザーリは言った。「必要なら逮捕したまえ！」政治局でこの問題について論じていた時、スターリンはラザーリ・カガノヴィッチが兄の逮捕に同意した、その〈節操〉をたたえた。しかしスターリンは、逮捕をせいてはならないと付け加えた。ミハイル・モイセーヴィッチは長年党にいたのだから、とスターリンは言った。すべての証言をもう一度確かめなければならない、と。そこでミコヤンが、M・Mと彼に不利な証言をした人物とを対決させるように指示された。この対決はミコヤンの部屋で行なわれた。一人の男が呼び入れられ、カガノヴィッチの前で彼の証言を繰り返し、さらに付け加えて、ドイツ軍が占領しやすいように、幾つかの飛行機工場が戦前故意に国境近くに造られたと言った。ミハイル・カガノヴィッチはこの証言を聞き終わると、ミコヤンの部屋の隣の手洗いへ行く許しを求めた。数秒後にそこから銃声が聞えた。

スターリンのサディズムには、なお違った形態があるが、それは、彼の行動が予測不可能なことであった。彼の命令によって逮捕されたが、拷問ときびしい刑の宣告を受けながら、数カ月ないし数年後にしばしば何の説明もなく釈放され、高い職位に任命された人びとの例がある。ある啓示的な例は、古い同志のセルゲイ・イヴァノヴィッチ・カフタラーゼに対するスターリンの行動である。

カフタラーゼはかつてセント・ペテルスブルグで、スターリンが刑事から隠れるのを助けた。二〇年代にカフタラーゼはトロツキーの率いる反対派に入り、トロツキー派の中央本部がその支持者たちに反対活動をやめるように呼びかけるまで、脱退しなかった。キーロフ殺害事件〔訳注。中央委員会書記のキーロフが三四年に暗殺され、スターリンの粛清の一つの口実になったとされる〕ののち、カフタラーゼは元トロツキストとしてカザンへ流刑になったが、スターリンへ手紙を書いて、自分は反党活動はしていないと言った。スターリンはすぐにカフタラーゼを流刑地から呼びもどした。やがて多くの中央新聞が、スターリンとともに地下活動をしていたころのできごとを物語るカフタラーゼの文章を掲載した。スターリンにはこの文章が気に入ったが、カフタラーゼはそれ以上この話題については書かなかった。彼は再び党に加わることすらせずに、非常に控えめな編集の仕事をして生活していた。一九三六年の末に彼と彼の妻は突然逮捕され、拷問されたあとで、銃殺刑の宣告を受けた。彼はブードゥー・ムディヴァーニとともに、スターリンの殺害を計画したという責めを負わされた。宣告後間もなく、ムディヴァーニは銃殺された。しかしながらカフタラーゼは、長い間死刑囚の独房にとどめられていた。それから彼は突然ベリヤの部屋へ連れて行かれ、そこで見るかげもなくふけてしまった妻に会った。二人とも釈放された。初めは彼はホテルに住んだ。それから共同アパートに二部屋を得て、仕事に取り掛かった。スターリンは彼にいろいろな寵愛のしるしを見せ始め、彼を食事に招いたり、一度は、ベリヤとともに突然彼を訪問しさえした。（この訪問は共同アパートに大きな興奮を引き起こした。カフタラーゼの隣人の一人は、彼女の言葉によれば、「同志スターリンの肖像画」が入口に現われた時、卒倒した。）カフタラーゼを食事に招いた時、スターリンは自らスープを注ぎ、冗談を言い、思い出話にふけった。しかしこういう食事のある時、スターリンは突然客のそばへ行って、「それでも君は私を殺そうとしたんだ」と言った。[13]

(15) もちろん、スターリンはカフタラーゼが彼を殺すことを望みはしなかったことを知っていたと、メドヴェーデフは言っている。

この場合のスターリンの行動は、彼の性格の一つの要素——彼が人びとの上に絶対的な権力と支配を及ぼしていることを、彼らに示したいという願望——を、とくにはっきりと示している。彼の言葉によって彼は彼らを殺すことも、拷問にかけることも、再び救い出すことも、報酬を与えることもできた。彼は神の力をもって生と死を支配し、自然の力をもって成長させたり滅びさせたり、苦痛を与えたりいやしたりできたのである。生と死は彼の気まぐれに左右された。このことはなぜ彼がある種の人びとを殺さなかったかの説明にもなるかもしれない。たとえば（西側との了解工作に失敗したあとの）リトヴィーノフ、スターリンの憎むすべてのものを代表していたエレンブルグ、あるいはエレンブルグとは逆の方向へ逸脱したパステルナークを。メドヴェーデフの説明によると、ある場合にはスターリンは彼がレーニンの仕事を続けているのだという主張を支持してもらうために、何人かの古参のボルシェヴィキを生かしておかなければならなかった、ということである。しかし少なくともエレンブルグの場合には、そうは言えなかっただろう。私の推測では、この場合の動機もまた、スターリンがいかなる主義によっても——もっともよこしまな主義によってさえも——制限を受けずに、気まぐれや気分による支配の感覚を楽しむことであった。

サディズムの本性

私がスターリンのこれらのサディズムの例をあげたのは、それらがサディズムの本性という中心的な問題を考える手初めとして非常に好都合だからである。これまで私たちは性的、身体的、精神的と、いろいろな種類のサディズムを、記述的に扱ってきた。これらの違った形態のサディズムは互いに独立したものではない。そこで問題は共通の要素、すなわちサディズムの本質を見いだすことである。正統派の精神分析は、性愛のある特殊な相がこれらすべての形態に共通していると主張した。フロイトの理論の第二段階において、サディズムはエロス（性愛）と死の本能の混合が自己の外部へ向けられたものであるのに対して、マゾヒズムはエロスと死の本能の混合が自己に向けられているのだと主張された。

これに対して私は、サディズムのすべての現われに共通したその核心は、動物であれ、子供であれ、男であれ、女であれ、生きているものに対して絶対的な無制限の支配を及ぼそうとする情熱であると言いたい。身を守るすべを持たないだれかに、苦痛や屈辱に耐えることを強いるのは、絶対的な支配の表現の一つであるが、それは決して唯一のものではない。他の生き物を完全に支配する人間は、その生き物を彼のもの、彼の財産とし、彼自身はその生き物の神となる。時にはその支配は相手の助けになることもあるが、その場合は善意のサディズムと言ってもいいかもしれない。それはたとえば、一人の人間が他の人間をその相手自身の利益のために支配しはするが、彼を拘束するということを除けば、実際には多くの面で彼を伸ばしてやる、といった場合に見られる。しかし多くのサディズムは悪意を持っている。他の人間を完全に支配することは、彼を不具にし、彼を窒息させ、彼を阻害することを意味する。このような支配には、あらゆる形態とあらゆる度合いがありうる。

アルベール・カミュの劇『カリギュラ』(*Caligula*)は、全能への欲求にまで至った極端な種類のサディスティックな支配の例を示している。私たちはカリギュラ〔訳注。残酷な独裁政治で知られたローマ皇帝〕が周囲の事情によって無制限の権力を持った地位につきながら、ますます深く権力への渇望に熱中してゆくさまを見る。彼は元老院の議員たちの妻と寝て、賞賛しへつらう友人のごとくふるまわなければならない彼らの屈辱を楽しむ。彼は彼らのうちの何人かを殺すが、生き残った者たちはなおもほほえみ、冗談を言わなければならない。しかしこの権力のすべても彼を満足させはしない。彼は絶対的な権力を欲し、不可能なことを欲する。カミュが彼に言わせているように、「私は月が欲しい」のだ。

カリギュラの気が狂っていると言うことはごくたやすいが、彼の狂気は一つの生き方なのである。それは全能の幻想、人間存在の境界を越えるという幻想を助けるがゆえに、人間存在の問題の一つの解決なのである。絶対的な権力を得ようとする努力において、カリギュラは人間とのすべての接触を失った。彼は人びとを追放することによって、自分も追放者となった。彼は全能を求める試みが失敗した時、寂しい無力な個人となってしまったので、狂気にならざるをえなかったのだ。

カリギュラの場合はもちろん例外的である。自分の権力が絶対的だという幻想に迷わされるほど大きな権力を持つ機会を得る人は多くない。しかし現代に至るまでの歴史を通じて、そういう人間は何人か存在した。彼らが勝利を得れば、彼らは偉大な政治家や将軍としてたたえられる。彼らが敗北を喫すれば、彼らは狂人あるいは犯罪者と見なされる。

人間存在の問題に対するこの極端な解決の道は、ふつうの人間には閉ざされている。しかし私たちの体制も含めてたいていの社会体制では、社会の低い層の人びとでさえ、彼らの権力に従属する人びとを支配することができる。いつでも子供や妻やイヌが身近にいるし、あるいはまた無力な人びとがいる。たとえば刑務所の収容者、裕福ではない入院患者（とくに精神病患者）、学校の生徒、民間の官僚制組織に属する人びとなど。これらのそれぞれの場合に、目上の者の実際的な権力がどの程度まで制御あるいは制限されるか、したがってこれらの状況がサディズムの満足にどれだけの可能性を与えるかは、社会構造に左右される。これらすべての状況以外にも、宗教的および人種的少数者は彼らが無力であるかぎり、多数者に属する最も貧しい成員にさえ、サディズムを満足させる多大の機会を与えるのである。

サディズムは人間として生まれるという問題に対して、よりよい答えが得られない時の答えの一つである。他の生き物に対する絶対的な支配の体験、彼、あるいは彼女、あるいはそれに関するかぎり自分が全能であるという体験は、人間存在の限界を超えるという幻想を生み出すのであって、とくに現実生活において生産性や喜びを奪われている人にとってはそうである。サディズムは本質的に、何ら実際的な目的を持たない。それは〈ささいな〉ものではなく、〈献身的な〉ものである。それは無力を全能の体験に変貌させることである。それは精神的な不具者の宗教である。

しかしながら、一人の人間あるいは集団が他の人間や集団に無制限の権力を振るう場合が、すべてサディズムを生じるとはかぎらない。多くの——おそらくはほとんどの——親、刑務所の看守、学校の教師、そして官僚はサディスティックではない。いろいろな理由から、多くの人たちの性格構造は、たとえその機会を与えるような環境のもとでさえも、サディズムの発達を導くものではない。主として生命増進的である性格を持った人物は、容易に権力に迷わされない。しかしもし人びとを二つの集団、すなわちサディストの悪魔たちとサディストでない聖者たちとに分けたとすれば、それはあまりにも単純化しすぎる危険を冒すことになる。重要なことは、ある与えられた人間の性格構造の中にあるサディスティックな情熱の強さである。性格の中にサディスティックな要素は見いだされるが、それに釣り合う強い生命増進の傾向があるために、サディスティックな性格として分類できない人びとが多くいる。このような人たちの中では、二つの方向づけの間の内的葛藤がサディズムに対する感受性を強め、そのあらゆる形態に対するアレルギー的な反作用の反動形成を生じることが、まれではない。(彼らのサディスティックな傾向の痕跡が、なおも取るに足らない周辺的な行動に現われることがあるが、あまりにささやかで意識もされないほどである。) またほかにも、サディスティックな性格を持ってはいるが、サディズムが少なくともそれを相殺する力と釣り合っていて(ただ抑圧されているだけでなく)、無力な人びとを支配することにある程度の喜びは覚えることがあっても、実際の拷問やそれに類似した残虐行為に加わったり、それに快楽を感じたりはしない(集団的狂乱のような異常な事態のもとでは別だが)人たちがいる。これは自らが命令したサディスティックな残虐行為に対して、ヒトラー政権が執った態度に明らかに見ることができる。それはユダヤ人やポーランドおよびロシアの民間人たちを皆殺しにしたことを厳重な秘密として、わずかなSSのエリート集団にだけは知らせながら、ドイツ国民の大多数からは隠しておかなければならなかった。ヒムラーやその他の残虐行為の実施者たちの行なった多くの演説において、殺す時にはサディスティックな行き過ぎを避けて、〈人道的な〉方法でやるべきであることが強調されていた。さもなければSS隊員にとってさえ、あまりにも嫌悪すべきものとなるからであった。幾つかの場合には、殺されるべきロシアやポーランドの民間人を短い形式的な裁判にかけて、死刑執行者たちに銃殺が〈合法的〉であるという気持ちをいだかせるように、という命令が下された。これらのことはすべてばかばかしいほど偽善的だが、しかしそうでもしないと、政権の忠実な信奉者となるはずの人びとの大部分が、大規模のサディスティックな行為に反感をいだくだろうと、ナチスの指導者たちが信じていたことの証拠である。一九四五年以来、多くの資料が明るみに出たが、ドイツ人がどの程度サディスティックな行為に引かれたか――たとえ彼らがそれらについて知ることを避けたにせよ――については、系統立った調査はまだなされていない。

サディスティックな性格特性は、それらを全体の性格構造から切り離してしまえば、決して理解することはできない。それらは全体として理解すべき症候群の一部である。サディスティックな性格にとっては、生きているすべてのものは支配されるべきものである。生き物は物となってしまう。いやもっと正確に言えば、生き物は生きておののき震える、支配の対象に変貌する。彼らの反応は、彼らを支配する者によって強いられたものである。サディストは生命の支配者となることを欲するがゆえに、犠牲者の中に生命の属性が保たれていなければならない。実はこのことが彼を破壊者から区別するのである。

破壊者は人を排除し、抹殺し、生命そのものを破壊することを望む。サディストは生命を支配し窒息させる感覚を欲する。

サディストの別な特性は、彼が無力な者によってのみ刺激され、決して強い者には刺激されないということである。たとえば対等の者どうしが戦っている時に敵に傷を負わせても、何らサディスティックな快楽は生じない。というのは、この場合傷を負わせることは支配の表現ではないからである。サディスティックな性格にとって、賞賛すべき性質は一つしかなく、それは力である。彼は力を持つ人びとを崇拝し、愛し、彼らに服従する。そして力を持たず、反撃することもできない人びとを軽蔑し、彼らを支配することを欲する。

サディスティックな性格は、確かでなく予言可能でないすべてのもの、彼に不意打ちを食わせて自発的、独創的な反作用を強いるすべてのものを恐れる。この理由のために、彼は生命を恐れる。生命が彼を恐れさせるのは、まさにそもそもの本性からして生命が予言不可能であり、不確かであるからである。生命には構造はあるが、秩序はない。生命にはただ一つの確かさしかない。それはすべての人間が死ぬということである。愛も同じように不確かである。愛されるためには、自らも愛することができ、また愛を呼び起こすことができなければならない。そしてそれは常に拒否と失敗の危険を含んでいる。だからこそサディスティックな性格は、彼が支配する時、すなわち彼の愛の対象の上に権力を持つ時にのみ愛することができるのである。サディスティックな性格はふつう外国人ぎらいで、新しいものぎらいである——見慣れない人は本質的に新しさを含み、新しいものは自発的で、生き生きした、型にはまっていない反応を要求するので、恐れや疑惑や嫌悪を呼び起こすのである。

この症候群のまた違った要素は、サディストの従順さと臆病さである。サディストが従順な人間であるというのは、矛盾のように聞こえるかもしれないが、それは矛盾ではないばかりか――それは力動的に言えば、必然なのである。彼がサディストであるのは、彼が自分には気力も生命も力もないことを感じているからだ。彼はこの欠落を埋め合わせるために、他人の上に力を振るい、自分で自分をうじ虫だと感じている状態から、神へと変貌しようとする。しかし力を持っているサディストでさえ、自分の人間としての無能力に苦しんでいる。彼がいかに殺したり拷問したりしても、彼はやはり愛のない、孤立した、おびえた人間であって、自分が服従できるより高い力を必要としている。ヒトラーより一段低い人びとにとっては、総統がこの最高の力であった。ヒトラー自身にとっては、それは運命であり、進化の法則であった。

この服従への要求はマゾヒズムに根ざしている。サディズムとマゾヒズムとは常に結びついているが、行動主義的な観点からは正反対である。しかしこれらは実は一つの根本的な状況、すなわち致命的な無力感の二つの面なのである。サディストもマゾヒストも、いわば自分を〈完成する〉ために、他人を必要とする。サディストは他人を自分の延長とする。マゾヒストは自分を他人の延長とする。両者ともに自分の中に中心を持っていないので、共棲的関係を求める。サディストは彼の犠牲者から自由であるように見えるが、彼は倒錯的な意味でその犠牲者を必要としているのである。

サディズムとマゾヒズムは密接に関係しているので、ある特定の人物においてはどちらかの面が優位を占めているとしても、サド＝マゾヒスティックな性格という言い方がいっそう正確である。サド＝マゾヒストは〈権威主義的性格〉とも呼ばれてきたが、これは彼の性格構造の心理学的な面を政治的態度の言葉に翻訳したものであった。この概念は次のような事実によって正当化される。すなわち権威主義的（能動的、受動的ともに）と一般に評される政治的態度を持つ人びとは、たいてい（私たちの社会では）下の者を支配し、上の者に服従するというサド＝マゾヒスティックな性格の特性を示すということである。(16)

（16） 権威主義的性格を初めて分析したのは、第二章の注（8）で言及したドイツでの研究においてであった。データの分析の示すところでは、回答者の七十八パーセントは権威主義的性格も反権威主義的性格も持たず、したがってヒトラーが勝った時にも、熱烈なナチスにも熱烈な反ナチスにもならないと思われた。約十二パーセントは反権威主義的性格を持ち、信念を持ってナチズムに敵対を続けるだろうと思われたが、約十パーセントは権威主義的性格を持ち、熱烈なナチスになるだろうと思われた。これらの結果は、ごく大ざっぱに言って、一九三三年以後に実際に起こったことと一致した（E・フロムほか、一九六六）。のちになって、権威主義的性格はT・アドルノによって研究された。しかしながらこの研究においては、権威主義的性格は行動主義的に扱われていて、サド＝マゾヒスティックな性格という観点から心理学的に扱われてはいない（T・アドルノほか、一九五〇）。

サド＝マゾヒスティックな性格を十分に理解するためには、フロイトの〈肛門愛的性格〉の概念、および彼の弟子たち、とくにK・エーブラハム（K. Abraham）とアーネスト・ジョーンズ（Ernest Jones）によって拡大されたその概念を参考にしなければならない。

フロイト（一九〇八）は、肛門愛的性格はがんこ、秩序正しさ、けち、といった性格特性の症候群に現われると信じた。そしてこれに時間の正確さと清潔好きが、あとから付け加えられた。彼はこの症候群は、肛門性感帯に源を持つ〈肛門愛リビドー〉に根ざしていると推定した。この症候群の性格特性は、この肛門愛リビドーの目的の反動形成あるいは昇華であると説明された。

私は関係の様式（*mode of relatedness*）をリビドー理論の代わりとしようと努めるうちに、この症候群のいろいろな特性は、距離を保ち、支配し、拒否し、そしてため込む関係の様式（〈貯蓄的性格〉）の現われであるという仮説に達した（E・フロム、一九四七）。このことは、排泄物や排便に関するすべてのものの持つ特定の役割について、フロイトが行なった臨床的観察が正しくなかったという意味ではない。それどころか、いろいろな個人の精神分析的観察を通じて、私はフロイトの観察が十分に確証されているのを知った。しかしながら、次の問いに対する答えが違うのである。肛門愛リビドーは排泄物への執心の、そして間接的には肛門愛的性格症候群の源泉であるのか、それともその症候群はある特別な関係の様式の現われなのか。後者の場合には、肛門への関心は肛門愛的性格のまた別な、しかしシンボリックな表現であって、その原因ではないと理解されるべきである。排泄物は実際、非常に適切なシンボルである。それは人間の生命過程から排出され、もはや人間の生命に役立つことのない物を表わしているからである。(17)

（17）臆測をしてみようと思う人びとなら、排泄物やにおいに魅せられるのは、進化の過程においては動物が視覚よりも嗅覚による方向づけを与えられていた段階への、一種の神経生理学的な退行現象を成すのではないかと考えるかもしれない。

貯蓄的性格は、物や思考や感情に関して秩序正しいが、彼の秩序正しさは不毛で硬直している。彼は物の置き場所がまちがっているのにがまんができず、それらを整頓せずにはいられない。このようにして彼は空間を支配する。非合理的な時間厳守によって、彼は時間を支配する。強迫的な清潔好きによって、彼はよごれて敵意を持つと考えられる世界と結んだ契約を破棄する。（しかしながら、時としていかなる反動形成も昇華も現われていない時には、彼は過度に清潔にはならず、きたなくする傾向を持つ。）貯蓄的性格は自らを包囲された要塞のように体験する。彼はいかなるものも出て行かないように、要塞の内部にあるものを節約しなければならない。彼のがんこと強情は、侵入に対する準自動的防衛である。

貯蓄型の人間は、自分には決まった量の力、精力、あるいは精神的能力しかなく、このたくわえは使うことによって減少し、あるいは枯渇し、決して補充されえないと感じる傾向がある。彼はすべての生きているものの持つ自己補充の機能を理解しえないし、また私たちの能力を活動させ使用することは私たちの力を増すが、能力の沈滞は力を弱めるということも、理解しえない。彼にとって、死と破壊は生と成長以上の現実性を持っている。創造の行為は彼がうわさには聞くが、信じてはいない奇跡である。彼の最高の価値は秩序と安全である。彼の標語は「日の下に新しきものなし」である。他人との関係において、親密は脅威である。疎遠にするか、それとも人を所有することが安全を意味する。貯蓄型の人間は疑い深くなり、本質的には「僕のものは僕のもの、君のものは君のもの」という意味の、特殊な公平の感覚を持つ傾向がある。

肛門愛＝貯蓄的性格は、世界との関係において安全だと感じる方法を一つしか持っていない。それは世界を所有し支配することによってであるが、それというのも、彼は愛と生産性によって自らを関係づけることができないからである。

肛門愛＝貯蓄的性格が、古典的精神分析学者たちによって記述されたサディズムと密接な関係を持っているということは、臨床的データによって十分に立証されている。そしてこの結びつきをリビドー理論の観点から解釈しようと、人間の世界に対する関係の観点から解釈しようと、ほとんど変わりはない。それはまた、肛門愛＝貯蓄的性格を持った社会集団が著しいサディズムを発揮するという事実によっても立証される。[18]

(18) E・フロム（一九四一）参照。私はこの本で、ドイツの下層中産階級におけるこの結びつきを示した。

政治的というよりむしろ社会的な意味において、サド＝マゾヒスティックな性格にほぼ等しいのが、官僚的性格である。[19]官僚的システムにおいては、すべての人間が自分の下の者を支配し、自分の上の者から支配される。このようなシステムでは、サディスティックな衝動も、マゾヒスティックな衝動も、ともに満足させられる。下にいる人びとを、官僚的性格は軽蔑するだろうし、上にいる人びとを、彼は崇拝し恐れるだろう。ある種の型の官僚が部下をとがめたり、彼が少し遅れたからと顔をしかめたり、勤務時間中は彼は上司に〈属して〉いることを、少なくとも象徴的に表現するような行動をするように強要している時の、顔の表情や声に注意するだけで十分である。あるいは郵便局の窓口にいる官僚のことを考え、彼が五時半きっかりに窓口をしめ、すでに三十分待たされた最後の二人が帰ってまた明日来なければならない時、彼の浮かべるほとんど目に見えないわずかなほほえみに注目してもいいだろう。要点は彼が五時半きっかりに切手を売るのをやめるということではない。彼の行動の重要な面は、彼が人をがっかりさせること、そして彼が彼らを支配しているのを示すことを楽しんでいるということであって、その満足感は彼の顔の表情に現われているのである。[20]

(19) ここで官僚という言葉を使う時、私は多くの旧式の学校、病院、刑務所、鉄道、郵便局に今でも見いだされる旧式の、冷い、権威主義的な官僚のことを言っている。巨大産業は、これも高度に官僚制的な組織なのだが、まったく違った性格類型——親切で、にこにこして、〈ものわかりのよい〉官僚で、おそらくは〈人間関係〉の課程を取ったと思われる——を発達させた。この変化の理由は現代産業の性質、すなわちチームワークや、摩擦の回避や、よりよい労資関係の必要性、およびその他多くの要因にある。新しい親切な官僚が不誠実であるとか、彼らが実はほんとうの顔を隠したサディストであるというわけではない。実際、旧式のサディストは今述べた理由から、現代の官僚となるにはあまりふさわしくない。現代の官僚はサディストが親切な人間になったというものではなく、他人が彼にとって物であるように、彼も彼自身にとって物であるのだ。彼は他人に対しても、自分に対しても、ほとんど感じることがない。そして彼の親切な扱いは、偽りではないとしても、あまりに表面的で薄っぺらなものなので、偽りに等しくなってしまう。しかしこれもあまり公平な言い方ではない。というのは、誰もほんとうはそれが表面的で薄っぺらなもの以上になることを期待してはいないからであって、ただおそらくちょっとの間、彼らはともにほほえみ、これが人間の触れ合いだという幻想にふけるだけなのである。現代の経営者の性格についての、二つの広範囲にわたる徹底的な研究がこれらの印象を裏付け、あるいは修正するだろう(M・マコービー、I. Millán, ともに一九七四年出版の予定)。

(20) これはたいていの心理学的な実験やテストの広い網の目から抜けた、多くの行動上のデータの一例である。

言うまでもなく、すべての旧式の官僚がサディスティックであるわけではない。この集団においてサディズムが生じる度合いを、官僚以外の集団や現代的官僚と比べるとどの程度なのかということは、深層心理学的研究のみが明らかにしうるであろう。幾つかの顕著な例だけをあげれば、マーシャル将軍とアイゼンハウアー将軍とは、ともに第二次世界大戦中、軍隊という官僚組織に属して最高の地位を占めていたが、サディズムの欠如と、部下の兵士たちの生命に対する真の人道的な思いやりで目立っていた。

一方第一次大戦におけるドイツおよびフランスの将軍たちの多くは、何ら妥当な戦術的目的もなしに、部下の兵士たちの生命を犠牲にする無慈悲さと残忍さで目立っていた。

多くの場合サディズムは、ある種の境遇のある種の人びとに対する親切や、慈悲らしきものでカムフラージュされる。しかしこの親切がただ欺くためのものであるとか、ただの身ぶりであって、何ら真の感情に基づいていないと考えることは誤りだろう。この現象をよりよく理解するためには、たいていの正気な人びとは、自分が少なくともある点では人間であることを立証する自己像を保持したがるものだということを、考慮する必要がある。完全に非人間的であるということは、完全に孤立し、人類の一部であるといういかなる感覚をも失うことを意味する。それゆえ、いかなる人間に対するいかなる親切も、親しさも、やさしさもまったく持たないということは、結局は耐えがたい不安を生むのではないかと推測させるようなデータが多くあることは、驚くに当たらない。たとえば、ナチスの特殊部隊に所属して何千人も殺さなければならなかった人びとの中での、狂気や精神異常の症例の報告がある。[21] ナチ政権のもとでは、大量殺人の命令を実行しなければならなかった多くの役人が *Funktionärskrankheit*（〈役人病〉）と呼ばれる神経衰弱にかかった。[22]

（21）一九四三年十月六日のヒムラーの演説によって、間接的に認められた。コブレンツ所在ナチス文庫、NS一九、H・R・一〇。

（22）H・ブラント、私信。

私はサディズムに関連して、〈支配（control）〉と〈力（power）〉という言葉を使ったが、それらのあいまいさをはっきりと認識する必要がある。力は人びとに及ぼす権力《パワー》をも意味しうるし、物事をする能力《パワー》をも意味しうる。サディストが努力して求めているのは人びとに及ぼす権力であるが、それはまさに彼が存在する力を欠いているからなのだ。残念ながら多くの著者たちが、〈力〉と〈支配〉という言葉のこのあいまいな意味を利用しており、〈に及ぼす権力〉の礼賛を忍び込ませるために、それを〈する能力〉と同一視する。さらに言えば、支配の欠如はいかなる種類の組織をも欠くことを意味するのではなく、支配が搾取的であって、被支配者が支配者を支配できないような種類の組織のないことを意味するのである。皆の真の——操作されていない——合意に基づく合理的な権限を帯びた人たちが存在し、〈に及ぼす権力〉の関係が発達していない多くの例が原始的社会にもあるし、現代の計画的コミュニティにもある。

たしかに、自分を守る力を持たない人間も、性格学的には苦しむと言える。彼はサディスティックにはならずに、服従的になり、マゾヒスティックになるかもしれない。しかし彼の現実の無力さは創造性を促すとともに、連帯や同情のような美徳の発達をも促すかもしれない。無力であるがゆえに隷属させられる危険性があること、あるいは力を持つがゆえに非人間化する危険性があることは、二つの悪である。いずれの悪をより多く避けるべきかは、宗教的信念や道徳的あるいは政治的信念の問題である。仏教、予言者たちに始まるユダヤ教の伝統、そしてキリスト教の福音書は、現代の思考とは反対に明確な決断をする。力を持つことと持たないことの間に微妙な区別を置くのはまったく正当なことだが、一つの危険は避けなければならない。それはある種の言葉のあいまいな意味を利用して、神とカエサルに同時に仕えることを勧めたり、あるいはさらに悪質となって、両者を同一視したりする危険である。

サディズムを生み出す諸条件

どのような要因がサディズムの発達を促すかという問題は、本書で妥当な答えを見いだすにはあまりにも複雑である。しかしながら、一つの点は初めからはっきりしているにちがいない。すなわち、環境と性格の間には単純な関係はないということである。これは個人の性格は体質的に与えられた気質とか、家庭生活の特異性とか、個人の生活に起こった例外的なできごととかのような、個人的な要因によって決定されるからである。これらの個人的な要因が役割を演じるだけでなく、環境的な要因もまた一般に推測されている以上に複雑である。さきに私が強調したように、社会は一つの社会ではない。社会は高度に複雑な体制である。新旧の下層中産階級、新しい中間階級、上流階級、衰えてゆくエリート階級、宗教的あるいは哲学＝道徳的伝統を持つ集団あるいは持たない集団、小さな町と大きな都会――これらは考慮に入れるべき要因の幾つかにすぎない。単一の切り離されたいかなる要因も、社会の構造同様に性格構造の理解の根拠にはなりえない。それゆえ、社会構造とサディズムを相互に関連させようと望むなら、すべての要因の徹底的な経験的分析を行なわなければだめである。しかし同時に、一つの集団が他の集団を搾取し抑圧する力は、多くの個人的な例外はあるだろうが、支配集団の中にサディズムを生み出す傾向があるということを、付け加えておかなければならない。それゆえサディズムが姿を消す（個人の病気としての場合は除いて）のは、いかなる階級、性、あるいは少数者集団に対する搾取的支配も排除された場合のみである。幾つかの小さな社会を例外として、このことはまだ歴史上のいかなる所においても起こっていない。とはいえ、法律に基づくと同時に、権力の最も気まぐれな使用を防ぐ秩序の確立は、この方向へ一歩踏み出したことであった。ところが最近になってこの秩序の発展は、かつてそれが存在していた世界中の多くの部分で阻止され、アメリカにおいてさえ、〈法と秩序〉の名のもとに脅かされているのである。

搾取的な支配に基づく社会は、ほかにもいろいろな予測できる特徴を発揮する。それはそこに服従させられている人びとの独立、統合性、批判的思考、そして生産性を弱める傾向を持つ。このことはそれが彼らにあらゆる種類の娯楽や刺激を与えないことを意味するのではなく、パーソナリティの発達を促進するよりは制限するような娯楽や刺激のみを与えることを意味する。ローマの皇帝たちは公開の見せ物を催したが、それらは主としてサディスティックな性質のものであった。現代社会は犯罪、戦争、残虐行為に関する新聞やテレビの報道という形で、同じような見せ物を提供する。それらの中身は身の毛のよだつようなものではないが、同じマス・メディアが奨励して子供たちの健康を害している朝の穀類食と同じように、栄養に乏しいものである。この文化的食物は能動性を与える刺激を提供せず、受動性と怠惰を助長する。うまくゆけばそれは楽しみとスリルを与えるが、ほとんどいかなる喜びも与えない。というのは喜びは自由と、支配のきつい手綱をゆるめることとを必要とするが、それこそまさに、肛門愛＝サディズムの型の人間にとって、最も実行困難なことだからである。

個人におけるサディズムについて言えば、その社会の平均水準から見て上下の個人的偏差がある。サディズムを強める個人的な要因は、子供あるいはおとなに空虚感や無能力感を与えるようなすべての条件である。（サディスティックでない子供も、もし新しい事情が起これば、サディスティックな青年やおとなになるかもしれない。）このような条件の中に、暴力主義的な処罰のように、恐怖を生み出すものがある。これによって私が意味している種類の処罰は、激しさにおいて厳密な制限がなく、特定の常習的な非行に関連したものではあるが、気まぐれで処罰者のサディズムに助長され、恐怖を生むほど激しいものなのである。子供の気質によっては、このような処罰への恐れが彼の生活の支配的な動機となり、彼の統合性の感覚は徐々に崩壊し、彼の自尊心は低下し、最後には彼はあまりにもしばしば自分を裏切ったために、もはや同一性の感覚を持たず、もはや彼は〈彼〉でなくなるかもしれない。

致命的な無力さを生み出すもう一つの条件は、精神的欠乏の状態である。刺激がなく、子供の能力を呼び起こすものがなければ、また雰囲気が重苦しく喜びのないものであれば、子供は凍りついてしまう。彼が印象づけることのできる対象は何もなく、反応する人もなく、耳を傾けてくれる人さえなく、子供には無力と無能の感覚が残る。このような無力さが、必ずしもサディスティックな性格形成をもたらすとはかぎらない。そうなるかどうかは、多くのほかの要因による。しかしそれは個人的にも社会的にも、サディズムの発達に寄与するおもな原因の一つである。

個人的性格が社会的性格に対して偏差を持つ場合、社会集団はそれに一致するすべての性格的な要素を強める傾向があり、その反対の要素は休止状態となる。たとえばあるサディスティックな人物の生活している集団において、大多数の人びとがサディスティックでなく、サディスティックな行動が望ましくなく不愉快なものと見なされるならば、そのサディスティックな人物は必ずしも彼の性格を変えるとはかぎらないが、それに基づいて行動することはなくなるだろう。彼のサディズムは消滅はしないだろうが、栄養を与えられないために、いわば〈干上がって〉しまう。キブツやその他の計画的コミュニティでの生活は、この例を多く与えてくれる。しかし新しい雰囲気が性格をほんとうに変えてしまう例もあるのである。[23]

（23） Moshe Budmore 博士、私信。

サディスティックな性格を持った人物も、反サディズム的な社会では本質的に無害である。彼は病気にかかっていると見なされるだろう。彼は決して人望を得ず、社会的な影響力を持ちうる地位には、まずめったに近づけないだろう。ある人物のサディズムをそんなに激しいものにするのは何かと聞かれたなら、ただ体質的な、生物学的な要因のみを考えてはならないのであって（S・フロイト、一九三七）、社会的サディズムの発生のみならず、個人的に生み出される特異なサディズムの多様な出現にも大きな責任のある精神的雰囲気をも、考えなければならない。個人の発達が、彼の体質と家族的背景のみを根拠にしては決して十分に理解できないのは、このためである。社会体制の中でこの人物と彼の家族の占める位置、そしてこの体制の精神を知らなければ、私たちはなぜある種の特性がそれほど執拗でかつ深く根ざしたものであるのかを、理解することができない。

ハインリヒ・ヒムラー——肛門愛＝貯蓄的サディズムの臨床例

ハインリヒ・ヒムラーは悪意に満ちた、サディスティックな性格の好例であり、サディズムと極端な形の肛門愛＝貯蓄的、官僚的、権威主義的性格との関係について、私が言ってきたことを例証している。多くの人びとから〈ヨーロッパの警察犬〉と呼ばれていたヒムラーは、ヒトラーとともに、千五百万から二千万人に及ぶ非武装の無力なロシア人、ポーランド人、そしてユダヤ人の殺戮の責任者であった。

彼はどういう人間であったか。(24)

(24) ヒムラーの分析は、主として B. F. Smith のすぐれた伝記(一九七一)の与える資料に従っている。スミスはヒムラーに関して利用しうるあらゆるデータを用いたが、そこに含まれるものは次のとおりである。一九一〇年—一九二二年のヒムラーの六つの日記(一九五七年に発見)と、ほかに一九二四年以降のばらばらになった日記の数ページ。ヒムラーが一九一八年から一九二六年にかけてやりとりした手紙のリスト。ヒムラーの長い、注付きの読書のリスト。これには約二百七十の項目がある。おびただしい家庭の書類、およびヒムラー自身が集めた公文書や個人的記念品。私は J. Ackermann の研究(一九七〇)も使ったが、これにはヒムラーの日記からの多くの抜粋がある。また S. T. Angress and B. F. Smith (1959) も使った。

いろいろな観察者による、ヒムラーの性格の幾つかの描写を考察することから始めよう。おそらく最も正確で鋭いヒムラーの性格描写は、ダンチヒにおける国際連盟の代表であったころの、K・J・ブルクハルト(K. J. Burckhardt)によるものであろう。ブルクハルトは書いている。「ヒムラーは薄気味悪い属僚という印象(*Subalternität*)を与え、偏狭な律儀さ、非人間的なきちょうめんさに自動人形の要素が混じったような印象を与えた」(K・J・ブルクハルト、一九六〇)。この描写には、さきに述べたサディスティックで権威主義的な性格の、本質的な要素のほとんどが含まれている。それはヒムラーの服従的な属僚的態度、彼の非人間的で官僚的な律儀さときちょうめんさを強調している。それは憎しみに燃える人間の描写でもなく、ふつう考えられている意味での怪物の描写でもなく、極度に非人間化した官僚の描写である。

ヒムラーの性格構造のその他の要素は、ほかの観察者たちによって付け加えられている。ナチスの指導者の一人であったアルバート・クレプス博士は、一九三二年に党を除名されたが、一九二九年——すなわちヒムラーがほとんど権力を持っていなかったころ——に、汽車の中でヒムラーと六時間しゃべり、彼の明らかな不安定さと無器用さに気付いた。クレプスにとってこの旅行をほとんど耐えがたくしたのは、「彼がしじゅうばかげた、根本的に無意味なおしゃべりで私のじゃまをすることであった」。彼のおしゃべりは、戦争のほら話と、小市民的な世間話（*Stammtischgeschwätz*）と、宗派的な説教者の熱狂的な予言との特異な混合であった（J・アッカーマン、一九七〇に引用）。ヒムラーが他人に彼の限りないおしゃべりをむりに聞かせて、相手を支配しようとするこの厚かましさは、サディスティックな性格に典型的なものである

これまた興味深いのは、最も有能なドイツの将軍の一人であるハインツ・グーデリアン（Heinz Guderian）による、ヒムラーの性格描写である。

ヒトラーのすべての部下の中で最も愚鈍な男が、ハインリヒ・ヒムラーであった。この無意味な男は民族的劣等性のあらゆる徴候を持っていたが、行動は単純であった。彼は礼儀正しくしようとした。彼の生活様式はゲーリングのそれとは対照的に、ほとんどスパルタ的に簡素であった。しかしいっそう常軌を逸していた〔*ausschweifender*〕のは、彼の空想であった……。七月二十日以後、ヒムラーは、軍事的野心に悩まされた。この野心にかりたてられて、彼は予備軍の最高司令官に任命され、数軍（army group）の最高司令官にさえ任命された。ヒムラーが初めて、そして完全に失敗したのは、軍事的レベルにおいてであった。私たちの敵に対する彼の判断は、まったく子供じみていたと言わな

ければならない。私は彼がヒトラーの面前で自信と勇気を失うのを、数回観察する機会があった（H・グーデリアン、一九五一）。

また別な観察者は、ドイツ銀行界のエリートを代表するエミール・ヘルフェリヒ（Emil Helfferich）だが、彼の書いているところでは、ヒムラーは「昔の学校の無慈悲な教育者の型で、自分に対してきびしいが、他人に対してはさらにきびしかった……。彼の感謝の手紙に現われた同情のしるしやいやに親しげな語調は、明らかに冷酷な性質によく見られるように、みな見せかけであった」（E・ヘルフェリヒ、一九七〇）。

これほど否定的でない人物像が、ヒムラーの副官であったK・ウォルフ（K. Wolff）によって描かれている。それは彼の狂信と意志の欠如に触れているだけで、サディズムには触れていない。「彼はやさしい家庭の父親にも、まちがうことのない上官にも、よい仲間にもなることができた。それと同時に、彼は狂信にとりつかれ、常軌を逸した夢想家で……彼が常に高まる愛と憎しみで結ばれていたヒトラーの手に握られた意志なき道具であった」（K・ウォルフ、一九六一）。ウォルフは一つはやさしく、一つは狂信的という二つの相反したパーソナリティ――一見同じように強い――を描き、前者の真実性を疑ってはいない。ヒムラーの兄のゲプハルトは、ハインリヒが政治的に権力を握るずっと前から、自分を傷つけはずかしめていたにもかかわらず、弟を肯定的な言葉でのみ描いている。ゲプハルトは「彼が部下の要求や心配事を気づかう時の、父親のようなやさしさと思いやり」を賞賛さえしている。[25]

(25) ゲプハルト・ヒムラー。ハインリヒ・ヒムラーのパーソナリティの未発表の素描から。

これらの性格描写には、ヒムラーの最も重要な性格特性が含まれている。彼の生気のなさ、彼の平凡さ、彼の支配への意志、彼の無意味さ、彼のヒトラーへの服従、彼の狂信。ウォルフや彼の兄が述べている他人へのねんごろな気づかいは、たしかに行動特性ではあったが、それがどの程度まで性格特性、つまりほんものであったのかは、評価がむつかしい。ヒムラーの全体的なパーソナリティを考えると、彼のやさしさの中の真実の要素はごく小さかったにちがいない。

ヒムラーの性格の全構造がより明らかになるにつれて、彼こそまさに私たちがすでにその顕著な特性として、過度の秩序正しさときわだった杓子定規を認めた肛門愛的（貯蓄的）サド＝マゾヒスティックな性格の例証として、教科書的存在であることがわかるだろう。十五歳の時からヒムラーは文通の記録を付け、彼が受け取った手紙、書いた手紙を全部控えておいた。

これらの仕事に対する〔彼の〕熱中ぶりと、その最中に彼が見せた、正確な記録を付けることへの杓子定規なまでの偏愛とは、彼のパーソナリティの重要な面を暴露した。彼の帳簿係的な心理は、彼がルーやケーテ〔親しい友だち〕から受け取った便りを扱ったその方法に、はっきりと現われている。（彼が家族から受け取った手紙は保存されていない。）それぞれの品目に、彼は受け取った日付だけでなく、手紙が彼の元に着いた正確な時間と分まで書いた。これらの多くが誕生日のあいさつ状やそれに類似のものだったから、彼の杓子定規はばからしいでは済まされないものであった（B・F・スミス、一九七一）

のちにSSの隊長になった時、ヒムラーは彼が他人に与えたすべてのもののカードの索引を作った（B・F・スミス、一九七一）。父親の勧めによって、彼は十四歳から二十四歳まで日記を付けた。ほとんど毎日無意味なことが記入されていて、深く考えたようなことは、めったに書かれていない。

ヒムラーが書いたのは、どれだけ眠ったか、いつ食事をしたか、どこでお茶を飲んだか、たばこを吸ったかどうか、その日に誰と会ったか、どれだけ勉強したか、どの教会へ行ったか、そして夕方いつ家へ帰ったかということであった。さらに彼は、誰を訪問したか、先方の主人が親切にしてくれたかどうか、何時に両親の元へ帰るための汽車に乗ったか、その汽車が遅れたかそれとも時間どおりだったかなども書いた（B・F・スミス、一九七一）。

ここに一九一五年の八月一日から八月十六日までの、二週間ばかりの彼の日記の記入例がある（B・F・スミス、一九七一）。

八月一日15　日曜……三度目の水泳（湖か海らしい）……父とエルンスティと僕でカヌーをこいだあと、四度目の水泳。ゲプハルトは暑すぎて……。
　　二日15　月曜……夕方に五度目の水泳。
　　三日　　火曜……六度目の水泳。……
　　六日　　金曜……七度目の水泳……八度目の水泳。

七日　土曜。朝に九度目の水泳。……
八日　……十度目の水泳。……
九日　朝に十一度目の水泳。……そのあとで十二度目の水泳。……
十二日　遊んだ。それから十三度目の水泳。……
十三日Ⅷ　遊んだ。それから十四度目の水泳。……
十六日Ⅷ　……それから十五度目で最後の水泳。……

別の例を次にあげる。同じ年の八月二十三日に、ヒムラーは八千人のロシア人がグンビネンで捕虜になったと書いた。八月二十八日には、東プロシアですでに三万人のロシア人の捕虜がいること、そして八月二十九日には、捕虜の数は三万ではなく六万であること、そしてさらに正確に数えたあとで、それは七万であることを書いた。十月四日には、彼はロシア人の捕虜の数は七万でなくて九万であると書いた。彼は付け加えている。「やつらは害虫のようにふえる」(B・F・スミス、一九七一)。

一九一四年の八月二十六日に、彼は次のように書き付けた。

八月二十六日。ファルクと庭で遊んだ。ヴァイクセルの東方で、千人のロシア人がわが軍につかまった。オーストリア軍の進撃。午後庭で仕事。ピアノをひく。コーヒーのあとでキッセンバルト家を訪問した。そこの木のすももをとってもいいと言われた。ものすごくたくさん落ちていた。わが軍には今四二センチの大砲がある(J・アッカーマン、一九七〇)。

アッカーマンは、ヒムラーが食べられるすもの数を気にしていたのか、それとも殺された人間の数を気にしていたのかはっきりしないと評している。

おそらくヒムラーの杓子定規の幾分かは、彼の父親から得たものだろう。父親は極端に杓子定規な人間で、高校教師でのちには校長となったが、彼の主たるとりえはその秩序正しさであったようである。彼は保守的で、もともと弱い人間であり、旧式で権威主義的な父親であり、教師であった。

ヒムラーの性格構造のいま一つの顕著な特性は、彼の服従性であり、ブルクハルトの呼び方によれば、彼の〈属僚性〉である。彼は過度に父親を恐れていたようには見えないが、非常に従順であった。彼が属している種類の人間とは、次のような人びとであった。つまり彼らが服従するのは権威が彼らをこわがらせるからではなく、彼ら自身がこわがっている——権威ではなく生命を——から、権威を求めてそれに服従することを望む人びとである。彼らの服従はいわば日和見主義的な性質を持っており、それはヒムラーの場合に非常にはっきりしている。彼は父親や、教師たちや、のちには軍隊や党の上官たち、たとえばグレゴール・シュトラッサーからヒトラーに至るまで利用して、自分の出世を速め、競争者を打ち負かした。彼がシュトラッサーやナチスの指導者たちの中に、新しくより強力な父親像を見いだす時までは、彼は一度も反抗しなかった。彼はまさに父親に言われたとおりに日記を書き、一日でも記入を怠れば気がとがめた。彼も彼の両親もローマカトリックであって、戦争中は一週間に三度ないし四度きちんと教会へ行った。そして彼は父親を、彼がゾラの本のような不道徳な本を読むなどという心配はしなくていいと言って、安心させた。しかし若いころのヒムラーの歴史には、宗教的熱情のしるしはない。彼と彼の家族の態度は、彼の階級の特徴であるまったく因襲的なものであった。

父親からシュトラッサー――ヒトラーへ、キリスト教からアーリア的異教への忠誠の移り変わりは、反抗として起こったものではない。それは穏やかで慎重であった。いかなる新しい一歩も、それが安全となるまでは踏み出されることはなかった。そして最後に彼の偶像であったヒトラーがもはや役に立たなくなると、彼は新しい主人、すなわち昨日の大敵で今日の勝利者である連合軍の元で働こうと試みることによって、ヒトラーを裏切ろうとした。おそらくはこの点に、ヒムラーとヒトラーの最も深い性格の違いがある。後者は反抗者であった（革命家ではなかったが）。前者は反抗的な要素を完全に欠いていた。この理由で、ヒムラーのナチスへの変貌は父親への反抗の行為であったという推論にも、根拠がないことになる。この変化の真の動機づけは違ったものであったようだ。ヒムラーは彼自身の弱さの補償として、力強く権力的な指導者像を必要としていた。彼の父親は弱い人間で、ドイツ帝国の体制と価値が敗れ去ったあとは、彼のかつての社会的威信と誇りの多くを失ってしまった。新しいナチズムの運動は、ヒムラーが加わったころはまだ強力ではなかったが、左翼ばかりではなく、彼の父親の属していたブルジョワ体制をも激しく批判していた。これらの青年たちは未来を所有する英雄の役割を演じていた。そして弱く服従的な青年ヒムラーは、服従するための父親以上にふさわしい偶像を見いだしたのである。同時に彼はひそかな軽蔑とまでは言わずとも、いくぶん大様に父親を見下すことができた。これが彼の反抗の限度であった。

彼の服従の最も極端な例は、ヒトラーに対するものであった。もっとも、彼の日和見主義から、彼は必ずしも心からのものでない追従口をある程度は用いただろうと考えなければならないが。ヒトラーは彼にとっては神人であり、キリスト教におけるキリスト、あるいはバガヴァドギーター（訳注。古代インドの王子アルジュナとクリシュナ神との対話から成る叙事詩で、ヒンズー教の聖典となっている）におけるクリシュナの持つ意味にたとえられるべき存在であった。ヒムラーは彼について書いている。「彼は世界的ゲルマン精神〔*Germanentum*〕の業《ごう》によって、東との戦いを指導する運命にある。まさに光の御子の一人が彼に化身したのだ」（J・アッカーマン、一九七〇）。彼はかつて昔ながらのキリストと神に服従したように、新しいクリシュナ＝キリスト＝ヒトラーに服従したが、ただ前よりははるかに熱烈であった。しかしながら、周辺の事情のために、新しい神々が名声と権力へのより大きな機会を与えたことに注目しなければならない。

　ヒムラーの強力な父親像への服従は、彼を愛し、この息子をむやみにかわいがった母への深く強い依存を伴っていた。ヒムラーはたしかに母親からの愛情の欠如に苦しむことはなかった――彼について書かれた多くの本や論文に見られる決まり文句である。しかしながら、彼女の愛情は原始的であったと言えるだろう。それは成長する少年が何を要求しているかへの洞察や直観を欠いていた。それは母親が幼児に対していだく愛情であって、少年の成長とともにその性質を変えることはなかった。かくして彼女の愛は彼をそこない、彼の成長を妨げ、そして彼を彼女に依存させた。この依存について述べる前に私が指摘したいことは、ヒムラーの場合はほかの多くの人たちの場合と同じように、強力な父親への要求を生み出すのはその人間の無力さであり、またその無力さが生じるのは、彼が小さな少年のままでいて、母親（もしくは母親像）が彼を愛し、保護し、慰め、そして彼から何物をも要求しないことを望むからだということである。かくして彼はおとなというよりは子供のような感じをいだき、弱く無力で、意志も自発性も持たない。そこで彼はしばしば、彼が服従することができ、彼に力の感覚を与え、そして一

—模倣関係によって彼が欠いている性質の代用となる、強力な指導者を求めるのである。

ヒムラーには、このような〈母親っ子〉にしばしば見られる肉体的、精神的だらしなさがあり、それを彼は「意志の力を訓練すること」によって——しかし主としてきびしさと非人間性によって——克服しようとした。彼にとって支配と残酷性が力の代用となったが、この試みは失敗に終わらなければならなかった。というのは残酷になることによって弱い人間が強くなることはないからである。彼は自分と他人を支配する力を持っているかぎり、それらから自分の弱さを一時的に隠すだけなのである。

ヒムラーが典型的な〈母親っ子〉であったことを示す証拠は、豊富にある。十七歳で両親の元を離れて軍事訓練を受けていた時、彼は最初の月に、

二十三通の手紙を家に書いた。そして十通ないし十二通の返事をもらったのに、彼の家の者があまり手紙をくれないとたえず不平を言っていた。一月二十四日付の手紙の最初の文章は、典型的である。「お母さん、なつかしいお便りありがとう。とうとう僕はお母さんから何かをもらいました」。二日後に家からまた手紙をもらって、彼は同じような調子で始め、そしてこう付け加えている。「僕は長い間つらい思いでこれを待っていました」。そして三日間に二通の手紙をもらってさえ、彼はなおも二十九日に不平を漏らしている。「今日もまたお母さんから何ももらっていません」。

彼の初めのころの手紙は、便りがほしいという訴えと、生活環境についての不平との混合である。部屋は殺風景で寒く、南京虫の襲来に悩まされ、食物は乏しくてまずいので、食物の包みを送ってほしい、また酒保や町のビアホールレストランで食べるための金を送ってほしいというものであった。

ささいな不幸、たとえば風呂でうっかり服をまちがえたというようなことが、ちょっとした悲劇の次元を帯びて、事細かに家族へ報告された。これらの不平や嘆きの幾分かは、ヒムラー夫人の助けを求めるためのものであった。それに答えて彼女は次から次へと為替を送り、食物や予備の寝具や殺虫剤やきれいに洗った洗濯物の包みを送った。ランツフート〔訳注、ドイツの一都市〕から届いたこれらの品物には、多くの忠告や懸念の言葉が添えられていたようである。これらの言葉に動かされてハインリヒは、勇敢な軍人としての姿勢を保持しなければならないことを自覚して、時にはこのすべての手続きを始めさせるもとになった不平を引っ込めようと試みた。しかし彼はいつも包みを受け取るまで待ってから、調子を変えたのであって、彼の自制も決して長くは続かなかった。食物の問題では彼はまったく恥知らずで、彼の手紙は母の料理についてのほめ言葉（「訓練の時間のあとで食べたりんご菓子（*Apfel-strudel*）のすばらしかったこと」）や、りんごやクッキーのような軽い食物の注文でいっぱいである（B・F・スミス、一九七一）。

時がたつにつれて、家へあてた彼の手紙はやや回数が減った——一週間に三回以下に減ることは決してなかったけれど——が、便りがほしいという要求は相変わらず執拗であった。時として彼は、母親が彼の期待するほど手紙をくれない時は、非常に不愉快な態度を執ることもあった。「お母さん」と彼は一九一七年三月二十三日の手紙の初めに書いている。「あなたのけっこうなお知らせをありがとう。（僕は受け取りませんでしたがね。）手紙をくれないなんて、ほんとうにお母さんは意地悪ですね」。すべてを両親、とくに母親と分かち合いたいというこの要求は、彼が実習生《プラクティカント》（農場で実習する農業の研究生）として働いていた時にも、同じであった。当時十九歳だったが、彼はしばしば忙しくて手紙も出せないと書いているのに、最初の三週間半の間に少なくとも八通の手紙やはがきを家へ出している。彼がパラチフスで倒れた時、母親はほとんど狂乱状態になった。回復すると、彼は長い時間をかけて、彼の健康状態、体温、通じ、痛み、苦しみについてのあらゆる詳細を、彼女に書き送った。同時に彼は賢明にも自分が泣き虫だという印象を与えることを望まず、彼の報告の中に元気だったから安心するようにという言葉を織り混ぜて、母親の心配をたしなめた。彼は手紙の初めに世間で関心を持たれていることがらを三つ四つ書きさえして、それからこう付け加えた。「さて僕はどうかと言いますと、お母さん、あなたがやきもきしている顔が見えますよ」（B・F・スミス、一九七一）。これはほんとうであったかもしれないが、この文章はヒムラーが生涯用いた方法——自分の欲望や恐れを他人に投射すること——の一つの例である。

ここまでで私たちは強迫的に秩序正しく、憂鬱症で、日和見主義で、ナルシシズム的で、自分を幼児のごとく感じ、母親の保護を求めながら、同時に父親像に従い模倣しようと試みる若者を知った。

明らかにヒムラーの依存的な態度は、部分的には母親の彼に対する甘すぎる態度が生み出したものだが、肉体的、精神的なある種のほんとうの弱さによってさらにつのった。肉体的にはヒムラーはあまり強い子供ではなく、三歳の時から不健康に悩んだ。そのころに彼は重い呼吸器系の伝染病にかかったが、それは彼の肺に定着したらしく、またこの病気で死んだ子供たちもあった。彼の両親は狂乱状態になって医者を呼んだが、この医者は彼の治療のためにはるばるミュンヘンからパッサウへ彼を転地させた。そして父親わが子に最高の保護を与えるために、ヒムラー夫人は彼と一緒に気候のよい土地へ行った。そして父親も仕事の時間をさきうる時にはやって来た。一九〇四年に一家は子供の健康のために、ミュンヘンへ帰った。父親が自分にとって金もかかり不便でもあるこれらのやり方を、どうやら文句も言わずに認めたらしいことは、注目に値することである。[26]

(26) これもまた私をして、父親は時々言われるほどきびしく恐るべき規律主義者ではなかったと推測させる要因である。

十五歳の時に胃病が始まったが、これはそれからの一生彼を苦しめることになった。この病気の全体的な臨床像から判断すると、強い心因性の要因があったようである。彼はこの胃病を弱さの徴候と考えて腹を立てたが、それはたえず自分のことに専念し、人びとを回りに集めて不幸を聞かせ、騒ぎの中心となる機会を彼に与えた。[27]

(27) 彼が権力を持っていたころ、彼はこのような人物像をケルステン博士に見いだしていた。博士は彼にかなりの影響力を持っていたようだが、それは母親像としてのケルステンの役割を考えると、驚くには当たらない。

ヒムラーの別の病気は心臓病と称するもので、これは一九一九年の農場での労働によるものだとされていた。彼のパラチフスの治療に当たった同じミュンヘンの医者が、今度は軍隊にいた時の過労による肥大《ハイパートロフィード》した（大きくなった）心臓という診断を下した。B・F・スミスは、当時は心臓肥大の診断は頻繁にあり、戦争中の苦労のせいにされたが、今日ではたいていの医者はこのような診断を笑いものにすると解説している。現代医学の見解では、ヒムラーの心臓には何も悪いところはなく、栄養不良とパラチフスの予後の問題を除けば、「彼はおそらくまずまずの健康体だったろう」（B・F・スミス、一九七い)。

それはともかくとして、この診断はヒムラーの憂鬱症の傾向と、心配と気づかいを続けた両親へのきずなを強めたにちがいない。

しかしヒムラーの肉体的な弱さは、この三つのグループの病気――肺と胃と心臓――にはとどまらなかった。彼のようすは柔弱で締まりがなく、肉体的にも無器用でぎこちなかった。たとえば彼が自転車をもらって兄の外出について行くことができるようになった時、「ハインリヒはたえず自転車から落ちたり、服を破ったり、その他の災難に会ったりした」（B・F・スミス、一九七一）。同じ肉体的無器用さが学校でも現われたが、それはおそらくいっそう屈辱的であっただろう。

学校時代のヒムラーについては、彼の同級生でのちにすぐれた歴史学者になったG・W・F・ハルガルテン（G. W. F. Hallgarten）による、すぐれた報告がある。[28] 自叙伝でハルガルテンは、ヒムラーが権力の座についたと聞いた時、これが自分の同級生だったあの人間とは、ほとんど想像できなかったと述べている。

(28) G・W・F・ハルガルテン（一九六三）参照。

ハルガルテンは、ヒムラーが並みはずれて柔弱な顔をした太った少年で、すでにめがねを掛け、しばしば「半分困ったような、半分悪意を持ったようなほほえみ」を見せたと述べている。彼はすべての教師たちにたいそう人気があり、学校時代はずっと模範生で、あらゆる主要科目に最高の成績を取った。授業ではあまり功名心が強すぎる（がり勉《シュトレーバー》）と思われていた。ヒムラーができない科目が一つあったが、それは体育であった。ハルガルテンは、ヒムラーが比較的簡単な運動ができないで、教師ばかりでなく、この功名心の強い少年が皆に劣るのを見て喜んだ級友たちからもひやかされて、どんなに恥ずかしい思いをしたかを事細かに述べている（G・W・F・ハルガルテン、一九六九）。

しかしながら、その秩序正しさにもかかわらず、ヒムラーは規律と先導力を欠いていた。彼は空論家であった。そして彼はそれを知っていて、それゆえに自らを責め、それを克服しようとした。何よりも彼は、ほとんど完全に意志の強さを欠いていた。かくしてこれは驚くに当たらないことだが、彼は強い意志と大胆さを理想的な美徳としてたたえたが、決してそれらを獲得することはなかった。彼は他人に対する強制的権力によって、彼の意志の力の欠如を補償したのである。

彼自身が自らの服従性と意志の欠如を意識していたことの例証として、一九一九年十二月二十七日付の日記に書かれていることをあげよう。「神がすべてのものをよき終わりへ導きたもうだろう。しかし私は意志を持たずに運命に服従するのではなく、できるかぎり自分で運命を導くつもりだ」（J・アッカーマン、一九七〇）。この文章はややひねくれて矛盾している。彼は初めに神の意志を認めている。（当時彼はなおも実践的なカトリック信者だった。）それから彼は「服従しない」ことを主張するが、「意志を持たずに」と付け加えてそれを限定する――かくして自分の現実の服従性と強い意志を持つという理想との葛藤を、服従はするが意志を持って服従するのだという妥協によって解決している。それから彼は自らの運命を導くと自分に約束するが、この〈独立宣言〉を「できるかぎり」などと体裁の悪いことを付け加えて限定している。ヒトラーとはまったく対照的に、ヒムラーは常に、そして最後まで弱虫で、自分でもそれを知っていた。彼の生涯はこの意識との戦いであり、強くなろうとする試みであった。ヒムラーは自慰をやめたいと思うがやめられず、罪の意識と弱さを感じ、自らの弱さを責め、常に変わろうとするが決して成功しない若者によく似ていた。しかし周囲の事情と自らの賢さによって、彼は他人に大きな権力を振るうことのできる地位についたので、彼は〈強く〉なったという幻想をいだいて生きることができたのである。

ヒムラーは肉体的に弱さとぎこちなさを感じただけでなく、社会的な劣等感にも悩んだ。高校の教授たちは、君主制度の中で最も低い層に属しており、自分たちより上位にある人びとをすべてをおそれ敬っていた。それはヒムラーの家族においてはいっそう激しかった。というのは、彼の父親はしばらくババリア〔訳注。バイエルンのこと。かつてはドイツ連邦内の王国であった〕のハインリヒ王子の家庭教師をしていて、そののちも個人的な関係を続け、次男の名付け親としてハインリヒの名を付けてもらったほどであったからである。この王子自らの寵愛を与えられて、ヒムラーの家族は彼らの達成しうる野心の絶頂に達したのであった。この王子が第一次世界大戦中の戦いで戦死しなければ（こんな運命にあった唯一のドイツの王子であった）、この関係は多分もっと有利な結果をもたらしたことだろう。あれほど自分の無価値感を隠そうとしていた若いヒムラーにとって、おそらく貴族の世界は彼に対して永遠に閉ざされた社会的天国のように見えたにちがいない。

しかしヒムラーの野心は不可能を成し遂げた。貴族階級の人びとを崇拝しうらやんでいた臆病な、社会的地位の低い青年から、彼は新しいドイツの貴族となるはずのSSの隊長となった。もはや彼の上にはいかなるハインリヒ王子もなく、もはやいかなる伯爵も男爵もフォン〔訳注。貴族の称号〕もなかった。SS隊長として部下を従えた彼が、新しい貴族であった。彼が王子となったのだ。少なくともこれが彼のいだいた夢想であったにちがいない。彼らの学校時代についてのハルガルテンの回想は、古い貴族階級とSSとのこの関係を強調している。ミュンヘンには一群の貴族の家族の息子たちがいて、彼らは自分の家に住んでいたが、教育を受けるために同じギムナジウム〔訳注。大学進学の予備教育を行なう中等学校〕へ通っていた。ハルガルテンの記憶では、彼らが着ていた制服はのちのSSの制服に似ていて、ただ色だけがSSの黒に対して紺というふうに違っていた。この制服がのちのSSの制服のモデルになったのではないかという彼の示唆は、大いに考慮に値するものである。

ヒムラーはたえず勇気と、共同体のための自己犠牲を説いた。これが見せかけであったことは、彼が一九一七年に軍隊に入って前線へ行くことを望んだ時のやや込み入ったいきさつを見れば、まったく明らかなことである。彼の兄――そして体制の中で高い地位を占めている連中につてを持ったほかの多くの若者たち――と同じように、ハインリヒは士官候補生（*Fähnrich* ――士官志望者）となるために、士官養成訓練をする連隊に入ろうとした。この訓練を受けることには二つの利点があった。明らかな利点は士官になって、その後も職業軍人として続ける希望が持てるということであり、それほど明らかでない利点は、この訓練はふつうの兵隊として徴兵されたり志願したりした若者たちよりも、長い期間を必要とするということであった。これによって前線へ送られるまでに、八カ月から九カ月かかることが期待できた。戦争もこの時期になると、一般の兵隊はふつうもっと早く前線へ送られるのであった。

ヒムラーの兄のゲプハルトはすでに一九一六年に士官養成訓練を受け、ついに前線に送られていた。兄のことで家族が大騒ぎをしたり、ますます多くの若者が前線に向かって出発して行くのを見て、ヒムラーは自分も学校をやめて士官養成訓練を受けさせてほしいと、両親に嘆願した。ヒムラーの父親は彼の社会的なつてを動員して、息子の願いをかなえてやろうと全力を尽くした。しかしハインリヒ王子の未亡人のねんごろな推薦にもかかわらず、彼の推薦された連隊はすでに十分な士官養成訓練の志望者を採用していたので、彼を断わった。父親は持ちまえのきちょうめんなやり方で、二十三の連隊に申し込んだが、まずそれぞれの連隊の一番上の士官たちの名前と連隊長につてのありそうな要人たちの名前を書きとめておくというやり方だった。これでも彼は断わり以外の何物も得なかった。その時でさえ、ヒムラー教授は敗北を認めようとはしなかった。五日後に彼は二十四回目の願書を、まだ交渉したことのなかった第十一歩兵連隊に送った。父親がまだ志願の戦いをしている間にハインリヒは一時は希望を失い、自分はふつうの兵隊として軍隊に取られるのではないかと思ったようである。父親のつてを利用して、彼はランツフートの市当局に徴用《ヒルフスディーンスト》勤務の願いを出した。これは軍隊に召集されていない人びとのための、一種の戦争協力の仕事であった。彼は学校をやめてこの勤務に入ったが、それはこれによってしばらく徴兵が猶予されることを望んだからのようである。しかしババリアの文部省が特別の命令を発したために、彼に徴兵の危険がないことがわかると、ハインリヒは再び学校に入った。その後間もなく、彼も彼の父もびっくりしたのだが、二十四回目の志願が実を結んで、彼は数日後にレーゲンスブルクの第十一歩兵連隊に出頭するように命ぜられた。

　最初の一週間の終わりに、彼は自分が士官養成訓練を続けさせられないで、すぐに前線へ送られる予定だといううわさを聞いた。「この話は彼をいっそう深い憂鬱に落とし込み、彼の戦いへの意気込みを洗い去った」（B・F・スミス、一九七一）。両親には自分が絶望的になっているのは、ただ士官になれないからにほかならないと説明しながら、この連隊の士官となっているまたいとこに話を持ちかけて、この問題での助力を頼んでほしいと言った。両親、とくに母親はほとんど息子自身と同じほど恐れおののいた。そして一月たってもまだ、いとこのツァーレ中尉はハインリヒに対して、彼は前線へ送られることはないと保証し、落ち着いて訓練計画を受けるようにとすすめていた。

前線へ送られるという恐怖がしずめられるとすぐに、ハインリヒは自信に満ちた態度を執った。彼はあえてたばこを吸い（たばこは父親にねだらなければならなかったが）、ルーデンドルフ〔訳注。すぐれた作戦計画で知られたドイツの将軍〕が辞任したというまちがったうわさを聞いて、「気に入らないね」と論評するというような政治的情勢の判断も行なった。一九一八年は年の初めから十月初めまで、訓練と前線へ行く命令を待ち受けることで過ごした。この時は彼は前線へ送られることを熱望していたようすで、彼の友人のキストラーもまた前線へ行きたがっていたので、もしどちらか一人だけが命ぜられるような時には、自分をさきにしてもらうために、とくに士官たちの気に入られようと骨折っていた。しかしこれらの努力は何の結果ももたらさなかったので、再び彼は社交的な訪問や劇場通いを始めた。

ここで明らかな疑問は、数ヵ月前にはあれほどおびえていたのに、なぜこの時において彼が前線へ行くことを熱望したのかということである。この一見矛盾したことに対しては、幾つかの答えがある。彼の兄のゲプハルトは戦闘に参加して、正士官に昇進していた。そしてこのことは、ハインリヒに非常にねたましい思いをさせ、自分もまた英雄であることを示したいと熱望させたにちがいない。キストラーとの競争も、彼の不安を忘れてこのささやかな勝負に勝ちたいと思わせる程度の刺激は与えたにちがいない。しかし私にはおもな理由は、むしろほかの何かであったように思われる。ハインリヒが前線に送られるように、これらの努力をしていたちょうどそのころ、彼は書いた。「私には政治情勢は非常に暗いように思われる。まっくらだ……。私はたとえ革命が起こっても、絶対に覚悟を失うまい。革命は決して起こりえないことではない」(B・F・スミス、一九七一)。

ヒムラーは、一九一八年の十月のドイツではほとんどほかの誰もが知っていたように、戦争はもう終わりで負けだということを知るだけの賢明さを持っていた。当時はドイツですでに革命の波が感じられ、三週間後には革命が全面的に起こるというところであったので、前線へ送られることを望んでも、まず安全であった。実際、高まる反抗と革命の気運のために、軍事当局はこれらの若者をまったく前線へ送らないようになったのである。

ヒムラーの意志の欠如と優柔不断さとの別な例証は、彼の職業的生活である。彼の農業を勉強しようという決心は、まったく意外なことであって、その動機はいまだに明らかでない。彼は古典の教育を受けたので、家の者たちは彼が父親と同じ職業につくことを期待したにちがいない。最も考慮に値する説明は、彼がよりきびしくより知的な分野で勉強する自分の能力を疑い、何らかの学問的な地位を得る方法は、農業の勉強にあるように思ったのではないかということである。この農業の選択は彼の最初の目標、すなわち軍隊で職業士官になることに失敗した結果であることを、忘れてはならない。彼の農業生活はほんものかあるいは自称の心臓病によって中断された。しかしそれを続けようとする彼の意図は消えなかった。彼がした一つのことは、ロシア語を学ぶことであった。それは彼が東方へ移住して農民になろうと計画していたからであった。彼はまた結局は義勇兵団《フライコルプス》が東方にいくばくかの領土を征服して、自分にも割り込む余地ができるだろうと考えていたようである。彼は書いた。「今私はなぜ自分が勉強しているのかわからない、私が勉強するのはそれが私の義務だからであり、勉強の中に安らぎを見いだすからであり、また私のドイツ人としての生活の伴侶のためである。いつの日か私はなつかしいドイツから遠く離れた東方で、彼女とともにドイツ人としての生涯を生き、そして戦うのだ」(B・F・スミス、一九七一)。そして一月後には、「今日私の内部で、私はすべての人間とのきずなを断ち、今では私自身にのみたよっている。私の性格に合致し、私を愛する娘が見付からなければ、私はひとりでロシアへ行こう」(B・F・スミス、一九七一)。

これらの宣言はまことに啓示的である。ヒムラーは自分の強い意志を主張することによって、彼の恐怖や孤独や依存心を打ち消そうとしている。女性がいようといまいと、彼はドイツから遠く離れて、まったくのひとりぼっちででも生活しようと言う。そしてこの種のおしゃべりによって、彼は自分がもはや〈母親っ子〉でないことを自分に納得させようとしている。しかし実際には、彼は母親から逃げようと決心するが、次のかどを曲がったところに隠れて、母親が連れに来るのを待っている六つの少年のようにふるまっている。彼が当時二十歳の若者であったことを考えると、与えられた周囲の事情のもとでのこの計画全体は、ヒムラーが自分の利害の直接的な追求に精出していない時に陥りがちだった非現実的な、ロマンティックな夢想の一つであったのだ。

ロシアに住みつく見込みがないことがわかると、彼は南アメリカに農民として住みつこうと考えて、スペイン語を勉強し始めた(29)。いろいろな時期に、彼はペルー、グルジア(ソ連)、トルコなどの土地を考えたが、これらの考えはすべてまったくの白日夢であった。生涯のこの時期には、ヒムラーには行くところがなかった。彼は士官にはなれなかった。彼にはドイツで農民になる金さえなかった——まして南アメリカなどなおさらのことであった。彼には金がないだけでなく、この場合に必要な想像力、忍耐、そして独立心もなかった。彼はほかの多くの連中、すなわち社会的にも職業的にも行くところがなく、しかも野心的で出世したいという熱烈な欲望を持つがゆえにナチスになった連中と、同じ立場にあったのである。

(29) 彼の方法もまた、彼の杓子定規で方法論的な方向づけの特徴を表わしている。彼はまず言葉を学ぶのだが、それは言葉を学ぶための目標を達成する実際的な可能性がまったくないうちに始めるのである。しかし言葉を学ぶことは何の害も与えない。それは決定を下すことを要求しないし、実際には何もしないでぶらぶらしている時でも、自分には大きな計画があるのだと彼に信じさせてくれる。まさにこれが一九二〇年代の初めにおける彼の状況であった。

ある目的を達成することについての絶望、そしておそらくは誰も自分を知らない遠いところへ行きたいという願いは、彼がミュンヘンで学生時代に経験したことによって、大いに強められたにちがいない。彼はある学生社交クラブの会員になり、人気を得るためにあらゆることをした。彼は病気の会員を訪問し、どこへ行っても会員や同窓生を探し求めた。しかし彼は仲間の会員たちにあまり人気がなく、中には、まったくあからさまに彼に対する不信感を表明する者もいたので、心を痛めた。彼の固定観念や、彼の絶え間のない組織活動やおしゃべりが彼をいっそう不人気にし、彼がその社交クラブの或る地位に選ばれようとした時も拒否されてしまった。娘たちとの関係においては、彼は決して持ちまえの用心深く堅苦しい態度以上には出なかった。そして彼は「自分と異性との間にあまりに距離を置いたので、彼の純潔が脅かされる危険は、間もなくほとんどなくなった」(B・F・スミス、一九七一)。

彼自身の職業上の見込みが絶望的になればなるほど、ヒムラーは過激な右翼思想に引かれていった。彼は反ユダヤ主義の文献を読んだ。そしてドイツの外務大臣のラテナウが一九二二年に殺害された時、彼は喜び、ラテナウを〈やくざ者〉と呼んだ〔訳注。ラテナウはユダヤ系ドイツ人〕。彼はやや正体のあいまいな極右組織〈自由《フライヴ》の道《エーク》〉の一員となり、そしてヒトラー運動の活動家であったエルンスト・レームと知り合った。極右とのこれらの新しい共感や結びつきにもかかわらず、彼はなおも用心して完全に彼らと運命を共にするまでには至らず、ミュンヘンにとどまって、ふだんの生活を続けた。「というのは、彼の政治活動や、自分自身と自分の将来についての苦悩にもかかわらず、彼の多くの習慣や昔ながらの生活様式、たとえば教会通い、社交的訪問、社交クラブのダンス・パーティ、そしてよごれた洗濯物をインゴルシュタット〔母親のいるところ〕へ送ることなどが依然として根を張っていたからである」（B・F・スミス、一九七一）。彼をこの職業的な危機から救ったのは、彼の教師たちの一人の兄弟がしてくれたある職の紹介であった。それは窒素肥料の会社の技術助手の職で、そこで彼は会社の肥料の研究に従事するように命ぜられた。しかし奇妙なことに、彼を実践的な政治の領域に直接に連れ込んだものこそ、まさにこの職であった。彼が働いていた工場は、ミュンヘンの北のシュライスハイムにあった。そして新しくできた疑似軍隊組織の一つである〈ブリュッヒャー同盟〉の本部が、たまたまそこにあった。彼がこの活動の中枢に引きつけられないで済ますことは、まずできなかっただろう。そしてずいぶんためらったのちに、彼はとうとうヒトラーのNSDAP(30)に加わったが、これは互いに張り合う右翼団体の中でもとくに活動的であった。当時のドイツとババリアにおけるいろいろなできごとを記述すれば、あまりにも多くの紙面が必要になるだろう。要するにババリア政府は右翼団体の助けを借りて、ベルリンのドイツ政府に反抗するという考えを一時はいだいたのだが、結局は行動しえなかった。一方ヒムラーはシュライスハイムの職を離れ、軍隊に入ったが、それは国防軍のための補充中隊であった。しかしながら、彼の中隊にはベルリンの政府に対する反抗に進んで参加しようとする連中があまりにも多かったので、この隊は国防軍によって解散させられた。かくしてわずか数週間後に、ヒムラーの新しい軍隊生活は終わった。しかしその間にヒムラーはレームと親しい関係を結んだ。そしてミュンヘン一揆〔訳注。一九二三年にヒトラーが試みて失敗した〕の日に昔の帝国の軍旗をささげ、陸軍省の占領を目ざす隊列の先頭に、レームと並んで行進したのはヒムラーであった。レームと彼の部下たちは陸軍省を包囲したが、彼らもババリア警察に包囲された。ヒトラーはレームを救出しようと試みたが、戦没者記念碑に集結していた軍隊に向かって進撃する結果となって、敗北した。レームの一味（〈帝国軍旗〉）の指導者たちは拘留され、ヒムラーとほかの連中は武器を捨て、警察に名のって家へ帰った。

(30) Nationalsozialistische Deutsche Arbeiterpartei（〈国家社会主義ドイツ労働者党〉）。

ヒムラーは、軍旗をささげ持った自分にまだ陶酔してはいたが、逮捕されることにおびえると同時に、政府が自分に関心を持っていないことに失望もした。彼には禁止された組織と一緒に運動するような、逮捕される危険のあることをする勇気はなかった。（逮捕されても何も恐ろしい結果にはならなかったであろうことを、理解しておく必要がある。おそらく彼は釈放されるか、無罪となるか、それともヒトラーのように拘置所《フエストウング》――そこを出る権利以外のあらゆる便宜を備えた気持ちのよい場所であった――に短期間留置の宣告を受けるかであっただろう。）その代わりに彼は合理化によって自分を満足させた。「友として、とくに民族《フエルキッシュ》運動の兵士および献身的な一員として、私は決して危険から逃げることはしない。私たちはお互いに対する、そして運動に対する義務として、いつも戦う態勢になければならない」(B・F・スミス、一九七一)。したがって彼は禁止されていない民族運動で活動し、職を探し続け、トルコに何か魅力的な地位を見付けようという考えを一時はいだいた。彼はソビエト大使館に手紙を書いて、ウクライナへ行く機会はないかと尋ねさえした――この狂信的な反共産主義者にしては奇妙なやり方であった。この時期に彼の反ユダヤ主義もいっそうひどくなり、性的な色合いも帯びるようになったが、これはおそらく彼がたえず性にとりつかれていたからだろう。彼は自分の会った娘たちの品行について思いを巡らし、好色本が手に入る時はいつでも飛びついた。一九二四年に旧友たちを訪問している時に、彼は彼らの蔵書の中に、一九〇四年にドイツで発禁になったC・F・シュリヒテグロルス(C. F. Schlichtegrolls)の『僧衣のサディスト』(*Ein Sadist im Priesterrock*)を見付けた。彼は一日でそれを走り読みした。概して彼の呈した人間像は、女性と関係を持ちえないことで悩んでいる、抑制されおびえた若者として期待されるとおりのものであった。

彼の将来についての問題は、ついに解決された。〈国家社会主義自由運動〉(*Nationalsozialistische Freiheitsbewegung*)の指導者の一人であり、その低地バヴァリア大管区長であったグレゴール・シュトラッサーが、彼の秘書および主任助手という職をヒムラーに提供した。彼はすぐに承諾し、ランツフートへ行って、シュトラッサーとともに党内で地位を高めた。シュトラッサーは、ヒトラーとはまったく違った考えを主張していた。彼はナチスの計画における社会革命的な特徴を強調し、弟のオットーおよびヨーゼフ・ゲッベルスとともに、このより過激な一派の指導者であった。彼らはヒトラーを上流階級的な志向から引き離そうと欲し、党は「反ユダヤ主義をわずかに含んだ社会革命の宣言を公表」すべきであると信じていた。しかしヒトラーは彼の方針を変えなかった。ゲッベルスはどちらの側が強いか知っていたので、自分の考えを捨ててヒトラーに従った。シュトラッサーは党を離れた。そしてSA〔訳注。ナチスの突撃隊〕の隊長で、やはりより過激な革命思想を主張していたレームは、ヒトラーの命令によって殺されたが、実際に手を下したのはヒムラーの部下のSSであった。レームやその他のSAの指導者たちの死は、ヒムラー自身が最高の地位に上る発端であり、かつ条件であった。

しかしながら、一九二五年から二六年にかけては、NSDAPは小さな党であり、ワイマール共和国〔訳注。ドイツ革命後、ナチスが政権を握るまで、ワイマール憲法によって運営されていたドイツ国のこと〕はさらに安定したように見えたので、ヒムラーはどうやらかなりの疑いをいだいたらしい。彼はかつての友だちを失い、「彼の両親でさえ、彼の党活動に賛成しないばかりか、彼をことわざにも言う失われた息子〔訳注。新約聖書ルカ伝十五章、十一節以下参照〕と見なしていることを明らかにした」(B・F・スミス、一九七一)。彼の給料はわずかで、彼はしばしば金を借りなければならなかった。かくして、農場経営者としての堅実な地位を得たいというかつての願望が再び彼をとらえたとしても、また彼がトルコへ移住するという考えを再び一時的にいだいたとしても、驚くには当たらないのである。しかしながら彼は依然として党員の地位にとどまっていた。というのは職を見付けようとする彼のあらゆる試みがすべてむだであったからである——党の思想に対する彼の忠誠心が、それほど強くゆるぎないものであったからではない。その後間もなく、事態は明るくなった。グレゴール・シュトラッサーが一九二六年に党の宣伝活動の全国的な指導者となり、ヒムラーは彼の代理に任命された。

わずか三年後に、ヒムラーは三百人の親衛隊《シュッツ・シュタフェルン》員を指揮していた。これは一九三三年には五万人の軍隊にまで成長したのであった。

ヒムラーの伝記の中で、スミスは論評している。「私たちの頭を大いに悩ませるのはSSの組織でもなく、ドイツ警察の長官としてのヒムラーの最終的な地位でもなく、何百万という人間の拷問であり、さらに何百万以上の人間の抹殺である。これらの問いに対する直接の答えは、ヒムラーの少年時代や青年時代に見いだすことはできない」（B・F・スミス、一九七一）。私はスミスの言うことが正しいとは思わない。そこでヒムラーのサディズムは、彼が自らの名前を血まみれの怪物として歴史に登場させるほどの規模でそれを実行する機会を得るよりずっと以前に、彼の性格構造に深く根ざしていたことを明らかにしようと試みるつもりである。

私たちは他の人間に対する絶対的で無制限な権力への情熱という、サディズムの広い定義を心にとどめておく必要がある。肉体的苦痛を与えることは、この全能への願望の現われの一つであるにすぎない。またマゾヒスティックな服従性はサディズムの反対ではなく、共棲的システムの一部であって、完全な支配と完全な服従は、同じ基本的な致命的無能力の現われであることをも忘れてはならない。

ヒムラーが他人に対する悪意ある告発を楽しんでいたことを示す最も初期の例の一つは、ヒムラーが十六歳の時の戦争中のあるできごとだろう。ババリアで休暇を過ごしていた何人かの裕福なサクソニー人が、食糧をため込んで、そういう品物がはるかに手に入れにくくなっていた家の方へそれを送った。彼らは新聞で告発されたが、スミスの信じるところでは、彼らが買った品目についてヒムラーがずいぶん多くのことを知っていたことは、「彼がその摘発になんらかの役割を演じたことを確かに暗示している」（B・F・スミス、一九七一）。ヒムラーが一九一九年に書いた短い詩も、彼の残酷な傾向を表現している（B・F・スミス、一九七一から）。

フランス人よ、フランス人よ、用心しろ。
お前たちには許しはない。
おれたちが恐怖の限りを尽くす時、
おれたちの弾丸はうなりを生じて飛び、
お前たちの間に驚愕と戦慄をまき散らす。

彼が新しい友だちや父親像を見付け始めたために以前よりはいくぶん多くの独立感を得た二十一歳のころから、彼は父親に対して少し大様な態度を執り始めた。もっとも彼は常に自分の説教をしかるべき作法の中に隠していた。そして一方兄のゲプハルトに対する大様な説教はますます悪意に満ちたものとなった。

ヒムラーのサディズムの発達の跡をたどるためには、彼のゲプハルトに対する関係の意味を理解することが必要である。[31] ゲプハルトは実際にハインリヒの正反対であった。彼はのんきで人気があり、恐れを知らず、娘たちにもてた。二人がもっと幼かったころは、ハインリヒはゲプハルトを崇拝していたようだが、ハインリヒが失敗した多くの事にゲプハルトが成功した時、この崇拝は苦い羨望に変わった。ゲプハルトは戦争に行き、戦場で昇進し、第一級の鉄十字章を受けた。彼はある魅力的な娘と恋に陥り、婚約したが、弟は名誉も愛も持たず、無器用で弱虫で人気がなかった。ハインリヒは彼の忠誠心をゲプハルトから、ゲプハルトをねたむ理由を持っていたまたいとこのルートヴィヒに移した。初めのうちは、彼は兄を規律と意志を欠いているとか、あまり英雄的でないとか、不注意であるとかの理由できびしく批判するだけであった――例によって、自分自身が持っている欠点を他者に移して批判するのであった。しかし将来の警察長官は、ゲプハルトがパウラという名の彼らの遠いいとこで、魅力的だったらしい娘への求婚に成功してからは、彼との関係において完全な成長を遂げたようである。この娘は、内気で引っ込みがちで純潔な婚約者というハインリヒの観念には、適合しなかった。そして不幸にもパウラとゲプハルトとの間が、彼女の昔の「無分別」と称するもののために、少しもめた。ゲプハルトはハインリヒに手紙を書き、パウラの家へ行って、この問題を収めるのに協力してほしいと懇願した。この異常な懇請は、ハインリヒがおそらくは両親と共謀することによって、すでにどこまで兄を従えるのに成功していたかを示している。ハインリヒはパウラに会いに行ったが、どういうことがあったかは知られていない。しかしながら、数日後に彼が下書きした手紙は、どうやら彼女に四つの貞節の誓いを立てさせたあとのものらしく、彼の威圧的な性格の一端を私たちに示してくれる。

僕はあなたがこれらの四つの事を守るであろうということ、とくにゲプハルトが面と向かって直接にあなたに働きかけるかぎりはそうであろうことを、喜んで信じましょう。しかしそれだけでは十分ではないのです。たとえ男が何年も家を離れて花嫁に会わなくても、また長い間お互いに便りがなくても（それは来たるべき恐ろしい戦争において、あまりにも容易に起こりうる事態です）、男は花嫁から、彼女がいかなる言葉によっても、目くばせによっても、キスによっても、身ぶりによっても、考えによっても、彼に不実を働くことはないという確証を得なければならないのです……。あなたには試練が与えられたのです。あなたはそれに耐えうるはずであり、また耐ええなければならない（原文に下線）のに、恥ずべきことにあなたは耐えなかったのです……。もしあなた方の結婚をあなた方二人にとって、そして民族《フォルク》の健康――それは健全で道徳的な家族をもとに打ち建てられなければならないのです――にとって幸福なものとしたいのなら、あなたは蛮勇（原文に下線）を奮って自分を支配しなければなりません。あなたは自分を強くしっかりと扱わないで、ごくわずかしか自分を支配していないし、またあなたの将来の夫は、私がすでに言ったようにあなたには立派すぎるし、またあまりにもわずかしか人びとを理解せず、かと言って、今の世の中からこういうことを学べと言っても無理でしょうから、ほかの誰かがそれをしなければなりません。あなた方二人がこのことで僕に交渉し、僕を引き込んだのだから、僕にはそれをする義務があると思うのです。

（31） ハインリヒのゲプハルトとの関係についての私の以下の議論のよりどころは、B・F・スミス（一九七一）の中の記述である。

その後七カ月の間、ハインリヒはあからさまな干渉を避けたが、一九二四年の二月になって、彼はほんとうか嘘かは別として、パウラが再び「無分別」を犯したと信じるに足る、ある情報を得た。今度は彼は兄に言うことさえせず、その話をすぐに両親にして、一家の名誉のために婚約を破棄しなければならないことを、彼らに納得させようとした。彼の母親は屈服して涙ながらに同意した。そしてとうとう彼は父親をも説得した。その時になって初めて彼は直接にゲプハルトと話をつけた。「ゲプハルトが彼の言うとおりにすることに同意し、婚約を破棄することを認めた時、ハインリヒは勝ち誇ると同時に、兄が抵抗しなかったことを軽蔑した。彼の言葉によれば、『まるで彼〔ゲプハルト〕には全然魂がないみたいで』あった」。この二十四歳の若者は父と母と兄を圧倒して、自らを一家の実質的な独裁者とすることに成功したのである。

婚約の破棄は、ヒムラー家にとってとくに不愉快なことだったが、パウラの一族が彼らの遠い親戚なので、なおさらのことであった。「しかし両親やゲプハルトが破談の交渉を最後までやることに少しでも気の進まないようすを見せる時はいつでも、ハインリヒはすぐにまた圧力をかけるのであった。彼は双方の友だちを訪問して、なぜ婚約を破棄しなければならないかを説明し、その過程において娘の評判をずたずたに引き裂いてしまった。パウラから手紙が届いた時、彼の反応は『立場を固守して狐疑逡巡しない』ことの必要性を強調することであった」。ここにおいて、彼の兄や両親を支配しようという願望は、まったくサディスティックな悪意の特徴を帯びていた。彼は娘の評判を台なしにすることを望んだ。そして両親とゲプハルトと娘の一家をさらにいっそうはずかしめるために、交換したすべての贈り物を返すべきであると主張した。相互の同意によって婚約を破談にしようという父の願いは、ハインリヒによって退けられ、彼のきびしい方針が勝利を収め、彼は結局すべての妥協を拒否した。ヒムラーは全面的勝利を収め、すべての人たちをまったく不幸にしたのである。

たいていの場合なら、物語はここで終わっただろう、しかしハインリヒ・ヒムラーの場合はそうはならなかった。彼は私立探偵を雇ってパウラの行状を監視させ、彼に「君が聞きかつ証明できる！」話を集めるように頼んだ。私立探偵は彼女の評判を危うくするような話を集めて彼に知らせた。ヒムラーはこの機会を利用してさらにパウラの一家をはずかしめるために、彼が前にもらったが返すのを忘れていたと称して、ただ名刺だけ付けてまた贈り物を返した。「彼の最後の猛攻が、一一カ月後に双方の友だちへの手紙となってやって来た。彼は彼らに、ヒムラー一家の悪口を言わないようパウラに言ってくれと頼み、そして次のような警告を付け加えるのである。自分はやさしい人間だが、『もし誰かに強要されたら、僕はまったく違った人間になるでしょう。その時には敵が社会のすべての地位から、社会的にも道徳的にも追放されるまでは、僕はいかなる偽りのあわれみによっても、ほこを収めはしないでしょう』」(傍点はフロム)。

これはヒムラーが、当時の情勢のもとで行使しえた悪意の支配の極致であった。彼が自らの策謀によって、新しい政治情勢を自分の目的のために利用できるようになった時、彼は彼のサディズムを歴史的な規模で実行に移す可能性を得た。しかしSSの隊長も、若かりし日のヒムラーがパウラをおどす時に用いたのと、本質的には変わりない言葉でしゃべった。これは二十年後(一九四三年)に、黒服隊の秩序について述べたヒムラーの演説に例証されている。

> 一つの原理がSSにとって、絶対的な正当性を持たなければならない。すなわち誠実であり、品位を保ち、忠誠を守り、われわれと血を同じくする者にのみよき同志となり、その他の者は除外することである。ロシア人あるいはチェコ人にとって何が起こるかは、われわれにはまったく関係のないことである。他の民族がよい血を持っているなら、われわれは必要とあれば彼らの子供を奪い、われわれの間で育てることによって、それを彼らから取るであろう。他の国民が繁栄の中に生きるか、あるいは飢えで滅びるかに私が関心を持つのは、ただわれわれの文化に奉仕する奴隷を必要とするからである。さもなければ私は何の関心も持たない。機甲部隊《パンツァー》のための壕を造るために、一万人のロシア人の

女が倒れるか倒れないかに私が関心を持つとすれば、それはただ壕がドイツのために完成するかぎりにおいてのみである。われわれは必要がなければ、決して残酷にも無情にもならないであろう（J・アッカーマン、一九七〇。傍点はフロム）。

この声明において、サディストは何のはばかりもなく自分を十分に表現している。彼は他の民族の血がよいものであれば、彼らの子供たちをも奪うだろう。彼はおとなを「われわれの文化に奉仕する奴隷」として扱い、彼らが生きようと死のうと、何の関心も持たない。この演説の終わりの部分は、ヒムラーおよびナチスが用いた二重の意味を持つ表現の典型である。彼は聴衆および自分に対して、必要な時にのみ残酷無情になるのだと確言することによって、彼の精神的なやさしさを主張する。これは彼がすでにパウラに対するおどしに用いたのと同じ合理化である。「もし誰かに強要されたら」、僕は無慈悲になるだろう。

ヒムラーはおびえた人間で、つねに彼のサディズムを飾りたてるための合理化を必要とした。彼はまた自分の残酷性の証拠を目のあたりに見せられることから、自分を守ることをも必要としたのかもしれない。カール・ウォルフの伝えるところでは、ヒムラーは一九四一年の夏の終わりにミンスクでの大量処刑に立ち会って、かなりショックを受けたという。しかし彼は言った。「それでもなお、私たちがこれを見たのは正しかったと私は思う。生と死を決定する立場にある人間は、死ぬとはどういうことであるか、そして自分で死刑執行の責任者に対してどういうことを依頼しているのかを、知らなければならない」（K・ウォルフ、一九六一）。彼の部下のSS隊員の多くは、これらの大量処刑のあとで吐きけを

催した。自殺したり、精神病になったり、その他のひどい精神的損傷に悩まされる者もあった。(32)

(32) アウシュビッツの収容所長R・ヘス参照(J・アッカーマン、一九七〇に引用)。SSの最高指揮官たちに対する、ヒムラーの一九四三年十月の演説も参照のこと。これは彼の皆殺し作戦の一つのありうべき結果としての〈神経衰弱〉について述べている(コブレンツ、ナチス文庫、NS一九、H・R・一〇)。

ヒムラーのサディスティックな性格を語るためには、彼のやさしさとしてしばしば述べられてきたことを論じないわけにはいかない。私はすでに彼が学生社交クラブの病気の会員たちを訪問することによって、人気を得ようとしたことに触れたが、彼はほかの場合にも同じようなことをしている。彼はある老婦人にケーキや巻きパンを与えて、日記に記録した。「これ以上のことができればと思うが、私たちも貧乏人なのだ」。(嘘だ。というのは彼の一家は富める中産階級の家庭で、貧乏人とはほど遠いものであったからだ。)彼は友人たちと慈善興行を催し、その利益をウィーンの子供たちに贈った。また彼が部下のSS隊員に「父親のような」態度で接したことは、多くの人びとの論評するとおりである。しかしながらヒムラーの性格の全体像から、私はこれらの親切な行為のほとんどは、ほんとうの親切心の表明ではなかったという印象を得ている。彼は彼自身の感情の欠如と冷たい無関心を補償し、自分にも他人にも自分は現実の自分と違う人間であるように、言い換えれば、感じてもいないことを感じているように確信させる必要があったのだ。彼はやさしさと心づかいの見せかけによって、自分の残酷さと冷たさを否定しなければならなかった。彼は狩猟をきらっていて、自分でも臆病だと評していたが、これさえも、彼がある手紙で大きなけものの狩猟を、善行に対する報償としてSS隊員にすすめてやらせることを提案しているのを見れば、あまり本気であったとは思われない。彼は子供や動物には親切であったが、ここにおいてさえ懐疑論を認めなければならない。というのはこの男がした事で、自分の出世を速める目的を持たなかったものはほとんどないからである。もちろんヒムラーのようなサディストでさえ、ある種の境遇にいるある種の人びとへの思いやりというような、ある種の肯定的な人間的特性を持つことはありうるし、ヒムラーがこういう特性を持つことを期待する人もあるだろう。ヒムラーの場合にこれらを信じることがこれほどむつかしいのは、彼がまったく冷たい人間であって、自分の利己的な目標のみを追求していたからである。

サディズムには善意の型もあって、その場合は他人に対する支配は他人を傷つける目的を持たず、他人自身に利益をもたらす意図から出たものである。[33] しばしばやさしさのような印象を与えるこの善意のサディズムが、ヒムラーにはいくらかあったのかもしれない。（両親にあてた手紙では彼の大様な説教は、部下のSS隊員との関係と同じように、おそらく善意の面を持っている。）一つの例は、SSの高級士官であったコトゥリンスキー伯爵にあてた、一九三八年九月十六日付の手紙である。「親愛なるコトゥリンスキー。君はひどい病気になって、心臓がずいぶん悪かったようだね。君の健康のために、今後二年間たばこを吸うことを禁止する。二年が過ぎたら、健康診断書を私に送りたまえ。そののちにたばこの禁止を解除するかそれとも続けるかを決めよう。ヒトラー万歳」（H・ハイバー〔H. Heiber〕、一九五八に引用）。同じような教師的口調が、強制収容所の収容者たちに行なった医学的実験について、不満足な報告書を書いてよこした、SSの主任医師のグラヴィッツにあてた手紙（一九四二年九月三十日付）に見られる。

この手紙を読んでも、私が主任医師としての君を首にするのかどうか、いつまでもくよくよひとりで考えないでほしい。この手紙の意図はただ、長年の間君のおもな欠点だった虚栄心をそろそろ捨てて、君のすべての仕事に真剣に本腰を入れて取り組み、最も不愉快な仕事にも勇気をもって取り組み、最後にはぺちゃぺちゃおしゃべりするだけで物事をうまくやることができるというような、癖も考え方も捨ててほしいということだけなのだ。もし君がこのことを学んで自分を制御するなら、すべてはうまく行くだろうし、その時は私も君および君の仕事に満足することになるだろう（H・ハイバー、一九五八に引用）。

（33）E・フロム（一九四一）における〈善意の〉サディズムについての論議を参照のこと。

ヒムラーのグラヴィッツにあてた手紙が興味深いのは、その教師的な口調のためだけでなく、さらにヒムラーがこの医師にあれほどはっきりと彼自身が持っていた欠点――虚栄心、勇気のなさ、そしておしゃべり――をなくすようにさとしているからなのである。この書簡集は、彼が厳格で賢明な父親役を演じている同じような手紙でいっぱいである。これらの手紙の相手の士官たちの多くは、封建貴族の階級に属していたので、彼らに彼の優越性を示し、彼らを生徒のように扱うことがヒムラーに格別の満足感を与えたと推測しても、そう的はずれではないだろう。（これはもはや善意ではない。）

ヒムラーの最期は、彼の生き方と同じように彼の性格に一致したものであった。ドイツが戦争に負けたことが明らかになった時、彼はスウェーデンの仲介者たちを通して、自分が主役となって西側と交渉する準備をしていた。そしてユダヤ人たちの運命についての譲歩を申し出た。これらの交渉において、彼はそれまであれほどかたくなにしがみついていた政治的信条を、一つ一つ放棄していった。もちろんただ交渉を始めたというだけで、忠実なる《デア・トロイエ》ハインリヒと呼ばれていた彼は、彼の偶像であるヒトラーに対して最後の裏切りを犯したのである。連合軍が彼を新しいドイツの〈総統《フューラー》〉として受け入れるだろうと考えたということが、彼の凡庸な知能と政治的判断の欠如のしるしなのだが、一方では敗北したドイツにおいてさえ、自分が最も重要な人物だと思うほどのナルシシズム的な気取りのしるしでもあった。彼は連合軍に降服してSSの責任を取ったらという、オーレンドルフ将軍の申し出を断わった。忠誠と責任を説いた人間が、今や性格にそむかず完全な不実と無責任を示したのだ。彼は片目に黒い眼帯を掛け、口ひげを落とし、にせの身分証明書を持ち、伍長の軍服を着て逃げた。彼が逮捕されて捕虜収容所へ連行された時、彼のナルシシズムは何千人という無名の兵士たちと同じように扱われることに耐えられなかったらしい。彼は収容所長に会うことを求め、彼に言った。「私はハインリヒ・ヒムラーだ」。しばらくして彼は、穴のあいた歯に詰めていたシアン化合物のカプセルをかんだ。わずか数年前の一九三八年に、彼は士官たちへの演説で言った。「それによって困難を避けられると信じるがゆえに、自らの生命をよごれたシャツのごとく投げ捨てる人間を、私は容認しない。そのような人間は動物のごとく埋葬されるべきである」(J・アッカーマン、一九七〇)。

かくして彼の人生の輪は閉じた。彼は彼自身の弱さと致命的な無能力の体験を克服するために、絶対的な権力を得なければならなかった。この目的を達成してからは、彼は自らの偶像を裏切ることによってこの権力にしがみつこうとした。彼がふつうの兵士のように何十万人の一人として収容所にいた時、彼は完全な無力の状態へ還元されることに耐えられなかった。彼は彼にとっては弱虫の役割である、無力な人間の役割へ逆戻りさせられるよりは、死を選んだのである。

要約すれば

ヒムラーは典型的な肛門愛＝貯蓄的、サディズム的、権威主義的性格の例である。彼は弱い人間であった。（弱いと感じるだけではなかった。）彼はある種の安心感を自分の秩序正しさと杓子定規の中に見いだし、また強力な父親像に服従することによって見いだした。そして結局、自分の致命的な無能力感、内気さ、不安感を克服する唯一の方法として、他人を無制限に支配する情熱を発達させた。彼は人生からより大きな力と自尊心を与えられたほかの人びとへの、極度の羨望を覚えた。彼の致命的な無能力とその結果生じる羨望とは、それが兄ゲプハルトの婚約者であれ、ユダヤ人であれ、そういう人びとをはずかしめ、滅ぼそうとする悪意に満ちた願望をもたらした。彼はまったく冷たく無慈悲で、そのためいっそう強い孤独と恐れを感じたのであった。

ヒムラーはまた完全な日和見主義者でもあった。彼のサディスティックな情熱は、いつも彼が自分にとって有利だと思うことによって左右された。彼は不実で、しんからの嘘つきであった——他人に対してだけでなく、自分に対しても同様に。彼がたえず説いた美徳のすべては、彼自身が持っていないためにいっそう目立っていた。彼は「忠誠こそわれらが名誉」というSSの標語を造り、そしてヒトラーを裏切った。彼は力と堅固さと勇気を説いたが、彼は弱く、だらしなく、臆病であった。〈忠実《トロイエ》なるハインリヒ〉は嘘の権化であった。おそらく彼が自分についてかつて語った唯一の真実は、彼が軍隊で訓練を受けていた時に父親にあてて書いた文章であろう。「僕はキツネのように悪賢いのですから、僕のことで心配しないでください」（B・F・スミス、一九七一）[34]。

(34)　ヒムラーは多くの政治的指導者の中でも、イメージと現実との矛盾したよい例である。彼は無慈悲なサディストで臆病者なのだが、やさしく、忠実で、勇気のある人物というイメージを作り上げている。ドイツの〈救世主〉で、この国をほかの何よりも〈愛した〉ヒトラーは、彼の敵のみならず、ドイツ自身の無慈悲な破壊者であった。〈彼の国のやさしき父〉であったスターリンは、その国をほとんど破壊し、精神的に毒した。もう一つの顕著ないかさまの例は、ムッソリーニであった。彼は〈危険に生きる〉ことをモットーとする、攻撃的で勇気のある男の役割を演じていたが、個人的には異常なほど臆病な人間であった。ムッソリーニがまだ社会主義者であったころ、ミラノで『アヴァンティ』の共同編集者であったアンジェリカ・バラバノフが私に語ったところでは、検査のためにムッソリーニから血を採った医者が、こういう場合に彼ほど臆病にふるまう人間はめったに見たことがないと言ったそうである。そのうえ、ムッソリーニは一緒に家まで歩いて帰るために、毎日午後彼女が事務所を出るのを待っていた。彼は言った。「僕は影や木がみなこわいんだ」。（当時は彼の身の安全については、何の心配もなかった。）彼の臆病の例は、ほかにも多くある。後年の例を一つあげれば、彼のむこのチアノ伯が死刑の宣告を受けたのに、刑の執行の停止を命令できる二十四時間の間に、ムッソリーニ――その判決を軽減できる唯一の人物――を動かすことができなかったのである。

行動主義者なら、周囲の事情がサディスティックにふるまうことを有利にするまでは、ヒムラーは正常な人間であったのではないかと、さらに問うかもしれない。

私は私たちの分析がすでにこの問いに答えていると思う。私たちはサディズムの発達のあらゆる条件が、彼の発達の初期において与えられていたことを見た。私たちは彼の初期の不安、めめしさ、臆病、無能力感の発達の跡をたどった。そしてこれらの属性だけでも、サディスティックな補償の生じる可能性を暗示するだろう。そのうえ私たちは彼のあまりにも秩序正しく、杓子定規な、典型的に肛門愛＝貯蓄的で権威主義的な性格を見た。最後に私たちは、彼が権力を握るよりずっと前に兄の婚約者を扱った際の、彼の顕在的で有害なサディズムを見た。私たちが到達しなければならない結論は、この親衛隊長は彼が隊長となる前にサディスティックな性格であったということ、彼の地位は歴史的な舞台の上で彼のサディズムを実行に移す機会を彼に与えたが、そのサディズムは前からそこにあったということである。

この問いは今までしばしば発せられてきた別の問いを生み出す。もしヒムラーがナチスが権力を握った時代に生まれないで、しかも彼が兄の婚約に介入した時と同じ性格を持っていたとしたら、彼はどうなっただろう。この答えを見いだすことは、たいして困難ではない。彼はふつうの知能を持っていて非常に秩序正しかったから、おそらく官僚制システムの中で、たとえば教師とか、郵便局員とか、大企業の従業員などのような位置を得たことだろう。彼は上司たちに巧みにへつらったり同僚を陥れたりして、容赦なく自己の利益を求めたから、きわめて高い地位に上ったかもしれないが、彼には建設的な想像力やすぐれた判断力が欠けていたので、おそらく最高の地位には至らなかっただろう。彼は同僚たちには徹底的にきらわれただろうが、おそらくある有力な上司のお気に入りになっただろう。彼はヘンリー・フォードが労働組合に反対していたころなら、フォード会社のすぐれた手先となっただろうが、現代の会社においては、彼の冷たさのためにあまり人気がないだろうから、すぐれた人事部長になることはまず無理だろう。彼の葬式では、彼の上司も牧師も彼をやさしい父親として夫として、そして教区委員としていつまでも模範と仰がれ、人を感化するような無私の奉仕をなした責任ある市民として、たたえたことだろう。

私たちの間には、何千人というヒムラーが生きている。社会的に言えば、彼らはふつうの生活においては小さな害を与えるだけである。もっとも、彼らが危害を加え、まったく不幸にしてしまう人びとの数を過小評価してはならないが。ところが破壊と憎しみの力が国家全体をのみ込みそうになると、このような人びとは極端に危険となる。彼らは恐怖と拷問と殺しをつかさどる政府の手先として、政府に奉仕することにあこがれる人びとである。多くの人びとは、潜在的なヒムラーは遠く離れたところからでも容易にわかると信じているが、これはひどい誤りである。性格学の研究の目的の一つは、潜在的ヒムラーはほかの誰とも同じように見え、その違いがわかるのは、性格を読み取ることを学んで、周囲の事情が〈怪物〉に本性を現わすことを許すまで待つ必要のない人たちだけだ、ということを示す点にある。

ヒムラーを無慈悲なサディストにした要因は何か。単純な答えなら、貯蓄的性格を生み出す傾向を持った要因について、私たちがさきに論じたことを参考にして、見いだすことができるだろう。しかしこれでは満足な答えにはならない。というのは、ヒムラーの性格は極端な、そして極度に悪性な形の貯蓄的性格を呈していて、それはごく軽度にサディスティックな貯蓄的人間に比べると、ずっと数が少ないからである。もし私たちが〈ヨーロッパの警察犬〉の性格発達をもたらした要因を求めようとすれば、私たちが最初に出会うのは、彼と両親との関係である。彼は彼の依存性を促進した母親に縛られていたし、権威主義的でやや弱い父親を持っていた。しかし同じような経歴を持ちながら、ヒムラーとならない人びとが何百万といるのではないだろうか。実際、一つや二つの孤立した要因では、決してある人物の特殊な性格の説明にはならない。相互に関連した要因の全体系によってのみ、性格発達の多少とも十分な説明が可能である。ヒムラーの場合、私たちはほかにも幾つかの要因を見た。すなわち、おそらくは多くの肉体的病気やそこなわれた体質が生み出したと思われる、肉体的弱さと無器用さ。社会の周辺的な彼の地位から来る社会的劣等感。これは貴族階級に対する彼の父親の服従的で崇拝的な態度によって助長された。女性に対する臆病さ。これは母親に対する固着によって、無力なめめしい気持をいだいたことに原因するかもしれない。彼の極端なナルシシズム、および彼の欠いていたすべての資質を備えていた兄への嫉妬。ほかにも、一つには情報の不足から私たちが触れなかった要因が多くあって、これらは十分な人間像を与えてくれるだろう。さらに考えなければならないことは、遺伝的に決定された要因があって、それらはサディズムの原因ではないとしても、サディズムへの傾向をもたらしたのかもしれないということである。しかしほかのいかなる要因にもまして私たちが考えなければならないことは、ヒムラーの一家が生活していた無味乾燥で、平凡で、杓子定規で、不誠実で、生気のない雰囲気の持つ病原的な力のことである。愛国心と誠実の偽善的な表明以外の価値はなく、社会のはしごの上の彼らの不安定な地位に何とかしがみつく以外には、希望はなかった。弱い小さな少年が枝を伸ばすのを助けるような新鮮な空気は、精神的にも知的にもなかった。しかも問題は家庭の存在にとどまるものではなかった。ヒムラー一家は、帝政の最低の周辺部にあって怨恨と無能力感と喜びのなさに苦しむ社会階級の一部であった。これがヒムラーの育った土壌であった――そして革命が彼の社会的地位と価値を打ち破り、また彼には職業的な意味で何の将来もないことがさらに明らかになるにつれて、彼はますます悪意に満ちた存在となっていったのである。

第十二章　悪性の攻撃――ネクロフィリア

1　伝統的概念

〈ネクロフィリア〉、すなわち死せるものへの愛[1]という言葉は、一般に二つの種類の現象にのみ適用されてきた。(1)性的ネクロフィリア、すなわち女の死体と性交あるいはほかの何らかの性的接触を行ないたいという男の欲望。そして(2)非性的ネクロフィリア、すなわち死体に触れ、そのそばにおり、それを眺めていたいという欲望、とくに死体をばらばらにしたいという欲望。しかしこの言葉は一般には、性格に根ざした情熱には適用されていない。ところがこれこそ、ネクロフィリアのより顕在的でより露骨な現われが育つ土壌なのである。伝統的な意味でのネクロフィリアの幾つかの例を見れば、それほど明らかでないネクロフィラスな性格を見分けることがより容易になるだろう。

(1)　ギリシア語の *nekros* は〈死体〉、死者、よみの国の住人を意味する。ラテン語では、*nex, necs* は変死、殺人を意味する。*nekros* が死ではなくて死者、死体、そして殺された人（その死は自然死と区別されていたようである）をさすことは、まったく明らかである。〈死ぬ〉、〈死〉は違った意味を持っている。それは死体ではなくて、死ぬという行為をさす。ギリシア語ではそれは *thanatos* であり、ラテン語では *mors, mori* である。〈死ぬ〉(die)と〈死〉(death)とは、インドゲルマン語の *dheu, dhou* という語根にまでさかのぼる。（私はイヴァン・イリッチ博士に謝意を表する。博士からはこれらの概念の語源について、広範囲にわたる資料をいただいたが、その中から最も重要なデータのみを引用した。）

ネクロフィリアの事例についての報告は、多くの著作、とくに性的倒錯と犯罪学に関する著作に見いだすことができる。最も完全な選集は、ドイツの第一流の犯罪学者の一人であるH・フォン・ヘンティヒ（H. von Hentig）の、この問題のみを扱った著作の中に見られる。（ほかの国と同様にドイツの刑法においても、ネクロフィリアは犯罪を構成する。）彼はネクロフィリアの例として、次のものをあげている。（1）女の死体との性的接触行為（性交、性器玩弄）。（2）女の死体を見て生じる性的興奮。（3）死体や墓、および花や絵[2]のように墓と関係のあるものに引きつけられること。（4）死体をばらばらにする行為。そして（5）死体あるいは腐敗したものに触れたり、においをかいだりしたいという渇望（H・フォン・ヘンティヒ、一九六四）。

（2）死者の肖像を墓に飾ることを慣習とする諸国もある。

フォン・ヘンティヒはほかの著者たち――たとえば彼が引用しているT・シュペリ（T. Spoerri）（一九五九）のような――と同じように、ネクロフィリアはふつう推測されているより、はるかに多いという意見を持っている。しかしながら実際的な理由から、この倒錯を満足させる可能性はごく限られている。死体に容易に近づきえて、このような倒錯を実行に移す機会を持っているのは、墓掘りや死体公示所《モルグ》の付添人だけである。したがって、与えられたほとんどの例がこの人びとの集団を扱っているのは、驚くには当たらない。もちろんこれらの職業自体が、ネクロフィラスな人びとを引きつけるということもありうる。殺人者にももちろんネクロフィリアを実践する機会はあるが、殺人が比較的まれなものであったことを考えると、〈色欲殺人〉として分類される事例の幾つかを除けば、この範疇の中に多くの実例を見いだすことは期待できない。しかしながら、フォン・ヘンティヒがあげている多くの例では、外部の人間が死体を掘り出して運び、彼らのネクロフィラスな渇望を満たすために、それらを性的に使用している。ネクロフィリアは容易な機会を持つ人びとの間では比較的多いことを見れば、この機会を持たないほかの多くの人びとの間でも、少なくとも空想の中に存在したり、ほかのそれほどあからさまでない方法で実行に移されたりしているという結論は、避けがたいものである。

これはJ・P・デ・リヴァーの報告している、二十一歳のモルグの付添人の事例史である。十八歳の時に彼はある娘と恋をしたが、彼女が健康でなかった（肺結核）ので、性行為はただ一度しか行なわなかった。彼は述べている。「私は恋人の死を忘れることができなかった。そして自慰をする時はいつも死んだ恋人との性行為を思い浮かべている」。デ・リヴァーの報告は続く。

恋人が死んだ時、彼は彼女が入棺のために白いきょうかたびらを着せられているのを見て、気も転倒して泣き続けた。そして彼を棺のそばから引き離すのも、やっとのことであった。その時彼は彼女と一緒に棺の中へ飛び込みたい衝動にかられた。そして彼はほんとうに、恋人と一緒に生きたまま埋葬されたいと思った。彼は埋葬の時にひどく取り乱した。そしてその時は彼の家族をも含めてすべての人が、これは彼女が埋葬されるのを見てひどく悲しんだためだと思った。しかし今では彼はそれが情欲の発作であったこと、そして彼は死者を見て大きな性的衝動に圧倒されたのだということを、悟るに至っている。当時彼は高等学校の最終学年を終えたばかりであった。そして彼は医学校へ行かせてくれるように、母親を説得しようと努めたが、資金が足りないのでそれはできなかった。しかしながら彼の提案によって、彼女は彼を葬儀屋業と死体の防腐処置を教える学校へ入れたが、それはそのコースがずっと安く短いからであった。

D・Wはこの学校で一所懸命に勉強して、とうとう最も幸福になれる職業を見いだしたことを悟った。彼は防腐処置室では、いつも女の死体に強い関心をいだき、多くの場合に女の死体と性交したいという大きな欲望にかられた。彼はこれがよくない行為だということを知っており、多くの場合にこの欲望と戦ってこれを退けたが、彼の勉強も終わりに近づいたある日、部屋の中で若い娘の死体と二人きりになった時、この死んでいるいけにえのからだと性交したいという衝動があまりにも大きくなり、また環境があまりにも理想的であったので、彼はわれを忘れた。彼はこの機会を利用して陰部を露出し、ペニスを彼女のももに当てたが、その時彼はひどく興奮した。自制心を失って彼は死体に飛びかかり、口を死体の陰部に当てた。これが非常な性的刺激を与えたので、射精したと彼は述べている。彼はそれから大きな後悔と恐れ——仲間の学生たちに見付かってすべてが明るみに出るという恐れ——を覚えた。この行為を犯してから間もなく、彼は学校を卒業して、中西部の都市のモルグの付添人の地位を得た。彼はモルグの付添人の中の下級職員だったので、しばしば夜に一人でモルグに残るように頼まれた。D・Wは述べている。「私は一人だけになれる機会を喜んだ。それは私が死人だけといたいと望む点で、ほかの人間と違っていることを知るようになっていたからであり、これが私に死体と性交を試みる機会をたっぷり与えてくれるからであった——これが恋人が死んでからずっと存在していた気持ちであることを、私は知るに至った」。

彼はモルグに関係していた二年の間に、何十という女の死体をさまざまな倒錯行為を加えることによって犯したが、その年齢は幼児から初老の婦人にまで及んでいた。彼はいつもまず乳房を吸い、それから口を彼女らの陰部に当てた。この行為のあとで彼はひどく興奮したので、彼は彼女らの死体の上にはい上がり、超人的な努力によって性交を行なうのであった。彼はモルグの女の死体の数によって違いはしたが、一週間にこのような行為を四回ないし五回も行なった。

……ある時彼は十五歳の女の子の死体からあまり強い印象を受けたので、彼女が死んだ最初の夜に彼女と二人だけになった時、彼は彼女の血を少し飲んだ。これが彼に大きな性的興奮を与えたので、彼は尿道にゴムの管を入れて、彼女の膀胱から尿を口で吸った。この時彼はもっとやりたいという衝動をますます強く感じ、彼女をむさぼり食う——彼女を食べてしまう——ことさえできたら、たとえ彼女のからだの一部をかむことでもできたら、大きな満足が得られるだろうと感じた。彼はこの欲望に抵抗することができなかった。そこで死体をうつぶせにして、彼は直腸の近くのしりの肉にかみついた。彼はそれから死体の上にはい上がって、鶏姦を行なった（J・P・デ・リヴァー、一九五八）。

この事例史は幾つかの理由で、とくに興味深い。まず第一の最も明らかな理由は、それがネクロフィリアを死体嗜食症《ネクロファギア》および肛門色情症に結びつけていることである。もう一つのそれほど明らかでない要点は、この倒錯の初めの部分にある。もしこの話を恋人の死までしか知らなければ、彼の行動を彼の愛の強さの表現と解釈したくなるかもしれない。しかしこの物語のあとの部分は、初めの部分に非常に違った光を投げかける。彼の見境のないネクロフィリア的およびネクロファギア的欲望を、彼の恋人への愛によって引き起こされたものと説明することは、ほとんど不可能であろう。彼の〈哀悼〉の行動は愛の表現ではなく、彼のネクロフィラスな欲望の最初の徴候であったと推測せざるをえない。そうなるとまた、彼が恋人と一度しか性行為をしなかったという事実も、彼女の病気では十分に説明できない。彼のネクロフィラスな傾向のために、彼は生きている女と性行為をする欲望をほとんど持たなかったと考えた方がよさそうである。

デ・リヴァーはほかにもまた、あるネクロフィラスなモルグの付添人のこれほど複雑ではない事例史を示している。当人は四十三歳の独身の男で、こう述べている。

十一歳でイタリアのミラノで墓掘りをしていた時、私は自慰を始めた。そしてほかに誰もいない時は、死んだ若い美しい女のからだに触れながら、自慰をした。のちになって私は、死んだ娘たちに自分のペニスを挿入するようになった。私はアメリカへ来て、短期間の滞在ののちに東海岸を去り、西海岸へ来て、葬儀場で死体を洗う仕事を得た。ここで私は死んだ娘たちと性交する習慣を再び始めたが、それは棺の中のこともあれば、死体を洗うテーブルの上のこともあった。

報告は続く。

彼は陰部に口を当てたことや、若い娘の死体の乳房を吸ったことを認めている。何人ぐらいの女を相手にしたかと尋ねられて、彼は述べている。「何百人でしょう。十一の時から続いてきたんだから」（J・P・デ・リヴァー、一九五六）。

フォン・ヘンティヒが引用している文献も、多くの同じような事例を報告している。ごく弱められた形のネクロフィリアは、死体を見て性的興奮を覚え、時にはその前で自慰をする人びとの場合に見いだされる。このような人びとはめったに発見されないので、その数を見積もることはほとんどできない。

第二の形のネクロフィリアは、性の夾雑物を全然加えずに、純粋な破壊の情熱の行為の中に現われる。しばしばこの破壊の衝動は、幼年時代にすでに現われるが、時にはそれはもっと遅い年齢で初めて姿を現わす。フォン・ヘンティヒは、ネクロフィラスな破壊性の目的は、「生きている組織（*lebendige zusammenhänge*）を引き裂く」情熱であるという、非常に鋭い見解をしるしている。生きているものを引き裂くというこの欲望は、死体をばらばらにしたいという渇望の中に、その最も明白な表現を見いだす。シュペリの報告している典型的な事例では、一人の男が夜にすべての必要な道具を持って墓場へ行き、棺を掘り出し、それをあけ、死体を隠せるところまで運んで行き、それから脚や頭を切り離し、腹を切り開くのであった（T・シュペリ、一九五九）。時にはばらばらにされる対象は人間ではなく、動物である。フォン・ヘンティヒは三十六頭の雌ウシや雌ウマを刺し殺し、それから死体のいろいろな部分を切り取った男について語っている。しかし私たちにはほとんど文献はいらない。被害者がばらばらにされたり、手や足を切り取られた殺人事件については、十分多くの新聞報道がある。これらの事例はふつう殺人という分類のもとに包含されているが、それらは利益、嫉妬、復讐などの動機を持ったたいていの殺人者とは違った、ネクロフィラスな殺人者の犯すものなのである。ネクロフィラスな殺人者の真の目的は、被害者の死――これはもちろん必要条件だが――ではなく、ばらばらにする行為である。私自身の臨床経験において、私はばらばらにしたいという欲望が、ネクロフィラスな性格の大きな特徴であるという十分な証拠を見た。たとえば私が見た（直接に、あるいは書物の監修を通じて）のは、ばらばらにする欲望をごく弱められた形で表現した何人かの人たちであった。彼らは裸の女の絵を描き、それから腕や脚や頭などを切り落とし、そしてこれらのばらばらになった絵の部分をもてあそぶのであった。しかしながらこの〈遊び〉は、実はばらばらにしたいという強い渇望の満足が、安全無害な方法で実行されたということなのである。

ほかの多くのネクロフィラスな人びとの場合に私が観察したことは、彼らがよく夢を見ることであり、その夢の中で彼らはばらばらになったからだの部分が時には血の中に、多くはきたない水の中に排泄物と一緒に浮かんでいたり、横たわっていたりするのを見るのであった。からだをばらばらにしたいという欲望が空想や夢の中にしばしば現われる時、それはネクロフィラスな性格と診断するための最も信頼できる要因の一つである。

ほかにも、これほどひどくない形の顕在的ネクロフィリアがある。その一つは死体、墓地、あるいは何にせよ腐敗しつつあるもののそばにいたいという渇望である。H・J・ラウフ（H. J. Rauch）は死体のそばにいたいという衝動に苦しんだ娘について報告しているが、彼女は死体の前ではからだがこわばって、そこから離れることができないのであった（H・J・ラウフ、一九四七）[3]。シュテケル（W.

Steckel）が報告している婦人は、次のように述べている。「私はよく墓場のことや、墓の中で死体が腐ってゆくようすを思い浮かべるのです」（H・フォン・ヘンティヒ、一九六四に引用）。

（3）確証はないが、ヒトラーにまつわる一つの話があって、それによれば、ヒトラーも同じように兵士の腐った死体の前から離れることができなかったということである。

この腐敗への関心は、しばしば何か腐敗しつつあるもののにおいをかぎたいという渇望となって現われる。これは次にあげる三十二歳の、高い教育を受けたほとんど全盲の男の事例に非常にはっきりと現われている。彼は音におびえたが、「しかし女の苦痛の叫び声を聞くのが好きで、腐敗しつつある肉のにおいを愛した。彼は背の高い太った女の死体を渇望し、その中へもぐり込みたいと思った」。彼は祖母に、将来彼女の死体をもらっていいかと尋ねた。「彼は祖母の遺体の腐敗の中におぼれることを望んだ」（T・シュペリ、一九五九）。フォン・ヘンティヒは〈かぎ屋〉（Schnüffler）について語っているが、彼らは人間の排泄物や、何でも腐臭を放つもののにおいをかげば興奮するのであって、彼はこの特性をネクロフィリアの現われと考えている。ネクロフィラスなフェティシズム――その対象は草や花や絵など、墓に関係したものである――の事例を付け加えれば、文献に報告されたネクロフィリアのやり口についてのこの短い概観を終えることができる。

2　ネクロフィラスな性格[4]

（4）　誤解を避けるために、この議論の初めに強調したい点は、ここで完全に発達した〈ネクロフィラスな性格〉を記述するということは、人びとはネクロフィラスであるか――あるいはそうでないかのどちらかであることを意味してはいない、という点である。ネクロフィラスな性格とは、ネクロフィリアを主たる特性とする極端な形態である。実際には、たいていの人びとはネクロフィラスな傾向とバイオフィラスな傾向との混合であり、この両者の葛藤はしばしば生産的な発達の源となる。

伝統的な意味での倒錯行為ではなく、性格特性を意味するものとしての〈ネクロフィラス〉という言葉は、スペインの哲学者ミゲル・デ・ウナムーノ（Miguel de Unamuno）が一九三六年に使ったのであって、[5] それはスペイン市民戦争が始まったころに、彼が学長をしていたサラマンカ大学で、ナショナリストの将軍ミラン・アストレーが演説をした時のことであった。将軍の好きな標語は「死よ万歳！」（Long live death!）であったが、彼の信奉者の一人が講堂の後ろからこれを叫んだ。将軍が演説を終えた時、ウナムーノは立ち上がって言った。

たった今私はネクロフィラスで無意味な「死よ万歳」という叫びを聞きました。私は生涯にわたって逆説を唱え続け、それを理解しない人たちを怒らせてきた者ですが、その私自身が権威ある専門家として、この奇怪な逆説は私にとって忌まわしいものであると言わなければなりません。ミラン・アストレー将軍は不具者であります。これは何も侮辱的な底意を持って言うのではありません。彼は戦傷者であります。セルヴァンテスもそうでありました〔訳注。セルヴァンテスはレパントの海戦で負傷し、左手の自由を失った〕。不幸にも現在のスペインには、不具者が多すぎるのです。もし神の加護がなければ、間もなくその数はもっとふえるでしょう。ミラン・アストレー将軍が大衆心理の見本を示したものだと考えると、私の心は痛みます。セルヴァンテスのような精神的偉大さを持たない不具者は、自らの回りに不具者を生み出すことに不吉な救いを求めがちとなるのです（M・デ・ウナムーノ、一九三六）。

（5） R・A・メドヴェーデフ（*Let History Judge*, A. A. Knopf, N. Y., 1971）によれば、レーニンが初めて〈ネクロフィリア〉（trupolozhestvo）という言葉を、この心理学的な意味で使ったようである（V・I・レーニン、*Sochineniia*）。

ここにおいてミラン・アストレーは、もはや自分を抑えることができなかった。「知性を打倒せよ！」と彼は叫んだ。「死よ万歳！」。ファランへ党員たちから、この言葉を支持する歓声が起こった。しかしウナムーノは続けた。

ここは知性の聖堂であります。そして私はその大司祭であります。この聖域を汚しているのはあなた方であります。あなた方は勝つでしょう。暴力を十二分にお持ちだからです。しかしあなた方は納得させはしないでしょう。納得させるためには、説得が必要だからです。そして説得するためには、あなた方に欠けているものが必要なのです。それは戦いにおける道理と正義です。あなた方にスペインのことを考えよと説いてもむだでしょう。これで終わります（M・デ・ウナムーノ、一九三六）[6]。

(6) ウナムーノは数カ月後に死ぬまで、軟禁状態にあった (H. Thomas, 1961)。

私はこの言葉をウナムーノから借用し、一九六一年ごろから、性格に根ざしたネクロフィリアの現象を研究してきた。[7] 私の理論的概念は、主として精神分析を受ける人びとの観察によって得られた。[8] ある種の歴史的人物――たとえばヒトラー――の研究や、個人の観察や、社会階級の性格および行動の観察が、ネクロフィリア的な性格を分析するためのデータをさらに与えてくれた。しかし私の臨床的観察が私に影響を与えたのに劣らず、決定的な衝撃はフロイトの生および死の本能の理論によって与えられたと思う。私は生への努力と破壊への努力は、人間の内部の二つの最も基本的な力であるという彼の概念に、深い感銘を受けていた。しかし私はフロイトの理論的説明には満足できなかった。それでも私はフロイトの考え方に導かれて、臨床的なデータに新しい光を当てて見るようになり、そして違った理論的根拠に基づいて、また、あとで示すように、肛門愛的性格についてのフロイトの初期の諸発見と結びつく臨床的データに基づいて、フロイトの概念を再構成する――したがって保存する――ようになった。

(7) 私の発見したことの予備的な報告は、E・フロム（一九六四）にある。

(8) 私が分析した人びととの古い事例史の再吟味、セミナーにおいて若い精神分析学者たちの提示した事例史、あるいは私が監修した書物の著者たちの提示した事例史の再吟味に基づいている。

性格学的な意味におけるネクロフィリアとは、すべての死せるもの、腐敗したもの、腐臭を放つもの、病めるものに熱狂的に引きつけられることと記述しうる。それは生命のあるものを生命のない何物かに変貌させようとする情熱であり、破壊のために破壊しようとする情熱である。純粋に機械的なすべてのものに対する排他的関心である。それは生きている組織を引き裂こうとする情熱である。

ネクロフィリア的な夢

死んだ腐臭を放つものに引きつけられる現象は、ネクロフィラスな人物の夢の中に最もはっきりと観察しうる。

夢1　「私は便器にすわっています。私は下痢をしているので猛烈な勢いで排泄するのですが、まるで爆弾が破裂して家もこわれてしまうかのような音がします。私は風呂へ入りたくなりますが、湯を出そうとすると、湯舟にはすでにきたない水がいっぱい入っています。糞便が切り取られた脚や腕と一緒に水に浮いているのが見えます」。

この夢を見た人は極端にネクロフィラスな人物で、多くの同じような夢を見ていた。精神分析学者がこの人物に、起こっていることに対して夢の中でどう感じたかと尋ねた時、彼は事態を恐ろしいものとは感じなかったが、この夢をその学者に話すのは恥ずかしいと伝えた。

この夢はネクロフィリアに特徴的な幾つかの要素を示しているが、その中でも肉体の各部分がばらばらになっているという主題が、最も明白である。そのうえ、ネクロフィリアや肛門愛（あとで論じるはずである）と破壊の主題との間には、密接な関連がある。象徴的言語を明白な言語に翻訳すれば、この夢を見た人物は、自らの排泄力によって建物全体を破壊することを望んでいるのである。

夢2　「私は友だちを訪問しようとしています。私はよく知っている彼の家の方向へ歩いて行きます。

突然場面が変わります。私はある種のかわいた砂漠のような風景の中にいます。草も木もありません。私はなおも友だちの家を見付けようとしているらしいのですが、目に見える家と言えば、窓が一つもない奇妙な建物だけなのです。私は小さなドアから入ります。ドアをしめると、ただのしまる音でなく、錠までおりてしまったような変な音がします。ドアのノブをためしてみると、あかないのです。ひどく不安になって、私はごく狭い廊下を歩いて行きます――実はあまり低いので、私ははって行かなければならないのですが――そして大きな卵形の暗い部屋に入ります。それは大きな納骨所のように見えます。暗やみに慣れると、多くの骸骨が地面に横たわっているのが見え、これは私の墓であることがわかります。私は恐れおののいて目をさまします」。

この夢はほとんど解釈する必要もない。「納骨所」は墓であると同時に、子宮をも象徴する。「友だちの家」は生命の象徴である。生命を目ざして友だちの家へ歩いて行かないで、この夢を見た人物は死者の場所へ歩いて行く。砂漠のような風景と墓は、死者の象徴である。このような夢は、それだけでは必ずしもネクロフィリアを表示するとはかぎらないのであって、それはただ死への恐怖の象徴的な表現にすぎないかもしれない。しかしこの夢を見た人物の場合のように、墓やミイラや骸骨のある夢を多く見るようなら、言い換えれば、彼の夢の生活での想像力が、主として死者の世界からの幻で占められているようであれば、話は違うのである。

夢3　これは重い抑鬱に悩む婦人の見た、短い夢である。「私は排便しています。それはいつまでも続いて、とうとう排泄物が便器の縁を越えて浴室を満たし始め、ますます高くなり――私はその中におぼれています[9]――この時私は言うに言われぬ恐怖で目をさますのです」。この人物にとって、人生のすべては汚物に変えられてしまった。彼女は汚物以外に何も生み出すことができない。彼女の世界は汚物になり、彼女の死は汚物との最終的な結合である。私たちは同じ主題をミダースの神話の中に見る。彼が触れるものはすべて金——フロイトが明らかにしたように、象徴的には汚物あるいは排泄物である——に変わる。[10]

（9）　さきに示した、祖母の腐敗したからだにおぼれようとした人物の意識的な願望の例を参照のこと。
（10）　J・G・バーク（一九一三）における、汚物と排泄物に関する豊富な資料を参照のこと。

夢4　次にあげるのは、シュパンダウの刑務所での数年間の生活の間に、アルバート・シュペアが見た夢である（一九六二年九月十二日）。

「ヒトラーが視察に来ることになっています。私はその時はまだ国務大臣なので、ほうきを手にして、工場のごみをはく手助けをします。視察ののち、私は彼の車に乗っており、そうじの時に脱いだ上着のそでに腕を通そうとするのだが通らないのです。私の手は何度も何度もポケットに入ってしまいます。私たちのドライブは、政府の建物に囲まれた大きな広場で終わります。一方の側には戦争の記念碑があります。ヒトラーがそれに近づいて、花輪をささげます。私たちは政府の建物の一つの、大理石の玄関に入ります。ヒトラーは『花輪はどこだ』と副官に聞きます。副官は一人の士官に言います。『君も承知のように、総統はこのごろはどこにでも花輪をささげるのだよ』。その士官は何か手袋の材料の皮でできた色の薄い、ほとんど白いと言ってもよい制服を着ています。彼は上着の上に、まるで教会の伴僧のように、レースと刺しゅうで飾ったゆったりした衣装を着けています。花輪が到着します。ヒトラーは玄関の右手の方へ進みますが、そこにもまた記念碑があって、その基壇にはすでに多くの花輪が置いてあります。彼はひざまずいて、グレゴリー聖歌風のもの悲しいメロディーを唱え始めますが、その中に長く引き延ばした『イエス・マリア』という言葉が、何度も何度も出てきます。ほかにもおびただしい数の記念の飾り板が、この長い、天井の高い、大理石の玄関の壁に並んでいます。ヒトラーは副官たちから忙しく渡される花輪を、次から次と続けて、ますます速く置いてゆきます。彼のもの悲しい調子はますます単調になり、記念の飾り板の列は限りないように見えます[11]」。

(11) アルバート・シュペア、私信。

この夢は多くの理由で興味深い。これは夢を見る人物が夢の中で自分自身の感情や欲望よりも、他の人物に対する洞察を表現している例の一つである。[12] これらの洞察は、時にはその夢を見る人物が他人から受ける意識的な印象より正確なことがある。今の場合、シュペアは明らかにヒトラーのネクロフィラスな性格に対する自分の見解をチャップリン風に表現しているのである。彼はヒトラーを、すべての時間を費やして死に敬意を表する人間として見ている。ところが非常に奇妙なことに、彼の動作はまったく機械的で、感情の余地を残さない。花輪をささげることも、ばかげて見えるまでに組織的な儀礼となっている。それとは対照的に、同じヒトラーが彼の幼年時代の宗教的信仰にもどって、もの悲しい調子の詠唱に完全に没頭している。この夢は、彼の悲しみの儀礼の単調さと機械的なやり方を強調することで、終わっている。

(12) 私はこのような夢を *The Forgotten Language* (1951) で引用した。

この夢を見た人物は、夢の初めの部分で、彼がまだ国務大臣で、物事を自分でやる非常に活動的な人物である時代から、現実の状況をよみがえらせている。おそらく彼がはいているごみは、ナチ政権のごみの象徴的表現であり、彼が上衣のそでに腕を入れることができないのは、おそらく彼がこれ以上この体制に加担できないことの象徴的表現だろう。これはこの夢の主要部分への過渡的な部分を構成しているのであって、その主要部分において、彼は残っているのはただ死者と、ネクロフィラスで、機械的で、退屈なヒトラーとだけであることを認識するのである。

夢5　「私は大発明をしました。〈超破壊兵器〉なのです。それは私だけが知っている一個の秘密のボタンを押せば、最初の一時間以内に北アメリカのすべての生き物を殺し、次の一時間以内に地球上のすべての生き物を殺す機械です。私だけはその化学物質の式を知っているので、わが身を守ることができるのです。（次の場面）私はボタンを押しました。もはや生き物はいません。私は一人です。私は胸がわくわくします」。

この夢は極度にナルシシズム的で、他人との結びつきを持たず、誰をも必要としない人物の、純然たる破壊性の表現である。これはこの人物がほかのネクロフィラスな夢とともに、繰り返して見た夢であった。彼はひどい精神病にかかっていた。

夢6　「私は多くの若い男女とともに、パーティーに招かれています。私たちはみな踊っています。しかし何かおかしなことが起こっています。リズムがだんだんと遅くなり、やがては誰ももう動かなくなるのではないかという気がします。その時とても大きな男女が部屋に入って来ます。彼らは二つの大きな紙箱の中に、仕掛けをいっぱい入れているようです。彼らは一番近くで踊っている男女に近づきます。男は大きなナイフを取り出して、少年の背中を切ります。不思議にも血は出ず、少年は全然痛みを感じないようです。この背の高い男はそれから私には見えない何か小箱のようなものを取り出して、それを少年の背中に入れます。それはごく小さいものです。彼はそれから一種の小さな鍵、あるいはおそらくはボタンらしいものを、その小箱に入れて（しかしその少年がそれにさわることができるように）、まるで時計のねじを巻いているかのような動作をします。背の高い男が少年にこれをしている間に、彼のパートナーも同じことを少女にしました。彼らがやり終えると、若い男女はダンスを続けますが、速くて元気いっぱいです。この背の高い男女はそこにいるほかの九組の男女にも、同じ手続きを施します。そして彼らが去ったのち、みなが興奮して幸福な気分になったように見えます」。

この夢の意味は、それを象徴的な言語から平明な言語に翻訳すれば、かなりはっきりしたものである。この夢を見た人物は、生命がしだいに衰えつつあり、生命のエネルギーが使い果たされたと感じている。しかし機械仕掛けが代用品になりうる。人間も時計のようにねじを巻くことができる。すると彼らは極端に「生き生き」して見えるだろう。実際は彼らは自動人形になってしまうのだが。

この夢を見た人物は十九歳の若者で、工学を勉強して、すべての技術的なものにすっかり没頭していた。彼がこの夢だけを見たのならば、それは彼の技術的関心の表現と考えられるかもしれない。しかしながら、彼はネクロフィリアのほかの面が現われている多くの夢を見ていた。この夢は本質的には彼の職業的関心の反映ではなかった。むしろ彼の職業的関心が、彼のネクロフィラスな方向づけの反映なのである。

夢7　ある成功した職業人の見たこの夢がとくに興味深いのは、これがのちに論議する近代の技術のネクロフィラスな性格に関する問題点の、例証となっているからである。

「私はゆっくりとある洞穴の入口に近づいて行くのですが、すでにその中に、私に大きな印象を与える何物かが見えています。中では人間の格好をした二頭のブタが、鉱山で使うような小さな古い車を操作しています。彼らはその車を、洞穴の内部に通じている線路の上に載せます。この小さな車の中には、ふつうの人間が乗っているのが見えます。彼らは死んだように見えますが、私は彼らが眠っていることを知っています」。

「これが別の夢なのか、それともさきの夢の続きなのかわかりません――目をさましたと思うのですが、確かではありません。始まりは同じで、私はまた洞穴の入口に近づいています。私は太陽と青空をあとにします。なおも深く入り込んで行くと、最後に非常に激しい輝きが見えます。そこに着いた時、私は驚くほど近代的な都市を見て目をみはります。すべては光に満ちていますが、今ではそれが人工の――電気の――光であることがわかります。この都市はまったく鋼鉄とガラスでできています――未来なのです。私は歩き続けますが、突然誰にも会わなかったことに――動物にも人間にも――気付きます。私は今や大きな機械の前にいます。それは巨大な、非常に近代的な一種の変圧器で、高圧ケーブルのような、多くの太いケーブル線に接続されています。それらは黒いホースのように見えます。これらのケーブル線は血を運んでいるのだな、と私は考えます。私はひどく興奮します。そしてズボンのポケットの中で或るものを見付けるのですが、すぐにそれが何であるかわかります。それは私が十二歳のころに、父がくれた小さなペンナイフなのです。私は機械に近づいて、私の小さなナイフで一本のケーブルを切ります。突然何かがふき出して、私はずぶぬれになります。それは血なのです。私はひどく不安になって目をさますと、汗びっしょりです」。

この夢を語り終わってから、この人物は付け加えた。「私にはこの機械と血のことがよくはわかりませんが、ここでは血が電気の代わりをしています。どちらもエネルギーですから。どうして私がこのように考えるのかわかりません。たぶん私は機械が人間の血を奪うと考えているのでしょう」。

これはシュペアの夢の場合と同様に、ネクロフィラスな人物の夢ではなく、現代世界のネクロフィラスな性格を認識しているバイオフィラスな人物の夢である。洞穴はよくあることだが、墓と同じように死者の象徴である。洞穴は鉱山で、そこで働いている人びとはブタであるか、それとも死んでいるかである。（彼らがほんとうは死んではいないという〈知識〉は、時として夢のイメージの中に入り込んでくる、現実認識による訂正なのである。）その意味は、ここは堕落した人間や死体のような人間のいるところだということである。夢の第一幕のこの場は、産業の発達のより古い段階において演じられる。第二幕は、未来の完全に発達したサイバネティックス時代において演じられる。美しい近代都市は死んでいる。動物もいないし、人間もいない。強力な技術が人間から生命（血）を吸い取って、それを電気に変える。夢を見ている人物が電気のケーブルを（おそらくそれらをこわすために）切ろうとする時、彼はふき出した血でびしょぬれになる――まるで人殺しをしているように。眠りの中でこの夢を見ている人物は、ブレークやシュルレアリスムの絵画に見られるような明晰さと芸術的感覚をもって、全面的に技術化された社会の死の幻を見る。ところが彼が目ざめると、ありふれた無意味さの騒音にさらされていない時に「知っている」ことを、彼はほとんど知らないのである。

〈意図しない〉ネクロフィラスな行為

夢はネクロフィラスな努力の最もあからさまな表現の一つだが、決して唯一の表現ではない。時にはネクロフィリア的傾向は周辺的な、意図しない、「無意味な」行為、すなわちフロイトが抑圧された努力の現われと解釈した「日常生活の精神病理」の中に表現されることがある。ここにあげるのは、ウィンストン・チャーチルという非常に複雑なパーソナリティからの例である。できごとは次のようにして起こった。イギリスの参謀総長であったサー・アラン・F・ブルック元帥（Sir Alan F. Brooke）とチャーチルとが、第二次世界大戦中に北アフリカで一緒に昼食を取っていた。暑い日で、ハエがたくさんいた。チャーチルは殺せるかぎりのハエを殺したが、おそらくたいていの人も同じことをしただろう。ところがそれから、彼はある一風変わったことをした。（サー・アランはぎょっとしたことを報告している。）昼食の終わり近くになって、彼はすべての死んだハエを集めて、テーブル掛けの上に一列に並べたのだが、そのやり方は猟に出掛けた貴族が、家来たちに取った獲物を並べさせて悦に入っているかのようであった（アランブルック子爵、一九五七）[13]。

（13）　チャーチルの主治医の Lord Moran が同じできごとを日記（ロード・モーラン、一九六六）に書いているという事実から、チャーチルはやはりしばしばこれをやったにちがいないと推測される。

チャーチルの行動をただの〈癖〉として〈説明〉するとしても、まだ疑問が残る。このやや異常な癖は何を意味するのか。それはネクロフィラスな傾向を表わすように見えるが、このことは必ずしもチャーチルがネクロフィラスな性格を持っていたことを意味するとはかぎらない。しかし彼が強いネクロフィラスな性癖を持っていた可能性も十分にある。(チャーチルの性格は、わずかなページで論じるには複雑すぎる。)

私がチャーチルのこの行動に触れたのは、それが十分に確証されているからであり、また彼のパーソナリティがよく知られているからである。同じようなささいな周辺的行動が、多くの人びとの場合に観察できる。最も頻繁なものの一つは、マッチや花のような小さなものを折ったり引きちぎったりする、ある人びとの癖である。傷口をいじってわざと痛い思いをする人びともいる。この傾向がもっと激しい形で現われるのは、人びとが建物や家具のような何か美しいものをそこなう時である——そして極端な場合には、美術館の絵を切り裂いたり、自分のからだに傷を負わせたりする。

ネクロフィラスな行動を示す別な例は、骸骨にとくに引きつけられる人びと——とくに医学生や医者たち——に見いだされる。こういう気持ちは、ふつう彼らの職業的関心として説明されているが、精神分析のデータからの次のような報告は、必ずしもそうとはかぎらないことを示している。自分の寝室に骸骨を置いていたある医学生が、かなりの時間がたってから非常に恥ずかしそうに精神分析学者に語ったところでは、彼はしばしばその骸骨をベッドに持ち込み、抱き締め、時にはキスもしたという。この同じ人物は、ほかにも多くのネクロフィラスな特性を示した。

ネクロフィラスな性格のまた別な現われは、問題や葛藤を解決する唯一の方法は、力と暴力によるものであると信じ込むことである。今の問題は、ある種の状況のもとで力を使うべきかどうかということではない。ネクロフィラスな人物の特徴は、力——シモーヌ・ヴェイユが言ったように、「人間を死体に変貌させる能力」——がすべてのことに対する最初にして最後の解決であるということであり、ゴルディウスの結び目〔訳注。古代フリジアの王ゴルディウスが作った結び目。誰にも解けなかったのを、アレキサンダー大王が剣で切ったという〕は常に切断されなければならず、しんぼう強くほどかれることは決してないということである。根本的に言って、人生の諸問題に対するこれらの人物の答えは破壊であって、決して共感的な努力や建設や模範ではない。『不思議の国のアリス』の王妃〔訳注。トランプのハートのクィーンで「首をはねよ」が口癖になっている〕の答えが、彼らの答えである。「彼らの首をはねよ！」この衝動に動機づけられて、彼らにはいつも、破壊を必要としない他の選択が見えないし、しばしば力というものが結局はいかにむなしいものとなったかということをも、彼らは認めない。この態度の古典的な現われは、一人の子供をともに自分の子だと主張した二人の女の訴えに対する、ソロモン王の裁判に見られる。王がその子を二つに分けることを提案すると、ほんとうの母親は相手の女にその子を与える方を選ぶ。母親と偽っている女は、その子を分けることを選ぶ。彼女の解決は、ネクロフィラスな、所有に取りつかれた人物の典型的な決定である。

ネクロフィリアのこれよりやや穏やかな表現は、死だけでなく、あらゆる形の病気に対していだくきわだった関心である、一つの例は、いつもわが子の病気や失敗に関心を持ち、将来について暗い予測をする母親である。同時に彼女は有望な変化には無関心であって、子供の喜びや熱狂には反応せず、彼の中で成長しつつあるいかなる新しいものにも気付かない。彼女はあからさまな方法で子供を害することはないが、彼の生の喜びと成長への信仰をしだいに窒息させ、結局は自分のネクロフィラスな方向づけを彼に植えつけるのである。

あらゆる社会階級の中年以上の年齢の人びとの会話を聞く機会のある人なら、誰でも彼らがどれほど他人の病気や死の話をするかを知って驚くだろう。たしかにこの原因としては、多くの要因が考えられる。多くの人びと、とくに外の世界に関心を持たない人びとにとって、病気と死とは彼らの生活の中の唯一の劇的なできごとである。それは家庭の中のできごとを除けば、彼らが語ることのできるわずかな主題の一つである。しかしこのことをすべて認めたとしても、これらの説明ではまだ足りない人びとが多くいる。そういう人びとはたいてい、彼らが病気について語る時に、あるいは死や財政的困難その他の悲しいできごとについて語る時に、彼らが生き生きと興奮するところからそれとわかるのである。ネクロフィラスな人物が死者にとくに関心を持つのは、彼の会話だけでなく、新聞の読み方によって明らかになることも多い。彼が最も関心を持つのは——したがって最初に読むのは——死亡通知や死亡記事である。彼はまたいろいろな面から死について語ることを好む。人びとが何で死んだか、どういう状態で死んだか、誰が最近死んだか、誰が死にそうであるか、等、等。彼は葬儀場や墓地へ行くことを好み、そうすることが社交的に好都合な場合には、たいていその機会をのがさない。この埋葬や墓地に対する好みが、さきに記述したモルグや墓へのもっと粗野であからさまな関心の、いくぶん弱められた形にすぎないことは、容易にわかることである。

ネクロフィラスな人物の特性の中でもやや見分けにくいものは、彼の会話に感じられる独得の生気のなさである。これは会話の内容の問題ではない。ネクロフィラスであっても、非常に頭がよくて博識な人物なら、非常におもしろい話もできるはずなのだが、それをおもしろくなくするのは彼が自分の考えを述べる時の態度である。彼は堅苦しく、冷たく、よそよそしい態度を変えない。彼の話題の出し方は杓子定規で生気がない。一方これと反対の性格類型である生を愛する人物は、それ自体としてはとくにおもしろくない経験を語っても、その話し方に生気がある。彼は人を刺激する。だからこそ人は関心と喜びを持って耳を傾けるのである。ネクロフィラスな人物は、集団の中のぬれ毛布〔訳注。消火用に使うところから、座をしらけさせるもののたとえに使われる〕であり、喜びの抹殺者である。彼は生気を与えないで退屈させる。彼は人びとにいっそうの生気を与えるバイオフィラスな人物とは対照的に、すべてのものの活気をそぎ、人びとを飽きさせる。

ネクロフィラスな反作用のさらに別な次元は、過去および財産に対する態度である。ネクロフィラスな性格にとっては、過去のみがまったくの現実として体験され、現在および未来は除外される。ありし日のもの、すなわち死んだものが彼の生活を支配する、制度、法律、財産、伝統、そして所有物など、要するに、物が人間を支配し、持つことがあることを支配し、死者が生者を支配するのである。ネクロフィラスな人物の考え——個人的、哲学的、政治的な——では、過去が神聖なのであって、新しいものには価値はなく、徹底的な変化は〈自然の〉秩序に対する犯罪である。[14]

(14) マルクスにとっては、資本と労働とは単に二つの経済的範疇ではなかった。彼にとって資本は過去の現われであり、変貌し、蓄積されて物となった労働の現われであった。労働は生命の現われであり、自然を変貌させる過程において自然に向けられた人間のエネルギーの現われであった。資本主義と社会主義（彼の理解していた）との間の選択は、要するにこういうことであった。誰（何）が何（誰）を支配するのか。死んだものが生きているものを支配するのか、それとも生きているものが死んだものを支配するのか（E・フロム、一九六一、一九六八参照）。

ネクロフィリアのまた別な面は、色に対する関係である。ネクロフィラスな人物は、たいてい暗く光を吸収する色、たとえば黒や茶を好み、明るい輝くような色は好まない。[15] この好みは彼らの服にも観察できるし、またもし絵をかくなら、その時に彼らが選ぶ色にも観察できる。もちろんしきたりで暗い色の服を着ている場合には、色は性格に関しては何の意味も持たない。

(15) この色の好みは、抑鬱症の人びとにしばしば見いだされるものと似ている。

すでに私たちがさきの臨床資料で見たように、ネクロフィラスな人物はいやなにおい――本来は腐ったり悪臭を放つようになった肉のにおい――をとくに好むという特徴を持っている。これは実際に多くの人びとに見られることであって、二つの形態で現われる。(1) いやなにおいをあからさまに楽しむ。こういう人びとは糞便や尿や腐敗のにおいに引きつけられ、においのする便所へよく行く傾向がある。(2)――より多く見られる形態だが――いやなにおいを楽しむ欲望を抑圧する。この形態は、実際には存在しないいやなにおいをなくそうとする反動形成をもたらす。(これは肛門愛的性格の過度の清潔癖と同類である。) 前者の形態にせよ、後者の形態にせよ、ネクロフィリア的な人物は、いやなにおいに関心を持っている。さきに述べたように、こういう人びとがいやなにおいに魅せられるために、彼らはしばしば〈かぎ屋〉の様相を呈する(H・フォン・ヘンティヒ、一九六四)。このにおいをかぐ傾向が彼らの顔の表情にまで現われることもまれではない。いつでもいやなにおいをかいでいるような印象を与えるネクロフィラスな人物は、たくさんいる。たとえばヒトラーの多くの写真を研究すれば、誰でも彼の顔にこのにおいをかぐような表情が現われているのを、容易に発見することができる。この表情はネクロフィラスな人物にいつもあるとはかぎらないが、そうである場合には、それはこのような情熱の最も確かな判断規準の一つとなるのである。顔の表情のまた別の特徴的な要素は、ネクロフィラスな人物は笑うことができないということである。彼の笑いは実は一種の作り笑いであって、生気がなく、正常な笑いの持つ解放的で喜びに満ちた性質を欠いている。実際ネクロフィラスな人物の特徴は、〈自由な〉笑いの能力の欠如だけでなく、一般的に顔の動きがなく、表情を欠いているということである。テレビを見ていると、しゃべっている間顔の動きをまったく見せない人物に気付くことがある。彼は話の始めか終わりにだけにやりとするが、それはアメリカの慣習では、そういう時にはほほえむものだということを知っているからである。こういう人物は、しゃべることとほほえむことを同時にすることができない。というのは彼らはどちらか一方の動作にしか、注意を向けることができないからである。彼らのほほえみは自発的ではなく、へたな俳優の不自然な身ぶりのように計画されたものである。皮膚はしばしばネクロフィラスな人物の表示となる。それは生気がなく、〈かわいた〉、血色の悪い印象を与える。ときどきある人物が〈きたない〉顔をしているのに気付く時、私たちはその顔が洗っていないと言っているのではなく、私たちはネクロフィラスな表情の持つ独特の性質に反応しているのである。

ネクロフィラスな人物の言語

ネクロフィラスな人物の言語の特徴は、破壊や排泄物および便所に関連した言葉をとくによく使うことである。〈くそ〉という言葉は今日では非常に広く使われるようになったけれども、それが一般に使われる頻度数よりはるかに多く、それを好んで使う人びとを見分けることは、決してむつかしいことではない。一つの例はある二十二歳の男で、彼にとってはすべてが〈くそったれ〉なのだ。人生も、人間も、思想も、自然も。この同じ若者は自分のことを誇らしげに言った。「僕は破壊の名人だ」。私たちはさきに述べた（第二章注(8)、第十一章注(16)）、ドイツの労働者や従業員に向けた質問紙の回答を分析している時に、ネクロフィラスな言語の例を多く見付けた。「女性の口紅や化粧品の使用をどう思いますか」[16]という質問に対する回答は、一つの例証になる。多くの回答者が「ブルジョワ的だ」とか、「不自然だ」とか、「健康的でない」と答えた。彼らはただ世間に広まっているイデオロギーによって答えたのであった。しかし少数の人びとは、「からだに毒だ」とか、「女を娼婦のように見せる」と答えた。これらの現実的に何の根拠もない言葉の使用は、よく彼らの性格構造を現わしている。これらの言葉を使った回答者たちは、ほかのたいていの回答においても、ほとんどきまって破壊的な傾向を示した。

(16) 三〇年代の初期には、このことは国民の中のこの部分において、一つの論争点であった。というのは、多くの人びとが化粧品の使用をブルジョワ的で、不自然な習慣と考えていたからであった。

ネクロフィリアに関する仮説の有効性をためすために、マイケル・マコービーと私が立案した解釈法による質問紙は、基本的にはフランクフルトでの研究（訳注。第二章注（8）参照）と同じ方向だが、自由回答ではなく、固定した答えを求める質問が全部で十二あった。ある質問は肛門愛＝貯蓄的性格に典型的な態度に関連するものであり、またある質問は私が今まで述べてきたネクロフィラスな特徴に関連するものであった。マコービーは、この質問紙を六つの非常に異なった母集団（階級、人種、教育に関して）の人びとのサンプルに用いた。紙面の関係で、その方法や得られた結末の詳細に立ち入ることはできない。ただ分析によって次のことが立証されたとだけ言っておこう。（1）理論的モデルを裏付けるような、ネクロフィラスな症候群の存在。（2）生を愛する傾向とネクロフィラスな傾向は測定できること。（3）これらの傾向は、実際に社会的政治的関心と有意味な相関関係を持っていること。質問紙の解釈法による分析に基づいて、私たちは面接したサンプルの十ないし十五パーセントが、ネクロフィラスな支配的傾向を持つと判断する……。面接者たちは、このような多くの人たちと彼らの家屋にまつわる不毛性に気付いた。彼らは活気も喜びもない雰囲気の中に生活している……(M・マコービー、一九七二)。

この研究が回答者たちに発した多くの質問によって、彼らの政治的な意見と彼らの性格との間に相関関係を見いだすことができた。読者にはマコービーの論文の膨大なデータを参照してもらうことにして、ここではただ次のことを述べるにとどめておく。「すべてのサンプルにおいて、生に反抗する傾向は、軍事力の増大を支持し、反対者の抑圧に賛成する政治的立場と有意味な相関関係を持っていることを、私たちは見いだした。次のようなものを優先することが、生に反抗する支配的傾向を持った人びとによって、最も重要と見なされている。暴徒に対するよりきびしい統制、麻薬取締法のよりきびしい実施、ベトナム戦争の勝利、破壊的集団の統制、警察の強化、そして世界中での共産主義との戦い」(M・マコービー、一九七二)。

ネクロフィリアと技術崇拝との連関

ルイス・マンフォードは、破壊性と約五千年前にメソポタミアおよびエジプトに存在した、力を中心とする〈巨大機械〉との連関を明らかにしたが、これらの社会は彼が指摘したように、今日のヨーロッパおよび北アメリカの巨大機械と多くの共通点を持っている。彼は書いている。

概観すると五千年前の機械化の諸手段は、秩序、権力、予言可能性、なかんずく支配などの絶えざる増大以外の人間的機能や目的とは、すでに無縁であった。この原始科学的イデオロギーに対応して統制化が進み、かつては自律的であった人間活動の堕落が進んだ。〈大衆文化〉と〈大衆支配〉が初めて姿を現わした。皮肉な象徴的事実であるが、エジプトの巨大機械の最終的産物は、ミイラとなった死体の住む巨大な墓であった。一方のちのアッシリアでは、ほかのすべての拡大する帝国において繰り返されたように、その技術的能力のおもな証左は破壊された村落や都市、そして毒された土地の広がりであった。これは今日の同じような〈文明的〉残虐行為の原型である（L・マンフォード、一九六七）。

初めに今日の産業社会の人間の最も単純で、最も明白な特徴を考えてみよう。それは人びと、自然、そして生きている構造を焦点とした関心を窒息させ、それとともに機械的で生命のない人工物にますます引きつけられることである。実例は豊富にある。産業化した世界では至るところに、妻よりも自分の自動車に対してよりやさしく、より大きな関心を持つ男たちがいる。彼らは自分の車を誇りに思い、大切にする。彼らは車を洗い（この仕事を他人にやらせるための金を出せる人びとでさえ、多くが自分でやる）、またある国々では多くの人びとが車に愛称を付けてやる。彼らは車を観察し、ごくささいな機能障害の徴候をも気にする。たしかに車は性の対象ではない——しかしそれは愛の対象である。車のない生活は、ある人びとにとっては女のいない生活以上に耐えがたいもののようである。このような車への愛着は、少し異常ではないだろうか。いや倒錯とさえ言えるのではないだろうか。

あるいは別の例として、写真をとることをあげてみよう。旅行者を観察する——あるいはたぶん自分自身を観察する——機会のある人なら、誰でも写真をとることが観ることとの代用になってしまったことを悟るだろう。もちろんレンズをとりたいものに向けるためには、見なければならない。それからシャッターを押し、フィルムは処理されて家へ持ち帰られる。しかし見ることは観ることとは違う。観ることは人間的な機能であって、人間に与えられた最高の能力の一つである。それは能動性、内的開放性、関心、忍耐、集中を必要とする。瞬間撮影《スナップ・ショット》（この攻撃的な表現〔訳注。スナップ・ショットはもとは銃の早撃ちの意味〕は意味深い）をすることは、本質的には観るという行為を物体に——「僕はそこへ行った」という証拠として、あとで友だちに見せるための写真に——変貌させることである。同じことがある種の音楽愛好家たちにも言えるのであって、彼らにとっては音楽を聞くのは、彼らのレコードプレーヤーやハイファイセットの技術的な性質、および彼らが付け加えた特別な技術的改良を実験するための口実にすぎない。音楽を聞くということは、彼らにとって高度の技術的な仕事の産物の研究に変貌させられてしまったのである。

別の例は機械屋、すなわち人間の力を用いるところをすべて、〈便利な〉、〈手間を省く〉仕掛けで置き換えるのに熱中する人物である。こういう人びとの中には、たとえ一ブロックでも歩くのをいやがって、無意識に車を拾う人から、最も簡単な足し算でも器械でやる販売係も含まれるだろう。そして私たちの中の多くの者がたぶん知っていると思われるのは、ボタンを押すかスイッチをひねるだけで噴水がふき出したり、ドアが開いたり、あるいはもっと非実用的で、しばしばかげてさえいる、ルーブ・ゴールドバーグ〔訳注。アメリカの有名な漫画家。珍妙なからくりを好んで描いた〕的な仕掛けを動かしたりする、機械仕掛けの装置を造る日曜大工的機械屋である。

この種の行動について述べはしたが、私は自動車に乗ったり、写真をとったり、機械仕掛けを使ったりすること自体が、ネクロフィラスな傾向の現われであると言うつもりではないことを、明らかにしておかなければならない。しかしこの種の行動が、生命への関心や、人間が与えられている豊かな機能を発揮することの代用となった時には、それはネクロフィラスな性質を帯びるのである。私はまたあらゆる種類の機械の製作に情熱的な関心を持つ技術者が、それゆえにネクロフィラスな傾向を示しているとも言うつもりはない。彼は非常に生産的な人物であって、生命への大きな愛を人びとや自然や芸術に対する態度、および彼の建設的な技術的思想に表現しているかもしれない。私が言及しているのはむしろ、人工物への関心が生きているものへの関心に取って代わり、技術的な問題を杓子定規で生気のないやり方で扱う人びとなのである。

これらの現象のネクロフィラスな性質をもっとはっきりさせるためには、私たちの時代が非常に多くの例を提供している技術と破壊性との融合の、より直接的な証拠を検討する必要がある。破壊と技術崇拝との顕在的な結びつきは、イタリア未来派の創始者かつ指導者であって、生涯ファシストであったF・T・マリネッティにより、初めてはっきりと雄弁に表明された。彼の最初の『未来派宣言』(一九〇九)が公言した理想を完全に実現したのは、国家社会主義であり、また第二次世界大戦によって始められた戦闘方法であった[17]。彼の芸術家としての非凡な感受性によって、彼は当時ほとんど目に見えなかった強い傾向を表現することができた。

1 われわれは危険への愛を歌い、精力に満ち、恐れを知らぬ傾向を歌うことを目的とする。

2 勇気、大胆、反逆がわれわれの詩の本質的要素となるだろう。

3　今日まで文学は憂いに沈んで動かぬさま、恍惚、眠りを称えてきた。われわれは攻撃的行為、熱に浮かされた不眠、競争馬の足並み、死の跳躍、こぶしの一撃や平手打ちを称えることを目的とする。

4　われわれは世界の壮大さは新しい美、すなわちスピードの美しさによって豊かにされたと宣言する。爆音さながらに息を吐くヘビのような太いパイプでおおいを飾った競争自動車――ぶどう弾に乗って爆進するかのごとき自動車――は、〈サモトラケのニーケー〉〔訳注。エーゲ海のサモトラケの島から出土した勝利の女神像。ヘレニズム時代を代表する傑作とされる〕よりも美しい。

5　われわれはハンドルを握る男に賛歌を歌うだろう。彼は彼の精神の槍を、自らの軌道の円の上を巡る地球を貫いて投げるのだ。

6　詩人は熱意と栄光と寛大をもって自らを消耗し、本源的元素の情熱的熱狂を沸きたたせなければならない。

7　戦いの中を除けば、もはや美はない。攻撃的性格を持たない作品は、傑作たりえない。詩は未知の力に激しく襲いかかり、それらを人間の前に降伏し平伏せしめるものとして把握されなければならない。

8　われわれはすべての世紀の最後の突端に立っている！――どうしてわれわれは振り向くのか。われわれの望みが不可能の神秘のとびらを打ち砕くことにあるのに。時間と空間は昨日死んだ。われわれはすでに絶対の中に生きている。われわれは永遠の、遍在するスピードを生み出したがゆえに。

9　われわれが賛美するのは戦争――世界の唯一の健康法――であり、軍国主義であり、愛国主義であり、自由をもたらす者の破壊の身ぶりであり、そのために死するに値する美しい思想であり、女への軽蔑であるだろう。

10　われわれは博物館、図書館、あらゆる種類のアカデミーを破壊し、道徳主義、フェミニズム、すべての日和見主義的、功利主義的臆病と戦うだろう。

11　われわれは労働によって、快楽によって、暴動によって興奮した大群衆を歌うだろう。われわれは現代の首都における多色多声の革命の潮流を歌うだろう。激烈な電気の月で燃え上がる兵器工場や造船所の、夜ごとに鼓動する熱狂を、煙の羽飾りを付けたヘビをむさぼり食う貪欲な駅を、曲がりくねった煙の糸で雲にぶら下がった工場を、ナイフの輝きのごとく太陽にきらめきながら、巨人の体操選手のごとく川をまたぐ橋を、水平線のにおいをかぐ冒険的な汽船を、管の手綱を付けた鋼鉄の巨大な馬のひずめのごとく、その車輪で線路をかいて進む太い声の機関車を、そのプロペラは風の中にのぼりのごとくはためき、熱狂した群集のごとく歓声をあげる飛行機のなめらかな飛翔を、われわれは歌うだろう（R・W・フリント〔R. W. Flint〕、一九七一、傍点はフロム）。

(17)　マリネッティの著作の編集者であるR・W・フリント（一九七一）は、マリネッティのファシズムへの忠誠ぶりをあまり強調しないように努めているが、私の意見では彼の議論は説得力を持ってはいない。

ここに私たちはネクロフィリアの本質的な要素を見る。すなわちスピードと機械の崇拝、襲撃の手段としての詩、戦争の賛美、文化の破壊、女性への憎しみ、生きている力としての機関車や飛行機である。第二次の『未来派宣言』（一九一六）は、スピードの新宗教の思想を発展させている。

スピードは、すべての動いている力の直観的総合をその本質としているので、本来純粋である。のろさは、すべての静止した消耗の理性的分析をその本質としているので、本来不純である。古くさい善と古くさい悪を破壊したのちに、われわれは新しい善であるスピードと、新しい悪であるのろさとを生み出す。

スピード＝すべての行動する勇気の総合。攻撃的かつ好戦的。

のろさ＝すべての沈滞した分別の分析。受動的かつ平和主義的……。

もし祈りが神との交流を意味するなら、高速で走ることは祈りである。車輪と線路の神聖さ。人は線路にひざまずいて、神聖なる速度に祈らなければならない。人はジャイロスコープ付きの羅針盤の回転するスピードの前に、ひざまずかなければならない。これは一分間に二万回転であって、人間の到達した最高の機械的スピードである。

車に乗って高速に酔うことは、唯一の神との融合感を得た喜びにほかならない。スポーツマンが、この宗教の最初の入門者である。家屋と都市とのきたるべき破壊、それは車や飛行機の大集合地を造るためである（R・W・フリント、一九七一、傍点はフロム）。

マリネッティは革命家であったとか、彼は過去と絶縁したとか、彼はニーチェの超人という新しい世界の夢想へのとびらを開いたとか、ピカソやアポリネールとともに、彼は現代芸術の最も重要な力の一つであったとか言われてきた。私は彼の革命思想は、彼をムッソリーニに近く、そしてヒトラーにより近く、位置せしめるものであると答えたい。革命的精神の華麗な宣言と、技術の崇拝と、破壊の目的とのこの混合こそ、まさにナチズムを特徴づけるものである。ムッソリーニとヒトラーは、おそらくは反逆者であった（ヒトラーはムッソリーニ以上であった）が、彼らは革命家ではなかった。彼らは真に創造的な思想を持ってはいなかったし、人間に益するようないかなる重要な変革も成し遂げなかった。彼らは革命的精神の本質的な判断基準を持たなかった。すなわちそれは生命への愛であり、生命の発展と成長に役立ちたいという欲望であり、独立への情熱である。(18)

(18)　ここは現代芸術と文学におけるある種の現象を分析して、それらがネクロフィラスな要素を示しているかどうかを決定すべき場所ではない。絵画の領域においては、それは私の能力の範囲外にある問題である。文学に関するかぎり、それはあまりにも複雑で、簡単に扱うことはできない。私はこの主題をのちの著作で扱うつもりである。

技術と破壊性の融合は、第一次世界大戦においてはまだ明らかになっていなかった。飛行機の及ぼした破壊はわずかであったし、戦車は伝統的な武器のより進化したものにすぎなかった。第二次世界大戦は決定的変化をもたらした。すなわち大量殺戮のための飛行機の使用であった。(19) 爆弾を落とす兵士たちは、彼らがわずかの間に何千人という人間を爆死させ、あるいは焼死させていることに、ほとんど気付いていなかった。乗組員たちは一つのチームであった。一人が飛行機を操縦し、一人が方向を定め、一人が爆弾を落とした。彼らは殺すことに関心は持たず、敵をほとんど意識していなかった。彼らの関心は、細心に組み立てられた計画によって定められた方針に沿い、彼らの複雑な機械を正しく扱うことにあった。彼らの行為の結果として何千人、時には十万人以上の人間が殺され、焼かれ、不具にされるだろうということは、もちろん頭では知っていたが、感情的にはほとんどわかっていなかった。それは矛盾しているように聞こえるかもしれないが、彼らのあずかり知らぬことであった。おそらくはこういう理由から、彼ら――少なくとも彼らの大部分――は一人の人間がなしうる最も恐るべきことに属する行為を犯しながら、罪の意識を持たなかったのであろう。

(19)　戦争初期のイギリスの戦闘は、まだ旧式のやり方で戦われた。イギリスの戦闘機のパイロットたちは、ドイツ軍の敵と交戦した。彼らの飛行機は彼らの個人的な乗り物であった。彼らはドイツ軍の侵入から祖国を守ろうという情熱に動機づけられていた。結果を左右したのは彼らの個人的な技能であり、勇気であり、決意であった。原理的には、彼らの戦いはトロイ戦争の英雄たちの戦いと変わりはしなかった。

現代の空襲による破壊が従う原理は、現代の技術的生産のそれであって、[20] そこでは労働者も技術者も、彼らの仕事が生み出す製品から完全に疎外されている。彼らは経営者の全体的計画に従って技術的な仕事をするが、完成された製品を見ないことさえしばしばある。たとえ見たとしても、それは彼らのあずかり知らぬことだし、また責任もない。彼らはそれが有益な製品なのか有害な製品なのかを自問してはならない――それは、経営者が決めるべき問題なのである。しかしながら経営者に関するかぎり、〈有益な〉とはただ〈有利な〉の意味であり、製品の真の効用には何の関係もない。戦争においては、〈有利な〉とは敵を打ち破るのに役立つすべてを意味する。しかもこの意味において何が有利であるかの決定は、しばしばフォードのエドセル〔訳注。フォードが非常な期待を掛けて生産したが、売れなかった車の名〕の製造をもたらしたのと同じようにあいまいなデータに基づいている。操縦士にとっても技術者にとっても、上の連中の決定したことを知るだけで十分なのであって、彼はそれらの決定に疑問をいだいてはならないし、またそうするほどの関心を持ってもいない、それがドレスデンや広島で十万人の人間を殺すことであっても、ベトナムの土地と民衆を荒すことであっても、命令の軍事的あるいは道徳的正当性について頭を悩ませることは、彼のなすべきことではない。彼の唯一の仕事は、彼の機械に正しく奉仕することである。

(20) ルイス・マンフォードは文明の二つの極を指摘している。「機械的に組織された仕事と、機械的に組織された破壊と」(L・マンフォード、一九六七)。

人はこのような解釈に対する異議として、兵士たちにはいつも命令に無条件に従うことが義務であったという事実を強調するかもしれない。これはたしかに事実であるが、この異議は地上の兵士と爆撃機の操縦士との間の重大な違いを無視している。前者は彼の武器によって生じる破壊の近くにいるし、彼はただ一回の行為によって、まだ見たこともない大量の人間を殺すことはない。人が言えることはせいぜい、伝統的な軍隊の規律と愛国的義務感とが、操縦士の場合にも無条件に命令を実行する構えを強化するだろうということである。しかしこれは地上で戦うふつうの兵士にとってはたしかにそうだが、操縦士の場合の要点とはならない。これらの操縦士たちは高度に訓練され、技術的な精神を持った人びとで、彼らの仕事を正しくかつちゅうちょなく行なうのに、このような余分な動機づけをほとんど必要としないのである。

ナチスによるユダヤ人の大量虐殺ですら、生産過程のように組織化されていた。もっともガス室での大量殺人は、高度に複雑な技術を必要とはしなかったが。この過程の一方の端では、犠牲者たちは有益な仕事ができるかどうかを基準にして、選別された。この範疇に入らない人びとはガス室に入れられ、これは衛生のためだと言われた。ガスが送り込まれた。衣服やほかの役に立つもの、たとえば毛髪や金歯などは死体から取り除かれ、より分けられて、〈再利用〉された。そして死体は焼かれた。犠牲者たちは秩序正しく、能率的に〈処理〉された。死刑執行者たちは苦悩を見る必要はなかった。彼らは総統の経済的＝政治的計画に加担していたのだが、彼ら自身の手で直接に即座に殺すことからは、一歩離れていた。(21) たしかに自分の心情を苛酷にすることによって、自分が見て選別し、わずか数百ヤード離れたところで一時間以内に殺されることになっている人間たちの運命に心を動かされまいとするのは、爆弾を落とす飛行機の乗組員の場合以上の苛酷さを必要とする。しかしその違いはあるにせよ、この二つの状況がきわめて重要な要素を共有しているという事実は残る。それは破壊を技術化することであり、それとともに、自分のしていることに対する十分な感情的認識を排除することである。いったんこの過程が完全に確立すれば、破壊性には際限がなくなる。というのは誰も破壊することはないからである。人はただ計画された――したがって一見合理的な、目的のために、機械に奉仕するにすぎない。

(21)　この〈一歩〉は小さすぎて問題にならないと言う人びとに思い起こしてほしいことは、あたりまえならりっぱな人びとと言える何百万もの人びとが、彼ら自身の国や党から何歩も離れたところで行なわれる残酷行為には、何の反作用も起こさないということである。今世紀の初めに、ベルギーの為政者たちがアフリカの黒人たちに行なった残虐行為によって利益を得た人びとは、何歩離れていたと言うのか。たしかに一歩は五歩よりは少ない。しかしそれはただ量的な違いである。

もし現代の大規模な破壊性の技術的＝官僚制的性質についての、これらの考察が正しいとすれば、それらは技術全体の精神のネクロフィラスな性質に関する、私の中心的な仮説の否定につながりはしないだろうか。私たちは次のことを認めなくてもよいのだろうか。すなわち現代の技術的人間は破壊への情熱に動機づけられているのではなく、全面的に疎外された人間であって、その支配的な方向づけは頭脳的であり、愛もほとんど持たないが、破壊する欲望もほとんどなく、性格学的な意味においては自動人形とはなったが、破壊者ではないと評するのがより適当である、ということを。

これは答えやすい問いではない。たしかにマリネッティにおいて、ヒトラーにおいて、何千人というナチスやスターリン体制の秘密警察員や、強制収容所の看守や、処刑隊員において、破壊の情熱は支配的な動機づけとなっている。しかし彼らはたぶん〈旧式の〉類型ではないだろうか。私たちが〈電子技術〉社会の精神をネクロフィラスと判断することには、根拠があるのだろうか。

これらの問いに答えるためには、私がこれまでの説明から省いておいたほかの幾つかの問題を、解明する必要がある。その第一は、肛門愛＝貯蓄的性格とネクロフィリアとの関係である。

ネクロフィラスな人物の臨床的データや夢の例は、肛門愛的性格特性の顕著な存在を例証した。排泄の過程および排泄物への関心は、私たちが見たようにすべての腐ったもの、悪臭を放つもの、すべての生命を持たないものへの関心の、象徴的表現である。しかしながら、〈正常な〉肛門愛＝貯蓄的性格は生気には欠けるが、ネクロフィラスではない。フロイトと彼の共同研究者たちは、もう一歩進めた。彼らはサディズムがしばしば肛門愛的性格の副産物であることを発見した。これはいつもそうであるわけではなく、ふつうの貯蓄的性格にくらべてより多くの敵意を持ち、よりナルシシズム的である人びとの場合に起こる。しかしサディストたちですら、なお他人とともにいる。彼らは他人を支配することを望むが、破壊することは望まない。この倒錯した種類の関係すら欠いていて、よりナルシシズム的でより多くの敵意を持った人びとが、ネクロフィラスな人物である。彼らの目的はすべての生きているものを死んだ物質に変貌させることである。彼らはすべてのもの、すべての人間、しばしば自分自身をも破壊することを望む。彼らの敵は生命そのものである。

この仮説は次のことを暗示する。すなわち正常な肛門愛的性格──→サディスティックな性格──→ネクロフィラスな性格という発達を決定するのは、ナルシシズム、関係の断絶、そして破壊性の増大である（この連続体においては、両極の間に無数の変化がある）ということであり、ネクロフィリアは肛門愛的性格の悪性の形態として記述できるということである。

もし肛門愛的性格とネクロフィリアとの密接な関連というこの考えが、私がこの図式的な説明で記述したほど単純なものであれば、それは理論的に満足できるほどすっきりしたものとなるだろう。ところがこの関連は決してそんなにすっきりしたものではない。十九世紀の中産階級の特徴であった肛門愛的性格は、現在経済的に最も進んだ生産の形態に完全に統合されつつある部分の人びととの間では、ますます少なくなりつつある。[22] 統計的に言えば、全面的な疎外の現象は、アメリカの大部分の人びとの中にはおそらくまだ存在していないが、この現象は社会全体が動いて行く方向を最もよく表わしている部分の人びとの特徴となっている。実際、新しい型の人間の性格は、口唇愛的性格、肛門愛的性格、性器愛的性格などのような古い範疇のどれにも当てはまらないように見える。私はこの新しい類型を、〈市場的性格〉として理解しようとした（E・フロム、一九四七）。

（22）アメリカにおける経営者の性格についてM・マコービーが企画した研究（工業技術、労働、性格に関するハーバード研究計画、近刊予定）および、メキシコの経営者についてI・ミランが企画した研究（*Carácter Social y Desarrollo*『社会的性格と発達』）、メキシコ国立自治大学、近刊予定）は、私の仮説を確証するにも、それに異論を唱えるにも、きっと大いに役立つことだろう。

市場的性格にとっては、すべてのものは商品に変貌する――物だけでなく、人間自身、彼の肉体的エネルギー、技能、知識、意見、感情、そしてほほえみまでも。この性格類型は歴史的に新しい現象なのだが、それはこれが市場――商品市場、労働市場、パーソナリティ市場――を中心とし、有利な交換によって利益をあげることを原理とする、完全に発達した資本主義の産物であるからである。(23)

(23) この市場は、現代の資本主義においては決して完全に自由ではない。労働市場は社会的、政治的要因によって大部分決定され、商品市場は高度に操作されている。

肛門愛的性格は、口唇愛的および性器愛的性格と同様に、全面的な疎外が完全に進展する以前の時代に属している。これらの性格類型は、自分の肉体、その機能、そしてその産物に対する真の感覚的体験が存在するかぎりにおいて可能である。サイバネティックス的人間はあまりにも疎外されているため、自分の肉体を成功するための手段としてのみ体験する。彼の肉体は若々しく健康に見えなければならないのであって、それはパーソナリティ市場における非常に貴重な資産として、ナルシシズム的に体験されるのである。

ここにおいて私たちは、この回り道に私たちを導いた問いにもどる。ネクロフィリアは、ほんとうに二十世紀の後半における、アメリカおよびその他の同じように高度に発達した資本主義、あるいは国家資本主義の国々の人間の特徴なのだろうか。

結局のところ、この新しい型の人間は、排泄物や死体には関心を持たない。それどころか彼は死体をあまりにも恐れるので、死体は生きていた時以上に生き生きとして見えるほどである。（これは反動形成というよりは、むしろ自然の、人工でない現実を否定する全体的な方向づけの一部であるように思われる。）しかし彼はあるもっと徹底的なことをする。彼は生命、人間、自然、思想から――要するに生きているすべてのものから――自分の関心をそらす。彼はすべての生命を物に変貌させる。すなわち彼自身を含めて、理性とか、見たり、聞いたり、味わったり、愛したりするとかいった彼の人間的能力の現われのすべてを、物に変貌させる。性愛は技術的な熟練（〈愛の機械〉）となり、感情は平板になり、時には感傷に取って代わられる。生きていることの強烈なあかしである喜びは、〈娯楽〉や興奮に取って代わられる。そして人間の持つ愛とやさしさのすべては、機械や仕掛けに向けられる。世界は生命のない人工物の総和となる。合成食品から合成器官に至るまで、人間は全面的に、彼が支配すると同時に支配される全体的な機械の一部となる。彼は計画も、人生の目標も持たず、ただ技術の論理の決定によって彼がなさなければならないことをなすだけである。彼は彼の技術的精神の最大の達成の一つとして、ロボットを造ることを熱望している。そしてロボットはほとんど生きた人間と見分けがつかないだろうと保証する専門家もいる。人間自身がほとんどロボットと見分けがつかなくなっているのだから、この達成もさほど驚くべきこととは思われないだろう。

　生命の世界は〈非生命〉の世界となった。人びとは〈非人間〉となり、死の世界となった。死はもはや不快なにおいを発する排泄物や死体によって、象徴的に表現されるものではなくなった。死の象徴は今や清潔でぴかぴか光る機械である。人びとはにおいのする便所には引きつけられず、アルミニウムやガラスの構造物に引きつけられる。[24] しかしこの防腐処理を施した正面の背後にある現実が、ますます明らかになりつつある。人間は進歩の名において、世界を悪臭を放つ有毒な場所に変貌させつつある。（しかもこれは象徴的な意味ではない。）彼は空気、水、土、動物――そして自分自身を汚染している。彼のこのやり方があまりに大規模なので、今から百年もたたないさきの地球にまだ人が住めるかどうかも、疑わしくなってしまった。彼はこれらの事実を知っているが、多くの人びとの抗議にもかかわらず、責任ある地位の人びとは技術的〈進歩〉の追求を続け、彼らの偶像崇拝のためにすべての生命を進んで犠牲にしようとしている。昔でも人間は彼らの子供たちや、捕虜たちを犠牲にした。しかし歴史上において、人間がすべての生命――彼自身および彼のすべての子孫の――を進んでモーロック神〔訳注。人身御供を要求したセム族の神〕にささげたためしはない。彼がそれを意図的に行なうか否かは、ほとんど問題ではない。もし彼が起こりうる危険を知らなければ、彼は責任は免れるかもしれない。しかし彼の性格の中にあるネクロフィラスな要素こそが、彼が持っている知識の利用を妨げているのである。

(24) 本章の前の部分の〈夢7〉参照。

同じことが核戦争の準備についても言える。二つの超大国がお互いを滅ぼし、そしてそれとともに少なくとも人類の大部分を滅ぼす能力を、たえず増大しつつある。しかも彼らはこの危険をなくするために、本気でやったことは何もない――そして本気でやるべき唯一のことは、すべての核兵器の破壊である。実際、責任ある地位の人びとは、すでに数度危うく核兵器を使用するところまで行った――そしてその危険に賭けたのであった。戦略的な論法――たとえばハーマン・カーン（Herman Kahn）の『水爆戦争』（*On Thermonuclear War*）（一九六〇）――は、五千万人が死んでもまだ〈許容できる〉かという問いを、平気で発するのである。これがネクロフィリアの精神であることは、ほとんど疑問の余地もないだろう。

多くの憤激を買っている現象——麻薬の常用、犯罪、文化的精神的腐敗、真の倫理的価値の蔑視——はすべて、死と汚物に引きつけられる気持ちの高まりに関連している。現代社会の方向を決める人びとがそれを奨励しているのに、どうして若い人びと、貧しい人びと、希望を持たない人びとが腐敗に引きつけられないことが期待できようか。

私たちが下すべき結論は、全面的に技術化された生命なき世界は、死と腐敗の世界の別な形にすぎないということである。この事実はたいていの人びとが意識していない。しかしフロイトの表現を使えば、抑圧されたものはしばしばよみがえるのであって、死と腐敗に魅せられる気持ちは、悪性の肛門愛的性格の場合と同じように明らかになるのである。

これまで私たちは、機械的—生命のない—肛門愛的という連関を考えてきた。しかし全面的に疎外された、サイバネティックス的人間の性格を考える時、また別の連関がどうしても頭に浮かんでくる。すなわち彼の精神分裂症類似の、あるいは精神分裂症そのものの性質である。おそらく彼の最も顕著な特性は、思考—感情—意志の間の分裂である。（この分裂から思いついて、E・ブロイラーはこの型の病気に“*schizophrenia*”〔精神分裂症〕——ギリシア語の *schizo*〔分裂する〕と *phren*〔精神〕とから——という言葉を選んだ。）サイバネティックス的人間の記述の際に、私たちはすでにこの分裂の例証を見た。たとえば爆撃機の操縦士は、自分がボタンを押すことによって十万人の人間を殺すのだということを明らかに知りながら、感情は持たない。しかしこの現象を観察するためなら、こんな極端な場合まで考える必要はない。私たちはすでにそのもっと一般的な現われを述べた。サイバネティックス的人間は、ほとんど頭脳によってのみ方向づけられている。彼は唯知的（*monocerebral*）人間である。彼の回りのすべての世界——そして自分自身——へのアプローチは、知的である。彼はものが何であるか、それらがどのように機能するか、またどのように造られ、操作されるかを知りたがる。このアプローチは科学によって育てられ、中世の終末以来支配的となった。それは現代の進歩の本質そのものであり、世界の技術的支配および大量消費の基礎である。

この方向づけには何か不吉なところがあるだろうか。なるほどこの面での〈進歩〉は不吉な感じはしないようだが、ただ幾つかのやっかいな事実がある。第一に、この〈唯知的〉方向づけは、決して科学的な仕事に携わる人びとにのみ見いだされるものではない。それは膨大な部分の人びとに共通している。事務員、セールスマン、技術者、医者、経営者、そしてとくに、多くの知識人や芸術家たち[25]——実際、都市に住むほとんどの人びとであると推測されるのである。彼らはすべて、この世界が有効に利用するために理解しなければならないものの集成であると考えて、それに接近する。第二に、これも同じように重要なことだが、この頭脳的＝知的アプローチは、感情的反応の欠如と共存している。感情は抑圧されているというよりは、枯死したと言う方がいいかもしれない。それらが生きているとしても、手を掛けてもらえないので、どちらかと言うと野生のままである。それらは情熱の諸形態、たとえば勝ち、他人よりすぐれていることを示し、破壊する情熱となって現われ、また性やスピードや騒音に対する興奮となって現われる。もう一つの要因を付け加えなければならない。唯知的な人間の特徴として、また別の非常に重要な特色がある。すなわちある特別な種類のナルシシズムで、その対象は彼自身——彼の肉体と技能——であり、要するに成功の手段としての彼自身である。唯知的な人間は彼が造った機械の一部になり切っているので、彼の機械もまた、彼自身がそうであるように、彼のナルシシズムの対象となる。実際この両者の間には、一種の共棲的関係が存在する。すなわち「一個の個体が他の個体と（あるいは自己の外部のいかなる他の力とでも）結合した結果、それぞれが自己の全体性を失い、互いに依存し合うようになる」（E・フロム、一九四一）関係である。象徴的な意味では、人間の母はもはや自然ではなく、彼が造った〈第二の本性〉、すなわち彼を養い守ってくれる機械である。[26]

(25)　アインシュタイン、ボルン、ハイゼンベルク、シュレディンガーのような最も創造性に富んだ現代科学者たちが、最も疎外されず、唯知的でない人びとであったというのは、注目すべき事実である。彼らの科学的関心には、大多数の人びとの持つ精神分裂症的な性質はまったくなかった。彼らの哲学的、道徳的、精神的関心が彼らの全パーソナリティに浸透しているというのが、彼らの特徴であった。彼らが明らかにしたことは、科学的アプローチそのものが疎外をもたらすのではなく、それはむしろ科学的アプローチを精神分裂症的アプローチへとゆがめてしまう社会的風潮であるということである。

(26)　マーガレット・S・マーラーは、母と子の共棲関係に関するすぐれた研究で、〈共棲〉という言葉を応用した（M・S・マーラー、一九六八）。

サイバネティックス的人間の別な特色——日常化し、形式化した不自然な態度で行動する傾向——は、多くの精神分裂症的な強迫観念によくある型の中に、より激しい形で見られる。精神分裂症の患者と唯知的な人間との間の類似は、驚くほどである。おそらくもっと驚くべきものは、精神分裂症と同一ではないが、関係のある別の範疇、すなわちL・カナー（L. Kanner）（一九四四）によって初めて記述され、のちにM・S・マーラー（一九六八）によってさらに精緻なものとなった、〈自閉症児〉の呈する臨床像である。〔L・ベンダー〔L. Bender〕の精神分裂症の子供に関する論議（一九四二）も参照のこと。〕自閉症の症候群についてのマーラーの記述によれば、次のような特性が最も重要である。（1）「生命のあるものと生命のないものとのあの本源的な区別の喪失。フォン・モナコーはこれをプロトディアクリシス（*protodiakrisis*）と呼んだ」。（2）いすやおもちゃのような生命のないものに引きつけられる。それと同時に生きている人間、とくに母親と結びつくことができない。母親たちはしばしば「子供の心に触れることができません」と報告する。（3）同じことを固守しようとする強迫的動因。カナーはこれを幼児の自閉症の古典的特色と述べている。（4）一人にしてほしいという強い欲望。〔「自閉症児の最も顕著な特色は、彼がいかなる人間的、社会的接触の要求に対しても行なうめざましい戦いである」〔M・S・マーラー、一九六八〕。〕（5）言語を（もししゃべるなら）操作的な目的に用いるが、人間どうしのコミュニケーションの手段としては用いない。〔「これらの自閉症の子供は、合図や身ぶりによって、おとなに対し、生命を少し持った、あるいは全然持たない機械のような命令実行のための分身として、機械のスイッチか何かのような役割を果たすことを命令する」〔M・S・マーラー、一九六八〕。〕（6）マーラーはもう一つの特性をあげているが、これは私がさきに述べたように、唯知的人間においては〈肛門愛〉複合の持つ重要性が低下したということを考えると、とくに興味深いものである。「ほとんどの自閉症児は、からだの表面のカセクシス〔訳注。ある行為や物体に情緒的な意味を持たせること〕が比較的低く、彼らが苦痛に対する感受性にひどく欠けているのはこのためである。この感覚器官のカセクシスの欠乏と同時に、段階的層化、各領域のリビドー化とその相関の欠如が見られる」〔M・S・マーラー、一九六八〕[27]。

（27） 私は数ある中でも、とくにデーヴィッド・S・シェクターとゲルトルート・フンツィカー＝フロムに謝意を表する。自閉症児に対する臨床的経験と見解とを分かち与えられたことは、私自身が自閉症児を研究したことがないので、とくに貴重であった。

私がとくに注意を促したいのは、生命のあるものとないものとの区別をしないこと、ほかの人びととの結びつきがないこと、言語をコミュニケーションよりは操作のために使用すること、生きているものよりも機械的なものに多くの関心を持つことである。これらの類似点は顕著なものではあるが、おとなの精神病理において、自閉症児のそれに相当するような種類のものがあるかどうかは、広範囲の研究を重ねることによって初めて立証できることである。サイバネティックス的な人間の働きと精神分裂症的過程との関係を考える方が、空論に走る危険が少ないだろう。しかしこれは幾つかの理由から、きわめてむつかしい問題を構成している。

1　精神分裂症の定義は、さまざまな精神医学の学派の間でおそろしく異なっている。それらの定義は、精神分裂症を有機体に原因のある病気とする伝統的な定義から、アドルフ・マイヤーの学派（サリヴァン、リズ）や、フロム＝ライヒマンや、精神分裂症を病気ではなく一種の心理過程として定義し、それは幼時から作用してきた微妙で複雑な対人関係に対する反応として理解すべきであるとする、もっとラディカルなレインの学派に、ある程度共通したさまざまな定義にまで及んでいる。肉体的変化を発見しえたとしても、レインはそのすべてを対人的過程の結果として説明するのであって、原因とはしない。

2　精神分裂症は一つの現象ではなく、この言葉には多くの違った形の障害が含まれているので、

E・ブロイラー以後は、精神分裂症は一つの実体としての病気とはされず、もろもろの精神分裂症という言い方がなされている。

3　精神分裂症の力動的な研究は、比較的新しく始められたので、もっと多くの研究が進められるまでは、精神分裂症に関する私たちの知識は、ごく不十分なものにとどまるだろう。

この問題において、とくにこれ以上の解明を要すると私が考える一つの面は、精神分裂症とその他の精神病の過程、とくにふつう内因性抑鬱症と呼ばれる過程との連関である。たしかにオイゲン・ブロイラーほどのもののわかった進歩的な研究者でさえ、精神病的抑鬱症と精神分裂症とをはっきり区別したし、またこの二つの過程が概して二つの違った形態で現われることは否定できないようである（多くの混成的なレッテル——精神分裂症や抑鬱症や偏執症の特色を組み合わせて——を必要とすることが、この区別を疑わしいものとしてはいるが）。ここで生じる疑問は、この二つの精神病が同じ基本的な過程の違った形態ではないかということであり、また一方では、さまざまな種類の精神分裂症の間の違いの方が、時としてはある種の抑鬱症的過程および精神分裂症的過程のそれぞれの現われの間の違いよりも、大きいのではないかということである。もしそうだとすれば、現代人には精神分裂症的要素があるという仮定と、さきに退屈の分析に関連して下した慢性抑鬱症の診断との間の明らかな矛盾について、私たちはあまり頭を悩ます必要もなくなるだろう。私たちはどちらのレッテルも十分ではないのだ——あるいはレッテルのことは忘れてもいいのだ——と仮定してもいいのではないだろうか。[28]

（28）このような考察に基づいて、マイヤー学派の精神病医やレインは、これらの疾病分類学上のレッテルをまったく使わないようにしている。この変化は、主として精神病者への新しいアプローチがもたらしたものである。患者への精神療法的なアプローチが不可能であるかぎり、関心の主眼点は彼を精神病者のための施設に入れるべきか否かを決定するのに役立つ、診断的なレッテルにあった。精神分析的な方向づけを持った治療法によって患者を助けるようになってからは、レッテルは重要ではなくなった。というのは、精神病医の関心の焦点は患者の中で進行しつつある過程を理解すること、そして彼を〈参加観察者〉である自分と根本的には違いのない人間として体験することにあるからである。精神病の患者へのこの新しい態度は、主流としての非人間化の過程にもかかわらず、今日発展しつつあるラディカルなヒューマニズムの現われと見なすことができる。

もし唯知的なサイバネティックス的人間が、低度の慢性の精神分裂症的——わかりやすくするためにこの言葉を使うのだが——過程の臨床像を示さないとすれば、それこそ驚くべきことである。彼が生活している雰囲気は、レインやその他の人びとが分裂生起的（精神分裂症を生む）家族を描写した時に示したそれに比べて、ただ量的に空虚さが少ないだけのことである。

私は〈狂気の社会〉について語り、そしてこのような社会で正気の人間に何が起こるかという問題について語るのは、正当なことだと信じる（E・フロム、一九五五）。もしある社会が構成員の大部分に重い精神分裂症をもたらすとすれば、その社会は自らの存在を危うくするだろう。完全な精神分裂症の人物の特徴は、彼が外部の世界とのすべての関係を断ち切ったということである。彼は自分自身の私的な世界にひきこもってしまったのだが、彼が重い病気だと見なされるおもな理由は社会的な理由である。彼は社会的に機能しない。彼はわが身の始末もろくにできない。彼はいろいろな面で他人の助けを必要とする。（とはいえこれはまったくの真実ではない。それは慢性の分裂症患者が働いたり、わが身の始末をしたりしているあらゆる場所での経験が示している。ただしこれには好都合な条件を整えてくれたある種の人びとの助けがあり、また少なくとも国からはある程度の物質的援助を受けている。）一つの社会を、大きな複雑な社会はもちろんのことだが、精神分裂症の人びとが動かすことはできないだろう。しかし低度の精神分裂症の人びとなら、社会を非常にうまく運営することができる。彼らは社会が作用するために物事を処理しなければならないとすれば、それらを処理する能力を完全に持っている。こういう人びとは、世界を〈現実的に〉見る能力は失っていない。もしこの言葉の意味が、物事を効果的に処理するための要件として、物事を知的に考えるということであるならば。彼らは物事を個人的に、すなわち主観的に、そして心情によって体験する能力は完全に失っているかもしれない。十全な発達を遂げた人物は、たとえばばらを見て、それが自分をあたためてくれるとか火のようだとさえ体験することができる（もし彼がこの体験を言葉に表わすなら、私たちは彼を詩人と呼ぶ）が、彼はまたばらは――物理的現実の領域では――火のようにあたためるものではないことをも知っている。現代人は、世界を実際的な目的の観点からのみ体験する。しかし彼の欠陥は、いわゆる病人の欠陥と比べても、それより小さくはないのである。いわゆる病人は世界を〈客観的に〉体験することはできないが、個人的、主観的、象徴的体験という他の人間的能力を保持しているのだから。

私の考えでは、スピノザが初めて彼の『倫理学』で、〈常態の〉狂気の概念を表明したのであった。

ずっと首尾一貫して、まったく同じ感情にとりつかれる人は多い。彼のすべての感覚は、一つの対象によってあまりにも強く影響されるので、彼はその対象が存在しない時でさえ、それが存在すると信じている。もしこのことが彼が目ざめている時に起これば、その人物は狂気であると信じられる……。

しかしもし貪欲な人物が金や所有のことばかり考え、野心的な人物が名声のことばかり考えるならば、人は彼らのことを狂気とは考えず、ただうるさいとだけ考える。概して人は彼らを軽蔑する。しかし実際には、貪欲や野心などは狂気の形態なのである。ふつうには、人はそれらを〈病気〉とは考えないけれども（B・デ・スピノザ、一九二七）。

十七世紀から私たちの時代にかけての変化は、人は「概して……軽蔑する」とスピノザが言っている態度が、今日では軽蔑すべきものではなく賞賛すべきものと見なされている事実に、現われている。

私たちはもう一歩進まなければならない。〈常態の病状〉（E・フロム、一九五五）がめったに重症の精神病の形態にまで悪化しないのは、社会がこのような悪化に対する解毒剤を造り出すからである。病理的過程が社会的な型となれば、それらは個人的な性格を失ってしまう。それどころか病気の人間は、ほかのすべての同じような病気の人間と一緒になって、安心するのである。文化全体がこの種の病状に調子を合わせ、この病状に適合した満足を与える手段を整える。その結果ふつうの人間は、完全な精神分裂症の人間の感じる隔離感も孤立感も体験しない。彼は同じひずみを持っている人びとの中で安心感を味わう。実際、狂気の社会で孤立感を味わうのは、完全に正気の人間なのである――そして彼はコミュニケーションが不可能であるために非常に苦しむので、精神病患者になるのは彼かもしれない。

本研究に関連するきわめて重大な問いは、疑似自閉症的障害および低度の精神分裂症的障害という仮説は、今日広まっている暴力をいくらかでも説明する助けになるかどうかということである。ここにおいてはほとんど完全な推論になってしまうので、さらに進んだ研究と新しいデータが必要となる。たしかに自閉症の場合には多くの破壊性が見いだされるのだが、私たちはまだこの破壊性という範疇が、この場合にどこへあてはまるのかを知らない。精神分裂症的過程に関するかぎり、五十年前ならその答えは明らかだと思われただろう。精神分裂症患者は暴力的であって、そのため彼らは逃げだすことのできない施設に入れる必要があると、一般に考えられていた。慢性の精神分裂症患者を農場で働かせたり、彼ら自身の運営によって働かせた経験（レインがロンドンでおぜん立てをしたように）から、精神分裂症の人間は、放置しておけばめったに暴力的にはならないことが明らかになった。[29]

(29) 自閉症児の臨床像はいくぶん異なる。彼らの場合には、強い破壊性はより頻繁であるようである。この違いを説明するためには、次のような考えが役に立つかもしれない。すなわち精神分裂症の患者は、社会的現実とのきずなを断ち切ってしまったので、放置しておけば、脅威を感じてその結果暴力的になることはない。一方自閉症児は放置されることはない。両親は彼に正常な生活のゲームを演じさせようとして、彼の内的世界に侵入してくる。そのうえ、年齢という要因によって、子供は家族とのきずなを保たなければならず、いわばまだ完全に内にこもることはできない。この状況から強い憎しみと破壊性が生まれ、またこれが、放置された際のおとなの精神分裂症患者よりも、自閉症児の場合において、暴力的傾向の頻度が相対的に高いことの説明になるかもしれない。これらの推論はもちろんきわめて仮説的であって、この分野の専門家によって裏付けられ、あるいは退けられなければならないだろう。

しかし〈常態の〉低度の精神分裂症の人間は、そっとしておいてもらえない。彼は押され、じゃまされ、彼の極度の敏感さは傷つけられる。それも毎日何回にも及ぶので、この常態の病状は多くの人びとの中に破壊性を生み出すであろうことが理解される。もちろんそれが最も少ないのは、社会体制に最もよく適応している人びとの間であり、最も多いのは、社会的にも報いられず、また自分たちにとって意味のある社会構造の中に位置してもいない人びと、すなわち貧困者、黒人、若者、失業者たちである。

精神分裂症的過程および自閉症的過程と破壊性との連関についてのこれらの推論は、ここではすべて未解決のままにしておかなければならない。私たちは、分裂生起的であると判明した家庭生活の雰囲気は、ネクロフィリアを生み出す社会的雰囲気に非常によく似ていると述べていることで、満足しなければならない。しかしながら、一言付け加えておかなければならない。唯知的方向づけは社会の構成員の成長や、社会自身の存続を促進するような目的を思い浮かべることができない。これらの目的を明確にするためには理性が要求される。そして理性は単なる知性以上のものである。それは頭脳と心情が結びついた時に、感情と思考が統合された時に、そして両者ともに合理的（さきに提起した意味で）である時に初めて発達する。建設的な夢という考え方ができなくなるということ自体が、生存へのきびしい脅威である。

もしここでやめれば、全体像は不完全となり、非弁証法的となるだろう。ネクロフィリアがますます発達すると同時に、その反対の傾向である生命への愛も発達しつつある。それは多くの形に現われている。生命の圧殺に対する抗議はその一つであって、これはあらゆる社会階層と年齢集団による、しかしとくに若い人たちによる抗議である。汚染や戦争に対して高まりつつある抗議に、生活の質への増しゆく関心に、高い収入や威信より意味のある興味深い仕事を選ぶ多くの若い専門職業人の態度に、広範囲に広まった精神的価値への探求——それはしばしば方向を誤り、また単純なものではあるが——に、希望がある。若者たちが麻薬に引きつけられるのにも、この抗議があると理解すべきである。消費社会の方法を使うことによって、より大きな生命感を得ようとする彼らの試みは、まちがってはいるが。反ネクロフィリアの傾向は、ベトナム戦争に関連して起こった、多くの政治的＝人間的転向にも現われた。これらの事例が示していることは、生命への愛を深く抑圧することはできるが、抑圧されたものは死んではいないということである。生命への愛は生物学的に与えられた性質なので、ごくわずかな人びとを除けば、それは常に表面に出てくる可能性を持っている。ただたいていは特別な個人的、歴史的状況においてのみではあるが。（それは精神分析の過程においても、起こりうる。）実際、反ネクロフィリアの傾向が存在し、かつ増大さえしつつあることは、ホモ・サピエンスという偉大なる実験が失敗には終わらないだろうという、私たちの持つ唯一の希望の綱である。このように生命を再び主張する機会は、いかなる国におけるよりも、技術的に最も進歩した国であるアメリカにおいて最も大きいと私は思う。アメリカでは、より多くの〈進歩〉が幸福をもたらすだろうという希望は、新しい〈楽園〉の味をためす機会をすでに得た人たちの大部分にとって、幻想であることがわかったからである。このような根本的な変化が起こるかどうかは誰も知らない。それに反抗して働く力はおそるべきものであり、楽観できる根拠はない。しかし私は希望をいだく根拠はあると信じている。

3　近親愛とエディプス複合に関する仮説

ネクロフィリアの発達を助長する条件については、私たちの知識はまだ非常に限られており、さらに研究を進めることによってのみ、この問題により多くの光を当てることができるだろう。まちがいなく下せる推論は、非常に生気の乏しいネクロフィラスな家庭環境は、しばしばネクロフィリアの形成に寄与する要因になる、ということである。生気を与える刺激の欠如、希望の不在、そして社会全体の破壊的精神は、たしかにネクロフィリアを育てる上に真に重要な意味を持っている。遺伝的要因がネクロフィリアの形成に一役買うということは、私の考えでは大いにありうることである。

以下において、私はネクロフィリアの最も早い根と思われるものについての仮説を提起したい。それは多くの事例の観察に基づき、神話と宗教の分野から得た豊富な資料の裏付けを持ってはいるが、推論としての仮説である。私はこの仮説はその試案的な性格さえ頭にとどめておけば、提起に値するだけの重要性を持っていると信じている。

この仮説は私たちを、少なくとも一目見ただけでは、ネクロフィリアとほとんど関連のなさそうな現象へと導く。それはフロイトのエディプス複合の概念によって、非常に聞き慣れたものとなった近親愛（*incest*）の現象である。まず初めに、私たちは以下に述べることの土台を造るために、フロイトの概念を簡単に見ておかなければならない。

古典的な概念によれば、五、六歳の男の子は彼の性的（男根的）欲望の最初の対象として、母親を選ぶ（〈男根期〉）。家族の状況の中で、彼の父親はこのため憎まれ役のライバルとなる。（正統派の精神分析学者たちは、少年の父親に対する憎しみをずいぶん過大評価した。「お父さんが死んだら、僕はお母さんと結婚するよ」というような宣言が、幼い男の子の言い草とされ、また彼らの死への願望の証拠としてしばしば引用されるが、文字どおりに受け取るべきものではない。というのは、この年齢では死はまだ現実としては十分に体験されず、むしろ〈よそへ行った〉ことの等価物として体験されるからである。さらに、父親とのある程度の競争はあるにせよ、深刻な反抗心のおもな原因は、家父長的、圧制的権威に対する男の子の反抗にある〔E・フロム、一九五一〕。〈エディプス的憎しみ〉が破壊性に貢献する度合いは、私の考えでは比較的少ない。〕父親を片づけるわけにはいかないので、彼は父親を恐れるようになる――とくに、父親が小さなライバルである彼を去勢することを恐れる。この〈去勢恐怖〉のために、幼児は母親への性欲を放棄するのである。

正常な発達の場合は、息子は彼の関心を他の女に移すことができる。とくに、彼が十分な性的＝性器的発達を遂げたのち――だいたい思春期のころ――において、そうである。彼は父親と同一化し、とくに彼の命令や禁止と同一化することによって、父親との競争を乗り越える。父親の規範は内面化され、息子の超自我となる。病的な発達の場合には、葛藤はこのような方法では解決されない。息子は母親に対する性的愛着を放棄せず、のちには母親の果たしていた役割を果たす女に引きつけられる。その結果、彼は同じ年ごろの女を愛することができず、脅威的な父親あるいはその代理を恐れる気持ちが残る。彼はふつう母親がかつて彼に示したのと同じ性質を、母親の代理に期待する。すなわち無条件の愛、保護、賞賛、安全である。

この型の母親固着の男たちはよく知られている。彼らはふつうきわめてやさしく、ある限定された意味で〈愛情深い〉のだが、またきわめてナルシシズム的でもある。彼らは自分が母親にとって、父親以上に重要な存在であるという気持ちを持っているので、自分は〈すばらしい〉人間だと思う。そして彼らはすでに〈父親〉なのであるから、彼らはすでにおとなであって、自分の偉大さを立証するために現実に何をする必要もない。彼らは母親（あるいはその代理）が彼らのみを、無条件に愛するがゆえに――そしてその間だけ――偉大なのである。その結果彼らは極度に嫉妬深い――彼らは自分の独自の地位を確保しなければならない——し、それと同時に、彼らが現実的な仕事をやり遂げなければならない時には、いつもたよりなく不安になる。失敗はしないかもしれないが、彼らの現実の仕事ぶりは、誰よりもすぐれているというナルシシズム的な信念に真に匹敵するものでは、決してない。(同時に一方では、すべての人間に対する無意識的な劣等感に悩まされている。) 私が今描写した型は、極端な部類に属する事例である。母親とのきずながこれほど強くない母親固着の男は多いのであって、この場合、ナルシシズム的な達成の幻想は、現実の達成と混じり合っている。

フロイトは母親とのきずなの本質は、母親に対して幼い男の子が性的に引きつけられるところにあり、父親への憎しみは一つの論理的帰結であると推定した。長年にわたる私の観察の結果、私は一般に母親への性的な愛着は、強い感情的きずなの原因ではないという私の信念をいっそう固めるようになった。紙面の関係で、この信念の根拠を十分に論じることはできないが、次に述べることがらが、その幾つかの面の少なくとも一つを解明する助けになるだろう。

生まれた時、そしてなおそれからしばらくの間も、幼児の母親への愛着は、主としてナルシシズムの準拠枠の中で起こる(誕生後間もなく、子供はすでに自分の外部のものに対するある程度の関心および反応を示し始めるけれども)。生理的には幼児は彼自身の独立した存在を持っているが、心理的には幾つかの点で、またある程度まで、〈子宮内の〉生活を続ける。彼はなおも母親を通して生きている。母親が彼に食物を与え、世話をし、刺激を与え、彼の健康な発育の条件であるあたたかさ——肉体的および情緒的——を与えてくれる。さらに発育を続ける過程で、幼児の母親への愛情はさらにあたたかく、いわばさらに個人的になる。彼女は疑似子宮内的故郷から、子供があたたかい愛情を感じる一個の人間となる。この過程において、幼い男の子はナルシシズムのからを破る。彼は母親を愛する。この愛はまだ対等性と相互性の欠如を特徴とし、固有の依存性に色どられてはいるが。幼い男の子が性的な反作用を始める時期（フロイトの〈男根期〉）には、母親への愛情は彼女に対するエロティックで性的な欲望をも生み出す。しかしながら、ふつうは母親にだけ性的に引きつけられるのではない。フロイト自身がたとえば小さなハンスの事例史で報告しているように（S・フロイト、一九〇九）、母親に性的に引きつけられる現象は、五歳ぐらいの幼い男の子に観察しうるのだが、彼らは同時に、同じ年ごろの女の子にも、同じように引きつけられるのである。これは驚くには当たらないのであって、性的動因そのものは一つの対象に密接に結びついているものではなく、むしろ変わりやすいものであることは、十分に立証された事実である。一人の人物に対する関係をこんなに強く長続きのするものとすることができるのは、その感情的な機能である。母親への固着が思春期以後も、また一生を通じて強さを保つ場合は、その理由は母親に対する感情的きずなの強さにある。

実際母親への固着は、子供の発育上の問題にはとどまらない。たしかに子供は明らかな生物学的な理由から、母親に対して強い共棲的依存をせざるをえない。しかしおとなも、肉体的には独力でやっていけるが、私たちがさきに見たように、人間存在の諸条件に根ざしたたよりない、無力な状況にいるのである。母親にしがみつく情熱の力を理解するためには、私たちはその根を幼児期の依存性にだけでなく、〈人間の状況〉の中にも見なければならない。母親との感情的きずながこんなに強いのは、そこに人間の存在状況に対する基本的な答えの一つが示されているからである。すなわち存在的二分法がまだ発達していなかった——人間が自意識も持たず、仕事もなく、苦しみもなく、自然、彼自身、彼の仲間と調和して生きることができる――〈楽園〉への回帰の欲望である。新しい次元の意識（善悪の知識の木）とともに、葛藤が生じ、人間――男と女――は呪われる。人間は楽園から追われ、帰ることを許されない。人間は人間であるという事実の重荷を背負っているために、それができないことを〈知って〉いながら、決して回帰の欲望を失わないというのは、驚くべきことではないだろうか。

母親へ引きつけられる現象の性的な面そのものが、積極的なしるしである。それは母親が一個の人間に、女になったこと、そして男の子がもはや小さなおとなであることを示している。幾つかの例に見いだされるような、性的誘引の異常な強さは、より幼児的な受動的依存性への防衛と見なしうるだろう。母親への近親愛的なきずなが思春期のころに解消されず[30]、一生続くような場合には、私たちがかかわっているのは神経症的発達である。その男性は母親あるいはその代理への依存を続け、女たちを恐れ、おとなとしてどうかと思われるほどに子供じみている。このような発達はしばしば母親に原因するが、そういう母親はいろいろな理由から――たとえば夫への愛の欠如、彼女の息子に対するナルシシズム的誇り、あるいは所有欲――彼女の幼い男の子に過度に引きつけられ、また多くの違った方法（甘やかし、過保護、過度の賞賛、その他）で、彼も自分に過度の愛着を持つようにそそのかすのである[31]。

（30）成人儀礼はこのきずなを断ち切り、成人生活への移行をしるしづける機能を持つ。

（31）フロイトはブルジョワ生活の因襲を尊重する気持から、子供の患者の親たちに何か子供を傷つけるようなことをしたという罪を負わせることを、故意に避けた。近親愛的な欲望も含めたすべてのことが、子供の理由なき空想の一部とされた。E・フロム（一九七〇b）参照。この論文はメキシコ精神分析研究所で行なわれた議論に基づいているが、これに参加したのは、著者のほか F. Narváez Manzano, Victor F. Saavedra Mancera. L. Santarelli Carmelo, J. Silva García, E. Zajur Dip の諸博士である。

このあたたかくて、エロティックな色合いやしばしば性的な色合いを持った母親とのきずなが、フロイトがエディプス複合を記述した時に、考えていたものである。この型の近親愛的固着が最も多く見られるものだが、ほかにこれよりずっと少ない種類の近親愛的固着があって、これは性質もずいぶん異なり、悪性と呼んでもいいだろう。私の仮説では、ネクロフィリアに関係のあるのはこの型の近親愛的固着である――いやむしろこれはネクロフィリアの最も早い根の一つと考えてもいいだろう。

私が語っているのは、自閉症的自己充足のからを打ち破るような、母親との感情的きずなが現われない子供のことである。私たちはこのような自己充足の極端な形態を、自閉症児の場合に見慣れている。[32]これらの子供たちは、彼らのナルシシズムのからを決して破らない。彼らは決して母親を愛の対象として体験しない。彼らは決して他人に対して愛着を持たず、むしろ他人を生命のない物体扱いにして、彼らを調べる。そして彼らはしばしば機械的なものに、とくに関心を持つ。

(32) E・ブロイラー(一九五一)、H・S・サリヴァン(一九五三)、M・S・マーラーとB・J・ゴズリナー(一九五五)、L・ベンダー(一九二七)、M・R・グリーンとD・E・シェクター(一九五七)参照。

自閉症児は連続体の一方の極を成しているようである――もう一方の極には、母親や他人に対する愛情が最も完全に発達した子供たちを置くことができる。この連続体の上にいて、自閉症ではないがそれに近く、それほどひどくはないにしても、自閉症児の特性を示す子供たちがあると推定しても、まちがってはいないだろう。ここで次の問いが生じる。このような自閉症の、あるいは自閉症に近い幼児の場合に、母親への近親愛的固着には、どういうことが起こるのか。

このような幼児は、母親に対するあたたかい、エロティックな、そしてのちには性的な感情を決して発達させないだろうし、また母親のそばにいたいという欲望を持つこともないだろうと思われる。またのちになって母親の代理を愛することもない。彼らにとって母親は象徴である。現実の人間というよりは、むしろ幻である。彼女は大地の、故郷の、血の、種族の、民族の、生命がそこから出てそこへ帰って行く最も深い根底の、象徴である。しかし彼女は混沌と死の象徴でもある。彼女は生命を与える母親ではなく、死を与える母親である。彼女の抱擁は死であり、彼女の子宮は墓である。死の母に引きつけられることが、愛情や愛であるはずがない。それは何か快くあたたかいもの一般を表わす心理的な意味での引きつける力ではなく、磁力とか重力などと言う時と同じ意味で引きつける力なのである。母親に対して、悪性の近親愛的なきずなで結びついている人物は、いつまでもナルシシズム的で、冷たく、反応性がない。彼は鉄が磁石に引かれるように、母親に引かれる。彼女は彼がおぼれたいと思う大海である[33]。彼が埋められたいと思う土である。この発達の理由は、純然たるナルシシズムの孤独の状態には耐えられないからのようである。母親あるいはその代理に対して、あたたかく楽しいきずなで結びつく方法がなければ、彼女や全世界との結びつきは、死による最終的な結合とならなければならない。

（33）　私は多くのこの型の近親愛的な患者が、よくある母親象徴である海におぼれるあこがれを持っているのを見た。

創造の女神および破壊の女神としての母親の二重の役割は、多くの神話や宗教思想に豊富な実例がある。人間がそこから造られるその大地、すべての木や草が生まれるその子宮が、肉体の帰って行く場所である。母なる大地の子宮が墓となる。この二つの顔をした母神の古典的な例は、生命を与えると同時に破壊する、インドの女神カーリである。新石器時代にも、同じ二つの顔を持った女神たちがいる。母神のこの二重の役割について、ほかにも多くのある例をあげるには、紙面が足りない。しかしながら、母親の同じ二重の機能を示す資料をもう一つあげておかなければならない。それは夢における母親像の持つ二重の顔である。母親はしばしばやさしい、すべてを愛する人物像として夢に現われるであろうが、一方多くの人びとの夢では、彼女は危険なヘビとして、また敏捷に襲いかかる危険な動物、たとえばライオン、トラ、あるいはハイエナとして象徴される。私が臨床で見いだしたところでは、破壊的な母親への恐れは、罰し、去勢する父親への恐れよりもはるかに強い。父親からの危険は、服従によって避けることができるように思われるが、母親の破壊性に対する防衛手段はない。彼女の愛は無条件なので、それを何かの報酬として得ることはできない。彼女の憎しみにも〈理由〉がないので、それを避けることはできない。彼女の愛は恩寵であり、彼女の憎しみは呪いである。そしてどちらも、それを受ける者の力には左右されない。

結論として述べうることは、良性の近親愛そのものは、正常で過渡的な発達段階であるが、悪性の近親愛は、ある種の条件が良性の近親愛的きずなの発達を抑制する時に起こる、病的現象である、ということである。私がネクロフィリアの唯一の根とは言わずとも、最も早い根の一つと仮説的に考えているのは、この後者である。

死に近親愛的に引きつけられるこの現象は、それが存在する場合には、生命を守るために戦っているほかのすべての衝動との葛藤を起こす情熱である。したがってそれは暗やみで働き、ふつうは全然意識されない。この悪性の近親愛を持った人物は、それほど破壊的でないきずな、たとえば他人をサディスティックに支配することにより、あるいは無限の賞賛を得てナルシシズムを満足させることによって、人びとと結びつこうと試みる。もし彼の人生が仕事の成功、威信などのような、比較的満足すべき解決を与えてくれるならば、破壊性が重要な点で顕在化することは決してないだろう。一方もし彼が失敗を経験したなら、悪性の傾向が表面に出て、破壊——彼自身および他人の——への渇望が君臨するだろう。

良性の近親愛を生み出す要因については、私たちは非常に多くのことを知っているが、幼児の自閉症の、したがって悪性の近親愛の原因となる条件については、ほとんど知らない。私たちにはただ、いろいろ違った方向の推論ができるだけである。遺伝的な要因が含まれているに違いないという仮定を、まず避けることはできない。もちろん私はこの型の近親愛の原因となる遺伝子のことを言っているのではなく、子供の遺伝的に与えられた冷たさの性向を言っているのであって、これがまた彼が母親に対して、あたたかい愛着を発達させないことの原因となるのである。第二の条件は、母親の性格の中に見いだされるだろう。もし彼女自身が冷たく、人を寄せつけない、ネクロフィラスな人物なら、幼児が彼女とのあたたかい、愛情に満ちた結びつきを発達させることはむつかしいだろう。しかしながら、私たちが考慮しなければならないことは、母親と子供を、両者の相互作用の過程において見なければならないということである。強いあたたかさの性向を持った子供なら、母親の態度に変化を生じさせるかもしれないし、母親の代理にあたたかい愛着を持つかもしれない。その代理とは祖母や祖父、兄や姉、あるいはほかの利用できる誰でもありうるのである。一方冷たい子供でも、人にすぐれたあたたかさと思いやりを持つ母親から、ある程度は影響され、変えられるかもしれない。それにまた、子供に対する母親の本来の冷たさが、やさしく愛情深い母親というお決まりの道具立てで隠されている場合は、それを見抜くことは時にはむつかしいのである。

第三の可能性は、子供の幼いころの外傷的経験であって、それが大いに積極的な憎しみと恨みを生み出したために、子供が〈凍結〉してしまい、その結果悪性の近親愛が発達した場合である。このような可能性には、いつも気を配っていなければならない。しかし外傷的経験を捜してみれば、これらはむしろ例外に違いないことが、きわめてはっきりするはずである。さきに引用した文献には、自閉症と初期の精神分裂症との発達の原因について、多くの仮説が紹介されているが、それらは押しつけがましい母親に対する自閉症の防衛的機能を、とくに強調している。

悪性の近親愛と、それがネクロフィリアの早い根として果たす役割とについてのこの仮説には、もっと多くの研究が必要である。[34] 次の章ではヒトラーを分析して、母親への近親愛的固着の例とする予定だが、その場合のいろいろな特異性は、この仮説を基礎にすれば一番うまく説明できるのである。

(34) 私はここでは簡単な素描にとどめたが、もっと長く、より多くの資料を付したものを発表するつもりである。

4　フロイトの生の本能および死の本能とバイオフィリアおよびネクロフィリアとの関係

ネクロフィリアおよびその反対のバイオフィリア（生命への愛）についてのこの議論を終えるに当たって、この概念とフロイトの死の本能および生の本能（エロス）の概念との関係について、簡単に述べておくのが有益だろう。有機物を組み合わせて常により大きな統一体を造ろうとするのが、エロスのなす努力であるのに対して、死の本能は生きている構造を分離させ、解体させようとする。死の本能とネクロフィリアとの関係については、ほとんどこれ以上説明する必要がない。しかしながら、生の本能とバイオフィリアとの関係を明らかにするためには、後者についての簡単な説明が必要である。

　バイオフィリアは、生命とすべての生きているものに対する情熱的な愛である。それは人間であれ、植物であれ、思想であれ、あるいは社会集団であれ、その成長を促進しようとする願望である。バイオフィラスな人物は、維持よりはむしろ建設を選ぶ。彼はより多くを持つよりは、より多くであろうとする。彼は驚きの能力を持っている。そして古いものが確認されるのを見るよりは、何か新しいものを見ることを選ぶ。彼は確実さを愛する以上に、生きることの冒険を愛する。彼は部分よりは全体を見、寄せ集めよりは構造を見る。彼は愛、理性、範例によって形づくり動かすことを望み、力を用いたり、物事を切り離したり、人びとが物であるかのごとく管理する官僚的方法を用いたりすることを望まない。彼は生命およびそのあらゆる現われを楽しむので、新しく包装された〈興奮〉の熱心な消費者ではない。

　バイオフィリアの倫理は、自らの善悪の原理を持っている。善とは生に役立つすべてであり、悪とは死に役立つすべてである。善は生命への畏敬であり、[35] 生命、成長、発展を増進するすべてである。悪は生命を窒息させ、せばめ、ばらばらにするすべてである。

　フロイトの概念とここに提示した概念との違いは、その内容にあるのではなく、フロイトの概念では、

(35) これは生への愛の偉大な代表者の一人であるアルバート・シュヴァイツァーの――著作においても人間においても――主たる命題である。

この二つの傾向がどちらも生物学的に与えられたものであり、いわば同じ位置を持っているという事実にある。ところがバイオフィリアは生物学的に正常な衝動に関係しているのに対して、ネクロフィリアは精神病理学的現象として理解される。後者は阻害された成長と精神的〈不具〉の結果として、必然的に現われるのである。それは生きられなかった生命の結果であり、ナルシシズムと無関心を超えてある段階に到達しえなかったことの結果である。破壊性はバイオフィリアと平行するものではなく、バイオフィリアと二者択一の関係にある。生命を愛するか死せるものを愛するかは、すべての人間の直面する根本的な二者択一である。ネクロフィリアは、バイオフィリアの発達が阻害されるにつれて、成長する。人間は生物学的にバイオフィリアの能力を与えられているが、心理学的には、彼はそれに代わるべき解決として、ネクロフィリアへの可能性を持っているのである。

不具の結果としてネクロフィリアが発達するという精神的必然性は、さきに論じた人間の存在的状況と関連して理解しなければならない。もし人間が何も創造できず、誰をも動かすことができなければ、もし彼が彼の完全なナルシシズムと孤立の牢獄から脱出できなければ、致命的な無能力と虚無の耐えがたい感覚からのがれるためには、彼が創造することのできない生命を破壊するという行為によって、自己を主張するしかない。大いなる努力、忍耐、心づかいは要らない。破壊にとって必要なものは、強い腕、あるいはナイフ、あるいは銃である。[36]

(36) 付録のフロイトの攻撃理論の論議に詳しく示したように、古い概念からエロス―死の本能という新しい分極性へ移行した時に、フロイトは実際には彼の本能の概念のすべてを変えてしまった。古い考え方では、性愛はさまざまな性感帯の刺激によって生じる生理学的、機械論的な概念であり、その満足は、刺激の増大によって生じた緊張の軽減にあった。これに反して死の本能と生の本能は、からだのいかなる特定の領域にも付属していない。それらは緊張→緊張の軽減→緊張というリズムを持たない。それらは生物学的、活力説的な観点でとらえられている。フロイトは一度もこの二つの概念の間のみぞに橋を掛けようとはしなかった。それらの統一は、意味の上からは次の等式によって維持されていた。生＝エロス＝性愛（リビドー）。ここで提起した仮説においては、フロイトの理論の古い段階と新しい段階を結びつけるのは、ネクロフィリアは肛門愛的性格の悪性の形態であって、バイオフィリアは〈性器愛的〉性格の完全に発達した形態であるとする推論である。もちろん忘れてはならないことは、私が〈肛門愛的〉（貯蓄的）性格と、〈性器愛的〉（生産的）性格という言葉を使う時、私はフロイトの臨床的記述を保存はしたが、これらの情熱の根は生理学的なものであるという概念は放棄した、ということである。

5　臨床的／方法論的原理

ネクロフィリアに関するこの議論を終えるに当たって、一般的な臨床的および方法論的所見を幾つか述べておこう。

1　一つ二つの特性が存在する程度では、ネクロフィリアの診断を下すには不十分である。これには幾つかの理由がある。時にはネクロフィリアを表わすように思われる特定の行動が、性格特性ではなく、文化的伝統やその他の類似の要因によることもありうる。

2　一方、診断を下すためにネクロフィリアの特徴点をすべて見いだす必要はない。多くの個人的、文化的な要因があって、そのためにこのむらが生じる。そのうえある種のネクロフィラスな特性は、それらをうまく隠している人びとの場合には、発見できないこともある。

3　完全にネクロフィラスであるのは、比較的わずかな人びとにすぎないことを理解するのは、とくに重要である。こういう人びとを重い病理的症例と見なして、この病気にかかりやすい遺伝的性向を求めるのがよいのかもしれない。生物学的な根拠から予期できることだが、大多数の人びとは、たとえ弱くてもある程度のバイオフィラスな諸傾向を持ち、これらを完全に欠くことはない。そういう人びとの中で何パーセントかは、ネクロフィリアが非常に優勢であるため、ネクロフィラスな人物と呼んでもさしつかえない人びとである。断然多いのは、ネクロフィラスな傾向が強いバイオフィラスな傾向と共存する人びとで、この場合はしばしばきわめて生産的な内的葛藤が起こる。この葛藤の結果がどのように人を動機づけるかは、多くの変数によって左右される。まず第一に、それぞれの傾向のそれぞれの強さによって。第二に、二つのそれぞれの方向づけの、どちらか一つを強める社会的条件の存在によって。次にさらに、その人物の生涯において起こり、彼をどちらかの方向に向ける特別なできごとによって。次に来る人びとは、バイオフィリアが非常に優勢であるために、彼らのネクロフィラスな衝動は容易に制御あるいは抑圧され、あるいは彼ら自身や他人の中のネクロフィラスな傾向に抵抗するような、特別な感受性を育てるのに役立つのである。最後の一群の人びと――これまたごく少数にしかすぎないが――は、わずかなネクロフィリアもなく、すべての生きているものに対する最も強く純粋な愛に動機づけられた、まったくのバイオフィラスな人びとである。アルバート・シュヴァイツァー、アルバート・アインシュタイン、そして教皇ヨハネス二十三世らは、この少数者のよく知られた最近の例に入る人びとである。

したがって、ネクロフィラスな方向づけと、バイオフィラスな方向づけとの間には、固定した境界はない。ほかのたいていの性格特性と同じように、個人の数だけの組み合わせがある。しかしながら実際問題としては、主としてネクロフィラスな人物と、主としてバイオフィラスな人物とを見分けることは、十分に可能である。

4　ネクロフィラスな性格を発見するために用いうる方法のほとんどは、すでに述べたことなので、それらの要約はごく手短かにできる。それらは、（a）ある人物の行動、とくに意図しない行動の細かな観察。これには顔の表情、言葉の選択、さらにはそれらの言葉に含まれる一般的哲学、そしてその人物が生涯において行なった最も重要な決定などが含まれる。（b）夢、冗談、空想の研究。（c）ある人物の他人に対する取扱い、他人への影響、そしてどのような人びとが彼から好かれ、あるいはきらわれているかの評定。（d）ロールシャハのインクのしみテストのような、投射テストの使用。（M・マコービーは、このテストをネクロフィリアの診断に使って、満足すべき結果をおさめた。）

5　ひどくネクロフィラスな人物が非常に危険であることは、ほとんど強調する必要もない。彼らは憎悪者であり、人種差別主義者であり、戦争や流血や破壊に賛成する人たちである。こういう人たちは、彼らが政治的指導者である場合にのみ危険なのではなく、専制的指導者のための潜在的軍隊としても、危険なのである。彼らは死刑執行者となり、テロリストとなり、拷問者となる。彼らなしでは、テロ制度を打ち建てることはできない。しかしこれほどネクロフィリアの強くない人びとも、政治的には重要である。彼らはテロ体制の初めからの帰依者の中には入らないかもしれないが、その存続のためには必要な人びとである。というのは、彼らはそれが権力を獲得し、維持するための、必ずしも多数派ではないにしても、確固たる基盤を形成するからである。

6　これらの事実を考えると、人口の何パーセントが主としてネクロフィラスであるか、あるいは主としてバイオフィラスであるかを知ることは、社会的、政治的に大きな意味のあることではなかろうか。それぞれの集団のそれぞれの率だけでなく、それらが年齢、性、教育、階級、職業、そして地理的な位置にどのように関係しているかを知ることも。私たちは政治的な意見、価値判断その他を研究し、適当なサンプル抽出法を使うことによって、アメリカの人口全体にあてはまる満足な結果を得る。しかしその結果が私たちに教えてくれるのは、ただどのような意見を人びとが持っているかであって、彼らの性格がどういうものであるか——言い換えれば、彼らを動機づける実効的信念は何かということ——ではない。もし私たちが同じように適当なサンプルを研究しながら、違った方法を用いて、外に現われた行動や意見の背後にあってそれらを推進し、しかも大部分が無意識であるような力を認識することができたとすれば、私たちはアメリカの人間的エネルギーの強さと方向について、実にはるかに多くのことを知るだろう。私たちは、いったん起こってしまうと、説明がつかないと断言される幾つかの意外なできごとから、身を守ることさえできるかもしれない。それとも私たちは物質的生産に必要なエネルギーのみに関心を持っていて、それ自体でも社会過程の決定的要因である人間的エネルギーの形態には、関心を持っていないのだろうか。

第十三章　悪性の攻撃――アドルフ・ヒトラー、ネクロフィリアの臨床例

ま え が き

精神分析による精神伝記的研究は、二つの問いに答えることを目的としている。(1) ある人物を動機づける推進力、すなわち彼が彼らしい行動をする推進力となったり、その傾向を与えたりする情熱は何か。(2) これらの特定の情熱（性格特性）の発達の原因となる条件――内的および外的の――は何か。以下のヒトラーの分析はこれらのことを目的としているが、ある種の重要な点で、古典的なフロイト主義の方法と違っている。

一つの違いはすでに論じたことであり、したがってここではごく簡単に触れるだけでいいわけだが、それはこれらの情熱は本能的、あるいはもっと限定すれば性的な性質を主とするものではないという考えにある。次の違いは、たとえ私たちがある人物の子供のころについて何も知らなかったとしても、夢、意図しない行動、身ぶり、言語、そして合理的には十分に説明できない行動を分析すれば、本質的で大部分無意識的な情熱の像を形成することができる（〈X線アプローチ〉という仮定にある。このようなデータの解釈には、精神分析の特別な訓練と技能が要求される。

最も重要な違いは次のとおりである。古典的精神分析学者たちは、性格の発達は五歳か六歳ごろに終わり、その後は治療法の介入による場合を除けば、いかなる本質的変化も起こらないと推測している。私の経験から、私はこの概念は支持できないと信じるようになった。それは機械論的で、生きるということと、発達するシステムとしての性格との全過程を考慮に入れていない。

一人の個人が生まれた時、彼は決して顔のない存在ではない。彼は生まれた時から、遺伝的に決定された気質面の性向やその他の遺伝された性向を持っていて、それらはある特定の性格特性と結びつく。そのほかまた、胎内でのできごとや誕生自体によって、さらに付け加えられる性向もある。これらのすべてが、いわば誕生時における人間の顔を作り上げるのである。それから彼は特定の種類の環境——両親や彼の回りにいるほかの重要な意味を持つ人びと——と接触し、彼はそれに反応し、それは彼の性格のこれからの発達に影響を与える。十八カ月に達すると、この幼児の性格は生まれた時に比べて、はるかにはっきりと形成され、決定されている。しかしそれはまだ完成されてはいないのであって、それに対して働きかける影響力しだいで、幾つかの方向へ発達する可能性を持っている。たとえば六歳という年齢に達するころには、性格はさらに決定され固定されているが、変化する能力を失ってはいない。ただそのためには、そのような変化を促すような新しい、重要な事情が発生することが必要である。もっと一般的に言えば、性格の形成と固定については、一種のスライド方式で理解する必要がある。一人の人間は、彼にある方向へ進みたいと思わせるある性質を持って人生を始めるが、彼のパーソナリティはまだ順応性に富んでいるので、性格は与えられた枠組の中で多くの違った方向へ発達することができる。人生の一歩一歩が、将来の可能な結果の数を減らしてゆく。性格が固定すればするほど、新しい要因の衝撃が大きくならなければ、根本的な変化を生み出して、この性格という体系をさらに発展させることはできない。最後には変化の自由は最小限となって、奇跡でも起こらぬかぎり、変化は生じえないように思われるだろう。

このことは、幼児期の諸影響がのちのできごとより概して効果が大きいことを否定するものではない。しかしそれらはより多くの傾向を与えはするが、一人の人物を完全に決定するわけではない。幼いころのより大きな感受性に対する埋め合わせとして、のちのできごとはより強烈でより劇的でなければならない。性格は決して変わらないという印象は、たいていの人びとの生活はあらかじめ決められていて、自発性にあまりにも乏しいため、新しいことは何も実際に起こらず、のちのできごとは前のできごとを確認するにすぎない、という事実に基づく。

性格がいろいろ違った方向に発達する現実的可能性の数は、性格体系が帯びた固定性に反比例する。しかし原則的には、性格体系が完全に固定してしまったために、異常なできごとを体験しても新しい発達が起こりえないというようなことはない。ただこのようなできごとは、統計的に言えば起こりそうにもないのだが。

これらの理論的考察を実際的な面から言えば、たとえば二十歳における性格を調べると、それは五歳の時の性格の繰り返しであったというようなことは、期待できないということである。もっと限定してヒトラーの例をあげれば、彼の子供時代に、すでに完全に発達したネクロフィラスな性格体系を見いだすことは期待できないが、ある種のネクロフィラスな根を見いだすことは期待できるのであって、それらが現実的可能性の一つとして、完全にネクロフィラスな性格の発達をもたらすものであるかもしれないのである。しかし非常に多くの内的および外的なできごとが起こって初めて、ネクロフィリアを（ほとんど）不変の結果として生じる性格体系が発達するのであって、そうなると私たちは、ネクロフィリアをさまざまの顕在的および潜在的な形で発見することができるのである。私はヒトラーの性格の分析によって、これらの早い根を明らかにしようとするのだが、さらにまた、彼の発達のさまざまな段階において、ネクロフィリアを発達させる条件がいかにふえたかということ、そして結局はほかの可能性はほとんどなくなったということをも、明らかにしようとするものである。

以下のヒトラーの性格の分析において、私は主としてヒトラーのネクロフィリアに焦点を合わせ、その他の面、たとえば彼の搾取的性格や、ドイツが母親像の象徴的な表象として持つ面などには、簡単に触れるだけにとどめた。

1　ヒトラーの両親と初期のヒトラー(1)

(1)　ヒトラーの両親、および彼の幼年期、少年期、青年期の記述の際に私が主として準拠するのは、彼の初期を扱った二冊の最も重要でかつすぐれた書物である、B・F・スミス（一九六七）とW. Maser (1971) である。私はまた、A. Kubizek (1954) とA・ヒトラー（一九四三）をも用いた。ヒトラーの著書は主として宣伝のためのものであり、多くの虚偽を含んでいる。クビツェクはヒトラーの青年時代の友人で、ヒトラーが権力を握っていた時だけでなく、二人の若いころにも彼の崇拝者であったので、彼の著書を用いる時には、かなりの用心が必要である。マザーは歴史家であるが、資料の用い方において信頼できない場合が多い。ヒトラーの青年時代に関しては、スミスが群を抜いて客観的で信頼できる資料である。

クララ・ヒトラー

子供に与えられる最も重要な影響は、あれこれの単一のできごとよりもむしろ、両親の性格である。子供の悪い発達は両親の〈悪さ〉にだいたい比例するという、きわめて単純な公式を信じている人びとにとっては、ヒトラーの両親の性格の研究は、知られているデータの示すかぎり、驚きを与えるものである。父親も母親も、堅実な善意の人びとで、破壊的ではなかったようである。

ヒトラーの母のクララは、調和の取れた思いやり深い女性であったようである。彼女は教育のない素朴ないなか娘で、彼女のおじであり、のちに夫となったアロイス・ヒトラーの家で女中奉公をしていた。クララはアロイスの愛人となり、彼の妻が死んだ時には、彼の子を宿していた。彼女は一八八五年一月七日、やもめとなったアロイスと結婚した。彼女は二十四歳で、彼は四十七歳であった。

彼女は働き者で、しっかり者であった。結婚生活はあまり幸福ではなかったが、彼女は決して不平を言わなかった。彼女はやさしく、良心的に義務を果たした。

彼女の生活の中心は、家の管理をし、夫と子供たちの世話をすることであった。彼女は模範的な主婦で、家の中にはよごれ一つとどめず、なすべきことはきちょうめんに実行した。彼女がいつもの家事に従事している時は、どんなことも、たとえ少々の陰口が聞かれそうな場合でさえも、彼女の気をそらすことはできなかった。家のことと、家族のためをはかることとが、何よりも大切であった。慎重なやりくりで、彼女は家族の財産をふやすことができたので、たいそう喜んだ。彼女にとって家屋よりも重要なのは、子供たちであった。彼女を知っている人はみな口をそろえて、クララの生活の中心は子供たちへの愛と献身だと言っていた。彼女に対して上げられた唯一の真剣な非難の声は、この愛と献身のために彼女が子供たちを甘やかしすぎたので、息子に唯我独尊の意識をあおりたてたということである——母親に与えるにしては、ややおかしな非難である。子供たちは、この意見には同意しなかった。義理の子供たちや、彼女自身が生んで、大きくなった子供たちは、彼らの母親を愛し、尊敬した（B・F・スミス、一九六七）。

彼女が息子を甘やかしすぎて、唯我独尊の意識（ナルシシズムと読み替える）をあおりたてたという非難は、スミスが考えているほどおかしなものではない——おまけにそれはたぶん事実である。しかしこの甘やかされた時期は、ヒトラーが幼児期を終えて学校へ入った時までしか続かなかった。彼女の態度のこの変化をもたらしたのは、あるいは少なくともそれを容易にしたのは、おそらくヒトラーが五歳の時に、彼女がまた男の子を生んだということだろう。しかし新しい子供の誕生は、何人かの精神分析学者が好んで考えるほどの外傷的事件ではなかったということは、その後の生涯における彼女の態度全体が立証している。彼女はおそらくアドルフを甘やかすことはやめたであろう。しかし突然に彼を無視するようなことはしなかった。彼女は彼が成長して現実に順応する必要性を、ますます強く意識した。そしてあとでわかるように、彼女はこの過程を促進するために、できることはすべてしたのである。

このしっかりした愛情深い母親像は、ヒトラーの疑似自閉症的な子供時代と、彼の〈悪性の近親愛〉という仮説の立場から見ると、幾つかの重大な疑問をひき起こす。このような環境のもとでは、ヒトラーの初期の発達をどうして説明できるのか。幾つかの可能性が考えられる。（1）ヒトラーは体質的に非常に冷たく、内向的であったので、彼の近似自閉症的方向づけは、あたたかく愛情深い母親にもかかわらず存在した。(2) この息子に対する彼女の過度の愛着については証拠があるが、すでに内気になっていた子供はそれを強い押しつけと感じて、いっそう徹底して内に引きこもることによって、それに反作用したのかもしれない。[2] 私たちはクララのパーソナリティについては十分に知らないので、これらの条件のうちどれが支配的であったかはよくわからない。しかしそれらは、私たちが実際に持っているデータから推定しうるかぎりのクララの行動像と、矛盾はしないのである。

(2) さきに示したように、押しつけが自閉症の一つの条件となることは、自閉症児の研究者たちが見いだしたことである。

次の可能性は、彼女が哀れな人物であって、義務感に動機づけられてはいたが、あたたかさや喜びはほとんど息子に伝えなかったのではないか、ということである。結局彼女は幸福な生活は送らなかった。ドイツ＝オーストリアの中産階級の例として、彼女に期待されたことは子供を生み、家事を執り、権威主義的な夫に従属することであった。彼女の年齢、教育のなさ、彼の高い社会的地位、そして彼の利己的な――悪意は持たないが――性向が、この伝統的な地位をいっそう強めるのに役立った。こうして彼女は彼女の性格のためにというよりはおそらく環境の結果として、悲しみと、失望と、憂鬱に満ちた女となったのかもしれない。最後の可能性は、彼女の思いやり深い態度の下に、根深い精神分裂症的な内に引きこもる態度が隠れていたのかもしれない、ということである。しかしこの可能性は最も少ない。いずれにせよ、彼女のパーソナリティに関する具体的な細目が十分にわかっていないので、これらの仮説のどれが最もまちがいなさそうかを、決めることはできない。

アロイス・ヒトラー

アロイス・ヒトラーは、ずっと思いやりのない人物であった。私生児として生まれ、母親のシックルグルーバーという名を使い（ずっとのちにヒトラーという名に変わった）、わずかな資金で世渡りを始めた彼は、ほんとうの立志伝中の人物であった。勤勉と規律によって、彼はオーストリア＝ハンガリー税関の下っぱの役人から、比較的高い地位——〈高等関税収税官〉——に昇ることができたが、これが彼に中産階級の中の尊敬される一員としての地位を与えたことは、明らかである。彼は倹約家で、金をためて家と農場を持ち、彼の家族に財産を残すことに成功したが、それは彼の年金とあわせると、財政的には安楽な生活ができるほどのものであった。彼は疑いもなく利己的な人間で、妻の感情にはほとんど関心を示さなかったが、この点では、彼の階級に属するふつうの人間とたいして変わらなかったようである。

アロイス・ヒトラーは人生、とくに女と酒という形の人生を愛する人間であった。女を追い回していたわけではないが、彼はオーストリアの中産階級の道徳的制約に縛られてはいなかった。そのうえ彼は酒杯を楽しみ、時には杯をあげすぎたこともあっただろうが、いろいろと書かれたものに言われているような酔っ払いでは決してなかった。しかしながら彼の生を愛する性質の最も顕著な現われは、ミツバチと養蜂について彼が深い関心を持ち続けたことである。彼は暇な時間のほとんどを費やしてハチの巣の世話をすることを、非常な楽しみにしていたが、これは仕事以外に彼が持っていた唯一の真剣で、能動的な関心であった。彼の一生の夢は、もっと大規模にハチを飼うことのできる農場を持つことであった。彼は結局この夢を実現した。彼が最初に買った農場は大きすぎることがわかったが、晩年になって彼はちょうどおあつらえ向きの広さの農場を手に入れて、このうえなく楽しんだ。

アロイス・ヒトラーは、時には残酷な暴君として描かれたこともある——おそらくその方が、彼の息子の性格を簡単に説明するために都合がいいからだろう。彼は暴君ではなく、権威主義者であって、義務と責任の重要性を信じ、息子が成年に達しないうちは、彼の生き方を決めてやらなければならないと思っていた。私たちが持っている証拠によれば、彼は決して息子をたたかなかった。彼は息子をしかり、彼と議論をし、彼に何が自分のためになるのかをわからせようとしたが、彼に恐怖感をいだかせるような恐ろしい人物ではなかった。あとでわかるように、彼の息子がしだいに無責任になり、現実を避けるようになったので、父親として彼に説教し、矯正に努めることがいっそう肝要になったのである。アロイスは人びとに対して思いやりのないごうまんな態度は執らなかったし、決して狂信的でもなく、全体としてはむしろ寛大であったことを示す多くのデータがある。彼の政治的態度はこの記述に一致している。彼は教権反対主義者〔訳注。聖職者が政治の上に勢力を持つことに反対する立場の人〕であり、自由主義者で、政治には多大の関心を持っていた。彼は新聞を読んでいる時に心臓発作で死んだが、死の直前の彼の最後の言葉は、反動的な聖職者たちの呼び名であった「あの黒服ども」への怒りの表明であった。

善意を持ち、堅実で、ごく正常であり、決して破壊的ではなかったこの二人が、のちの〈怪物〉、アドルフ・ヒトラーを生んだということを、どうしたら説明できるのだろうか。[3]

（3） ヒトラーの悪を説明しようとする幾つかの精神分析的試みがある。（1） W. C. Langer （1972） による型にはまった正統的な分析。これは本来戦略局のための報告として一九四三年に書かれ、〈秘密〉扱いにされた。（2） J・ブロスの研究（一九七二)。ランガーの分析は、彼の理論的な準拠枠が大きな障害になってはいるが、とくにヒトラーの生活に関するデータが乏しかったころとしては、幾つかの長所を持っている。ランガーが強調しているのは、母親に対するヒトラーの初期の愛着がとくに強いエディプス複合(すなわち父親を除きたいという願望)の形成をもたらしたということ、さらにはヒトラーは性交中の両親を見たにちがいないということ、そして父親に対してはその〈獣性〉のゆえに、また母親に対してはその〈裏切り〉のゆえに、ともに怒りを覚えたにちがいないということである。すべての少年はエディプス複合を持ち、両親の性交を見たことがある(とくに中産階級ほどの生活空間を持たない階級において)と推定されているので、なぜ事実上は普遍的であるような条件が、ヒトラーほど異常な性格はもちろんのこと、ある特定の性格を説明するのかが、理解しにくい。

J・ブロスによるヒトラーの精神分析的研究はもっと多くの資料を持ち、非常に鋭い感覚を持っている。ブロスはヒトラーの生への憎悪をはっきりと認め、この点では本書と同様の結論に達している。ブロスの著書をそこなう唯一の要素は、彼が自分の発見したことをリビドー理論の用語で表現したがっていることである。彼は従来のエディプス複合と〈始源的光景〉の理論から一歩踏み出す。ヒトラーの最も深部にあって、彼をかりたてた無意識的な力は、「男根的母親を、すなわち父親ばかりでなく母親をも——性交で結びついた父親と母親を——殺すことにあった……。彼が抹殺しようと望んでいるのは彼の誕生ではなくて、彼の胚胎である。つまりほかの言葉で言えば、〈始源的光景〉、本源的光景、父母の性交である。それは彼が目撃できたであろう光景ではなく、まったく彼以前に起こった光景ではあったが……そこに彼は想像の中でさかのぼって立ち会い、ある程度までは潜在的に立ち会ってさえいた。というのは、それは彼自身の胚胎と関係していたからだ……。生への憎しみとはただこのことにほかならない。すなわち両親がそれによって彼に生を与えたその行為への憎しみである……」(J・ブロス、一九七一。これは以下のブロスからの引用と同じく、私の翻訳である)。生への全面的な憎しみの象徴的、超現実的な記述としては、このイメージにも長所はある。しかしヒトラーの生への憎しみの原因の事実に基づいた分析としては、これはほとんどばかげている。

私は権威主義的=サド=マゾヒズム的性格の概念に依拠して、ヒトラーの性格の短い分析を試みたが、しかしヒトラーの少年時代の経歴は扱わなかった(E・フロム、一九四一)。私は当時書いたことは今でも妥当であると信じているが、ヒトラーのサディズムは、以下の分析で扱う彼のネクロフィリアに比べると、二義的であると信じる。

乳児期から六歳まで（一八八九―一八九五）

この幼い息子は、母親にとっては目に入れても痛くない存在であったようである。彼女は彼を甘やかし、一度も叱らず、賞賛した。この子が悪いことをするはずがないというわけであった。彼女の関心と愛情はすべて彼に集中した。おそらく彼女の態度が、彼のナルシシズムと受動性を作り上げたのだろう。どのみち母親が彼を賞賛してくれるからには、彼は何の努力をする必要もなく、すばらしい人間なのだ。彼の望みはすべて母親がめんどうを見てくれるので、彼は努力する必要はなかった。彼は彼で母親を支配し、思いのままにならないことがあると、かんしゃくを起こした。しかしさきに述べたように、彼は母親の過度の愛着を押しつけと感じ、それに対する反作用としてしだいに内に引きこもり、それが彼の半自閉症的な初期の態度の基礎となったのかもしれない。この布置を強化したのは、彼の父親が仕事の特殊性から、家で多くの時間を過ごさなかったという事実である。母親との釣り合いを保つ力としての男性的権威のもたらす利益が何であるにせよ、それは存在しなかった。息子の受動性と依存性をつのらせたと思われるのは、ある種の病弱さであり、それがまた彼に注がれる母親の注意を増したのである。

この段階は、ヒトラーが六歳の時に終わった。その終わったしるしとして、幾つかの事実があった。とくに古典的な精神分析の立場から最も目立つのは、アドルフが五歳の時に弟が生まれ、そのためアドルフが母親の献身のおもな対象としての地位を奪われたことである。実際には、このようなできごとは外傷的影響よりは、むしろ健全な影響を及ぼすことが多い。それは母親に頼りその結果受動的になる理由を減らすのに役立つ。決まり文句とは反対に、嫉妬の苦痛を味わうどころか、幼いヒトラーが弟が生まれてからの一年を十分に楽しんだことは、証拠が示すとおりである。(4)このことのおもな原因となった事実は、父親がリンツで新しい地位につき、一方家族は赤ん坊を連れて移ることを心配したらしく、九一年パッサウに残ったことである。

九一年というもの、アドルフは近所の子供たちと遊んだり騒いだりして、五歳の天国で過ごした。彼は戦争ごっこやカウボーイとインディアンとの戦いが好きだったようであり、またそののち何年も、それらは彼のおもな楽しみであった。パッサウはドイツにあった――オーストリア―ドイツ国境のドイツ側にあり、そこでオーストリア税関の検査が行なわれた――ので、一八七〇年〔訳注。普仏戦争が起こった〕の風潮から、戦争ごっこはフランスとドイツとの戦いになったことだろう。しかし負ける方の国籍はとくに重要な問題ではなかった。ヨーロッパはあらゆる国家的、種族的集団を分け隔てなく殺戮する英雄的な少年たちで満ちていた。子供どうしの戦いで過ごしたこの一年は、ヒトラーの生涯で重要な年となったが、それはドイツの土の上で過ごし、彼の言葉にババリア的な特徴が加えられた〔訳注。パッサウはババリア（バイエルン）にあり、ヒトラーはオーストリアの生まれであった〕からではなく、それがほとんど完全な自由への逃避の年であったからである。家では彼はもっと自分を主張するようになり、自分の思いのままにならない時には、おそらくすべてを焼き尽くす怒りの最初のしるしを発揮したことだろう。外では行為にも想像力にも何の制約もない遊びが、すべてを支配していた（B・F・スミス、一九六七）。

（4）　もちろんこの証拠は、彼の無意識の失望や恨みを示しはしないという議論もできる。しかしそのいかなる徴候も発見できない以上は、このような議論には価値がない。その唯一の根拠は、きょうだいの誕生はこのような結果を生むにちがいないという、独断的な推論である。この結果は循環論法となって、理論が要求するものを事実と考え、それから理論は事実によって確証されたと主張することになる。

この天国のような生活が突然終わりを告げたのは、父が税関をやめて、一家がランバッハの近くのハーフェルトに移り、六歳の息子が学校に入らなければならなくなった時であった。アドルフは「彼の生活が突然、責任と規律を要求する狭い範囲の活動に限定されたのを知った。初めて彼は服従することを、断固として組織的に強要されたのである」（B・F・スミス、一九六七）。

彼の人生のこの第一期が終わるまでの性格発達について、私たちはどういうことが言えるだろうか。

この時期はフロイト理論によれば、母親への性的誘引と父親への敵意というエディプス複合の両面が、完全に発達する時期である。データはこのフロイトの仮定を裏付けているように見える。幼いヒトラーは母親に深い愛着を持ち、父親には敵意を持っていた。しかし彼は超自我を形成して父親と同一化し、母親への愛着を克服することによって、このエディプス複合を解消することができなかった。ライバルの誕生によって母親に裏切られたと感じて、彼は彼女から遠ざかった。

しかしながら、このフロイト的解釈に関して、重大な疑問が生じる。もしアドルフが五歳の時の弟の誕生がそれほど外傷的で、その結果母親とのきずなが断ち切られ、彼女への〈愛〉に恨みと憎しみが取って代わったとするなら、どうしてこのできごとに続く一年間があれほど幸福な一年——いやおそらくは彼の幼年時代の最も幸福な時期——であったのか。彼の母親とその夫との関係がさほど熱烈であたたかいものではなかったという事実を考えると、私たちは父親に対する彼の憎しみを、ほんとうにエディプス的なライバル意識の結果として説明できるのだろうか。それはむしろ、規律と責任を要求する父親への敵意として理解すべきではないだろうか。

これらの問いに対する答えは、さきに論じた悪性の近親愛に関する仮説の中に見いだされそうである。

この仮説から推定されるのは、次のようなことである。ヒトラーの母親への固着は、あたたかく愛情のこもったものではなかったこと、彼は冷たさを失わず、ナルシシズムのからを破りはしなかったこと、彼女が彼に対して演じた役割は、現実の人間のそれではなく、大地、血、宿命——そして死——という非人間的な力の象徴のそれであったこと。しかしながら、彼の冷たさにもかかわらず、彼は母親像と母親の象徴するものに共棲的な愛着を持っていたのであって、その最終的な目的は、死において母親と一体となることであった。もしこれが事実だとすれば、弟の誕生がどうして彼が母親から遠ざかることの原因とならなかったのかが、理解できるだろう。いやむしろ、彼が感情的に彼女に親しみをまったく感じなかったことがほんとうなら、彼女から遠ざかったとさえ言えないはずである。最も重要なのは、のちのヒトラーの顕在的なネクロフィリアの発達の萌芽を、彼の初期の母親との関係の特徴である悪性の近親愛の中に見いだすことができる、ということである。この仮説によれば、なぜヒトラーがのちになって、決して母親的な人物を恋するようにならなかったのか、なぜ一人の人間としての現実の母親へのきずなが、血、土、人種、そして最後には混沌と死へのきずなによって表現されたのかということも、説明することができる。ドイツは母親を表わす中心的な象徴となった。彼の母親＝ドイツへの固着を基礎として、毒（梅毒とユダヤ人）への憎しみが生まれ、彼はその毒から彼女を救わなければならなかったのであるが、もっと深い層では、母親＝ドイツを滅ぼそうとする彼の長年抑圧された欲望も生まれたのであった。彼の最期は、この悪性の近親愛の仮説を立証しているように思われる。

ヒトラーの母親および母親的な人物に対する関係は、ほかのたいていの〈母親固着の〉男に見られる関係とは、まったく異なっていた。これらの男の場合には、母親へのきずなはよりあたたかく、より強い。またより真実であるとも言えるかもしれない。こういう人びとは母親がそばにいて、何でも彼女にしゃべりたいという強い欲望を持っている。彼らはほんとうに彼女に〈恋をして〉いる。（もし〈恋〉という言葉を、しかるべく子供じみた意味に限定すれば。）のちになって彼らは母親的な人物を恋するようになる。つまり彼らは彼女らに強く引きつけられて、情事を持ったり結婚したりするところまで行く。（この誘引の根が性的なものなのか、それとも性的誘引は一次的な感情的誘因の二次的な現われなのかは、ここでは重要ではない。）しかしヒトラーは決してこのように母親に引きつけられはしなかった。少なくとも五歳以後はそうであったし、おそらくそれ以前でさえもそうだっただろう。子供のころは、彼は家を出て行って、ほかの子供たちと兵隊ごっこやインディアンごっこをすることだけが楽しみであった。彼は母親にはあまり関心を持たず、気にもしていなかった。

彼の母親はこれに気付いていた。クビツェクの伝えるところでは、彼女は彼に息子が無責任で、わずかな遺産を浪費していると言い、また彼女は幼い娘のためにしてやらなければならないことがたくさんあるのに、「アドルフは考えてくれないんですよ。あの子は世界には自分しかいないみたいに、勝手なことをしています」と言った。母親に対して思いやりも関心も示さないこの態度は、彼女の病気に対して彼が執った行動にも、特徴的に現われていた。一九〇七年の一月にがんの診断を下されて手術をし、同じ年の十二月に彼女は死んだが、それにもかかわらず彼はその年の九月にウィーンへ立った。母親は彼への気づかいから、かげんの悪さを控えめに言おうと努めた。そして彼はそれをそのまま受け入れて、ほんとうの容体を知るためにリンツまで見舞いに来ようともしなかった――時間と金に関するかぎり、問題にもならない旅行だったのだが――そして彼はめったにウィーンから手紙を書いて近況を知らせようともせず、そのため彼女をひどく心配させた。スミスによれば、彼は母親の死の知らせを受けて初めて帰って来た。一方、クビツェクの伝えるところでは、病気のためにまったくからだの自由がきかなくなった時、ほかには誰も間に合う者がいないので、彼女は彼に世話をしに来てほしいと頼んだ。彼は十一月の末にやって来て彼女が死ぬまで三週間ばかり世話をした。クビツェクは、この友人が床の掃除をしたり、母の食事を料理したりしているのを見て、いかに驚いたかを述べている。ヒトラーは十一歳になる妹の幸福を思うあまりに、学校でよく勉強することを母親に対して約束させたほどであった。クビツェクは母親に対するヒトラーの態度を、非常に感傷的な言葉で記述し、彼がいかに深く母親を愛していたかを示そうとしている。しかしこの点での彼の証言は、あまり信頼できない。ヒトラーはいつものごとく、この機会をできるだけ利用していい印象を与えようとしたのだろう。それに彼は母親の訴えを拒否することはまずできなかっただろうし、愛情深い息子の役割を演じるためには、三週間は長い期間ではなかった。このやさしさと思いやりの記述は、母親に対するヒトラーの全体的な態度とは正反対なので、クビツェクの記述はあまり説得的ではない。(5)

(5) クビツェクはのちにヒトラーが権力を握ってからだけでなく、彼らが若かったころもヒトラーを崇拝していたので、彼の伝えている諸事実が他の資料によって裏付けられないかぎり、それらがほんとうかどうかを言うことはできない。彼自身の〈印象〉は、ずいぶんヒトラーびいきに傾いている。マザーはいっそう熱烈に、ヒトラーが母親をやさしく愛していたことや、彼女の死の際の彼の絶望ぶりを記述している。マザーの記述の根拠は、ヒトラーの母親の治療に当たったユダヤ人の医師E・ブロッホ博士が三十一年後の一九三八年にナチス当局のために書いた覚え書きである。ブロッホ博士の記憶に対しては当然の敬意を払うにしても、一九三八年にドイツにいたユダヤ人がナチスのために書いた陳述書が公平なものとはほとんど考えられず、むしろナチスのきげんを取ろうとする気持ちに動機づけられていたと考えられる。これは人間として理解できることだが、この文書の歴史的資料としての価値は一切失われる。歴史家のマザーがブロッホの陳述の妥当性を疑いもしていないのは、彼が資料を利用する方法に見いだされるほかの多くの重大な欠陥の一例であるが、その中のあるものについては、以下に触れる機会があるだろう。

ヒトラーの母親は、決して彼にとって愛とやさしさに満ちた愛着をおぼえる人物とはならなかったようである。彼女は保護し賞賛してくれる女神の象徴であったが、また死と混沌の女神の象徴でもあった。同時に彼女は彼のサディスティックな支配の対象であり、彼女が十分な親切を尽くしてくれない時は、心底からの激しい怒りを起こさせる存在であった。

少年時代——六歳から十一歳まで（一八九五—一九〇〇）

少年時代の初期から後期にかけての変化は、唐突であった。アロイス・ヒトラーは税関をやめたので、好きなだけの時間を彼の家族に、そしてとくに彼の息子の教育に当てることができた。彼はランバッハの近くのハーフェルトに、九エーカーの土地の付いた家を買った。幼いヒトラーはハーフェルトの近くのフィッシュラムにある、小さないなかの学校に入らなければならなかったが、ここでの成績はたいそうよかった。彼は父親の要求に、少なくとも表面的には従った。しかしスミスが書いているように、「無条件ではなかった。彼はまだある程度までは母親をあやつることができたし、彼はいつでも誰にでも、かんしゃくを爆発させることができた」。父親との激しい衝突がなかったことは事実だが、それにもかかわらず、このような生活は幼い少年には不満に感じられたに違いない。しかしアドルフは、自分で生活の中に一つの領域を見付け、そこではあらゆる統制と、彼には自由の欠如と感じられたものを忘れることができた。この領域とは、彼がほかの子供たちとインディアンごっこや兵隊ごっこをすることに興味を持ち続けたことであった。すでにこのように幼い時から、〈自由〉とはヒトラーにとって無責任、拘束の欠如を意味し、そしてこれが最も重要なのだが、〈現実からの自由〉を意味していた。それはまた、仲間たちを支配することをも意味していた。もしヒトラーにとってこれらの遊びの持っていた意味と機能を検討するなら、それらは彼が成長するにつれてますます発達することとなった特性、すなわち支配への要求と不完全な現実認識の、最初の表現であったことがわかるのである。記述的に言えば、これらの遊びはこの年齢ではごく無邪気な、正常なもののように思われる。実はそうではなかったということは、あとで明らかになるように、正常な少年ならこんな子供じみた遊びをやめてしまう年齢まで、彼がこれらに夢中になっていたことからわかるのである。

それからの数年の間に、この一家に幾つかの変化が起こった。アロイスの長男が十四歳の時に家を飛び出して、父親をひどく心配させた。そこでアドルフは今や長男の役割を果たさなければならなかった。アロイスは農場を売って、ランバッハの町へ移った。アドルフはランバッハの比較的近代的な小学校で、勉強を続けた。そしてここでも成績は非常に良く、しばしば腹を立てたりきげんを悪くしたりする父親と、大きな衝突をすることはなかった。

一八九八年に家族はまた引っ越したが、今度はリンツの郊外のレオンディングにある家で、アドルフはリンツにある彼にとっては三つめの小学校に入った。アロイス・ヒトラーは、この新しい土地に今まで以上に満足したようである。彼は半エーカーの土地でハチの世話をし、酒場で政治を語ることができた。しかし彼は依然として厳格な権威主義者であり、支配者は誰かということでは、何の疑いの余地も残さなかった。レオンディングでの彼の一番の親友だったヨーゼフ・マイヤホーファーは、のちに彼についてこう語った。

「彼は家族の者には厳格でした。彼らに関するかぎり、なまぬるいことはやらなかったので、奥さんはびくびくしてましたよ」。しかしマイヤホーファーは、この荒っぽい外見は半分はおどしであって、子供たちを肉体的に虐待することはなかったことを強調した。「彼はあの子〔アドルフ〕には一度も手を掛けませんでした。私はそんなこと〔彼がアドルフをたたいたこと〕は信じません。でもよく叱ったり、どなったりしてましたね。『あのろくでなしめ!』と言ってたものですよ。『今にぶっとばしてやる!』ってね。しかし口ほどのことはなかったですよ。それでもあの子はおやじをこわがってましたね」(B・F・スミス、一九六七)。

これは残酷な暴君像ではなく、息子に恐れられていた権威主義的でやや近寄りがたい父親像である。この恐れがあとで私たちの話題となる、ヒトラーの服従性の一つの原因だったのかもしれない。しかし父親のこの威圧的な性質を文脈からはずして考えてはならない。これほど気ままに無責任に生きたいと主張したりしない息子なら、この型の父親ともっと仲よくなれたかもしれない。結局父親は善意を持っていたのだし、決して破壊的な人物ではなかったのだから。「権威主義的な父親への憎しみ」についての決まり文句も、時にはエディプス複合についてのそれと同じほど酷使されているのである。

概して小学校の五年間は、予期される以上にうまくいった。これはすでに述べた諸要因と、現実の学校環境のためであった。彼はおそらくほかの児童たちの平均知能よりはすぐれていたし、家柄のよさのために教師たちの取り扱いもよく、たいして努力する必要もなしに進級していったものと思われる。したがって学校の勉強は実際にたいした問題ではなく、反抗と適応との間にみごとに釣り合った妥協点を見いだすという彼のやり方の、重大な障害とはならなかった。

この時期の終わりには、その初めと比べるとそれほど顕著な悪化は見られないが、不安な点も幾つかあった。すなわち彼は初期のナルシシズムを克服することに成功しなかった。彼は現実により近づきはしなかった。彼は何ら能動的な関心を育てず、その代わりに、自由と力の魔法の王国を自分で作り上げた。学校で過ごした初期は、彼が学校に入った時の自分を超えて成長するのを、助けてはくれなかった。しかしそれでも、明らかな葛藤はほとんどなく、表面上は彼は十分に順応しているように見えた。

前思春期から思春期——十一歳から十七歳まで（一九〇〇—一九〇六）

ヒトラーの中学校（実科学校《レアルシューレ》）への入学と、それに続く父の死までの数年間は、悪い方向への決定的な変化をもたらし、彼の悪性の発達への条件を強化した。

入学後、一九〇三年の父の死までの三年間における決定的なできごとは、（1）中学校での不成績、（2）彼に公務員になれと主張した父親との葛藤、（3）彼が遊びの空想の世界にますます没頭したことである。

ヒトラー自身は『わが闘争』（*Mein Kampf*）の中で、これらのできごとをもっともらしく、自分に都合のいいように描いている。つまり彼は自由で独立心の強い人間であったので、官吏になることにはがまんができず、芸術家になりたいと思った。彼は学校に反抗し、芸術家になる許しを父親から得るために、あまり勉強しなかったというわけである。

知られているデータを丹念に検討すれば、そこに描き出される像はこの逆である。（1）学校での成績が悪かったのは、間もなく論じる幾つかの理由のためであった。（2）芸術家になるという彼の考えは、本質的にはいかなる種類の規律正しい仕事や努力をもなしえないことに対する合理化である。（3）父親との葛藤は、単に公務員になることを拒否したことが中心ではなく、彼が現実のあらゆる要求を退けたことによるものでもあった。

学校での不成績については、かなりひどいものであったので、疑いはありえない。すでに最初の年にあまり成績が悪かったので、彼は丸一年やり直さなければならなかった。その後も彼は幾つかの科目で再試験を受けなければ、進級させてもらえず、三年生の終わりになっても、彼は退学するという条件で初めて、リンツの学校で及第したのである。その結果、彼はシュタイアの中学校に入学した、しかしシュタイアでの四年生の終わりになって、彼は実科学校《レアルシューレ》を卒業するまでもう一年学校を続けるのはやめようと決心した。彼の学校生活最後の年の終わりに起こったことは、彼の中学校時代にとってかなり象徴的である。証書をもらってから、彼は級友たちと酒を飲みに行き、家に帰ると証書がなくなっているのに気付いた。どう言いわけしようかとまだ考えている時に、彼は校長から呼び出しを受けた。証書は道で見付かったのだった。彼はそれをトイレット・ペーパーに使ったのであった！　彼はたぶん多少とも酔ってはいたのだろうが、それにしてもこの行為は、彼の学校に対する憎しみと軽蔑の多くを象徴的に表現している。

ヒトラーの中学校での不成績の理由の中には、ほかよりはっきりしているものが幾つかある。最もはっきりしているのは、小学校では彼はいばっていられたということである。知能と才能において平均以上であり、話もうまかったので、彼はたいした努力もせずに級友たちよりすぐれ、良い成績を取ることができた。中学校では事態は違っていた。そこでは平均知能は小学校より高かった。教師たちはずっとすぐれた教育を受けていて、より多くを要求した。さらにまた、彼の社会的な背景も、中学校の生徒たちの社会的構成の中では目立たなかったので、教師たちに何の印象も与えなかった。要するに中学校で成功するためには、ほんとうに勉強しなければならなかったのだ。要求される勉強の量はひどく骨の折れるものではなかったが、それはヒトラー少年のそれまでの習慣や、やる気や、能力をはるかに超えていた。小学校では「努力せずに成功」できたこの極度にナルシシズム的な少年に対して、この新しい事態はショックを与えたに違いない。それは彼のナルシシズム的な行動の仕方に挑戦し、現実を今までのように扱うことはできないことを明らかにした。

このように小学校ではうまく行きながら、中学校では失敗するという事態は、まれではない。それはしばしば子供を刺激して行動を変えさせ、彼の子供じみた態度を——少なくともある程度までは——克服して、努力することを学ばせるのである。ヒトラーの場合、この事態はそのような結果を生まなかった。反対に、現実へ一歩踏み出すことなく、彼はいっそう自分の空想の世界へ引きこもり、人びととのより密接な接触から遠ざかったのである。

中学校での不成績の原因が、学校で教えられる科目のほとんどが彼の関心を引かなかったことにあったとすれば、彼は実際に関心を持つ科目の勉強には精出したことだろう。実はそうではなかったということは、彼の熱意をかきたて、彼をひどく興奮させた科目であるドイツ史においてさえ、すぐれた成績を取るだけの努力をしなかったという事実が立証している。（彼がいい点を取ったのは図画だけであった――しかし彼は美術の才能を持っていたので、たいして努力する必要はなかった。）この仮説を最もはっきりと裏付けるのは、のちになって彼は、おそらくほんとうの関心を持っていた唯一の分野――建築――においてさえ、持続的な努力をすることができなかったという事実である。ヒトラーが最も切迫した必要に動かされるか、情熱にかりたてられた場合を除いて、規則的な仕事ができなかったというテーマは、あとで扱うことにする。ここでそれに触れるのは、ただ彼の中学校での不成績は、彼の〈芸術的〉な関心では説明できないということを強調するためである。

この中学校時代に、ヒトラーはますます現実から遠ざかっていった。彼は誰にも――母親にも、父親にも、きょうだいにも――ほんとうの関心は持たなかった。彼はそうした方が自分の気ままにするのに都合がよい時には、彼らと交渉を持ったが、感情的には彼らは遠い存在であった。彼の唯一の強い情熱的な関心は、ほかの子供たちとの戦争ごっこであって、彼はその指導者となり組織者となった。こういう遊びは九つや十や十一の少年にはまったくふさわしいものだが、中学校の生徒にとっては異常であった。特徴的なのは、十五歳の堅信礼の時に見られた情景である。ある親戚の人が堅信礼を受けた彼のためにわざわざ小さなパーティーを開いてくれたが、ヒトラーは不きげんで冷淡であった。そして出てもよい時になるとすぐに飛び出して、ほかの子供たちと戦争ごっこをするのであった。

これらの遊びは幾つかの機能を持っていた。それらは彼に指導者となる満足感を与え、自らの説得力によって他人を従わせることができるという彼の信念を裏付けた。それらは彼のナルシシズムを強化した。そしてこれが最も重要なことだが、それらは彼の生活の中心を空想の中に置き、それによって彼が現実から、現実の人間、現実の達成、現実の知識から遠ざかる過程を促進した。この空想への誘引の別の現われは、カール・マイ（Karl May）の小説への熱烈な関心である。マイはドイツの作家で、北アメリカのインディアンに関する多くの魅惑的な物語を書いたが、それらは著者は一度もインディアンを見たことがないのに、現実味のある物語であった。ドイツとオーストリアのほとんどすべての少年は、マイの物語を読んだ。それらの人気は、アメリカにおけるジェームズ・フェニモア・クーパー（James Fenimore Cooper）〔訳注。『モヒカン族の最後』のような歴史物を得意とした。一七八九—一八五一〕の物語にも匹敵した。マイの作品に対するヒトラーの熱狂ぶりは、小学校の高学年の者にとってはまったく正常であった。しかし、スミスは書いている。

それは後年にはもっと重大な意味を加えるようになった。というのは、ヒトラーは決してカール・マイを読むことをやめなかったからである。彼は思春期にも読み、二十代の青年となってからも読んだ。首相となってからもずっと彼に魅せられ、アメリカ西部のシリーズを全部読み返した。そのうえ彼はマイの本を楽しみ、また崇拝していることを、決して偽ったり隠したりしようとはしなかった。『座談録』（*Table Talk*）〔H・ピッカー（H. Picker）、一九六三〕で、彼はマイを激賞し、どれほど彼の作品を楽しんだかを述べている。彼はほとんどすべての人間と——報道主任、秘書、召使、そして昔の党の同志たちと——マイについて語った（B・F・スミス、一九六七）。

しかしながら、この事実についての私の解釈は、スミスと違っている。スミスが信じているのは、ヒトラーが少年時代にマイの小説に夢中になったことはとても幸福な体験だったので、「彼の初期の順応が思春期の課題を解決できなくなった時期までそれを持ち込むことは、好都合でもあり、必要でもあった」ということである。これはある程度までは事実かもしれないが、主要点に触れてはいないと思う。マイの小説はヒトラーの戦争ごっこと結びつけて考えるべきであって、それは彼の空想生活の現われなのである。ある年齢にはまことにふさわしいものだが、いつまでも夢中になっていたということは、それらの小説が現実からの逃避の現われであり、指導者、戦士、勝利者としてのヒトラーという、一つのテーマを中心としたナルシシズム的な態度の現われであることを暗示している。たしかにこれには、人を納得させるほど十分な証拠はない。しかしこの少年時代におけるヒトラーの行動を、彼の後期のデータと結びつけると、ある一つの型が現われる。現実よりも空想をより真実と感じる高度にナルシシズム的で引きこもりがちな人物の型である。十六歳の少年ヒトラーが、すでにこれほど空想生活に没頭しているのを見る時、そこに生まれる問いはこうである。この引きこもりがちな夢想家が、どうして自らを――たとえしばらくの間だけにせよ――ヨーロッパの支配者となしえたのか。この問いに対する答えは、私たちがさらに進んで、ヒトラーのその後の発達の分析を済ませるまで待たなければならない。

実科学校《レアルシューレ》での不成績の理由が何であれ、それが若いヒトラーの情緒に与えた結果については、ほとんど疑うことはできない。ここに一人の少年がいて、母親に崇拝され、小学校で成功し、子供仲間の指導者となり、彼にとってはこれらすべての努力を要しない成功は、自分がすぐれた才能を持っているというナルシシズム的な信念の裏付けとなっている。ほとんど何の過渡期も経ずに、彼は自分が失敗したことを知る。彼は自分の不成績を父母から隠すてだてを持っていなかった。彼のナルシシズムはひどくそこなわれ、彼の誇りも傷ついたにちがいない。もし彼が、自分の不成績の原因が精出して勉強できないことにあることに気付いていたら、彼はその結果を克服できたかもしれない。彼が中学校で成功するための能力を十二分に持っていたことには、疑いがないからである。(6) しかし彼の手の付けようのないナルシシズムのために、彼はこのことを見抜けなかった。その結果、現実を変えることができないので、彼は現実を偽り、退けなければならなかった。彼は現実を偽るために、教師たちや父親が彼の不成績の原因だと言い、また彼の不成績は自由と独立への情熱の現われだと主張した。彼は現実を退けるために、〈芸術家〉という象徴を作り出した。偉大な芸術家になる夢は、彼にとっては現実だったが、彼がこの目的を達成するために真剣な勉強をしなかったということは、この考えの空想的な性格を示していた。学校での不成績は、ヒトラーがその後何度か味わうこととなった敗北と屈辱の最初であった。それが彼の敗北の原因あるいは目撃者となった誰に対しても、軽蔑と恨みの気持を強めたと推定してもさしつかえないだろう。そしてもし彼のネクロフィリアの根が、彼の悪性の近親愛の中にすでにあったと信じる理由がないとすれば、おそらくこの恨みこそが彼のネクロフィリアの発端を成したのだろう。

(6) 彼の教師であったE・ヒューマーは、不成功に終わったミュンヘンの一揆ののちに、ヒトラーのための証人となった時、かつての生徒についてこう言った。「ヒトラーには一面的ではありましたが、たしかに才能がありました。しかし自制心はあまりありませんでした。少なくとも、彼はまた強情で、わがままで、議論好きで、短気であるとも考えられていました。そして学校という組織の枠組の中に納まることは、彼にはたしかにむつかしいことでありました。彼はまたあまり勤勉ではありませんでした。さもなければ、彼に才能があったことは確かなので、ずっとよい成績を取ったことでありましょう」(W・マザー、一九七一)。

ヒトラーが十四歳の時の父親の死は、彼に対して目に付くほどの影響を与えなかった。もしヒトラー自身がのちに書いたように、学校での不成績の原因がほんとうに父親との葛藤にあったとすれば、この残酷な暴君かつライバルが死んでしまえば、解放の時は間近であったはずである。彼は今や自由を味わい、将来の現実的な計画を立て、その実現のために精を出し――そしておそらくは、彼の愛情を再び母親に向けたことだろう。しかしこのようなことは何も起こらなかった。彼は今までと同じような生活を続けた。彼はスミスが言うように、「楽しい遊びと夢の合成以上の何物でもなく」、この精神状態から抜け出す道を見いだすことはできなかった。

ここで私たちは、実科学校《レアルシューレ》へ入ってからのアドルフと父親との葛藤をもう一度見なければならない。アロイス・ヒトラーは彼の息子が中学校へ行くことを決めた。ヒトラーはこの計画にはほとんど関心を示さなかったが、それを受け入れた。真の葛藤は、彼が『わが闘争』で伝えるところによれば、父親が彼に公務員になれと主張した時に起こった。この願望そのものはきわめて当然であった。というのは、父親はこの分野での自分自身の成功で頭がいっぱいだったので、これが息子の生涯として最上だろうと思ったからである。ヒトラーが芸術家、すなわち画家になりたいという反対提案を持ち出した時、父親はヒトラーによれば、「だめだ。わしの目の黒いうちは絶対にだめだ」と言った。ヒトラーはそこで勉強を完全にやめてしまうとおどした。ところが父親が譲らないので、「私は黙って私のおどしを実行に移した」（A・ヒトラー、一九四三）。これが学校での不成績に対するヒトラーの説明であるが、あまり都合よくできていてほんとうとは思えない。

これは一九二四年（『わが闘争』が書かれた）までに、ぐんぐんと頭角を現わすことに成功し、最後の勝利へと進んでゆくきびしく断固たる人間という、ヒトラーの自画像に正確に一致している。同時にそれは、ドイツを救うという決意を持って政治の世界へ入った、志を得ない芸術家像のもとになっている。最も重要なのは、それが実科学校《レアルシューレ》での成績の悪さと彼の成熟のおそさの巧みな説明になっていると同時に、彼の思春期を英雄的に見せている――政治意識を持ったいかなる自伝作者にとっても、むつかしい仕事である――ことである。実際この物語はのちの総統の目的にあまりにもよく役立ったので、彼がこのエピソード全体を作り上げたのではないかと問いたくなるのももっともである。（B・F・スミス、一九六七）。

父親が息子に公務員になってほしいと思ったのは、おそらくほんとうだったろう。しかし一方では、父親は息子に強要するために思い切った手段は採らなかった。またヒトラーも、彼の兄が十四歳の時にやったこと――家出という思い切った手段を採ることによって、自らの独立を示し、父親に挑戦すること――はしなかった。反対に彼は事態に順応して、いっそう自分の内部に引きこもるだけであった。

この葛藤を理解するためには、私たちは父親の立場を認識しなければならない。彼は母親と同じように、息子が責任感を持たず、勉強を望まず、何の関心も示さないことを観察していたに違いない。知的で善意を持った人間であったので、彼の関心は息子が公務員になるということよりは彼がひとかどの人物になることにあったに違いない。彼は芸術家になるというもくろみは、さらにぶらぶらと真剣味を欠いた生活を続けることの言いわけであることに、感づいていたに違いない。もし息子が反対提案――たとえば、建築を勉強したいというような――を行なって、学校で良い成績を取ることによって彼の真剣さを立証したとすれば、父親の反応はまったく違ったものとなっていたかもしれない。しかしヒトラーは、彼が真剣であることを父親に示すような提案は、何ひとつしなかった。彼は学校で良い成績を取ったら図画を習わせてほしい、と頼むことさえしなかった。彼の学校の成績がそんなに悪かったのは、父親への挑戦ではなかったということは、彼を現実へ呼びもどそうとする母親の試みに対する彼の反応に、はっきりと立証されている。父が死んで、彼が実科学校《レアルシューレ》を中退してから、彼は家にいて、「本を読み、絵を描き、夢を見て過ごそう」と決めた。「フンボルト通りのアパート〔今では母はそこへ移っていた〕に気楽に落ち着いて、彼は気ままな生活をすることができた。彼は自分の聖域にパウラ〔五つ下の妹〕と母親がいるのをがまんしたが、それは彼女らから離れようとすれば、家を出て仕事に行くという吐けを催すような決心をしなければならないからであった。しかしながら、母親は勘定書を払い、妹は彼のよごしたあとを掃除したにもかかわらず、彼女らは彼に干渉することを許されなかった」（B・F・スミス、一九六七）。

クララが彼のことを心配したのは明らかで、彼女は彼にもっと真剣になるようにさとした。彼女は公務員になれと主張はしなかったが、彼が何かに真剣な関心を持つのを助けてやろうとした。彼女は彼をミュンヘンの美術学校へやった。彼はそこに数カ月いたが、それでおしまいだった。ヒトラーは優雅な服装を好んだ。そして母親が「払ってやった服で、彼はいっぱしのダンディーになった。彼女はおそらく、これがもっと広い社会的視野への橋渡しになることを望んでいたのだろう。もしこれが彼女のもくろみだったとすれば、それは完全に失敗した。これらの服はただ独立と、自己充足的孤立の象徴として役立っただけであった」(B・F・スミス、一九六七)。

クララはヒトラーの関心をよみがえらせるために、また違った試みをした。彼女は彼に金を与えて、ウィーンへ四週間行かせた。彼は母親にはがきを何枚か出した。建物の「堂々たる威厳」とか、「高貴さ」とか、「壮大さ」を、口をきわめてほめたたえた。しかしながら彼のつづりや句読点は、中学校で四年を終えた十七歳の少年ということを考えると、ずいぶんひどいものであった。母親は彼に音楽を習うことを許した(父親は数年前に、彼に歌を習うことを勧めたことがあった)ので、ヒトラーは習った――四ヵ月ばかりで、一九〇七年の初めにやめてしまった。彼は音階の練習がきらいなのでやめたのだが、母親の重病で家族は出費を切り詰めなければならなかったので、どちらにしても音楽の勉強は中止になったことだろう。

何か現実的なものに対して彼の関心を目ざめさせようとする、母親の決して権威主義的でない――そしてほとんど精神療法的とも言える――試みに対する彼の反応を見ると、父親に対する彼の否定的な反作用が、公務員になれという要求に対する反抗だけでなく、現実と責任を代表する人間に対する、引きこもりがちで方向の定まらない少年の反作用でもあったことがわかる。これが葛藤の核心であった――それは公務員への単なる嫌悪ではなかったし、ましてエディプス的競争心でもなかった。

ぶらぶら過ごして、きびしい――たいしてきびしくなくとも――仕事を避けようとするヒトラーの傾向は、説明を必要とする。この種の行動はしばしば母親に縛りつけられた子供に見られるという、十分に確証済みの観察結果を頭にとどめておけば参考になるだろう。彼らはしばしば、幼いころにしてくれたように、母親が自分のためにすべてをしてくれることを無意識に期待する。彼らは能動的な努力をする必要はなく、秩序を守る必要もないと感じている。物を散らかしておいても、母親があとからきれいにしてくれると思っている。彼らは何も要求されず、すべてが与えられる一種の〈天国〉に住んでいるのである。私はこの説明がヒトラーの場合にも当てはまると信じている。私の判断では、それは母親とのきずなが冷たく非人間的な性格を持っていたという仮説と矛盾しない。彼女はたとえ個人的には愛されず、気にもかけられないとはいえ、この母親としての機能を果たすのである。

ヒトラーが学校でなまけたとか、真剣な勉強ができなかったとか、学業を続けることを拒否したというような記述は、かなりの読者に疑問を起こさせるかもしれない。そんな話のどこが珍しいのだ。今日でもハイスクールをやめる学生がたくさんいるじゃないか。彼らの多くは学校の勉強が杓子定規で何の役にも立たないと文句を言い、父親やほかの権威に妨げられないで、自由な生活をする計画を立てている。しかも彼らはネクロフィラスな人間じゃない。それどころか、多くの者は真に生を愛し、独立心が強く、率直であるパーソナリティの型を代表しているではないか。読者の中には、ヒトラーの不成績についての私の記述が、非常に保守的な気持ちでなされているのではないかと疑う人もいるかもしれない。

このような反論に対して、私は次のように答えたい。(1) 退学者にももちろん多くの種類があって、彼らについて一般的な論述はできない。むしろそれぞれの違った型の退学者について、それぞれ独特の観点で扱うことしかできない。(2) 今日とは対照的に、ヒトラーの思春期のころには、退学者はきわめて少なかった。だから、一人の人間が退学するのを容易にするような、従うべき型はなかった。(3) 今述べた理由よりはるかに決定的な理由は、とくにヒトラーにだけ当てはまる理由である。すなわち彼は学校の科目にだけ関心を持たなかったのではなく、すべてのことに関心がなかった。彼はどんなことにも熱心に取り組まなかった――当時においても、のちになっても。(このことは、建築を勉強する際の努力の欠如にも見られるだろう。) 彼がなまけ者であったのは、彼が目標を達成することにはとくに関心を持たなくても、人生を楽しめる人物であったからではない。それどころか、彼は権力への燃えるような野心に満ちていた。彼は並みはずれて活動的なエネルギーで張り切っていたので、静かな楽しみを味わうことがほとんどできなかった。これはたいていの退学者たちの見せる姿とは一致しないし、またヒトラー像と一致する退学者がいて、権力への熱烈な望みと、他人への愛情の完全な欠如とを同時に見せたとすれば、彼らは非常に深刻な問題――いや深刻な危険――を構成するのである。

勉強する能力の欠如と責任感の欠如を、否定的な性質だと主張する私の態度は、〈保守的〉だと反論されるかもしれないと言ったが、ここで今日の若者たちのラディカリズムにおけるきわめて重大な問題点を考えてみよう。ある人間がある種の科目に関心を持たなかったり、ほかの科目を好んだり、あるいは学校を完全に拒否することはありうる。しかし責任と真剣な努力を避けることは、成長の過程における失敗を構成するものであり、これは社会に責任を負わせてみても変わらない事実である。そしてぶらぶら過ごすことが革命家の資格を与えるなどと考える人はみな、完全にまちがっている。努力と献身と集中とは、十全な発達を遂げた人物の本質であって、革命家も例外ではない。違ったふうに考える若い人びとは、マルクス、エンゲルス、レーニン、ローザ・ルクセンブルク、毛沢東のような人物のことを考えてみればよい――彼らはそれぞれ二つのきわめて重要な資質を共有している。すなわち熱心に取り組む能力と、責任感である。

ウィーン（一九〇七―一九一三）

一九〇七年の初めに、ヒトラーの母は彼がウィーンへ行って、美術大学で絵を勉強できるだけの金を与えた。この措置によって、ヒトラーは最終的に独立した。父親の圧力から自由になった彼は、今は母親のやさしい戒めからも自由になった。彼は好きなように計画し、行動することができた。彼は財政的な問題を処理する必要さえなかった。というのは、父親の遺産と物故官吏の遺児に国が支払う年金とで、しばらくは安楽に暮らすことができたからである。(7) 彼は一九〇七年から一九一三年までウィーンに滞在したが、それは思春期の終わりから成年期の初めにかけてであった。

(7) ヒトラー自身が『わが闘争』の中で、自分の貧乏について言っていることは、根本的には嘘である。

この決定的な時期に、彼は自分をどのように仕上げたか。

まず第一に、彼はウィーンで何かと好都合なように、リンツでの最近の仲間であったA・クビツェクに一緒に来るように説得した。クビツェク自身はたいそう行きたがっていた。しかし息子の芸術家になるというもくろみに、断固として反対していた彼の父親を説得することは、決して容易なしわざではなかった。そしてそれはヒトラーの説得力の初期の実例の一つとなった。クビツェクはヒトラーと同じように、ワグナーの音楽を熱烈に崇拝していた。そしてこの共通の熱狂のゆえに二人はリンツのオペラ劇場で出会い、親友となったのであった。クビツェクは父親の室内装飾の店で見習いとして働いていたが、彼にもまた大きな夢があった。彼もまた芸術家、すなわち音楽家になりたいと思っていた。彼はヒトラーよりも責任感が強く、勤勉だったが、ヒトラーほど強力なパーソナリティは持っていなかった。そこで彼は間もなくヒトラーの影響力の支配下に入った。ヒトラーは彼を相手にして、人を動かす力を鍛えた。彼はこの友人の完全な崇拝を受け、それによって彼のナルシシズムはたえず肯定された。多くの点でこの友情は、ヒトラーに子供たちの仲間との遊びが与えてくれた、指導者になって崇拝されるという満足感に代わるものを提供した。

ウィーンに着いて間もなく、ヒトラーは美術大学へ行って、毎年行なわれる試験の登録をした。彼はどうやら、合格することには疑いを持っていなかったらしい。しかしながら、彼は不合格だった。彼は一次試験には通ったが、二次試験に落ちた（W・マザー、一九七一）。ヒトラーが『わが闘争』に書いたように、「私が落ちたという知らせを受けた時、それは青天のへきれきであった」。彼は美術大学の教授の一人が、彼には絵画よりも建築の才能の方が多くあるのではないかと言った、と書いている。しかしこれがほんとうだとしても、彼はその方の追求はしなかった。彼はもう一年実科学校《レアルシューレ》へ行っていれば、建築の学校へ入ることができただろう。ところが彼がこのことについて真剣に考えたという証拠はない。『わが闘争』でのヒトラー自身の説明は当てにならない。彼は中学校の卒業証書がないので、建築家になろうという望みを実現することは、「物理的に不可能であった」と書いている。それから彼は筆を進めて自慢している。「私は建築家になりたかった。しかし障害はそれに屈服するためにあるのではなく、それを打破するためにのみあるのである。私はこれらの障害を克服しようと決心した……」。事実はまさにこの反対である。

彼のパーソナリティと生活態度に災いされて、彼は自分の誤りを認め、試験に落ちたことを何らかの変化の必要のしるしとして受け入れることが、できなかった。彼の逃避主義は、彼の社会的虚飾や、不潔で、下劣で、骨の折れるように見える仕事への軽蔑によって強化された。彼は頭の混乱した俗物的な若者で、あまりに長い間自分を甘やかしたために、不愉快な仕事はやろうとせず、また自分や自分が楽しんでいる生活方法以外には、誰のことも考えようとはしなかった。美大の試験に落ちたことへの彼の解決方法は、シュツンパーガッセへ帰って、何事もなかったかのように腰をすえることであった。この聖域で、彼は大げさにも「研究」と呼んでいたことを再び始めたが、それはのらくらしたり、本を読んだり、町をうろついたり、オペラに行くことであった（B・F・スミス、一九六七）。

彼は美大の美術科の学生として入学したと、みなを偽っていた。そしてクビツェクがウィーンに着いてからは、彼にも嘘を言っていた。クビツェクが、なぜこの友人が朝おそくまで寝ているのに学生なのかわからないので、とうとう疑いだした時、ヒトラーは美大の教授たちに対する激しい怒りを爆発させながら、ほんとうのことを話した。彼は彼らに見せつけてやるために、独学で建築の研究をすると約束した。彼の「研究」の方法は、町を歩き、記念碑的な建築物を見て、家に帰り、果てしなく正面《ファサード》のスケッチをすることであった。このようにして建築家になる準備をしているのだという信念は、彼の現実感覚の欠如の一つの徴候であった。彼はクビツェクにウィーン全体の再建や、オペラを書くことについての彼の計画について語った。彼は国会へ行って、議院での議論に耳を傾けた。彼は再び美術大学の入学試験を受けた。今度は一次試験さえ通らなかった。

彼は一年以上ウィーンで過ごし、何ら真剣な仕事はせず、二度試験に落ち、なおも自分は偉大な芸術家への道を歩んでいるかのごとく装っていた。しかしこのように見せかけはしたものの、この年が彼に敗北をもたらしたことは感じていたに違いない。中学校での敗北は、自分は芸術家になるつもりなのだという考えによって説明することができたが、それに比べてこの敗北ははるかにきびしいものであった。芸術家として失敗したからには、もうこのような説明は役に立たなかった。彼は自分が偉大な人間になると確信していたまさにその分野で、退けられたのであった。彼に残された道はただ、美術の教授たちや社会や全世界を責めることだけであった。彼の人生への恨みはつのったに違いない。彼のナルシシズムは——最初の失敗の時以上に——自らが打ち砕かれるのを防ぐために、彼をますます現実から遠ざけたに違いない。(8)

(8) ヒトラーが真剣に芸術を勉強したことをできるだけ強調しようとして、マザーはヒトラーがハイスクールの教授であったパンホルツァーという彫刻家について勉強したと伝えている。しかしこの所説を支える唯一の証拠として彼が示すのは、ヒトラーの下宿の女主人が舞台設計の教授のロラーにあてて、ヒトラーに会って忠告を与えてやってほしいと頼んだ手紙である。マザーはこの訪問——かりそめにもこの訪問があったとして——の結果がどういうものであったかを示す証拠を、何ら引用していない。彼はただ三十年後に、ヒトラーがパンホルツァーを(マザーの文章の文法的構造に従えばここはロラーとあるべきだが)彼の先生だと言ったことをあげているだけである。これはヒトラーが自分自身について言ったことを、マザーが十分な証拠として利用している多くの例の一つである。しかしヒトラーがパンホルツァーのアトリエで、「規律ある秩序正しいやり方で」勉強しなければならなかったことを、マザーがいかにして知りえたかは、なぜ芽を出しかけた画家兼建築家が彫刻家から教えを受けることを望んだのかということとともに、謎として残る(W・マザー、一九七一)。

ここで人びとからほとんど完全に遠ざかる過程が始まったが、そのおもな現われは、彼が持っていた唯一の親密な関係であるクビツェクとの関係を、彼が徹底的に断ち切ったという事実である。彼は二人で一緒に借りていて、クビツェクが帰郷を終えて帰ってくるはずの部屋を去り、彼の新しい住所も書き残さなかった。クビツェクにはヒトラーがすでに首相となった時まで、何の音信もなかった。

ぶらぶらしたり、しゃべったり、散歩したり、スケッチをしたりする楽しい時期は、しだいに終わりつつあった。ヒトラーに残された金は、節約したとしても一年分に足りなかった。話を聞いてくれる相手もいないので、彼はいっそう本を読むようになった。当時のオーストリアには多くの政治的、イデオロギー的な派があって、それらはドイツ・ナショナリズム、人種主義、〈国家社会主義〉（ボヘミアにおける）、そして反ユダヤ主義を中心としていた。これらの派のそれぞれが独自のパンフレットを発行し、自分たちの特効性のあるイデオロギーを説き、唯一の解答を提供した。ヒトラーはこれらのパンフレットをむさぼるように読んで、そこから彼がのちに作り上げた彼独特の人種主義、反ユダヤ主義、そして〈社会主義〉の素材を得た。このようにして、ウィーンでのこの時期に、彼は芸術家として世に出る準備はしなかったが、彼の真の将来の職業である政治的指導者としての基礎を築いたのである。

一九〇九年の秋ごろには、彼の金は底を突き、彼はたまっている部屋代を払わずに、下宿を逃げ出した。最悪の時期がこの時始まった。彼はベンチで寝たり、時には安宿に寝たりして、一九〇九年の十二月には、ほんとうの浮浪者の仲間に加わり、慈善団体が維持している貧窮者のための施設で夜を過ごした。二年半前に偉大な芸術家になるという信念をいだいてウィーンへ出て来た若者は、宿なしの浮浪者の地位にまで転落し、一杯の熱いスープを必死に求め、何の将来の見込みもなく、自活の努力もしなかった。実際スミスが書いているように、彼が家のない人びとのための施設に入ったことは、「完全な敗北の宣言であった」。

この敗北は、芸術家ヒトラーにとってだけでなく、下層階級には軽蔑しか感じない、誇り高く身なりの整ったブルジョワヒトラーにとっての敗北でもあった。彼は今や浮浪者となり、宿なしとなった。彼は社会のくずの仲間入りをした。これは彼ほどナルシシズム的ではなくても、中産階級の人間にとっては激しい屈辱であったことだろう。彼はばらばらにならないだけの安定性を持っていたので、この事態は彼を強くしたに違いない。最悪のことが起こってしまったのだ。そして彼はナルシシズムを打ち砕かれることなく、よりたくましくなって、そこから浮かび上がった。今やすべてを左右するのは、屈辱をぬぐい去るために彼のすべての〈敵〉に復讐し、彼のナルシシズム的な自己像が空想でなく現実であったことを証明するという目標に、一生をささげることであった。

この過程をもっとよく理解するためには、さきに極度にナルシシズム的な人物が敗北した時の運命について行なった、臨床的観察を思い出してみればよい。たいていの場合、彼らは回復しない。彼らの内的、主観的現実と、外的、客観的現実とが完全に引き裂かれるので、彼らは精神病になるか、そのほかのきびしい精神的障害に苦しむ。運がよければ、彼らは現実の中に何らかの適所を得るかもしれない――たとえばちょっとした仕事がそうで、そのおかげで彼らはナルシシズム的な空想にしがみつきながら、世間を責め、たいした破局にあうこともなく、どうにか一生を過ごすことができるのである。しかしこれ以外にも、特別の才能を持った人たちにのみ生じうる結果がある。彼らが現実を変えようとする試みによって、彼らの肥大した空想が現実であることを立証できるのである。これには才能だけでなく、それを可能にする歴史的条件が必要である。最も多くの場合、この解決は社会的危機における政治的指導者に許される。もし彼らが多くの大衆に訴える才能を持ち、彼らを組織する方法を機敏に心得ていれば、彼らは現実を彼らの夢に一致させることができる。精神病へ移る境界線をまだ越えていない扇動政治家は、しばしばかつては〈狂気〉に思えた思想を、今は〈正気〉のように見せることによって、自らの正気を守る。政治的な戦いにおいて彼をかりたてるのは、権力への情熱ばかりでなく、彼の正気を守る必要でもある。

ここで私たちは、さきに筆を置いた人生の最も絶望的で、最もみじめな時期のヒトラーの元へ帰らなければならない。この時期はそう長くは続かなかった――おそらくは二カ月――が、彼が『わが闘争』で主張しているように、彼は一度もいかなる肉体労働もしなかった。彼の境遇は間もなく、ハニシュという年上の浮浪者が助けてくれたので、好転し始めた。ハニシュは強欲な人物で、政治的な見地はヒトラーに似ていて、絵画に関心を持っていた。[9] 最も重要なことは、彼がどうすれば二人の窮乏を避けることができるかという、実際的な考えを持っていたことである。もしヒトラーが家の者に、絵を描く材料を買うためのわずかな金を無心すれば、彼が絵はがきを描いて、ハニシュがそれを売ろうというのであった。ヒトラーは彼の忠告に従った。受け取った五十クローネンの金で、彼は材料と、ひどく必要としていたオーバーを買い、ハニシュと一緒に男子宿泊所《メンナーハイム》に移った。これは管理の行き届いた男子用の宿泊所で、彼はここの大きな集会所を使って絵を描くことができた。何もかもうまく行った。彼は絵はがきを描き、ハニシュがそれを売りに行った。それからもっと大きな水彩画や油絵が描かれ、それらをハニシュは額縁製造業者や画商に売った。一つだけ問題があった。ヒトラーがあまり勤勉に働かないことであった。少しでも金ができるとすぐに彼は絵を描くのをやめて、宿泊所のほかの住人たちと、政治を語って時間を過ごすのであった。それでもなお、彼にはわずかながら着実な収入があった。結局ハニシュとけんかをして、ヒトラーは彼が絵を売ったのに分け前（五十パーセント）をよこさないと責めた。彼はハニシュを窃盗罪で警察に告訴した。そしてハニシュは逮捕された。それからヒトラーは独立して商売を続け、自分が絵を描いてはそれを売った（とくに二人のユダヤ人の画商に）。この時期には、彼はより規則的に働いたようである。彼はささやかな商売人になっていた。彼は倹約生活をして、少しばかり金をためさえした。彼が〈画家〉とか〈芸術家〉になったとは、ほとんど言えない。というのは彼がやったことは主として写真から模写したり、市場で需要があるとわかった絵を繰り返して描くことであったからである。彼は男子宿泊所《メンナーハイム》になおも滞在した。しかしながら〈宿泊所《ハイム》〉における彼の地位は、以前とは変わっていた。彼は今では永住的な宿泊者であった。そしてこのことは彼が〈永住者〉の小集団に、すなわち〈短期の連中〉を自分たちより劣る者として見下し、この宿泊所の体制の中で尊敬されるエリートを構成する集団に属していることを意味した。

（9）以下の本文は、主としてB・F・スミス（一九六七）に基づいている。

彼が宿泊所にとどまろうと決心したのには、おそらく幾つかの理由があった。そのうち一番可能性の少ないのは、マザーが強調しているような、安くつくという理由である。一月に十五クローネンを宿泊所へ払っていたので、彼はちゃんとした個室に入ることもできただろう。しかし幾つかの心理的な理由が考えられる。ヒトラーは身寄りのない多くの人びとのように、一人になることを恐れていた。彼は内的な孤独の補償として、他人との表面的な接触を必要としていた。これにも増して、彼には感銘を与えることのできる聞き手が必要だった。男子宿泊所《メンナーハイム》では、これには不自由しなかった。ここの住人のほとんどは、社会の周辺部にいて世をすねた男たちで、もっと正常な生活を、いずれにせよかちえることのできなかった連中であった。ヒトラーは知性と活力においては、明らかに彼らよりすぐれていた。彼らは子供仲間やクビツェクの果たした役割と、同じ役割を果たした。彼らのおかげで、彼は他人に感銘を与え、他人を動かす能力をみがき、それによって自らの力の感覚を強めることができた。すわって絵を描いている途中で、彼はよく手を止めて激しい政治演説を始めたが、それは彼がのちに有名になった演説ぶりそのままであった。男子宿泊所《メンナーハイム》は彼にとって、政治扇動家の生涯への養成所となった。

この時期のヒトラーの生活を考える時、きわめて重大な問いが生じる。彼は怠惰なのらくら者から多少とも繁盛したささやかな商売人に変わったことで、着実に働く能力を得たのではなかったのか。彼は自分を見いだし、健康な精神的平衡を得たのではなかったのか。

表面的には、あたかもそうであったかのごとく見えるかもしれない。ひょっとしたら、それは成熟の遅れた例であったのかもしれない。しかしそれを正常と呼べるだろうか。もしそうなら、彼の情緒的発達の詳細な分析など、まったくする必要がなかったのだ。若いころのある種の性格学的な困難ののちに、二十三歳か二十四歳のころに、ヒトラーはりっぱに順応した、精神的に健康な人物となった、と述べるだけで十分だったろう。

しかしながら、事態をもっと徹底的に検討してみると、この解釈はほとんど支持しえないものである。

ここに並みはずれた生命力を持った人物がいて、偉大さと力への燃えるような情熱を持ち、将来偉大な画家か建築家になるという確固たる信念を持っている。現実はどうであったか。

彼はこの目的に関して完全に失敗した。彼はささやかな商売人になった。彼の力は、世をすねたわずかばかりの連中を相手にして長広舌を振るい、彼らを感心させるぐらいのことで、しかも彼らの中に彼の信奉者を見いだすことさえできなかった。もしヒトラーがこれほどの活力も大仰さも持たない、もっと小さな人物であったなら、たぶんこの解決を喜んだことだろう。そして商業画家としての永続的な小市民的生活をかちえたことに、満足したことだろう。しかしヒトラーに関してそんなことを想像するのは、ほとんどばかげてさえいる。変化は一つだけあった。きびしい貧困の数カ月が、彼に働くことを教えたのであった——彼の仕事はたいしたものではなかったが。しかしそのほかには、彼の性格は変わらなかった——変わったと言えば、おそらくいっそう彫りが深くなったという意味においてであろう。彼は依然として極度にナルシシズム的な人物であり、いかなる人間にも物にも関心を持たず、半ば空想、半ば事実の雰囲気の中に住み、燃えるような征服欲を持ち、憎しみと恨みに満ちていた。彼はいかにして自分の野心を実現するかについては、何ら現実的な目標も、計画も、概念も持たなかった。

ミュンヘン

この目的のなさを明らかにしたのは、彼が突然男子宿泊所《メンナーハイム》での生活を切り上げて、ミュンヘンへ行き、そこの美術大学に入ろうと決めたことである。彼はミュンヘンの状況については、ほとんど何の知識も持っていなかった。とりわけ彼は、ウィーンと同じように自分の絵に対する市場があるのかどうか、問い合わせようともしなかった。彼は初めの何カ月か暮らせるだけの小金をためてから、あっさりミュンヘンへ移った。この決心は誤りであることがわかった。ミュンヘンの美大に入学を許可されるという夢は、実現しなかった。彼の絵の市場はウィーンより狭かった。そこでスミスによれば、彼はビアホールを回って絵を売り、また一軒一軒売り歩かなければならなかった。マザーによれば、ヒトラーの所得税の申告は彼が一月に約百マルクかせいでいたことを示しており、それはウィーンでの収入に匹敵しただろう、ということである。しかしミュンヘンにおいても彼は依然として、模写の仕事を主とする商業画家であったという事実は残る。偉大な画家になるというヒトラーの夢は、はっきりと挫折した。そして彼のわずかな才能と鍛練の不足のゆえに、彼の画家としての将来の見込みを最高に見積もっても、彼の大きな望みにはつながりそうにもなかった。

第一次世界大戦の勃発が彼にとっては天のたまものであったこと、そしてこれからどうしたいのかなどと決める必要を一挙にぬぐい去ってくれたこのできごとに対して、彼が神に感謝したということは、驚くに値するだろうか。戦争が起こったのは、彼がもはや芸術家として失敗したことを十分に悟らざるをえなくなった、まさにその時であって、それは彼の屈辱感の代わりに、〈英雄〉となる誇りの感情を生んだのである。ヒトラーは忠実な兵士で、昇進こそしなかったが（ちょっとした昇進は別として）、勇敢な行動に対して勲章を授けられ、上官からも重んじられた。彼はもはや宿なしではなく、ドイツのため、ドイツの存続と栄光のため、そしてナショナリズムの価値のために戦う英雄であった。彼は心行くくまで破壊と勝利を求めて努力することができた――しかし今や戦争は現実であって、もはや幼い少年たちの空想の戦争ではなかった。そしておそらく彼自身も、この四年間はほかのいかなる時期にも増して、現実に生きたことだろう。彼は信頼できる、規律正しい兵士となり、ウィーン時代ののらくら者とは、打って変わった人間となった。戦争は彼にとって、自分自身の最後の失敗のように思われた終わり方をした。敗北と革命であった。敗北にはまだ耐えられたかもしれないが、革命には耐えられなかった。革命家たちは、ヒトラーの反動的ナショナリズムにとって神聖なすべてのものを襲撃した。そして彼らは勝った。彼らは当時の支配者であった。とくにミュンヘンにおいて著しく、彼らはここに短期間ではあったが、〈ソビエト共和国〉を打ち建てた。

革命家たちの勝利は、ヒトラーの破壊性に最終的な形を与え、それを根強いものとした。革命が襲撃したのは彼であり、彼の価値であり、彼の希望であり、彼とドイツとが一体となった彼の誇大妄想であった。彼の屈辱は、革命の指導者たちの幾人かがユダヤ人であったために、いっそう大きかった。彼は長年にわたってユダヤ人を最大の敵と考えていたのに、その連中によって彼の民族主義的、小市民的理想が破壊されるのを、不幸にも傍観しなければならなかったからである。この最終的な屈辱をぬぐい去るためには、その原因となったと彼が考えるすべての人間を、破壊する以外に方法はなかった。彼の憎しみと復讐への渇望とは、戦争に勝ってドイツにベルサイユ条約を受諾させた連合軍にも向けられたが、革命家たち、とくにユダヤ人に対するほど強くはなかった。

ヒトラーの失敗は、段階を追って大きくなっていった。中学校の生徒として、ウィーンにおける中産階級からの脱落者として、美大の不合格者として、失敗を重ねるたびに、前の場合以上に、彼のナルシシズムは深刻に傷つき、屈辱も深まっていった。失敗と並行して、空想への耽溺、恨み、復讐の望み、そしておそらく彼の悪性の近親愛に最初の根があったと思われる、ネクロフィリアが強まった。戦争の勃発は、彼の失敗の時期に終止符を打つように思われたが、それは新しい屈辱に終わった。ドイツ軍の敗北と、革命勢力の勝利であった。今度はヒトラーには、個人的な敗北と屈辱を、国家的、社会的な敗北と屈辱に変貌させる機会があったので、彼は自分の個人的失敗を忘れることができた。今度は失敗し、屈辱を受けたのは彼ではなく、ドイツであった。ドイツのあだを討ち、ドイツを救うことによって、彼は自らのあだを討つことになる。そしてドイツの恥辱をぬぐい去ることによって、自らの恥辱をぬぐい去ることになるのだ。今や彼の目的は偉大な扇動政治家になることで、もはや偉大な芸術家になることではなかった。彼は自分がほんとうの才能を持っており、したがってほんとうの成功の機会のある領域を見いだしたのであった。

この時期に至るまでの十分に詳しい資料がないので、彼の行動に強く顕在的なネクロフィリアの傾向があったことを、立証することはできない。私たちはただ、このような傾向の成長に好都合な性格学的な根拠のみを見てきた。すなわち彼の悪性の近親愛、ナルシシズム、冷たさ、関心の欠如、わがまま、現実感覚の欠如であり、それらは必然的に彼の失敗と屈辱をもたらした。一九一八年以降は、ヒトラーの生活に関する豊富な資料が利用できるので、彼のネクロフィリアがしだいにはっきりと顕在化してくるのを、認めることができる。

2　方法論についての説明

読者の中には、反論して次のような問いを発する人もあるかもしれない。私たちはヒトラーのネクロフィリアを立証する必要があるのだろうか。彼の破壊性が、疑問の余地のない事実ではないのだろうか。たしかに私たちは、ヒトラーの並みはずれて破壊的な行為の事実を立証する必要はない。しかし破壊的行為は、必ずしも破壊的でネクロフィラスな性格の現われではない。ナポレオンは、彼の個人的な野心と虚栄心のために、部下の生命を犠牲にすることを決してためらわなかったから、ネクロフィラスな人物だったのだろうか。大規模な破壊を命じた歴史上の多くの政治的、軍事的指導者たちは、みなネクロフィラスな人物だったのだろうか。たしかに誰でも破壊を命じたり認めたりする人間は、自らの心の非情化を暴露している。しかし動機づけや事情によっては、ネクロフィラスではない将軍や政治的指導者でも、激しい破壊を命じることがありうる。本書で提起した問題は、行動ではなく、性格に関する問題である。もっと具体的に言えば、問題はヒトラーが破壊的に行動したかどうかではなく、彼が強烈な破壊の情熱、すなわち彼の性格の一部である破壊の情熱に動機づけられていたのかどうかということである。これは立証すべきことであって、当然のことと考えてはならない。心理学的研究は、客観的であるためにあらゆる努力をしなければならないが、アドルフ・ヒトラーのような人物の場合はとくにそうである。たとえヒトラーが一九三三年に、すなわち彼が多くの顕在的な大規模の破壊行為を実際に犯す前に死んだとしても、彼はおそらく、彼の全パーソナリティの詳細な分析に基づいて、ネクロフィラスな性格と診断されたことだろう。ポーランド征服に始まり、ドイツとその国民の大部分を破壊せよという命令に至るまでの破壊性の高まりは、それ以前における性格学的な診断の最終的な確証にすぎないだろう。一方、たとえ私たちが一九三三年までの彼の過去を何も知らなかったとしても、彼のその後の行動の多くの細目から、彼を行動主義的な意味で多くの破壊を引き起こした人物とするよりは、重症のネクロフィリアと診断する方が正しいことがわかる。行動主義的な見地からは、この行動と動機づけの力との区別はもちろん無意味である。しかしながら、その人物全体の力学《ダイナミックス》、とくに彼の無意識の部分を理解することを望むなら、この区別は欠くことができない。ヒトラーの場合は、彼がネクロフィラスな情熱の意識を異常なほどに、また多くの違った仕方で抑圧したので、精神分析的方法がいっそう重要性を増すのである。

3　ヒトラーの破壊性(10)

(10) ヒトラーおよび彼の一九一四年から一九四六年までの時期に関する膨大な文献の中から、私が主として利用したのはA・シュペア(一九七〇)と、W・マザー(一九七一)であるが、後者を利用する際は、ヒトラーの青年時代への彼の言及に関連してすでに述べたように、いくぶん用心している。私はまた、アルバート・シュペアからの多くの私信によって多大の情報と洞察を与えられた。(シュペアはナチ政権に参加したことを真に悔いており、今は自分はまったく異なった人間になったという彼の言明を私は信じている。)その他の貴重な資料は次のとおりである。P. E. Schramm (1965), H. Krausnick *et al.* (1968)。両者ともに多くの重要な資料の引用があるので重要。さらにヒトラーの『座談録』(H・ピッカー、一九六五)。シュラムの序文があって、すぐれた資料である。私はまたE. Hanfstaengl (1970)も、大いに用心しながら利用した。ヒトラーの『わが闘争』(一九四三)は、歴史的資料としてはほとんど役に立たなかった。ほかにも多くの書物を参考にしたし、その幾つかは本文に引用もした。

ヒトラーの破壊の対象は、都市と人間であった。新しいウィーン、リンツ、ミュンヘン、そしてベルリンの偉大な建設者で、熱狂的な設計者であった彼が、パリを破壊し、レニングラードを崩壊させ、最後にはドイツを滅ぼすことを望んだその同一人物であった。これらの意図は十分に確証されている。シュペアの語るところによれば、成功の絶頂のころ、征服されたばかりのパリを訪れたあとで、ヒトラーは彼に言った。「パリはきれいだったな……。前にはよく思ったものだ。パリを破壊しなくてもいいのか、とね。しかしベルリンができあがれば、パリなんか影みたいなものだ。だから破壊する必要もないさ」(A・シュペア、一九七〇)。最後には、もちろんヒトラーはパリを破壊するように命令した――この命令を、パリのドイツ軍司令官は実行しなかった。

彼の建物や都市の破壊熱の最も極端な現われは、一九四四年九月のドイツの〈焦土〉命令であって、この時彼が命令したのは、敵がドイツ領土を占領しないうちに、

すべてのもの、まさに生活を維持するために必要なすべてのもの、すなわち配給カードの記録、婚姻関係の書類、住民登録、銀行勘定の記録類を破壊することであった。さらに農場を焼き払い、家畜を殺し、食糧も根絶やしにせよ、ということであった。爆撃を免れた芸術品すらも、保存されてはならなかった。記念碑、宮殿、城、教会、劇場、オペラ劇場もとりこわされなければならなかった(A・シュペア、一九七〇)。

これはもちろん、水も、電気も、衛生設備もなくなること――すなわち、逃げ出すことのできない数百万の人びとにとっては、流行病、病気、死がやってくること――を、意味していた。ネクロフィラスな破壊者ではなく、バイオフィラスな建設者であったシュペアにとっては、この命令は彼自身とヒトラーとの間に深淵を開くものであった。ヒトラーの破壊欲にかりたてられない多くの将軍や、党の役員の協力を求めて、シュペアは生命を賭してヒトラーの命令の妨害をした。彼の努力と、多くのほかの人びと

の努力や、ほかの多くの事情のおかげで、ヒトラーの焦土戦術はまったく実行されなかった。

ヒトラーの建物や都市の破壊の情熱は、それが彼の建設の情熱と結びついているために、とくに注目に値する。彼の都市再建計画なるものも、それに当たっての都市の破壊のための口実であったとさえ、言えるかもしれない。しかし、彼の建築に対する関心を、彼の破壊の願望の隠れみのにすぎないと説明するのは、まちがいだろうと私は信じている。彼の建築への関心はおそらくほんものだったのだろうし、あとでわかるように、人生においてほんとうに彼が関心を持つ唯一のもの――権力、勝利、破壊を除いて――であったのだろう。

ヒトラーの破壊性は、ポーランド人に勝ってから、彼らの運命について彼が計画したことの中にも見られる。彼らは文化的に去勢されるはずであった。教育は交通信号の知識と少しのドイツ語に限られ、地理で教えることは、ベルリンがドイツの首都であるということだけであり、算数はまったく不必要とされていた。医療は与えられず、生活水準は低く押えられ、彼らはただ、安い労働力および従順な奴隷として役立たせられるはずであった（H・ピッカー、一九六五）。

最初に殺される対象としての人間は、欠陥者であった。ヒトラーはすでに『わが闘争』にこう書いていた。「欠陥者が同じように欠陥のある子供をふやすことを防がなければ〔ならない〕……。何となれば、回復の見込みのない病人は、容赦なく隔離されるであろうから――この処置を受ける不幸な人間にとっては残酷な処置であるが、彼の同胞および子孫にとっては祝福となるだろう」（A・ヒトラー、一九四三）。彼は欠陥者たちをただ隔離するだけでなく、彼らを殺すことによってこれらの考えを実行に移した。彼の破壊性が早く現われたもう一つの例は、エルンスト・レーム（レームの死のわずか数日前に、ヒトラーが彼と談笑している姿が見られた）や、その他のSAの指導者たちを、政治的な都合で（彼らの運動の〈反資本主義的〉な一派の指導者を抹殺することによって、産業界や軍部を安心させるために）殺したという不信行為である。

ヒトラーが無制限の破壊の空想にふけったことを示すもう一つの例は、一九一八年の場合のような暴動が起こった時に、自分なら採るはずの処置について、彼が語った言葉である。彼は直ちに政治的な反対派の指導者、また政治的カトリックの指導者、そして強制収容所のすべての収容者を殺す、というものであった。彼はこのようにして、数十万の人間を殺すだろうと見積もった（H・ピッカー、一九六五）。

物理的な破壊のおもな犠牲者は、ユダヤ人、ポーランド人、ロシア人となるはずであった。ユダヤ人の殺戮だけを考えてみよう。事実については、ここで詳しく述べる必要もないほどよく知られている。しかしながら、彼らの組織的な殺戮は第二次世界大戦の勃発とともに始まったにすぎないことは、心にとどめておく必要がある。その直前までは、ヒトラーがユダヤ人の絶滅をもくろんでいたことを納得させる証拠はない。もっとも彼は、自分の考えを秘密にしていたかもしれないが。その時まではすべてのユダヤ人のドイツからの移住を促進する政策が採られていて、ナチ政府はこの移住をしやすくする努力さえした。しかし一九三九年の一月三十日、彼はチェコスロバキアの外務大臣であったフヴァルコフスキーに、きわめて率直に語った。「われわれはユダヤ人を全滅させるつもりだ。一九一八年十一月九日〔訳注。この日にベルリンで革命が起こった〕[11]に彼らがやったことは、許しておけない。決算の日が来たのだ」（H・クラウスニック他、一九六八）。彼は同じ日に、国会でこれほどあからさまではない宣言をした。「もしヨーロッパ内外のユダヤ人の国際金融資本家たちが、また諸国民を戦争に巻き込むのに成功したら、その結果は世界的過激思想《ボルシェビズム》の招来によるユダヤ主義の勝利ではなく、ヨーロッパにおけるユダヤ人の終末となるであろう」(12)。

（11）ドイツ語およびフランス語の資料からのほかの引用文と同様に、これも私の翻訳である。
（12）ヒトラーの先任士官でのちに副官となった、フリッツ・ヴィーデマン総領事（退職）の手稿。ヒトラーのこれらの発言がなされたのは、ユダヤ人の国外退去のための〈全国本部〉の長として、ゲーリングがアイヒマンを任命したのとほとんど同じ日であった。アイヒマンはすでにこれに先だって、ユダヤ人を追放する方法を立案していた。H・クラウスニックほか（一九六八）の示唆によれば、あまり極端でないこの解決策はヒトラーの気に入らなかったかもしれないが、彼は「当分はこれが唯一の実際的な方法だから」、同意した。

フヴァルコフスキーに対する宣言は、心理学的見地からとくに興味深い。ここでは、ヒトラーはたとえばユダヤ人はドイツにとっての脅威であるというような、もっともらしい説明は何もしないで、彼の真の動機の一つを明らかにしている。すなわち二十年前にわずかなユダヤ人が犯した、革命家であるという〈犯罪〉への復讐である。彼のユダヤ人に対する憎しみのサディスティックな性質は、「党大会のあとで、彼の最も親しい同志に言ったユダヤ人についての指摘」によって、明らかになった。「『彼らをすべての職業から締め出して、ゲットー〔訳注。ユダヤ人居住区〕へ追い込むのだ。彼らをどこかに閉じ込めて、野獣でも見るようにドイツ人が見物している前で、彼らにふさわしく死なせるのだ』」（H・クラウスニック他、一九六八）。

ヒトラーは、ユダヤ人がアーリア人の血と、アーリア人の魂を毒していると感じた。この感情がいかにネクロフィラスな複合全体と関係しているかを理解するためには、私たちはヒトラーの一見まったく異なった関心事であった、梅毒について考えなければならない。『わが闘争』において、彼は梅毒が「国民の最も重要な死活問題」に含まれると言った。彼は書いている。

民族の政治的、倫理的、道徳的汚染と並行して、国民全体の健康は、長年にわたってそれに劣らず恐るべき毒を受けつつあった。とくに大きな都市では、梅毒はますます広がり始め、結核はほとんど全国にわたって、その死の収穫を着々と刈り入れつつあった(A・ヒトラー、一九四三)。

これは真実ではなかった。結核も梅毒も、ヒトラーが言うほどの広がりを持った、主要な脅威を成してはいなかった。しかしそれはネクロフィラスな人物にとっては、典型的な空想なのである。すなわち汚物や毒、そしてそれらに汚される危険への恐怖である。それは外界をよごれて有毒なものとして体験するネクロフィラスな態度の表現でもあり、同時にそれに対する防衛でもある。おそらく彼のユダヤ人への憎しみは、次の複合に根ざしていたのであろう。ユダヤ人は外国人である。外国人は有毒である(梅毒のように)。ゆえに外国人は根絶しなければならない。ユダヤ人が血だけでなく魂をも毒しつつあったということは、この最初の考えがさらに拡大したものにすぎない。(13)

(13) 母親象徴としてのドイツに関する議論参照。

勝利が疑わしいと感じれば感じるほど、破壊者ヒトラーは本領を発揮し、敗北への一歩ごとに、多くの犠牲者が死ななければならなかった。最後にドイツ人自身が滅ぼされるべき時となった。すでにスターリングラード〔訳注。この地の戦いでドイツ軍は壊滅的な打撃を受け、一九四三年一月三十一日から二月二日にかけて、九万一千のドイツ兵が降伏した〕の一年以上も前の一九四二年一月二十七日に、ヒトラーは言った。「もしドイツ国民が自らの生存（*Selbstbehauptung*）のために戦う覚悟がなければ、そうだ、その時は彼らは消えてゆかねばならぬ（*dann soll es verschwinden*）」（H・ピッカー、一九六五）。敗北が避けられなくなった時、彼は警告していたこのドイツの破壊を始めるように命令した——ドイツの土地を、建物を、工場を、芸術作品を。ロシア軍がヒトラーの退避壕を占領しようとした時、破壊の大団円《グランドフィナーレ》の瞬間がやって来たのであった。彼のイヌは彼とともに死ななければならなかった。そして彼と一緒に死ぬために彼の命令に反して退避壕へ来ていた愛人エヴァ・ブラウンも、そこで死ぬと言った。ヒトラーはブラウン嬢の忠実な行為に非常に感動して、正式な結婚をして彼女に報いた。彼のために喜んで死ぬことが、女が彼を愛していることを証明できる唯一の行為であったようである。ゲッベルスもまた、彼が魂を売ったこの人物に最後まで忠実であった。彼は妻と六人の小さな子供たちに、彼と一緒に死ぬように命じた。ふつうの母親なら誰でもそうだが、ゲッベルスの妻はとうてい子供たちを殺す気にはなれなかった。まして夫の言う見え透いた宣伝的な理由からでは、なおさらのことであった。しかし彼女には選択の余地はなかった。シュペアが最後に彼女を訪れた時、ゲッベルスはわずかの間も、彼女がシュペアと二人だけで話すことを許さなかった。彼女が言うことのできたことは、長男（前の結婚で生まれた）が一緒にいないのが嬉しいということだけであった。[14] ヒトラーの敗北と死は、彼のそばの人びとの死を、ドイツ人の死を、そしてもし彼の思いのままにできたならば世界の破壊を、伴わなければならなかった。全面的破壊が、彼自身の破壊の背景とならなければならなかったのである。

（14）A・シュペア、私信。

ヒトラーの行為を説明するのに、国家理由〔訳注。国家の生存・強化のための必要〕という伝統的な正当化ができるかどうかという問題にもどろう。つまり、ほかにも戦争を始め、何百万という人間が殺されるような命令を発する政治家や将軍がいるが、ヒトラーが彼らと人間的に違っていたのかどうかということである。幾つかの点では、ヒトラーは強大国の多くの〈正常な〉指導者たちと同様だったし、ほかの強力な国々の指導者たちのやったことの記録を前にして、彼の戦争政策が独自のものであったと言い切るとすれば、それはむしろ偽善的である。ヒトラーの場合の特殊性は、彼が命令した破壊とその現実的な理由との間の不釣り合いである。何百万というユダヤ人、ロシア人、そしてポーランド人の殺戮から、すべてのドイツ人を滅ぼせという最後の命令に至るまでの彼の行為は、戦略的な動機づけでは説明できないのであって、それらは心底からネクロフィラスな人間の情熱の産物である。この事実が時としてあいまいになるのは、ヒトラーがユダヤ人を全滅させたことだけを強調するからであって、そのためユダヤ人は、ヒトラーが滅ぼすことを望んだ多くの犠牲者の一つにすぎないことが、見のがされてしまうのである。たしかにヒトラーがユダヤ人を憎んでいたと言うことは正しいが、彼がドイツ人を憎んでいたと言うこともまた正しい。彼は人類を憎み、生命そのものを憎んでいた。このことをもっとはっきりさせるためには、さきにネクロフィリアを論じた時に一般的な形で扱った、ほかのネクロフィリア的現われの観点から、ヒトラーを見ればよい。

初めに、彼のネクロフィラスな方向づけの、ある種の自発的な現われを見よう。シュペアは、ワルシャワの爆撃のニュース映画の最後のシーンを見た時の、ヒトラーの反作用を伝えている。

煙が雲のように空を暗くした。急降下爆撃機が機首を下げ、目標に向かって襲いかかった。私たちは投下された爆弾が飛んで行き、飛行機が機首を起こし、爆発から生じた巨大な雲が広がるのを見ることができた。フィルムをスローモーションで動かすことによって、効果は高められた。ヒトラーは夢中になった。映画は英国諸島の略図に向かって、飛行機が急降下するモンタージュで終わった。炎がぱっと燃え上がり、島はばらばらになって空中に飛び散った。ヒトラーの熱狂ぶりには、果てしがなかった。「あれがやつらの運命だ！」と彼は夢中になって叫んだ。「あのように全滅させてやろう！」

（A・シュペア、一九七〇）

ハンフシュテングルは、二十年代の半ばにヒトラーと会話を交わし、イギリスを訪れるように説得に努めた時のことを伝えている。彼はヒトラーにイギリスの興味深い景色について語り、ヘンリー八世〔訳注。一五〇九―四七、イギリス国王。王妃を替えること六人に及んだ〕の話をした。ヒトラーは答えた。「六人の妃か――ふむ、六人の妃か――悪くはないな。しかもそのうち二人は断頭台で片づけたのか。これはたしかにイギリスを訪れて、ロンドン塔まで行って、処刑の場所を見る必要があるな。それだけの値打はありそうだ」（E・ハンフシュテングル、一九七〇）。実際、この処刑の場所は、イギリスのほかの場所以上に彼の関心を引いたのであった。

一九二三年の映画『フレデリック王』に対するヒトラーの反作用も、特徴的である。この映画では、フレデリックの父親が息子とその友だちを、国から逃げ出そうと試みたかどで、処刑することを望む。

まだ劇場にいる時も、また家へ帰る途中でも、ヒトラーは繰り返した。「彼〔息子〕も殺される——すばらしい。この意味はこうだ。国家に対して罪を犯す者は、たとえ自分の息子であっても首を切れ！」彼はさらに続けて、このやり方はフランス人の場合（当時フランス人が貴重なルール地方を占領していた）にも適用されるべきだと言い、次のように結んだ。「ライン川流域やルール地方にあるわれわれの都市が、一ダースぐらい焼けてしまおうと、数十万の人間が生命を失おうと、それがどうしたと言うのだ！」（E・ハンフシュテングル、一九七〇）。

彼のネクロフィラスな方向づけの特徴を表わすのが、ある種の何度も繰り返された冗談である。ヒトラーは菜食を続けていたが、彼の客はふつうの食事でもてなされた。「もし肉のスープが出ると」とシュペアは伝えている。「彼は必ず『死体の茶』と言うのであった。ザリガニのことを言う時には、彼の死んだ祖母の親戚たちが、ザリガニをおびき寄せるために、彼女の死体を川に投げ込んだ話をした。ウナギについては、太らせるにもつかまえるにも、死んだネコが一番だと言った」（A・シュペア、一九七〇）。

ヒトラーの顔も、ネクロフィリアを論じた時に述べたにおいをかぐような表情を示していて、まるでたえずいやなにおいをかぎつけているようであった。これは多くの写真からきわめてはっきりと知ることができる。彼の笑いは決して率直なものではなく、一種の作り笑いであり、これもまた写真で認めることができる。この特性がとくに目立って見られるのは、彼の生涯の絶頂、すなわちコンピエーニュの鉄道車両でのフランスの降伏〔訳注。一九一八年十一月十一日、ドイツ軍はここで降伏文書に調印したが、一九四〇年六月二十二日、ヒトラーはその同じ車両を用いて、フランス軍に降伏の調印をさせた〕後のことである。当時のニュース映画に写されているように、彼は車両を出ると、ちょっとした〈ダンス〉をやって見せ、ももと腹を手でたたき、醜い作り笑いをしたが、そのさまはまるでたった今フランスをのみ込んだかのようであった。[15]

（15）これは彼の〈口唇愛＝サディズム的〉、搾取的性格特性の顕著な現われである。

ヒトラーのもう一つのネクロフィラスな特性は、退屈であった。彼の食卓での会話は、この種の生気のなさの最も極端な現われである。オーバーザルツベルクでは、午後の食事のあと、彼とその一行は喫茶店へ行ってケーキや菓子を食べながら、紅茶やコーヒーを飲んだものだった。「ここでコーヒーのテーブルを前にして、ヒトラーは限りない独白に移って行くのをとくに好んだ。話題はほとんどが皆のよく知っているものだった。そこで皆は注意しているようなふりをしながら、ぼんやりと聞いていた。時にはヒトラー自身が、独白の途中で眠り込んでしまった。そこで皆はひそひそとおしゃべりを続け、彼が夕食までに目をさますことを望むのであった」（A・シュペア、一九七〇）。その後彼らはみな宿舎に帰り、二時間後に夕食が出た。夕食ののちに映画が二本あり、時にはそのあとでそれらの映画について、くだらない話をすることもあった。

一時が過ぎると、一座の中にはいくらがまんしようと努力しても、もはやあくびを押えることのできなくなる者も出てきた。しかしこの社交の時間は、単調で消耗するような空虚さの中をまだ一時間、あるいはそれ以上もだらだらと続いた。とうとうエヴァ・ブラウンがヒトラーと二、三、言葉を交わし、二階へ行く許しを得た。[16]ヒトラーは十五分ばかりのちに立ち上がり、皆にお休みを言った。あとに残った者たちはほっとして、このげんなりするような数時間をしばしば引き延ばし、シャンパンやコニャックで陽気なパーティをやった（A・シュペア、一九七〇）[17]。

(16) シュペアの伝えるところでは、ベルリンでの食事中の会話もこれに劣らずくだらない退屈なもので、ヒトラーは「聞き手たちをあれほど困らせたしばしばの繰り返しを取り繕う努力もしなかった」（A・シュペア、一九七〇）。

(17) 一九四一―一九四二年の本部での将軍たちとの『座談』では、ヒトラーは明らかにもっと努力して、客たちに自分の博学と知識を印象づけようとしている。これらの座談は、ありとあらゆる題目にわたる限りない独白から成っていた。それは男《メ》子宿泊所《ンナーハイム》で世をすねた男たちに講義を聞かせたのと同じヒトラーであった。しかし今や彼の聴衆は、ドイツ軍の指導者たちから成っていた。彼の自信は大いに増大し、彼の知識の範囲（深さではないが）は、長年にわたるいっそうの読書によって広がっていた。しかし結局表面的な変化にすぎない。

ヒトラーの破壊性はそのおもな現われを通じて認めることができるし、その幾つかを私は述べたのだが、それは何百万というドイツ人によっても、また世界中の政治家や政治屋によっても、認識されなかった。それどころか、彼は祖国への愛によって動機づけられた偉大なる愛国者であり、ドイツをベルサイユ条約ときびしい経済的困難から解放してくれる救世主であり、新しい、繁栄するドイツを打ち建てる偉大なる建設者であると考えられていた。どうしてドイツ人も世界の人びとも、建設者の仮面の背後の大破壊者に気付かなかったのだろうか。

理由はたくさんある。ヒトラーは完全な嘘つきであり、演技者であった。彼は平和を欲すると公言し、新しい勝利のたびごとに、これが彼の最後の要求だと主張した。彼はこのことを、彼の言葉と高度に制御の行き届いた声によって、いかにももっともらしく知らせた。しかし彼があざむいたのは、彼の将来の敵だけであった。たとえばある時将軍たちを相手にした話の中で、彼は公言した。「人間には美を見いだす感覚がある。世界はこの感覚を使用する者のために、いかに豊かであることか……。美は人間の上に力を及ぼさなければならない……。〔戦争が終われば〕私は五年ないし十年間思索に専念し、またそれを書くことに専念したい。戦争は来ては去る。あとに残るのはただ文化の価値だけだ……」。彼は新しい寛容の時代を創造することを望み、ユダヤ人がキリスト教によって不寛容をもたらしたことを非難するのである（H・ピッカー、一九六五）。

破壊性の抑圧

ヒトラーはこのように語った時、おそらくは嘘をついているという意識さえなかっただろう。彼はただ昔ながらの〈芸術家〉と〈作家〉の役割を演じていたのであって、この両方の分野での失敗は決して認めてはいなかったのである。しかしながらこの種の発言は、はるかに重要な機能を持っていたのであって、それは自らの破壊性の意識の抑圧という、ヒトラーの性格構造の核心にかかわる機能であった。その機能はまず合理化によって発揮された。彼が命令したいかなる破壊をも、彼はドイツ国民の生存、成長、栄光のためであると合理化した。つまりそれはドイツを滅ぼそうとする敵（ユダヤ人、ロシヤ人、最後にはイギリスとアメリカ）への防衛なのであって、彼は生物学的な生存の法則の名において行動していた。（「もし私が神の命令を信じるとするならば、それはただ種を保存せよという命令だけでしかありえない」〔H・ピッカー、一九六五〕。）言い換えれば、ヒトラーが破壊の命令を下した時、彼はただ彼の〈義務〉と、彼の高貴な意図のみを意識していた。これらは破壊行為を必要とした。しかし彼は自分が破壊を渇望しているという意識を抑圧していた。かくして彼は自らの真の動機づけを直視することを避けた。

さらに有効な形態の抑圧は、反動形成である。これは抑圧された努力を処理する方法として、臨床的に十分に立証された抑圧の形態である。つまり、人はそれらの努力の存在を否定するために、正反対の特性を発達させるのだ。これらの反動形成の一つの例は、ヒトラーの菜食主義であった。すべての菜食主義がこの機能を持っているというのではないが、ヒトラーの場合にはそうであったということは、彼が肉食をやめたのは彼の半分血のつながっためい〔訳注。ヒトラーの腹違いの姉の娘〕で、彼の愛人であったゲリ・ラウバルの自殺以後のことであったという事実が示している。その時の彼の行動は、彼が彼女の自殺に対してきわめて強い罪の意識を感じたことを示している。彼女があるユダヤ人の芸術家に夢中になったために、彼が逆上して自ら彼女を殺したのではないかということが文献に見えるが、これには証拠がないので無視するとしても、彼に彼女の自殺の責任があると言うことはできる。彼は彼女を囚人のような状態に置き、極端に嫉妬深く、そのくせエヴァ・ブラウンとはしきりに恋愛遊戯にふけり始めた。ゲリが死んでから、彼は抑鬱状態になり、一種の喪の儀式を始めた。（彼がミュンヘンに住んでいる間は、彼女の部屋はそのままにしておき、クリスマスごとにそこを訪れた。）彼が肉食をやめたのは、彼の罪に対するつぐないであるとともに、彼には人を殺せないことのあかしでもあった。彼の狩猟ぎらいも、おそらくは同じ機能を持っていたのであろう。

この反動形成の最もはっきりとした現われは、W・マザー（一九七一）があげている次の事実に見られる。ヒトラーは権力を握るまでの間は、政敵との争いにかかわったことは一度もなかった。政敵に対して手出しをしたのは、一度だけであった。彼は殺人や処刑の現場にいたことは、一度もなかった。（レームが殺される前に、総統自身によって射殺されたいと要求した時、彼は自分の言っていることの意味をよくわきまえていたのである。）ミュンヘンでの一揆の企てで、彼の同志の幾人かが殺された時（一九二三年十一月九日）、彼は自殺したいという考えと戦い、左腕がぴくぴくけいれんするようになったが、これはスターリングラードの敗北ののちにもまた起こったことであった。将軍たちが彼に前線を訪れるように説得したが、むだであった。「軍人や、それ以外の少なからずの人間が、彼が前線へ行かないのは、戦死したり傷ついたりした兵士たちを見るに耐えないからだと確信していた」（W・マザー、一九七一）[18]。この行動の理由が肉体的勇気の欠如ではなかったことは、ヒトラーが第一次世界大戦で大いに勇気を発揮したことで明らかだし、またドイツ兵たちに対する思いやりでもなかったことは、彼らに対してはほかの誰に対する場合とも同じように、愛情を持っていなかったことで明らかである（W・マザー、一九七一）[19]。私の意見では、死体を見ることに対するこの恐怖の反作用は、彼自身の破壊性の意識化への防衛的反作用である。彼がただ命令を下したり、命令に署名したりしているかぎりは、彼はただしゃべったり書いたりしているだけであった。言い換えれば、実際に死体を見ることを避け、彼の破壊の情熱を感情的に意識することから身を守っているかぎり、〈彼〉は血を流してはいないのである。この恐怖防衛の反作用は、シュペアの述べているところの[20]、ヒトラーのやや強迫的な過度の清潔好みの底にあるものと、基本的には同じメカニズムである。この徴候はヒトラーの場合はおだやかな形で現われたが、完全に発達した手洗い強迫症のような重症の場合と同様に、これはふつう一つの機能を持っている。それはよごれ、すなわち象徴的な意味で手（あるいは全身）に付着している血を洗い落とすことであり、血とよごれの意識は抑圧され、意識されるのはただ〈清潔に〉する要求だけなのである。死体を見ることをこばむのも、この強迫症と似ている。ともに破壊性の否定に役立つのである。

(18) マザーの所説は、シュペアの私信によっても裏付けられている。
(19) マザーの所説は、W. Warlimont 将軍(一九六四)を典拠にしている。
(20) A・シュペア、私信。

生涯の終わり近く、彼の最終的な敗北を感じた時、ヒトラーはもはや彼の破壊性の抑圧を続けることはできなかった。極端な例は、一九四四年に将軍たちが起こしたが失敗に終わった一揆〔訳注。この年の七月二十日に軍首脳部と一部の政治家が結んで、ヒトラーを暗殺しようとした〕の指導者の死体を見た時の、ヒトラーの反作用である。死体を見ることができなかったこの人物は、将軍たちの拷問と処刑、および囚人服を着て肉を掛けるかぎからぶら下がっている死体の映画を見せるように命じた。彼はこの場面の写真を机の上に置いていた。[21] 彼がかつて敗北の際には、ドイツが救われたのは、ドイツを破壊すると言ったことは、今や実行に移されなければならなかった。ドイツが救われたのは、ヒトラーによってではなかったのである。

(21) A・シュペア、私信。

4 ヒトラーのパーソナリティのその他の諸相

ヒトラーにせよ、ほかの誰にせよ、情熱の一つだけを見たのでは、たとえそれが最も基本的な情熱であっても、その人間を理解することはできない。この人物が破壊性にかりたてられながら、いかにしてヨーロッパで最も強力な人間となることに成功し、多くのドイツ人から（またそれ以外の多くの人びとからも）崇拝されるようになったのかを理解するためには、彼の全体的性格構造、彼独特の才能や資質、そして彼が活動した社会的状況を把握することに努めなければならない。

ネクロフィリアに加えて、ヒトラーはまたサディズムの臨床像をも呈している。ただこれは、あからさまな破壊に対する彼の欲望の陰に隠れてはいるが。ヒトラーのサド＝マゾヒスティックな、権威主義的な性格については、以前の私の著作（E・フロム、一九四一）で分析したので、ここではごく短く述べるだけでいいだろう。著作においても、演説においても、ヒトラーは弱者に対する権力への渇望を示した。彼は夕方に大衆集会を催すことの利点を、次のように説明した。

朝には、また日中ですら、人間の意志の力は他人の意志や他人の意見に屈服しようという気持ちに、最も強い力で反抗するようである。しかしながら夕方になると、人間はより強い意志の支配力に服従しやすくなる。なぜなら、すべてのこのような集会には、二つの相反する力の格闘が確実に生じるからである。威圧的かつ使徒的な性質を持った人物のすぐれた弁才によって、今や人びとは新しい意志に服従するのであって、この場合まだ自らの精神力と意志力を完全に支配しうる人びとよりも、自らの抵抗力が最も自然な形で弱まるのをしだいに体験してゆく人びとの方が服従しやすいのである（A・ヒトラー、一九四三）。

それと同時に、服従的な態度を執ることによって、彼はより高い力すなわち〈神の摂理〉、あるいは生物学的な法則の名において行動していると感じていた。ある一つの文章で、彼は自らのサディスティックな面およびネクロフィラスな面の両方を表現した。「彼ら〔大衆〕が望んでいるのは強者の勝利であり、弱者の絶滅あるいは無条件降伏である」（A・ヒトラー、一九四三）。サディストは無条件降伏を要求し、ネクロフィリア的人物のみが、絶滅を要求する。「あるいは」という言葉は、ヒトラーのサディスティックな面と、ネクロフィラスな面とを結びつけている。しかし私たちは記録によって、絶滅を求める気持ちは、彼においては単なる降伏を求める気持ちよりも強かったことを知っている。

ほかにも互いに密接な関係を持った三つの性格特性があるが、それは彼のナルシシズムと、引きこもりがちな態度と、愛、あたたかさ、同情の感情の欠如である。

彼のナルシシズムは、[22]この臨床像の中で最も容易に認められる特性である。彼は極度にナルシシズム的な人物の典型的な徴候を、すべて示している。彼が関心を持っているのは、ただ彼自身、彼の欲望、彼の思考、彼の望みだけである。彼は彼の思想や過去や計画について、果てしなく語った。世界は彼の構想や欲望の対象となる場合にのみ、現実性を持つ。他人は彼に奉仕したり、彼によって利用されうる場合にのみ、重要性を持つ。彼は常にすべてのことを、ほかの誰よりもよく知っている。自らの思想や構想についてのこの確信は、強いナルシシズムの典型的な特徴である。

（22）第九章のナルシシズムについての論議参照。

ヒトラーが彼の結論に到達したのは、主として情緒的な基礎に基づいたうえのことであり、知識を検討した結果ではない。彼の場合は、政治的、経済的、社会的事実が、イデオロギーに取って代わられてしまった。いったんあるイデオロギーを、それが彼の情緒に訴えるゆえに信じてしまうと、彼はそのイデオロギーが真実であると公言するところの事実を信じた。これは彼が事実を完全に無視したことを意味するのではない。ある程度までは彼は鋭い観察者であり、ある種の事実の評価においては、彼ほどナルシシズム的でない多くの人物よりもすぐれていた。しかしこの能力——これについてはあとでさらに論じるが——のゆえに本質的な問題についての彼の現実感覚の欠如を否定しうるわけではないのであって、これらの問題についての彼の信念や決定は、主としてナルシシズム的な基礎の上に成り立っていた。

ハンフシュテングルは、ヒトラーのナルシシズムをよく表わす一例を伝えている。ゲッベルスがヒトラーの演説の幾つかを、テープに録音するように命じた。ヒトラーが彼を訪れるたびに、ゲッベルスはこれらの録音を再生するのであった。ヒトラーは「厚い詰め物をした大きないすにふんぞり返って、恍惚となって（*in einer Art von Vollnarkose*）自分の声に聞きほれたが、そのさまは哀れにも自分自身と恋に陥り、静かな水の表面に映った自分の姿に見とれているうちに、入水して死んだあのギリシアの若者〔訳注。ナルキッソスのこと。ナルシシズムの語源となった〕のようであった」（E・ハンフシュテングル、一九七〇）。P・E・シュラムはヒトラーの「自我崇拝について語っている。彼はアルフレート・ヨードル〔将軍〕によれば、『国民と戦争の指導者として、自分が絶対に誤りを犯さないというほとんど神秘的な信念』に支配されていた」（H・ピッカー、一九六五）。シュペアは、ヒトラーの建築計画に現われた彼の「誇大妄想」について書いている。ベルリンにおける彼自身の邸宅は、史上最大の住居として、ビスマルクの時代の首相官邸の百五十倍の大きさになるはずであった（A・シュペア、一九七〇）。

ヒトラーのナルシシズムに関連するものとして、彼が自分に役立つものを除けば、いかなる人間にも物にもまったく関心を持たなかったし、またすべての人間から冷淡に遠ざかっていたという事実がある。彼の絶対的なナルシシズムに対応するものは、いかなる人間に対する愛も、思いやりも、感情移入も、ほとんど絶対的に欠いていたということである。彼の全生涯において、彼の友だちと呼びうる人物は、ただ一人も見いだしえない。ほかの誰よりもこの種の関係に近いのは、クビツェクとシュペアだが、彼らも決して〈友だち〉と呼ぶことはできない。クビツェクは同年齢なので、彼の聞き役、崇拝者、そして仲間の役を果たした。しかしヒトラーは決して彼に対して率直ではなかった。シュペアとの関係は違っていた。シュペアはおそらくヒトラーにとって、建築家としての自らの姿を表わしていたのだろう。彼ヒトラーが、シュペアを媒介として偉大なる建設者となるはずであった。彼はシュペアに対しては、ほんとうの愛情すら幾分は持っていたようであるが——おそらくクビツェクを例外として、これを見いだしうる唯一の例である——私の推測では、このまれな現象の一つの理由は、建築はヒトラーが自分自身以外の何物かに真の関心を持った唯一の例であり、彼が生気を得た唯一の領域であったからである。それにもかかわらず、シュペアは彼の友だちではなかった。ニュールンベルク裁判において、シュペアが簡潔に表現しているように、「ヒトラーに一人でも友人があったとしたら、私がその友人だったということになるでしょう」。事実はヒトラーには友だちはなかった。彼はウィーンで絵はがきをかいていた時も、ドイツの総統であった時も、つねに秘密主義で他人を避けていた。シュペアは彼が「人間的接触ができなかった」ことを指摘している。ヒトラー自身も、自分のまったくの孤独に気付いていた。シュペアは、彼（ヒトラー）が最終的に引退すれば、間もなく忘れられるだろうとヒトラーが語ったと伝えている。

いったん権力がそちらの手に移ったことが明らかになれば、人びとはすぐに彼の後継者に顔を向けるだろう……。皆が彼を見捨てるだろう。大いに自己憐憫を覚えつつこの考えをもてあそんで、彼は続けた。「たぶん私のかつての同僚が時々私を訪問するだろう。しかし私はそれは当てにしていない。ブラウン嬢以外には、私は誰とも一緒に暮らさない。ブラウン嬢と私のイヌだけだ。私は孤独だろう。だって、いったい誰がしばらくの間でも、進んで私と一緒に暮らすかね。もう誰も私には見向きもしなくなるだろう。彼らはみな私の後継者のあとを追って、走って行くだろう。たぶん一年に一度、私の誕生日にやって来るだろう」(A・シュペア、一九七〇)。

これらの所感において、ヒトラーは誰も彼に愛情を持っていないという考えだけでなく、人びとが彼に従っている唯一の理由は彼の権力であるという確信をも、表明している。彼の友だちはただ、彼が愛も尊敬も持たずに完全に支配していた彼のイヌと女だけであった。

ヒトラーは冷淡で無慈悲であった。このことにはH・ラウシュニング(H. Rauschning)(一九四〇)やシュペアのような、敏感な人びとが気付いていた。後者がそれをよく示す例をあげている。彼はゲッベルスと同様にヒトラーを説いて、爆撃された都市を宣伝のために訪れさせようと努めた。「しかしヒトラーは、このような勧めをいつも拒絶した。シュテッチン駅から総統庁舎へ、あるいはミュンヘンの摂政通りの彼のアパートへ車を走らせる時、彼はかつてはずいぶん遠回りをするのが好きだったのに、今では最も近い道を通るように運転手に命じた。このようなドライブに数回同乗したので、私は新しくできた石のかけらだらけの土地を彼の車が通る時にも、彼がいかに無感動にそれを見ているかに気付いたものである」(A・シュペア、一九七〇)。「ヒトラーにつかの間でも人間的な感情を起こさせた」唯一の生き物は、彼のイヌであった(A・シュペア、一九七〇)。

多くのそれほど敏感でない人びとは、あざむかれた。彼らがあたたかさだと信じたものは、実は興奮なのであって、それはヒトラーがお気に入りの話題について語っているか、それとも復讐的で破壊的な気分でいる時に現われた。ヒトラーに関するすべての文献において、私は彼が誰かに同情を示した例は一つも見付けることができなかった。もちろん彼の敵に対しては当然のことだが、戦っている兵士たちに対しても、また最後にはドイツの民間人に対しても同じことであった。戦争における彼の戦術の決定——主として退却してはならないという主張(たとえばスターリングラードの戦闘において)——が、犠牲になる兵士たちの数によって左右されることは、決してなかった。彼らはただそれだけの〈銃〉に等しかったのだ。

要約としてシュペアは述べている。「ヒトラーは人間のすべてのおだやかな美徳を欠いていた。やさしさ、愛、詩は彼の性質には無縁だった。表面的には彼は礼儀、魅力、静かさ、趣味の良さ、愛嬌、自制を示した。これらの外皮が薄いが完全な層となって、真に支配的な特性をおおい隠す役割を果たしたことは、明らかである」(A・シュペアによるあと書き、J・ブロス、一九七二)。

ヒトラーの女性関係もまた、男性との関係と同じように愛ややさしさ、あるいは同情の欠如を示している。このように述べると、ヒトラーが母親に強い愛着を持っていたことと矛盾するように見えるかもしれない。しかしヒトラーの近親愛が悪性の型のものであった、すなわち彼は母親に結びついてはいたが、このきずなは冷淡で非人格的なものであったと仮定すれば、彼ののちの女性関係も冷淡で非人格的であったことがわかるだろうと、予想されるのである。

ヒトラーが関心をいだいた女性の中に、私たちは主としてそれぞれの社会的地位によって特徴づけられた二つの範疇を、基本的に区別することができる。（1）〈りっぱな〉女たち。彼女らをきわだたせるものは富であり、社会的地位であり、あるいは成功した女優であることとである。（2）社会的に彼より〈劣った〉女たち。たとえば半分血のつながったためいであるゲリ・ラウバルや、長年の愛人であったエヴァ・ブラウン。第一のグループに対する彼の行動や感情は、第二のグループに対するそれらとはまったく違っていた。

第一のグループに属する女性の中には、ミュンヘンの社交界の年輩で金持ちの貴婦人たちが多く、彼女らは彼を助け、彼個人や党にかなりの贈り物をした。もっと重要なことだが、彼女らは彼に上流階級の生活や風習を体験させた。彼は彼女らの贈り物や崇拝をいんぎんに受けたが、これらの母親像と恋に陥ったり、性的に引きつけられることは決してなかった。

その他の社会的に高い地位にある女性に対しては、彼はいつもやや内気で臆病であった。彼は若い時に、リンツの若く美しい上流階級の娘であったシュテファニーに夢中になったが、これがこの態度の原型である。彼は彼女に魅せられてしまった。そしてクビツェクの伝えるところに従うなら、彼は彼女の家のそばを歩き、彼女が散歩しているのを見ようとした。しかし彼は決して彼女に話しかけようとはしなかったし、第三者を通じて紹介してもらおうと一度も試みたことはなかった。最後に彼は彼女に手紙を書き、将来自分がひとかどの人物になったら結婚してほしいと言ったが、それに署名をしなかった。この行動全体が現実性の欠如という特徴を持っていて、それは若さのせいであると考えられるかもしれないが、ハンフシュテングルやシュペアのような、ほかの多くの人びとの伝えるところによれば、彼は後年になっても、女性に対して同じ臆病さを示した。彼が崇拝する望ましい女性に対する彼の態度は、遠くから崇拝するという態度であったようである。ミュンヘンでは、彼は美しい女性を見ることを好んだ。彼が権力を握ってからは、彼は美しい女たち、とくに映画女優に取り巻かれることを好んだ。しかし彼が彼女らの誰かと恋に陥ったという証拠はない。これらの女たちに対して、「ヒトラーはどちらかと言えば、ダンス講習の卒業生が最後のダンスをしているようであった。彼は内気ながら熱心にまちがったことを一切やるまいとし、十分な数の社交辞令を述べ、オーストリア式に手にキスをして彼女らを迎え、また別れを告げることに努めた」(A・シュペア、一九七〇)。

またゲリ・ラウバルやエヴァ・ブラウンのように、彼から崇拝も尊敬もされずに、彼に服従している女たちもいた。彼が主として性的関係を結んだのは、この型の女たちであった。

ヒトラーの性生活については、多くの推測がなされてきた。彼が同性愛的性格だという主張がしばしばなされたが、これには証拠がないし、またこれは事実とは思われない。(23) 一方彼の性関係が正常であったという証拠もないし、彼が性的能力を持っていたという証拠さえない。ヒトラーの性生活に関するデータのほとんどは、ハンフシュテングルから得られているのだが、彼には二十代と三十代の初期におけ

るヒトラーを、ミュンヘンとベルリンで観察する機会が多くあったのである。(24)

(23) W・マザー(一九七一)参照。J・ブロス(一九七二)は直接の証拠がないことを認めてはいるが、ヒトラーには強い潜在的な同性愛の傾向があったと主張し、その根拠としてヒトラーには偏執病《パラノイア》的傾向があったからこのことが推定されるのだという、回りくどい議論を持ち出している。つまり彼の推論は、偏執病と無意識の同性愛的傾向との間に密接な関係を仮定するフロイト理論に基づいているのである。

(24) 残念ながら、ハンフシュテングルは信頼できる証人ではない。彼の自叙伝は主として自分のためのものである。その中で彼は、ヒトラーによい影響を与えようと努めはしたが、ヒトラーと絶縁してからはローズヴェルト大統領の〈顧問〉となった人物として――かなり誇張した言い分だが――自分を描き出そうとしている。とは言うものの、ヒトラーの女性関係の記述に関しては、彼を基本的には信頼できる。というのは、この問題は彼自身の政治的能力を強化するのには役立たなかったからである。

ハンフシュテングルは、ゲリ・ラウバルが友だちにはっきりと言った言葉を伝えている。「おじさまは怪物だわ。私にどんなことを要求するか、誰にも想像もできないでしょう!」この言葉をある程度確証するのが、二十年代に党の会計をしていたF・シュヴァルツから聞いたとして、ハンフシュテングルが伝えているもう一つの話である。ヒトラーは彼が描いたゲリの春画的なスケッチを手に入れた男からゆすられたが、それは彼女を「いかなる職業的なモデルでも断わるような」いろいろな姿勢に描いたものであった。ヒトラーは彼に金を払ってやるように命令したが、スケッチを破棄することは許さず、ブラウンハウス〔訳注。ミュンヘンの党本部〕の彼の金庫に保存させた。これらのスケッチに何がかいてあったかは誰も知らないが、それらがただのゲリのヌードのスケッチではなかったと推測してさしつかえない。というのは二十年代のミュンヘンでは、そんなものはヒトラーをゆするほど危険なものではなかったからである。スケッチは何か倒錯的なポーズあるいは姿勢を描いたものであって、ヒトラーの性的欲望はやや異常であったのかもしれない。ハンフシュテングルが主張しているように、彼が正常な性行為を行なうことがまったくできなかったのかどうかは、私たちは知ることができない。しかしヒトラーのように冷淡で、臆病で、サディスティックで、破壊的な人間の性的関心が主として倒錯的なものであったということは、ありそうなことである。データがないので、彼の性的な好みの詳細な像を組み立ててみても、あまり助けにはならない。最大限推測しうることは、おそらく彼の性的欲望は主として窃視欲的であり、自分より劣った種類の女性に対しては肛門愛＝サディズム的であり、崇拝する女性に対してはマゾヒズム的であったということであろう。

彼とエヴァ・ブラウンとの性関係についても証拠は何もないが、彼女に対する彼の感情的な関係については、はるかに多くのことがわかっている。彼が何の思いやりもなしに彼女を扱ったことは明らかである。彼女への誕生日の贈り物はそのほんの一例である。彼は副官に命じて、彼女のために安い人造装身具や、お祝いに必要な花を買わせるのであった。[25]「たいていヒトラーは、彼女の感情にはほとんど思いやりを示さなかった。彼女の面前でも、まるで彼女がいないかのように、女性に対する彼の態度について長々と話したものである。『知性のすぐれた男は、原始的で愚かな女を選ぶべきだ』」（A・シュペア、一九七〇）。

(25) A・シュペア、私信。

エヴァ・ブラウンの日記から、ヒトラーの彼女に対する態度へのより深い洞察が得られる。彼女の字はところどころ判読しにくいのだが、おそらく次のように書いてあるようだ。

一九三五年三月十一日　私の望みはただ一つだけ——重い病気になって、少なくとも一週間は彼のことを何も知らなくなること。どうして私には何も起こらないのだろう。どうして私はこんなことを続けなければならないのだろう。彼に会いさえしなかったら。私はやけになった。このごろまた睡眠薬を買っている。するともう夢見心地になって、もうそんなことはあまり考えなくなる。

どうして悪魔が私をさらってくれないのだろう。ここにいるより、悪魔のところにいる方が楽しいに違いない。

三時間、私はカールトンの前で待った。そして彼が花を買っているのを見ていなければならなかった……そして彼女を食事に連れて行くのを。〔あとで三月十六日付の所見が付け加えてある。〕気違いじみた想像だ。

彼は私をある目的のために利用しているだけ。そのほかには考えられない。〔あとで付け加えて〕そんなばかな！

彼が私を好きだ（*er hat mich lieb*）と言っても、それはその時だけのこと。約束してもそれを守ったことがないように、ただその時だけ。

一九三五年四月一日　昨夜私たちは彼に「四季」〔ミュンヘンのレストラン〕へ招待された。私は彼のそばに三時間すわらなければならなかったけれど、彼には一言もしゃべることができなかった。別れる時に、彼は前にも一度あったように、お金の入った封筒をくれた。何かあいさつかやさしい言葉でも書いてあれば、どんなにかすばらしいのに。とても嬉しかったことだろう。でも彼はそんなことは考えてくれない。

一九三五年五月二十八日　たった今、私にとっては決定的な手紙を彼に出した。果たして彼が……〔判読不可能〕。

いいわ、今にわかるわ。今夜十時までに返事がなければ、ただ錠剤を二十五錠のんで静かに……眠るだけ。

それが彼の……愛なのだろうか、今まで何度も私に保証したような。三ヵ月の間私にやさしい言葉を掛けてくれなくても。

神よ、彼は今日返事をくれないのでは。誰かが助けてくれさえしたら。何もかもあまりに恐ろしくて絶望的だ。ひょっとしたら、私の手紙が都合の悪い時に着いたのかもしれない。手紙を書いてはいけなかったのだろうか。それがどうあれ、不安な気持ちでいる方が、突然の終わりより恐ろしくて耐えられない。

三十五錠〔睡眠薬〕のむことにした。今度はほんとうに「死のように確かな」ことになる。せめて誰かに私へ電話させてくれれば（エヴァ・ブラウン、一九三五）[26]。

（26）翻訳はフロム。

同じ日記で、彼が誕生日に彼女がたいそう欲しがっていたもの（小さなイヌと服）を何もくれずに、誰かに花を届けさせただけ、と彼女は不平を言っている。彼女は十二ドルばかりで装身具を買ったが、せめて彼女がそれを着けているのを見て気に入ってほしいという気持ちからであった。
崇拝する女性に対するヒトラーのマゾヒスティックな行動については、幾つかのデータがある。ハンフシュテングルはこのようなあるできごとについて伝えているが、それは彼（ハンフシュテングル）の妻に対するヒトラーの態度に関連するものであった。ヒトラーがハンフシュテングルの家へやって来た時、彼は少しの間外出していたのだが、ヒトラーはハンフシュテングル大人の前にひざまずき、自らを彼女の奴隷と呼び、彼女に会うという苦しくかつ甘美な体験を、運命があまりにもおそく与えたことを嘆いた。この話の主要な点であるヒトラーのマゾヒスティックな行動は、W・C・ランガー（一九七二）が発見することのできた文書によって確証されている。映画女優のルネ・ミュラーが、彼女の監督をしていたA・ツァイスラー（A. Zeissler）に、総統庁舎で過ごした夕べに起こったことを打ち明けた。

彼女はきっと彼が自分と寝るだろうと思った。そして二人とも服を脱いでベッドに入ろうという格好になった時、ヒトラーは床に倒れて彼女に蹴ってくれと頼んだ。彼女は断わったが、彼は彼女に懇願し、自分はつまらない人間なのだと言い、ありとあらゆる非難をわが身に浴びせかけ、苦悶に満ちたようすでひたすらにはいつくばった。彼女はこのさまを見るに耐えなくなり、とうとう彼の願いに応じて彼を蹴った。これは彼をひどく興奮させた。そして彼はもっともっととせがみ、たえずこれでも自分にはもったいないぐらいだし、自分は彼女と同じ部屋にいる値打もないと言った。彼女が彼を蹴り続けるうちに、彼はますます興奮した（A・ツァイスラー、一九四三）。

ルネ・ミュラーは、その後間もなく自殺した。

ほかにもヒトラーと愛し合っていたと言われる上流階級の女性は多いが、ヒトラーが彼女たちと性的関係を結んだことを証明する十分な証拠はない。ヒトラーと親しかった少なからずの女性が自殺した——あるいはしようとした——ことは、注目すべきことである。ゲリ・ラウバル、エヴァ・ブラウン（二度）、ルネ・ミュラー、ユニティ・ミトフォード、そしてまだ幾つかのこれほどはっきりしない例が、マザーによって引用されている。ヒトラーの破壊性が彼女らに影響を与えないではいなかったと、推測せざるをえないのである。

ヒトラーの倒錯の性質が何であったにせよ、細かい部分はほとんど問題ではないし、彼の性生活も、私たちがすでに知っていること以上には、彼について何も教えてはくれない。実際、彼の性生活について私たちが持っているわずかなデータの信憑性も、主として彼の性格について私たちが持っている知識にかかっているのである。

資質と才能

ヒトラーの性格学的分析は、引きこもりがちであり、極度にナルシシズム的で、他人とのつながりを持たず、規律を欠き、サド＝マゾヒスティックでネクロフィラスな人物を、私たちに示してくれた。たしかに彼がかなりの資質と才能を持った人物でなかったならば、これらの性質では彼の成功の説明にはならない。

彼の資質と才能はどういうものであったのか。

ヒトラーの才能の中で最大のものは、人びとを動かし、感銘を与え、説得する能力であった。私たちは彼が子供の時ですら、この能力を持っていたことを見た。彼はこの能力を認識し、それにみがきをかけたが、それは戦争ごっこでの子供仲間の指導者としての役割においてであり、のちには彼の最初の真の信奉者となったクビツェクとの関係において、そしてウィーンの男子宿泊所《メンナーハイム》の宿泊者たちに対してであった。革命後間もなくの一九一九年に、彼は軍の上官たちによって、兵士たちを右翼思想に転向させ、革命家たちへの憎しみをかきたてる使命を帯びて派遣された。彼は社会主義労働者党のわずかな取るに足らない集団（メンバー五十人）に出会い、一年もたたないうちにその党の文句のない指導者となり、それを国家社会主義ドイツ労働者党と改名し、規約を変え、ミュンヘンで最も人気のある演説家の一人として認められることに成功した。

人を動かすというこの能力――それはもちろん、すべての扇動政治家に必須の才能である――の理由は、多方面にわたっている。

まず第一によく彼の磁力と言われてきたものを考えなければならないが、これはたいていの観察者によれば、彼の目から発するものであった（H・ピッカー、一九六五。W・マザー、一九七一。A・シュペア、一九七〇）。彼に偏見をいだいていた人びとでさえ、彼からまともに見られると突然転向したということが、多く伝えられている。ミュンヘンで情報活動の訓練を受けていた兵士たちに歴史の講義をしたA・フォン・ミュラー教授は、彼が初めてヒトラーと会った時のことを、次のように描写している。

> 講義の終わりに、私はある少数の集団に気付いて、講義を中断した。彼らはまるで真中にいる一人の

人物の催眠術に掛けられたかのようであった。その人物は奇妙なしわがれ声で休まずにしゃべり、しだいに興奮しつつあった。私は彼ら自身の興奮は彼の興奮によって引き起こされ、同時に彼らの興奮が彼の声にエネルギーを与えているのだという、奇妙な感じを味わった。私が見たのは青ざめてやせた顔で……短く刈り込んだ口ひげと、著しく大きな、薄い青色の、狂信的に冷たい、光る目であった（W・マザー、一九七一）。

ヒトラーの目の磁力的な性質について述べた報告は多い。私は写真でしか彼を見たことはなく、写真ではこの独得の性質のごく不十分な印象しか与えられないので、それがどういうものであったかを推測することしかできない。しかしながら、このような推測は今までしばしばなされた観察によって容易になるのであって、それによれば、極度にナルシシズム的な人びと――とくに狂信者たち――は、しばしば目に独特の輝きがあり、そのために彼らには非常な強烈さ、超俗性、そして献身の感じが伴うのである。実際極度に献身的で、ほとんど聖者のような人間の目と、高度にナルシシズム的で、時には半ば狂気でさえある人間の目の表情を見分けることは、容易でない場合もある。これらを見分けるための唯一の性質は、あたたかさの存在――あるいは欠如――であって、あらゆる報告が一致してヒトラーが冷たい目を持っていたこと、彼の顔の表情全体が冷たかったこと、彼にはいかなるあたたかさも同情も欠けていたことをあげている。この特性はマイナスの効果を及ぼすこともありうるが――実際多くの人びとに及ぼしたように――それはしばしば磁力を強めるものである。顔に現われた冷たい無慈悲さと人間性の欠如とは、恐怖を生み出す。人は恐れるよりも崇拝することを好むものである。〈畏敬（awe）〉という言葉が、この入り交じった感情の特徴を最もよく表わしている。畏敬とは何か崇拝すべきもの（誰かを畏敬するという時のように）と同様に、何か恐ろしいもの（"aweful" という場合のように）をも意味するのである。[27]

(27) ヘブライ語では、*norah* という言葉が同じ二重の意味を持っている。それは神に与える属性として用いられ、神が恐るべきものであると同時に崇高でもあるとする古代人の態度を表わしている。

ヒトラーの与える印象の別の要因は、彼のナルシシズムと、多くのナルシシストに見られるように、彼が自分の考えについていだいていたゆるがぬ確信である。この現象を理解するためには、私たちの知識に関するかぎりでは死以外に確実なものは何もない、ということを考えなければならない。しかし何も確実なものがないということは、すべてが当て推量の問題であるということにはならない。知識に基づいた推量から仮説や理論に至るまで、理性、客観的観察、批判的思考、そして想像力を媒介として、しだいに確実性へと近づくことができるのである。これらの能力を持った人にとっては、相対的な不確実性は、彼の能力を能動的に使った結果なので、非常に満足すべきものであるのに対して、確実性は死んでいるゆえに退屈なのである。しかしこれらの能力を持たない人びとにとっては、とくに二十年代のドイツに見られたような社会的政治的に極めて不確実な時代においては、確実であるように見せかける狂信者は最も魅力的な人物となり、何か救世主にも似た人物となるのである。

これに関連した要因で、ヒトラーの影響力を助長したのは、彼の過度の単純化の才能である。彼の演説は知的あるいは道徳的なためらいに拘束されることはなかった。彼は自分の命題に役立つ事実を選び出し、断片をつぎ合わせ、もっともらしい議論——少なくとも無批判な精神の持主にはもっともらしく思える議論——を作り上げた。彼はまた完全な役者であって、多種多様の人びとの演説や身ぶりをまねるすぐれた才能を持っていた(28)。彼は自分の声を完全に制御でき、望ましい結果を得るために、意識的にそのことを利用した。彼が学生たちにしゃべる時は、彼は冷静で論理的になることができた。彼は強情で無教育な昔のミュンヘンの仲間たち、ドイツの貴族、あるいは彼の将軍たちにしゃべる時の適切な調子を心得ていた。彼はチェコスロバキアやポーランドの大臣たちを圧倒して彼らを降伏させるために、腹を立てて見せることもできたし、ネヴィル・チェンバレン〔訳注。一九三七—一九四〇、イギリス首相。一九三八年のミュンヘン協定の際、対ドイツ宥和政策を採った〕に対しては、完璧で愛想のよい主人役を勤めることもできた。

(28) A・シュペア、私信。

他人に印象を与えるヒトラーの才能を語る時には、彼の怒りの発作に触れないで済ますことはできない。ヒトラーについてとくにドイツ以外で広まっている決まり文句、すなわち彼をたえず腹を立ててどなりつけている、自制力のない人物のように描き出す決まり文句に大きく貢献したのは、このときおりの爆発であった。このような人物像は決して正確ではない。ヒトラーはふだんは礼儀正しく、ていねいで、自制的であった。彼が腹を立てる時はまれではないにせよ、例外的であった。しかしその時には非常に激しいものともなりえた。これらの怒りの爆発が起こる機会には、二つの種類があった。第一は彼の演説においてであって、それもとくに終わり近くに起こった。この怒りがまったくのほんものであったというのは、それをかきたてるものが彼のまったく心から出た憎しみと破壊の情熱であったからであり、彼は演説のある箇所で、この情熱を十分に余すところなく発揮するのであった。彼の憎しみをかくも印象的に、また伝染しやすくしたのは、まさにこの憎しみがほんものだからであった。これらの演説による憎しみの表現は心からのものではあったが、しかしながらそれらは制御を欠いているわけではなかった。ヒトラーはいつ聴衆の感情を解放し、また刺激するべき時が来たかを実によく知っていた。そしてその時初めて彼は、自らの憎しみの水門を開いたのである。

会話をしている時の彼の怒りの爆発は、また違った性質のもので、彼が子供のころに欲求不満になった時のそれと異質のものではなかったようである。[29] シュペアはそれを六歳の子供のかんしゃくと比較したが、六歳というのは多くの面でヒトラーの〈情緒年齢〉〔訳注。情緒の成熟度。精神年齢という場合の年齢と同じ〕であった。彼は人びとをおどすためにこれらの爆発を利用したが、彼はまたその方が好都合だと思う場合には、それらを制御することもできた。

(29) ヒトラーのかんしゃくの爆発が有機体的な神経生理学的要因の結果であったのか、またこれらの要因は少なくとも彼の怒りの閾値を低下させたのかという問題は、未解決のままにしておかなければならないだろう。

よい例が、ドイツ軍の最もすぐれた指導者の一人であるハインツ・グーデリアン将軍の描く情景によって、与えられている。

「怒って顔をまっかにし、こぶしを振り上げ、からだを震わせた男〔ヒトラー〕が私の前に立って、激怒にわれを忘れ、あらゆる落ち着きを失って（*fassungslos*）いた……。彼はますます大きな声でどなり、彼の顔はゆがんでいた」。グーデリアンがこの光景にも平然として、ヒトラーをそんなに怒らせた初めの意見を主張すると、ヒトラーは突然変わってたいそう愛想よくほほえみながら、グーデリアンに言った。「どうぞ報告を続けてくれたまえ。今日の戦いは参謀幕僚の勝ちだ」（A・ブロック〔A. Bullock〕、一九六五）。

ヒトラーの爆発に対するシュペアの評価は、文献に見える他の多くの報告によって裏付けられている。劇的な交渉のあとで、ヒトラーはよく相手側をあざけった。ある時彼は、一九三九年二月十二日にシュシュニクがオーバーザルツベルクへ来た時のことを、描写して見せた。急にかっと怒ったかのように見せかけて、彼はこのオーストリアの首相に事態の重大さを悟らせ、とうとう彼を屈伏させたと言うのだった。伝えられているヒステリックな情景の多くは、おそらくは念入りに演じられていたのだろう。概して、自制はヒトラーの最も著しい特徴の一つであった。その初期の時代には、彼は少なくとも私の前では、めったに自制を失うことはなかった（A・シュペア、一九七〇）。

また別なヒトラーのすぐれた資質は、彼の並みはずれた記憶力であった。P・E・シュラムはあざやかな描写をしている。

すべての人間を――彼の魔力のとりこになっていない人びとも含めて――再三あっと言わせた一つの

能力は、彼の途方もない記憶力であった。それはつまらない細目さえも正確に覚えることのできる記憶力で、たとえばカール・マイの小説の登場人物とか、彼がかつて読んだ本の著者とか、一九一五年に彼が乗った自転車の型にまで及んでいた。彼は自分の政治的経歴における日付とか、彼が泊まった宿屋とか、車を走らせた通りとかを正確に覚えていた（H・ピッカー、一九六五）。

数字や技術的な細目——どのような型の大砲でも、その正確な口径や射程距離、航海中の潜水艦と国内の港に停泊中の潜水艦の数、その他多くの軍事的に重要な細目を覚えるヒトラーの能力を、多くの報告が示している。彼の将軍たちがしばしば彼の知識の完全さに深い印象を受けたのも無理はないが、それは実は主として記憶の芸当だったのである。

ここで私たちは非常に重要な問題である、ヒトラーの学識と知識の問題にぶつかるのだが、これが特に重要な問題となるのは、今日ヒトラー像を復活させようとする傾向が増大しつつあるからであり、またヒトラーの偉大さに対するはばかるところのない崇拝の念が、かつてのナチスによる最近の多くの書物に現われているからである。[30]

(30) H. S. Ziegler (1965); H. S. Ziegler, ed. (1970) 参照。さまざまな風評によれば、近い将来にドイツ、イギリス、アメリカで、偉大なる指導者としての面目を一新したヒトラー像を提示しようとする書物や論文が、おびただしく現われることが予想される。

マザーはやや矛盾した立場を採っている。彼は読者に警告して、ヒトラーが自分の学識について述べた多くのことは、客観的証拠がないので価値が疑わしいと言っている。(たとえばヒトラーは、毎晩一冊本格的な本を読むと主張し、また二十二歳の時から世界の歴史、すなわち芸術、文化、建築、政治学の歴史を真剣に研究してきたと主張した。) このように初めに警告をしておきながら、マザーが出所をあげることもせずに、証人たちの「十分に立証された」報告によるとして主張しているのは、ヒトラーは学生時代の後期に科学と芸術の進んだ業績の研究を始めたが、彼自身が習得したと主張している分野の歴史に最も精通していた、ということである。ヒトラーの知識についてのこのような評価がいかに無批判なものであるかは、一つの極端な例を見ればわかる。対話の中のヒトラーの種々の評言は、「ヒトラーがかつて公的にも、また私的な会話においても納得できるように立証したこと、すなわち聖書とタルムードに関する驚くべき知識」を裏付けるものにほかならない、とマザーは書いている(W・マザー、一九七一)。タルムードは膨大で難解な作品であって、長年その研究に専念した人のみが、それについての「驚くべき知識」を持ちうるのである。事実は簡単である。ヒトラーが精通していた反ユダヤ主義の文献には、タルムードからの文章が多く引用されており、しかもユダヤ人のよこしまな性質を立証するために、時々はゆがめられたり、文脈から離れて引用されたりしているのである。ヒトラーはこれらの文句を覚えていて、聞き手にはったりを掛け、彼がすべての文献を習得したように信じ込ませたのである。彼がこうして聞き手にはったりを掛けることは理解できるが、三十年たった今でも歴史家がこのはったりに掛かるのは残念なことである。

ヒトラーは実際よどみなくしゃべることができたし、またこの世のほとんどすべてのことを知っているかのような顔をしていたことは、『座談録』(H・ピッカー、一九六五)を読む人なら誰でも容易に納得できることである。彼は古生物学や人類学について、また歴史、哲学、宗教、女性心理、生物学のあらゆる面について述べたてた。

ヒトラーの学識と知識を批判的に分析することによって、何がわかるだろうか。学校では歴史のように彼の関心をとらえた科目においてさえ、真剣な読書の努力をすることが、彼にはまったくできなかった。ウィーン時代には、彼はほとんどの時間を街を歩いたり、建物を見たり、スケッチをしたり、しゃべったりして過ごした。持続的な勉強や、真剣で骨身を惜しまぬ読書をする能力が戦後になって現われたということもありうるが、それについてはヒトラー自身の主張以外に証拠はない。（彼は戦争中ショーペンハウアーを一冊携えていたということである。それをどれだけ読んだかは、私たちは知らない。）一方『座談録』や彼の演説や、『わが闘争』を検討してみると、彼はたしかに貪欲で飽くことを知らない読書家であり、事実を集めて記憶し、それから機会をとらえては彼の偏見を強化するためにそれらを利用する、途方もない能力を持っていたことが想像される。

ある程度の客観性を持って読めば、『わが闘争』はいささかなりともしっかりした知識のある人物の著作とはほとんど思われず、巧みに――そして偽って――組み立てた宣伝文書であることが明らかになる。彼の演説について言えば、それらは途方もなく効果的なものではあったが、群衆をかきたてる扇動政治家の演説であって、教育（独学でもそれ以外でも）のある人間の演説ではない。『座談録』が示しているヒトラーは、最高水準の会話の能力を発揮している。しかしそれはまた非常に資質に恵まれてはいるが、何事においてもしっかりした基礎を持たず、中途はんぱな教育しか受けていない人物としての彼をも示している。彼は一つの知識の分野から他の分野へとだらだらとしゃべり続けたのだが、膨大な記憶に助けられて、すべての断片的な情報を多少とも首尾一貫した全体にまとめ上げることができた。そしてそれらの情報は、情報収集のための読書において、拾い上げたものであって、この種の本はたしかに読んでいた。時には彼はひどい失敗をして彼の基本的知識の欠如を暴露したが、全体としては彼は聞き手に感銘を与えたようである。おそらく聞き手のすべてではないだろうが。

〈〈座談〉がヒトラーの客に及ぼした効果を確かめようとするに当たって、頭にとどめておかなければならないことは、彼の話を聞く人びとは高い教育を受けた知的な人びとであったが、彼らの中には彼に魅惑されて、その結果彼の長談義に基礎的なものが欠けていることに気付かない者もあった、ということである。彼らはまたヒトラーがきわめて広い範囲の話題について、かくも自信たっぷりに語ることにも感銘を受けたかもしれない。知的な誠実さの伝統の中に育ったので、彼らにとっては、ここにすわっている男の言うことはほとんどがはったりであるなどと信じるのは、困難だったろう。〉

証拠の示すところでは、ヒトラーはまれな例外を除けば、彼のかたよった狂信的な前提に挑戦したり、批判的、客観的思考を要求したりするようなものは、何も読まなかった。彼の性格に一致して、彼の読書の動機は知識ではなく、他人を——そして自分自身を——説得しようとする情熱のための弾薬であった。彼は自分の読むすべてのものによって興奮することを望んだ。彼は自らの偏見を確証することによる直接の情緒的満足を求めた。バッハやモーツァルトの音楽には関心を持たず、ワグナーの歌劇にのみ関心を持っていたように、彼は参加と忍耐を要求し真理の美しさを持つ書物には、関心を持たなかった。彼は印刷したページをむさぼり読んだが、完全に受容的かつ貪欲な読み方であった。本格的な書物なら、どの分野にせよこのような読み方はできない。この種の読み方にふさわしい材料は政治的パンフレットか疑似科学的な書物であって、たとえばダーウィン主義に関する通俗的な書物などのほかに、ゴビノー〔訳注。フランスの外交官、作家。著書の『人種不平等論』は反ユダヤ主義のさきがけとなった。一八一六―一八八二〕やチェンバレン〔訳注。H・S・チェンバレン。イギリス生まれでドイツに帰化し、ゴビノーの影響を受けて、ドイツ民族優越論を唱えた。一八五五―一九二七〕による人種についての書物や、その他あまり理解に困難ではなく、そこからヒトラーが自分に都合のいいものを選び出すことのできるような書物であった。彼はまた建築や軍事史のように、ほんとうに彼が関心を持っていた主題についての書物も読んだかもしれないが、どの程度読んだかはわからない。全体として推測できることは、ヒトラーは通俗的な文献（パンフレットも含めて）を読み、そこにもっと本格的な書物から取った多くの引用を見いだし、それらを記憶し、今度は彼がそれらを原作を読んだかのように引用した、ということである。ほんとうに問題となるのはヒトラーが何冊の本を読んだかということではなく、彼が教育のある人間としての基本的な性質――すなわち知識を同化する際の客観性と理性の能力――を獲得したかどうかということである。ヒトラーは独学者であるとよく言われてきたが、この言葉は誤解を招きやすい。ヒトラーは独学の人ではなく、半学の人であって、欠けている半分は知識とは何かという知識である。

　ヒトラーの基本的な教育の欠如は、さらに違った方面に現われている。彼はもちろん、いかなる分野のドイツの学者でも招いて、彼らから学び、知識を増すことができた。しかしシュペアだけでなくシュラムもまた伝えているように、彼はまったくと言っていいぐらいに、これを避けた。[31] 彼はどのような点においても自分と同等の人間――あるいは自分よりすぐれた人間――の前では不安を覚えたが、それはナルシシズム的、権威主義的な性格にはよくあることである。彼は誤ることのない人物としての役割を演じうる地位にいなければならなかった。もしそれが不可能なら、そういう論議は本格的な書物と同じように、彼のふくらました知識の全体系を脅かしたのである。

(31) ある時彼はなぜこのことに気が進まないのかの合理化として、たいていのドイツの学者はおそらく彼に会いたがらないだろうと、シュペアに語った。おそらく悲しむべきことだろうが、これは事実ではなかった。そしてヒトラーもそれを知っていたにちがいない(A・シュペア、一九七〇)。

ヒトラーは専門家を避けたが、その唯一の例外は建築家たち、とくにP・L・トロースト教授との関係に見られる。トローストはヒトラーにへつらいはしなかった。たとえばヒトラーがトローストのアパートへ来た時も、トローストは決して彼を迎えに階段まで出なかったし、またヒトラーが帰る時にも階下まで送りはしなかった。それにもかかわらず、ヒトラーのトローストへの崇拝ぶりは、絶対的なものであった。彼は決して傲慢な態度を執ったり論争的になったりせずに、トローストに対してはまるで学生のようにふるまった(A・シュペア、一九七〇)。シュペアの書物に発表された写真によってさえ、教授に対するヒトラーのほとんどおじけたような態度を認めることができる。私はヒトラーがトローストに対してそのようにふるまったのは、私がすでに強調した建築への彼の関心のせいであると言いたい。

音楽や絵画に対するヒトラーの好みは、歴史や哲学に対する好みと同様に、ほとんど彼の情熱によってのみ決定された。オーバーザルツベルクでは、毎晩夕食のあとでヒトラーは映画を二本見た。彼の好きなものはオペレッタとミュージカルで、紀行物や自然映画や教育映画は見なかった(A・シュペア、一九七〇)。『フレデリック王』のような映画が彼を喜ばせたことは、すでに述べた。音楽では、彼はほとんどオペレッタとワグナーの音楽のみに関心を持っていたが、それらの主情性は彼にとっては一種の強壮剤であった。しばしばハンフシュテングルは、とくにヒトラーが元気がなくまた意気消沈している時などに、ワグナーをしばらく演奏して聞かせたが、ヒトラーはまるでそれが精力剤であるかのような反応をするのであった。

かつての偉大な画家が、絵画に少しでも真剣な関心を持っていたという証拠はない。彼は美術館の中へ入って絵を見るよりも、その外部、すなわち建築を見る方が好きだった。ハンフシュテングルは、二十年代の初めにヒトラーがベルリンのカイザー・フリードリヒ美術館を訪れた時のことを、あざやかに描いている。ヒトラーが足を止めた最初の絵は、レンブラントの〈黄金のかぶとの男〉であった。「これはすばらしいじゃないか」と彼は、一緒に連れて行ったある党員の若い息子に言った。「この英雄的な勇ましい表情。心底からの戦士だ。これを見るとレンブラントがやはりアーリア人で、しかもゲルマン民族だったことがわかる。時々アムステルダムのユダヤ人地区の人間をモデルにしたがね」。

〈画家〉としてのヒトラーは、たいていは絵はがきや古いエッチングを模写していた。画題は主として建築物の正面《ファサード》（〈建築画〉）であったが、風景画や人物画や広告のさし絵も描いた。彼を導く原理はもっぱら、売れやすいということであり、さきにも見たように、ある種のスケッチや水彩画に需要があれば、同じものを繰り返して描いた。彼の素描や絵画は、こういう描き方をする人間にありがちな性質のものである。それらは楽しい絵だが、生気がなく、個性的表現に欠けている。彼の最上の作品は、建築物のスケッチのように思われる。しかし戦争中のように、彼が模写しなかった時でさえ、それらは正確で、根気のよい、杓子定規的なスタイルを持っていた。それらは「じょうずに仕上げて」はあるが、その中に個人的な衝動が感じられない（A・シュペア、一九七〇）。ヒトラー自身すらのちになって、彼が絵を描いた動機はただ生計を立てるためであり、自分は「くだらぬ画家」（*eine kleine Maler*）にすぎないと認めた。彼は一九四四年、旧友である写真家のホフマンにこう言った。「僕は画家になりたくはなかった。ただ生活と勉強ができるように、絵を描いたのだ」(W・マザー、一九七一)。結論として、彼は商業画家であり、素描の才能を持った模倣者であったが、偉大な画家になるだけの才能はなかったと言えるだろう。[32]

(32) マザーは画家としてのヒトラーの才能を強調するために、ヒトラーの模写の方法を次のように説明している。「ヒトラーが模写したのは彼に才能がなかったからではなく……彼があまりにもなまけ者で、外へ出て描く気にならなかったからである」(W・マザー、一九七一)。この所説はヒトラーの才能を高く評価しようとするマザーの傾向の一例であるが、とりわけそうであるのはこれはあまりにも明白なまちがいを――少なくともある一点において――犯しているからである。すなわち、ヒトラーがほんとうに好んだ唯一の活動は、外へ出ることであった。たとえそれが街を歩くためであっても。マザーがヒトラーの画才を先入観を持ってひいきしているもう一つの例は、彼の次のような所説である。すなわちブロッホ博士(ヒトラーの母親の治療に当たったユダヤ人の医師)が、ヒトラーからもらった何点かの水彩画を保存していたが、「アドルフ・ヒトラーとクララ・ヒトラーが、一九〇七年まで彼の患者であったからというだけでは、一九三八年以後まで〔それらの絵を〕保存することはなかったにちがいない」。マザーがここで暗示しているのは、この医師が絵を保存していたという事実は、絵が芸術的にすぐれていたことを示すということである。しかしどうしてこの医師は、ヒトラー母子がかつて彼の患者であったというだけで、絵を保存してはいけないのか。患者の感謝の記念品を保存する医師は、彼に始まったことではあるまい――しかも一九三三年以後は、いかなるヒトラーの記念品も、ブロッホのような立場にある人間にとっては、大きな宝となったにちがいない。

ヒトラーに独創性がなかったというこの印象は、シュペアが所有している百枚以上のスケッチを見れば、いっそう強められる。私には芸術の批評家としての資格はないが、心理に敏感な人なら、これらのスケッチの極端に杓子定規で生気のない性格に気付かないはずはないと思う。たとえば劇場の内部のスケッチの或る細かい部分などを、ヒトラーはほとんど何の変化も加えずに幾度も繰り返している。オベリスクのスケッチも同じように繰り返されている。時には激しい鉛筆のタッチの中に攻撃を見ることができるが、いかなる個性的表現も持たない絵もある。これらのスケッチ（一九二五年から一九四〇年の間に描かれた）に交じって、潜水艦や戦車やその他の兵器の未熟な素描が見いだされるのは、非常に興味深い。(33)

（33） これらのスケッチを見せていただいたシュペア氏に謝意を表する。これらはヒトラーの杓子定規な、生気のない性格の本性を解く鍵を提供している。

ヒトラーが絵画にあまり関心を持たなかったという事実から、建築への彼の関心もほんものではなかったと推測してはならない。これはヒトラーのパーソナリティを理解するために非常に重要なことである。というのは、それは彼の生涯における唯一のほんものの関心であるように思われるからである。ほんものの関心という意味は、ナルシシズムを第一義とするものではなく、破壊性の現われでもなく、見せかけでもない関心のことである。もちろん、自分自身のことでそんなにも嘘をつくことに慣れている人間について、その関心がどれほどほんものであるかを判断することは容易ではない。しかし彼の建築に対する関心がほんものであったことを明らかにするデータは十分にある、と私は信じている。この点についての最も重要な事実は、シュペアが生き生きと伝えているように、ヒトラーが建築計画を論じた際の終わるところを知らない熱狂ぶりである。ここでは彼は、自分以外の何物かに対する真の関心によって動機づけられていたことがわかる。彼は講義を聞かせるのではなしに、質問をしたり、ほんとうの討論をしたりした。彼の建築への関心において、権力にかりたてられ、感情を持たず、破壊的である人間が、この時ばかりは生命を取りもどしたのだと私は信じている。ただそのつど彼の性格全体の衝撃を受けて、シュペアは疲れ果てたのではあるが。私が言いたいのは、建築について語る時にヒトラーは人が変わったということではなく、それはこの〈怪物〉が人間であることに最も近づいた唯一の場面であったということなのである。

これらの考察は、外的事情によって建築家になる計画を放棄せざるをえなかったというヒトラーの主張が正しかった、ということを意味するものではない。彼はこの目的を達成するためには比較的わずかのことしかする必要がなかったのに、その努力をしなかったのであって、それは彼が建築への愛によって刺激される以上に、全能と破壊への渇望によってかりたてられていたからであることを、私たちはすでに見た。彼の建築への関心がほんものであったという推測も、彼の関心の誇大妄想的な性質や、彼の趣味の悪さを否定するものではない。シュペアが指摘しているように、彼の好みは八十年代および九十年代のネオバロック様式に向けられ、ドイツ皇帝ウィルヘルム二世によって広められたその退廃期の形式へともどっていった。ほかの分野と同様に、建築においても彼の趣味が悪かったということは、驚くには当たらない。趣味は性格と切り離すことはできないのであって、ヒトラーのように残酷で、粗野で、無情で、自分の役に立ちそうなもの以外は何も目に入らない人物の趣味は、まず悪くないはずはないのである。しかし建築へのヒトラーの関心は、彼の性格における唯一の建設的要素――おそらくは彼を生命と結びつける唯一の橋――であったことに注目するのは大切だと私は思う。

ベニヤ

ヒトラーのパーソナリティを理解するためには、このたえず何かにかりたてられていた人間の実体をおおっているベニヤ張りが、愛想のいい、礼儀正しい、自制的な、ほとんど内気なまでの人間であったということを、認識しなければならない。彼は女性にはとくに礼儀正しく、しかるべき機会には必ず花を届けたり、届けさせたりした。彼は彼女たちにクッキーやお茶をごちそうした。彼は秘書たちが席に着くまではすわろうとしなかった。シュラムは『座談録』の序文で、ヒトラーが回りに及ぼした影響を生き生きと描いている。「親友たちの仲間は、〈親分〉が回りの人びとの幸福にたいそう気を使い、彼らの喜びや悲しみをわかち合っているような印象を受けていた。こういうわけで、たとえば彼らの誕生日の前になると、どんな贈り物がとくに喜ばれるかと彼が考えたということも……」。H・ピッカー博士は、ヒトラーの食卓につくグループに加わるまではまだ若くて、

ヒトラーを遠くから〈政治家〉として体験しただけであったが、ヒトラーが彼の小人数の仲間の中で発散する人間味や、若い連中に対して見せる親切や、すぐに笑うことに、深い感銘を受けた……。そうだ。彼の仲間の中では、家族も友だちも持たないヒトラーはよい〈同志〉だった——そして彼は同志愛が何を意味するかを、第一次世界大戦で知ったのであり、この知識をのちに至るまで忘れずにいたのだ。ヒトラーの回りの人びとはまた、美しく身なりのいい女性に対して彼がいかに強く反作用するかをも知っていた。彼らは彼の子供好きを知っていたし、彼のイヌたちにどれほど愛着をいだいて

いるか、またイヌたちの行動を見つめていられる時には、彼がいかにくつろいでくるかを観察した（H・ピッカー、一九六五）。

ヒトラーは、この親切で、愛想よく、やさしく、思いやりのある人間の役割を、実にうまく演じることができた。それは彼がすぐれた役者であったからだけでなく、彼がこの役割を好んだからでもあった。彼自身の破壊性の根深さについて、彼に最も近い仲間をあざむき、そして誰よりも彼自身をあざむくことは、彼にとって大事なことであった(34)。

（34）シュラムによれば、ヒトラーは〈座談〉の中で、これらの食卓での会話が行なわれていた時期に彼が下した恐るべき命令については、一言も言わなかった。

ヒトラーの行動の中に、ほんとうのやさしさや善意の要素があったかどうか、誰が知りえよう。私たちはそれがあったと推測すべきだろう。それは、やさしさと愛情のかけらも持っていない人はほとんどないからである。しかし私たちが彼の性格について見たほかの部分は、彼のやさしさのほとんどはベニヤ張りにすぎないことを、私たちに推測させる。たとえば誕生日についてのヒトラーの心づかいは、エヴァ・ブラウンに対する彼の行動と対照的であって、彼女に対しては、彼は紳士らしく見せようという意図を持たなかった。ヒトラーの笑いについては――どうやらピッカーは、その特殊な性質に気付くほど敏感ではなかったようだ。ピッカーの記録している、戦争中のヒトラーの同志的な態度に関しては――ハンフシュテングルはヒトラーの上官の書いた報告書を引用しているが、それによれば、ヒトラーは熱心で忠実な軍人ではあったが、「彼は僚友に対する傲慢な態度のゆえに、また上官に対する吐いたつばもなめんばかりのへつらいぶりのゆえに、それ以上の昇進を許されなかった」（E・ハンフシュテングル・一九七〇）。彼が子供たちを愛したということについては――たいていの政治屋が見せびらかす特性だが――シュペアは、それがほんものであったかどうかを疑っている。[(35)] イヌへの愛情については――シュラムがこの愛情の性質を明らかにしている。彼はヒトラーが本部に障害物走路を造ることを命じたと書いているが、それは歩兵を訓練するために使われるのと同じようなもので、そこでイヌが知能だけでなく、勇気をも証明しなければならないのであった。シュラムはイヌを訓練している下士官から、彼らが交互に発せられる「立て」と「伏せ」の命令に、いかにすばやく従うことができるかを見せられた。シュラムの論評によれば、「私は自分の見ているのは機械であって、イヌではないという印象を受けた。そして、ヒトラーはイヌの訓練に際して、イヌのすべての意志をなくしてしまうという意図に、支配されているのではないだろうかと思った」（H・ピッカー、一九六五）。

（35） A・シュペア、私信。

シュラムはヒトラーには二つの顔、すなわち親切な顔と恐ろしい顔があったと――そしてどちらもほんものであったと――書いている。人びとがジーキルとハイド的パーソナリティと言う時、しばしばこれと同じ考えが表現されているのであって、そこには両者ともにほんものだという意味が含まれている。しかしこの見解は心理学的に支持できないのであって、とくにフロイト以後はそうである。性格構造の無意識的な核心と、人が演じる役割との間に真の分裂があって、その役割の中には合理化、補償、そして底にある真実をおおい隠すためのその他の防衛手段が含まれている。フロイトの考え方を採るかどうかは別にしても、この見解はしばしば危険なほど単純だとは言える。言葉で――これはたかが知れている――あざむくだけでなく、行動全体、態度、声音、そして身ぶりであざむくような連中に会ったことのない人がいるだろうか。自分の見せかけの性格を、かなりじょうずに演じて見せるだけの腕前を持った人は多い。彼らはたくみに役割を演じて見せるので、心理的に決して単純でない人びとでさえ、時にはだまされる。自分自身の中に何の中心も持たず、いかなるほんものの原則も価値も信念も持たずに、ヒトラーはやさしい紳士さえ〈演じ〉、しかもそれが役割であることを、その時には意識しないでいることができたのである。

ヒトラーはこの役割を好んだが、それはあざむくためだけではなかった。彼がそれを好んだのは、彼の社会的背景に関係があった。私が言っているのは彼の父親が私生児であったとか、母親に教育がなかったということではなく、彼の家庭の特別な社会的立場のことである。一つには仕事のため、一つには個人的な理由のため、彼の父親は家族とともに、いろいろな時期に五つの違った町に住んだ。そのうえドイツ帝国の税関吏としての彼の役割のために、彼はその土地の中産階級と収入や社会的地位の点では対等であったのに、彼らから社会的にいくぶん切り離されていた。こうしてヒトラーの家庭は、彼らが住んだいろいろの場所の中産階級に、完全に統合されることは決してなかった。そのうえ彼らは裕福ではあったが、文化的には市民《ブルジョワ》生活の低い水準にあった。父親の社会的な素姓は低く、政治とハチにのみ関心を持ち、暇な時間の多くを居酒屋で過ごした。母親は無教育で家庭のことにのみ関心を持っていた。野心的で虚栄心の強い若者として、ヒトラーは社会的に不安定感を覚え、中産階級の中でも、より繁栄して裕福な水準の人びとの列に数えられることを望んだにちがいない。リンツにおいてさえも、彼は優雅な服装にあこがれ、散歩の時には細心の注意を払った服装をして、ステッキを持っていた。マザーの伝えるところでは、ミュンヘンではヒトラーは夜会服（白ネクタイ）を持っていたし、また彼のスーツはいつもきちんとしていて、決してすり切れたりしていなかった。のちには制服のおかげで、服装の問題は解消したが、彼の態度は、育ちのよい市民《ブルジョワ》階級の一員としての態度を目標としていた。花や、家の装飾における彼の趣味や、彼の一般的なふるまいは、彼が〈成功した〉ことを証明するためのやや無理をした試みであった。ヒトラーは真の市民＝貴族《ブルジョワ＝ジャンチヨーム》、すなわち自分が紳士であることを示したがっているにわか成金《ヌーヴォー・リッシュー》であった。(36) 彼は自分が下層階級に属していないことを証明しなければならなかったために、下層階級を憎んだ——彼が実際に彼らに属していたウィーン時代以後は、とくにそうであった。ヒトラーは根無し草であった。それは彼がドイツ人を気取るオーストリア人であったからと言うよりは、彼がいかなる社会的階級にも根を降ろしていないからであった。彼は労働者階級にも属していなかったし、市民階級《ブルジョワジー》にも属していなかった。彼は心理的だけでなく、社会的にも世の中を避けた人間であった。彼が体験した唯一の根は、最も原初的なもの——民族と血の根——であった。

（36）　チャップリンの演じるヴェルドゥー氏はやさしい中産階級の夫で、妻とした富裕な女たちを殺して生きて行くのだが、ある類似点を見せている。

ヒトラーの上流階級崇拝は、決してまれな現象ではなかった。私たちはそのような態度——ふつうは深く抑圧されているが——を、たとえばラムジー・マクドナルド〔訳注。イギリス労働党の党首で、首相にもなった〕のような、同時代の社会主義の指導者たちの中にも見いだす。こういう人びとは下層中産階級の出身であって、彼らの深い渇望は、上流階級によって、産業資本家たちによって、そして将軍たちによって〈受け入れられる〉ことであった。ヒトラーはそれほどつつましくはなかった。彼は真の権力を振るっている連中に強要して自分にもその権力を分けさせること、そしてもっと正式な意味では、彼らが彼に従うことを望んだ。反逆者であり労働者たちの党の指導者であるヒトラーは、権力を握るまでは金持ちや彼らの生活様式を非難する発言を多くしたにもかかわらず、それらに心を奪われたのであった。やさしく思いやりのある人間としてのヒトラーは、一つの役割であった。〈帰属〉を求め、〈紳士〉でありたいという彼の願望はほんものであった。ヒトラーはある意味ではグロテスクな人物であった。破壊の情熱にかりたてられる人間、同情を持たない人間、原初的な情熱の火山――それが育ちのよい、思いやりのある、無邪気でさえある紳士のごとく見せかけようとしていたのだ。彼が多くの人びとをあざむくことができたのも不思議ではないが、彼らもいろいろの理由から、あざむかれることを気にしない人たちであった。

折り目正しい市民《ブルジョワ》と虐殺者との混合のグロテスクな象徴は、死の直前に退避壕で行なったエヴァ・ブラウンとの結婚である。正式な結婚は、小市民としてのヒトラーが彼の愛人に与えることのできる最高の名誉であり、またまったく伝統的で市民的な規範としての価値観を持っていた彼女にとっても、最高の成就であった。すべてが非常に折り目正しく行なわれた。結婚式を行なう権限を持った正式の役人を見付けなければならなかった。これには何時間もかかった。ベルリンのまだソビエト軍に占領されていない狭い地域で、治安判事の所在をつきとめることはむつかしかったからである。しかしこの最高指導者は、官僚的な手続きの規則を変えて、そこにいる人びとのうちの誰かを治安判事に任命すればよいとは思わなかった。正式の役人が到着するまで、何時間も待たなければならなかった。結婚式は正式に行なわれ、シャンパンが出された。〈紳士〉としてのヒトラーは折り目正しく行動したのであった――しかしながらこれではっきりしたのは、彼と愛人との関係を合法化するように彼を動かしえたのは、ただ目前に迫った死のみであった、ということである。（愛情とまで言わずとも、いささかなりとも思いやりがあれば、このようなジェスチュアは数週間前にできただろう。）殺し屋としてのヒトラーは、相変わらずの働きをした。エヴァとの結婚さえも、彼が彼女の義理の兄弟を裏切りの罪名で処刑させるのを妨げることはできなかった。これより少し前に、ヒトラーは一九三四年から彼に忠誠を尽くしてきた主治医のカール・ブラント博士を軍法会議にかけて、死刑の判決を下していたが、この会議はゲッベルスと、SS司令官のベルガーと、ヒトラー・ユーゲントの隊長のアクスマンとから成り、ヒトラーが〈検察官〉および最高権威としての役割を演じた。ヒトラーが死刑の宣告を主張したのだが、その理由は、ブラントが彼の家族をオーバーザルツベルクに連れてこないで、「アメリカ軍にやられ」そうなチューリンゲンに残してきたことであった。ブラントが彼の妻を、アメリカ軍への使者として使っているという疑いが掛けられたのである。（ブラントの生命は、当時アメリカ軍に取り入ろうとしていたヒムラーによって救われた。）

　ヒトラーのベニヤ張りの個人的および社会的理由はどうあろうとも、それは重要な財産でもあった。それは彼の残酷性と破壊性に反発したかもしれない外国の多くの政治家たちだけでなく、ドイツ国内の産業界の、軍の、そして民族主義的な政界の指導者たちをもあざむく助けとなった。たしかに多くの人びとが彼の見せかけの奥を見抜いたが、見抜かない人びとがはるかに多かったために、ヒトラーが破壊の道をたどるのに好都合な風潮が生じたのである。

意志と現実性の欠如

ヒトラー自身は、彼の最大の財産は不屈の意志であると考えていた。彼が正しかったかどうかは、〈意志〉という言葉によって何を意味するかによる。彼の生涯を見ると、彼が実に並みはずれた意志力の人であったことは、一目で明らかなように思われる。偉大になることが彼の目的であった。そして彼が無名の人物として出発したにもかかわらず、わずか二十年もたたない中に、彼は自分でも夢にも思わなかったほどにその目的を実現した。このような目的を達成するためには、並みはずれた意志を必要としないだろうか。

しかしながら、ヒトラーが少年時代、青年時代にいかに貧弱な意志力を示したかを思い起こすと、この考えは疑わしくなる。私たちは彼がぶらぶらなまけて、規律もなく、何の努力も進んでしなかったことを見た。これは強い意志力を持った人物に予期されることではない。事実はヒトラーが〈意志〉と呼んでいたのは彼の情熱であり、それが彼を燃え上がらせ、その実現のために彼を休みなくかりたてたということなのである。彼の意志はシュペアが言ったように、六歳の子供のそれのごとく際限のない未熟なものであった。妥協をせず、欲求不満になるとかんしゃくを起こす六歳の子供は、〈意志〉が強いと言われるかもしれないが、より正確には、彼は衝動にかられ、欲求不満を持ちこたえることができないのだ、と言うべきだろう。ヒトラーは目的を達成する機会がないと見てとると、足踏みだけして進もうとせず、ぶらぶらなまけ、生きてゆけるだけのことしかしなかった。第一次世界大戦が起こるまでの年月は、彼には目的を達成するためのごくわずかな考えもなかったし、計画のまねごともなかった。戦後の政治的状況がなければ、彼はおそらくぶらぶらしながらつまらぬ仕事をし続けただろう。それも彼の規律のなさのために非常に困難だっただろうが。職業上最高の好運に恵まれたとしても、値打の疑わしい商品のセールスマンがやっとのことで、それも主として強引な説得によって成功できるといったものであっただろう。しかし彼の待機は報いられた。彼の空想的な欲望やすぐれた説得の才能は、社会的、政治的現実と結びつけられるようになった。反動的な士官たちは彼を雇ってほかの兵士たちのスパイをさせただけでなく、彼らを反動的な軍国主義的思想に転向させた。こういうささやかな出発からヒトラーはある商品の超セールスマンとなったが、その商品に対しては、失望した欲求不満の〈小人たち〉の側から多くの需要があり、またその売れ行きに対してはまず軍隊が、次いで他の強力な諸集団がきわめて強い関心をいだいた――その商品とはすなわち民族主義的、反共産主義的、軍国主義的イデオロギーであった。彼がこの仕事において成功すると、ドイツの銀行家や産業資本家のかなりの部分が彼を財政的に大いに援助したので、彼は権力を握ることができた。

ヒトラーの意志の弱さは、彼が決定を下さなければならなかった時のためらいや疑いに現われているが、これは多くの観察者が述べている事実である。彼の傾向は、強い意志を持たない多くの人びとに見られる傾向だが、できごとがある点に達するまで放置しておいて、その結果決定が自分に押しつけられるために、自分が決定を下す必要をのがれるようになるのを待つ、というものであった。しかしこれはひとりでにこうなるのではない。ヒトラーが火をかきたて、退却の道をどんどんふさいでゆき、事態全体を沸騰点にまで持ってゆき、彼がしたように行動しなければならないようにしむけるのであった。自己欺瞞の技術によって、彼は決定を下さなければならない困難を免れた。彼の〈決定〉は、実はのがれることのできない既成事実《フェ・タコンプリ》への屈服であったが、それでもそれは彼自身のなした決定であった。一つだけ例をあげよう。彼がもともとポーランドを征服することを望んでいたかどうかは疑わしいのであって、彼はその反動的指導者であるベック大佐に大きな共感を寄せていた。しかしベックがヒトラーの比較的おだやかな要求を拒否した時、ヒトラーは怒って、ポーランドに対する関係を、戦争以外のいかなる結末も許さない点にまで燃えたたせたのであった。

いったんヒトラーがある方針を決定してしまうと、彼はゆらぐことのない決意と、勝つための〈鉄の意志〉と呼んでもよさそうなものをもってそれを追求した。この表面的な矛盾を理解するためには、私たちはたとえ手短かにでも、意志という概念を検討しなければならない。まず第一に、〈合理的な意志〉と〈非合理的な意志〉とを区別することが有益である。合理的な意志という言葉によって私が理解しているのは、合理的に考えて望ましい目的に達するための精力的な努力である。これは現実性、規律、忍耐、そしてわがままの克服を必要とする。非合理的な意志という言葉で私が意味しているのは、合理的な意志にとって必要とされる性質を欠いた非合理的な情熱の力にあおられる、情熱的な努力である。[37] 非合理的な意志はダムを破る川に似ている。それは強力である。しかし人間はこの意志の主人ではない。彼はそれにかりたてられ、それに強要され、それの奴隷である。ヒトラーの意志は、もしそれを非合理的な意志と理解すれば、たしかに強かった。しかし彼の合理的な意志は弱かったのである。

(37) 第十章の合理的情熱と非合理的情熱についての議論参照。

彼の意志の弱さに加えて、もう一つの性質が、ヒトラーが他の資質に助けられて達成したことを台なしにしがちであった。すなわちそれは彼の不完全な現実感覚であった。ヒトラーの現実との接触が希薄であったことは、私たちが見たように、彼が十六歳になるまで子供の戦争ごっこに夢中であったことに、すでに明らかであった。この空想の世界は、彼にとっては現実の世界よりもっと真実なのであった。彼の芸術家になろうという計画は、現実とほとんど結びついていなかった――それは主として白日夢であった――そして、商業画家としての彼の活動は、彼の夢と全然一致していなかった。人びともまた彼には十分に現実的ではなかった。彼らはみな道具であった。彼はしばしば鋭い判断を見せはしたが、人びととの接触は欠いたままであった。[38]しかしヒトラーは十分に現実を知覚しなかったが、もっぱら空想の世界にのみ生きていたわけでもない。彼の世界は現実と空想が独特の混合ぶりを見せる世界で、そこでは完全に現実的であるものは一つとしてなく、完全に非現実的であるものも一つとしてなかった。ある種の場合、とくに彼の反対者たちの動機づけへの洞察においては、彼は驚くほどの現実認識を持っていた。彼は人びとの言うことは気にも留めず、彼らのほんとうの――暗黙の、あるいは十分に意識さえされていない――動機づけを印象にとどめるのであった。よい例はイギリス＝フランスの政治的行動についての彼の評価である。ある意味では、ヒトラーの勝利は、ムッソリーニが一九三五年―一九三六年にエチオピアへの襲撃を始めてのちの、イタリアの効果的な封鎖に関する国際連盟の決定に、イギリスが従うことを望まなかったことに始まる、と言ってよい。あらゆる種類の口実のもとに、イタリアは戦争にどうしても必要な石油の供給を受け続け、一方エチオピアは、外国から武器を得ることにさえこの上ない困難を味わった。ヒトラーを大胆にした次のできごとは、一九三六年―一九三九年のスペイン市民戦争への対処ぶりであった。イギリスはスペインの正統政府が防衛のために武器を輸入するのを妨害し、社会主義者ブルムのもとのフランス政府には、イギリスの承認なしに行動する勇気がなかった。しかしながら、スペインへの不干渉を強要する責任を持った民主勢力の委員会は、ヒトラーとムッソリーニがフランコを応援して軍事的介入を続けるのを阻止するための行動は何も執らなかった。[39] さらに次のできごとはまだドイツ軍がまったく戦争準備のできていなかった一九三六年に、ヒトラーが非武装化されたラインラントを占領するのに、イギリス政府およびフランス政府が抵抗しなかったということである。(ヒトラーは『座談録』〔H・ピッカー、一九六五〕で、もしフランスに当時ほんとうの政治家がいたら、フランス政府は彼のラインラント占領に抵抗しただろうと言った。)最後の手段としてチェンバレンがヒトラーを訪れて穏健策を乞うたが、イギリスとフランスが言葉どおりに行動する気はないというヒトラーの確信は、こういう裏付けをほとんど必要とはしなかった。この例においてヒトラーは、相手がはったりを掛けているのを見抜く抜け目のないばくろうのような、人間行動への現実的な洞察力を示した。ヒトラーが見なかったのは、より広い政治的、経済的現実であった。彼は大陸における勢力の均衡に対するイギリスの伝統的な関心を認識できなかった。彼はチェンバレンとその周辺の人びとが、すべての保守党の政治的利害を代表してはいないということ、ましてイギリスの全住民の世論を代表してもいないということがわからなかった。彼はヨアヒム・フォン・リッベントロップ〔訳注。一九三六―三八、イギリス大使。一九三八―四五、外相〕の意見を信頼したが、この人物の知性は達者に働きはするが非常に浅薄で、複雑なイギリスの政治的、経済的、社会的体制を理解しようとする用意は彼にはまったくなかった。

(38) シュペアはヒトラーの現実との接触の欠如を、少し違った、非常に直観的な言葉で表現している。「彼には実際何か実質的でないところがあった。しかしこれはおそらく彼がずっと持っていた性質であったのだろう。振り返ってみて私は時々自分に尋ねるのだ。このとらえどころのなさ、この非実質性が、彼の若いころから自殺の瞬間に至るまでの彼の特徴ではなかったのか、と。時に私が思うことは、彼の激しい怒りの発作は、彼の内部にそれに反対する人間的な情緒がなかったからこそ、いっそう強くなったのだということである。彼は絶対にいかなる人間をも自分の内的存在に近づかせることができなかったが、それはその核心が生命のない空虚なものであったからなのだ」(A・シュペア、一九七〇)。

(39)　イギリス外務省事務次官の Sir A. Cadogan は、当時イギリスの政策を形成するのに一役買った保守党員として、スペイン市民戦争への対処についてのすぐれた詳細な描写をしているが、彼によればその対処の仕方の主たる動機づけとなったのは、ムッソリーニとヒトラーへの保守党の好意であり、ヒトラーにソ連を襲撃させてやろうという彼らの意向であり、そして彼ら自身がヒトラーの意図を理解できなかったということであった(サー・A・カダガン、一九七二)。

同じような現実的判断の欠如は、アメリカについて何らほんとうの知識を持たなかったこと、そして知識を得ようとする試みもしなかったことに示されている。これに関連したすべての報告が一致しているのは、アメリカ人はあまりにも柔弱でりっぱな軍人になれないとか、アメリカはユダヤ人に動かされているとか、アメリカには矛盾がいっぱいあって革命が起こるかもしれないので、政府には戦争をする勇気がないというような、浅薄な考え方で彼が満足していたということである。

ヒトラーの戦略も同じように、彼が現実性、客観性の十分な認識を欠いていたことを示している。豊富な実証を伴った鋭い分析において、P・E・シュラム(一九六五)は、ヒトラーの戦略的方法におけるこの欠如を指摘している。シュラムは戦略家としてのヒトラーの長所を過小評価しようなどとはせず、大胆で想像力に富んだ計画の三つの例(A・ヨードル将軍に従って)をあげている。しかし一九四二年以降は、ヒトラーの軍事問題に関する判断力は非常に不完全であった。彼は読み物の場合にやったのと同じことをやった。彼は軍事的な報告の中から、自分の計画に一致するデータを選び出し、その計画に疑問をいだかせるようなデータは無視した。退却してはならないという彼の命令は、スターリングラードの破局をもたらし、その他多くの前線において兵士たちの大量の損失をもたらしたが、シュラムはこの命令を「ますます非常識になった」と特徴づけている。アルデンヌ森林地帯〔訳註。フランス北東部、ベルギー国境にあり、一九四四年十二月から翌年一月にかけてドイツ軍の反撃が行なわれた〕での最後の攻撃のための彼の計画は、現実の戦術的状況の重要な要因を考慮に入れることを怠っていた。シュラムは、ヒトラーの戦略は〈威信〉と宣伝の戦略であったと言っている。現実性を欠いていたため、彼は戦争と宣伝とは異なった法則と原理によって決定されることを、十分に認めていなかった。ヒトラーが現実から遠ざかっていたことのグロテスクな現われは、彼の自殺の二日前の一九四五年四月二十四日〔訳注。ヒトラーの自殺は四月三十日であるから、「二日前」があやまりか〕、すでに自分の最期について計画済みであったのに、彼が次のような命令を出したことである。「重要な決定は〔実行の〕三十六時間前に総統に届け出よ」（P・E・シュラム、一九六五）。

ヒトラーの意志の欠如と現実感覚の欠如との混合から、彼がほんとうに勝つ意志を持っていたのか、それとも無意識的に彼の方針は破局へ——外見上はその反対の努力をしていたにもかかわらず——向けられていたのか、という問いが生じてくる。数人の非常に敏感な観察者たちが、事実は後者ではないかという強い疑惑を表明している。ヒトラーの最も鋭い観察者の一人であるC・ブルクハルト（C. Burckhardt）はこう書いている。「彼〔ヒトラー〕の内部で働いていた飽きることを知らぬ憎悪者が、彼の存在の無意識な部分において、隠されてはいるが常に存在する次のような確信と結びついていたという推測も、それほど見当違いではあるまい。その確信とは、一九四五年四月三十日に総統庁舎で実際に起こったように、最後を刻むものは最も恐るべき失敗と自己の消滅であるという確信であった」（C・ブルクハルト、一九六五）。シュペアの伝えるところでは、戦前にヒトラーが彼の建築計画をあれほど熱中して論じていたころ、彼はヒトラーがそれらの実現をほんとうに信じてはいないことにぼんやりと気付いた。これははっきりした確信ではなく、一種の直観的な感じであった。[40] J・ブロスも同じ考えを表明している。彼はいったいヒトラーが最後の勝利を信じていたのかどうか、いやほんとうにそれを求めていたのか、という問いを発している（J・ブロス、一九七二）。自分でヒトラーを分析した結果、私も同じような結論に到達した。私はこのように強烈ですべてを奪い尽くす破壊性を持った人間が、勝利が意味するはずの建設的な仕事を、ほんとうに彼の存在の根底において望んでいたかどうかを疑う。もちろんブルクハルトも、シュペアも、ブロスも、そして私も、ヒトラーの心の意識的な部分を記述しているのではない。彼が自分の芸術的および政治的な夢の実現を信じてもいなかったし、望んでもいなかったという推測は、まったく無意識の領域として考えなければならないものに関連している。無意識の動機づけの概念がなければ、ヒトラーが勝つことを望んでいなかったかもしれないという所説は、ばかげて聞こえるのである。[41]

（40）A・シュペア、私信。
（41）人間は意識的には正反対の目的を持っていたとしても、自らの破壊を求めて努力することがありうるということは、非常に多くの臨床的資料が明らかにしている。精神分析のみならず、すぐれた劇もこのような資料を提供している。

ヒトラーは賭博師であった。彼は自分の生命とともに、すべてのドイツ人の生命をも賭けた。勝負が終わった時、彼は負けていた。後悔する理由はあまりなかった。彼は常に欲していたものを手に入れていた。すなわち権力と、彼の憎しみおよび破壊への渇望の満足とであった。彼の敗北もこの満足を彼から奪うことはできなかった。この誇大妄想狂および破壊者は、ほんとうに負けたのではなかった。負けたのは何百万という人間――ドイツ人、他国民、民族的少数者の人たち――であり、彼らにとっては戦って死ぬことが苦しみの最もおだやかな形であった。ヒトラーは誰に対してもまったく同情を持たなかったので、彼らの苦しみは彼に何の心痛も悔恨も与えなかったのである。

ヒトラーを分析する際に、私たちは多くのひどく病的な特性を見いだした。私たちは幼児としてのヒトラーの中に、半自閉症的な傾向の存在を仮定した。私たちは極端なナルシシズム、他人との接触の欠如、現実知覚の欠落、強いネクロフィリアを見いだした。彼に精神病的な、おそらくは精神分裂症的な傾向の存在を仮定しても不当ではない。しかしこのことは、時々言われているように、ヒトラーが〈狂人〉であったということ、彼が精神病あるいは偏執病にかかっていたことを意味するのだろうか。その答えは否であると私は思う。ヒトラーに狂気の傾向はあったけれども、彼は自分の目的を果断に、そして――しばらくは――首尾よく追求できるほどに正気であった。彼のナルシシズムと破壊性のために、判断に多くの誤りはあったが、彼がすぐれた技倆を持った扇動家であり政治家であって、いかなる時にもはっきりと精神病的な反作用を示したことはないということは、否定できない。彼が肉体的にも精神的にも弱り果てた最後の日々においてさえ、彼は自制心を保っていた。彼の偏執病的傾向については、彼の疑い深さは現実に十分な根拠があった――彼に対するいろいろな陰謀が明らかにしているように――のであって、それを偏執病の現われと呼ぶことはまずできない。たしかに、もしヒトラーがある法廷で被告となったとすれば、たとえそれが非常に公平な法廷であったとしても、狂気という申し立ては通らなかっただろう。しかし通例の観点に立てばヒトラーは精神病者ではなかったが、力動的《ダイナミック》な、対人関係の観点に立てば、ヒトラーは重い病人であった。ヒトラーを狂気と見なしうるかという問い全体に困難がつきまとうのであって、この困難については、精神医学的なレッテルの価値の疑わしさに関連して、すでに論議した。精神病的な傾向と完全に発達した精神病との違いについて論じることは、法廷においては、一人の人物を刑務所へ送るか精神病院へ送るかを決定するものとして、それなりの価値を持つかもしれないが、結局のところ、私たちはこういうレッテルを拒否する対人的な過程を扱っているのである。しかし臨床的な分析を利用して、道徳的な悪の問題をあいまいにしてはならない。〈正気の〉人間にも悪質な人間と良性の人間がいるように、悪質な狂人と良性の狂人がいるのである。悪は悪として見なければならないのであって、道徳的判断は臨床的診断によって停止させられることはない。しかし最も悪質な人物でも人間であり、私たちに同情を呼び起こすのである。

このヒトラーの性格の分析を終えるに当たって、何のためにこのように長い資料をヒムラーに関する資料と同様に、この研究に組み入れたかを明らかにする一助として、二、三述べておこう。臨床例を提示することによって、サディズムとネクロフィリアの概念を明確にするという自明の理論的目的以外に、私はほかの目的も持っていた。それは潜在的なヒトラーたちがそのほんとうの顔を見せる前に、人びとが彼らを認めることを妨げるおもな誤りを指摘することであった。この誤りは、完全に破壊的で悪質な人間は悪魔であるにちがいない——そしてそれらしく見えるにちがいない——ということ、彼はいかなる肯定的な性質も持っていないにちがいないということ、彼にはカインのしるし（訳注。神は弟アベルを殺したカインにしるしを付けた。旧約聖書創世記）がはっきりと付いていて、誰でも彼の破壊性を遠くからでも認めることができるということを信じる点にある。このような悪魔は存在するが、まれである。さきに言ったように、たいていの場合、強い破壊性を持った人物は、表面的にはやさしさ、礼儀正しさ、家庭、子供、動物への愛などを見せる。彼は自分の理想や善意について語る。しかしこれだけではない。まったくいかなるやさしさもいかなる善意も持たない人間は、ほとんどない。もしそういう人間がいれば、彼は生まれつきの〈道徳的白痴〉でないかぎり、狂気の寸前にあるだろう。かくして、悪人には角があると信じているかぎり、人は悪人を見付けることはないだろう。

悪人は容易に見付かるという単純な仮定は、大きな危険をもたらす。すなわち悪人が破壊の仕事を始める前に悪人を見付けることができないのである。私は大多数の人びとは、ヒトラーのような強い破壊的性格を持ってはいないと信じている。しかしこういう人びとが私たちの十パーセントを形成していると見積もったとしても、もし彼らが勢力と権力を握ったとしたら非常に危険となるだけの数はいるわけである。たしかにすべての破壊者がヒトラーとなるわけではない。すべてがヒトラーの才能を持ってはいないからである。彼らは有能なSSの隊員となるだけかもしれない。しかし一方では、ヒトラーは決して天才ではなく、彼の才能も独特のものではなかった。独特であったのは彼が身を起こしえた社会的＝政治的状況であった。おそらく私たちの中には、彼らの歴史的な時が来れば姿を現わす何百人ものヒトラーがいるだろう。

ヒトラーのような人物を客観的に冷静に分析するのは、科学的良心に命じられるからというだけでなく、それが現在と未来のための重要な教訓を学ぶ条件でもあるからである。彼の人間性を否定することによってヒトラー像をゆがめるような分析は、角を生やしていなければ潜在的なヒトラーたちを見ることができないという傾向を強めるだけであろう。

結び——希望のあいまいさについて

この研究において私が明らかにしようとしたことは、狩猟民、食糧採集民としてバンドをなして生活していた有史以前の人間は、最小限の破壊性と最適度の協力および分配とを特徴としていたこと、そして生産性と労働の分割が増大し、大量の余剰が生じ、階級制とエリートを持った国家が建設されるようになって初めて、大規模の破壊性と残酷性が生まれ、文明と権力の役割が増大するにつれて、それらも増大した、ということである。

この研究は、人間の動機づけの構造の中で、攻撃と破壊性がたとえ最小限であっても、再び役割を演じることができるという命題を支持する、確かな論点を寄与したであろうか。私は寄与したと信じるし、読者の多くもそう信じて下さることを希望している。

攻撃が人間の遺伝子の中に生物学的に与えられているかぎり、それは自発的なものではなく、人間の死活の利害、すなわち彼の成長と彼および種の生存にかかわる利害への脅威に対する防衛である。この防衛的攻撃は、ある種の原始的な条件——いかなる人間も他人に対して大きな脅威ではなかった時——のもとでは、比較的弱いものであった。それ以来人間は、異常な発達を経験してきた。人間が完全な円環を描き終えて、誰も脅かされない社会を建設するだろうと想像することも無理ではない。それは子供は親に脅かされず、親は上役に脅かされず、いかなる社会的階級も他の階級から脅かされず、いかなる国民も超大国に脅かされない社会である。この目的を達成するのは、経済的、政治的、文化的、心理的理由のために途方もなく困難なことである。その上、世界中の国々が偶像を——それも異なった偶像を——崇拝し、その結果お互いの言語は理解しても、お互いを理解していないので、この困難はいっそう増すのである。これらの困難を無視することは愚かだ。しかしすべてのデータの経験的な研究の結果は、政治的、心理的な障害を取り除くならば、予知しうる将来に、このような世界を作る現実的可能性が存在することを示している。

一方悪性の形の攻撃——サディズムとネクロフィリア——は、生まれつきではない。それゆえ社会＝経済的条件が置き換えられて、人間のほんとうの要求や能力の十分な発達、および人間の自発的能動性と人間の創造力の発達そのものを目的とする発達に好都合な条件ができるならば、それらを大いに減らすことができる。搾取と操作は退屈と無意味さを生じる。それらは人間を不具にする。そして人間を精神的不具者にするすべての要因が、彼をまたサディストあるいは破壊者にもするのである。

この立場を〈楽観的すぎる〉とか、〈ユートピア的〉とか、〈非現実的〉と特徴づける人びともあるだろう。こういう批判の当否を判断するためには、希望のあいまいさについての概念、および楽観主義と悲観主義の本性についての概念を論じることが必要であるように思われる。

私がいなかへの週末旅行を計画しているのだが、天気がいいかどうか怪しいとしよう。私は「私は楽観的だ」と言うかもしれないが、それはあくまで天気に限ってのことである。ところが私の子供が重い病気になって、彼の生命がどうなるともわからない時に、「私は楽観的だ」と言えば、敏感な耳には異様に感じられるだろう。この文脈では、その表現は無関心でよそよそしく響くからである。しかし「私は子供が助かると確信している」とも、言いにくい。というのはこのような状況のもとでは、私には確信を持つだけの現実的な根拠がないからである。

それでは、私はどう言えばいいのか。

おそらく最も適切な言葉は、「私は子供が助かるという信念を持っている」だろう。しかし〈信念(faith)〉は、その神学的な含蓄〔訳註。faith には信仰という意味もある〕のゆえに現代向きの言葉ではない。とは言え、信念にはきわめて重要な要素が含まれているので、これは私たちの持っている最良の言葉である。その要素とは子供の生きることを願う私の熱烈で強い願望であり、それゆえ私が彼の回復をもたらすためにできるかぎりのことをするということである。私は〈楽観的〉である時のように、子供から離れたただの観察者ではない。私は自分が見守っている状況の一部なのである。私は参加しているのである。〈主体〉たる私が先の見通しを表明している当の子供は、〈客体〉ではない。私の信念は、私と子供との結びつきの中に根ざしている。それは知識と関与との混合である。このことはもちろん、信念の意味するものが〈合理的信念〉(E・フロム、一九四七)である場合にのみ言えるのである。これはすべての関連するデータの明確な認識に基づいており、〈非合理的信念〉のように私たちの欲求に基づいた幻想ではない。

楽観主義とは疎外された形の信念であり、悲観主義とは疎外された形の絶望である。もし人間とその将来に対してほんとうに反応するなら、すなわち関心と〈責任〉を持って反応するなら、信念あるいは絶望によってしか反応できないはずである。合理的信念は合理的絶望と同様に、人間の生存に関連したあらゆる要因についての、最も完全で批判的な知識に基づいている。人間に対する合理的な信念の根拠は、彼の救済の現実的可能性の存在である。合理的な絶望の根拠は、このような可能性が見られないという知識であろう。

これに関連して一つの点を強調する必要がある。たいていの人びとは、人間が向上するという信念を非現実的だとして、あっさりとけなしてしまう。しかし彼らは、絶望もしばしば同じように非現実的であることに気付かない。「人間はいつも殺し屋だった」と言うことはたやすい。しかしこの所説はやはり正しくない。というのは、それは複雑な破壊性の歴史を考慮に入れていないからである。「他人を搾取するのはまさに人間の本性だ」と言うことも、同じようにたやすい。しかしここでも、この所説は事実を無視して（あるいはゆがめて）いる。要するに「人間の本性は悪である」という所説は、「人間の本性は善である」という所説以上に現実的であるとは決して言えない。しかしさきの所説の方がずっと言いやすいのであって、人間の悪さを立証することを望む人は誰でも、最も容易に信奉者を見いだすのである。というのは彼はすべての人に自分たちの罪の口実を与え——そして一見何の危険も冒さないからである。しかし非合理的な絶望をまき散らすことは、すべての虚偽がそうであるように、それ自体が破壊的である。それは勇気を失わせ、混乱させる。非合理的な信念を説いたり、偽りの救世主の到来を告げることも、破壊性においてはほとんど劣らない——それは人を惑わせ、それから麻痺させる。

大多数の人びとの態度は信念のそれでもなければ、絶望のそれでもなく、不幸なことに、人間の将来への完全な無関心のそれである。まったく無関心ではない人びとの場合は、その態度は〈楽観主義〉あるいは〈悲観主義〉のそれである。楽観主義者は、たえざる〈進歩〉の行進の教義の信奉者である。彼らは人間の業績を技術的業績と同一視し、人間の自由を直接的強制から*の*自由、および消費者がレッテルだけは違う多くの商品の中から選ぼうとする自由と同一視することに、慣れている。原始人の品位、協力性、やさしさは彼に感銘を与えない。技術的業績、富、たくましさが彼に感銘を与える。技術的に遅れた皮膚の色の違う人びとを、何世紀にもわたって支配してきたことが、楽観主義者の心にそのしるしを残した。月まで飛んで行ける——あるいはボタンを押すだけで、何百万という生き物を全滅させることのできる——人間に比べて、どうして〈野蛮人〉が人間であるとか、すぐれているとは言わぬまでも、同等の人間であるなどと言えよう。

楽観主義者たちは、少なくとも今のところはよい暮らしをしており、〈楽観主義者〉であるだけの余裕を持っている。あるいは少なくとも彼らはそう考えている。それは彼らがあまりにも疎外されているために、彼らの孫たちの将来に対する脅威さえも、彼らの心をほんとうに動かしはしないからである。〈悲観主義者〉たちは、ほんとうは楽観主義者たちとたいして変わりはしない。彼らもまさに同じように安楽に暮らしており、また参加の気持ちを持たないことにおいても、まさに同じである。人間の運命は楽観主義者の場合と同じように、彼らの関心の外にある。彼らは絶望を感じはしない。もし感じていたなら、彼らは現在のように満足して暮らすことはしないだろうし、またできないだろう。そして彼らの悲観主義が悲観主義者に対してもつ主たる機能は、何もすることはできないと思わせて責を外に投射することにより、何かをせよという内的要求から悲観主義者を守ることにあるのだが、一方、楽観主義者は同じ内的要求から身を守るに当たって、どっちみちすべては正しい方向に動いているのだから、何もする必要はないと自分に信じ込ませるのである。

本書で採った立場は、人間が作り出した一見宿命的な環境の網の目からのがれる能力に関する、合理的な信念の立場である。それは〈楽観主義者〉でもなければ、〈悲観主義者〉でもなく、最終的な破局を免れる人間の能力に合理的な信念をいだくラディカルな人たちの立場である。このヒューマニズム的ラディカリズムは物事の根本にまで、それゆえ原因にまで達するものである。それは人間を幻想の鎖から解き放すことを求める。それは根本的な変革が必要であるということ、それも私たちの経済的、政治的構造においてばかりではなく、私たちの価値や、人間の目的の概念や、個人的な接触においても必要なのだということを、当然のこととして仮定するのである。

信念を持つということは、思い切ってやること、考えられないことを考えること、しかし現実的に可能なことの限界内で行動することを意味する。それは毎日救世主を期待しながら、定められた時に救世主が現われなくても落胆しないという逆説的な希望である。この希望は受動的ではなく、また気長なものでもない。反対にそれはせっかちであり、能動的であって、現実的な可能性の領域内でのあらゆる行動の可能性を求めている。自分自身の個人的成長と解放に関するかぎり、それは受動的ではさらさらない。たしかに個人的な発達には、社会構造によって決定される限界がある。しかし今日の社会の中では、いかなる個人的変革も可能ではないし、また望ましいことでさえないと忠告する自称ラディカルたちは、彼らの革命的イデオロギーを、内的変革に対する彼らの個人的な抵抗の口実に利用しているのである。

今日の人類の状況はあまりにも重大なので、扇動政治家たちに――なかんずく破壊に引きつけられている扇動政治家たちに――あるいは彼らの頭脳だけ使って、心情はかたくなになってしまった指導者たちにさえ――耳を傾けていることはできない。批判的でラディカルな考え方は、それが人間に与えられている最も貴重な資質――生命への愛――と交じり合った時に、初めて実を結ぶであろう。

付　録——フロイトの攻撃性と破壊性の理論

1　フロイトの攻撃性と破壊性の概念の発展

フロイトが行なった攻撃の研究における、おそらく最も注目すべき要素は、彼が人間の攻撃性と破壊性に対して、一九二〇年まではほとんど注意を向けなかったということである。彼自身が何年ものちになって、『文化への不満』（一九三〇）において、この事実に対する当惑の念を表明している。「しかし私たちがどうして非性愛的な攻撃性と破壊性の遍在を見のがしたのか、また私たちの生命の解釈においてどうしてそれにしかるべき地位を与えなかったのか、今となっては私にはわからない」（S・フロイト、一九三〇）。

この特異な盲点を理解するための助けとなるのは、第一次世界大戦前のヨーロッパの中産階級の気分になってみることである。一八七一年以来、大きな戦争はなかった。市民階級《ブルジョワジー》は政治的にも社会的にも着実に進歩しつつあったし、階級間の鋭い対立は、労働者階級の状態の着実な改善によって、弱まりつつあった。世界は平和に見え、ますます文明化しつつあるように見えた。とくに人類の大部分がアジアやアフリカや南アメリカで、まったくの窮乏と零落の生活をしているという事実にあまり注目しない場合には、なおのことであった。人間の破壊性は、暗黒時代〔訳註。ヨーロッパの中世、とくに四世紀より十世紀ごろまでをさす〕およびそれ以前の多くの世紀には或る役割を果たしたが、今では理性と善意に取って代わられた要因であるように見えた。明らかにされつつあった心理学的な諸問題は、中産階級のあまりにもきびしい道徳律から生じたもので、フロイトは性的抑圧によって生じる有害な結果の証拠をあまりにも強く印象づけられたために、攻撃性の問題については、それが第一次世界大戦のためにもはや見のがせなくなるまでは、重要なものとはまったく考えなかった。この戦争は、フロイトの攻撃性の理論の発展の中での分かれ目を成している。

『性欲論三篇』（一九〇五）において、フロイトは攻撃性を性本能の「構成本能」の一つと見なした。彼は書いている。「かくしてサディズムは性本能のうち、独立し、誇張され、転位によって主導的地位を奪った攻撃的構成要素に対応するだろう」（S・フロイト、一九〇五[1]）。

（1）フロイトの攻撃理論の発展については、『文化への不満』（フロイト、一九三〇）の編者の序文における、J. Strachey の要約も参照のこと。

しかしながらフロイトにはしばしば見られることなのだが、彼の理論の主たる方向とはまったく対照的に、ずっとのちまで表面には出なかったある考えを彼は持っていた。『三篇』の第四節で彼はこう書いた。「残酷性の衝動は実際には性愛と無関係の起源から生じるが、それが初期の段階で性本能と結びつくのかもしれないと仮定してもよいだろう」（S・フロイト、一九〇五。傍点はフロム）。

しかしこの言葉にもかかわらず、四年後にフロイトは、『ある五歳男児の恐怖症分析』の小さなハンスの物語において、きわめてはっきりと述べている。「私は特別な攻撃本能がよく知られた自己保存本能と性本能とに並んで存在し、しかもそれらと対等の立場にあると仮定する気にはなれない」（S・フロイト、一九〇九）。このような論述の仕方の中に、フロイトの所説における一種のためらいを認めることができる。「仮定する気にはなれない」というのは、単純で完全な否定ほど強くはないし、「対等の立場」という付加的な修飾語は、対等の立場でなければ独立した攻撃性がありうるという可能性を残すように思われる。

『本能とその運命』（一九一五）において、フロイトはこの二つの方向の考え方——破壊性を性本能の構成要素とするものと、性愛とは無関係の力とするものと——をともに追求した。

性本能が複雑な発達の過程をたどっている間に、愛の予備段階が仮の性的目標として現われる。これらの目標の最初のものとして、合体、あるいは吸収の段階が認められる——常に対象の独立した存在を滅ぼそうとするために、両面価値《アンビヴァレント》的と評しうる型の愛である。より高度になって、前性器的サディズム＝肛門愛の組織される段階においては、対象を求める努力は統御への衝動の形で現われ、その際対象が傷ついたり死んだりしても、それは問題ではない。この形を執り、この予備的な段階にある愛は、対象に対する態度において、ほとんど憎しみと区別できない。性器の組織が確立するまで、愛は憎しみの反対物とはならない（S・フロイト、一九一五）。

しかしこの同じ論文で、フロイトは『三篇』で表明したもう一つの立場——一九一五年には修正されたが——すなわち、性本能と無関係の攻撃性の立場をも取り上げている。この第二の仮説は、自我本能が攻撃性の起源であると仮定している。フロイトは書いている。

対象に対する関係としての憎しみは、愛より古い。それは数々の刺激を流出させる外界に対する、ナルシシズム的な自我の本源的な拒否から生じる。(2) 対象によって引き起こされた不快の反作用の表現として、憎しみは常に自己保存の本能と密接な関係を保つ。その結果、性本能と自我本能は容易に対立を高め、愛と憎しみの対立が繰り返される。サディズム＝肛門愛の組織される段階のように、自我本能が性的機能を支配する時には、本能的な目的に憎しみの性質も加えられることになる（S・フロイト、一九一五。傍点はフロム）。

（2）この所説の中に、緊張の減少を神経機能の根本的法則とするフロイトの一般的原理が表現されている。本付録の末尾におけるこの原理に関する論議を参照のこと。

ここでフロイトは、憎しみは愛より古く、そして自我本能、すなわち自己保存の本能に根ざしているということ、そしてそれらの本能は何よりもまず、外界から流出する「刺激の流れ」を拒み、性衝動と対立するということを仮定している。ついでに、この立場がフロイトの考えていた全人間像にとって、いかに重要なものであるかを述べておかなければならない。幼児はもともと刺激を拒み、外界の侵入を憎むものとして見られている。この立場は、最近明らかになった多くの臨床的証拠によって支持される立場とは反対である。これらの証拠によれば、人間はたとえ生後数日の幼児でさえも、刺激を欲し、刺激を要求するのであって、外界の侵入を常に憎むとはかぎらないのである。

フロイトは同じ論文の中で、憎しみに関する論述をさらに一歩進めている。

自我は自らにとって不快な感情の原因となるすべての対象を憎み、忌みきらい、意図的に破壊しようとするが、それらの対象が妨げているのが性的満足であるのか、それとも自己保存の要求の満足であるのかということは考慮しない。実際、憎しみの関係の真の原型は性的生活から生じるのではなく、自らを保存し維持しようとする自我の努力から生じると断言してもよいだろう（S・フロイト、一九一五。傍点はフロム）。

『本能とその運命』に関する論文（一九一五）において、フロイトの破壊性に関する考え方の第一期は終わるのである。私たちは彼が二つの概念を同時に追求するのを見た。すなわち性的動因の一部としての攻撃性（口唇愛的および肛門愛的サディズム）と、性本能とは無関係で、外界の刺激の侵入や、性的要求および自己保存の要求の満足への障害に反抗し、これらを憎む自我本能の性質としての攻撃性とであった。

一九二〇年、『快感原則の彼岸』によって、フロイトは彼の本能理論のすべての根本的な修正を始める。この著書でフロイトは、本能の特徴を「反復強迫」に帰した。さらにここで初めて彼は、エロスと死の本能との新しい二分法を仮定したが、その性質については、『自我とエス』[3]（一九二三）やそれ以後の著作において、より詳しく論じている。この生（エロス）と死の（諸）本能の新しい二分法が、自我と性の本能の初めの二分法に取って代わるのである。フロイトはエロスをリビドーと同一視しようと試

みるのだが、この新しい分極性は、動因の概念において古い分極性とまったく違っているのである。(4)

(3) この概念のその後の発展において、フロイトは一つの生の本能(エロス)と、一つの死の本能についてより多く語るようになる。

(4) エロスと性愛を同一視しようとするフロイトの試みを詳細に吟味するためには、それだけで一つの章が必要であり、おそらくフロイト理論の専門的研究者のみが関心を持つことであろう。

フロイト自身が『文化への不満』(一九三〇)において、彼の新しい理論の発展を簡潔に記述している。彼は書いている。

まず第一に、自我本能と対象本能とが対立した。私が〈リビドー〉という言葉を使い始めたのは、後者の、それもただ後者の本能のみのエネルギーを示すためであった。(5) かくして対立は自我本能と、対象に向けられる〈リビドー的〉な愛(その最も広い意味における)の本能との間に置かれた(6)……。しかしこれらの〔サディズムに関する〕矛盾は克服された。結局サディズムは明らかに性的生活の一部であり、その生活の諸活動の中で愛情が残酷性に置き換えられうるのであった……。決定的な前進はナルシシズムの概念の導入であった――すなわち、自我自身にリビドーが向けられるということ、実に自我こそリビドーの故郷であり、ある程度まではその本拠であり続けるということの発見であった(7)……。私の次の一歩は『快感原則の彼岸』(一九二〇)において踏み出されたが、その時には本能的生活の反復強迫とその保守的な性格が、初めに私の注意を引いたのであった。生命の起源に関する思索と生物学的な比較から始めて、私は生命体を保存し、それを常により大きな単位へと結合させようとする本能のほかに、別の反対の本能、すなわちこれらの単位を解体して原初的な無機物の状態に戻そうとする本能があるにちがいないという結論を引き出した。つまりエロスだけではなく、死の本能があるということであった。(S・フロイト、一九三〇。傍点はフロム)。

(5) フロイトがここで言及しているのは、不安神経症についての彼の最初の論文の第二節である(フロイト、一八九五)。

(6) この論述においては、人間内部の根本的な葛藤は利己主義と利他主義との間の葛藤のように見える。フロイトのイドと自我の理論(快感原則と現実原則)では、両極ともに自己中心的である。すなわち自らのリビドー的要求の満足と、自己保存の要求の満足と。

(7) 実際には、フロイトはこの見解と、イドをリビドーの座、あるいは〈貯水池〉とする見解との間をゆれ動いた。『標準版』の編者のJ・ストレーチーは、フロイトの仕事の全期を通じてのこれらの変動を詳細に跡付けている。『自我とエス』(フロイト、一九二三)の付録B参照。

フロイトが『快感原則の彼岸』を書いた時、彼はこの新しい仮説が正しいとは決して確信していなかった。「こう尋ねられるかもしれない」と彼は書いている。「これらのページに述べた仮説の正しさを、私自身が確信しているのかどうか、またどの程度まで信じているのか、と。私の答えを言えば、私自身にも確信はないし、それらを信じるように他人を説得するつもりもない。いやもっと正確に言えば、私がどの程度まで信じているのか、自分でもわからないのである」(S・フロイト、一九二〇)。新しい理論体系、それも今までの多くの概念の妥当性を脅かすような体系を打ち建てようとしたあとのことだけに、しかも途方もない知的努力を払ってそれを行なったあとだけに、フロイトのこの誠実さは、彼の全業績を輝かしく貫いているのではあるが、この場合はとくに印象的である。彼はそれ以後の十八年をこの新しい理論の研究に費やし、初めのうちはまだ持っていなかった確信を、ますます強くいだくようになった。彼はこの仮説にまったく新しい面を付け加えたわけではない。彼の行なったことはむしろ知的な〈吟味〉であって、その結果として彼は確信を持つようになったが、それだけに彼自身の弟子たちの中にも、彼の説を真に理解し、それに賛成する者が多くないことが、いっそう残念であったにちがいない。

新しい理論が初めて完全な形で現われたのは、『自我とエス』（一九二三）においてであった。とくに重要なのは、次のようなものについての仮定である。すなわちそれは、

〔同化作用と異化作用の〕特別な生理的過程についてであって、〔この過程が〕二種類の本能のそれぞれと結びつく。この二種類の本能は、ともに生命体のあらゆる微分子の中で活動しているが、その割合がそれぞれ違うので、ある一つの生命体が主としてエロスを代表することもありうる。この仮説は、二種類の本能が互いに融合し、混合し、夾雑し合うその仕方に関しては、解明の手掛かりを何ら与えはしない。しかしこのことが規則的に、かつ非常に広い範囲で起こるということは、私たちの概念にとって欠くべからざる仮定である。おそらくは、単細胞の有機体が結合して多細胞の生命形態となると、その結果としてその単細胞の死の本能は首尾よく中和され、破壊的衝動はある特別な器官の媒介によって、外界へそらされうるのである。この特別な器官は筋肉装置であるように思われる。かくして死の本能は――おそらくただ部分的にではあるが――外界および他の有機体に向けられた破壊本能として、自らを表現するように思われる（S・フロイト、一九二三。傍点はフロム）。

これらの論述において、フロイトは彼の思考の新しい方向を、『快感原則の彼岸』における以上にはっきりと現わしている。以前の理論は機械論的な生理学的アプローチで、それは化学的に生じた緊張と、その緊張を正常な閾値にまで減らそうとする要求（快感原則）のモデルの上に建てられていたが、それに代わって新しい理論のアプローチは生物学的であり、そこではすべての生きている細胞が生命体の二つの基本的性質、すなわちエロスと、死へ向かう努力とを持つと考えられている。しかしながら、緊張の減少の原理はもっとラディカルな形、すなわち興奮をゼロにまで減少させるという形（涅槃原則）で残されている。

一年後（一九二四）、『マゾヒズムの経済的問題』において、フロイトは二つの本能の関係を明らかにするために、さらに一歩前進する。彼は書いている。

リビドーは破壊の本能を無害にする役目を持っている。それはその本能の大部分を外部へそらし――やがては特別の有機体的組織、すなわち筋肉装置の助けを借りて――外界の対象に向けることによって、この役目を果たす。そこでこの本能は破壊本能とか、統御の本能とか、権力への意志とか呼ばれるようになる。(8) この本能の一部は直接に性機能に役立つ地位を与えられ、そこで重要な役割を果たす。これが本来のサディズムである。別の一部はこの外部への転換にはかかわりを持たず、有機体の中にとどまり、それに伴う既述の性的興奮の助けを借りて、リビドー的にその有機体に結びついている。この部分にこそ、私たちは本来の、性感的なマゾヒズムを認めなければならない（S・フロイト、一九二四)。

(8) フロイトはここで三つの非常に違った傾向を一緒にしている。破壊の本能は、権力への意志とは根本的に違っている。初めの場合には、私は対象を破壊することを望む。第二の場合には、それを保存し、支配することを望む。そして両者ともに統御への動因とはまったく異なる。統御への動因は創造し生産することを目的とし、実際に破壊への意志とは正反対のものである。

『続精神分析入門』(一九三三)においては、さきに採った立場が維持されている。フロイトは「生命体をたえずより大きな統一体へと結合させることを求めるエロティックな本能と、この努力に反抗し、生きているものを無機物の状態へもどす死の本能」について語っている(S・フロイト、一九三三)。同じ講義で、フロイトは本来の破壊本能について書いている。

私たちはそれを二つの条件のもとにおいてのみ、知覚することができる。それがエロティックな本能と結びついてマゾヒズムとなる場合、もしくは——多かれ少なかれエロス的付加物を伴って——それが攻撃性として、外界へ向けられる場合である。そして今や私たちは、この攻撃性が現実の障害にぶつかったために、外界で満足を見いだすことができないという可能性の持つ意味に気付くのである。もしこうなれば、おそらく攻撃性は内攻して、内部を支配している自己破壊性の量を増すだろう。これが実際に起こるということ、そしてこれがいかに重大な過程であるかということは、のちにわかるだろう。阻害された攻撃性は、重大な害をもたらすように思われる。実際私たちが自らを破壊しないためには、自己破壊の衝動から身を守るためには、何かほかの物、あるいは人間を破壊しなければならないのではないかと思われる。道徳家にとっては、まさに悲しむべき発見ではないか！（S・フロイト、一九三三。傍点はフロム）。

フロイトの最後の二つの論文は、それぞれ死の一年前と二年前に書かれたが、それらにおいても彼はそれまでに発展させた概念に、重大な修正は加えなかった。『終わりある分析と終わりなき分析』（一九三七）において、彼は編集者のストレーチーが評しているように、死の本能の力をいっそう強調しさえしている。「しかしすべての中で最も強力な阻害的要因は」と彼は書いている。「そしていかなる制御の可能性をもまったく超えた要因は……死の本能である」（S・フロイト、一九三七。傍点はフロム）。『精神分析学概説』（一九三八年執筆、一九四〇年発行）においても、フロイトはかつての仮定を体系的に再び断言しているが、何ら重要な修正は加えていない。

2 フロイトの死の本能とエロスの理論の変遷の分析と批判

フロイトの新しい理論、すなわちエロスと死の本能の理論についてさきに行なった簡単な記述では、古い理論から新しい理論への変化がいかにラディカルであったかということも、フロイトがこの変化のラディカルな性質に気付かず、その結果多くの理論的不統一と内的矛盾にはまり込んでしまったことも、十分に明らかにすることはできなかった。以下のページで、私はこの変化の意味の記述と、古い理論と新しい理論の間の葛藤の分析を試みることにする。

フロイトは第一次世界大戦後に二つの新しい直観を得た。第一の直観は人間の内部にある、性本能とは無関係の攻撃的＝破壊的努力の力と強さへの直観であった。これが新しい直観であったというのは、必ずしも正確ではない。私がすでに明らかにしたように、彼は性愛とは無関係の攻撃的衝動の存在に、まったく気付いていないわけではなかった。しかしこの洞察は断続的に表明されただけで、それは性本能と自我本能の基本的な分極性に関する主たる仮説を変えることは、決してなかった。もっともこの理論は、のちにナルシシズムの概念の導入によって修正されたけれども。死の本能の理論において、人間の破壊性の認識はにわかにその完全な姿を現わし、破壊性は存在の一方の極となり、それが他の極のエロスと争いながら、生命の本質そのものを構成することになった。破壊性は生命の一次的現象となるのである。

フロイトの新しい理論を特徴づける第二の直観は、彼のそれまでの理論に先例がないばかりではなく、それにまっこうから対立している。それはエロスは生命体のすべての細胞に存在していて、すべての細胞の統一と統合を目的としており、さらにそのうえに、文明の貢献、すなわちより小さな単位の人類の統一体への統合をも目的としているという直観である（S・フロイト、一九三〇）。フロイトは性的でない愛を発見する。彼は生の本能を〈愛の本能〉とも呼ぶ。愛は生命および成長と同一視され、そして——死の本能と戦いながら——それは人間存在を規定する。フロイトの古い理論では、人間は二つの衝動にかりたてられる孤立したシステムと見なされていた。その衝動の一つは生存の衝動（自我本能）であり、他の一つは緊張を克服することによって快楽を得ようとする衝動であって、その緊張はからだの中で化学的に生み出され、生殖器を含む〈性感帯〉に集まったものであった。この人間像では、人間は本来孤立した存在だが、快楽を求める努力を満足させるために、異性との関係を結ぶのであった。両性間の関係は、市場での人間関係に似た考え方でとらえられた。それぞれが自分の要求を満足させることにのみ関心を持っているのだが、まさにこの満足のためにこそ、自分の要求するものを与えてくれ、また自分の与えるものを要求する他人と、関係を結ばなければならないのである。

エロスの理論においては、これはまったく異なっている。人間はもはや本来孤立した自己中心的な存在として、機械人間《ロム・マシーヌ》としてとらえられることはなく、本来他人と関係を持っていて、彼をして他人との結合を要求せしめる生の本能に動かされる存在として、とらえられる。生命、愛、成長はまったく同じものであり、性愛や〈快楽〉より深い根を持ち、より根本的なものである。

フロイトの新しい直観における変化は、「己のごとく汝の隣人を愛すべし」という聖書のおきてに対する、彼の新しい評価にはっきりと現われている。『なぜ戦争が』（一九三三a）で彼は書いている。

> 人間どうしの情緒的なきずなを強めるのに役立つものなら、何でも戦争を防ぐ働きをするにちがいありません。これらのきずなには二つの種類があるようです。まず第一のきずなは、性的目標は持たないけれども、愛する相手との関係に似た関係ではないでしょうか。こういう文脈で愛を語っても、別に精神分析の恥にはなりません。というのは、宗教自身も同じ言葉を使っているからです。「己の如く汝の隣人を愛すべし」と。しかし、これは行なうよりも言うがやすしです。第二の情緒的なきずなは、同一化によるものです。人間に重要な利害関係を共有させるものはすべて、この感情の共同、これらの同一化を生み出します。そして人間社会の構造は、大部分これらを基礎としているのです（S・

フロイト、一九三三a。傍点はフロム）。

これらの文章を書いているその同一人物が、そのわずか三年前に、この同じ聖書のおきてについて論評し、その終わりにこう言っているのである。「こんなに厳粛に教訓をたれてみても、実行を勧めることができるような合理的なものでなければ、何の役に立つだろう」（S・フロイト、一九三〇）[9]。

（9）フロイトは次のような議論に基づいて、この結論に到達した。「手掛かりは、私たちが文明社会の理想的要求と呼んでいるものの一つによって、与えられるだろう。それは『己のごとく汝の隣人を愛すべし』と言う。それは世界中に知られていて、それを最も誇るべき主張として唱えているキリスト教より古いことは疑いない。しかしそれが非常に古いものでないことも確かである。有史時代においてさえ、それはまだ人類には聞き慣れないものだった。私たちがそれを初めて聞くかのように、すなおにこの言葉を聞いてみよう。すると私たちは驚きと当惑の感情を押えることはできないだろう。なぜそんなことをしなければならないのだ。それが何の役に立つのか。しかし何よりもまず、どのようにしてそれが達成できるのか。どうすればそれが可能なのか。私の愛は私にとっては何か貴重なものであって、無思慮に投げ捨てるわけにはいかない。それは私に義務を負わせ、それを果たすために私は犠牲を払う覚悟をしなければならない。もし私が誰かを愛するならば、その相手は何らかの意味でそれに値するものでなければならない。（私は彼が私に役立つかもしれないということ、また彼が性的対象として私にとって意味があるかもしれないということは、考慮に入れない。というのは、隣人を愛すべしという教えに関するかぎり、この二種類の関係は問題外だからである。）もし彼が私に重要な意味で似ているために、私が彼において自分を愛することができるならば、彼は私の愛に値する。またもし彼が私よりはるかに完全な人間であるために、私が彼において私自身の理想像を愛することができるならば、彼は私の愛に値する。さらに、もし彼が私の友人の子供であるならば、私は彼を愛さなければならない。というのは、彼に対して危害が与えられた時の友人の苦痛は私の苦痛でもあるからだ——私はそれを分かち合わなければならない。しかしもし彼がよそ者であって、彼自身の値打や、彼がすでに私の情緒生活に対して獲得しているかもしれない意味によって、私を引きつけることができないとすれば、私が彼を愛することは困難だろう。

いやそうすることはまちがいだろう。というのは私の愛は私の所属するすべての人びとによって、私が彼らを好むしるとして尊重されており、もし私がよそ者を彼らと同等に扱えば、彼らには不公平だろう。しかしもし私が、彼もまた昆虫や地虫やグラスネーク〔訳注。緑色の無毒のヘビ〕のように、この地球の住民の一人であるというだけの理由で彼を（この普遍的な愛で）愛するとすれば、おそらく私の愛のごくわずかな部分——私自身のために取っておいてもよいと私の理性が判断する量にも絶対に及ばない量——しか彼には与えられないのではないだろうか」（S・フロイト、一九三〇）。興味深いのは、フロイトが愛について、まったく市民《ブルジョワ》的倫理、とくに十九世紀の中産階級の社会的性格の準拠枠でとらえていた、ということである。第一の問いはこうだ。「それが何の役に立つのか」——利益の原理である。次の前提は、愛はそれに「値する」ことが必要だということである。（無条件の、値する必要のない愛という家母長的原理とは対照的な家父長的原理であり、さらには、相手は私に重要な意味で似ている場合にのみ私の愛に「値する」という、ナルシシズムの原理に基づいている。友人の子供を愛することとさえ、自己中心的な観点から説明を与えられている。というのは、もし危害が彼の身に及び、その結果間接的に私の友人に及んだとすれば、彼の苦痛は私の苦痛になる、と言うからである。）最後に、愛はある一定の分量しかないと考えられ、すべての同胞を愛するなら、一人一人にはごくわずかな量の愛しか残らないとされている。

ここに起こったのは、まさにラディカルな視点の変化以外の何ものでもなかった。フロイトは宗教の敵として、宗教を人間が成熟と独立に到達するのを妨げる幻想と呼んだのであったが、今やすべての偉大なヒューマニズム的宗教に見いだされる最も基本的なおきての一つを引用して、それを彼の心理学的仮定のささえとしているのである。彼は「こういう文脈で愛を語っても、別に精神分析の恥にはなりません」（S・フロイト、一九三二a）[10]と強調しているが、実は彼は兄弟愛の概念についてこのような思い切った転向をすることに、きまり悪さを感じたにちがいないのであって、それに打ち勝つためにこう主張しなければならないのである。

（10）　S・フロイト（一九〇八a）も参照のこと。

フロイトは、彼のアプローチにおける変化がどんなに思い切ったものであるかに、気付いていたのだろうか。彼は古い理論と新しい理論との間の、深刻で相容れない矛盾を意識していたのだろうか。そうでなかったことは、まったく明白である。『自我とエス』（一九二三）において、彼はエロス（生の本能あるいは愛の本能）を性本能（および自己保存の本能）と同一視した。

> この見解に従って、私たちは二種類の本能を区別しなければならないのであるが、その一方、すなわち性本能あるいはエロスがはるかに顕著で、研究しやすいものである。これには抑制されない本来の性本能や、それから生じるところの、目標を阻止され、あるいは昇華した種類の本能的衝動だけでなく、自己保存の本能も含まれる。この自己保存の本能は自我に帰せられるべきものであって、私たちの精神分析の仕事の初期においては、十分な理由をもって性的な対象本能と対立させていたものである（S・フロイト、一九二三。傍点はフロム）。

まさに彼がこの矛盾に気付かなかったからこそ、彼は古い理論と新しい理論を調和させて、それらが鋭い断絶なしに連続しているように見せようと試みたのである。この試みによって、新しい理論にどうしても多くの内的矛盾や不統一が生じたので、フロイトは繰り返してそれらに橋を渡し、調整し、あるいは否定しようとしたが、それにはまったく成功しなかった。以下のページにおいて、私は新しい理論の変遷の記述を試みることにするが、その変遷はフロイトが新しい酒――しかもこの場合はよりよい酒であったと思うが――を古い皮袋に満たすことはできないことを、悟らなかったために生じたものであった。

この分析を始める前に、また別な変化に触れておかなければならないのだが、これもまたフロイトが気付かなかったために、事をいっそう複雑にしたのであった。フロイトの古い理論の基礎となった科学的なモデルは容易にそれとわかるもので、それは彼の先生であったフォン・ブリュッケや、機械論＝唯物論者たちの全集団、すなわちヘルムホルツ、ビュヒナー、フォン・ブリュッケその他を含む人たちが科学上の理想としていた、機械論＝唯物論的モデルであった。[11] 彼らは人間を化学的過程によって動かされる機械と見なした。感覚、感情、情動は、特定の確認できる生理的過程によって生じると説明された。最近数十年間におけるホルモン学のことや、神経生理学的発見のほとんどを、これらの人びとは知らなかったわけだが、大胆さと創意をもって、彼らは自分たちのアプローチの正しさを主張した。肉体的な起源を見いだしえない要求や関心は無視される一方、無視されない過程の理解は、機械論的思考の原理に従った。フォン・ブリュッケの生理学のモデルとフロイトの人間のモデルは、今日ならうまくプログラムを組んだコンピューターで、再現することができる。〈彼〉はある程度まで緊張を高めるが、それはある閾値に達すると、緩和し減少する必要がある。ところがその実現は別の部分すなわち自我によって抑制されるのであって、自我は現実を観察して、緊張の緩和が生存のための諸要求と衝突する場合は、その緩和を抑制する。このフロイトのロボットは、アイザック・アシモフ〔訳注。ロシア生まれでアメリカに帰化した著名なＳＦおよび科学読物の作家〕のＳＦのロボットに似ているが、プログラミングが違うだろう。その第一の法則は人間を傷つけないこと〔訳注。SFに登場するロボットの第一の条件はこれである〕ではなく、自己損傷あるいは自己破壊を避けることである。

（11） フロイトの理論形成が彼の先生たちの考え方に依存していたことは、Peter Ammacher（1962）によって記述されている。ロバート・R・ホールトは、この書物の主たる命題に賛成して、次のように要約している。「精神分析理論の最も不可解で、一見独断的な傾向の多くは、検証可能な範囲にあるもので誤りであるような命題も含めて、フロイトが医学校で教師たちから学んだ、隠された生物学的仮定か、それともそれらの仮定の直接の結果である。それらは彼の知的素養の基本的な部分となり、普遍的決定論の仮定のごとく、彼はそれらに何の疑いもいだかず、おそらくは必ずしもそれらが生物学的な仮定であるということにも気付かなかった。そこでこれらは、彼が神経学的な思考から離れて、抽象的で心理学的なモデルを作り上げようと試みた時にも、必要な要素として保持されたのであった」（R・R・ホールト、一九六五）。

新しい理論は、この機械論的で〈生理学ばりの〉モデルに従ってはいない。それは生（およびその反対の死）の根底的な力が人間を動かす根源的な力となるという、生物学的な方向づけを中心としている。細胞、すなわちすべての生命体の持つ性質が、動機づけの理論の理論的根拠となるのであって、からだのある種の器官の中で進行する生理的過程ではない。新しい理論は、おそらくドイツの機械論的唯物論者たちの概念よりは、活力説〔訳注。生命現象は機械的現象を超えた自律的過程であるとする説〕の哲学に近かった。[12] しかしすでに言ったように、フロイトはこの変化をはっきりと意識してはいなかった。したがって彼は、繰り返して彼の生理学ばりの方法を新しい理論に適用し、この不可能な試みに必然的に失敗せざるをえないのである。しかしながら、ある重要な点で両方の理論には共通の前提があり、それがフロイトの考えの不変の原理であった。すなわち心的装置を支配する法則は、緊張（あるいは興奮）を恒常的な低い水準（恒常原則――快感原則はこれに基づいている）、あるいはゼロの水準（涅槃原則で、死の本能はこれを基礎としている）にまで減らそうとする傾向である、という概念である。

（12）　J. Pratt (1958) 参照。

今や私たちはフロイトの二つの新しい直観、すなわち人間存在を決定する根源的な力としての死の本能と生の本能の、より詳しい分析にもどらなければならない。[13]

（13）　フロイトの用語法は必ずしも首尾一貫していない。彼は時には生の諸本能と死の諸本能と言い、時には生の本能と死の本能（単数）と言う。死の（諸）本能は、破壊の（諸）本能とも言われる。タナトス（エロスと対比される）という言葉は死の本能に相当するが、フロイトが使ったのではなく、P. Federn によって議論に持ち込まれたものである。

いかなる理由に動機づけられて、フロイトは死の本能を仮定したのか。

おそらく一つの理由は、私がすでに触れたように、第一次世界大戦の衝撃であった。彼は同じ時代、同じ年齢のほかの人びとのように、ヨーロッパの中産階級にあれほど特徴的であった楽観主義的なものの見方を共有していたが、その自分が突然、一九一四年八月一日以前にはほとんど信じられなかったような、憎しみと破壊の狂乱に直面しているのを知ったのであった。

この歴史的要因に、個人的要因も付け加えうるという推測も成り立つだろう。アーネスト・ジョーンズの伝記（E・ジョーンズ、一九五七）によって私たちが知っているように、フロイトは死にとりつかれた人間であった。彼は四十を過ぎてからは、毎日死ぬことを考えた。彼は *Todesangst*〈死の恐怖〉によく襲われ、時には「さよなら」を言ったあとに、「もう二度と会えないかもしれない」と付け加えた。人はフロイトの重い病気が、彼の死の恐怖の裏付けであるかのごとき印象を彼に与え、その結果、死の本能の定式化に一役買ったのだろうという推測をするかもしれない。しかしながら、こういう単純化した形の推測には賛成できない。というのは、彼の病気の最初の徴候は、彼が死の本能の概念を得た数年後の一九二三年二月まで、現われなかったからである（E・ジョーンズ、一九五七）。しかし次のように想像しても、それはあながちこじつけとは言えないだろう。つまり以前から彼の頭を離れなかった死の観念は、彼が病気になるのにともなって強さを増し、性欲と自我の動因という二つの生を肯定する動因の葛藤よりも、むしろ生と死の葛藤が人間存在の中心にあるという概念に彼を導いたということである。死が人間の生の隠された目標であるがゆえに、人間は死ぬことを求めるのだと仮定することは、彼の死の恐怖を軽減するように定められた一種の慰めであると見なすことができるかもしれない。

これらの歴史的、個人的要因が、死の本能の概念を構築する一組の動機づけを成す一方、彼に死の本能の理論をいだくようにしむけたにちがいない、もう一組の要因がある。フロイトは常に二元論の立場から考えた。彼は相反する力が互いに戦うのを見、生命の過程をこの戦いの結果と見た。性と自己保存の動因とが、この二元論の執った最初の形であった。しかしナルシシズムの概念によって、自己保存の本能がリビドーの陣営に入れられることになったので、昔ながらの二元論の立場が危うくなった。ナルシシズムの理論は、すべての本能がリビドー的であるという一元論的な理論を押しつけたのではないだろうか。そしてさらに都合の悪いことに、それはユングのおもな異端説の一つ、すなわちリビドーがすべての精神的エネルギーを表わすという概念を正当化するものではなかっただろうか。実際、フロイトはこの耐えがたいディレンマ、それもユングのリビドーの概念に賛成するのも同然であるゆえに耐えがたいこのディレンマから、抜け出さなければならなかった。彼はリビドーと対立する新しい本能を、新しい二元論的アプローチの根拠として見付けなければならなかった。死の本能はこの要求を満たした。古い二元論に代わって、新しい二元論が見いだされたのであった。そして存在の根本を、対立し合う本能、すなわちエロスと死の本能の戦場として、二元論的に見ることが再び可能となったのである。

この新しい二元論の場合に、フロイトはあとでさらに述べるように、ある思考の型に従った。すなわち彼は二つの広い概念を作り上げて、そこにすべての現象があてはまらなければならないようにした。彼は性愛の概念についても同様にしてそれを拡大したので、自我本能でないすべてのものが性本能に属することになっていた。彼は死の本能の場合にも、また同じ方法に従った。彼はそれを非常に広く考えたので、その結果、エロスに含まれないすべての努力は死の本能に属し、その逆もまたしかりということになった。このようにして、攻撃性、破壊性、サディズム、そして支配や統御の動因は、それらが質的に異なるにもかかわらず、同じ力――死の本能――の現われとなった。

他の面においてもやはり、フロイトは彼の理論体系の初期の段階において彼をあれほどしっかりととらえていた、あの同じ思考の型に従った。死の本能について彼の言うところによれば、それは本来すべて内部にある。それからその一部が外部へ向けられて攻撃性として働き、一部は第一次マゾヒズムとして内部にとどまる。しかし外部へ向けられた部分が克服できないほど大きな障害に出会うと、死の本能は再び内部へ向けられて、第二次マゾヒズムとなって現われる。この型の論法は、ナルシシズムの論議においてフロイトが用いたのとまったく同じである。最初はすべてのリビドーは自我の中にあり（第一次ナルシシズム）、次いでそれは外部の対象へ拡大される（対象リビドー）が、それはしばしば再び内部へ向けられて、それからいわゆる第二次ナルシシズムを形成する。

〈死の本能〉は何度も〈破壊本能〉および〈攻撃本能〉と同義語として使われている。[14] しかし同時にフロイトは、これらの異なった言葉の間に細かい区別をも設けている。概して言えば、ジェームズ・ストレーチーが『文化への不満』（S・フロイト、一九三〇）の序文で指摘しているように、フロイトの後期の著作（たとえば『文化への不満』一九三〇、『自我とエス』一九二三、『続精神分析入門』一九三三、『精神分析学概説』一九三八）においては、攻撃本能は一次的自己破壊から得られた、ある二次的なものとされている。

(14) たとえばS・フロイト（一九三〇）参照。

この一節では、死の本能と攻撃性とのこの関係の幾つかの例を引用しよう。『文化への不満』で、フロイトは死の本能が「外界へ向けられ、攻撃性と破壊性の本能として現われる」と言っている。『続精神分析入門』で、彼は「自己破壊性は、すべての生命過程に必ず存在する〈死の本能〉の一つの表現である」と言っている（傍点はフロム）。同じ著作でフロイトは、この考えをもっとはっきりと表明している。「私たちはマゾヒズムはサディズムより古く、サディズムは破壊本能が外部へ向けられ、その結果攻撃性の特徴を獲得したものであるという見解に傾いている」（S・フロイト、一九三三）。内部に残っている破壊本能のすべては「エロティックな本能と」結びついて「マゾヒズムとなるか、もしくは――多かれ少なかれエロス的付加物を伴って――それが攻撃性として外界へ向けられるか」である（S・フロイト、一九三三）。しかし、とフロイトは続ける。もし外部へ向けられた攻撃性があまりに強力な障害に会うと、それはもどって来て、内部を支配している自己破壊の量を増す。この理論的な、いくぶん矛盾した発展の行き着くところは、フロイトの最後の二つの論文である。『概説』において彼の言うところでは、イドの内部で「有機体的本能が作用するが、その本能自身が二つの根源的な力（エロスと破壊性）のいろいろな割合の融合から成っている……」（S・フロイト、一九三八。傍点はフロム）。『終わりある分析と終わりなき分析』においても、フロイトは死の本能とエロスとを、二つの「根源的な本能」と言っている（S・フロイト、一九三七）。

フロイトが克服しようと懸命に――そして私の考えではむなしく――努めた大きな理論的困難にもかかわらず、彼がいかに強情に死の本能の概念に固執したかということは、驚くべきことでもあり、かつ印象的でもある。

おもな困難は、おそらく次の二つの傾向、すなわち本来の無機物の状態にもどろうとする肉体の傾向（反復強迫の原理の結果として）と、自己あるいは他者を破壊しようとする本能の傾向とが同一であるとする仮定にあるだろう。第一の傾向に対しては、タナトスという言葉（P・フェーデルンが初めて――死に関連して――用いた）が適当かもしれない。あるいは緊張やエネルギーを、すべての精力的な努力が終結する点まで減らそうとする傾向を表わすものとして、〈涅槃原則〉という言葉すら適当であるかもしれない。[18] しかしこの緩慢な生命力の減退が、破壊性と同じものなのだろうか。もちろん論理的には次のような議論――そしてフロイトは暗黙のうちにそれを行なっているのだが――すなわち、もし死への傾向が有機体に内在しているのなら、破壊の傾向を持った能動的な力もあるにちがいないという議論も可能である。（これは実は、あらゆる種類の行動の背後に特別な本能を仮定する本能主義者たちの間に見いだされるのと、同じ種類の考え方である。）しかしこのような循環論法を乗り越えた時、すべての興奮をしずめる傾向と、破壊の衝動とをこのように同一視することには何らかの確証、いや理由すらあるのだろうか。とてもそうは思えない。もし私たちが反復強迫に基づいたフロイトの論法に従って、生命には速度をゆるめてついには死に至る内在的な傾向があると仮定するとしても、このような生物学的な生まれつきの傾向は、能動的な破壊衝動とはまったく違ったものだろう。もしさらに付け加えて、この同じ死の傾向がまた権力への情熱と支配の本能の起源であり、そして——性愛と結びつくと——サディズム(16)とマゾヒズムの起源になると考えられると言うとすれば、この理論的な離れわざ《トゥール・ド・フォルス》は失敗に終わるにちがいない。〈涅槃原則〉と破壊の情熱とは、二つの異なった存在であって、死の(諸)本能という同一の範疇に入れることはできない。

(15) 〈涅槃〉原則という言葉の使用は、仏教の涅槃を誤解しているので、適当ではない。涅槃は正確に言えば、自然がもたらす生命のない状態ではなく(自然は仏教によれば、その反対の傾向を持つ)、人間の精神的努力がもたらすもので、人間があらゆる貪欲と利己心の克服に成功し、感覚を持つあらゆるものへの共感に満たされたならば、救済と生命の完成を見いだすのである。涅槃の状態において、仏陀は至高の喜びを体験したのである。

(16) フロイトは、破壊本能が対象の破壊を目標とするのに対して、サディズムは対象を支配し、はずかしめ、あるいは傷つけるために、それを保存することを望むという事実に注意を払っていない。第十一章のサディズムに関する論議参照。

さらに困難なことは、死の〈本能〉は、フロイトの一般的な本能の概念にあてはまらないという事実である。第一にそれは、フロイトの古い理論における本能のように、からだの中の特別な部分から発生するものではなく、すべての生命体に内在する生物学的な力である。この点をオットー・フェニヒェル(Otto Fenichel)は説得力をもって主張している。

細胞内の異化作用……——すなわち対象の破壊——は、性感帯の刺激によって、中心器官が化学的に決定されて鋭敏化することが性本能の起源であるというのと同じ意味では、破壊本能の起源とはなりえない。というのは、定義によれば、本能は私たちが本能の起源とよぶ肉体的変化を除去することを目的とするからである。ところが死の本能は異化作用を除去することを目的とはしていない。この理由から、私には他の種類と対立する一つの種類の本能として、〈死の本能〉を設定することができるとは思えない（O・フェニヒェル、一九五三）。

ここでフェニヒェルが指摘していることは、フロイトがいわばそれを意識することを抑圧してはいたが、彼自らが生み出した理論的難点の一つなのである。あとで明らかにするように、フロイトはエロスも本能の理論的条件を満たしてはいないという結論に達していたので、この難点はいっそう重大なものとなる。たしかにフロイトに強い個人的な動機づけがなかったとしたら、彼は〈本能〉という言葉を本来の意味とまったく違った意味で使いながら、その違いを自ら指摘しなかったはずはない。（この難点は用語においてすら感じられる。エロスは〈本能〉と一緒に用いることはできないので、必然的にフロイトは決して〈エロス本能（Eros instinct）〉とは言わなかった。しかし彼は〈生の本能〉という言葉をエロスと交互に使うことによって、〈本能〉という言葉を用いる余地を残したのである）。

実際には、死の本能は動因の減少という一般的原理を除けば、フロイトの初期の理論とは何の関係もない。すでに見たように、初期の理論においては、攻撃は前性器愛期の性愛の構成要因であるか、それとも外部からの刺激に対して向けられた自我動因であった。死の本能の理論においては、かつての攻撃の起源との結びつきは何もなく、あるとすれば、今度は死の本能がサディズムを説明するのに用いられる（性愛と混合したものとして）だけである（S・フロイト、一九三三）[17]。

（17）あとで私は、リビドー理論と死の本能の理論との間には、肛門愛リビドーの理論をつなぎ目として、結びつきの可能性が確かにあることを、明らかにしようと試みるだろう。

要約すれば、死の本能の概念は二つのおもな必要によってもたらされた。第一には、人間の攻撃の力についてのフロイトの新しい信念にしかるべき場を与える必要であり、第二には、本能についての二元論的な概念に固執する必要であった。自我本能もまたリビドー的であると考えられるようになってからは、フロイトは新しい二分法を見いださなければならなくなり、そこにエロスと死の本能が最も好都合な二分法として現われたのであった。しかし難点の即座の解決という観念からは好都合ではあったが、本能による動機づけに関するフロイトの理論全体の発展という観点からは、はなはだ不都合であった。死の本能は〈がらくた入れ〉的概念となり、それを用いて相容れない矛盾を解消すべく、むなしい努力をするためのものとなった。フロイトはおそらくは彼の年齢と病気とから、この問題に対する真正面からのアプローチをしないで、矛盾を一時的に取り繕った。彼のエロスと死の本能の概念を受け入れなかったほかの精神分析学者たちのほとんどは、安易な解決を見いだした。彼らは死の本能を、昔ながらの性本能に対立する〈破壊本能〉に変貌させた。かくして彼らのフロイトへの忠義立てと、旧式の本能理論を乗り越える能力の欠如とが結びついた。新しい理論はそのいろいろな難点を考慮に入れても、かなりの業績をあげた。すなわちそれは人間存在の基本的な葛藤として、生と死との間の選択を認め、また古い生理学的な動因の概念を捨てて、より深遠な生物学的推論を行なった。フロイトは解決を見いだした満足感を味わうことはなく、彼の本能理論を未完成のまま放置しなければならなかった。フロイトの理論をさらに発展させるためには、この問題に直面しなければならず、新しい解決を見いだすことを望みながら、真正面からいろいろな難点と取り組まなければならない。

生の本能とエロスの理論を論議するに当たって気付くことは、この場合の理論的難点は、どちらかと言えば死の本能の概念に関連したものに比べて、いっそう深刻だということである。これらの難点の理由は、かなりはっきりしている。リビドー理論では、興奮はさまざまな性感帯の刺激によって化学的に決定された鋭敏化によるものであった。生の本能の場合には、私たちはあらゆる生命体に特徴的な傾向を扱っているのであって、それには特定の生理学的起源もなければ、特定の器官もない。どうして古い性本能と新しい生の本能が——どうして性愛とエロスとが同一でありえようか。

しかし、フロイトは『続精神分析入門』において、新しい理論はリビドー理論に「取って代わった」と書いたけれども、彼はその同じ講義においても、またほかの箇所でも、性本能とエロスは同じだと断言している。彼は書いている。「私たちの仮説は、二つの本質的に異なった種類の本能があるということである。すなわち最も広い意味で理解される性本能——もしお望みならエロスと言ってもよろしい——と、破壊を目的とする攻撃本能とである」（S・フロイト、一九三三）。あるいは『精神分析学概説』において、「すべての利用しうるかぎりのエロスのエネルギー……、今後私たちはこれを〈リビドー〉と呼ぶことにしよう……」（S・フロイト、一九三八）。時には彼は、エロスを性本能および自己保存の本能と同一視するが（S・フロイト、一九二三）、それは彼が元の理論を修正して、元は敵どうしであった自己保存の本能と性本能とを、ともにリビドー的であるとしたのちのことなので、きわめて論理的なことであった。しかし、フロイトは時にはエロスとリビドーとを同等視する一方、最後の著作である『精神分析学概説』においては、やや違った観点を表明している。ここで彼は書いている。「私たちがエロスについて――すなわちその代表であるリビドーについて――知っていることの大部分は、性的機能の研究から得られたものであって、この機能は、たとえ私たちの理論からではないとしても、一般的な見解からは、実際エロスと一致するとされている」（S・フロイト、一九三八。傍点はフロム）。この所説によれば、さきに引用した幾つかの所説とは違って、エロスと性愛とは一致しない。フロイトがここで考えているのは、エロスは〈根源的な本能〉（死の本能以外の）であって、性本能はそのうちの一つの代表であるということのようである。実際彼はここで、『快感原則の彼岸』ですでに表明した見解にもどっているのであって、そこでは脚注でこう言っている。性本能は「私たちにとってはエロスに変貌した。そのエロスは生命体の諸部分を集合させ、結合させようと努めるものなのである。一般に性本能と呼ばれているものを、私たちはエロスの一部が対象に向けられたものと見なしている」（S・フロイト、一九二〇）。

ある時には、フロイトは次のようなことを示そうとさえ試みる。すなわち性愛についての彼の本来の概念は、「決して二つの性を結合し、あるいは生殖器における快感を生み出そうとする衝動と同じではなかった。それはプラトンの『饗宴』〔訳注。同性愛をも含むさまざまなエロスに関する対話が展開される〕における、すべてを包含し、すべてを保存するエロスにはるかによく似ていた」（S・フロイト、一九二五）。この所説の最初の部分が真実であることは、明らかである。フロイトは常に、性愛を性器的性愛より広い意味に定義していた。しかし彼がいかなる根拠に基づいて、彼の古い性愛の概念がプラトン的エロスの概念に似ていると主張しているのかは、理解に苦しむところである。

彼の古い性理論は、プラトンの理論の正反対であった。フロイトによれば、リビドーは男性的であり、それに対応する女性的なリビドーはなかった。女性はフロイトの極端に家父長的な傾向に従って、男性と平等ではなく、不具の去勢された男性とされた。プラトンの神話のそもそもの本質は、男と女はかつては一体であって、それから二つに分けられたということであるが、それはもちろん、二つの半分が同等であって、それらが再び結合する傾向を持った分極性を形成している、ということを意味している。フロイトが古いリビドー理論を、プラトンのエロスの観点から解釈しようと試みた唯一の理由は、彼の古い理論を明らかにゆがめてさえも、二つの段階の非連続性を否定しようと望んでいたからにちがいない。

死の本能の場合のように、フロイトは生の本能の本能的性質に関してもまた、困った問題にぶつかった。フェニヒェルが指摘しているように、死の本能はフロイトの新しい本能理論、すなわち『快感原則の彼岸』で初めて展開され、『精神分析学概説』を含む彼の後期の著作を通じて維持された概念の立場からは、〈本能〉と言うことはできない（O・フェニヒェル、一九五三）。フロイトは書いている。「それら〔諸本能〕はあらゆる活動の第一原因ではあるが、保守的な性質を持っている。有機体が到達した状態が何であれ、その状態が放棄されると同時に、それをまた回復しようとする傾向が生まれる」（S・フロイト、一九三八）。

エロスと生の本能は、すべての本能の持つこの保守的な性質を持っていて、そのために本能と呼ばれるにふさわしいものなのだろうか。フロイトは生の本能の保守的な性格を失わないで済むような解決を見いだそうと、懸命に努力した。

「生命体の死を防ぐ働きをし、潜在的不死としか考えようのないものを、その生命体のために獲得するのに成功する」生殖細胞について、彼は次のように述べている。

> 個体全体の死後も生き残るこれらの要素的な有機体〔訳注。生殖細胞〕の運命を見守り、それらが外界の刺激に対して無防備である時に安全な避難所を提供し、それらがほかの生殖細胞と結合するようにしむけるなどの働きをする諸本能——これらが一群の性本能を構成している。それらは生命体の元の状態を回復するという点において、ほかの本能と同じ意味で保守的である。しかしそれらは外的な影響に対してとくに強い抵抗を示すという点で、より高度に保守的である。そしてまた、それらは生命自体を比較的長い間維持するというまた違った意味でも、保守的である。それらは真の生の本能である。それらはその機能のゆえに死をもたらすところのほかの本能の目的に、反対する働きをする。この事実は、それらとその他の本能との間には対立があることを示しており、かつその対立の重要性は、ずっと以前に神経症の理論によって認められているのである。有機体の生命は、変動するリズムをもって動いているかのようである。一群の本能が、生の究極目標にできるだけ早く到達するために突進する。ところがその進行中にある特定の段階に到達すると、もう一方の一群が急激にある点まで後退して、新しいスタートを切り、旅路を長引かせる。そして性愛および両性の違いは生命が始まった時には存

在しなかったことは確かなのだが、のちに性本能として記述されることになった本能が、そもそもの初めから働いていたという可能性は残るのであり、それらが〈自我本能〉の活動に反対する仕事を始めたのはのちのことにすぎないというのは、真実ではないのかもしれない（S・フロイト、一九二〇。傍点はフロム）。

この一節で最も興味深く、また私が長々と引用した理由でもあるところは、フロイトがほとんど必死になって、すべての本能の、またそれゆえに生の本能の保守的な概念を失うまいとした点である。彼は性本能を生殖細胞の運命を見守るものとする、新しい定式化に頼らなければならなかったが、それは彼のかつての仕事における本能の全概念と異なった定義であった。

数年後の『自我とエス』において、フロイトはエロスに保守的な性質を負わせることによって、真の本能の地位を与えようという、同じ試みを行なっている。彼は書いている。

生物学の助けを借りた理論的考察に基づいて、私たちは有機体の生命を生命のない状態へもどすことをその役割とする、死の本能の仮説を提唱する。一方私たちは、エロスは生命体を宿して散在している分子をますます広い範囲にわたって結合させながら、生命を複雑なものとし、もちろんそれと同時に、生命を維持することを目的としていると仮定した。かかる働きをしながら、この二つの本能はともにその言葉の最も厳密な意味において、保守的である。というのは、両者ともに、生命の出現によってかき乱された元の状態を回復しようと努めるであろうからである。それゆえ生命の出現は生命の持続の原因となると同時に、死への努力の原因ともなる。そして生命自身がこれら二つの傾向の葛藤となり、かつ妥協となる。生命の起源の問題は、依然として宇宙論的な問題であるだろう。そして生命の目標と目的の問題に対する解答は、二元論的なものとなるだろう（S・フロイト、一九二三）。

エロスは生命を複雑にし、保存することを目ざすがゆえに、それは保守的である。というのは、生命の出現とともに、それを保存する本能が生まれるからである。しかし、と私たちは問わなければならない。もし存在の最初の状態、すなわち無機物の状態を回復することが本能の本性であるならば、どうしてそれが同時にもっとのちの存在の形式、すなわち生を回復する傾向を持ちうるのか。

生の本能の保守的な性格を失うまいとするこれらのむなしい試みののちに、フロイトは『概説』において、最終的にある否定的解決に到達している。「エロス（および愛の本能）の場合には、私たちはこの公式〔本能の保守的な性格の〕を当てはめることはできない。そうすることは、生命体はかつては一つの統一体であって、それがのちに引き裂かれ、今再結合を目ざして努力しているということを前提とすることになる」（S・フロイト、一九三八。傍点はフロム）。フロイトはここで意味深い脚注を付け加えている。「何かこの種のことを想像した著者もいるが、生命体の現実の歴史からは、このようなことは何も私たちに知られていない」（S・フロイト、一九三八）。フロイトがここでプラトンのエロス神話に言及していることはきわめて明らかだが、彼は詩的想像の産物であるとして、それに反論しているのである。この反論はまったく不思議である。プラトン的解答こそ、エロスの保守的な性格の理論的な必要条件を満足させるものであろう。もし男女が初めは結合していて、のちに引き離され、そして再結合の願望にかられているものであるとすれば、本能は昔の状態を回復する傾向を持っているという公式に、これ以上にうまく当てはまるものがあるだろうか。なぜフロイトはこの解決法を受け入れることによって、エロスが真の本能ではないという理論的難点からのがれなかったのだろうか。

『概説』のこの脚注を、『快感原則の彼岸』におけるずっと詳しく、時期的にも早い所説と比べてみれば、おそらくこの問題により多くの光が当てられることだろう。ここで彼は『饗宴』においてプラトンが伝えていることを引用しているが、それは人間が本来は一体であったのをゼウスによって二つに分けられ、その分裂後はそれぞれ他の半分を求め合い、両者が出会うと互いに抱き合って一体となることを切望する、というくだりである。彼は書いている。

私たちはこの詩人＝哲学者が与えるヒントに従って、あえて以下の仮説を採用すべきであろうか。すなわち生命体は生まれる時に小さな分子に引き裂かれ、それ以来ずっと性本能を通じて再結合すべく努力してきた、ということ。これらの本能は、その中に生命のない物質の持つ化学的親和力をまだ保存しているので、原生生物の世界で発達してゆくうちに、危険な刺激――本能をして保護的な皮質層を形成せざるをえないようにしむけた刺激――に満ちた環境が本能の努力を妨げるために置いた困難を乗り越えることに徐々に成功した、ということ。これらの生命体の分裂した破片は、かくして多細胞の状態に達し、最後にはこの再結合の本能を、最も高度に集中した形で生殖細胞に移したのだ、ということ――しかしここで、この議論を一応打ち切ることにしたい（フロイト、一九二〇）[18]。

（18） 脚注においてフロイトは、ブリハッド・アーラヌヤカ・ウパニシャッド〔訳注。古代インド哲学書の一つ〕から、同じような思想を引用している。

二つの所説の違いは容易にわかる。先行する論述（『快感原則の彼岸』）においては、フロイトは解答を未解決のままにしているが、あとの方の所説（『精神分析学概説』）においては、答えははっきりと否定的である。

しかしはるかに重要なことは、この両者の所説に共通している特定の論述である。どちらの場合にも、彼は〈生命体〉が引き裂かれたと言っている。しかしながらプラトンの神話は、〈生命体〉が引き裂かれたとは言っていないのであって、男と女が引き裂かれ、再結合を目ざして努力していると言っている。どうしてフロイトは、〈生命体〉をきわめて重大な点として主張したのだろうか。

私はその答えは主観的な要因にあるのではないかと思う。フロイトには、男性は女性よりすぐれていて女性と平等ではないという家父長的感情がしみ込んでいた。それゆえ男性―女性の分極性の理論――それはすべての分極性と同じく、相違を意味するとともに平等性の意味をも含んでいる――は、彼には受け入れられないものであった。この情緒的な男性偏向のために、彼はずっと早い時期に、女性は不具の男性であって、去勢コンプレックスとペニス羨望に支配されており、さらに彼女らの超自我は男性より弱く、しかるにナルシシズムは男性より強いという事実によってもまた、男性より劣っているという理論に達したのであった。彼の解釈のあざやかさに感嘆することもできるが、人類の半分は他の半分の不完全版であるという仮定は、不合理以外の何ものでもなく、ただ根深い性的偏見（人種的偏見および

―あるいは―宗教的偏見とあまり変わらない）によるものとしか説明のしようがないものである。それゆえフロイトがこの場合にも、すなわちプラトンの神話に従って男性―女性の平等性を仮定することを強いられそうになった場合にもまたつまずいたのは、驚くに値することだろうか。実際、フロイトにはこの一歩を踏み出すことができなかった。かくして彼は男性―女性の結合を〈生命体〉の結合に変え、エロスが本能の保守的な性質を持たないという難点から脱出するための、論理的な方法を拒否したのである。

私がこの点を長々と述べたのには、幾つかの理由がある。第一に、フロイトをしてこれらの矛盾した解決に到達せしめた動機づけを知ることが、フロイトの理論に内在する矛盾を理解する助けになるからである。第二に、ここで論議した問題には、フロイトの本能理論の変遷という特別な問題を超えた興味があるからである。私たちがここで理解しようとしていることは、フロイトの意識的な思考は、新しい直観と、彼の〈家父長コンプレックス〉に根ざした古い思考習慣との妥協であって、そのために彼は新しい直観を明確な、あいまいさのない形で表現することができなかった、ということなのである。言い換えれば、フロイトは彼が超越することのできなかった、社会の感情や思考習慣の囚人であった。[19] 新しい直観がひらめいた時、その一部――あるいはその結果――のみが意識され、他の部分は彼の〈コンプレックス〉や今までの意識的思考と相容れないために、無意識のままであった。彼の意識的思考は、もっともらしい解釈をほどこして意識的な思考過程を満足させることにより、矛盾や不統一を否定することに努めなければならなかった。[20]

(19) たとえばジョン・スチュアート・ミル、J・J・バッハオーフェン、カール・マルクス、フリードリヒ・エンゲルス、そしてその他かなり多くの人びとが超越したように。

(20) この過程は多くの偉大な創造的思想家たちに起こる。スピノザは顕著な一例である。たとえばスピノザが有神論者であったのか否かという問題は、彼の意識的な思考習慣(有神論的)と新しい直観(非有神論的)との違い、およびその結果の妥協としての、実際は神の否定であるような神の定義を考慮に入れなければ、十分に理解することはできない。一人の著者の書いたものをこのように検討する方法は、幾つかの重要な点で精神分析的である。書かれた本文の行間を読むのは、精神分析学者が患者の自由連想や夢の行間を読むのに似ている。出発点は、私たちがすぐれた思想家の思想の中に矛盾を見いだすという事実である。もしそれが理論的才能の問題なら、彼は自分でその矛盾に気付いてそれを解決したであろうから、この内在的矛盾は二つの構造の葛藤によって生じたものと推測しなければならない。古い構造はなおも意識的領域の大部分を占めており、根本的に新しい構造は、十分に意識的思考の中に姿を現わすのに成功していない。すなわち、その一部は無意識のままである。内在的矛盾は徴候、あるいは夢と同じように扱うことができる。すなわち、情動的な根を持つ意識的思考の古い構造と、古い思想や感情の強さのために十分に表現されえない理論的直観の新しい構造との妥協として扱うのである。著者はたとえ天才であっても、これらの矛盾の存在や性質にまったく気付かないかもしれないのに、局外者が――同じ前提にはとらえられていないので――それらを非常にはっきりと見るかもしれない。カントが次のように書いた時、おそらく彼はこのことを言っていたのだろう。「時には私たちは、著者が自らを理解する以上によく、著者を理解する」。

フロイトはエロスを彼自身の本能の定義、すなわちその保守的な性質、に当てはめるという解決を選びはしなかったし、また――私が明らかにしようとしたように――できもしなかった。彼にはほかに理論的な選択の余地があっただろうか。私はあったと信じる。彼は愛と破壊性が主要な役割を演じるという新しい直観を、彼の古い伝統的なリビドー理論の中に組み込むという異なった解決を見いだすこともできただろう。彼は破壊性の起源としての前性器愛期の性愛(口唇愛および肛門愛サディズム)と、愛の起源としての性器愛期の性愛との分極性を樹立することもできただろう[21]。しかしもちろん、この解決はフロイトにとっては、さきにほかのことに関連して述べた理由で、受け入れがたいものであった。それは破壊性および愛がともにリビドー的となるために、一元論的見解に近づく危険性を持っていた。しかしフロイトはすでに、肛門愛＝サディズム的リビドーの破壊的な部分は死の本能であるという結論に達することによって、破壊性と前性器愛期の性愛とを結びつける基礎を造っていた（S・フロイト、一九二三、一九二〇）。もしそうだとすれば、肛門愛リビドー自身が死の本能と深い親近性を持っているにちがいないと推測しても、無理はないだろう。いやさらに進んで、破壊性を目ざすのは肛門愛リビドーの本質だと結論することも、許されそうである。

(21) Ernst Simmel はまさにこのような解決法を提案した（E・ジンメル、一九四四）。

しかしフロイトはこの結論には至らない。そしてそれはなぜであったかを推測することは、興味深いことである。

第一の理由は、肛門愛リビドーのあまりにも狭い解釈にある。フロイトやその弟子たちにとって、肛門愛の本質的な面は、支配し所有する傾向（対象を保存するという、対象への友好的な面は除いて）にある。さて、支配することと所有することは、たしかに愛し、助長し、解放することとは反対の傾向であって、それらだけで一つの症候群を形成している。しかし〈所有〉と〈支配〉とは、破壊性の本質そのものである破壊の願望や生への敵意を含んではいない。たしかに肛門愛的性格は、すべての無生物に対する彼らの一般的な親近感の一部として、排泄物への深い関心と親近感とを持っている。排泄物は、もはや役に立たないものとして肉体から最終的に排出された産物である。肛門愛的性格は、ごみや死や腐敗のごとく、生に役立たないすべてのものに引きつけられるのと同様に、排泄物に引きつけられるのである。[22] かくして、支配し所有する傾向は肛門愛的性格の一面にすぎないが、生への憎しみに比べると、より穏やかで悪性は少ない、と言える。思うにもしフロイトが排泄物と死との間のこの直接の関係に気付いていたら、彼は主たる分極性は性器愛的方向づけと肛門愛的方向づけという、臨床的に十分研究された、エロスと死の本能に相当する二つの存在の間のそれであるという結論に達したかもしれない。もし彼がそうしていたら、エロスと死の本能は二つの生物学的に与えられた、同等の強さを持つ傾向としては見られずに、エロスは生物学的に正常な発達の目的と見なされる一方では、死の本能は正常な発達ができなかったことによるものであって、その意味で、深く根ざしてはいるが病的な努力として見なされたことだろう。もし生物学的な推論を望むならば、肛門愛を次の事実、すなわち嗅覚による方向づけはすべての四本足の哺乳動物の特徴であり、直立した姿勢は、嗅覚による方向づけから視覚による方向づけへの変化を意味するという事実に関連させればよい。古い嗅脳の機能の変化は、まさにこの方向づけの変貌に対応するものだろう。こう考えると、肛門愛的性格は生物学的発達の退行的段階を成していて、それには体質的＝遺伝的根拠さえあるのではないかと考えられる。幼児の肛門愛は、十全に発達した人間的機能への移行の過程にあって、生物学的に初期の段階の進化論的な意味での繰り返しを表わしていると考えることができる。（フロイトの用語では、肛門愛＝破壊性は本能の保守的な性質、すなわち性器愛＝愛＝視覚的方向づけから、肛門愛＝破壊＝嗅覚的方向づけへの復帰という性質を持つことになるだろう。）

（22）　肛門愛とネクロフィリアとの親近性は、第十二章で論議されている。私はそこで典型的なネクロフィリアの夢は、排泄物、死体——全身あるいはばらばらの——、墓、廃墟などの象徴に満ちていることを述べ、このようなネクロフィラスな夢の例をもあげている。

死の本能と生の本能との関係は、フロイトの発達の図式における前性器愛期のリビドーと、性器愛期のリビドーとの関係に、本質的には等しいものであっただろう。肛門愛の段階にリビドーが固着するのは、心的性的構造の中に深い根を持ってはいるが、病的現象であるのに対して、性器愛の段階は、健康な人間の特徴だろう。さてこのように考えると、肛門愛段階には二つのかなり違った面があることになる。一つは支配の動因であり、他は破壊の動因である。私が明らかにしようとしたように、これはサディズムとネクロフィリアの違いということになるだろう。

しかしフロイトはこのような関連づけはしなかったし、また、さきにエロスの理論の難点に関連して論じた理由から、おそらくそれはできなかっただろう。

3 死の本能の力と限界

これまでのページで私が指摘したのは、フロイトがリビドー理論からエロス—死の本能理論へ転向した時に、彼が陥らざるをえなかった内在的矛盾であった。後者の理論にはまた違った種類の葛藤があって、私たちはそれに注意を向けなければならない。それは理論家としてのフロイトと、ヒューマニストとしてのフロイトとの葛藤である。理論家の到達する結論は、人間には自分を破壊するか（ゆっくりと、る。

病気によって)、他を破壊するか、あるいは——ほかの言い方をすれば——苦しみを自分に与えるか、他に与えるかのどちらかの道しかないということである。ヒューマニストは、この悲劇的二者択一の考えに反抗する。この考えによれば、戦争も人間存在のこの面の合理的な解決ということになるからである。

フロイトはこの悲劇的な二者択一をきらっていたわけではない。それどころか、彼の初期の理論において、彼はこのような悲劇的二者択一を作り上げていた。すなわち本能の要求(とくに前性器愛期の要求)を抑圧することが、文明の発達の基礎であると考えられた。そして抑圧された本能的動因は、価値ある文化的水路へと〈昇華〉されるが、やはり完全な人間的幸福は犠牲にしなければならなかった。一方抑圧は文明の増進をもたらすだけでなく、抑圧の過程がうまくゆかない人びとの場合には、神経症の発達をもたらした。文明の欠如と完全な幸福の組み合わせか、文明と神経症およびわずかな幸福との組み合わせが唯一の二者択一であるように思われた。(23)(24)

(23) たとえば『文明社会の性道徳と現代神経病』参照。そこでフロイトはこう書いている。「私たちの文明が神経衰弱の脅威をもたらすと考えても当然であろう」(S・フロイト、一九〇八a)。

(24) ヘルベルト・マルクーゼは、フロイトは完全な幸福のためにはすべての性本能(それはフロイトの意味では、とくに前性器愛期の構成要素に相当するだろうが)の完全な表現が必要だと言ったと主張している(H・マルクーゼ、一九五五)。フロイトのこの意見が正しいかどうかは別として、マルクーゼはフロイトの主眼点がこの悲劇的な二者択一であったという事実を見落としている。それゆえ、性本能のあらゆる構成要素の無制限の表現を目標とすべきであるというのは、フロイトの考えとはまったく違っている。反対にフロイトは——野蛮に対する文明の側にいたので——抑圧の方を、その反対よりも好むのである。そのうえ、フロイトは常に本能に及ぼす文明の抑圧的影響を語ったのであって、これが資本主義においてのみ起こり、社会主義では起こる必要がないという考え方は、完全にフロイトの考え方に反している。この問題についてのマルクーゼの思想は、フロイトの理論の細部をよく知らないための欠陥を持っている。

死の本能とエロスとの矛盾によって、人間は現実的で真に悲劇的な二者択一に直面することになる。現実的二者択一であるというのは、彼は襲撃を掛け、戦争をし、攻撃的になり、敵意を表現する決定をなしうるからであり、しかもそれは病気になるよりもこの方を自ら選んだからなのである。この二者択一が悲劇的であるというのは、少なくともフロイトやその他のヒューマニストに関するかぎり、ほとんど証明の必要もないことである。

フロイトは葛藤の鋭さをぼかすことによって論点をあいまいにしようと試みたりはしない。さきにも引用したように、『続精神分析入門』で彼はこう書いている。

そして今や私たちは、この攻撃性が現実の障害にぶつかったために、外界で満足を見いだすことができないという可能性の持つ意味に気付くのである。もしこうなれば、おそらく攻撃性は内攻して、内部を支配している自己破壊性の量を増すだろう。これが実際に起こるということ、そしてこれがいかに重大な過程であるかということは、のちにわかるだろう（S・フロイト、一九三三）。

『精神分析学概説』で彼はこう書いた。「攻撃性を抑止することは、一般に有害であり、病気をもたらす」（S・フロイト、一九三八）。このように明確な態度を示しておきながら、どうしてフロイトは、人間の問題をこのような絶望的な見方で放置すまいという衝動に反応したり、人類の最上の薬として戦争を推奨する人びとに味方することを避けたりするのだろう。

実際フロイトは、理論家とヒューマニストとの間のディレンマから抜け出す道を見いだすために、幾つかの理論的な試みを行なった。一つの試みは、破壊本能を良心に変貌させることができるという考えにある。『文化への不満』において、フロイトは「攻撃欲を無害なものにするために、彼〔攻撃者〕に何が起こるか」と問うている。フロイトは次のように答える。

> 起こってくるのは、ある種の非常に驚くべき事態であり、私たちが夢にも思わなかったことなのだが、それにもかかわらず、そうなることはまったく明白である。彼の攻撃性は内部へ投射され、内面化される。それは事実上、それが生まれたところへ送り返される――つまり、彼自身の自我へ向けられる。そこでそれは自我の一部でありながら超自我として、自我のほかの部分に対立する部分に取り入れられ、その部分が今や〈良心〉という形を執って、自我がほかの外部の人間に対して発揮することを望んでいた当のきびしい攻撃性を、自我に向けて発動すべく準備を整えるのである。きびしい超自我と、それに従属する自我との間の緊張を、私たちは罪の意識と呼ぶ。それは罰への要求となって自らを表現する。それゆえ文明は個人の持つ危険な攻撃欲を弱め、無害にし、征服された都市の駐屯軍のごとく、彼の中にそれを監視する力を置くことによって、その攻撃欲を制御するのである（S・フロイト、一九三〇）[25]。

（25） 良心が本質的に罰するものであるとするフロイトの概念は、たしかに非常に狭いものであって、ある種の宗教思想の伝統の中にある。それは〈権威主義的〉良心であって、〈ヒューマニズム的〉良心ではない。E・フロム（一九四七）参照。

破壊性が自己を罰する良心に変貌するというのは、フロイトの示唆するほど好都合なことではなさそうである。彼の理論によれば、良心は死の本能の持つエネルギーを与えられるので、それと同じほどに残酷なものとならなければならないだろう。しかもなぜ死の本能が〈弱められ〉、〈無害にされる〉のか、その理由も示されていない。むしろ次のような類推の方が、フロイトの思考の真の帰結をより論理的に表現するように思われる。残酷な敵によって支配されていた都市が、ある独裁者の助けによってその敵を打ち破る。ところが今度はその独裁者が、敗北した敵のそれとまったく同じように残酷な体制を樹立する。かくして何が得られたのか。

しかしながら、きびしい良心が死の本能の現われであるというこの理論は、フロイトが悲劇的な二者択一の概念を緩和するために行なう唯一の試みではない。ほかにもこれほど悲劇的ではない説明が、次の文章に表明されている。「破壊の本能が和らげられ、弱められ、そしていわばその目標において抑制され、外部の対象に向けられる場合、自我の生存にかかわる要求を満足させ、また自我をして自然を支配させることになるにちがいない」（S・フロイト、一九三〇）。これは〈昇華〉の好例であると思われる。[26]本能の目標は弱められずに、他の社会的に価値ある目標に向けられるのであって、この場合にはそれは「自然の支配」なのである。

（26）フロイトは概して〈昇華〉という言葉を死の本能と結びつけて使うことはなかった。しかし［本文の］次の一節の扱っている概念は、フロイトがリビドーに関連して昇華と呼んでいるものと同じであるように思われる。しかしながら〈昇華〉という概念には、たとえフロイトがそれを性本能、とくに前性器愛期の本能に適用した場合であっても、問題がある。古い理論に関しては、外科医は自分のサディズムの昇華されたエネルギーを利用するという例がよく知られていた。しかしこれはほんとうに真実であろうか。結局、外科医は切るだけではない。彼はまた縫合もする。そして最上の外科医は昇華されたサディズムに動機づけられるよりも、ほかの多くの要因、たとえば手を器用に使うこととか、直接の行為によって治療したいという望みとか、すばやい決断をする能力などによって動機づけられているように思われるのである。

これはなるほど完全な解決のように聞こえる。破壊本能のエネルギーが自然の支配のために使われるので、人間は他者か自己のいずれかを破壊するという悲劇的な選択から解放される。しかし、と私たちは問わなければならない。いったいこれはほんとうなのか。破壊性が建設性に変貌するというのは、はたしてほんとうなのか。「自然の支配」とはいったい何を意味するのか。動物をならし飼育すること、植物を採集し栽培すること、布を織ること、小屋を建てること、陶器類を作ることであり、また機械、鉄道、飛行機、摩天楼を造ることを含むいっそう多くの活動である。これらすべては建設し、建築し、統一し、総合する行為であって、実際、もしそれらを二つの基本的な本能の一つに帰することを望むならば、それらは死の本能よりはエロスによって動機づけられていると考えられるだろう。食べるために動物を殺すことと、戦争で人間を殺すことは破壊性に根ざしていると考えられるので、この二つはおそらく例外として、物質的生産は破壊的ではなく、建設的である。

フロイトは『なぜ戦争が』を話題としたアルバート・アインシュタインの手紙への返事において、彼の二者択一の苛酷さを和らげるために、もう一つ別の試みをしている。この時彼は、この今世紀最大の科学者かつヒューマニストの一人によって、戦争の心理的原因を尋ねられたのであったが、その時においてさえ、フロイトは彼のかつての二者択一の苛酷さを隠そうとも、和らげようともしなかった。このうえもなくはっきりと、彼は書いている。

いささかの考察の結果、私たちはこの本能はすべての生き物の中で作用し、それを破滅させ、生命を持たない元の物質の状態に生命を還元すべく努めていると想像するようになりました。それゆえ、これはまったくまじめな意味で、死の本能と呼ぶに値するものなのです。一方エロティックな本能は、生きようとする努力を代表しています。死の本能は、特別な器官の助けを借りて外部の対象に向けられると、破壊本能に変わります。有機体はいわば外部の有機体を破壊することによって、自分の生命を保存するのです。ところが死の本能のある部分は、有機体の内部で作用を続けます。そして私たちはこの破壊本能の内面化作用を突き止めようとして、正常、病的を問わず、ずいぶん多くの現象を調べました。私たちは良心の起源はこのように破壊性が内へ向けられたところにあるとする、異端の罪さえ犯しました。もしこの内面化の過程が度を過ごせば、決してささいな問題にはとどまらないことにお気付きでしょう。それはまったく有害です。一方もしこれらの力が外界の破壊へ向けられたら、有機体は救われ、その結果は有益なものとなるにちがいありません。これは私たちが反対して戦っているすべての醜悪で危険な衝動を、生物学的に正当化するのに役立つでしょう。これらの衝動の方が、それらに対する私たちの抵抗よりも――その抵抗についても説明が必要ですが――自然に近いことを、認めなければなりません（S・フロイト、一九三三a。傍点はフロム）。

この非常にはっきりとした妥協のない言明により、死の本能に関してそれまでに表明した見解を要約したあとで、そしてさらに「圧制も攻撃も知らない」民族がいるという幸福な世界の話はとうてい信じられないと述べたあとで、フロイトはこの手紙の終わり近くにおいて、初めに予感されたほどには悲観的でない解決に達しようと努めた。彼の希望は幾つかの可能性に基づいている。「もし戦争をしようという意志が」と彼は書いた。「破壊本能の結果とするならば、最も自明の方法は、その反対物であるエロスをしてそれに敵対させることです。人間どうしの情緒的なきずなの強化に役立つことなら何でも、戦争を防ぐ働きをするにちがいありません」（S・フロイト、一九三三a）。

ヒューマニストとしての、また彼が自分で言っているように〈平和主義者〉としてのフロイトが、ここではほとんど狂乱状態になって、彼自身の前提の論理的帰結を避けようと努めている姿は、驚くべきことでもあり、また感動的でもある。もし死の本能が、フロイトが終始主張しているように強力でかつ根源的なものであるなら、どうしてエロスを働かせることによって、それをかなり弱めることができるというのか。両者ともにすべての細胞に含まれていて、生命体の究極の性質を構成しているのではないか。

フロイトの平和のための第二の論法は、よりいっそう根源的でさえある。アインシュタインへの手紙の終わりで、彼は書いている。

さて戦争は、文明の過程によって私たちに課せられた精神的態度に対する、最もおろかな反抗です。だからそのためにこそ、私たちは戦争に反対しなければなりません。これ以上がまんすることはとてもできません。これは単に知的かつ情緒的な拒絶ではありません。私たち平和主義者は、体質的に戦争にはがまんできないのです。それはいわば一つの性癖が最高度に誇張されたようなものです。実際、私たちを反抗させるものとして、戦争の残酷さもさることながら、戦争による美的水準の低下もまさにそれに劣らぬ役割を果たしているような気がします。そして人類の残りの部分も平和主義的になるまで、私たちはどれくらい待たなければならないのでしょうか。それはわかりません（S・フロイト、一九三三a）。

そしてこの手紙の最後で、フロイトは彼の著作[27]の中に時々見られる考え方に触れている。それは文明の過程を、本能に対するいわば永続的で、〈体質的〉で、〈有機体的〉な抑圧をもたらす要因とする考え方である。

フロイトはこの見解を、ずっと以前に『三篇』の中で本能と文明との鋭い葛藤について語った時に、すでに表明していた。「文明社会の子供たちから受ける印象は、これらのせき〔訳注。性衝動を阻止するせき〕は教育の産物として造られたものであり、疑いもなく教育がそれに大いに関係があるということである。しかし実際には、この発達は有機体的に決定され、遺伝によって固定するのであって、時には教育からまったく何の助けも受けずに起こりうるのである」（S・フロイト、一九〇五。傍点はフロム）。

（27）S・フロイト（一九三〇）参照。この論文の編者の序文に引用された資料も参照。

『文化への不満』において、フロイトはこの傾向の考え方を続け、たとえば月経や肛門性欲に関するタブーの場合のような、文明へ発展する道を開く〈有機体的抑圧〉について語っている。すでに一八九七年にフロイトは、フリース（Fliess）への手紙（一八九七年十一月一四日付、第七十五書簡）で、「ある有機体的なものが抑圧に一役買った」と述べている（S・フロイト、一八九七）[28]。

（28）私は『標準版』の編者のジェームズ・ストレーチーが『文化への不満』の序文において、〈有機体的抑圧〉に関するフロイトのすべての見解の非常に有益な要約を与えていることに対し、心からの謝意を表する（フロイト、一九三〇）。この謝意は彼のほかのすべての序文にも及んでいる。これらのおかげで、たとえフロイトの業績に精通している者でも、自分の求める引用文をより早く見付けることができ、またそれ以上に、自分が忘れてしまった目につかない引用文を思い出すこともできる。それほどフロイトの業績に親しんでいない研究者にとっても、これらがまことに有益な指針となることは言うまでもない。

ここに引用したさまざまな所説から、次のことが明らかになる。すなわちフロイトが戦争を〈体質的〉にがまんできないという気持に期待を掛けたのは、彼の死の本能の概念の悲劇的な展望を超越するために、アインシュタインとの討議において、いわば特別に《アド・ホック》行なった試みであるだけではなく、一八九七年以来、決して主流となったことはないが、常に彼の思想の背景であった思考傾向に一致するものでもあった。

文明が〈体質的〉で遺伝的な抑圧を生じるというフロイトの推定、すなわち文明の過程においてある種の本能的要求が実際に弱められるという推定がもし正しければ、その時こそ彼はディレンマから抜け出す道を見いだしたことになる。その時には文明人は、文明に反するある種の本能的要求に、原始人ほどに促されることはなくなるだろう。破壊の衝動は、文明人においては原始人におけるほどの強さも力も持たなくなるだろう。この傾向の考え方からは、殺しに対するある種の抑制が文明の過程において作り上げられ、そして遺伝的に固定したのではないかという推論も生まれるだろう。しかしながら、たとえ一般論としてこのような遺伝的要因を発見することが可能であるとしても、死の本能の場合にはそれらが存在すると仮定することは、きわて困難であろう。

フロイトの概念によれば、死の本能はあらゆる生命体の生得の傾向である。この根源的な生物学的な力を文明の過程において弱めることができると仮定するのは、理論的に困難な命題であるように思われる。同じ論理を用いるなら、エロスも体質的に弱めることができると仮定できるだろうし、このような仮定はさらに一般的な仮定、すなわち生命体の本性そのものも文明の過程により、〈有機体的〉抑圧により、変えることができるという仮定につながることになるだろう。[29]

(29) フロイトの仮定に対する最も有力な反論は、有史以前の人間は文明人よりも攻撃性が強かったのではなく、弱かったということである。

いずれにせよ、今日ではこの点についての事実をはっきりさせることに努めるのが、最も重要な研究題目の一つであると思われる。文明の過程において、ある種の本能的な要求に対する体質的、有機体的抑圧があったことを示す十分な証拠があるのだろうか。この抑圧は本能的要求を意識から消去したり、それをほかの目標へそらしたりするよりも、それを弱める働きをするので、フロイトのふつうの意味の抑圧とは違うものだろうか。もっとはっきりと言うなら、歴史の過程において、人間の破壊的衝動は弱まったのだろうか。あるいは抑制衝動が発達して、それが今では遺伝的に固定しているのだろうか。この問いに答えるためには、とくに人類学、社会心理学、そして遺伝学における広範な研究が必要だろう。フロイトが彼の基本的な二者択一——他者もしくは自己の破壊——のきびしさを緩和するために行なった、さまざまな試みを振り返ってみる時、ディレンマから抜け出す道を見いだそうとする彼の粘り強さと同時に、満足すべき解決を見いだしたなどと信じない彼の誠実さには、感嘆のほかはない。かくして『概説』においては、彼はもはや破壊性の力を制限する要因には（超自我の役割を除いて）言及せず、この話題を次のように締めくくっている。「これは人間が文化的発達への途次において直面する、健康に対する危険の一つである。攻撃性を抑止することは一般に有害であり、病気を（怨念を）もたらす」（S・フロイト、一九三八）[30]。

（30）私は再び、本能と文明との関係に関するフロイトの見解の変化を指摘したい。リビドー理論の観点からは、文明は性的努力の抑圧を生じ、神経症の原因となるかもしれない。新しい理論においては、文明は攻撃性の抑止をもたらし、肉体的病気を生じる。

4　理論の実質の批判

私たちはここでフロイトの死の本能と生の本能の理論の内面的批判から、彼の議論の実質の批判へと進まなければならない。これについてはずいぶん多くのことが書かれているので、このような批判のあらゆる点を論議する必要はない。私はただ私自身の観点からとくに興味深い点、あるいはほかの著者たちが十分に扱っていない点のみに触れることにする。

おそらくフロイトの推論の最大の弱点は、この問題においても、ほかの幾つかの問題においても、彼の内なる理論家と体系樹立者とが、臨床的観察者より先走りしたことだろう。さらにフロイトは一方的に、経験的想像力よりも知的想像力に導かれていた。このことがなければ、彼はサディズム、攻撃性、破壊性、支配性、そして権力への意志は、常に明確な境界線が引かれるとはかぎらないとしても、質的にまったく異なった現象であることに気付いたことだろう。しかしフロイトは抽象的、理論的な観点から考えたのであって、そこには愛でないすべてのものは死の本能であるという考え方があった。それというのも、すべての傾向は新しい二元論の中に含まれなければならなかったからである。異なった、そして部分的に矛盾する精神的傾向を一つの範疇に入れてしまえば、それらのどれ一つとして理解できないという必然的な結果を生じることになる。種々の現象について意味のあることを言うためには、それぞれ異なった特定の形の体験について語らなければならないのに、一つにまとめてしまうと、疎外された言語で語らざるをえなくなる。

しかしフロイトは、二元論的な本能理論への彼の執着を時には超越できた、という証左はある。というのは私たちは、彼がさまざまな形態の攻撃性の中に——それらを違った言葉で区別こそしなかったが——ある根本的な質の差異を見ていた、ということを知っているからである。ここに彼が見たおもな形態を三つあげよう。

1　性愛とは無関係で、自己保存の本能に基づいた残酷性の衝動。これらの目標は、現実の危険を悟り、襲撃に対して身を守ることである（フロイト、一九〇五）。この攻撃の機能は生存、すなわち死活の利害への脅威に対する防衛である。この型はおおむね、私が〈防衛的攻撃〉と名付けたものに相当する。

2　彼のサディズムの概念において、フロイトは破壊し、強制し、苦しめる行為に肉欲が含まれているような破壊性の一形態を見た（もっとも彼はこの形態の破壊性の特別な性質を、性欲と非性的な死の本能との混合であると説明したが）。この型は〈サディズム〉に相当するだろう。

3　最後に、フロイトは第三の型の破壊性を認め、それを次のように記述した。「しかしそれが何の性的目的もなく、この上もなく盲目的で狂暴な破壊性をもって現われる場合でさえ、私たちはこの本能の満足が自我の昔ながらの全能への願望を満たすがゆえに、異常に高度なナルシシズムの喜びを伴うことを認めざるをえない」。

ここでフロイトがどの現象に言及しているのかは、容易にわからない。ネクロフィラスな人物の純然たる破壊性なのか、それともリンチや強姦の最中の暴徒の、力に酔いしれたサディスティックな一員の見せる極端な形態なのか。おそらくその難解さは、サディスティックで何でもやれる気分の激怒の極端な形態と、純然たるネクロフィリアとを区別するという一般的な問題の中にあるのだろう。この問題のむつかしさについては、私は本文で論評を加えておいた。しかしその答えが何であるにせよ、フロイトは異なった現象を認めたが、臨床的な事実を彼の理論的要件に適合させなければならなくなると、この区別立てを放棄したという事実は残るのである。

このようにフロイトの死の本能の理論を分析した今、私たちはどこにいるのか。それは多くの精神分析学者が作り出す〈破壊本能〉という構成概念、あるいはフロイトの初期の構成概念、すなわちリビドーのそれとは、本質的に異なっているのだろうか。私たちはこの論議の過程において、フロイトの攻撃理論の発展における微妙な変化や矛盾を指摘した。私たちはアインシュタインへの返事において、フロイトがしばしの間身をゆだねた思弁は彼の立場の苛酷さを和らげ、それを戦争の正当化のために用いられにくくするようなものであることを知った。しかしフロイトの理論体系をもう一度見渡してみると、これらすべての事実にもかかわらず、死の本能の基本的性格は、フロイトが本来、性の本能に適用した水力学のモデルの論理に或る意味では従っていることが、明らかになる。あらゆる生命体の中に、死を目ざす努力がたえず生じ、ただ一つの二者択一の余地を残す。すなわち、内部から人間を破壊する静かな仕事を行なうか、それとも〈破壊性〉として外部へ向かって、他者を破壊することによって自己破壊から人間を救うか。フロイトが言ったように、「攻撃性を抑止することは一般に有害であり、病気を（怨念を）もたらす」（S・フロイト、一九三八）。

フロイトの生の本能と死の本能の理論についてのこの検討を要約するに当たって、フロイトは一九二〇年以来、二つの根本的に異なった概念と、人間の動機づけに対する二つの違ったアプローチとにかかわってしまった、という結論は避けがたいものである。最初の概念、すなわち自己保存と性愛との葛藤は、伝統的な概念であって、人間を内からかりたてる力としての理性 対 情熱、義務 対 生来の傾向、あるいは飢え 対 愛の葛藤であった。後期の理論は、生きようとする傾向と死のうとする傾向、統合と分裂、愛と憎しみの葛藤に基づいていて、まったく異なったものであった。それは人間をかりたてる二つの力としての愛と憎しみについての、通俗的な概念に基づいているということもできるかもしれないが、実はもっと深遠で独創的であった。それはプラトン的なエロスの伝統に従って、愛はすべての生命体を結びつけ、生命の保証人となる力だと考えた。もっとはっきりと言えば、それはエンペドクレス

〔訳注。紀元前五世紀のギリシアの哲学者。世界には愛と争いの二つの力があって、物の結合と分離をつかさどると考えた〕の考え方、すなわち生き物の世界が存在するためには、争いとアプロディーテーつまり愛という相反する力の間の戦いや、牽引と反発の力が、ともに活発でなければならないという考え方に従っているように思われる。[31]

(31) エンペドクレスの概念とフロイトの概念とは、おそらく一見そう思われるほどほんとうに似ているわけではない。エンペドクレスにとって愛とは異なったものの間の牽引であり、争いとは似たものどうしの牽引である。本気で比較しようとするなら、エンペドクレスの全体系の検討が必要である（W・K・C・ガスリー、一九六五参照）。

5 興奮の減少の原理——快感原則と死の本能の根拠

しかしながら、フロイトの古い理論と新しい理論の違いに目を奪われて忘れてはならないことは、彼がフォン・ブリュッケとともに研究をしていた時から、彼の心に深く刻み込まれた一つの原理があって、それは両方の理論に共通しているということである。この原理は〈緊張の減少の原則〉であって、それは一八八八年から死の本能についての最後の論議に至るまで、フロイトの思考の基礎になっている。

彼の仕事のそもそもの初めであった一八八八年において、フロイトはすでに「安定した量の興奮」ということを言っている（S・フロイト、一八八八）。彼は一八九二年には、この原則をもっとはっきりと定式化して、こう書いた。「神経系統はその機能的関係において、あるものを常態に保とうと努力するのであって、私たちはそのあるものを〈興奮の量〉と称してもよいだろう。それはこの健康の必須条件を実現するために、すべての知覚しうる興奮の増大（*Erregungszuwachs*）を連合的に除去するか、適当な運動反作用によって発散する」（S・フロイト、一八九二。傍点はフロム）。

これに対応して、フロイトは彼のヒステリーの理論で用いた精神的外傷を、次のように定義した。「神経系統が連合反作用や運動反作用によって除去するのが困難ないかなる印象も、精神的外傷となる」（S・フロイト、一八九二。傍点はフロム）。

『科学的心理学草稿』（一八九五a）において、フロイトは「神経細胞の慣性の原則」について語っているが、そこでの主張はこうである。「神経細胞にはQを捨てようとする傾向がある。これに基づいて（神経細胞の）機能だけでなく、その構造や発達も理解されるべきである」（フロイト、一八九五a）。フロイトがQで何を意味しているのかは、必ずしもはっきりしていない。彼はこの論文で、それを「活動を休息と区別するもの」（フロイト、一八九五a）[32]——これは神経のエネルギーを意味する——と定義している。[33] いずれにせよ、この初期の時代に、フロイトがのちに恒常性の原則と呼んだもの、すなわちすべての神経活動を最小限にまで減少させることを意味するものの始まりがあると言っても、まちがいはないだろう。二十五年後の『快感原則の彼岸』において、フロイトはこの原則を心理学的な観点から次のように述べた。「心的装置は、その中に存在する興奮の量をできるだけ低く、あるいは少なくとも常態に保つように努力する」（S・フロイト、一九二〇。傍点はフロム）。フロイトはここで同じ原則——〈恒常性〉あるいは〈慣性〉——が二つの形を持つものとして語っている。一つは興奮を常態に保つことであり、他はそれをできるかぎり低い水準にまで減少させることである。フロイトは時にこれらの二つの言葉のどちらかを使って、この基本的原則のどちらかの形を表わした。[34]

（32）　Qの意味に関する詳細な議論については、J・ストレーチー、『標準版』第三巻、付録C参照。

(33) 『標準版』第三巻のJ・ストレーチーの注釈参照。ストレーチーが強調している事実は、精神的エネルギーの概念は『夢判断』においてはしばしば使われているのに、『草稿』においてはどこにも見当たらないということである。さらにストレーチーが注意を促している事実は、古い神経学的な背景の痕跡は、フロイトが〈精神的〉――肉体的と区別された――エネルギーの概念を受け入れてからも、ずっとのちまで見いだされるということである。一九一五年に至っても、『無意識について』の論文で、フロイトは精神的エネルギーではなく、〈神経的〉エネルギーを語っている。ストレーチーの述べるところでは、実際「Qのおもな特徴の多くは、形を変えてフロイトの著作の一番最後まで生き延びた」(第一巻、三四五ページ)。フロイト自身も、私たちはQとは何かに対する答えを知らないという結論に達した。彼は『快感原則の彼岸』にこう書いた。「私たちがメタサイコロジーと表現しているものについての議論がすべてあいまいなのは、もちろん私たちが精神的体系の諸要素において起こる興奮過程の性質について何も知らず、したがってこの主題についていかなる仮説をも立てるべきでないと感じているからである。それゆえに私たちはいつも大きな未知の要因をいだいて仕事を続け、それを新しい定式化のたびごとに取り入れなければならないのである」(S・フロイト、一九二〇)。

(34) J・ボールビーはこの問題についてすぐれた論議を行ない、フロイトはもともと慣性の原則を一次的と考え、恒常性の原則を二次的と考えていたと述べている。関連した部分を読むと、私はJ・ストレーチーの解釈にも一致するような、また違った推論に導かれる(J・ボールビー、一九六九参照)。

快感原則は恒常原則に基づいている。化学的に生み出されたリビドー的興奮は、その正常な水準にまで減少させる必要がある。緊張を常態に保つこの原則が、心的装置の機能を支配している。そのいつもの水準以上に高まった緊張は〈不快感〉として感じられ、それを恒常的水準にまで減少させることが、〈快感〉として感じられる。「快感原則が支配していることを私たちに信じさせるに至った諸事実は、心的装置はその中に存在する興奮の量をできるだけ低く、あるいは少なくとも常態に保つように努力するという仮説の中にも、表現されている……。快感原則は恒常原則に由来している」（S・フロイト、一九二〇。傍点はフロム）。緊張の減少というフロイトの原理を理解しなければ、彼の立場は決してわからない。というのは彼の立場は、快感を求めて努力するという快楽主義的な概念を中心にしているのではなく、緊張を減少させ、それとともに――精神的に――不快感を減少させるという生理学的な必要性の仮定に基づいているからである。快感原則は興奮の量を或る恒常的水準に保つことに基づいている。しかし恒常原則は、興奮を最低の水準に保つという傾向をもまた含んでいる。この形において、それは死の本能の基礎になる。フロイトが述べているように、精神生活の、そしておそらくは神経生活一般の支配的傾向は、刺激による内的緊張を減少させ、常態にとどめ、あるいは除去しようとする努力（バーバラ・ロー〔Barbara Law〕から言葉を借りるなら、涅槃原則）である――これは快感原則に現われている傾向である。そしてこの事実を認めたことが、私たちが死の本能の存在を信じるに至った最も強い理由の一つなのである」（S・フロイト、一九二〇）。

フロイトはここでほとんど擁護の余地のない立場に到達する。すなわち恒常性、慣性、涅槃のそれぞれの原則は同一であるという立場であり、緊張の減少の原則が（快感原則によって）性本能を支配し、それは同時に死の本能の本質でもあるという立場である。フロイトが自己破壊だけでなく、他者に対する破壊をも死の本能に帰していることを考えると、彼は快感原則と破壊本能の存在は同じ原則に由来するという、矛盾した議論に到達することになるだろう。まったく当然のことながら、フロイトはこのような考え方には満足できなかった。それはとりわけ、フロイトが決して捨てることのなかった力の葛藤という二元論的なモデルよりも、一元論的なモデルに対応するものだからである。四年後にフロイトは、

『マゾヒズムの経済的問題』においてこう書いた。

しかし私たちはためらうことなく、快感‐不快感の原則を涅槃原則と同一視した……。涅槃原則（そしておそらくはそれと同一と考えられる快感原則）は、まったく死の本能に奉仕するものであるが、その死の本能の目的は、不安定な生を安定した無機物の状態へ導くことであって、それは予定された生の過程を乱そうとする生の本能――リビドー――の要求に対して、警告を発する機能を持つだろう。しかしかかる見解が正しいことはありえない（S・フロイト、一九二四。傍点はフロム）。

この見解が正しくないことを立証するために、フロイトは、ふつうの体験がそもそもの初めに教えたであろうと思われる一歩を踏み出す。彼は書いている。

一連の緊張感の中で、私たちは刺激の量の増大と減少を直接に感じるように思われる。そして快い緊張と、緊張の不快な緩和があることは、疑うことができない。性的興奮の状態は、この種の快い刺激の増大の最も顕著な例であるが、これが唯一の例でないことは確かである。

それゆえに快感と不快感は、ある量（それを私たちは「刺激による緊張」と表現する）の増大または減少という要因に大いに関係することは明らかだが、それのみに帰することはできない。それらはこの量的な要因ではなく、その要因の持つある特徴、すなわち質的な特徴としてのみ表現できるような特徴に左右されるように思われる。この質的な特徴が何であるかを言うことができたら、心理学は大いに進歩したにちがいない。おそらくそれは刺激の量におけるリズムであり、時間の流れの中での変化すなわち上昇や下降なのだろう。私たちにはわからないのである（S・フロイト、一九二四）。

しかしながら、フロイトはこの説明に満足していないようではあったが、この考え方をそれ以上追究はしなかった。その代わりに彼は、快感と破壊を同一視する危険を克服するための別な考え方を持ち出した。彼は続けて言っている。

いずれにせよ、涅槃原則はまさに死の本能に属しているが、それが生命を持つ有機体の中で修正を受け、それによって快感原則となったのであることを、私たちは認めなければならない。そうすれば私たちは今後はこの二つの原則を同一のものと見なすことを避けるようになるだろう……。涅槃原則は死の本能の傾向を表現し、快感原則はリビドーの要求を表わす。そして後者の原則の修正である現実原則は、外界の影響を表わすのである（S・フロイト、一九二四）。

この説明は、快感原則と死の本能が同一ではないという主張の説明と言うよりは、むしろ理論的にそう言わざるをえないということのようである。

フロイトが矛盾した立場から抜け出そうとした試みは、私の考えでは、まことにあざやかながら不成功に終わっているが、この点での重要な問題は彼が成功したかどうかということではない。それはむしろ、フロイトのすべての心理学的思考が、そもそもの初めから終わりに至るまで、興奮の減少の原則がすべての精神的、神経的生活を支配する原則であるという原理に支配されていたということなのである。私たちはこの原理の起源を知っている。フロイト自身がG・T・フェヒナー(G. T. Fechner)(一八七三)を、この考えの創始者として引用している。彼は書いている。

しかしながら、私たちが無関心ではいられない発見は、G・T・フェヒナーほどの洞察力に富んだ研究者が、快感と不快感の主題に関して、精神分析の研究によって私たちがいだかざるをえなくなった見解と、あらゆる本質的要素において一致する見解を持っていたということである。フェヒナーの所説は『有機体の発生――および進化に関する二、三の意見』(*Einige Ideen zur Schöpfungs――und Entwicklungsgeschichte der Organismen*)(一八七三)(第十一篇、補遺、九十四)という小著において、次のように書かれている。「意識的な衝動が常に快感あるいは不快感と何らかの関係を持っているかぎり、快感と不快感もまた、安定と不安定の条件に精神的＝肉体的関係を持っていると見なすことができる。これを根拠として或る仮説が生まれるが、それについてはほかのところで詳しく述べようと思う。この仮説によれば、識閾を超えるすべての精神的＝肉体的動きは、それが或る限界を超えて完全な安定に近づくのに比例して快感を伴い、それが或る限界を超えて完全な安定からはずれるのに比例して不快感を伴う。一方この二つの限界は快感と不快感の質的な閾値と表現できるだろうが、この二つの間には、或る範囲の感覚的中立がある……」。(35)

快感原則が精神生活を支配していることを私たちに信じさせるに至った諸事実は、心的装置はその中に存在する興奮の量をできるだけ低く、あるいは少なくとも常態に保つように努力するという仮説の中にも、表現されている。この後者の仮説は、快感原則を別の方法で述べているにすぎない。というのは、もし心的装置の働きが興奮の量を低く保つ方向へ向けられるならば、その量を増大しそうなものは何でも、心的装置の機能に敵対するものとして、つまり不快なものとして感じられるにちがいないからである。快感原則は恒常原則に由来している。実は後者の原則は、私たちに快感原則を採用せざるをえなくさせた諸事実から推論したものである。そのうえ、もっと詳しい論議をすれば、私たちがこのように心的装置に帰している傾向は、フェヒナーが快感と不快感をそれに結びつけた「安定への傾向」の原則に、特殊な場合として含まれることが明らかになるだろう（S・フロイト、一九二〇）。

（35）　フロイトは『自我とエス』で次のように述べた。「もしフェヒナーの恒常性の原則が生を支配し、そのために生はたえざる死への下降から成るというのが真実なら……」（S・フロイト、一九二三）。この「死への下降」は、フェヒナーの所説の中には見当たらない。それはフェヒナーの原則をフロイト独特の形に拡大したものである。

しかしフェヒナーは決して、緊張の減少の原則を代表するただ一人の人ではなかった。物理学のエネルギーの概念に刺激されて、エネルギーとエネルギー保存の概念は、生理学者たちの間で人気を得た。もしフロイトがこれらの物理学の理論に影響されていたなら、それらは、死の本能は一般的な物理法則の一つの特定の例にすぎないことを暗示しているように思われたことだろう。しかし無機物と有機物の違いを考えれば、このような結論の誤りは明らかになる。ルネ・デュボス（René Dubos）は、この点を非常に簡潔に表現した。彼は書いている。

物理学の最も基本的な法則の一つによれば、物質の世界の普遍的傾向は、すべてのものが下り坂を走り降り、できるかぎり低い緊張の水準にまで下がり、たえず潜在的エネルギーを失い、解体へ向かって行く傾向である。これに反して、生命はたえず物質の無秩序の中から秩序を創造し、維持する。この事実の深い意味を理解するためには、生命を持ったいかなる有機体にも――最も大きく最も進化したものだけでなく、最も小さなものにも――それが最後に死んだ時に、何が起こるかを考えるだけでよい（R・デュボス、一九六二）。

R・カップ（R. Kapp）（一九三一）とL・S・ペンローズ（L. S. Penrose）（一九三一）の二人のイギリス人の著者が、物理学の理論と死の本能を結びつけようとする幾人かの著者の試みに対して、非常に説得力のある批判を行なったので、人は「エントロピー〔訳注。熱力学上の抽象的な量の単位。エントロピーの増大は解体を意味する〕と死の本能との間に何らかの関係があるという考えは、最終的に捨てなければならない[36]」。

(36) E・ジョーンズ（一九五七）。ジョーンズの引用する文献も参照のこと。とくにS. Bernfeld and S. Feitelberg (1930)。さらにK・H・プリブラム（一九六二）も参照。

フロイトがエントロピーと死の本能との間の関係を考えていたかどうかは、たいした問題ではない。たとえ考えていなかったとしても、興奮とエネルギーを最低の水準にまで減少させるという原則全体が、デュボスがさきの引用で指摘している基本的な誤りに基づいている。すなわち生命と非生命、〈有機体〉

と〈物〉との根本的な相違を無視するという誤りである。

有機体にのみ当てはまる法則から抜け出すために、のちにはエントロピーの類推よりも、ほかの類推が好まれるようになった。すなわちウォルター・B・キャノン（Walter B. Cannon）（一九六三）が発展させた〈恒常性（homeostasis）〉の概念である。しかしこの概念の中にフロイトの涅槃原則との類似を見るジョーンズやその他の人びとは、この二つの原則を混同している。フロイトは興奮を除去する——あるいは減少させる——傾向について語る。一方キャノンやその後の多くの研究者たちは、比較的安定した内的環境を保つ必要性について語る。この安定性は内的環境が安定を保つ傾向があることを意味するが、それがエネルギーを最小限にまで減少させる傾向を持っていることは、意味していない。この混同は、どうやら〈安定性〉や〈恒常性《コンスタンシー》〉という言葉のあいまいさのゆえに生じるようである。簡単な例でこの誤りを明らかにすることができる。もしある部屋の温度を、サーモスタットによって安定した、あるいは恒常的な水準に保とうとするなら、それは温度が或る水準より高くも低くもなってはならないことを意味する。しかしながら、もしその傾向が温度を最低の水準に保つものであるとするならば、それはまったく違った問題になるだろう。実際、恒常的な安定性の原則は、完全な、あるいは相対的なエネルギーの減少である涅槃原則とは矛盾するのである。

緊張の減少というフロイトの基本的な原理は快感原則と死の本能の両者の父となったが、これがドイツ的な機械論的唯物論に特徴的な考え方から生まれたことには、ほとんど疑いの余地はないようである。この概念をフロイトに暗示したのは、臨床経験ではなかった。フロイトが彼の先生たちの生理学的理論に深い愛着をいだいていたことが、彼およびのちの精神分析学者たちに、この〈原理〉を課したのであった。それは臨床的観察やその結果としての理論の定式化を、緊張の減少という狭い枠組に押し込んだので、次のような事実を示す豊富なデータをもってしても、その誤りを正すことがほとんどできなかったのである。その事実とは、人間はあらゆる年齢において興奮、刺激、愛と友情の関係を求め、世界との結びつきを増大することを欲するということである。要するに、人間は緊張の減少の原則と同様に、緊張の増大の原則によっても動機づけられているらしいということなのである。しかし多くの精神分析学者は、緊張の減少は限られた妥当性しか持たないという印象を持ちながらも、彼らの根本的な立場を変えずに、フロイトのメタサイコロジーの概念と、彼らの臨床的なデータの論理との特殊な混合によって、お茶を濁そうとした。

おそらく、死の本能の概念の妥当性についてのフロイトの自己欺瞞の謎を解くためには、また違った要素が必要だろう。フロイトの著作の注意深い読者はみな、彼が新しい理論的構想を初めて世に問う時には、いかにためらいがちに、かつ慎重にそれらを扱ったかにも気付いているにちがいない。彼はそれらの妥当性を請求しなかったし、時にはそれらの価値をおとしめるような発言さえした。しかし時がたつにつれて、より多くの仮説的構成概念が理論となり、その上に新しい構想や理論が築き上げられた。理論家としてのフロイトは、彼の多くの構成概念の妥当性の疑わしさに十分気付いていた。なぜ彼は元来いだいていたこれらの疑いを忘れたのか。この問いに答えることはむつかしいが、考えられる一つの答えは、精神分析の運動の指導者としての彼の役割の中に見いだされるかもしれない。[37] 彼の弟子たちの中で、彼の理論の根本的な面をあえて批判した人たちは、彼から去るか、それとも何らかの圧力によって追放された。この運動を築き上げた人たちは、理論的能力の観点からはたいていが平凡な連中で、彼らにとっては、フロイトの根本的な理論的変化について行くことは困難であっただろう。彼らは自分たちが信じ、それを中心として運動を組織することのできる教義を必要とした。[38] かくして科学者としてのフロイトは、ある程度運動の指導者としてのフロイトの囚人となった。言い換えると、教師としてのフロイトは、彼の忠実ではあるが創造性を持たない弟子たちの囚人となったのである。

(37) E・フロム(一九五九)参照。

(38) このことは、死の本能に対してフロイト派の学者たちの大部分が起こした反作用が裏付けている。彼らはこの新しく深遠な思索について行くことができず、古い本能理論の観点からフロイトの攻撃についての思想を定式化することによって、抜け道を見いだした。

訳者あとがき

著者の「はしがき」によれば、この本の完成には六年の歳月を要した。そのあいだに、著者の専門外である神経生理学、動物心理学、古生物学、人類学などの分野での新しい知見が、精神分析の攻撃性の理論を補強するために検討され、取り入れられた。一九〇〇年生まれの著者がこのような努力を積み重ね、首尾一貫した大著を完成したことは、一つの驚異である。著者の学問的良心とヒューマニストとしての情熱とが、高齢にもかかわらずこの労作を完成に導いたとしか言いようがない。

本書の内容は多様な専門分野にわたってはいるが、わかりやすく書かれているので、章別の紹介を行なう必要はなかろう。そのかわり、全体を貫くヒューマニズムの思想を念頭におきながら、本書の基礎理論について語ることにしよう。基礎理論が最もまとまった形で展開されているのは、第十章「悪性の攻撃――その前提」である。

ヒューマニズムとは人間への単なる愛にとどまらない。それは人間とは何であるかについての独特の定義と、人間は何を為すべきかに関する特有の見方を含む。ヒューマニズムは人間にかかわる感情、認識、評価の特定の様式である。まず評価に関しては、ヒューマニストであるフロムは、人間が自らのつくり出した物、観念、情熱に支配されてはならず、人間は自らの主人であるべきだと主張する。しかし人類の歴史を通じて、人間は自らを疎外してつくり出した各種の偶像を崇拝してきたし、今も崇拝している。そのために戦争が制度化され、人間の人間による搾取や虐待が起こり、組織と世論の権威が人間を操縦するに至った。この反ヒューマニズムの傾向は人間の本性の中に内在しているのであろうか。その問に答えるために、著者はとりわけ攻撃性の源の探求をめざして、大脳や神経細胞の機能を、動物の遺伝的に装置された本能的機制を、人類の祖先や現存の人類の生産様式、宗教、階級制などを検討する。そこから次の点が確認される。人間には生命の脅威に対する防衛的攻撃以外の攻撃のメカニズムは系統発生的に組み込まれてはいないこと、人間の有機体の中には自らの最適度の発達を、更には他者との共存をさえめざして、全体を統御する理性的な能力が与えられていること、それにもかかわらず文明の段階にはいって悪性の攻撃である破壊が頻繁になったのは、独自の発展の法則をもつ物質的な条件を人間が統御しえず、逆にこの条件のもたらす歪みを助長する階級制が発達したこと。

フロムは人間の中に、理想への献身、愛のつながり、宇宙との神秘的一体感、自己を実現する創造の諸傾向が内在していることを見いだす。これらの傾向を十分に現実化するのが人間の目標である。それらを実現するのに適した自然的、社会的環境が不在である時、人間は目標に接近できないけれども、目標ははっきりしており、それを追求する能力は人間に内在的に与えられている。人間性のこのような認識の立場から、フロムの批判は行動主義と本能主義の両方に向けられる。行動主義の最新版であるB・スキナーの新行動主義においても、人間の行動は結局のところ刺激―反応の図式によってとらえうるものとされている。刺激と反応のあいだにブラック・ボックスを設けてはいるが、このボックスの中には功利主義的に判断する知性しかはいっていない。人間を目標へ向かって適合的に行動させるためには、外界からの賞と罰による操作だけで十分だ。それでは、目標はどうして決まるのか。この決定には価値判断が大幅に介入してくるから、どのような目標が人間にとって望ましいかについては、科学は当分のあいだ答えることはできない。いずれにしても、目標は外から人間に与えられる。そしてとりわけ賞による強化が、人間の行動をその目標に対して適合的にする。この理論においては、人間は人間の外にあるものに従属している。

一方、本能主義の立場もまた、本能という、人間の努力ではどうしようもない宿命的な力によって人間は動かされてゆくと見る点で、人間に内在する目標を認めない。K・ローレンツのエソロジーの理論によると、動物の種内攻撃は弱い個体を間引くことによって、また雌の防衛に関してすぐれた雄を選び出すことによって、種の保存の機能を果すのだが、この攻撃は外部の刺激によって起こる反作用ではなく、放置しておいても自然に内から溢れ出る衝動なのである。ローレンツは本能のこの水力学的モデルをそのまま人間に適用する。溢れ出る攻撃衝動によって人はどうしようもなく仲間と争い、国家と国家とは戦い合う。しかしフロムによれば、進化の低い段階での動物の行動から人間のような高い段階での行動を類推することは危険である。実際、人類の原始的狩猟民は長いあいだ制度としての戦争を知らなかった。また防衛的反作用とは別の、刺激なしに開発される攻撃(悪性の攻撃)は、系統発生的に植えつけられた本能にではなく、人間社会が文明化と共に発達させた性格に基づく。ローレンツの水力学的モデルが当てはまるのは、むしろこの性格に根ざした攻撃である。

人間性の概念に関しての本能主義と行動主義の反ヒューマニズムに対するフロムの批判は、次のように要約されている。「本能主義者の考える人間は、種の過去に生きている。ちょうど行動主義者の考える人間が、彼の社会体制の現在に生きているように。前者は過去から受け継いだ型しか生み出しえない機械であり、後者は現在の社会的な型しか生み出しえない機械である。行動主義と本能主義には、共通した一つの基本的前提がある。それは人間にはそれ自身の構造を、それ自身の法則を持った精神はないということである」(一一一ページ)。

フロムは、比類なく発達した大脳新皮質をもち、本能による行動の決定が最低となった人間という種の個体の中に、自己自身で目標を定め、その目標に向かって進化しうる自己決定性を見いだす。

人間が他者との共存を含む諸能力の発展という内在的目標によって動かされるかどうかは、学説の批判の観点であるだけではなく、性格の分類の観点でもある。「献身の対象への要求には、神や愛や真理への献身によって――あるいは破壊的偶像の崇拝によって――答えることができる。結びつきへの要求は愛とやさしさによって――あるいは依存、サディズム、マゾヒズム、破壊性によって――答えることができる。統一と根を降ろすことへの要求には、連帯、同胞愛、愛、神秘的体験によって――あるいは酔っぱらったり、麻薬にふけったり、人格を喪失することによって――答えることができる。有能であろうとする要求には、愛や生産的な仕事によって――あるいはサディズムや破壊性によって――答えることができる。刺激と興奮への要求には、人間、自然、芸術、思想への生産的な関心によって――あるいは常に変化する快楽を貪欲に追求することによって――答えることができる」(四〇三ページ)。

それぞれの要求に答える二つの道は、個人が自由に選択しうる道として与えられているのではない。前者を選んで、愛、連帯、正義といった〈生命増進の症候群〉を形成してゆくのが、人間に内在的な傾向である。この道が種種の環境的要因によって閉ざされた時、存在的要求と呼ばれるこれらの要求に対して、人間はサド＝マゾヒズム、破壊性、貪欲、ナルシシズム、近親愛をもって答えることを余儀なくされる。これらの〈生命阻害の症候群〉は、生命を抑圧する情熱の徴候であって、この情熱は全体としての人間の成長と幸福を妨げるがゆえに、非合理的な情熱と呼ばなければならない。非合理的な情熱は歪められた情熱ではあるが、生命を促進する合理的な情熱と同じように、強い力をもつ。たとえば貪欲という性格特性をもつ人は、どんなに貪欲を抑制しようと意識的に努力しても、貪欲にならざるをえない。性格が本能と等価の機能をもつと言われるのは、このような意味においてである。〈生命阻害の症候群〉は特異な個人の属性ではない。この症候群が社会的性格の属性として一社会の内部に広がっている場合、逆に〈生命増進の症候群〉をもつ人が、特異なパーソナリティの持主と見なされることもある。

人類の文明が〈生命阻害の症候群〉を生み出して以来、数千年が過ぎ去った。今日の文明社会も、この症候群にとりつかれている。我々は異常が正常と見える社会の中で生きている。しかし生命を促進する目標が人間に内在している限り、人類は希望を失うことはできないであろう。むろん座して待つことで目標が実現されるわけではないが、絶望の宣言が真理を告げることにもならない。楽観主義も悲観主義も共に人間を超えた力への依存である限り、合理的な信念と合理的な絶望の疎外形態にほかならない。本書の「結び」において、フロムは『希望の革命』の基本的なモティーフへと戻ってゆく。

本書を構成する基本的な考え方の紹介は以上で終わることにしたい。能力と紙幅の制約があるので、十分なものとはとうてい言い難いが、本書を通読する読者にとって多少の手助けとなればさいわいである。

最後に、人間の手で書かれたものである以上、本書もまた完璧なものではないという感想を付け加えておこう。本書ではネクロフィリアの概念が重要視されていて、ヒトラーの性格はサド＝マゾヒズムよりもむしろネクロフィリアによって特徴づけられている（『自由からの逃走』との相違）。ネクロフィラスな人間は、「磁力や重力」によるかのように「母に引きつけ」られるという点で（五八三ページ）、非合理的な情熱によって動かされる一つのケースである。しかし母へのこの特異な執着の情熱は比喩的にしか語られていないし、フロム自身も認めているように（五八五ページ）、この情熱の発生過程はまだ謎に包まれている。また、〈生命増進の症候群〉と〈生命阻害の症候群〉とは、それぞれ複数の要素的な徴候のシステムであるとされているが、それと同時に、〈生命増進の症候群〉の中にも阻止的な徴候がまじり、〈生命阻害の症候群〉の中にも促進的な徴候がまじることもあると考えられている（四〇四頁）。逆の方向性をもつ要素的徴候がシステムに入り込んでいる場合、順方向の徴候と逆方向の徴候とは相互作用のどのような結果をもたらすのだろうか。たとえばそれは相殺効果をもたらすのか、それとも逆方向の要素は制圧されてしまうのか。あるいはまた、生の方向が死の方向に逆転したり、その反対となったりする結果をもたらすことはないだろうか。その相互作用こそ、人間の創造性と破壊性の謎を解く鍵となるのではなかろうか。

『悪について』(*The Heart of Man*) から『希望の革命』を経て本書に至るまで、フロムは症候群システム内の諸要素のダイナミックな相互作用の問題を提起するに至っていない。最後に、ヒムラー、スターリン、ヒトラーのケース・スタディに関しては、資料の選択と解釈に問題が残されているようである。確実な資料としてはヒムラーの日記と手紙だけしかない。

しかしながら、右のようないくらかの疑問点を含むことで、本書全体の価値がそこなわれるわけではない。人間のすべての営みは、フロムの主張するように完全をめざしているのであって、完全ではありえない。生命への深い愛と関心とが、明快な理論を支え強めている本書のような労作は、まれにしか現われないだろう。ここでは価値への志向と科学への志向が両立し合い補強し合っている。

*

訳業の過程について言えば、まず佐野哲郎が全体を訳し、次に作田が考えを異にする箇所について代案を示したのち、両者が相談して最終稿をまとめた。末尾ながら、本訳書の刊行に至るまで、出版部の長尾愛一郎氏にゆき届いたご助力を得たことを、謝意と共に申し添えたい。

一九七五年十二月一日

作田啓一

文献目録

紙面の都合上，この文献目録に記載されているのは，私が参考にしたすべての資料ではなく，若干の例外を除いて，本文あるいは注においてとくに言及した書物と論文だけである。

Abramova, Z. A. 1967. *Palaeolithic Art in the U.S.S.R.*, trans. Catherine Page. Arctic Anthropology, vol. 4. Moscow-Leningrad: Akademiia Nauk SSSR. (Quoted in A. Marschack, ed. 1972; q.v.)

Ackermann, J. 1970. *Heinrich Himmler als Ideologe.* Göttingen: Musterschmidt.

Ackert, K. 1967. (Quoted in B. Kaada, 1967; q.v.)

Adorno, T. W.; Frenkel-Brunswik, E.; Levinson, D. F.; and Sanford, R. N. 1950. *The Authoritarian Personality.* New York: Harper & Bros.

Alanbrooke, Viscount [Alan Francis Brooke]. 1957. *The Turning of the Tide.* London: Collins.

Alee, W. C.; Nissen, H. W.; and Nimkoff, M. F. 1953. "A Reexamination of the Concept of Instinct." *Psych. Rev.* 60 (5): 287–297.

Alexander, F. 1921. "Metapsychologische Betrachtungen." *Intern. Ztsch. f. Psychoanalyse.* 6: 270–285. (Quoted in E. Jones, 1957; q.v.)

Altman, J. 1967. "Effects of Early Experience on Brain Morphology." In *Malnutrition, Learning, and Behavior,* ed. N. S. Scrimshaw and J. E. Gordon. Cambridge: M.I.T. Press, 1972. (Quoted in G. C. Quarton; T. O. Melnechuk; and F. O. Schmitt, 1967; q.v.)

______. 1967a. "Postnatal Growth and Differentiation of the Mammalian Brain, with Implications for a Morphological Theory of Memory." In *The Neurosciences: A Study Program,* ed. G. C. Quarton; T. O. Melnechuk; and F. O. Schmitt. New York: Rockefeller Univ. Press, 1967.

______, and Das, C. D. 1964. "Autodiographic Examination of the Effects of Enriched Environment on the Rate of Glial Multiplication in the Adult Rat Brain." *Nature.* 204: 1161–1163. (Quoted by J. Altman, in G. C. Quarton; T. O. Melnechuk; and F. O. Schmitt, 1967; q.v.)

Altman, S. A. 1960. "A Field Study of the Sociobiology of Rhesus Monkeys, *Macaca mulata.*" Thesis, Harvard Univ. Unpublished.

Ames, O. 1939. *Economic Annuals and Human Cultures.* Cambridge: Botanical Museum of Harvard Univ.

Ammacher, P. 1962. "On the Significance of Freud's Neurological Background." In *Psychological Issues.* Seattle: Univ. of Washington Press.

Anderson, E. 1967. *Plants, Man and Life.* Rev. ed. Berkeley: Univ. of California Press. (1st ed. Boston: Little, Brown, 1952.)

Andreski, S. 1964. "Origins of War." In *The Natural History of Aggression,* ed. J. D. Carthy and F. J. Ebling. New York: Academic.

———. 1972 *Social Science as Sorcery.* London: A. Deutsch.

Angress, W. T., and Smith, B. F. 1959. "Diaries of Heinrich Himmler's Early Years." *Journal of Modern History.* 51 (Sept.)

Aramoni, A. 1965. *Psicoanálisis de la Dinámica de un Pueblo (México, Tierra de Hombres)* [Psychoanalysis of the dynamics of a people (Mexico, land of men)]. Mexico: B. Costa-Amic, Editorial.

Ardrey, R. 1961. *African Genesis.* New York: Atheneum.

———. 1966. *The Territorial Imperative: A Personal Inquiry into the Animal Origins of Property and Nations.* New York: Atheneum.

Avis, V. See Washburn, S. L. 1958, jt. auth.

Bachofen, J. J. 1967. *Myth, Religion and the Mother Right: Selected Writings of Johann Jakob Bachofen,* ed. J. Campbell; trans. R. Manheim. Princeton: Princeton Univ. Press. (Original ed. *Das Mutterrecht,* 1861.)

Banks, C. See Haney, C. In press, jt. auth.

Barnett, S. A. 1958. "An Analysis of Social Behavior in Wild Rats." *Proc. Zool. Soc. Lond.* 130: 107–152.

———. 1958a. "Experiments on 'Neophobia' in Wild and Laboratory Rats." *Brit. Jour. Med. Psychol.* 49: 195–201.

———, and Spencer, M. M. 1951. "Feeding, Social Behaviour and Interspecific Competition in Wild Rats." *Behaviour.* 3: 229–242.

Bartell, G. T. 1971. *Group Sex.* New York: Peter H. Wyden.

Beach, F. A. 1945. "Bisexual Mating Behavior in the Male Rat: Effects of Castration and Hormone Administration." *Physiol. Zool.* 18: 390.

———. 1955. "The Descent of Instinct." *Psych. Rev.* 62 (6): 401–410.

Beeman, E. A. 1947. "The Effect of Male Hormone on Aggressive Behavior in Mice." *Physiol. Zool.* 20: 373.

Beg. M. A. See Southwick, C. H. 1965, jt. auth.

Below, J. 1960. *Trance in Bali.* New York: Columbia Univ. Press.

Bender, L. 1942. "Childhood Schizophrenia." *Nerv. Child.* 1: 138–140.

Benedict, R. 1934. *Patterns of Culture.* New York: New American Library, Mentor.

———. 1959. "The Natural History of War." In *An American Anthropologist at Work,* ed. M. Mead. Boston: Houghton Mifflin.

Benjamin, W. 1968. "The Work of Art in the Age of Mechanical Reproduction." In *Illuminations* by W. Benjamin; ed. and Introduction by H. Arendt; trans. H. Zohn. New York: Harcourt Brace Jovanovich.

Bennett, E. L.; Diamond, M. C.; Krech, D.; and Rosenzweig, M. R. 1964. "Chemical and Anatomical Plasticity of the Brain." *Science.* 146: 610–619. (Quoted by J. Altman in G. C. Quarton; T.O. Melnechuk; and F. O. Schmitt, 1967; q.v.)

Bergounioux, F. M. 1964. "Notes on the Mentality of Primitive Man." In *Social Life of Early Man,* ed. S. L. Washburn. Chicago: Aldine.

Berkowitz, L. 1962. "The Frustration-Aggression Theory Revisited." In *Aggression: A Social Psychological Analysis* by L. Berkowitz. New York: McGraw-Hill.

______. 1967. "Readiness or Necessity?" *Cont. Psychol.* 12: 580–583.

______. 1969. "The Frustration-Aggression Hypothesis Revisited." In *The Roots of Aggression: A Re-examination of the Frustration-Aggression Hypothesis,* ed. L. Berkowitz. New York: Atherton.

Bernfeld, S. 1934. "Ueber die Einteilung der Triebe." *Imago.* 21.

______, and Feitelberg, S. 1930. "Der Entropiesatz and der Todestrieb" [Principles of Entropy and the death instinct]. *Imago.* 17: 137–206. (Quoted in E. Jones, 1957; q.v. See also R. Kapp 1931.)

Bertalanffy, L. von. 1956. "Comments on Aggression." Paper presented at the 1956 Winter Meeting of the American Psychoanalytic Association, New York City.

______. 1968. *General System Theory.* New York: G. Braziller.

Bettelheim, B. 1960. *The Informed Heart: Autonomy in a Mass Age.* New York: Macmillan, Free Press.

Bexton, W. H.; Heron, W.; and Scott, T. H. 1954. "Effect of Decreased Variation in the Sensory Environment." *Can. Jour. of Psych.* 8 (2): 10–76.

Bingham, H. C. 1932. *Gorillas in Native Habitat.* Publication No. 426. Washington, D.C.: Carnegie Inst. of Washington.

Bird, H. G. See Clark, G. 1946, jt. auth.

Blanc, A. C. 1961. "Some Evidence for the Ideologies of Early Man." In *Social Life of Early Man,* ed. S. L. Washburn. Chicago: Aldine.

Bleuler, E. 1951. *Autistic Thinking, Organization and Pathology of Thought.* New York: Columbia Univ. Press.

______. 1969. *Lehrbuch der Psychiatrie.* 11th ed. Heidelberg: Springer-Verlag.

Bliss, E. L., ed. 1968. *Roots of Behavior.* New York: Hafner.

Boulding, K. E. 1967. Review in *Peace and War Report.* (Mar.): 15–17.

Bourke, J. G. 1913. *Der Unrat in Sitte, Brauch, Blauben und Gewohnheitrecht der Völker* [Scatalogical rites of all nations] with an Introduction by S. Freud. Leipzig: Ethnologischer Verlag.

Bowlby, J. 1958. "The Nature of the Child's Tie to His Mother." *Int. Jour. of Psychoan.* 39: 350–373.

______. 1969. *Attachment and Love.* International Psychoanalytic Library. London: Hogarth.

______. See Durbin, E. F. M. 1939, jt. auth.

Brandt, H. 1970. *The Search for a Third Way.* Garden City: Doubleday.

Braun, E. 1935. *Diaries.* Alexandria: Archives.

Brosse, J. 1972. *Hitler avant Hitler.* Paris: Fayard.

Bryant, J. 1775. *Mythology.* Vol. 2. London. (Quoted in J. G. Bourke, 1913; q.v.)

Bucke, R. M. 1946. *Cosmic Consciousness,* ed. G. M. Acklom. Rev. ed. New York: Dutton.

Bullock, A. 1965. *A Study in Tyranny.* (Quoted in W. Maser, 1971; q.v.)

Bullock, T. H. 1961. "The Origins of Patterned Nervous Discharge." *Behaviour.* 17: 48–59.

Burckhardt, C. 1965. (Quoted in P. E. Schramm, 1965; q.v.)

Burckhardt, K. J. 1960. *Meine Danziger Mission,* 1937–39. (Quoted in J. Ackermann, 1970; q.v.)

Burton, A. 1967. "The Meaning of Psychotherapy." *Jour. of Existentialism.* 29.

Buss, A. H. 1961. *The Psychology of Aggression.* New York: Wiley.

Cabot, C. (Quoted in C. and W. M. S. Russell, 1968; q.v.)

Cadogan, Sir A. 1972. *The Diaries of Sir Alexander Cadogan 1938–1945,* ed. David Dilks. New York: Putnam.

Caldwell, M. 1968. *Indonesia.* New York: Oxford Univ. Press.

Calhoun, J. B. 1948. "Mortality and Movement of Brown Rats *(Rattus norvegicus)* in Artificially Supersaturated Populations." *Jour. of Wildlife Management.* 12: 167–172.

Campbell, B. G. 1966. *Human Evolution.* Chicago: Aldine.

Cannon, W. B. 1963. *Wisdom of the Body.* Rev. ed. New York: Norton.

Carpenter, C. R. 1934. "A Field Study of the Behavior and Social Relations of Howling Monkeys." *Comp. Psych. Monog.* 10 (48).

Carrighar, S. 1968. "War Is Not in Our Genes." In *Man and Aggression,* ed. M. F. A. Montagu. New York: Oxford Univ. Press.

Carthy, J. D., and Ebling, F. J., eds. 1964. *The Natural History of Aggression.* New York: Academic.

Childe, V. G. 1936. *Man Makes Himself.* London: Watts.

Chomsky, N. 1959. Review of *Verbal Behavior* by B. F. Skinner. *Language.* 35: 26–58

———. 1971. "The Case Against B. F. Skinner." *The New York Review of Books.* (30 Dec.)

Churchman, C. W. 1968. *The System Approach.* New York: Dell, Delta Books.

Clark, G., and Bird, H. G. 1946. "Hormonal Modification of Social Behavior." *Psychosom. Med. Jour.* 8: 320–331. (Quoted in J. P. Scott, 1958; q.v.)

Clarke, G. 1969. *World Prehistory.* New York: Cambridge Univ. Press.

Clausewitz, K. von. 1961. *On War,* ed. F. N. Maude; trans. J. J. Graham. Rev. ed. New York: Barnes & Noble. (1st ed. *Vom Kriege,* 1833) Chap. 2, sec. 17.

Cobliner, G. See Spitz, R. 1965, jt. auth.

Cole, S. 1967. *The Neolithic Revolution.* 7th ed. London: Trustees of the British Museum.

Collias, N. (Quoted in C. and W. M. S. Russell, 1968; q.v.)

Darwin, C. 1946. *The Descent of Man.* London: Watts. (1st ed., 1872.) *The Origin of Species and the Descent of Man.* New York: Modern Library, 1936.

Das, G. D. See Altman, J. 1964, jt. auth.

Davie, M. R. 1929. *The Evolution of War.* Port Washington, N.Y.: Kennikat.
Deetz, J. 1968. Discussion remarks. In *Man, the Hunter,* ed. R. B. Lee and I. DeVore. Chicago: Aldine.
Delgado, J. M. R. 1967. "Aggression and Defense Under Cerebral Radio Control." In *Aggression and Defense; Neural Mechanisms and Social Patterns.* Brain Function, vol. 5, ed. C. D. Clemente and D. B. Lindsley. Berkeley: Univ. of California Press.
______. 1969. *Physical Control of the Mind.* World Perspective Series, ed. R. N. Anshen. New York: Harper & Row.
Dement, W. 1960. "The Effect of Dream Deprivation." *Science.* 131: 1705–1707.
De River, J. P. 1956. *The Sexual Criminal: A Psychoanalytic Study.* 2nd ed. Springfield, Ill.: C. C. Thomas. (Quoted in H. von Hentig, 1964; q.v.)
DeVore, I., ed. 1965. *Primate Behavior: Field Studies of Primates and Apes.* New York: Holt, Rinehart & Winston.
______. 1970. (Quoted in D. Ploog and T. O. Melnechuk, 1970; q.v.)
______. See Hall, K. R. L. 1965, jt. auth.
______. See Lee, R. B. 1968, jt. auth.
______. See Washburn, S. L. 1971, jt. auth.
Doane, B. K.; Mahatoo, W.; Heron, W.; and Scott, T. H. 1959. "Changes in Perceptual Function after Isolation." *Can. Jour. of Psych.* 13 (3): 210–219.
Dobzhansky, T. 1962. *Mankind Evolving: The Evolution of the Human Species.* New Haven: Yale Univ. Press.
Dollard, J.; Miller, N. E.; Mowrer, O. H.; Sears, G. H.; and Sears, R. R. 1939. *Frustration and Aggression.* New Haven: Yale Univ. Press.
Dubos, R. 1962. *The Torch of Life.* Credo Series, ed. R. N. Anshen. New York: Simon & Schuster.
Dunayevskaya, R. Forthcoming. *Philosophy and Revolution.* New York: Dell.
Durbin, E. F. M., and Bowlby, J. 1939. *Personal Aggressiveness in War.* New York: Columbia Univ. Press.
Durkheim, E. 1897. *Le Suicide.* Paris: Librairie Félix Alcan.
Duyvendak, J. J. L. 1928. Introduction. In *The Book of Lord Shang,* trans. J. J. L. Duyvendak. London. (Quoted in S. Andreski, 1964; q.v.)

Ebling, F. J. See Carthy, J. D. 1964, jt. auth.
Eggan, D. 1943. "The General Problem of Hopi Adjustment." *Amer. Anthropologist.* 45: 357–373.
Egger, M. D., and Flynn, J. P. 1963. "Effects of Electrical Stimulation of the Amygdala on Hypothalamically Elicited Attack Behavior in Cats." *Jour. Neuro. Physiol.* 26: 705–720. (Quoted in B. Kaada, 1967; q.v.)
Eibl-Eibesfeldt, I. 1972. *On Love and Hate: The Natural History of Behavior Patterns,* trans. G. Strachan; New York: Holt, Rinehart & Winston.
Eiseley, L. 1971. "The Uncompleted Man." In *In the Name of Life,* ed. B. Landis and E. S. Tauber. New York: Holt, Rinehart & Winston.
Eisenberg, L. 1972. "The Human Nature of Human Nature." *Science.* 179 (14 Apr.)

Engels, F. 1891. *The Origin of Family, Private Property and the State, in the Light of the Researches of Lewis H. Morgan.* New York: Int. Univs. Press, 1942.
———. See Marx, K., jt. auth.
Erikson, E. H. 1964. *Childhood and Society.* Rev. ed. New York: Norton.
Ervin, F. R. See Mark, V. H. 1970, jt. auth.

Fabing, H. D. 1956. "On Going Berserk: A Neurochemical Enquiry." *Science Monthly.* 83: 232–237.
Fantz, R. L. 1958. "Pattern Vision in Young Infants." *Psych. Rec.* 8: 43–47. (Quoted in D. E. Schecter, 1973; q.v.)
Fechner, G. T. 1873. *Einige Ideen zur Schöpfungs—und Entwicklungsgeschichte der Organismen.* Pt. 11, supp. 94.
Fenichel, O. 1953. "A Critique of the Death Instinct." In *Collected Papers.* 1st series. New York: Norton.
Fischer, F. 1967. *Germany's Aims in the First World War.* New York: Norton. (1st ed. *Der Griff nach der Weltmacht.* Düsseldorf: Droste Verlag, 1961.)
Flaubert, G. 1964. *The Legend of St. Julian the Hospitaler.* New York: New American Library.
Fletcher, R. 1968. *Instinct in Man.* New York: Int. Univs. Press. London: Allen & Unwin. (1st ed. 1957.)
Flint, R. W., ed. 1971. *Selected Writings of F. T. Marinetti.* New York: Farrar, Strauss & Giroux.
Flynn, J. P. See Egger, M. D. 1963, jt. auth.
Foerster, H. von. 1963. "Logical Structure of Environment and Its Internal Representation." In *Internal Design Conference, Aspen, 1962,* ed. A. E. Eckerstrom. Zeeland, Mich.: Miller, Inc.
———. 1970. "Molecular Ethology." In *Molecular Mechanisms in Memory and Learning.* New York: Plenum.
———. 1971. "Perception of the Future and the Future of Perception." Address at the 24th Conference on World Affairs. Boulder: Univ. of Colorado. 29 Mar.
Foster, G. M. 1972. "The Anatomy of Envy." *Current Anthropology.* 13 (2): 165–202.
Freeman, D. 1964. "Human Aggression in Anthropological Perspective." In *Natural History of Aggression,* ed. J. D. Carthy and F. J. Ebling. New York: Academic, 1964.
Freuchen, P. 1961. *Book of the Eskimos.* New York: World. (Quoted in E. R. Service, 1966; q.v.)
Freud, S. 1888. *Hysteria.* S.E., vol. 1.*
———. 1892. *Sketches for the "Preliminary Communication of 1893."* S.E., vol. 1.

* 本書で言及した S. フロイトの著作の出典は，Fliess あての第75書簡（1897）を除いて，次のとおりである（本目録では S. E. と省略）。*The Standard Edition of the Complete Psychological Works of Sigmund Freud*, 23 vols., ed. J. Strachey. London: Hogarth Press, 1886—1939.

———. 1895. "The Clinical Symptomatology of Anxiety Neurosis." In *On the Grounds for Detaching a Particular Syndrome from Neurasthenia under the Description of "Anxiety Neurosis."* S.E., vol. 3.
———. 1895a. *Project for a Scientific Psychology.* S.E., vol. 1.
———. 1897. Letter 75, to Fliess. *Letters 1873–1939.* London: Hogarth, 1961.
———. 1898. *Sexuality in the Development of Neurosis.* S.E., vol. 3.
———. 1900. *The Interpretation of Dreams.* S.E., vol. 3.
———. 1905. *Three Essays on the Theory of Sexuality.* S.E., vol. 7.
———. 1908. *Character and Anal Eroticism.* S.E., vol. 9.
———. 1908a. *Civilized Sexual Morality and Modern Nervous Illness.* S.E., vol. 9.
———. 1909. *Analysis of a Phobia in a Five-Year-Old Boy.* S.E., vol. 10.
———. 1913. *Totem and Tabu.* S.E., vol. 13.
———. 1914. *On Narcissism.* S.E., vol. 14.
———. 1915. *Instincts and Their Vicissitudes.* S.E., vol. 14.
———. 1915a. *The Unconscious.* S.E., vol. 14.
———. 1915–1916. *Introductory Lectures on Psychoanalysis.* S.E., vol. 15.
———. 1916–1917. *Introductory Lectures on Psychoanalysis.* S.E., vol. 16.
———. 1920. *Beyond the Pleasure Principle.* S.E., vol. 18.
———. 1923. *The Ego and the Id.* S.E., vol. 19.
———. 1924. *Economic Problem of Masochism.* S.E., vol. 19.
———. 1925. *The Resistance to Psychoanalysis.* S.E., vol. 19.
———. 1927. *The Future of an Illusion.* S.E., vol. 21.
———. 1930. *Civilization and Its Discontents.* S.E., vol. 21.
———. 1931. *Female Sexuality.* S.E., vol. 21.
———. 1933. *New Introductory Lectures.* S.E., vol. 22.
———. 1933a. *Why War?* S.E., vol. 22.
———. 1937. *Analysis Terminable and Interminable.* S.E., vol. 23.
———. 1938 (pub. 1940). *An Outline of Psychoanalysis.* S.E., vol. 23.
Fromm, E. 1932. "Die psychoanalytische Charakterologie und ihre Bedeutung für die Sozialforschung." *Ztsch. f. Sozialforschung.* 1: 253–277. "Psychoanalytic Characterology and Its Relevance for Social Psychology." In *The Crisis of Psychoanalysis* by E. Fromm. New York: Holt, Rinehart & Winston, 1970.
———. 1934. "Die Sozialpsychologische Bedeutung der Mutterrechtstheorie." *Ztsch. f. Sozialforschung.* 3: 196–277. "The Theory of Mother Right and Its Relevance for Social Psychology." In *The Crisis of Psychoanalysis* by E. Fromm. New York: Holt, Rinehart & Winston, 1970.
———; with the collaboration of E. Schachtel; A. Hartoch-Schachtel; P. Lazarsfeld, *et al.* 1936. "The Authoritarian Character Structure of German Workers and Employees Before Hitler." Unpublished.
———. 1941. *Escape from Freedom.* New York: Holt, Rinehart & Winston.
———. 1947. *Man for Himself: An Inquiry into the Psychology of Ethics.* New York: Holt, Rinehart & Winston.
———. 1950. *Psychoanalysis and Religion.* New Haven: Yale Univ. Press.
———. 1951. *The Forgotten Language: An Introduction to the Understanding of Dreams, Fairytales, and Myths.* New York: Holt, Rinehart & Winston.
———. 1955. *The Sane Society.* New York: Holt, Rinehart & Winston.

———. 1959. *Sigmund Freud's Mission.* New York: Harper & Bros.
———. 1961. *Marx's Concept of Man.* New York: Frederick Ungar.
———. 1963. *The Dogma of Christ and Other Essays on Religion, Psychology and Culture.* New York: Holt, Rinehart & Winston. (1st ed. in German, 1931.)
———. 1964. *The Heart of Man.* New York: Harper & Row.
———. 1968. "Marx's Contribution to the Knowledge of Man." *Social Science Information.* 7 (3): 7–17. (Reprinted in E. Fromm 1970; q.v.)
———. 1968a. *The Revolution of Hope.* New York: Harper & Row.
———. 1970. *The Crisis of Psychoanalysis: Essays on Freud, Marx, and Social Psychology.* New York: Holt, Rinehart & Winston.
———. 1970a. "Freud's Model of Man and Its Social Determinants." In *The Crisis of Psychoanalysis* by E. Fromm. New York: Holt, Rinehart & Winston.
———. 1970b. "The Oedipus Complex: Comments on the Case of Little Hans." In *The Crisis of Psychoanalysis* by E. Fromm. New York: Holt, Rinehart & Winston.
———, and Maccoby, M. 1970. *Social Character in a Mexican Village.* Englewood Cliffs, N.J.: Prentice-Hall.
———; Suzuki, D. T.; and Martino, R. de. 1960. *Zen Buddhism and Psychoanalysis.* New York: Harper & Bros.
———, and Xirau, R., eds. 1968. *The Nature of Man.* New York: Macmillan.

Garattini, S., and Sigg, E. B. 1969. "Relationship of Aggressive Behavior to Adrenal and Gonadal Function in Male Mice." In *Aggressive Behavior*, ed. S. Garattini and E. B. Sigg. Amsterdam: Excerpta Medica Foundation.
Gill, D. G. 1970. *Violence Against Children.* Cambridge: Harvard Univ. Press.
Ginsberg, M. See Glover, E. 1934, jt. auth.
Glickman, S.E., and Sroges, R. W. 1966. "Curiosity in Zoo Animals." *Behaviour.* 26: 151–188.
Glover, E., and Ginsberg, M. 1934. "A Symposium on the Psychology of Peace and War." *Brit. Jour. Med. Psych.* 14: 274–293.
Goodall, J. 1965. "Chimpanzees of the Gombe Stream Reserve." In *Primate Behavior: Field Studies of Primates and Apes,* ed. I. DeVore. New York: Holt, Rinehart & Winston.
———. See also Van Lawick-Goodall, J.
Gosliner, B. J. See Mahler, H. S. 1955, jt. auth.
Gower, G. 1968. "Man Has No Killer Instinct." In *Man and Aggression*, ed. M. F. A. Montagu. New York: Oxford Univ. Press.
Green, M. R., and Schecter, D. E. 1957. "Autistic and Symbiotic Disorders in Three Blind Children." *Psychiat. Quar.* 31: 628–648.
Groos, K. 1901. *The Play of Man.* New York: D. L. Appleton.
Guderian, H. 1951. *Erinnerungen eines Soldaten.* Heidelberg. (Quoted in J. Ackermann, 1970; q.v.)
Guntrip, H. 1971. "The Promise of Psychoanalysis." In *In the Name of Life,* ed. B. Landis and E. S. Tauber. New York: Holt, Rinehart & Winston.
Guthrie, W. K. 1962. *Earlier Presocratics and the Pythagoreans.* A History of Greek Philosophy, vol. 1. New York: Cambridge Univ. Press.

———. 1965. *Presocratic Traditions from Parmenides to Democritus.* A History of Greek Philosophy, vol. 2. New York: Cambridge Univ. Press.
Guttinger, R. C. (Quoted in C. and W. M. S. Russell, 1968; q.v.)

Hall, K. R. L. 1960. "The Social Vigilance Behaviour of the Chacma Baboon, *Papio ursinus.*" *Behaviour.* 16: 261–294.
———. 1964. "Aggression in Monkey and Ape Societies." In *The Natural History of Aggression*, ed. J. D. Carthy and F. J. Ebling. New York: Academic.
———, and DeVore, I. 1965. "Baboon Social Behavior." In *Primate Behavior: Field Studies of Primates and Apes*, ed. I. DeVore. New York: Holt, Rinehart & Winston.
Hall, T. E. 1963. "Proxemics—A Study of Man's Spatial Relationships." In *Man's Image in Medicine and Anthropology*, ed. I. Galdston. New York: Int. Univs. Press.
———. 1966. *The Hidden Dimension.* Garden City: Doubleday.
Hallgarten, G. W. F. 1963. *Imperialismus vor 1914.* Munich: C. H. Becksche Verlagsbuchhandlung.
———. 1969. *Als die Schattenfielen, Memoiren 1900–1968.* Ullstein Vlg.
Haney, C.; Banks, C.; and Zimbardo, P. In press. "Interpersonal Dynamics in a Simulated Prison." *Int. Jour. of Criminology and Penology.* 1.
Hanfstaengl, E. 1970. *Zwischen Weissem und Braunem Haus* [Between the white and the brown house]. Munich: R. Piper.
Harlow, H. F. 1969. "William James and Instinct Theory." In *William James, Unfinished Business*, ed. B. Macleod. Washington, D.C.: Amer. Psychol. Assoc.
———; McGaugh, J. L.; and Thompson, R. F. 1971. *Psychology.* San Francisco: Albion.
Hart, C. W. M., and Pilling, A. R. 1960. "The Tiwi of North Australia." In *Case Histories in Cultural Anthropology.* New York: Holt, Rinehart & Winston.
Hartmann, H.; Kris, E.; and Loewenstein, R. M. 1949. *The Psychoanalytic Study of the Child.* Vols. 3, 4. New York: Int. Univs. Press.
Hartoch-Schachtel, A. See Fromm, E. 1936.
Hayes, C. 1951. *The Ape in Our House.* New York: Harper & Bros.
———. See Hayes K. J. 1951, jt. auth.
Hayes, K. J., and Hayes, C. 1951. "The Intellectual Development of a Home-Raised Chimpanzee." *Proc. Amer. Phil. Soc.* 95: 105–109.
Heath, R. G. 1962. "Brain Centers and Control of Behavior." In *Psychosomatic Medicine*, ed. R. G. Heath. Philadelphia: Lea & Fabiger.
———, ed. 1964. *The Role of Pleasure in Behavior.* New York: Harper & Row.
Hediger, H. 1942. *Wildtiere in Gefangenschaft.* Basel: Bruno Schwab.
Heiber, H., ed. 1958. *Reichführer: Letters to and from Himmler.* Deutschverlagsanstalt.
Heidel, A. 1942. *The Babylonian Genesis: Enuma Elish.* Chicago: Univ. of Chicago Press.
Heisenberg, W. 1958. "The Representation of Nature in Contemporary Physics." *Daedalus.* 87(3): 95–108.
Helfferich, E. (Quoted in J. Ackermann, 1970; q.v.)

Helfner, R., and Kempe, C. H., eds. 1968. *The Battered Child.* Chicago: Univ. of Chicago Press.

Helmuth, H. 1967. "Zum Verhalten des Menschen: die Aggression." *Ztsch. f. Ethnologie.* 92: 265–273.

Hentig, H. von. 1964. *Der Nekrotope Mensch.* Stuttgart: F. Enke Verlag.

Heron, W. 1957. "The Pathology of Boredom." *Sci. Amer.* (Jan.)

———; Doane, B. K.; and Scott, T. H. 1956. *Can. Jour. of Psych.* 10 (1): 13–18.

Herrick, C. J. 1928. *Brains of Rats and Man.* Chicago: Univ. of Chicago Press. (Quoted by R. B. Livingston, 1967a; q.v.)

Herrigel, E. 1953. *Zen in the Art of Archery.* New York: Pantheon.

Hess, W. R. 1954. *Diencephalon Automatic and Extrapyramidal Structures.* New York: Grune & Stratton.

Hinde, R. A. 1960. "Energy Models of Motivation." In *Readings in Animal Behavior,* ed. T. E. McGill. New York: Holt, Rinehart & Winston.

———. 1967. *New Society.* 9: 302.

Hitler, A. 1943. *Mein Kampf,* trans. R. Manheim. Boston: Houghton Mifflin.

Hoebel, E. A. 1954. *The Law of Primitive Man.* Cambridge: Harvard Univ. Press. (Quoted in E. R. Service, 1966; q.v.)

———. 1958. *Man in the Primitive World.* New York: McGraw-Hill.

Holbach, P. H. D. 1822. *Systeme Social.* Paris. (Quoted in *Die Heilige Familie* by K. Marx, 1844.)

Holt, R. R. 1965. "A Review of Some of Freud's Biological Assumptions and Their Influence on His Theories." In *Psychoanalysis and Current Biological Thought,* ed. N. S. Greenfield and W. C. Lewis. Madison: Univ. of Wisconsin Press.

Horkheimer, M., ed. 1936. *Autorität und Familie.* Paris: Librairie Félix Alcan.

Howell, F. C. See Washburn, S. L. 1960, jt. auth.

Jacobs, P. A.; Brunton, M.; Melville, M. M.; Britain, R. P.; and McClemont, W. F. 1965. "Aggressive Behavior: Mental Subnormality and the XYY Male." *Nature.* 208: 1351–1352.

James, W. 1890. *Principles of Psychology.* New York: Holt, Rinehart & Winston.

———. 1911. "The Moral Equivalents of War. In *Memories and Studies* by W. James. New York: Longman's Green.

———. 1923. *Outline of Psychology.* New York: Scribner's.

Jay, M. 1973. *The Dialectical Imagination.* Boston: Little, Brown.

Jay, P. See Washburn, S. L., and Jay, P. 1968, jt. eds.

Jones, E. 1957. *The Life and Work of Sigmund Freud.* Vol. 3. New York: Basic Books.

Kaada, B. 1967. *Aggression and Defense: Neural Mechanisms and Social Patterns.* Brain Function, vol. 5, ed. C. D. Clemente and D. B. Lindsley. Los Angeles: Univ. of California Press.

Kahn, H. 1960. *On Thermonuclear War.* Princeton: Princeton Univ. Press.

Kanner, L. 1944. "Early Infantile Autism." *Jour. Pediat.* 25: 211–217.

Kapp, R. 1931. "Comments on Bernfeld and Feitelberg's 'Principles of Entropy and the Death Instinct.' " *Int. Jour. Psychoan.* 12: 82–86.

Kempe, C. H. *et al.* 1962. "The Battered Child Syndrome." *Jour. A.M.A.* 181 (1): 17–24.
———. See Helfner, R. 1968, jt. auth.
Kempner, R. M. W. 1969. *Das Dritte Reich am Kreuzverhör.* Munich: Bechtle Verlag.
Klüver, H., and Bucy, P. C. 1934. "Preliminary Analysis of Functions of the Temporal Lobes in Monkeys." *Arch. Neurol. Psych.* 42: 929
Koffler, F. See Tauber, E. W. 1966, jt. auth.
Kortlandt, A. 1962. "Chimpanzees in the Wild." *Sci. Amer.* 206 (5): 128–138.
Krausnick, H.; Buchheim, H.; Broszat, M.; and Jacobsen, H. A. 1968. *Anatomy of the SS State.* New York: Walker.
Krebs, A. (Quoted in J. Ackermann, 1970; q.v.)
Kropotkin, P. 1955. *Mutual Aid.* Boston: Porter Sargent.
Kubizek, A. 1953. *Adolf Hitler, Mein Jugendfreund* [Adolf Hitler, the friend of my youth]. Graz: L. Stocker Verlag.
Kummer, H. 1951. "Soziales Verhalten einer Mantelpaviangruppe." *Beiheft z. Schweizerischen Ztsch. f. Psychologie und ihre Anwendungen* 33: 1–91. (Quoted in C. and W. M. S. Russell, 1968; q.v.)

Lagerspetz, K. M. J. 1969. "Aggression and Aggressiveness in Laboratory Mice." In *Aggressive Behavior,* ed. S. Garattini and E. B. Sigg. Amsterdam: Excerpta Medica Foundation.
Lancaster, C. S. See Washburn, S. L., and Lancaster, C. S. 1968, jt. auths.
Langer, W. C. 1972. *The Mind of Adolf Hitler.* New York: Basic Books.
Laughlin, W. S. 1968. "Hunting: An Integrating Biobehavior System and Its Evolutionary Importance." In *Man, the Hunter,* ed. R. B. Lee and I. DeVore. Chicago: Aldine.
Lazarsfeld, P. See Fromm, E. 1936.
Lee, R. B. 1968. "What Hunters Do for a Living: Or How to Make Out on Scarce Resources." In *Man, the Hunter,* ed. R. B. Lee and I. DeVore. Chicago: Aldine.
———, and DeVore, I. 1968. *Man, the Hunter.* Chicago: Aldine.
Lehrman, D. S. 1953. "Problems Raised by Instinct Theory: A Critique of Konrad Lorenz's Theory of Instinctive Behavior." *Quar. Rev. Biol.* 28 (4): 337–364.
Lenin, V. I. *Sochineniia.* 4th ed. Vol. 35. (Quoted in R. A. Medvedev, 1971; q.v.)
Leyhausen, P. 1956. "Verhaltensstudien an Katzen." *Beih. z. Ztsch. f. Tierpsychologie* (Quoted in C. and W. M. S. Russell, 1968; q.v.)
———. 1965. "The Communal Organization of Solitary Mammals." *Symposia Zool. Soc. Lond.* No. 14: 249–263.
———. See Lorenz, K. 1968, jt. auth.
Lindsley, D. B. 1964. "The Ontogeny of Pleasure: Neural and Behavioral Development." In *The Role of Pleasure in Behavior,* ed. R. G. Heath. New York: Harper & Row.
Livingston, R. B. 1962. "How Man Looks at His Own Brain: An Adventure Shared by Psychology and Neurology." In *Biologically Oriented Fields.* Psychology: A Study of a Science, ed. S. Koch. New York: McGraw-Hill.

______. 1967. "Brain Circuitry Relating to Complex Behavior." In *The Neurosciences: A Study Program,* ed. G. C. Quarton; T. O. Melnechuk; and F. O. Schmitt. New York: Rockefeller Univ. Press.

______. 1967a. "Reinforcement." In *The Neurosciences: A Study Program,* ed. G. C. Quarton; T. O. Melnechuk; and F. O. Schmitt. New York: Rockefeller Univ. Press.

Lorenz, K. 1937. "Uber die Bildung des Instinktbegriffes." In *Über tierisches und menschliches Verhalten.* Munich: R. Piper, 1965.

______. 1940. "Durch Domestikation verursachte Störungen arteigenen Verhaltens." *Ztsch. z. angew. Psychol. Charakterkunde.* 59: 75.

______. 1950. "The Comparative Method in Studying Innate Behavior Patterns." *Symp. Soc. Exp. Biol.* (Animal Behavior). 4: 221–268.

______. 1952. *King Solomon's Ring.* New York: Crowell.

______. 1955. "Über das Töten von Artgenossen." *Jahrb. d. Max-Planck-Ges.* 105–140. (Quoted by K. Lorenz, 1966; q.v.)

______. 1964. "Ritualized Aggression." In *The Natural History of Aggression,* ed. J. D. Carthy and F. J. Ebling. New York: Academic.

______. 1965. *Evolution and Modification of Behavior.* Chicago: Univ. of Chicago Press.

______. 1966. *On Aggression.* New York: Harcourt Brace Jovanovich. (1st ed. *Das Sogenannte Böse, Zur Naturgeschichte der Aggression* [The so-called evil, natural history of aggression]. Vienna: Borotha-Schoeler Verlag, 1963.)

______. 1970. "The Establishment of the Instinct Concept," trans. R. Martin, from the German papers pub. 1931–42. In *Studies in Animal and Human Behavior.* Cambridge: Harvard Univ. Press.

______, and Leyhausen, P. 1968. *Antriebe tierischen und menschlichen Verhaltens.* Munich: R. Piper.

Maccoby, M. 1972. "Emotional Attitudes and Political Choices." *Politics and Society.* (Winter): 209–239.

______. 1972a. *Technology, Work and Character.* Program on Technology and Society (a final review). Cambridge: Harvard Univ.

______. Forthcoming (1974). *Social Character, Work, and Technology* (working title).

______. See Fromm, E. 1970, jt. auth.

MacCorquodale, K. 1970. On Chomsky's Review of *Verbal Behavior* by B. F. Skinner. *Jour. of the Exp. Anal. of Behavior.* 13 (1): 83–99.

MacLean, P. D. 1958. "The Limbic System with Respect to Self-Preservation and the Preservation of the Species." *Jour. Nerv. Ment. Dis.* 127: 1–11.

Mahler, M. S. 1968. *On Human Symbiosis and the Vicissitudes of Individuation.* Vol. 1. New York: Int. Univs. Press.

______, and Gosliner, B. J. 1955. "On Symbiotic Child Psychosis." In *Psychoanalytic Study of the Child.* New York: Int. Univs. Press.

Mahringer, J. 1952. *Vorgeschichtliche Kultur.* Benziger Verlag.

Maier, N. R. F., and Schneirla, T. C. 1964. *Principles of Animal Psychology.* New York: Dover.

Marcuse, H. 1955. *Eros and Civilization.* Boston: Beacon.

———. 1964. *One Dimensional Man.* Boston: Beacon.
Marinetti, F. T. 1909. *Futurist Manifesto.* See Flint, R. W., ed. 1971.
———. 1916. *Futurist Manifesto.* See Flint, R. W., ed. 1971.
Mark, V. H., and Ervin, F. R. 1970. *Violence and the Brain.* New York: Harper & Row.
Marshack, A. 1972. *The Roots of Civilization.* New York: McGraw-Hill.
Marx, K. 1906. *Capital.* Vol. 1. Chicago: Charles S. Kerr. New York: Int. Univs. Press.
———, and Engels, F. *Gesamtausgabe* (MEGA) [Complete works of Marx and Engels]. Vol. 5. Moscow.
Maser, W. 1971. *Adolf Hitler, Legende, Mythos, Wirklichkeit.* Munich: Bechtle Verlag.
Maslow, A. 1954. *Motivation and Personality.* New York: Harper & Bros.
Mason, W. A. 1970. "Chimpanzee Social Behavior." In *The Chimpanzee,* ed. G. H. Bourne. Vol. 2. Baltimore: Univ. Park.
Matthews, L. H. 1963. *Symposium on Aggression.* Institute of Biology.
Maturana, H. R., and Varela, F. G. Forthcoming. *Autopoietic Systems.*
Mayo, E. 1933. *The Human Problems of an Industrial Civilization.* New York: Macmillan.
McDermott, J. J., ed. 1967. *The Writings of William James: A Comprehensive Edition.* New York: Random House.
McDougall, W. 1913. "The Sources and Direction of Psycho-Physical Energy." *Amer. Jour. of Insanity.* 69.
———. 1923. *An Introduction to Social Psychology.* 7th ed. Boston: John W. Luce.
———. 1923a. *An Outline of Psychology.* London: Methuen.
———. 1932. *The Energies of Men: A Study of the Fundamentals of Dynamic Psychology.* New York: Scribner's.
———. 1948. *The Energies of Men.* 7th ed. London: Methuen.
McGaugh, J. L. See Harlow, H. F. 1971, jt. auth.
Mead, M. 1961. *Cooperation and Competition Among Primitive Peoples.* Rev. ed. Boston: Beacon. (1st ed. New York: McGraw-Hill, 1937.)
Medvedev. R. A. 1971. *Let History Judge.* New York: Knopf.
Megargee, E. I. 1969. "The Psychology of Violence: A Critical Review of Theories of Violence." Prepared for the U.S. National Commission on the Causes and Prevention of Violence, Task Force III: Individual Acts of Violence.
Meggitt, M. J. 1960. *Desert People.* Chicago: Univ. of Chicago Press. (Quoted in E. R. Service, 1966; q.v.)
———. 1964. *Aboriginal Food-Gatherers of Tropical Australia.* Morges, Switzerland: Int. Union for Conservation of Nature and Natural Resources. (Quoted in E. R. Service, 1966; q.v.)
Mellaart, J. 1967. *Catal Hüyük: A Neolithic Town in Anatolia.* London: Thames & Hudson. New York: McGraw-Hill.
Melnechuk, T. O. See Ploog, D. 1970, jt. auth.
Menninger, K. A. 1968. *The Crime of Punishment.* New York: Viking.
Milgram, S. 1963. "Behavioral Study of Obedience." *Jour. Abn. & Soc. Psychol.* 67: 371–378.

Millán, I. Forthcoming (1974). *Caracter Social y Desarrollo* [Social character and development].
Miller, N. E. 1941. "Frustration-Aggression Hypothesis." *Psych. Rev.* 48: 337–342.
Milner, P. See Olds, J. 1954, jt. auth.
Monakow, C. von. 1950. *Gehirn und Gewissen* [Brain and conscience]. Zurich: Morgarten.
Montagu, M. F. A. 1967. *The Human Revolution.* New York: Bantam.
______. 1968. "Chromosomes and Crime." *Psychology Today.* 2 (5): 42–44, 46–49.
______. 1968a. "The New Litany of Innate Depravity: Or Original Sin Revisited." In *Man and Aggression,* ed. M. F. A. Montagu. New York: Oxford Univ. Press.
Monteil, V. 1970. *Indonésie.* Paris: Horizons de France.
Moran, Lord. 1966. *Churchill: Taken from the Diaries of Lord Moran.* Boston: Houghton Mifflin.
Morgan, L. H. 1870. *Systems of Sanguinity and Affinity of the Human Family.* Publication 218. Washington, D.C.: Smithsonian Inst.
______. 1877. *Ancient Society: Or Researches in the Lines of Human Progress from Savagery Through Barbarism to Civilization.* New York: H. Holt.
Morris, D. 1967. *The Naked Ape.* New York: McGraw-Hill.
Moyer, K. E. 1968. "Kinds of Aggression and Their Physiological Basis." In *Communication in Behavioral Biology.* Pt. A. vol. 2. New York: Academic.
Mumford, L. 1961. *The City in History.* New York: Harcourt Brace Jovanovich.
______. 1967. *The Myth of the Machine: Techniques in Human Development.* New York: Harcourt Brace Jovanovich.
Murdock, G. P. 1934. *Our Primitive Contemporaries.* New York: Macmillan.
______. 1968. Discussion remarks. In *Man, the Hunter,* ed. R. B. Lee and I. DeVore. Chicago: Aldine.

Napier, J. 1970. *The Roots of Mankind.* Washington, D.C.: Smithsonian Inst.
Narr, K. J. 1961. *Urgeschichte der Kultur.* Stuttgart: Kröner Verlag.
Nielsen, J. 1968. "Y Chromosomes in Male Psychiatric Patients above 180 cms. Tall." *Brit. Jour. Psychiat.* 114: 1589–1590.
Nissen, H. W. 1931. "A Field Study of the Chimpanzee." *Comp. Psych. Monog.* 8 (36).
______. See Alee, W. C. 1953, jt. auth.
Nimkoff, M. F. See Alee, W. C. 1953, jt. auth.

Okladnikov, A. P. 1972. (Quoted in A. Marshack, 1972; q.v.)
Olds, J., and Milner, P. 1954. "Positive Reinforcement Produced by Electrical Stimulation of the Septal Area and Other Regions of the Rat Brain." *Jour. Comp. Physiol.* 47: 419–428.
Oppenheimer, J. R. 1955. Address at the 63rd Annual Meeting of the American Psych. Assoc. 4 Sept.

Ozbekhan, H. 1966. "The Triumph of Technology: 'Can' Implies 'Ought.'" In *Planning for Diversity and Choice: Possible Futures and Their Relations to the Non-Controlled Environment,* ed. S. Anderson. Cambridge: M.I.T. Press, 1968.

Palmer, S. 1955. "Crime, Law." *Criminology and Political Science.* 66: 323–324.
Pastore, N. 1949. *The Nature-Nurture Controversy.* New York: Columbia Univ. Press, Kings Crown.
Penfield, W. 1960. Introduction. In *Neurophysiological Basis of the Higher Functions of the Nervous System.* Handbook of Physiology. 12 vol., ed. J. Field. Sec. 1, vol. 3, ed. H. W. Magoun *et al.* Washington, D.C.: American Physiological Soc.
Penrose, L. S. 1931. "Freud's Theory of Instinct and Other Psycho-Biological Theories." *Inter. Jour. of Psychoan.* 12: 92.
Perry, W. J. 1917. "An Ethnological Study of Warfare." In *Manchester Memoirs.* Vol. 61. Manchester: Manchester Literary and Philosophical Society.
______. 1923. *The Children of the Sun.* London.
______. 1923a. *The Growth of Civilization.* New York.
Piaget, J. 1952. *The Origins of Intelligence in Children.* New York: Int. Univs. Press.
Picker, H. 1965. *Hitlers Tischgespräche im Führerhauptquartier,* [Hitler's table talk in the Führer's headquarters], ed. and with an Introduction by P. E. Schramm. Stuttgart: Seewald Verlag.
Piggott, S. 1960. "Theory and Prehistory." In *The Evolution of Man: Mind, Culture and Society.* Evolution after Darwin, vol. 2, ed. S. Tax. Chicago: Univ. of Chicago Press.
Pilbeam, D. 1970. *The Evolution of Man.* London: Thames & Hudson.
______, and Simons, E. L. 1965. "Some Problems of Hominid Classification." *Amer. Sci.* 53: 237–259.
Pilling, A. R. See Hart, C. W. M. 1960, jt. auth.
Ploog, D. 1970. "Social Communication Among Animals." In *Neurosciences: Second Study Program,* ed. F. O. Schmitt. New York: Rockefeller Univ. Press.
______, and Melnechuk, T. O. 1970. "Primate Communication." In *Neurosciences Research Symposium Summaries.* Vol. 4, ed. F. O. Schmitt; T. O. Melnechuk; G. C. Quarton; and G. Adelman. Cambridge: M.I.T. Press.
Pollock, C. B. See Steele, B. F. 1968, jt. auth.
Portmann, A. 1965. *Vom Ursprung des Menschen.* Basel: F. Rein Lardt.
Pratt, J. 1958. "Epilegomena to the Study of Freudian Instinct Theory." *Int. Jour. of Psychoan.* 39: 17.
Pribram, K. 1962. "The Neurophysiology of Sigmund Freud." In *Experimental Foundation of Clinical Psychology,* ed. A. J. Bachrach. New York: Basic Books.

Quarton, G. C.; Melnechuk, T. O.; and Schmitt, F. O., eds. 1967. *The Neurosciences: A Study Program.* New York: Rockefeller Univ. Press.

Radhill, S. X. 1968. "A History of Child Abuse and Infanticide." In *The Battered Child,* ed. R. Helfner and C. H. Kempe. Chicago: Univ. of Chicago Press.
Rapaport, D. C. 1971. Foreword. In *Primitive War* by H. H. Turney-High. 2nd ed. Columbia: Univ. of South Carolina Press, 1971.

Rauch, H. J. 1947. *Arch. f. Psychiatrie und Nervenkrankheiten*. Berlin. (Quoted in H. von Hentig, 1964; q.v.)

Rauschning, H. 1940. *The Voice of Destruction*. New York: Putnam.

Réage, P. 1965. *The Story of O*. New York: Grove Press.

Rensch, B., ed. 1965. *Homo Sapiens*. Göttingen: Vandenhoek & Ruprecht. .

Reynolds, V. 1961. "The Social Life of a Colony of Rhesus Monkeys *(Macaca mulata)*." Ph.D. thesis, Univ. of London. (Quoted in C. and W. M. S. Russell, 1968; q.v.)

———, and Reynolds, F. 1965. "The Chimpanzees of the Bodongo Forest." In *Primate Behavior: Field Studies of Primates and Apes*, ed. I. DeVore. New York: Holt, Rinehart & Winston.

Roe, A., and Simpson, G. C., eds. 1967. *Behavior and Evolution*. Rev. ed. New Haven: Yale Univ. Press. (1st ed. 1958.)

Rogers, C. R., and Skinner, B. F. 1956. "Some Issues Concerning the Control of Human Behavior: A Symposium." *Science*. 124: 1057–1066.

Rowell, T. E. 1966. "Hierarchy in the Organization of the Captive Baboon Group." *Animal Behavior*. 14 (4): 430–443.

Russell, C., and Russell, W. M. S. 1968. *Violence, Monkeys and Man*. London: Macmillan.

———. 1968a. "Violence: What Are Its Roots?" *New Society*. (24 Oct.): 595–600.

Sahlins, M. D. 1960. "The Origin of Society." *Sci. Amer.* 203 (3).

———. 1968. "Notes on the Original Affluent Society." In *Man, the Hunter*, ed. R. B. Lee and I. DeVore. Chicago: Aldine.

Salomon, E. von. 1930. *Die Geächteten*. Rowohlt, Taschenbuch Ausgabe. *The Outlaws*. London: Jonathan Cape, 1962.

Sauer, C. O. 1952. *Agricultural Origins and Dispersals*. New York: American Geographic Soc.

Schachtel, E. See Fromm, E. 1936.

Schaller, G. B. 1963. *The Mountain Gorilla*. Chicago: Univ. of Chicago Press.

———. 1965. "The Behavior of the Mountain Gorilla." In *Primate Behavior: Field Studies of Primates and Apes*, ed. I. DeVore. New York: Holt, Rinehart & Winston.

Schecter, D. E. 1968. "The Oedipus Complex: Considerations of Ego Development and Parental Interaction." *Cont. Psychoan.* 4 (2): 117.

———. 1973. "On the Emergence of Human Relatedness." In *Interpersonal Explorations in Psychoanalysis*, ed. E. G. Witenberg. New York: Basic Books.

———. See Green, M. R. 1957, jt. auth.

Schneirla, T. C. 1966. *Quar. Rev. Biol.* 41: 283.

———. See Maier, N. R. F. 1964, jt. auth.

Schramm, P. E. 1965. *Hitler als militärischer Führer*. 2nd ed. Frankfurt: Athenäum Verlag.

———. See Picker, H. 1965.

Schwidetzki, I. 1971. *Das Menschenbild der Biologie*. Stuttgart: G. Fischer Verlag.

Scott, J. P. 1958. *Aggression.* Chicago: Univ. of Chicago Press.
______. 1968. "Hostility and Aggression in Animals." In *Roots of Behavior,* ed. E. L. Bliss. New York: Hafner.
______. 1968a. "That Old-Time Aggression." In *Man and Aggression,* ed. M. F. A. Montagu. New York: Oxford Univ. Press.
______; Bexton, W. H.; Heron, W.; and Doane, B. K. 1959. "Cognitive Effects of Perceptual Isolation." *Can. Jour. of Psych.* 13 (3): 200–209.
Sechenov, I. M. 1863. *Reflexes of the Brain.* Cambridge: M.I.T. Press. (Quoted in D. B. Lindsley, 1964; q.v.)
Service, E. R. 1966. *The Hunters.* Englewood Cliffs, N.J.: Prentice-Hall.
Shah, S. A. 1970. "Report on XYY Chromosomal Abnormality." *National Institute of Mental Health Conference Report.* Washington, D.C.: U.S. Govt. Printing Office.
Siddiqi, M. R. See Southwick, C. H. 1965, jt. auth.
Sigg, E. B. See Garattini, S. 1969, jt. auth.
Simmel, E. 1944. "Self-Preservation and the Death Instinct." *Psychoan. Quar.* 13: 160.
Simons, E. L. See Pilbeam, D. R. 1965, jt. auth.
Simpson, G. G. 1944. *Tempo and Mode in Evolution.* New York: Columbia Univ. Press.
______. 1949. *The Meaning of Evolution.* New Haven: Yale Univ. Press.
______. 1953. *The Major Features of Evolution.* New York: Columbia Univ. Press.
______. 1964. *Biology and Man.* New York: Harcourt Brace Jovanovich.
______. See Roe, A. 1967, jt. eds.
Skinner, B. F. 1953. *Science and Human Behavior.* New York: Macmillan.
______. 1961. "The Design of Cultures." *Daedalus.* 534–546.
______. 1963. "Behaviorism at Fifty." *Science.* 134: 566–602. In *Behaviorism and Phenomenology,* ed. T. W. Wann, Chicago: Univ. of Chicago Press, 1964.
______. 1971. *Beyond Freedom and Dignity.* New York: Knopf.
______. See Roger, C. R. 1956, jt. auth.
Smith, B. F. 1967. *Adolf Hitler: His Family, Childhood and Youth.* Stanford: Hoover Inst., Stanford Univ.
______. 1971. *Heinrich Himmler: A Nazi in the Making, 1900–1926.* Stanford: Hoover Inst., Stanford Univ.
______. See Angress, S. J. 1959, jt. auth.
Smith, G. E. 1924. *Essays on the Evolution of Man.* London: Humphrey Milford.
______. 1924a. *The Evolution of Man.* New York: Oxford Univ. Press.
Smolla, G. 1967. *Studium Universale: Epochen der Menschlichen Frühzeit.* Munich: Karl Alber Freiburg.
Southwick, C. H. 1964. "An Experimental Study of Intragroup Agonistic Behavior in Rhesus Monkeys *(Macaca mulata).*" *Behavior.* 28: 182–209.
______; Beg, M. A.; and Siddiqi, M. R. 1965. "Rhesus Monkeys in North India." In *Primate Behavior: Field Studies of Primates and Apes,* ed. I. DeVore. New York: Holt, Rinehart & Winston.
Speer, A. 1970. *Inside the Third Reich: Memoirs of Albert Speer,* trans. R. and C.

Winston; Introduction by E. Davidson. London: Weidenfeld & Nicholson. New York: Macmillan.

———. 1972. Afterword. In *Hitler avant Hitler* by J. Brosse. Paris: Fayard.

Spencer, M. M. See Barnett, S. A. 1951, jt. auth.

Spinoza, Benedictus de. 1927. *Ethics.* New York: Oxford Univ. Press.

Spitz, R., and Cobliner, G. 1965. *The First Year of Life: A Psychoanalytic Study of Normal and Deviant Development of Object Relations.* New York: Int. Univs. Press.

Spoerri, T. 1959. *Ueber Nikrophilie.* Basel. (Quoted in H. von Hentig, 1964; q.v.)

Sroges, R. W. See Glickman, S. E. 1966, jt. auth.

Steele, B. F., and Pollock, C. B. 1968. "A Psychiatric Study of Parents Who Abuse Infants and Small Children." In *The Battered Child,* ed. R. Helfner and C. H. Kempe. Chicago: Univ. of Chicago Press.

Steiner, J. M. In preparation. Study based on interviews with former Nazi concentration camp guards.

Stewart, U. H. 1968. "Causal Factors and Processes in the Evolution of Prefarming Societies." In *Man, the Hunter,* ed. R. B. Lee and I. DeVore. Chicago: Aldine.

Strachey, A. 1957. *The Unconscious Motives of War.* London: Allen & Unwin.

Strachey, J., ed. 1886–1939. *Standard Edition of the Complete Psychological Works of Sigmund Freud.* 23 vols. London: Hogarth.

———. 1961. Editor's Introduction. In *Civilization and Its Discontents* by S. Freud. S.E., vol. 21.

Sullivan, H. S. 1953. *Interpersonal Theory of Psychiatry.* New York: Norton.

Tauber, E., and Koffler, F. 1966. "Optomotor Response in Human Infants to Apparent Motion: Evidence of Inactiveness." *Science.* 152: 382–383.

Tax, S., ed. 1960. *The Evolution of Man: Mind, Culture and Society.* Evolution After Darwin, vol. 2. Chicago: Univ. of Chicago Press.

Thomas, H. 1961. *The Spanish Civil War.* New York: Harper & Bros.

Thompson, R. F. See Harlow, H. F. 1971, jt. auth.

Thucydides. 1959. *Peloponnesian War: The Thomas Hobbes Translation,* ed. David Grene. 2 vols. Ann Arbor: Univ. of Michigan Press.

Tinbergen, N. 1948. "Physiologische Instinktforschung." *Experientia.* 4: 121–133.

———. 1953. *Social Behavior in Animals.* New York: Wiley.

———. 1968. "Of War and Peace in Animals and Men." *Science.* 160: 1411–1418.

Tönnies, F. 1926. *Gesellschaft und Gemeinschaft.* Berlin: Curtius. *Fundamental Concepts of Society,* trans. and with a Supplement by C. H. P. Loomis. New York: American Book, 1940.

Turnbull, C. M. 1965. *Wayward Servants, or the Two Worlds of the African Pygmies.* London: Eyre & Spottiswoode.

Turney-High, H. H. 1971. *Primitive War.* 2nd ed. Columbia: Univ. of South Carolina Press. (1st ed. New York: Columbia Univ. Press, 1949.)

Unamuno, M. de. 1936. (Quoted in H. Thomas, 1961; q.v.)
Underhill, R. 1953. *Here Come the Navaho.* Washington, D.C.: Bur. of Indian Affairs, U.S. Dept. of the Interior.

Valenstein, E. 1968. "Biology of Drives." *Neurosciences Research Program Bulletin.* 6: 1. Cambridge: M. I. T. Press.
Van Lawick-Goodall, J. 1968. "The Behavior of Free-Living Chimpanzees in the Gombe Stream Reserve." *Animal Behavior Monographs,* ed. J. M. Cullen and C. G. Beer. Vol. 1, pt. 3. London: Bailliere, Tindall & Castle.
______. 1971. *In the Shadow of Man.* Boston: Houghton Mifflin.
______. See also Goodall, J.
Varela, F. C. See Maturana, H. R. Forthcoming, jt. auth.
Vollhard, E. (Quoted in A. C. Blanc, 1961; q.v.)

Waelder, R. 1956. "Critical Discussion of the Concept of an Instinct of Destruction." *Bul. Phil. Assoc.* 97–109.
Warlimont, W. 1964. *Im Hauptquartier der Deutschen Wehrmacht 1939–1945.* Frankfurt M.-Bonn.
Washburn, S. L. 1957. "Australopithecines, the Hunters or the Hunted?" *Amer. Anthropologist.* 59.
______. 1959. "Speculations of the Interrelations of the History of Tools and Biological Evolution." In *The Evolution of Man's Capacity for Culture,* ed. J. N. Spuhler. Detroit: Wayne State Univ. Press.
______, ed. 1961. *Social Life of Early Man.* Chicago: Aldine.
______, and Avis, V. 1958. "Evolution of Human Behavior." In *Behavior and Evolution,* ed. A. Roe and G. G. Simpson. Rev. ed. New Haven: Yale Univ. Press, 1967.
______, and DeVore, I. 1961. "The Social Life of Baboons." *Sci. Amer.* 31 (June): 353–359.
______, and Howell, F. C. 1960. "Human Evolution and Culture." In *The Evolution of Man,* ed. S. Tax. Chicago: Univ. of Chicago Press.
______, and Jay, P., eds. 1968. *Perspectives of Human Evolution.* New York: Holt, Rinehart & Winston.
______, and Lancaster, C. S. 1968. "The Evolution of Hunting." In *Man, the Hunter,* ed. R. B. Lee and I. DeVore. Chicago: Aldine.
Watson, J. B. 1914. *Behavior: An Introduction to Comparative Psychology.* New York: H. Holt.
______. 1958. *Behaviorism.* Chicago: Univ. of Chicago Press.
Weiss, P. 1925. "Tierisches Verhalten als 'Systemreaktion.' Die Orientierung der Ruhestellungen von Schmetterlingen (Vanessa) gegen Licht und Schwerkraft." *Biologia Generalis.* 1: 168–248.
______. 1967. "$1 + 1 \neq 2$" [When one plus one does not equal two]. In *The Neurosciences: A Study Program,* ed. G. C. Quarton; T. O. Melnechuk; and F. O. Schmitt. New York: Rockefeller Univ. Press.
______. 1970. "The Living System." In *Beyond Reductionism,* ed. A. Koestler and L. Smithies. New York: Macmillan.

White, B. L. See Wolff, P. 1965, jt. auth.
White, R. W. 1959. "Motivation Reconsidered: The Concept of Competence." *Psych. Rev.* 66: 297–323.
Whitehead, A. N. 1967. *The Function of Reason.* Rev. ed. Boston: Beacon.
Wicker, T. 1971. "Op-Ed" section. *The New York Times.* (18 Sept.)
Wiesel, E. 1972. *Souls on Fire.* New York: Random House.
Wolff, K. 1961. "Eichmann's Chief, Heinrich Himmler." *Neue Illustrierte.* 17 (16): 20. (Quoted in J. Ackermann, 1970; q.v.)
Wolff, P., and White, B. L. 1965. "Visual Pursuit and Attention in Young Infants." *Jour. Child Psychiat.* 4. (Quoted in D. E. Schecter, 1973; q.v.)
Worden, F. G. Forthcoming. *Scientific Concepts and the Nature of Conscious Experience.* American Handbook of Psychiatry, vol. 6. New York: Basic Books.
Wright, Q. 1965. *A Study of War.* 2nd ed. Chicago: Univ. of Chicago Press.

Yerkes, R. M., and Yerkes, A. V. 1929. *The Great Apes: A Study of Anthropoid Life.* New Haven: Yale Univ. Press.
Young, J. 1971. *An Introduction to the Study of Man.* New York: Oxford Univ. Press, Clarendon.

Zeissler, A. 1943. Interview, June 24. (Quoted in W. C. Langer, 1972; q.v.)
Ziegler, H. S. 1965. *Adolf Hitler.* 3rd ed. Göttingen: K. W. Schütz Verlag.
———, ed. 1970. *Wer War Hitler?* Beiträge zur Hitlerforschung, herausgegeben in Verbindung mit dem Institut für Deutsch Nachkriegsgeschichte, Verlag der *Deutschen Hochschul-lehrzeitung* [Who was Hitler? Contributions to the research on Hitler undertaken in conjunction with the Institute for Postwar History, publishing house of the German high school teachers' journal]. Göttingen: Grabert Verlag.
Zimbardo, P. 1972. "Pathology of Imprisonment." *Trans-Action.* 9 (Apr.): 4–8.
———. See Haney, C. In Press, jt. auth.
Zing Yang Kuo. 1960. "Studies on the Basic Factors in Animal Fighting: VII, Inter-species Co-existence in Mammals." *Jour. Gen. Psychol.* 97: 211–225.
Zuckerman S. 1932. *The Social Life of Monkeys and Apes.* London: K. Paul, Trench, Tribner.

索　　引

サ　行

タ 行

ナ　行

マ　行

ヤ　行

ラ 行

ワ　行

著　者

エーリッヒ・フロム
Erich Fromm

1900年ドイツ・フランクフルト生まれ。ハイデルベルク、フランクフルト、ミュンヘンなどの大学で学んだのち、ベルリン大学で精神分析を学ぶ。フランクフルト社会研究所を経て、1933年アメリカに渡り、のちに帰化。イェール、ミシガン、ニューヨークなどの大学で教鞭をとり、さらにメキシコに移住。1980年逝去。

フロイト理論にマルクスやヴェーバーを接合して精神分析に社会的視点をもたらし、いわゆる「新フロイト派」の代表的存在とされた。また、真に人間的な生活を可能にする社会的条件を終生にわたって追求したヒューマニストとしても有名である。しだいに、禅や東洋宗教へも関心を深めた。

著書に、『精神分析と宗教』『人間における自由』『自由からの逃走』（以上、東京創元社）、『愛するということ』『悪について』『生きるということ』『フロイトを超えて』『希望の革命』『反抗と自由』『人生と愛』（以上、紀伊國屋書店）他多数。

訳　者

作田《さくた》　啓一《けいいち》

1922年生まれ。1948年京都大学文学部哲学科（社会学専攻）卒業。京都大学名誉教授。著書に『現実界の探偵――文学と犯罪』『ルソー――市民と個人』（以上、白水社）、『価値の社会学』（岩波書店）、『生の欲動――神経症から倒錯へ』（みすず書房）、訳書にルソー『社会契約論』（白水社）、共訳書にフロム『希望の革命』（紀伊國屋書店）などがある。

佐野《さの》　哲郎《てつろう》

1931年生まれ。1959年京都大学文学部大学院修士課程英語学英米文学専攻修了。京都大学名誉教授。訳書にフロム『生きるということ』『反抗と自由』、共訳書にフロム『希望の革命』『人生と愛』、バーストン『フロムの遺産』（以上、紀伊國屋書店）などがある。

破　　壊 ――人間性の解剖

〈旧版〉
上：1975年10月31日　第1刷発行©
下：1975年12月31日　第1刷発行©
〈復刊版　合本〉
2001年6月8日　第1刷発行©
2013年5月29日　第2刷発行

BOOKS KINOKUNIYA

発行所　株式会社　紀伊國屋書店
東京都新宿区新宿3-17-7
出版部（編集）電話03（6910）0508
ホールセール部（営業）電話03（6910）0519
東京都目黒区下目黒3-7-10
郵便番号　153-8504

ISBN978-4-314-00893-8　C0010
Printed in Japan
定価は外装に表示してあります

印刷　図書印刷
製本　三水舎